제10판

법학개론

INTRODUCTION to LAW

홍완식 곽관훈 김명엽 김재윤 박규용
박병도 장교식 정 대 최관호 황대성

pnc
publishing and culture
피앤씨 미디어

제 10판 머 리 말

2013년에 초판이 발간된 이후 2023이 되는 올해에 제10판을 출판하게 됨을 대단히 기쁘게 생각한다. 코로나 팬데믹으로 인하여 모든 일상이 크게 변화되고 대학에서는 오프라인 강의가 금지되고 온라인 강의도 틀을 잡지 못하던 2020년을 제외하고는, 매년 개정판이 발간되어온 기록을 지닌 법학개론서라는 점에서 기쁨과 함께 보람도 느낀다. 이러한 기쁨과 보람은 이 책을 읽고 공부해준 독자가 있었기에 가능했고, 각 분야의 집필을 맡아주신 필진 선생님들 덕분에 가능했다는 점에서, 독자 여러분과 필진 선생님들 그리고 이 책으로 좋은 강의를 해 주신 교수님들께도 감사의 인사를 전한다.

그간 머리말을 통하여 행정이나 재판보다 훨씬 더 영향력이 큰 입법의 중요성을 강조하여 왔다. 행정이나 재판이 덜 중요하다는 것이 아니라, 행정이나 재판은 법령에 근거를 두고 법령에 따라 행하여 지는 것이기 때문에, 입법이 잘 되어야 행정이나 재판도 제대로 될 수 있다는 의미이다. 2023년 1월 20일을 기준으로 하면 제21대 국회에서 발의된 법안의 수는 무려 19,016건이다. 제21대 국회가 개원한 후에 2020년 6월 1일에 1호 법안이 발의된 후에 2년 6개월 남짓의 기간 동안에 무려 1만 9천건의 법안이 발의되었다. 이렇게 발의된 법안은 국회 임기 4년이 지나면 통과되지 못하면 임기만료로 폐기되는데 제19대 국회와 제20대 국회에서는 각각 만건 이상의 법안이 임기만료로 폐기되었다. 왜 이렇게 많은 법안이 발의되고 많은 법안이 폐기될까 하는 의문이 들 것이다.

제21대 국회에서 발의된 법안 19,016건 중에서 정부가 제출한 것은 613건뿐이 안되고 나머지는 모두 국회에서 발의된 법안들이다. 정부가 법안을 제출하기 위해서는 「행정규제기본법」에 따른 규제영향분석을 받아야 하고, 최근에는 「행정기본법 시행령」에 의하여 입법영향분석제도의 근거가 마련되었다. 이렇게 정부가 제출하는 법안에 대하여는 규제영향분석제도와 입법영향분석제도가 존재한다. 그러나 국회의원들이 발의하는 법안에 대하여는 규제영향분석이나 입법영향분석을 하고 있지 않다. 국회의원들이 발의하는 법안에도 규제로 인한 영향이나 입법으로 인한 영향을 분석하는 제도를 만들자는 법안이 제19대 국회와 제20대 국회에서 발의된 적이 있었지만, 모두 임기만료로 폐기되었다. 즉 국회의원들이 발의하는 법안에는 규제심사나 입법평가가 없기 때문에 그토록 많은 법안이 아무런 여과장치없이 발의되고, 이러한 법안들은 국회의 임기가 끝나면 자동으로 폐기되는 것이다. 대부분의 유관분야 학자들은 물론이고 이를 아는 국민들은 의원발의법안에도 규제영향분석제도와 입법영향분석제도를 도입할 것을 주장하고 있으나, 국회의원들 다수는 이러한 목소리에 귀를 기울이지 않는다. 주지하다시피 법률의 입법권은 오직 국회만이 가지기 때문에, 국회의원들이 원하지 않는 법률은 국회를 통과할 수 없다. 그러나 국회는 국민을 대표하는 기관이고 국회의원은 국민들이 선출한다. 국회의원들은 직무수행을 자기목적적으로 하지 않아야 하고, 국가와 국민을 위하여 직무를 수행해야 하는 공무원인 것이다. 제21대 국회에서는 국회의원들이 발의하는 법안에 대해서 규제영향분석제도든 입법영향분석제도든 도입이 되었으면 하는 바램이 간절하다.

이번 10판 개정에서는 헌법과 형법, 상법, 노동법 분야에서 개정 법령과 최신 판례를 추가하고 보완하는 개정작업이 이루어졌다. 제10판이 제 시간에 나올 수 있도록 개정작업을 해주신 선생님들께 감사드리며, 이번에도 개정판 발간을 독려해 주신 박노일 대표께 감사를 드린다. 또한 이 책으로 로스쿨 입시 준비생들에게 좋은 강의를 해 주시는 메가 로스쿨의 마이클 장 교수께 감사를 드리고, 로스쿨을 준비하는 학생들이 원하는 목표가 달성되기를 기원한다. 그리고, 여러 대학의 교양과정에서 이 책으로 강의를 해주시는 교수님들께도 감사의 마음을 전하고, 이 책을 통해 법학을 접하고 배우는 학생들에게 건강과 행운을 기원한다.

2023. 1

집필자를 대표하여

홍완식

제 9 판 머 리 말

2021년에는 호전될 것으로 기대했던 코로나 펜데믹이 오히려 오미크론으로의 변이를 통해 더욱 확산되고 악화되었다. 2020년에 이어 2021년에도 코로나 감염의 위험과 공포는 여전하였고 2022년에도 상황은 어떻게 전개되어갈지 예측하기 어렵다. 코로나로 초래된 보건이슈는 방역조치의 강화를 통해 경제이슈화하였고, 경제상황의 악화는 각 국가의 정치이슈와 직결되고 있고 국제정치에도 상당한 영향을 주었으니, 제레미 다이아몬드가 인류 역사에 가장 큰 영향을 준 요인들을 분석하는 명저를 출간하면서 책의 이름을 왜 '총, 균, 쇠'(Guns, Germs, and Steel)로 지었는지에 공감을 하게 된다. 모쪼록 대면강의를 할 수 있게 되고 그리운 사람들을 자유롭게 만날 수 있으며 어디든 자유롭게 여행을 할 수 있는 시절이 속히 되돌아 오기를 소망해 본다.

이번 9판 개정에서도 각 부분별로 개정 법령과 최신 판례를 수정·보완하는 개정작업이 이루어지고 윤문과 교정작업이 이루어졌다. 구체적으로는 상법과 노동법, 형법, 민법, 행정법, 형사소송법, 헌법 등의 분야에서 법령과 판례의 수정과 보완작업이 있었다. 매년 수정·보완작업을 하고 있음에도 불구하고 공저자들은 법학교양서로서의 취지와 목적을 유지하기 위하여 책의 분량이 늘어나는 것을 조심하고 있는데, 이번 개정에도 공저자들의 이러한 노력으로 분량은 크게 늘어나지 않으면서도 책 내용의 최신성을 유지하였다는 안도와 기쁨을 가지게 되었다. 모쪼록 법학개론서 중에서도 가장 많은 사랑을 받는 나름의 노력과 이유가 지속될 수 있도록 하겠다는 다짐을 새로이 하게 된다.

이번에도 3월 학기에 맞추어 개정판을 발간하게 되어 기쁘게 생각한다. 비대면 강의를 하게 되면 강의준비를 위한 시간과 노력이 줄어든다는 것이 일반적인 생각인데, 비대면 강의에서 실수가 있으면 이러한 실수가 영상과 기록으로 영구히 남게 된다는 생각에서 교수들은 강의준비에 더욱 신경을 쓰게 된다. 그리고 녹화 혹은 녹음강의든 실시간 강의든 촬영과 편집을 대부분 직접 해야 하기 때문에, 장비와 기술의 미비나 편차를 보완하기 위한 노력도 하게 된다. 이러한 대학의 비대면 강의 환경에서도 책의 개정작업에 시간을 내주신 공저자 여러분께 각별히 감사의 인사를 전한다. 또한 매년 책의 개정작업을 독려하고 지원해주신 박노일 대표가 2021년 초에 한국출판협동조합 이사장으로 선출되는 경사가 있었다. 출판시장의 위축과 전자책 등장, 독서환경의 변화 등 도전적 요소가 많은 출판환경, 그럼에도 불구하고 지식기반사회의 기초는 역시 어떠한 형태의 것이든 책이 될 수밖에 없다는 점을 생각하면서, 30년 이상 경력의 출판인으로서의 전문성과 열정으로 대한민국의 지식산업의 중요한 한 축인 출판분야의 발전에 새로운 에너지를 불어넣을 것으로 기대한다. 또한 출판사를 총괄하게 된 김중용 대표의 격려와 지원에 감사하고 심성보 이사의 변함없이 성실한 편집작업에도 감사를 드린다. 그리고 이 책으로 대학에서 강의를 해주시는 교수님들께도 감사를 드리고, 로스쿨 입시 준비생들에게 좋은 강의를 해 주시는 메가 로스쿨의 마이클장 교수께 감사의 말씀을 전하며, 이 책으로 로스쿨을 준비하는 학생들에게는 좋은 결과가 있기를 기원한다.

2022. 1

집필자를 대표하여

홍완식

제 8 판 머 리 말

2020년은 코로나가 우리 모두의 일상을 바꾸어 놓은 한 해였으며, 전염병 감염의 위험과 공포는 물론이고 현재의 생활과 미래의 전망이 예측불가능한 한 해였다. 기업환경과 노동여건은 물론이고 소비생활과 일상의 방식은 크게 달라졌다. 전대미문(前代未聞)이라고 흔히 표현되는 상황에서 국가의 정책과 경제는 물론이고 개인의 삶의 방식도 크게 달라졌으며, 대학에서의 강의방식은 물론이고 강의내용도 코로나의 영향을 크게 받았기 때문에 교수와 학생들은 무척 혼란스러웠다고 할 수 있다. 비대면 강의라는 상황에서의 여러 제약과 한계가 있지만, 비대면 강의에 적응하고 나아가 비대면 강의의 특성과 강점을 활용하는 것은 앞으로 교수와 학생 모두의 과제라고 본다. 법학개론도 코로나가 지나간 소위 '뉴 노멀' 환경에서 이러닝을 하기에 편한 형태의 교재로 시도해 볼 것을 생각하고 있다.

이번 8판 개정에는 각 부분별로 개정 법령과 최신 판례를 수정·보완하는 개정작업이 이루어졌으며 전반적으로 윤문과 교정작업이 이루어졌다. 헌법 부분에서는 몇 개의 대표판례가 헌법재판소의 최신 판례로 보완되었는데, 헌법불합치 결정을 받은 낙태죄에 대한 입법시한인 2020년 12월 31일이 지나도록 입법이 되지 못하고 2021년 2월 현재 논란만 계속되고 있어서 보완입법을 책에 반영하지는 못하였다. 강의하시는 교수님과 학생들이 보완입법의 방향성을 논의해 보는 것도 유익하다고 본다. 형법 부분에서는 몇 군데의 보완작업과 문구 수정이 있었고, 상법 부분에서는 2020년 개정에 의해 모회사 주주가 자회사의 경영진을 상대로 대표소송을 제기할 수 있는 다중대표소송제도가 도입되었다는 내용과 감사 및 감사위원회 관련 규정의 개정내용이 추가되었다. 노동법 부분에서는 직장내 괴롭힘, 연차유급휴가, 최저임금, 체당금 제도에 관한 근로기준법과 임금채권보장법 등의 최신 개정 사항이 반영되었다, 또한 배우자 출산휴가에 관한 남녀고용평등과 일·가정 양립지원에 관한 법률상의 개정내용도 반영되었다. 경제법 부분에서는 2020년 12월에는 공정경제의 확립을 목적으로 독점규제 및 공정거래에 관한 법률(약칭 독점규제법)의 전부개정이 이루어진 결과, 기업결합기준, 지주회사 지분율 규제의 강화 등관 관련한 내용이 추가되었다. 사회보장법 부분은 이번 개정에서 내용이 대폭 추가되었는데, 관련 판례가 추가되고 최근의 법령개정 내용이 반영되었으며, 실제적인 사례가 제시되어 서술의 구체성이 강화되었다. 형사소송법 부분에서는 수사권 조정과 관련된 형사소송법과 검찰청법의 개정내용이 추가되었고, 이와 더불어 법률 제정을 통해 신설된 고위공직자범죄수사처와 관련된 내용도 추가되었으며, 간통죄와 관련된 사례를 포함한 일부 사례와 판례가 추가되었다. 민사소송법 분야에서도 또한 개정 법령과 최신 판례가 반영되었다. 제8판의 개정내용을 종합하면, 전반적으로 최근의 중요한 판례를 추가하고 최신 법령개정을 반영하였으며 이해하기 쉽도록 설명을 보완하였다고 할 수 있다.

2013년에 초판이 발간된 이후에 매년 개정판이 발간되고 있는 점을 다시 한 번 기쁘고 감사하게 생각한다. 그리고 비대면 강의가 진행되어 준비할 일이 더욱 늘어난 상황에도 불구하고 개정작업을 해주신 저자 선생님들께 감사드리며, 개정판을 발간하는 수고와 지원을 아낌없이 해주신 박노일 대표과 심성보 이사께 감사를 드린다. 또한 이 책으로 로스쿨 입시 준비생들에게 좋은 강의를 해 주시는 메가로스쿨의 마이클장 교수께 감사를 드리고, 로스쿨을 준비하는 학생들이 원하는 목표가 좋은 성적으로 달성되기를 기원한다. 그리고 대학에서 이 책으로 강의를 해주시는 여러 교수님들께도 감사의 마음을 전하고, 이 책을 통해 법학을 접하고 배우는 학생들에게는 건강과 행운을 기원한다.

2021. 1

집필자를 대표하여

홍완식

제7판 머리말

국회의 의안정보시스템에 나타난 자료에 의하면 2016년 5월 30일에 제20대 국회가 개원한 이래로 3년이 되는 시점인 2019년 5월 말에 국회에 제출된 법률안은 이미 2만 건이 넘었다. 제19대 국회에 제출된 법률안 17,822건도 많다고 하였는데, 제20대 국회에서는 더욱 많은 법률안이 제출되었으며, 이는 외국의 의회에서 유사한 사례를 찾아보기 어려울 정도로 매우 많은 숫자이다. 제20대 국회의 임기가 아직 1년이 남았다는 점을 감안하면, 이렇게 많은 법률안 발의건수는 기네스북에 등재될 가능성도 있지 않을까 할 정도로 매우 많은 것이다. 제19대 국회에서 폐기된 법률안이 만 건이 넘었으니, 제20대 국회에서 폐기될 법률안은 그보다 더욱 많을 것으로 예상되고 있다.

제18대 국회는 동물국회라고 칭할 정도로 국회에서 무질서와 폭력이 난무했지만 제19대 국회에서는 그러한 소동이 없었기에 '국회선진화법' 덕분에 국회가 '선진화'되었는가 했는데, 2019년 4월에 국회에서 벌어진 무질서와 폭력을 보면서 국민들의 국회에 대한 기대와 신뢰는 여지없이 무너지고 말았다. 국회에서 만든 법률이 우리 법체계의 가장 중요한 부분을 차지하고, 국민들의 일상은 소소한 것에서부터 중요한 것이 이르기까지 이러한 법률에 의하여 영향을 받는다. 그렇게 중요한 법률이 제대로 만들어지고 있는 것일까라는 의문을 국민들은 가질 수밖에 없다. 협상결렬과

장외투쟁 등으로 국회가 장기간 열리지 않다가, 어느 날은 국회 본회의에서 하루에 200건 가까이 법률안이 가결되었다는 소식을 듣기도 한다. 국회의원들은 자기들이 투표하는 법률안의 내용을 알기나 하는 것일까라는 의문마저도 국민들은 갖게 된다.

법률을 발의하기 전에 헌법적합성을 검토하고 다른 법률과의 모순이나 충돌이 생기지 않도록 법체계를 고려하며, 제정·개정되는 법률로 인하여 불합리한 규제가 생기지는 않는지 불필요한 비용이 생기지는 않는지를 점검하여야 한다. 법률안을 많이 발의하는 것이 능사가 아니라 좋은 법률안을 발의하여야 한다. 이렇게 법률안 발의건수가 많아서는 어느 법률안을 우선 처리하여야 하는지에 대한 우선순위 조정조차도 어렵다. 즉, 현재의 국회 입법시스템으로는 법률안에 대한 옥석구분이 곤란하다는 것이며, 이러한 문제점을 일정 부분 해소하기 위한 방안이 입법영향분석제도의 도입이다. 입법영향분석제도를 도입하기 위한 나름의 법률안은 제19대 국회에 이어 제20대 국회에도 발의되어 있지만, 2만 건이 넘는 법률안 속에 존재감도 없이 묻혀 있다. 2012년에 개정된 국회법을 '국회선진화법'이라고 부르게 된 작명(作名)의 이유를 한 번 생각해 볼 필요가 있다.

이번 7판 개정에는 헌법, 형법, 상법, 노동법, 민사소송법 분야의 개정 법령과 최신 판례가 반영되었다. 그리고 2013년에 초판이 발간된 이후에 매년 개정판이 발간되고 있는 점을 기쁘고 감사하게 생각한다. 매년 개정판이 발간되고 있다는 것은 책의 최신성이 유지되고 있다는 것이고, 많은 독자가 이 책을 읽어주고 있다는 의미이기 때문에 그렇다. 강의와 연구에 분주함에도 불구하고 매년 시간을 내어주시고 수고를 해주시는 공저자 선생님들께 감사드리고, 여러 명의 저자를 독려하여 개정판을 내는 것이 현실적으로 쉽지 않은 일임에도 수고와 지원을 해주시는 박노일 사장과 심성보 이사께 특별히 감사를 드린다. 또한 이 책으로 로스쿨 입시 준비생들에게 좋은 강의를 해 주시는 메가로스쿨의 마이클 장 교수께 감사를 드리고, 로스쿨을 준비하는 학생들이 원하는 목표가 좋은 성적으로 달성되기를 기원한다.

2019. 6

집필자를 대표하여

홍완식

제6판 머리말

교수신문이 응답교수 34%의 선택에 힘입어 2017년의 사자성어로 파사현정(破邪顯正, 사악한 것을 부수고 바른 것을 드러냄)을 선정하는 데 참여를 하였다. 나머지 사자성어 후보군이었던 해현경장(解弦更張, 거문고의 줄을 새것으로 고쳐 맴, 18.8%), 수락석출(水落石出, 물이 빠지자 바닥의 돌이 드러남, 16.1%), 재조산하(再造山河, 나라를 다시 만듦, 16%)도 비슷한 의미와 맥락을 지닌 것이었다. 그간 교수신문이 해마다 선정한 사자성어는 2001년 오리무중(五里霧中, 깊은 안개 속에서 길을 찾기 어려움), 2002년 이합집산(離合集散, 헤어졌다가 모였다 함), 2003년 우왕좌왕(右往左往, 이리저리 왔다 갔다 함), 2004년 당동벌이(黨同伐異, 한 무리에 속한 사람들이 다른 무리의 사람을 배격함), 2005년 상화하택(上火下澤, 불이 위에 놓이고 못이 아래에 놓인 모습으로 사물들이 서로 이반하고 분열함), 2006년 밀운불우(密雲不雨, 하늘에 구름만 빽빽하고 비가 되어 내리지 못함), 2007년 자기기인(自欺欺人, 자신을 속이고 남을 속임. 자신도 믿지 않는 말이나 행동으로 남까지 속이려 함), 2008년 호질기의(護疾忌醫, 병을 숨기면서 의사에게 보이지 않음), 2009년 방기곡경(旁岐曲逕, 샛길과 굽은 길. 일을 바르게 하지 않고 그릇된 수단을 써서 억지로 함), 2010년 장두노미(藏頭露尾, 머리는 겨우 숨겼으나 꼬리가 드러남. 진실을 공개하지 않고 숨기려 했지만 거짓이 드러나 보임), 2011년 엄이도종(掩耳盜鐘, 귀를 막고 종을 훔침. 나쁜 일을 하고 남의 비난을 듣기 싫어 귀를 막지만 소용이 없음), 2012년 거세개탁(擧世皆濁, 온 세상이 혼탁한 가운데서는 홀로 깨어있기가 쉽지 않음), 2013년 도행역시(倒

行逆施, 순리를 거슬러 행동함), 2014년 지록위마(指鹿爲馬, 사슴을 가리켜 말이라 함), 2015년 혼용무도(昏庸無道, 나라 상황이 마치 암흑에 뒤덮인 것처럼 온통 어지러움), 2016년 군주민수(君舟民水, 백성은 물이고 임금을 배로 비유하여 강물이 배를 뜨게 하지만 강물이 배를 뒤집을 수도 있음) 등이다. 한 해를 평가하거나 상징하는 사자성어를 선정함에는 다양한 의견들이 있겠지만, 그간의 사자성어를 돌아보면 나름의 이유를 생각하게 되고 고개를 끄덕이게 된다.

법의 기본원칙이라고 할 수 있는 법치주의는 국민에게보다는 정치인과 공무원들이 명심해야 할 원칙이다. 법치주의 원칙이 형성된 근대 이전에도 백성들은 법을 지켜야만 했다는 사실을 생각해 보면, 주권자인 국민에 의하여 위임된 권한을 행사하는 정치인과 공무원들은 법에 정해진 대로만 권한을 행사하여야 한다는 것이 법치주의의 원칙인 것이다. 파사현정을 법적인 의미에서 생각해 보면 그렇다. 당신들은 통치자가 아니라 봉사자들이다! 그것도 국민들이 내는 세금으로 월급을 받는다는 사실을 명심해서, 정직하고 성실하게 열심히 일해야 한다!

2013년에 초판이 나온 이후로 매년 개정판이 발간되었고, 이번에 6판을 발간하게 되었다. 6판이 발간되기까지 독자들로부터 좋은 반응들이 있었던 점은 더욱 발전시켰고, 부족한 점은 점차 개선을 하여 왔다. 특히 6판 개정에 있어서는 헌법, 민법, 노동법, 민사소송법을 중심으로 하여 개정된 법령과 새로 나온 판례를 반영하였다. 우선 이 책으로 강의를 해주시는 여러 대학의 교수들께 지면으로나마 감사를 드린다. 특히 로스쿨 입시를 준비하는 학생들에게 도움이 될 수 있도록 이 책으로 좋은 강의를 해 주시는 메가로스쿨의 마이클 장 교수께 감사를 드린다. 또한 6판 개정작업에 있어서도 많은 수고를 해주신 박노일 사장과 심성보 이사께 감사를 드린다.

2018. 1

집필자를 대표하여

홍완식

제5판 머리말

법률가의 업무와 역할은 전통적으로 법의 해석과 재판에 관한 것이었다. 그러나 법률가는 '이미 만들어진 법률'에 대한 해석에만 관심을 둘 것이 아니라, '법률을 만드는 일'에도 역할을 확대할 필요가 있다. 법이 잘 만들어져야 법학의 전통적 역할인 법해석도 바르게 될 수 있기 때문이다. 국가의 운영을 개선하거나 민생을 증진하는 법률은 만들어지지 않고, 불필요해 보이는 법률은 많이 만들어진다는 세간의 비판이 있다. 또한 재원에 대한 심각한 고려 없이 복지를 확대하는 법률이 만들어진다는 비판도 있다. 이른바 '과잉입법'이나 '선심입법'에 대한 경계가 있는 것이다. 나아가서 정치적이나 이념적으로 민감하지만, 필요한 입법이 대립과 갈등으로 만들어지지 못한다는 비난도 있다. 이른바 '입법교착' 혹은 '식물국회'에 대한 경계도 있는 것이다. 이와는 반대로, 다수의석을 점하고 있는 정당이 다수결에만 의지해 일방적으로 법안을 처리하고자 하는 경우도 있다. 이른바 '폭력국회' 혹은 '동물국회'라는 조롱을 받는 경우이다. 국회폭력이나 입법교착을 막기 위해 개정된 국회법에는 '국회선진화법'이라는 별칭을 붙여서 희망을 담아본 적도 있지만, 입법을 담당하는 국회에 대한 신뢰는 좀처럼 높아지지 않고 있다.

2017년 2월 현재 우리나라의 현행 법률은 1,397건이고 시행령과 시행규칙 등을 합하면 4,644건이다. 광역지자체의 조례와 규칙은 48,399건과 24,334건이고, 기초지자체는 각 245,820건과 108,176건이다. 이외에도 행정청 및 지자체의 하위규범들도 많이 만들어져 있다. 따라서 이렇게 많은 법률·행정입법·자치입법이 필요한 것이며 제대로 만들어진 것일까라는 의문이 제기될 수 있다. 헌재가 1988년부터 지난해 말까지 내린 위헌 및 헌법불합치 결정이 670건을 넘어선 것을 보면 법령의 입법에 더욱 신중해야 할 필요가 있음을 알 수 있다. 법률을 입법하는 일은 법률을 집행하는 행정작용이나 법률을 해석·적용하는 사법작용에 비하여 대단히 중요하다. 법령의 입법에 미비가 있거나 오류가 있다면, 법령의 집행이 곤란해지고 재판에서도 입법적 미비와 오류가 시정되기는 어렵기 때문이다. 변호사협회나 법원에서 법령을 직접 입법할 수는 없지만, 불필요하고 위헌적이고 불합리한 법령이 만들어지는지를 지속적으로 모니터링할 필요가 있다. 요즈음의 법률가에게는 특히 이러한 입법적 과제도 주어져 있는 것이다.

2013년에 초판이 발간된 이후에 매년 개정판이 발간되었고, 이번에 5판을 발간하게 되었다. 이번 개정에서는 각 분야별로 개정된 법령과 새로 나온 판례를 반영하였다. 5판 개정에 있어서도 많은 수고를 해주신 박노일 사장과 심성보 이사께 감사를 드린다.

2017. 2

집필자를 대표하여

홍완식

제4판 머리말

법치주의를 국가의 조직과 운영의 원칙으로 하고 있기 때문에, 법의 입법과 법의 해석은 대단히 중요하다. 정치나 경제가 법에 의하여 움직여지고 있으며, 개인과 가족의 모든 일상생활도 법의 테두리 안에서 움직여지고 있다. 정당이 해산되는 것에서부터 대형마트의 문을 닫는 시간도 법의 입법이나 법의 해석에 의해서 좌우된다. 세금을 납부하거나 환급받는 것은 물론이고 최저임금을 보장받거나 주택임대보증금을 돌려받는 것도 법의 테두리 내에서 행해진다. 결혼과 이혼은 물론이고 태어나거나 죽는 것도 법이 정한 요건과 절차에 의해서 행해진다. 더 나아가서 사망했는지 아닌지를 판단하는 것도 법과 무관치 않으며, 연명치료를 계속해야 한다거나 중단해 달라는 것도 법에 의하여 행해진다. 법의 변화에 따라서 배우자 있는 자의 간통행위가 처벌받기도 하다가 처벌을 받지 않기도 하며, 남자가 여자가 되기도 하고 여자가 남자가 되기도 한다. 법은 한 개인의 생명과 재산을 보호하기도 하지만, 법은 한 개인이 가지고 있는 것을 박탈하기도 한다. 언젠가부터는 개의 목줄을 강제하고 용변을 치우게 하며, 이를 어기면 과태료를 물린다. 법은 이렇듯 어느 곳에나 있고 무슨 일에든 간섭한다. 근대국가의 이상이 도둑을 막고 치안을 담당하는 야경국가라 한다면, 현대국가의 이상은 슈퍼맨처럼 국민들의 모든 일에 간섭하는 적극국가라 할 수 있다. 따라서 법에 관한 기본적인 정보와 지식은 선택이 아니라 필수가 되었다. 이 책이 바로 독자들에게 법에 관한 기본적인 정보와 지식을 접할 수 있는 개론서가 되었으면 하며, 개별의 법분야로 보다 쉽게 다가갈 수 있는 법의 입문서로서 작용하였으면 하는 저자들의 처음의 마음에 변함이 없다.

이 책이 2013년에 초판이 나온 이후로 매년 개정판이 발간되었고, 이번에 4판을 발간하게 되었다. 4판이 발간되기까지 책의 구성과 내용이 안정되었다고 자평할 수 있다. 그동안 독자들로부터 좋은 반응들이 있었던 점은 더욱 발전시켰고, 지속적으로 오탈자를 수정하고 표현을 개선하였다. 이번의 개정에 있어서는 헌법, 상법, 노동법, 민사소송법을 중심으로 하여 개정된 법령과 새로 나온 판례를 반영하였다. 경직된 이론에만 치우치지 않고 구체적인 사례를 제시하여 가독성을 높이려는 초심을 잃지 않기 위하여 이번에도 노력하였다. 특히 이 책이 로스쿨 입시를 준비하는 비법학도들의 리걸마인드 훈련을 위한 필독서가 되기까지 물심양면으로 도움을 주신 메가로스쿨의 마이클 장 교수께 깊은 감사를 드립니다. 또한 4판 개정작업에 있어서도 많은 수고를 해주신 박노일 사장과 심성보 이사께도 감사를 드립니다.

2016. 1

집필자를 대표하여

홍완식

제3판 머리말

지난 2014년은 4월에 발생한 세월호 사고로 인한 충격과 슬픔이 온 국민들을 지배한 한 해였다. 세월호 사고 이외에도 크고 작은 사고가 일어날 때마다, 법령과 제도를 개선해야 한다는 목소리는 빠지지 않았다. 일반국민들은 물론이고 각 분야의 전문가와 공무원과 학자들도 이와 같은 대형 참사의 재발을 막을 수 있는 법령과 제도에 대하여 많은 고민을 하였다. 국민의 기본권으로서 안전권을 보장해야 한다든가 안전을 위한 법령을 정비해야 한다는 논의가 그 어느 때보다도 많았다. 연초에 타계한 독일의 사회학자 울리히 벡(Ulrich Beck)이 제시한 위험사회론은 지난해 우리나라에서 특별히 주목을 받았다. 현대사회의 산업화와 근대화 과정이 위험사회를 낳는다는 주장에 더하여, 이를 성찰하지 않는 경우에는 재앙사회로 나아갈 수 있다고 경고하기도 하였다. 세월호 사고나 성수대교 사고 또는 삼풍백화점과 같은 대형사고의 재발을 막기 위해서는 우리 모두의 인식과 행동이 변하기도 해야 하지만, 법령과 제도가 보완되어야 한다는 점에 우리 모두는 공감한다. 우리의 모든 일상은 법과 관련되지 않는 것이 거의 없으며, 대형사고의 효과적 예방과 신속한 수습도 법과 밀접히 관련되어 있다. 우리가 법을 배워야 하고 법을 잘 알아야 하는 이유 중의 하나이기도 하다. 필요한 입법을 국회에 요구하기도 하고, 법령이 엄격히 집행될 수 있도록 정부를 감시하기도 해야 한다. 통치(government)가 아닌 협치(governance)의 가치가 강조되는 현대사회에서는 성숙한 시민들의 적극적인 참여가 필요하고, 성숙한 시민들은 국가작용의 시스템을 이해하여야 한다. 법은 국가작용의 기본적인 규칙이다.

법학개론서 초판을 기획하면서 필진들이 추구한 방향성은, 방대한 법학분야를 빠짐없이 조감하기도 하면서 관련된 사례와 판례를 제시하여 가독성을 높이고자 하는 것이었다. 법학을 처음 공부하는 사람에게 입문서의 역할을 하면서도, 법학 각 분야의 중요한 논점과 내용들을 포괄하는 종합서로서의 기능을 할 수 있도록 하려는 취지라고 할 수 있다. 그동안 초판과 개정판을 발행하면서 부족하나마 우리 필진들의 의도가 반영되었고, 서술과 용어 등에 있어서도 통일성과 체계성을 보완하려 노력하였다. 이번의 3번째 개정작업에 있어서는 각 분야별로 최신 판례와 법령 등을 보완하는 데 주력하여, 정보의 최신성을 확보하고자 노력하였다. 이번 개정작업에 있어서도 좋은 책을 만들기 위해 노력해 주신 피앤씨미디어의 박노일 사장과 심성보 이사께 감사한다.

2015. 2

집필자를 대표하여

홍완식

제2판 머리말

법제처의 법령통계에 의하면 우리나라에는 2014년 2월을 기준으로 총 4,350건의 법률과 시행령, 시행규칙 등이 시행되고 있다. 또한 국회의 국회정보시스템에 의하면 2013년 5월 말에 제19대 국회가 개원한 이후 2014년 2월까지 약 8,900건의 법률안이 국회에 제출되었다. 그런가 하면 각급 법원에서는 하루에도 수많은 판결이 내려지고 있고, 지방자치단체의 현행 조례와 규칙은 5만 건을 훌쩍 넘어섰다. 우리는 이른바 법령과 판결의 홍수 속에 살고 있으며, TV와 신문을 비롯한 대중매체와 법관련 인터넷 사이트에서는 많은 법률정보가 제공되고 있다. 과거와 같이 법률정보가 부족하기 때문에 문제가 아니라, 떠돌아 다니는 수많은 법률정보의 홍수 속에 살고 있는 점이 오히려 문제일 수 있다. 또한 수많은 법령은 자주 개정되기 때문에 법령의 최신성이 확인되어야 하고, 판결도 번복되는 경우가 있기 때문에 판결의 정확성도 확인되어야 한다. 이러한 법생활의 다이내믹한 상황 속에서 우리에게 필요한 것은, 정리되지 않은 많은 정보보다는 체계화된 법학의 기본지식이 필요하다고 여겨진다. 법학의 기본체계와 기본지식을 어느 정도 알고 있으면, 법령과 판결 등의 의미와 내용을 훨씬 용이하게 파악할 수 있기 때문이다. 또한 일상생활을 하건 직장이나 사업과 관련된 업무를 하건 간에, 기본적인 법률지식이 있어야 일상생활의 곤란함을 피할 수 있고 직장이나 사업에 있어서도 업무효율이 배가될 수 있다. 법을 브레이크가 아닌 엔진으로 활용할 수 있는 것이다. 우리 공저자들의 인식

속에는 이러한 목적으로 이 책이 활용되었으면 하는 기대가 있다.

초판이 발간된 이후에 좋은 반응들이 있었고 힘찬 격려가 있었다. 또한 몇 가지 가독성을 높이기 위한 개선사항들도 있어서 이러한 점을 이번 개정판에 반영하게 되었다. 각 분야별로 개정된 법령과 새로 나온 판례를 반영하여, 최신성을 유지하고 정확성을 높이기 위한 작업이 겨울방학 중에 이루어졌다. 개론서로서의 역할을 높이기 위하여 보다 압축적인 서술이 되도록 노력하였고, 구체적인 사례를 추가하기 위해서도 노력하였다. 모쪼록 이 책이 독자들에게 유익하게 활용되었으면 한다.

2014. 2

집필자를 대표하여

홍 완 식

머 리 말

근래에 미얀마·케냐·멕시코를 다녀오기도 하였고, 미국·일본·독일을 다녀오기도 하였다. 우연이기는 하지만, 이들 국가는 민주주의와 법치주의를 향해 노력하고 있는 국가들과 민주주의와 법치주의의 모범으로 여겨지는 국가들의 대칭적인 조합으로 볼 수 있다. 후자는 민주주의와 법치주의를 통해 정치적 안정과 함께 경제적 안정을 달성한 국가들이요, 전자는 정치적으로나 경제적으로나 나름대로의 부단한 노력을 하고 있는 국가들이다. 정치체제의 관점에서는 물론이고 법학적인 관점에서 볼 때, 이들 국가의 차이는 헌법이나 행정법 및 형법 등의 공법분야에만 한정되지 않는다. 토지나 건물에 대한 소유 또는 이용관계, 부동산 개발법제, 외국인 투자법제, 회사법, 조세법, 노동법, 경제법 등이 예측가능성 있게 규율되어 있는지, 합리적인지, 이른바 현대 자유민주주의 국가의 '글로벌 스탠다드'에 적합한지 등 '국가의 총체적인 시스템'에서 현격한 차이가 있는 것을 발견할 수 있다. 법치국가 원리에 기반을 두고 있는 우리나라의 경우에도 '국가의 총체적인 시스템'은 각종 법령에 근거하고 형성되고 작동되고 있으며, 정치적으로나 경제적으로나 우리나라는 어느 정도의 목표를 달성하였다고 평가할 수 있다. 결과적으로 보면, 법분야의 발전과 정치·경제·문화의 발전은 동행을 한다고 말할 수 있다. 양자 사이의 비대칭성이 발견되는 경우는 그리 많지 않아 보인다.

미국·일본·독일 등의 법학개론서는 그 나라의 특징과 역사성을 반영하고 있기는 하지만, 일정한 보편성을 지니고 있기도 하다. 법학개론을 다년간 강의한 각 분야의 저자들이 모여서, 모범적인 법학개론서를 만들기로 하였다. 국내에서 출간된 기존의 법학개론서의 장점들을 아우르고, 독일이나 미국 및 일본에서 출간된 법학개론서들을 참조하여 내용이 충실하고 보기에 편한 책을 만들고자 노력하였다. 이러한 노력들이 어느 정도 달성되었는가는 온전히 독자들의 몫이지만, 저자들 나름대로는 책의 완성도를 높이기 위한 시간과 노력이 있었다. 법학개론에 관한 책들이 대동소이하지만 나름대로의 특징과 장점을 지니고 있기도 하다. 이 책을 기획하면서 추구했던 방향성은, 방대한 법학분야를 빠짐없이 조감하기도 하면서 관련된 사례와 판례를 제시하여 가독성을 높이고자 하는 것이었다. 법학을 처음 공부하는 사람에게 입문서의 역할을 하면서도, 법학 각 분야의 중요한 논점과 내용들을 포괄하는 종합서로서의 기능을 할 수 있도록 꾸미고자 하였다. 이 책이 독자들에게 법학입문서와 법학분야의 조감도로서의 역할을 할 수 있기를 기대한다.

끝으로 이 책을 출판할 기회를 주시고 여러 번거로운 일로 애써 주신 박노일 사장에게 감사한다. Publishing & Culture라고 명명한 출판사의 이름에 담겨 있는, 출판을 통한 문화적 가치를 우리 사회에 구현해 내는 출판사가 되기를 기대한다.

2013. 2

집필자를 대표하여

홍 완 식

J/U/R/I/S/P/R/U/D/E/N/C/

차 례

제 1 편 법의 기초이론

제 1 장 법의 개념

제 2 장 법의 목적

제 3 장 법 원

제 4 장 법의 분류

제 5 장 법의 효력

제 6 장 법의 제재

제 2 편 공 법

제 7 장 헌 법

제 8 장 행정법

제 9 장 형 법

제 4 편 사회법

제13장 노동법

제14장 경제법

제15장 사회보장법

제 5 편 소송법

제16장 형사소송법

제17장 민사소송법

J/U/R/I/S/P/R/U/D/E/N/C/E

PART 1 법의 기초이론

제1장

법의 개념

제1절 법이란 무엇인가?

우리는 일상생활을 살아가면서 항상 법의 적용을 받고 있다. 그럼에도 불구하고 '법'이 무엇인지에 대해서는 아직도 명확한 답을 가지고 있지 않다. 영국의 법철학자인 하트(H. L. A. Hart)는 "우리가 코끼리를 보면 그것이 코끼리인 줄은 쉽게 알지만 코끼리란 무엇인지를 설명하기 어려운 것과 같이 법의 개념을 정의내리는 것은 어려운 일이다"라고 하였다. 또한 칸트(I. Kant)도 '하나의 정의를 내리는 것은 아름다우나 때로는 매우 어려운 일이다. 법학자는 아직도 법의 개념을 찾고 있다'고 이야기하였다. 그만큼 법의 개념을 일의적으로 정의하는 것이 어렵다는 의미일 것이다.

법을 이해하기 위해서는 먼저 법이 무엇인지 알아야 할 것이다. 그러나 이는 법의 개념 또는 본질에 관한 물음에 답하는 것으로 법학연구의 가장 궁극적 문제이자 목적이라고 할 수 있다. 일찍이 법철학자 '치펠리우스(Zippelius)'도 "법개념 없이는 법 속에 들어갈 수 없지만, 그러나 법개념은 법을 알고 난 후에 비로소 형성될 수 있다"고 하였다. 즉, 법의 개념을 이해하는 것이 가장 처음에 필요한 공부이지만, 진정한 법의 개념을 이해하기 위해서는 먼저 법을 알아야 한다는 것이다. 따라서 이제 법학 공부를 시작하는 단계에서 법의 개념 및 본질에 대해 본격적으로 연구하는 것은 불가능하며, 지금까지 논의된 내용들을 바탕으로 대략적인 의미의 법을 이해하는 것이 필요하다.

1. 법의 어원

동양에서 '법(法)'이라는 문자는 본래 '법(灋)'으로 쓰여졌었다. '법(灋)'은 '물 수(水)'와 '갈 거(去)' 및 전설적 동물 해태를 의미하는 '치(廌)'가 합쳐진 단어이다. '해태(廌)'는 잘잘못을 가리거나 좋고 나쁨을 판단할 줄 아는 전설적인 동물이다. 중국의 묘족(苗族)이 신의재판(神意裁判)을 할 때 해태를 재판석에 세워두면 죄가 있는 사람을 정확히 구별하여 외뿔로 들이받아 물에 빠뜨린다는 설화에서 유래된 것이라고 한다. 이러한 글자의 어원을 통해 볼 때, 법이란 '물(水)'과 같이 공평하며 옳고 그름을 구별하여 옳지 않음을 '제거(去)'하는 것을 의미한다고 할 수 있다.

서양의 경우 '법(law, droit, recht)'이라는 말은 그리스어 'nomos'에서 유래되었다고 한다. 'nomos'는 인위적으로 만들어진 것을 의미하는 단어로, 자연적으로 만들어져 인위적인 요소가 개입될 수 없는 자연질서인 'physis'와 대립되는 개념이다. 즉, nomos는 인간이 인위적으로 만든 사회, 법률, 도덕, 종교 등을 의미하던 용어이다. 최초의 nomos는 헤라클레이토스(Herakleitos, BC 544~484)가 자연의 합법칙적인 질서를 의미하는 용어로 사용하였다. 이후 '소피스트(Sopihist)'가 physis와 대립되는 개념으로서, 인위적으로 만들어진 관습이나 법률 등을 의미하는 용어로 사용되었다.

2. 법의 개념

오래전부터 우리는 법의 개념을 찾고자 노력하였으며, 시대마다 법의 개념들을 정의하여왔다. 소크라테스(Socrates, BC 470~399)는 "법을 정의라고 하면서 법은 개인적인 이해관계에서 나오는 것이 아니라 인간의 본성에서 나온다"고 하였다. 몽테스키외(C. Montesquieu, 1689~1755)는 '법은 사물이 갖는 본성의 필연적 관계이며 세계를 지배하는 인간의 이성'이라고 하였다. 또한 19세기 독일의 법학자인 예링(R. Jhering, 1818~1892)은 "법은 이익을 향한 목적의식의 산물이며, 목적은 법의 창조자"라고 하였다. 법이 이처럼 다양하게 정의되는 것은 법의 적용대상인 인간과 사회의 모습이 시대에 따라 다양하게 나타났고, 이에 따라 법도 다양한 모습으로 보여졌기 때문이다. 따라서 법을 하나의 개념으로 정의하는 것은 매우 어려운 일이다. 다만, 지금까지 논의되었던 내용들을 종합해 볼 때 법은 (ⅰ) 자연법칙이 아닌 규범, 그중에서도 사회규범이며 또한 (ⅱ) 강제규범이라는 점에 대해서는 대부분의 견해가 일치하고 있다. 즉, 법은 다양한 의미로 정의될 수 있지만 가장 일반적이고 보편적인 개념은 '강제력을 가지고 있는 사회규범'이라고 할 수 있다.

(1) 사회규범으로서의 법

인간이 살아가는 세상을 지배하는 법칙은 '자연법칙'과 '규범'이 있다. 자연법칙은 '해가 동쪽에서 뜬다', '물은 위에서 아래로 흐른다', '밤이 가면 아침이 온다'와 같이 필연의 법칙(Gesetz des Műssen)에 의해 지배받는 것을 의미한다. 이에 대해 규범은 인간이 사회생활을 하는데 있어 준수해야 할 준칙 내지 법칙을 의미한다. 즉, 인간사회를 유지하기 위해서는 구성원이 반드시 지켜야 할 원칙으로서, '사람을 살해하지 말아라', '약속은 반드시 지켜져야 한다'와 같이 인간 스스로가 만든 원칙과 약속을 의미한다.

이러한 규범은 개인규범과 사회규범으로 구분할 수 있다. 개인규범은 개인의 사생활과 관련하여 스스로 세운 원칙과 질서를 의미한다. 이에 대해 사회규범은 사회의 유지를 위해 사회구성원 모두가 지켜야 할 기본적인 원칙과 질서를 의미한다. 인류가 공동생활을 영위하는 사회는 이러한 규범이 없으면 유지되기 어렵다. 우리는 이러한 규범을 당위의 법칙(Gesetz des Sollens)이라 하며, 옳고 그름에 따라 하여야 할 것과 해서는 안될 것을 정하고 있다. 법은 인간이 살아가는 사회를 유지하기 위해 구성원 모두가 반드시 지켜야 할 것을 정하는 사회규범이라고 할 수 있다.

(2) 강제규범으로서의 법

사회규범을 강제력을 갖는 규범과 갖지 않는 규범으로 구분할 때, 법은 강제력을 본질적 요소로 하는 규범이다. 독일의 법학자 예링(Rudolf von Jhering, 1818~1892)은 '강제가 없는 법은 타지 않는 불꽃과 같다'고 하였다. 즉, 법은 준수하지 않는 경우 제재를 가함으로써 준수하도록 하는 강제력을 가지며, 이러한 점에서 켈젠(Kelsen, 1881~1973)은 '강제는 법의 본질적 속성'이라고 하였다. 법은 강제력을 갖는다는 점에서 다른 사회규범인 도덕, 관습 및 종교 등과 구분된다.

법의 강제성은 법을 지키지 않는 자에 대한 '제재(sanctions)'의 형태로 나타난다. 사회규범인 법률은 그 법률의 제정 목적을 달성하기 위해 사회 구성원에게 다양한 의무를 부과하고 있다. 이러한 의무를 위반하는 경우 법률의 목적을 달성할 수 없기 때문에 구성원들이 반드시 그 의무를 이행할 것을 강제하고 있는데, 그 구체적인 방법으로서 법에서 정한 내용을 위반하는 경우 일정한 제재를 부과하는 방식을 택하고 있다. 오늘날 그 제재는 사형, 징역 등 '형사적 제재'와 강제이행, 과징금, 과태료 등 '행정적 제재' 및 손해배상과 같은 '민사적 제재' 등으로 구분된다.

3. 법의 역할과 기능

현대사회를 살아가는 우리의 삶과 법은 밀접한 관련을 가지고 있다. 우리는 항상 법을 의식하면서 행위를 하고 있고, 법이 우리를 보호해줄 것이라는 믿음을 가지고 생활을 하고 있다. 이웃과 갈등이 생겼을 때도 항상 법에 기대어 문제를 해결하려 하고, 억울한 경우에는 법이 잘못되었다고 비난하기도 한다. 이처럼 법은 우리 사회에서 필수적인 요소이며, 법이 본연의 역할과 기능을 하지 못하는 경우 우리 사회는 혼란에 빠지게 된다. 그렇다면 우리가 법에게 기대하고 있는 역할과 기능은 무엇일까? 법의 기능과 관련하여 많은 논의가 있었으며, 그러한 논의들을 종합하여 볼 때 (i) 보장적 기능, (ii) 통제적 기능, (iii) 분쟁해결기능이 주된 법의 기능으로 이야기되고 있다.

(1) 법의 보장적 기능

로크(J. Locke, 1632~1704)는 "자신의 권리를 보다 효율적으로 누릴 수 있기 위해 법과 정부가 필요하다"고 말하였다. 즉, 법은 사회구성원인 개인의 권리를 보호하는 기능을 하고 있다. 실제 현대 법률의 경우에도 개인의 권리보호를 가장 중요한 기본원칙의 하나로 보고 있으며, 구체적인 법률을 통해 이를 실현하고 있다. 만일 타인의 행위로 인해 억울하게 자신의 권리가 침해당하는 경우, 이를 구제하기 위해 형사처벌이나 손해배상책임 등을 규정하고 있는 것도 바로 법의 보장적 기능의 발현이라고 할 수 있다.

특히, 법은 인간이기 때문에 당연히 누려야 할 기본적 권리인 인권을 보장하는 역할을 한다. 인간으로서의 존엄과 가치, 행복, 자유는 당연히 보장받아야 할 인권임에도 국가권력에 의해 침해받는 예가 많다. 인간은 오랜 시간 투쟁을 통해 개인의 존엄성과 인권을 확보하였고, 이를 항구적으로 보장하기 위한 방안으로서 법치주의를 선택하였다. 법치주의는 권력자의 자의적인 판단에 의한 통치를 배제하고, 사회 구성원이 사전에 동의한 법원칙에 의한 통치를 의미한다. 궁극적인 목적은 인권의 보호에 있으며 인권은 법치주의에 의해 보호받게 되는 것이다. 즉, 법은 인간의 기본적 인권을 비롯한 권리를 보장하는 역할과 기능을 수행하고 있는 것이다.

(2) 법의 통제적 기능

사회는 다수의 개인들로 구성되어 있으며, 모든 개인은 각기 나름의 목적을 가지고 생활하고 있다. 많은 사람들이 동일한 이해관계를 가질 수 없으며, 각각의 이해관계가 충돌하는 경우 갈등이 발생할 수밖에 없다. 따라서 개인의 권리라고 하여도 마음대로 하는 것은 허용되지 않으며 주변사람들과의 조화를 고려하여야 한다. 예를 들어 흡연이 개인의 권리라고 하여도, 많은 사람들이 밀집한 지하철 내부에서 담배를 피우는 것을 허용할 수는 없는 것이다. 이처럼 법은 개인의 권리라고 하여도 다른 사람들과의 조화를 고려하여 일정정도 통제를 하는 통제적 기능이 있다. 법의 통제기능은 개인뿐만 아니라 국가에 대해서도 적용되며, 특히 국가권력 행사의 남용에 대한 통제와 개인의 권리구제는 개인의 기본권보장과 직접 관련되는 문제이기도 하다.

법의 통제기능은 개인의 권리를 제한하는 결과를 가져올 수 있으므로 반드시 법적 근거가 필요하며, 질서유지와 공공복리를 위한 최소한의 범위 내에서 이루어지는 것이 필요하다.

(3) 법의 분쟁해결적 기능

다수의 구성원이 함께 살아가는 사회에서 구성원의 갈등이 발생하는 것은 필연적인 현상이다. 이러한 갈등이 원만하게 해결되지 않는 경우 전쟁과 같은 분쟁으로 확대되고, 결국은 사회 전체가 붕괴되는 결과를 가져올 수 있다. 법은 이러한 사회적 갈등을 원만하게 해결하고, 이를 통해 사회의 안정적 유지를 위한 분쟁해결적 기능을 담당하고 있다.

현대사회의 많은 법률들은 개인 간에 발생하였던 또는 발생가능한 갈등에 대해 기본적인 원칙을 정하고 있다. 이러한 원칙들은 분쟁을 사진에 예방하고, 또 분쟁이 발생된 경우 이를 해결하는 기준으로 활용되고 있는 것이다. 즉, 법은 강제력이 있는 사회적 규범으로서 분쟁해결을 위한 판단기준을 제시하고, 분쟁을 해결하는 심판기능을 갖게 된다. 구체적인 갈등이 발생하는 경우 사법부는 법에서 정하고 있는 기준에 근거하여, 소송이라는 절차를 통해 쌍방이 수용할 수 있는 합리적 판단을 내리게 되는 것이다.

한편, 국내적 문제는 이러한 사법적 해결로서 종결되지만 국제사회의 분쟁은 그 성격을 달리한다. 이와 관련하여 최근에는 국제적 분쟁의 해결도 일정한 원칙과 기준에 따라 효과적으로 해결하기 위한 노력들이 국제법의 영역에서 이루어지고 있다.

제2절 법과 다른 사회규범과의 관계

법은 사회생활을 규율하는 사회규범이다. 규범을 개인이 자신의 사생활을 위해 정하는 개인규범과 사회일반에게 적용되는 사회규범으로 구분할 때, 법은 사회규범에 해당한다고 할 수 있다. 사회의 규범이라는 점에서는 종교, 관습, 도덕 등과 일맥상통한다. 과거에는 법과 관습, 도덕 등이 명확하게 구분되지 않았으며 불가분한 상관관계가 있는 것으로 이해되었다. 예를 들어 모세가 계시 받은 십계는 그 자체가 도덕이면서 종교이자 법이었다. 또한 신라 화랑도의 세속오계도 도덕이면서 곧 법으로서 의미를 가지고 있었다. 그러나 사회가 복잡화되고 다원화되면서 법은 국가가 주체가 되는 영역이 되었고, 도덕과 관습, 종교규범은 사회적 영역으로 구분이 명확하게 되었다.

1. 법과 도덕

(1) 법과 도덕의 구별

법과 도덕은 사회에 대한 규범이라는 점에서는 동일하지만 법은 다른 사회규범으로부터 분리된 2차적 규범으로서 차이가 있다. 법과 도덕을 구분하고자 시도하였던 대표적인 학자로는 토마지우스(Thomasius, 1655~1728)를 들 수 있다. 토마지우스는 법과 도덕을 외면성과 내면성의 개념으로 구분하여 법은 인간의 외적 행위를, 도덕은 인간의 내적 행위를 규율대상으로 한다고 보았다. 또한 오스트리아 출신 법학자인 켈젠(H. Kelsen, 1881~1973)은 '법은 강제질서라는 의미에서 다른 사회질서와 구별된다'고 하였다. 이처럼 많은 학자들은 법과 도덕의 구분점을 제시하고 있는데, 이를 종합하여 정리하면 다음과 같다.

첫 번째로 법은 인간행위의 객관적인 외면을 규율하는 데 반해, 도덕은 인간행위의 주관적 내면을 규율한다. 토마지우스가 "사색은 누구도 벌을 가할 수 없다"고 한 것처럼 법은 외부에 나타난 행동만을 규율하고 마음속의 생각을 규제할 수는 없다. 그러나 도덕은 마음속의 생각도 통제의 대상으로 본다. 예를 들어 마음속으로 행한 '간음'도 도덕적으로는 부정한 행위로 판단을 하게 된다. 그러나 법의 경우도 고의나 선의와 같이 인간의 내면적 상황을 고려하는 경우가 많으며, 도덕도 인간의 외부적 행위를 어느 정도 규제한다는 점에서 이러한 구별이 절대적인 방법은 되지 못한다.

두 번째로 법의 경우에는 이유가 어떠하든 합법적으로 규정을 준수하면 족하다. 처벌이 무서워 법을 지켰다고 하여도 법적으로는 전혀 문제가 되지 않는다. 그러나 도덕은 겉으로 법을 지키는 것이 중요한 것이 아니라 내면의 양심적인 결정과정을 더 중요하게 고려한다.

세 번째로 법은 외부적인 힘을 요인으로 하는 타율성을 본질로 하는 것에 비해 도덕은 양심에 기초를 둔 자율성을 본질로 한다. 법은 기본적으로 국가기관에 의해 제정되게 되며, 외부적 강제력에 의해 의미를 갖게 된다. 그러나 도덕은 인간에게 내재하는 선에 대한 의지에 의해 형성되며, 외부적 강제와 관계없이 자신의 자율적인 판단에 따르는 것을 의미한다는 점에서 차이가 있다.

마지막으로 법은 항상 권리와 의무라는 양면성을 갖는 것에 반해 도덕은 개인에 대한 지시만을 의미하므로 일면성을 갖는다. 법의 경우 한쪽이 권리를 갖게 되면 반대편에는 그에 상응하는 의무를 부담하는 자가 존재하게 된다. 그러나 도덕은 자율적으로 부담하는 의무이므로 권리는 없고 의무만 있는 경우가 대부분이다.

(2) 법과 도덕의 관계

법과 도덕이 구별된다고 하여도 양자가 완전히 별개의 것으로 존재하지는 않는다. 경우에 따라서는 법과 도덕이 완전히 동일한 경우가 있다. 예를 들어 '살인하지 말라', '타인의 물건을 훔치지 말라'는 규범은 도덕이면서 곧 법이 되는 것이다. 법과 도덕이 모두 사회규범에 해당되므로 일치하는 경우가 생기는 것은 당연하다. 다만, 법은 강제력이 부과된다는 면에서 모든 도덕을 법으로 정할 수는 없다. 따라서 도덕 중에 반드시 지켜져야 할 최소한을 법으로 정하게 된다. 이러한 의미에서 옐리네크(G. Jellinek, 1851~1911)는 '법은 도덕의 최소한'이라고도 하였다. 또한, 도덕은 법의 타당성을 인정할 수 있는 근거이자 법의 목적과 이상으로서 작용하기도 한다. 법이 도덕에 반하는 경우에는 국민의 저항에 부딪치게 되며 법의 효력이 상실될 수도 있다.

2. 법과 관습

관습은 현실생활에서 동일한 행위가 장기간 반복 수행됨에 따라 무의식적으로 형성되는 사회생활의 준칙으로서, 사람들이 그것을 준수하는 것이 타당하다고 생각하는 것을 말한다. 즉, 법이 만들어지는 것인 데 반해 관습은 자연발생적으로 생성되는 것이라는 점에서 차이가 있으나 양자의 구별이 쉽지 않다. 뿐만 아니라 법과 관습의 중간 형태인 관습법도 존재한다. 관습법은 단순한 사실로서의 관습이 반복되어 사람들이 법으로서 인식하게 될 정도가 된 관습을 의미한다. 이러한 관습법은 사실상 법과 동일한 효력이 인정되는 경우가 있다. 예를 들어 우리 상법 제1조는 "상사에 관하여 본법에 규정이 없으면 상관습법에 의하고 상관습법이 없으면 민법의 규정에 의한다"고 정하고 있어, 관습법이 제정법인 민법보다 우선 적용되는 경우도 있다.

또한, 법은 강제가능성을 갖고 있는 것에 반해 관습은 인간의 자유의사에 따라 이행된다는 점에서 양자는 근본적인 차이점을 가지고 있다. 즉, 법은 국가에 의해 실천이 강제되지만, 관습은 현실생활에서 무의식적으로 발생하는 사회생활의 준칙이라는 점에서 구분된다. 그러나 개인의 내면을 규율하는 도덕과 달리 관습은 인간의 외면적 생활양태를 규율한다는 점에서 법과 밀접한 관련성을 가지고 있다. 오랜 시간을 걸쳐 형성된 관습 중 법으로 발전한 경우를 찾기는 어렵지 않다. 예를 들어 민법상 '전세제도'는 우리의 독특한 가옥임대방식인 '전세'를 법으로 수렴한 것이다. 또한 사실혼관계에 대해서도 법적으로 부부관계를 인정하는 경우도 볼 수 있다. 반면에 법과 관습이 충돌하는 경우도 적지 않다. 예를 들어 점포를 임차하는 경우 받는 '권리금'(상가건물임대차보호법 제10조의3 이하)의 경우 법적 권리는 아니지만 관습적으로 인정된다. 이에 따라 관습에 따라 권리금을 주장하는 자와 법에 근거가 없다는 이유로 권리금을 부정하는 당사자 간의 다툼이 발생하기도 한다.

3. 법과 종교

종교는 인간이 처한 어려운 문제 중 통상의 방법으로는 해결할 수 없는 죽음, 불안, 고통과 같은 문제를 초인간적인 신을 대상으로 하여 해결하기 위한 목적으로 발생한다. 이러한 종교는 개인적인 내심적 신앙을 기초로 절대자에게 귀의하기 위하여 종교에서 정하고 있는 일정한 규범의 준수를 요구하게 된다. 이러한 과정에서 성립된 종교적 규범은 국가권력에 의해 일정한 절차를 거쳐 제정되는 법과는 근본적인 차이점이 있다. 즉, 법은 국가권력에 의해 강제되는 타율적 규범인 것에 반해, 종교는 개인적 신앙에 따른 자율적 규범이라고 할 수 있다.

그러나 고대에는 법과 종교가 구분되지 않았으며, 종교적 교리가 곧 법으로서 의미를 갖는 경우가 많았다. 고대인의 타부(Taboo), 모세의 십계명, 신라의 세속오계 등은 모두 종교규범이자 법으로서 의미를 가졌었다. 이 당시 종교규범은 동시에 법규범으로서 역할을 하여 법과 종교가 통치수단으로 밀접한 관계를 가지고 있었다. 특히, 중세 서구에서는 기독교와 법이 혼합되어 종교가 최고의 규범으로서 역할을 하여 소위 '교회법'이라는 이름으로 일반사회를 규율하기도 하였다. 근세 이후 정치의 탈 종교화와 정교분리원칙의 성립으로 법과 종교가 분리되기 시작하였으며, 법은 국가권력에 의해 제정된 법을 의미하는 개념으로 변화하였다. 그러나 중세와 같이 교회법이 세속을 지배하였던 시기가 있으며, 그 결과 교회법의 많은 내용들이 세속법에 아직도 영향을 미치고 있는 상황이다. 유럽 각국의 법전은 종교적 영향을 받지 않은 것이 거의 없었으며, 오늘날도 실정법 가운데 종교에 관련한 규정들이 많이 남아 있다.

현대에 와서도 이슬람법과 같이 종교와 법이 명확하게 분리되지 않은 예도 있지만, 대부분의 국가에서는 정교분리가 이루어지고 종교적 교리는 종교내부에서만 적용되는 자치법의 효력을 갖는 경우가 대부분이다. 하지만 현실에서는 종교와 법이 충돌하는 경우가 적지 않다. 예를 들어 부모가 종교적 신념을 이유로 자식의 수혈을 거부하여 사망케 하는 경우나 개인의 종교적 신념을 이유로 군복무를 거부하는 경우 등이 있다. 당연히 법을 위반한 행위로 처벌을 받아야 할 것이다. 하지만 종교적 신념에 따라 한 행위라는 점에서 이를 어떻게 판단하는 것이 합리적일 것인지 보다 심도 깊은 논의가 필요하다.

법과 종교는 명확히 구분되는 개념이지만, 양자 모두 실질적으로 우리 사회를 규율하는 규범이라는 점은 누구도 부정하기 어렵다. 우리 사회구성원의 상당수는 종교를 가지고 있으며, 이들의 행위는 종교적 교리에 따라 상당한 정도의 영향을 받게 된다. 현대의 복잡한 사회를 법만으로 통제하기에는 한계가 있다는 점을 고려할 때, 종교와 법의 조화로운 발전을 통해 보다 효과적인 사회규범의 모색이 필요한 시점이라고 생각된다.

제 2 장

법의 목적

제 1 절 서 론

모든 법은 반드시 그 목적이 존재한다. 예를 들어 국가공무원법은 "모든 국가공무원에게 적용할 인사행정의 근본 기준을 확립하여 그 공정을 기함과 아울러 국가공무원에게 국민 전체의 봉사자로서 행정의 민주적이며 능률적인 운영을 기하게 하는 것을 목적"으로 하고 있다(제1조). 이러한 목적은 해당 법을 운용하고 해석하는데 있어 기본적인 방향을 제시하는 역할을 한다. 따라서 법의 본질을 이해하기 위해서는 법이 실현하고자 하는 이러한 목적이나 이념을 이해하는 것이 중요하다.

그렇다면 모든 법 일반에 걸쳐 공통적인 법의 목적은 무엇인가? 법의 목적이 무엇인가에 대해서는 오래전부터 논의되어 왔으며 다양한 주장들이 제기되었다. 칸트는 법의 목적을 '도덕적인 인격의 확보'라고 보았고, 예링(R. Jhering, 1818~1892)은 '사회이익의 확보'로, 벤담(J. Bentham, 1748~1832)은 '최대다수의 최대행복'으로 보기도 하였다.

현대법학에서는 이러한 주장들 중에서 독일의 법철학자인 라드브루흐(G. Radbruch, 1878~1949)가 주장한 '정의', '합목적성', '법적 안정성'의 3요소설이 거의 통설로 받아들여지고 있다. 위 3요소는 상호보완관계에 있다고 할 수 있다. 예를 들어 법적 안정성만을 중시하면 '악법도 법이다', '정의롭지 않은 법도 무질서보다는 낫다'는 주장들이 제기될 수 있다. 그러나 법은 법적 안정성뿐만 아니라 정의도 함께 고려함에 따라 균형을 이룰 수 있는 것이다. 즉, 법의 목적을 논함에 있어서는 정의, 합목적성, 법적 안정성이 조화롭게 고려되어야 한다.

제2절 정 의

정의의 개념은 법철학의 가장 기본적 문제로 법은 정의 이념을 통하여 법으로서의 가치를 가지며 정당한 것으로 성립되게 된다. 이러한 정의가 무엇인지에 대해서는 많은 주장들이 제기되었으며 시대에 따라 변화하며 발전하여 왔다. 무엇이 정의인가의 문제는 그 시대적 상황은 물론 개인이 처한 환경 등에 따라 다양하게 나타날 수밖에 없으며, 시대를 관통하는 절대적 개념을 찾는다는 것은 현실적으로 불가능하다. 이에 따라 무엇이 정의인가라는 문제는 다양한 견해들이 제시될 수밖에 없었다.

예를 들어 소크라테스는 법과 정의를 동일한 개념으로 보고, 정의는 개인적인 이해관계에서 나오는 것이 아니라 인간의 본성에서 나온다고 하였다. 또한 플라톤은 덕을 예지·용기·절제 등으로 구분하고 이러한 3가지 덕이 조화로운 상태를 정의라고 하였다. 홉스는 국가의 의사와 정의를 동일시하였으며, 최대다수의 최대행복을 주장한 벤담은 공동체 행복의 극대화를 추구하는 것이 정의라고 하였다. 또한, 현대에 와서 하버마스는 실천적 정의보다 보편적 가치의 합의를 위한 다양한 의사소통의 과정을 중시하는 절차적 정의를 주장하기도 하였다.

이러한 '정의론' 중 많은 사람들의 지지를 받고 정의를 보다 정확히 이해하는 데 도움이 된다고 평가받는 '정의론'들이 있다. 예를 들어 아리스토텔레스의 '정의론'은 정의개념을 최초로 정립하였다는 점에서 중요한 의미가 있다. 또한 현대에 와서는 아리스토텔레스의 '정의론'을 계승하고 있는 라드브루흐 또는 롤스의 '정의론' 등이 대중들의 지지를 받고 있다. 이하에서는 이들의 '정의론'을 중심적으로 살펴보고자 한다.

1. 아리스토텔레스의 정의론

정의의 개념은 아리스토텔레스(Aristoteles, BC 384~322)에 의해 최초로 이론화되었다. 아리스토텔레스는 정의를 '일반적 정의'와 '특수적 정의'로 구분하였다. 일반적 정의는 공동생활의 일반원칙에 따라 생각하고 행동하는 것을 의미한다. 그리고 특수적 정의는 다시 '평균적 정의'와 '배분적 정의'로 구분하였다.

평균적 정의는 절대적 평균으로서 모든 사람들에게 차별없이 평등하게 적용되는 것을 의미하는 것으로 우리 사법관계에서 쉽게 볼 수 있는 쌍무적 거래처럼 급부와 반대급부 간의 절대적 균등을 의미한다. 예를 들어 선거권이나 투표권 등은 모든 사람에게 평등하게 적용되어야 하는 절대적 평등에 해당하며, 이에 대해 차별없이 평등하게 취급하는 것을 평균적 정의라고 하는 것이다.

이에 대해 배분적 정의란 상대적·비례적 평등을 의미한다. 예를 들어 업무성적이 좋은 사람에게만 성과급을 주거나, 시험성적이 좋은 학생에게만 장학금을 주는 것과 같이 성과·능력·가치·필요에 따라 차등적으로 각자가 받아야 할 몫을 배분하는 것을 말한다. 배분적 정의에 있어 중요한 것은 주관적이고 자의적인 기준에 따라 판단하는 것이 아니라 공평무사한 기준에 따라 판단을 하는 것이다. 아리스토텔레스는 정의가 곧 평등을 의미하지만 이러한 평등은 모든 인간을 평등하게 취급해야 한다는 것이 아니라 각자가 받아야 할 몫을 주는 '비례적 평등'을 의미하는 것이라고 한다.

2. 라드브루흐의 정의론

아리스토텔레스 이후에도 정의에 대한 논의는 계속되어 왔으며 다양한 견해들이 제시되고 있다. 대표적인 학자가 라드브루흐(G. Radbruch, 1878~1949)이다. 라드브루흐는 아리스토텔레스의 정의론을 인용하여 정의를 평균적 정의와 배분적 정의로 구분하였다. 아울러 이러한 정의 중 배분적 정의가 근본적인 형태이고 평균적 정의는 파생적 형태의 정의로 이해하였다. 왜냐하면 평균적 정의는 배분적 정의라는 공적작용을 견제하는 역할을 하고 있기 때문이다. 따라서 정의의 판단은 각자의 가치관 내지 세계관에 따라 결정될 수밖에 없다고 보았다. 또한 그는 정의는 절대적 가치로서 법은 정의에서 나오는 것으로 이해하였다. 따라서 정의를 추구하지 않는 법은 악법이 아니라 법 자체가 될 수 없다고 하였다.

다만 라드브루흐의 견해에 의하면 법의 목적은 정의만으로 설명될 수 없으며 법의 합목적성과 법적 안정성이 삼위일체를 이루어야 한다.

3. 롤스의 정의론

최근 주목받고 있는 정의에 관한 견해로는 롤스(J. Rawls, 1921~2002)의 정의론을 들 수 있다. 롤스는 그의 저서 '정의론(*A Theory of Justice*, 1971)'에서 정의를 크게 (i) 국민의 기본적 자유의 배분에 관한 문제와 (ii) 사회적, 경제적 가치의 배분의 문제로 접근하고 있다. 먼저 (i)은 모든 사람들이 동등하게 기본적인 자유를 누릴 수 있어야 한다는 것을 말한다. 두 번째로 (ii)와 관련해서는 사회적, 경제적 불평등의 문제는 가장 불리한 처지에 있는 사람들이 우선적으로 최대의 이익을 가질 수 있어야 하며, 불평등의 모체가 되는 지위와 직무는 모든 사람에게 공개되어야 한다는 것이다.

즉, 롤스는 기본적으로 개인의 자유와 기회 등 모든 사회적 기본가치들은 균등하게 분배되는 것을 원칙으로 하되, 이러한 가치들의 불평등한 분배가 허용되는 것은 그 불평등한 분배가 가장 불리한 처지에 놓이는 사람들을 위해서 유리한 경우에만 허용된다는 것이다. 이와 관련하여 롤스는 "평등이 기계적으로 적용되어 모두가 못사는 것보다 불평등이 공정하게 이루어지는 것이 더욱 정의롭다"고 하고 있다.

제3절 합목적성

법에 있어 합목적성이란 법질서가 국가이념과 가치관에 따라 결정, 실행되는 원리를 말한다. 법의 목적은 국가의 목적과 직결되기 때문에 법의 합목적성은 국가의 목적에 의해 결정되게 된다. 따라서 국가가 어떠한 가치관을 갖는가에 따라 법의 목적도 합목적적으로 조정될 수밖에 없다. 라드브루흐(G. Radbruch, 1878~1949)는 이러한 가치관의 종류를 (i) 개인주의, (ii) 초개인주의, (iii) 초인격주의의 세 가지로 구분하였다.

먼저 개인주의는 국가나 단체보다 개인을 우선시하여 개인의 자유와 행복이 최대한 보장되는 것을 말한다. 여기에서는 단체의 유지, 발전이 중요시되며 배분적

정의가 강조되게 된다. 이에 대해 초개인주의는 민족이나 국가와 같은 단체를 최우선시하며, 개인은 단체의 가치를 실현하기 위한 구성원으로서 의미를 갖게 된다. 개인보다 단체를 중시한다는 점에서 단체주의라고도 한다. 아울러 초인격주의는 문화주의라고도 하는데, 문화가 가장 우선되며 개인이나 국가는 문화의 창조에 이바지해야 하는 부차적인 존재로 인식하고 있다. 즉, 개인과 단체는 작품의 가치에 봉사하고, 도덕·법 및 국가는 문화에 봉사한다는 가치관이다.

라드브루흐의 주장이 오늘날 국가의 가치관과 반드시 일치하는 것은 아니다. 하지만 가치관에 따라 법의 목적이 변화할 수 있다는 점을 제시한 것은 중요한 의미가 있다. 현재도 국가가 어떠한 가치관을 갖는가에 따라 법의 목적은 변화하고 있기 때문이다. 예를 들어 사회주의적 가치관에 따른다면 법은 사회적 불평등을 제거하는데 주된 목적을 두게 된다. 이에 반해 민주주의적 가치관의 경우에는 국민의 의견 존중, 국민의 참여 등이 법의 주된 목적이 될 것이다. 오늘날 법에 있어서는 이러한 가치관 중 어느 한쪽이 법질서를 지배하는 것이 아니라, 법의 목적에 따라 각각 개별적으로 독자적 영역을 가지고 발전해 오고 있다. 예를 들어 사인 간의 법률관계를 규율하는 민법의 경우에는 개인의 권리를 중심으로 발전하여 왔다. 이에 대해 공정거래법이나 사회보장법은 개인보다는 공동체적 가치관에서 국가전체를 먼저 고려하고 있다. 이러한 점을 고려할 때 오늘날 법의 합목적성은 개인중심의 가치관과 공동체중심의 가치관을 조화롭게 고려하는 것이라고 할 수 있다.

제4절 법적 안정성

법적 안정성이란 법에 의해 보호되는 사회생활의 질서와 안정을 말한다. 국가의 법은 국민에 의해 지켜지지 않으면 의미를 잃게 되며, 따라서 국민이 법을 지킬 수 있고 법에 대한 개인의 신뢰가 지켜져야 한다. 법이 지나치게 자주 바뀌거나 내용이 명확하지 않은 경우에는 국민이 법을 지키기 어려우며, 국민이 지키지 못하는 법은 법으로서 기능할 수 없다.

법적 안정성을 위해서는 먼저 법의 내용이 명확해야 한다. 각자의 입장에 따라 달리 해석된다면 그 법은 사회갈등을 예방하고 해결하는 규범으로서 역할을 할 수 없다. 두 번째로 법은 함부로 변경되어서는 안 된다. 법을 입법자가 자의적으로 변경하거나 지나치게 자주 변경하는 경우에는 국민의 법에 대한 불신을 가져올 수 있다. 세 번째로 법은 실제로 행사될 수 있어야 한다. 지나치게 엄격하여 실제 적용하지 못하는 법은 의미가 없다. 마지막으로 법은 국민의 법의식에 합치되어야 한다. 사회의 변화에 따라 국민들의 의식도 계속 변화하고 있다. 법은 이러한 국민의 의식변화에 따라 변화할 필요가 있는 것이다. 예를 들어 과거에는 허용되었던 교육목적의 체벌이 금지된 것도 국민의 법의식 변화가 주된 원인이라고 할 수 있다.

제 3 장

법 원

제 1 절 법원의 의의

여기서 설명하고자 하는 법원(法源, source of law)은 재판기관인 법원(法院, court)을 뜻하는 것이 아니다. 법원(法源)은 법의 연원이라는 말로서 여러 의미로 사용되고 있다. 즉 법원은 보통 다음과 같은 의미로 사용된다. 첫째로 법을 인식할 수 있는 자료(예: 법전, 판례집, 국회의사록, 법학 저서·논문 등), 둘째로 법의 존재형식(성문법, 불문법), 셋째로 법의 구속력의 기초, 즉 법을 제정하는 힘(예: 신, 군주, 국가, 국민) 등으로 사용된다. 또한 법원의 실질적 의미를 법이 성립하는 기초인 법의 타당성 또는 근거라고 설명하기도 하고, 형식적 의미를 법의 존재형식, 즉 법이 존재하고 있는 모습을 의미한다고 설명하기도 한다. 일반적으로 법원이라고 말하면 법의 존재형식을 의미한다. 따라서 법원은 법을 인식할 수 있는 존재형태가 문자로 이루어진 제정법, 즉 성문법인가 아니면 비(非)제정법인 불문법인가와 깊은 관련이 있다. 실제로는 재판과정에서 법원(法院)의 재판관이 재판을 할 때 어떤 준칙에 따를 것인가와 관련이 있다. 우리나라에서 재판에서 적용하는 법원은 그 존재형식에 따라 성문법(成文法)과 불문법(不文法)으로 나눌 수 있다. 문자로 이루어진 성문법에는 헌법, 법률, 명령, 규칙, 자치법규, 조약 등이 있다. 불문법에는 관습법, 판례법, 조리 등이 있다.

제2절 성문법

I. 의 의

성문법(成文法, written law)이란 규범적 의사를 문장에 의하여 표현하고 법전의 형식을 갖춘 법으로, 권한 있는 기관에 의하여 제정되므로 제정법(制定法)이라고도 한다. 성문법은 문장으로 표현되어 있으며 일정한 입법절차를 거쳐 만들어 지는 법이다. 이러한 성문법에는 헌법, 법률, 명령, 규칙, 자치법규, 조약 등이 있다. 법의 진화과정을 살펴보면 불문법에서 성문법으로 발전되어 왔다. 즉 법의 발달과정을 보면 처음부터 성문법으로 출발한 것이 아니라 불문법인 관습법이 먼저 나타났다. 중세를 거쳐 근대기로 접어들면서, 사회생활이 복잡해지고, 이에 따라 입법기술이 향상되면서, 독일·프랑스를 중심으로 하는 대륙법계 국가에서 국민의 권리를 보장할 목적으로 법치주의를 그 통치원리로 받아들이면서, 또한 권력자의 자의적인 통치를 배제하고 명시적인 법규로서 국민의 행위를 규율하는 것을 법원칙으로 확립하면서, 관습법보다 성문법을 선호하게 되었다. 그렇다고 모는 국가가 성문법을 일차적 법원으로 법체계를 꾸린 것은 아니다. 이는 독일·프랑스를 중심으로 한 대륙법계 국가에서 주로 나타난 현상이며,[1] 영국·미국을 중심으로 한 영미법계 국가에서는 불문법인 관습법이나 판례법이 실정법질서에서 일차적 법원으로서 지위를 차지하고 있다. 따라서 오늘날 법의 중심적 존재형식이 성문법으로 이루어진 국가를 성문법주의국가라하고, 주로 한국, 독일, 프랑스, 스위스, 일본, 중국 등 대륙법계 국가가 이에 속한다. 반면에 법의 중심적 존재형식이 불문법으로 이루어진 국가를 불문법주의국가라 하며, 주로 영국과 미국 및 영미의 법문화에 영향을 받은 국가 등을 중심으로 한 영미법계 국가가 이에 속한다.

1 오늘날 세계적으로 가장 큰 영향력을 미친 법전 중에는 프랑스민법전(1804)와 독일민법전(1896)이다.

결국 성문법주의국가이냐 불문법주의국가이냐는 각국의 법의 역사 속에서 살펴보아야 할 것이며, 둘 중에 어떤 것이 더 우수하느냐라는 질문은 어리석은 질문에 가깝다. 불문법과 성문법은 오랫동안 각자의 장점과 사회적 존재 필요성에 따라 서로 다르게 발전해 왔으므로 장단점을 모두 갖고 있다.

오늘날 법원(法源) 중에서 불문법에 비해 성문법 비중이 커지고 있는데 그 이유는 다음과 같다. 먼저, 사회관계가 복잡해졌다. 환경문제, 투자, 통상, 지적재산 등의 복잡해진 사회관계를 규율하기 위해서는 세밀한 법규가 필요한 것이다. 둘째, 법의 적용영역의 확대이다. 과거에 비해 법이 규율해야 할 새로운 분야가 급증하고 있으며 사회가 급변하고 있어 관습으로는 규율할 수 없게 되고, 이에 따라 이를 규율할 법이 필요하게 되었다. 셋째, 법 내용의 명확성에 대한 요구이다. 사회생활 속의 분쟁을 예방하기 위하여 명확한 내용의 법규에 대한 요구가 증대하였다. 법규의 내용이 불명확하면 분쟁의 원인이 되는 경우가 많으므로 법규 내용을 명확하게 할 필요가 나타나 성문법의 비중이 커지고 있는 것이다.

Ⅱ. 헌 법

헌법(constitution, Verfassungsrecht)은 국민의 기본권과 국가의 이념 및 통치조직, 그리고 그 작용에 관한 국가의 근본법이다. 이러한 의미에서 헌법을 '규범 중의 규범'이라고도 하며 국가의 최고기본법이라고도 한다. 헌법은 국민의 기본권과 국가의 통치권력의 상호관계를 규율하고 있으며, 권력통제를 위한 기능을 하며 국가권력을 상호 견제 및 균형을 이루게 하여 국민의 기본권을 최대한 보장하기 위한 내용을 담고 있다. 국가의 최고기본법인 헌법은 최상위법으로서, 법률, 명령, 규칙 등 하위법의 타당성의 근거가 된다. 따라서 하위법이 헌법에 위반될 수 없고, 헌법에 위반되는 법률이나 명령은 무효이다.

모든 법의 제정은 헌법에 그 근거를 두고 있으며, 헌법을 만드는 힘(헌법제정권력)은 오직 국민에게 있다. 헌법은 국가의 최상위 규범이므로 그 개정은 보통의 법률 개정보다는 엄격한 절차를 필요로 한다. 우리나라에서 헌법 개정은 국회의원 재적 과반수 또는 대통령의 발의로 제안하고 이를 공고한 후, 국회재적의원 3분의 2 이상의 찬성을 얻어 국회의 의결을 거친 헌법개정안은 다시 국회의원 선거권자 과반수 투표와 투표자 과반수의 찬성을 얻도록 하고 있다(헌법 제128조).

우리나라 헌법은 1948년 7월 12일에 제정되어 동년 7월 17일에 공포, 시행되었는데 그동안 9차에 걸쳐 개정이 있었다. 현재 우리나라 헌법은 1988년 2월25일부터 시행된 제6공화국 헌법으로 전문(前文)과 본문 130개조와 부칙 6개조로 구성되어 있다.

관련 판례

헌법재판소는 "헌법은 국민적 합의에 의해 제정된 국민생활의 최고 도덕규범이며 정치생활의 가치규범으로서 정치와 사회질서의 지침을 제공하고 있기 때문에 민주사회에서는 헌법의 규범을 준수하고 그 권위를 보존하는 것을 기본으로 한다"고 판시하였다(헌재 1989. 9. 8. 선고 88헌가6).

Ⅲ. 법 률

법률이란 넓게는 법(law) 일반을 의미하며, 좁은 의미에서의 법률이란 입법기관인 국회에서 의결되어 대통령이 서명·공포하여 제정된 성문법을 말한다. 법원으로서 법률은 이러한 좁은 의미에서의 법률을 말한다. 국회는 유일한 입법기관으로서(헌법 제40조) 국민의 기본권에 관한 사항을 법률로서 정한다. 헌법은 국민의 권리의무에 관한 사항, 기타 중요한 사항은 반드시 법률로서 규정할 것을 요구하고 있는데 이를 입법사항이라고 한다.

법률은 헌법의 하위에 있으므로 헌법에 위반되면 무효가 된다. 그러나 법률은 헌법 다음의 서열에 있기 때문에 명령이나 규칙이 법률에 위반할 수 없다. 그리고 법률 상호간에는 우열의 관계가 없으나 법률 상호간에 그 내용이 충돌(모순)되는 경우에는 먼저 제정된 구법에 비해 이후에 제정된 신법(후법)이 우선하고, 특별법이 일반법에 우선하여 적용된다(일반법과 특별법에 대해서는 제4장 법의 분류 참조).

법률의 제정은 법률안의 제출, 법률안의 의결 그리고 공포라는 3단계를 거친다. 법률안의 제출은 국회의원과 정부가 제출할 수 있고, 국회에서 법률안이 국회재적의원 과반수의 출석과 출석의원 과반수의 찬성으로 의결되며(헌법 제49조, 제52조), 의결된 법률안은 정부에 이송되어 15일 이내에 대통령이 이를 공포하며, 법률에 특별한 규정이 없는 한 공포한 날로부터 20일이 경과함으로써 효력이 발생한다(헌법 제53조).

Ⅳ. 명 령

명령은 국회의 의결을 거치지 않고 행정기관이 법률에 의하여 제정하는 위임입법을 말한다. 명령은 법률의 위임에 의하거나 법률을 집행하기 위하여 행정기관이 만든 법규이다. 이와 같이 행정기관이 제정하는 입법이라서 '행정입법'이라고도 한다. 명령의 형식적 효력은 법률의 하위에 있으므로 명령에 의하여 헌법이나 법률을 개정할 수 없다.[2]

명령은 그것을 제정하는 주체에 따라 대통령령, 총리령, 부령(행정 각부 장관이 발하는 명령)으로 나누어지고, 법률의 효력을 기준으로 하여 비상명령, 긴급명령, 집행명령, 위임명령으로 나누어진다. 또한 법적 근거를 기준으로 하여 법률이 위임한 사항을 처리하기 위하여 만든 '위임명령'과 법규의 집행을 위하여 만든 '집행명령'으로 나누어진다. 그리고 일반적으로 명령이라 할 때는 법률의 하위에 있는 위임명령과 집행명령을 말한다.

위임명령이란 법률에 의해 위임을 받은 사항에 관하여 규율하는 명령이며(헌법 제75조), 법률의 내용을 보충하는 의미를 가지고 있어서 '보충명령'이라고도 한다. 권력분립주의에 따라 행정기관에 일반적으로 입법권을 부여하는 것과 같은 일반적 위임, 포괄적 위임, 백지 위임은 인정되지 않으며, 법률이 규정한 특정사항에 대해서만 인정하고 있는데, 헌법은 "구체적으로 범위를 정하여"라고 규정하여 위임명령의 범위를 제한하고 있다. 집행명령이란 법규를 집행하기 위하여 필요한 세칙에 관한 사항을 정하는 명령이며 이를 '실시명령'이라고도 한다. '법시행령'이라든가 '법시행규칙' 등이 이에 속한다.

Ⅴ. 규 칙

규칙은 헌법에 의하여 행정부 이외의 독립적인 국가기관이 내부규율과 사무처리에 관한 자율권을 행사하기 위하여 제정한 법규이다. 우리 헌법은 권력분립의 이념에 따라 국회, 대법원, 중앙선거관리위원회, 헌법재판소, 감사원 등에게 업무의 자율성을 보장하기 위해 각각 규칙의 제정권을 부여하고 있다(예: 국회규칙, 대법원규

---

2 그러나 국가의 위기에 대처하기 위해 긴급권의 행사로서 대통령의 긴급명령(헌법 제76조)은 법률과 같은 효력을 가진다.

칙, 헌법재판소규칙, 감사원규칙 등). 규칙이 명령과 같은 효력을 갖는 점에서 자치법규로서 규칙과는 구별된다.

Ⅵ. 자치법규

지방자치단체는 법령의 범위 안에서 자신의 조직, 사무 및 주민의 복리에 관한 법규를 제정할 권한을 가지고 있다(헌법 제117조 제1항). 즉 자치법규는 이러한 권한에 의거하여 지방자치단체가 법령의 범위 안에서 제정한 자치에 관한 법규이다. 자치법규가 법령에 위반하는 경우에는 효력이 없다. 자치법규에는 '조례'와 '규칙' 등이 있다. 조례는 지방자치단체가 법령의 범위 내에서 그 사무에 관한 내용을 지방의회의 의결을 거쳐서 제정한 자치법규이다. 다만, 주민의 권리 제한 또는 의무 부과에 관한 사항이나 벌칙을 정할 때에는 법률의 위임이 있어야 한다(지방자치법 제22조). 규칙은 지방자치단체의 장이 법령 또는 조례가 위임한 범위에서 그 권한에 속하는 사무에 관하여 제정한 자치법규이다(지방자치법 제23조).

Ⅶ. 국제조약

조약(treaty)이란 국제법의 주체(국가와 국제기구)간의 권리·의무를 발생케 하는 서면형식으로 체결되는 국제적 합의이다. 조약을 체결하는 국제법의 주체는 주로 국가이나 국제기구인 경우도 있다. 조약을 지칭하는 용어에는 협약, 협정, 규정, 의정서, 헌장, 규약, 교환 각서 등 아주 다양하나 그 명칭 여하를 불문하고 조약으로서 법적 성격은 동일하다. 조약은 보통 국가 자체의 권리와 의무를 내용으로 하는 것이나, 경우에 따라서 그 당사국 내의 국민의 권리·의무까지도 규정하는 경우가 있다. 조약의 국내적 지위와 관련하여 우리나라 헌법은 "이 헌법에 의하여 체결되고 공포된 조약은 국내법과 같은 효력을 가진다"고 규정하여(헌법 제6조 제1항) 조약이 국내법의 법원임을 명시하고 있다(자세한 내용은 본서 제2편 제10장 국제법 참조).

제3절 불문법

I. 불문법이란?

불문법(unwritten law)이란 성문법과는 달리 일정한 형식과 절차에 따라 성문화되지 않은 법을 말하며, 권한 있는 기관의 제정절차를 거치지 않고 생활관계에서 자연스럽게 생겨난 법이라는 의미에서 비제정법이라고도 한다. 영미법은 관습법이나 판례로 이루어진 대표적인 불문법이다. 법의 역사에서 보면, 앞에서 설명한 것처럼 불문법인 관습법으로부터 성문법으로 발전해 왔으며, 오늘날 대부분의 대륙법계 국가가 성문법주의를 취하고 있다. 그렇지만 복잡하고 역동적이며 변화하는 사회현상을 모두 고정적인 성문법 내에서 규율하는 것은 물리적으로 불가능하다. 이를 극복하기 위해서는 필연적으로 불문법이 여전히 필요하다. 그래서 성문법주의 국가에서도 불문법의 존재가치를 인정하고 있다. 즉 불문법에 대해 성문법의 보충적 효력을 갖는 것으로 규정하여 법원으로서의 불문법의 존재가치를 인정하고 있다. 불문법은 변화하는 사회현실에 적응하기 위해 필요한 법원인 것이다. 법원으로 주요한 불문법을 보면 관습법, 판례법, 조리 등이 있다.

II. 관습법

1. 관습법의 정의

관습법(customary law)이란 국가의 권한 있는 기관, 즉 입법기관이 제정한 법이 아니고, 일상생활에서 사회의 관행에 의하여 반복적으로 행해지는 생활규범이 사회· 경제적으로 일반인에 의해 법적 확신을 가지게 됨으로써 성립된 것을 말한다. 사람이 사회생활을 하는 동안 여러 생활분야에 일반인들이 반복적으로 일관되게 행하는 관행이 나타나는 경우가 있다. 이 경우 그 관행 전부가 관습법이 되는 것이 아니고, 그중에서 법질서를 구성할 만큼 법적 인식(확신, 지지)이 있는 관행만이 법적 효력이 있는 관습법이 되는 것이다.[3] 성문법주의 국가들도 성문법의 한계를 극

3 관습법이 법으로서 효력을 가지는 근거에 관하여는 여러 가지 학설이 있다. 그중 중요한 학설은 다음과 같다.

복하기 위해 관습법의 존재가치를 인정하고 있다. 다만 유의할 점은 형법 영역에서는 죄형법정주의의 원칙상 관습법이 인정되지 않는다는 점이다. 관습법을 근거로 형사처벌하는 것은 죄형법정주의 원칙상 허용되지 않는다.

2. 관습법의 성립요건

관습법의 성립요건으로는 관행의 반복성·일관성과 그에 대한 법적 확신이 요구된다. 관습법이 단순한 관습과 그 개념을 달리하는 것은 그것이 법적으로서 규범성이 있다는 데 있다. 즉, 그것을 위반하면 일반인들이 보통 불법을 저질렀다고 느낄 정도에 이르렀을 때 관습법이 성립한다. 즉, 불특정 다수인이 해당 관행에 따르는 것이 권리·의무라고 생각할 때 관습법이 성립한다. 이러한 견해에 의하면, 관습법은 다음과 같은 경우에 성립한다. 첫째, 오랫 동안 반복하여 계속되는 일관된 관행이 존재해야 한다. 둘째, 그러한 관행에 따르는 것이 권리·의무라는 법적 확신이 있어야 한다. 이러한 법적 확신은 주관적·심리적 요소이기 때문에 입증하기 곤란하나 현실적으로 분쟁이 발생하였을 때 재판기관의 판결을 통해 확인된다. 셋째, 관습이 선량한 풍속 기타 사회질서에 반하지 않아야 한다(예: 민법 제103조). 즉, 관습이 공공질서와 선량한 풍습에 반해서는 안된다. 여기서 공공질서란 국가사회의 일반적 이익을 말하며, 선량한 풍속이란 사회의 일반 도덕관념을 말한다. 넷째, 관

① 관행설: 어떤 사항에 관하여 동일한 관행이 오랫동안 지속되면 그러한 관행이 관습법 성립의 기초가 된다고 보는 견해이다. 그런데 오랫동안 지속된 관행이 관습법의 내용을 이루기는 하지만 그러한 관행이 바로 관습법이 되는 것은 아니다. 관행설은 관행 자체를 곧 법이라고 보는 견해로서 왜 관행이 법으로 인정되는지 그 근거를 밝히지 못하는 결함이 있으며, 특히 관습법과 사실인 관습을 혼동하고 있다.

② 법적 확신설: 법적 확신설은 관습법이 성립하기 위해서는 일관되고 계속되는 관행이 존재하고 그에 대해 일반인이 법적 확신을 가져야 한다는 견해이다. 관습법은 일반인 다수가 어떤 관행에 따르는 것이 권리 또는 의무라고 확신할 때, 즉 관습을 법이라고 확신할 때에 성립한다는 주장이다. 법적 확신설은 관습법의 타당근거를 법적 확신에서 구하는 견해로 다른 학설에 비하여 넓은 지지를 받고 있다.

③ 국가승인설: 관습의 내용을 국가가 법으로 승인함으로써 관습법이 성립한다는 견해이다. 즉 관습이 법이 되기 위해서는 국가의 승인이 필요하다고 주장한다. 그러나 관습은 국가의 승인과 관계없이 일상적인 생활 속에서 자연스럽게 나타나고 지속되는 것이기 때문에 국가의 승인이 있어야 관습법이 성립한다는 주장은 타당하지 않다.

④ 통용설: 통용설은 관행이 법률질서의 구성부분이 될 때 관습법으로 된다는 견해이다. 관행이 법질서의 구성부분이 되는 것이 사회·경제적으로 유익할 뿐만 아니라 필요한 것이라고 인정되는 경우에, 그러한 관행은 법질서의 구성부분이 되는 것이라고 한다. 통용설에 의하면, 어떤 관행을 법으로 적용하지 않으면 그 결과 중요한 이익의 침해가 되어 법질서의 입장에서 보아 그 관행을 구속력 있는 것으로 인정할 때 유익한 경우에 관습법이 된다는 것이다. 그러나 통용설은 법질서의 구성부분이라는 요소가 애매할 뿐만 아니라 관행이 어떤 근거에서 법질서의 일부분을 구성하는지에 대한 설득력이 부족하다.

습은 헌법을 비롯한 강행법규에 위반되지 않는 적법한 것이어야 한다.

관련 판례

"종래 종중(宗中) 구성원의 자격에 관하여 성인 남자만 종중 구성원이 될 수 있다는 것이 관습법이었으나, 이러한 관습법은 양성평등의 원칙을 정한 헌법에 반하는 것으로 그 효력을 인정할 수 없다"(대판 2005. 7. 21, 2002다1178).

3. 관습법의 효력

관습법을 법원으로 인정하는 데는 의문의 여지가 없지만, 실제 관습법의 효력에 관하여 논의할 때는 사실인 관습과 관습법과의 관계 및 한계를 어디까지로 볼 것인지가 문제가 된다. 또한 성문법과의 관계에서 어느 법의 효력이 우위에 있는지도 검토할 사항이다.

(1) 사실인 관습과 관습법과의 관계

관습이 아직 법으로 까지는 발전하지 못하고 사회생활 가운데 사실로만 행하여지고 있는 것을 '사실인 관습'이라 한다. 오랫동안 계속적으로 반복되는 일관된 관행이라도 그것을 따르는 것이 당위적인 것으로 받아들이는 법적 확신을 얻지 못하면 그러한 관습은 사실인 관습에 불과하다. 관습은 일정한 행위가 특정범위의 일반인 사이에서 계속적이고 반복적으로 실행되어 짐으로써 이루어지는 사회규범을 의미하는데, 이러한 관습이 법률로서 법적 확신을 갖게 되는 단계에 이르렀을 때 관습법이라 하고 이에 이르지 못한 단계를 사실인 관습이라고 하는 것이다. 그런데 실제로는 관습법과 사실인 관습의 구별은 쉽지 않다. 특히 사적 자치가 인정되는 분야에서는 사실인 관습도 임의법규에 우선하여 해석의 기준이 되기 때문에 양자를 구별하는 실익은 별로 없다. 그런데 사법의 일반법인 민법에서는 법으로서의 관습, 즉 관습법과 사실로서의 관습을 구별하고 있다. 민법은 사실인 관습에 대해 "법령 중에 선량한 풍속 기타 사회질서에 관계없는 규정과 다른 관습이 있는 경우에 당사자의 의사가 명확하지 아니한 때에는 그 관습에 의한다"라고 규정하고 있다(민법 제106조). 이 규정에 의하면, 하나의 관습은 당사자가 그 관습과 반대되는 의사를 표시하지 않는 한, 또는 당사자의 의사가 불명확할 때에만 법적 효력을 가지고 관습에 따라 해석된다. 양자 사이에는 관행으로부터 생성된 사회규범이라는 공통점이 있으나, 관습법은 당사자의 의사와 관계없이 법규로서의 효력을 갖고 있지만 사실인 관습은 당사자의 의사가 명백하지 않은 경우에만 당사자의 의사를 해석하는 기준이 된다는 점에서 차이가 있다.

(2) 성문법과 관습법과의 관계

성문법과 불문법은 모두 국가의 법으로서 원칙적으로 양자는 동등한 효력을 갖는다. 과거 로마법에서는 관습법에 우월적 효력을 인정하여 성문법을 개폐할 수 있는 효력을 인정하였다. 그러나 근대에 와서 성문법주의 국가에서는 입법정책적인 차원에서 성문법에 우월적 효력을 인정하고 불문법에 대하여 보충적 효력을 인정하고 있다. 또한 성문법주의 국가에서도 성문법만으로 변화하는 사회현상을 모두 법규정에 담기 어렵기 때문에, 불문법으로 이를 보완해야 할 필요성이 있다. 그런데 불문법을 법원으로 인정하는 경우 성문법과의 사이에, 특히 성문법과 관습법과의 관계에서 관습법의 효력이 문제가 된다. 성문법주의 국가에서 관습법은 성문법의 규정이 없는 경우에 하위법으로서 효력을 갖는 것이 일반적이다.

1) 보충적 효력설

보충적 효력설은 오직 법령의 규정에서 명문으로 인정하는 경우이거나 또는 법령의 규정이 없는 사항에 관해서만 관습법이 효력이 인정되는 것이므로, 성문법을 배제하는 관습법의 존재는 인정할 수 없는 것이며, 관습법은 성문법을 개폐하는 효력은 없다는 견해이다. 다시 말해서 관습법의 법규성은 인정되지만 성문법에 대해 보충적 효력만 있다는 견해이다. 예를 들면, 민법 제1조는 "민사에 관하여 법률에 규정이 없으면 관습법에 의하고 …"라고 규정하고 있으며, 상법 제1조는 "상사(商事)에 관하여 본법에 규정이 없으면 상관습법에 의하고 …"라고 규정하고 있어서, 이들 규정에 따라 판단해 보면, 관습법은 성문법에 대해서 보충적인, 제2차적인 효력을 갖는다는 견해이다.

2) 변경적 효력설

변경적 효력설은 관습법에 대해 성문법을 보충하는 효력을 넘어서 성문법을 변경하는 효력까지도 인정된다는 견해이다. 변경적 효력설을 지지하는 견해에 의하면, 상법 제1조 후단에서 "… 상관습법이 없으면 민법의 규정에 의한다"라는 규정은 상거래 관습법이 민법에 우선하여 적용됨으로써 민법에 대한 개폐효력이 인정된다는 것이다.

Ⅲ. 판례법

판례법(case law)이란 법원의 판결을 통하여 형성된 법이론이나 법원칙인 판례의 형태로 존재하는, 성문화되지 않은 법규범을 뜻한다. 어떤 사건에 대해 법관이 판결을 내린 이후에 그와 비슷한 사건에 대해 판결을 하게 되는 경우, 특별한 사정이 없으면 먼저 이루어진 판결에 따라 동일한 취지의 판결을 내리는 것이 보통이다. 법원의 판결은 구체적 사건의 해결을 본질로 하나, 그 속에 포함되어 있는 일반적인 법이론이나 법원칙은 다른 유사한 사건에 관하여도 동일한 해결을 기대할 수 있게 한다. 여기에 판례의 법규범성이 인정되는 요인이 있는 것이다. 판례법은 법원의 판결 자체가 판례법이 되는 것이 아니라 일정한 법률문제에 관하여 동일취지의 판결이 반복됨으로써 재판의 방향이 대체로 확정될 수 있을 경우에 성립하는 재판의 선례를 말하며, 그 선례가 그 후의 판결을 구속할 때 그 판례는 법원으로서 판례법이 된다.

판례법을 독자적인 법원으로 인정할 것인가? 판례의 법원성을 적극적으로 인정하는 국가는 영미법계 국가들이다. 불문법주의를 취하는 영미법계 국가에 있어서는 판례가 주요한 법원이다. 영미법계 국가들은 판례가 1차적인 법원이다. 이들 국가들은 선례구속성의 원칙을 받아들이고 있다. 판례는 장래의 재판에 대하여 선례의 구실을 하여 판례의 구속력을 인정하는데 이것을 '선례구속의 원칙'이라 한다. 이 원칙은 법관이 재판을 할 때 상급 또는 동급의 선례가 있으면 반드시 그 선례에 따라 재판하여야 한다는 것이다.

이에 비하여 대륙법계, 즉 성문법주의를 취하는 국가에서는 선례구속의 원칙이 인정되지 않는다. 우리나라도 대륙법계로서 성문법주의를 취하고 있고 선례구속의 원칙은 인정되지 않는다. 우리나라 헌법이나 법률 어디에도 법관이 선례에 따라야 한다는 규정은 없다. 그러나 대법원의 판결에서 내린 법령의 해석은 당해 사건에 관하여 하급심을 기속하며, 대법원 대법관 3분의 2 이상의 합의체에서 종전의 판례를 변경할 수 있고(법원조직법 제7조 제1항 단서 제3호), 법관은 유사한 사건에 관해 대법원 판례에 따라 재판하는 것이 당연지사이므로 어느 정도는 판례의 법규성이 인정될 수 있다.

Ⅳ. 조 리

1. 조리의 의미

조리(law of nature)라 함은 한마디로 표현하기 어렵지만 보통 '사물의 이치' 또는 '사물의 본성'(Natur der Sache)을 의미한다. 조리란 일반 다수인이 건전한 의식으로서 인정하는 공동생활의 원리이며, 사물의 본질적 법칙 또는 사물의 필연의 도리로써 정의, 형평, 공서양속(公序良俗), 경험칙, 법의 일반원칙 또는 신의성실의 원칙 등으로 표현되기도 한다. 조리의 의미에 대하여 여러 가지로 표현되지만 넓은 의미로는 자연법과 같은 뜻으로도 사용되며 실정법 존립의 근거 또는 평가척도의 의미로 사용된다. 법실증주의자들은 조리의 법원성을 인정하지 않는 경향이 있으나 자연법론자들은 이를 긍정한다.

2. 조리의 법원성

조리의 법원성을 인정할 것인가? 본래 복잡한 생활관계를 모두 성문법이나 판례법 또는 관습법에 규정하는 것은 불가능하다. 법률을 아무리 정밀하게 규정하여도 구체적인 사건을 재판할 때 그에 적용할 법률이 없는 경우가 있다. 그렇다면 복잡한 생활관계로 인하여 당사자간에 분쟁이 발생하면 어떻게 할 것인가? 적용할 법규가 없으니 재판을 할 수 없다고 선언할 것인가? 형사사건에서는 적용할 법규가 없으면 무죄가 되겠지만, 민사사건의 경우에는 적용할 구체적인 법규가 없더라고 판결을 해야 한다. 조리는 특히 법률이 존재하지 아니할 때 조리에 따라 재판해야 한다는 점이다. 법관은 법률의 부재를 이유로 재판을 거절할 수 없다. 이 경우에 법관은 조리에 의하여 재판 할 수밖에 없다. 스위스 민법 제1조에는 성문법과 관습법이 모두 없는 경우에는 "법관은 자기가 입법자라면 법률로서 정립하였을 것에 의하여 재판해야 한다"고 규정하고 있으며, 우리나라 민법 제1조에도 "민사에 관하여 법률에 규정이 없으면 관습법에 의하고 관습법이 없으면 조리에 의한다"라고 규정하여 조리의 법원성을 인정하고 있다. 물론 형법 영역에서는 죄형법정주의가 적용되기 때문에 조리의 법원성을 인정하지 않는다.

제 4 장 법의 분류

제 1 절 법의 분류

법은 여러 기준에 따라 다양하게 나누어 볼 수 있다. 예를 들면, 법의 존재형식에 따라 성문법과 불문법으로, 국가의 권한 있는 기관에 의해 제정되었느냐 여부에 따라 실정법과 자연법으로, 법의 주체·효력 및 적용범위에 따라 국제법과 국내법으로, 법이 규율하는 생활관계에 따라 공법과 사법 및 사회법으로, 법의 적용의 범위에 따라 일반법과 특별법 그리고 원칙법과 예외법으로, 법의 강제적 적용 유무에 따라 강행법과 임의법으로 나누어 볼 수 있다.

제 2 절 실정법의 분류

일반적으로 법을 분류하면 가장 크게는 자연법과 실정법으로 나눌 수 있고, 실정법은 다음 표와 같이 분류할 수 있다.

- 법
  - 실정법
    - 국내법
      - 공 법
        - 실체법
          - 헌 법
          - 행정법
          - 형 법
        - 절차법
          - 민사소송법
          - 형사소송법
      - 사 법
        - 민 법
        - 상 법
        - 국제사법
      - 사회법
        - 경제법
        - 노동법
        - 사회보장법
        - 사회복지법
    - 국제법
      - 조 약
      - 국제관습법
  - 자연법

I. 실정법과 자연법

1. 실정법

실정법(positive law)이란 특정한 시대와 사회에서 구체적이고 실질적인 효력을 가지고 있는 법규범을 말하며, 실정법의 존재형태는 성문법뿐만 아니라 관습법, 판례법 등과 같이 불문법도 포함된다. 협의로서 실정법은 권한 있는 기관이 제정하거나 채택한 구체적인 법을 의미한다. 서양에서는 14세기 이래 실정법이라는 용어는 '인간에 의해 제정되거나 만들어진 법'을 지칭하는 것으로 사용되어왔다. 이러한 의미의 실정법은 인간에 의해서 만들어지는 것이 아니라 발견되는 것이라고 인식되어온 자연법이나 신법(神法)과는 대립적인 개념이다. 이러한 의미의 실정법은 19세기 초에 법실증주의의 강세로 크게 성장되었다. 실정법은 국가에 따라서 어떤 존재형식을 일차적 법원으로 할 것이냐는 각기 다르지만 실제적으로 이를 위반하였을 때는 국가의 힘인 공권력에 의해 제재를 받게 되는 것이다.

2. 자연법

자연법(natural law)이란 무엇인가에 대해 오랜 동안 논의가 되어 왔으며, 법학 분야 이외에도 신학과 철학분야도 자연법 개념은 주요한 화두이다. 자연법은 대체로 실정법(實定法)을 초월하여 영구불변적으로 존재하는 법이라고 정의된다. 자연법의 특성은 일반적으로 보편타당성, 영구불변성, 역사성, 인식가능성 등이 있다. 자연법은 실정법의 불완전성을 깨우쳐 주는 역할을 한다.

자연법은 대체로 고대 그리스의 자연철학으로부터 그 유래를 찾을 수 있다. 근대의 자연법은 '자연법의 아버지'라 불리는 그로티우스(Hugo Grotius, 1583~1645)에 의해 출발하였는데, 그는 자연법의 개념을 신과의 연관성을 단절하고, 자연법은 인간의 이성에 의해서 인간의 사회적 본성에 합치되는 법칙이라고 하였다. 즉 그로티우스는 인간의 이성에 근거하여 자연법의 존재를 설명하여 전통적 자연법론에서 신학적 의미를 분리하여 인간의 이성을 본질로 한 새로운 근대적 자연법을 주장하였다. 이후 자연법사상은 근대 계몽주의 사상과 결부하여 크게 발전하였는데, 인간의 존엄성은 하늘로부터 부여된 것이므로 어떠한 외부의 힘(여기에는 실정법도 포함됨)으로도 침해될 수 없는 것으로 인식하였다. 오늘날 자연법을 초실정법적인 것으로 인간의 이성 내지 본성을 바탕으로 시대, 민족, 사회 등을 초월한 영구불변의 보편타당한 법이라고 인식되고 있다. 즉 오늘날에는 자연법의 개념을 실정법과의 관계 속에서 초실정법으로 이해하여 인간의 본성 내지 이성을 바탕으로 인간의 존엄성 및 기본권을 보장하기 위한 것이라고 이해할 수 있다.

Ⅱ. 국내법과 국제법

국내법과 국제법은 법의 주체, 법원 및 법의 적용범위를 기준으로 분류한 것이다. 국내법(municipal law)은 한 국가에 의하여 형성되고 그 국가의 주권이 미치는 범위 내에서만 시행되는 법이다. 국내법에는 헌법, 법률, 명령, 조례, 규칙 등의 성문법과 관습법, 판례법, 조리 등의 불문법의 형식으로 존재한다. 이에 비하여, 국제법(international law)은 주로 국가간의 관계에 적용되는 국제사회의 법을 말한다. 물론 오늘날 국제법은 국가뿐만 아니라 국제기구 또는 개인에게까지 미친다. 그리고 국제법은 그 정립, 적용, 집행 측면에서 국내법에 비하여 미성숙한 법이다. 또한 국내법은 한 국가의 단독의사에 의하여 만들어지지만, 국제법은 다수 국가간의 명시적 또는 묵시적 합의에 의하여 만들어진다. 국제법은 조약과 같은 성문법과 국제관습법과 같은 불문법의 형식으로 존재한다.

Ⅲ. 공법과 사법

1. 공법과 사법의 구별 기준

근대국가의 법질서는 통치관계로서 국민과 국가 간의 법률관계와 생활관계인 개인 상호간의 법률관계가 이원적으로 존재한다. 이러한 사회구조는 공법(公法, public law)과 사법(私法, private law)이라는 이원적 체계를 낳게 함으로써 전자는 헌법, 형법, 행정법 등으로, 후자는 민법, 상법 등으로 발전되었다. 이와 같이 법을 그것이 규율하는 생활관계를 기준으로 공법(公法)과 사법(私法)으로 구별할 수 있다. 오래전부터 법을 공법과 사법으로 구별하는 것은 상식으로 여겨왔으나 그 구별기준에 대하여 많은 학설이 대립되고 있다. 공법과 사법은 모두 국내법질서를 이루는 법체계로서 국가의 법제정절차를 거쳐서 성립되는 점은 동일하다. 따라서 공법과 사법을 구별하는 것이 상식으로 되어 있더라도 법 그 자체의 본질적 구별은 아니고 여러 가지 기준과 성질에 의해 구별된다. 법을 공법과 사법으로 구별하는 대표적인 학설은 다음과 같다.

(1) 이익설

이익설은 법이 보호하는 이익을 기준으로 공법과 사법을 구별하는 견해이다. 즉, 국가나 사회의 이익인 공익(公益)의 보호를 목적으로 하는 법이 공법이고, 사익(私益)의 보호를 목적으로 하는 법을 사법이라고 한다. 이익설에 의하여 법을 구분하는 방법은 로마시대부터 전통적으로 내려오는 견해로서 로마의 법학자 울피아누스(Ulpianus, 170~228)는 "공법이란 로마의 국가적 이익 내지 공공의 이익에 관한 법이며, 사법이란 개인적 이익에 관한 법"이라고 하였다. 그런데 공익 또는 사익이 무엇인지를 구별하는 것이 쉽지 않으며, 공익과 사익의 보호를 동시에 추구하는 법도 존재하기 때문에 이익설에 따라 공법과 사법을 구별하는 것이 적절하지 않다. 어떤 법은 공익을 추구하면서도 또한 사익의 보호를 목적으로 하는 경우가 있는데, 이런 경우 이익설은 타당성을 잃게 된다. 예를 들면, 형법에 의하여 범죄자를 처벌하는 것은 사회의 질서유지라는 공익의 보호에 있으나, 반면에 개인의 생명과 재산의 보호라는 목적도 있다. 이런 측면을 고려하면 형법은 공법도 되고 사법도 된다. 그러나 형법은 공법에 속한다. 따라서 이익설은 공법과 사법을 구별하는 설득력 있는 주장이 아니다.

(2) 주체설

주체설은 법이 규율하는 법률관계의 당사자(주체)를 기준으로 공법과 사법을 구별하는 견해이다. 국가 및 공공단체 상호간의 관계 또는 이들과 사인 간의 관계를 규율하는 법이 공법이고, 사인(私人) 상호간의 관계를 규율하는 법이 사법이라고 한다. 엘리네크(Georg Jellinek)는 "공법은 국가 기타 공법인(公法人) 상호간의 관계 또는 이러한 국가 기타 공법인과 사인간의 관계를 규율하는 법이며, 사법은 사인 상호간의 관계를 규율하는 법"이라고 주장한 바가 있다. 그런데 국가나 공공단체도 사인과 동등한 자격으로 행위를 하는 경우가 있다. 예컨대, 국가 또는 공공단체가 사경제(私經濟)의 주체로서 개인과 매매계약을 체결한다든가 도급계약 체결하는 경우와 같이 사적인 계약을 맺은 때에는 사법의 적용을 받는다. 그런데 주체설에 의하면 이러한 계약관계에 적용되는 법이 공법에 속한다는 결론에 도달하게 된다. 따라서 주체설에 의하면 이러한 모순이 나타나기 때문에 설득력이 떨어진다.

(3) 성질설(법률관계설)

성질설(법률관계설)은 법이 규율하는 법률관계의 성질을 기준으로 명령·복종·지배관계, 즉 불평등관계를 규율하는 법이 공법이고, 평등·대등한 관계를 규율하는 법이 사법이라고 주장한다. 법률관계를 권력자(지배자, 통치자)와 복종자(피지배자, 피통치자) 사이의 종속적 법률관계와 대등한 당사자간의 평등한 법률관계로 구분하여, 전자에 적용되는 법이 공법이고, 후자에 적용되는 법이 사법이라고 주장한다. 그런데 예컨대, 국제법은 공법인데도 평등한 국가 간의 관계를 규율하며, 반면에 사법인 친족법상의 부모와 자의 관계는 그것이 불평등한 관계를 규율하고 있다. 성질설에 의하면 국제법을 사법으로, 친족법을 공법으로 구별하는 모순이 발생할 수 있다.

(4) 생활관계설

생활관계설은 사람의 생활관계를 기준으로 국민으로서의 생활관계, 즉 정치적 생활관계(권력적 통치관계)를 규율하는 법이 공법, 개인적인 생활관계를 규율하는 법이 사법이라고 구별하는 견해이다. 생활관계설은 푸흐타(G. Puchta, 1798~1846)가 주장한, "인간이 국가의 구성원의 자격에서 이용하는 법이 공법이고, 개인의 자격으로서 이용하는 법이 사법"이라고 한 데서 유래된다. 예컨대, 국민이 납세의무를 부담한다든가 군복무를 하는 것 등은 국민으로서의 생활관계로 공법에 속하고, 부부·친자와 같은 관계는 개인으로서의 생활관계로서 사법의 영역에 속한다고 한다. 그런데 생활관계설도 국민으로서 생활관계와 개인으로서 생활관계를 구별하는 것이 쉽지 않기 때문에 완전하게 설득력을 갖추고 있는 것은 아니다.

(5) 종합 정리

위에서 여러 학설을 살펴보았지만 어느 하나의 기준으로 공법과 사법을 구별하는 것은 한계가 있다. 그러므로 공법과 사법의 구별은 위에서 언급한 여러 가지 학설에서 내세우고 있는 복수의 기준을 고려하는 것이 타당하다. 그러한 기준에 따라 살펴보면, 헌법·행정법·형법·민사소송법·형사소송법·국제법 등은 공법에 속하고, 민법·상법·국제사법 등은 사법에 속한다.

2. 공·사법 구별의 실익

법을 공법과 사법으로 구별하는 실익은 무엇인가? 첫째, 법의 지도원리가 다르다. 대체로 공법의 지도원리는 명령복종의 관계, 상하 권력관계를 내용으로 하고, 사법의 지도원리는 대등관계를 내용으로 한다. 공법은 공익적 목적을 위해 권력적 생활관계를 규율하므로 사적 자치의 원칙이 배제되지만 사법은 개인의 생활관계를 규율하므로 사적 자치의 원칙이 적용된다. 둘째, 법률상의 쟁송에 있어서 민사사건과 형사·행정사건을 구별하는 기준이 된다. 특히 행정사건인가 민사사건인가에 따라 소송의 관할이 정해진다. 공법상의 소송은 행정소송으로 행정법원이 관할하고 사법상의 소송인 민사소송은 일반 법원이 관할한다.

3. 사회법

(1) 사회법의 등장

근대적 의미에서 주권국가가 성립하고 난 후 19세기까지 국가의 법체계는 공법과 사법으로 나누어져 있었다. 그러나 자본주의의 발달로 경제적 지위에 따른 사회 불평등의 심화, 자본가(또는 사용자)와 노동자 간의 대립 등 자본주의경제제도의 여러 폐단이 나타났다. 이와 같이 자본주의의 발달로 새롭게 발생한 사회경제적 문제를 해결하기 위하여 20세기 초에 사회법(social law)이 등장하게 되었다. 자본주의의 발달로 부익부 빈익빈의 현상이 심화되고 사회적 갈등이 증폭하자 경제적 약자를 보호하고 노사간의 대립을 완화하기 위하여 국가가 개인이나 기업의 경제활동

영역에 개입하기 시작하였다. 국가는 계획적으로 사회정책, 노동정책 및 경제정책을 수립하였고 이를 시행하기 위한 입법이 이루어졌는데, 이러한 입법을 통해 종래의 공법이나 사법 어디에도 속하지 않고 새로운 법 영역을 형성하게 되었다. 이와 같이 사회법은 경제적 약자의 이익을 보호하고 나아가서 더욱 적극적으로 경제적 약자를 지원하고 복지를 증진시키는 것을 목적으로 하는 법이라고 할 수 있다. 종래에는 사법관계에서 국가의 간섭이나 개입이 없었던 영역에 국가가 적극적으로 간섭 또는 개입하여 사법의 적용을 받는 동시에 공법의 규율도 받도록 하였다. 이러한 사회법에는 노동법, 경제법, 사회보장법 등이 있다.

(2) 노동법

노동법(labour law)은 근로자의 인간다운 생활을 보장하고 근로자와 사용자 사이의 실질적인 평등을 도모하기 위해서 취업과 근로조건 및 노사관계를 규율하는 법규범을 총칭한 것을 말한다. 자본주의의 경제가 확립됨에 따라서 사회의 새로운 계층으로서의 노동자들이 양산되었고, 이러한 노동자와 사용자의 관계는 종래의 법질서로는 규율할 수 없는 새로운 관계로 발전하였는데, 이를 규율하기 위하여 생성·발전한 것이 노동법이다. 자본주의 체제하에서 노동자는 저임금 또는 실업자로 전락하는 빈익빈의 나락에 떨어지고 반면, 자본가는 더욱 많은 이익으로 부익부의 현상을 초래하게 되어 노동자와 사용자가 크게 대립하게 되었다. 이것이 국가와 사회의 중대한 문제로 등장하였고, 노사간의 협력과 근로자에 대한 특별한 보호가 요청되게 되었다. 그 보호방법으로 제정된 것이 노동법이다. 노동조건의 기준을 행정감독에 의하여 규율하는 법률을 만들고, 노동자의 단결권 및 단체행동권을 인정하는 법률을 제정하는 등 노동자의 권리를 보호하고, 그 지위를 향상시켜 노사의 실질적 평등을 도모하기 위한 노동법이 형성되고 발전되어 온 것이다. 대표적인 노동법으로는 근로기준법, 노동조합 및 노동관계조정법, 최저임금법, 노동위원회법, 임금채권보장법, 직업안정법 등이 있다.

(3) 경제법

경제법은 19세기 후반에 나타나기 시작한 새로운 법영역으로서 산업자본주의의 발달로 인하여 새로이 발생한 사회경제적 문제에 대응하기 위해 등장한 법이다. 따라서 경제법은 자본주의 경제체제에서 발생하는 모순과 폐해를 국민 경제 전체의 입장에서 정책적으로 규제하거나 조정하기 위한 목적으로 만들어진 법규범을 총칭한 법체계이다. 경제법이란 용어가 처음 사용된 것은 제1차 세계대전 후 경제적 파탄을 극복하고 재건하는 과정에서 주로 독일에서 발달하였는데, 자본주의경제의 발전에 따라 특수한 경제관계를 규율하기 위하여 제정한 법을 독일 학자들이 경제법(Wirtschaftsrecht)이라고 불렀다. 주로 경제법은 자본주의 경제의 테두리 안에서 기업의 독점을 완화하고 규제하여 국민경제를 보호하려는 취지에서 제정된다. 자본주의적 사회경제체제는 개인주의적 자유주의를 기반으로 하여 눈부신 발전을 이룩하였다. 그러나 경제를 자유방임의 상태로 두면 대기업의 경제적 횡포에 의하여 노동자는 물론 일반 국민이 곤경에 빠지는 악순환에 놓이게 되고, 이로 인해 사회불안이 야기되고, 또 경제질서의 혼란과 경제 공황의 주기적 발생 등으로 국가경제가 파탄으로 치닫는 상황을 야기하게 된다. 여기에 국가가 경제활동에 대한 적극적 개입 및 통제의 필요성이 나타나 형성·발전된 법이 경제법이다. 이와 같이 경제법은 국민경제의 건전한 균형발전을 위해서 경제질서를 규율하는 규범인 것이다. 소비자기본법, 독점규제법, 공정거래에 관한 법률, 약관의 규제 관한 법, 할부거래에 관한 법, 방문판매 등에 관한 법, 제조물책임법 등이 여기에 해당된다.

(4) 사회보장법

사회보장법이라 함은 개인을 사회적 위험으로부터 보호하는 기능을 수행하는 법규범을 총칭하는 것이다. 사회보장법은 국가가 국민의 생존권을 확인하고 사회적 위험으로부터 국민의 생활을 보장하기 위한 국가의 정책을 실현하기 위한 법이다. 사회보장기본법은 사회보장에 대하여 “질병, 장애, 노령, 실업, 사망 등의 사회적 위험으로부터 모든 국민을 보호하고, 빈곤을 해소하며, 국민생활의 질을 향상시키기 위하여 제공되는 사회보험, 공공부조, 사회복지서비스 및 관련 복지제도”라고 정의하고 있다(사회보장기본법 제3조 제1호). 사회보장법은 구빈법(poor law) 제도에서 유래된 것으로 자본주의경제의 발전과정에서 자유방임을 허용한 결과 부가 소수인의 수중에 집중되어 빈부의 차가 격심하게 되었고 빈자는 자기의 힘으로 생활을 유지할 수 없게 되자 국가가 이를 구제하고 ‘인간다운 생활’을 보장해주기 위해 마련한 법으로부터 발전해 왔다.

우리나라는 사회적 위험을 보호하는 제도적 수단으로 사회보험, 공공부조, 사회복지서비스 및 관련 복지제도 등에 관한 법을 마련하고 있다. 국민건강보험법, 국민연금법, 산업재해보상보험법, 고용보험법 등 4대 사회보험법을 시행하고 있으며, 공공부조에 관한 법률로는 국민기초생활보장법, 긴급복지지원법, 의료급여법, 일제하종군위안부에 대한 생활안정지원법 등이 있다.

Ⅳ. 일반법과 특별법

1. 구별의 기준

일반법과 특별법은 법의 효력범위를 기준으로 해서 분류한 것인데 일반법(general law)이란 법의 효력이 미치는 범위가 제한이 없이 일반적·보편적으로 적용되는 법이고, 특별법(special law)이라 함은 특정한 사람, 사항 또는 장소에 국한해서 적용되는 법을 말한다. 특정한 사항을 일반법으로 규율하기에는 적절하지 않는 경우에 특별법이 필요하다. 특별법과 일반법은 법이 적용되는 사람, 장소, 사항 등을 달리한다.

첫째, 법이 적용되는 인적 범위를 기준으로 구별하면, 일반법은 일반인 모두에게 적용되는 법이고, 특별법은 제한된 범위의 특정한 사람에게만 적용되는 법을 말한다. 예를 들면, 대한민국 모든 국민에게 적용되는 헌법·민법·형법은 일반법이고, 군형법은 군인에게만 적용되는 특별법이고, 사립학교법은 사립학교에게만 적용되는 특별법이다.

둘째, 법이 적용되는 장소의 범위를 기준으로 구별하면, 모든 지역에 적용되는 법은 일반법이고, 특정한 지역에만 적용되는 법을 특별법이다. 예를 들면, 전국에 시행되는 헌법·민법·형법 등은 일반법이고, 특정지역에 한해서만 적용되는 지방자치단체의 자치법규는 특별법이다.

셋째, 법이 규율하는 사항의 범위를 기준으로 구별하면, 어떤 사항에 대하여 보편적으로 전체를 규율하는 법은 일반법이고, 특정한 사항만을 규율하는 법은 특별법이다. 민법은 민사에 관한 일반 사항을 규율대상으로 하는 일반법이고 이에 대하여 상법은 민사에 관한 사항 중 상사(商事)만을 규율대상으로 하는 특별법이다. 그런데 일반법과 특별법의 구별은 상대적이다. 예를 들면, 상법은 민법에 대하여 특별법이지만 어음수표법에 대하여는 일반법이다. 또한 일반법과 특별법의 구별은 법률 상호간의 관계에 있어서뿐만 아니라 하나의 법률 내에서 각 조문 상호간의 관계에 있어서도 일반법규와 특별법규의 지위에 있는 경우도 있다. 예를 들면, 채권의 소멸시효기간을 10년으로 규정하고 있는 민법 제162조 1항은 일반규정(일반법규)이고, 이자채권의 소멸시효기간을 3년으로 규정하고 있는 민법 제163조는 민법 제162조 1항에 대한 특별규정(특별법규)이다.

2. 구별실익

법을 일반법과 특별법으로 구별하는 이유는 먼저 동일한 사안에 대해 일반법과 특별법이 서로 다르게 규정하고 있는 경우에 특별법이 일반법에 우선하여 적용되기 때문에 어떤 법이 특별법이고 일반법인지를 구별해야 한다. 이것은 법 적용에 있어서 중요한 원칙인 "특별법은 일반법에 우선한다"라는 특별법우선의 원칙을 적용하기 위해 필요한 구별이다. 법해석과 관련하여 보더라도, 일반법은 넓게 해석해도 괜찮지만 특별법은 좁게 해석해야 한다. 일반법과 특별법을 구별하는 실익은 이와 같이 법의 효력 및 적용의 순서를 명확히 하는 데에 있다.

V. 실체법과 절차법

실체법(substantive law)은 권리·의무의 종류·내용·성질·발생·변동·효과·소멸 등의 사항을 규정하는 법이고, 절차법(procedural law)은 실체법의 내용, 즉 권리·의무를 실현하는 절차에 관한 법을 말한다. 절차법은 권리·의무의 행사·이행·보전·강제 등의 절차를 규정하는 법이다. 이러한 정의에 따르면, 형법·민법·상법 등은 실체법이고, 형사소송법·민사소송법 등은 대표적인 절차법이다. 절차법은 직접 소송에 관한 것이 대부분이나, 비송사건절차법, 부동산등기법 등과 같이 직접 소송에 관한 법이 아닌 경우도 있다.

실체법과 절차법의 관계를 보면, 실체법이 아무리 권리·의무를 잘 규정하고 있어도 그것은 사회생활에서 실현되어야 현실적인 의의를 가질 수 있기 때문에, 이를 실현하기 위한 절차법이 있어야 한다. 이와 같이 실체법은 절차법과 불가분의 관계에 있으며, 분쟁이 발생하면 절차법에 의하여 실체법의 내용이 현실화된다.

실체법과 절차법을 구별하는 실익은 다음과 같다. 첫째로, 법원은 실체법이 존재하지 않다는 이유로 재판을 거절할 수 없으나(민사재판의 경우 조리에 의하고 판결하여야 하고, 형사재판은 무죄판결을 하여야 한다), 절차법이 없을 때에는 재판을 할 수 없다. 둘째로, 법률불소급의 원칙에 있어서 실체법은 신법에 소급효를 인정하지 않는 것이 일반적 원칙인데, 절차법은 특별한 규정이 없는 한 새로 만들어진 절차법을 적용한다. 이는 법률불소급은 권익의 침해를 막기 위한 것인데, 절차법은 권리 의무의 성질에 관계되는 것이 아니기 때문에 신법을 적용하더라도 권익을 침해하는 경우가 거의 없기 때문이다.

Ⅵ. 강행법과 임의법

법을 당사자의 의사로 그 적용을 배제 또는 변경할 수 있느냐의 여부에 따라 강행법과 임의법으로 나누어진다. 강행법(imperative law)이란 당사자의 의사에 관계없이 강제적으로 적용되는 법이고, 임의법(dispositive law)은 당사자의 의사로 그 적용을 배제하거나 변경할 수 있는 법이다. 일반적으로 사회질서, 공공질서, 공공복리, 국민의 의무, 선량한 풍속 등은 강행법이고, 개인 상호간의 권리·의무관계는 임의법이다. 대체로 헌법, 형법, 행정법 등의 공법은 거의 강행법에 속하는 데 반하여, 사적 자치를 원칙으로 하는 민법, 상법 등의 사법은 대부분이 임의법에 속한다. 예를 들면, 민법 제468조에 "당사자의 특별한 의사표시가 없으면 변제기전이라도 채무자는 변제할 수 있다"라는 규정과 민법 제473조에 "변제비용은 다른 의사표시가 없으면 채무자의 부담으로 한다"라고 규정하고 있는 것처럼 법조문에 '특별한 또는 다른 의사표시가 없으면'이라고 되어 있는 것은 임의법이다. 그리고 "…할 수 있다"라고 규정한 경우도 이에 반하여 강행법은 법문에 '…하여야 한다'든가 '…하지 못한다'라고 규정되어 있는 경우에는 대부분 강행법이다. 그러나 강행법과 임의법의 구별은 공법과 사법의 구별과 일치하지는 않으며, 법조문의 표현 기타 법규가 가지는 가치 등을 고려하여 각 규정에 따라 구체적으로 판단해야 한다. 민사소송법은 공법이지만, 민사소송에 관하여 당사자의 합의로 관할을 정할 수 있다는 규정(민사소송법 제29조)과 같은 것은 임의법규이다. 반대로 민법은 사법이지만 물권의 종류에 관한 규정(민법 제185조), 권리능력·행위능력에 관한 규정(민법 제3조 이하), 친족·상속에 관한 규정(민법 제826조 이하) 등은 강행법규이다.

법조문에 '특별한 또는 다른 의사표시가 없으면'이라는 표현이 없는 경우에 법을 강행법과 임의법으로 구별하는 것이 쉬운 일이 아니다. 이런 경우에는 법규의 목적·성질·내용, 입법취지 등을 종합적으로 검토하여, 공공질서 또는 공서양속이라든가 사회 전체의 이익을 보호할 목적으로 법이 제정된 경우에는 대개 강행법규이고, 당사자의 이익을 보호함을 목적으로 한 것은 임의법규이다.

양자의 구별실익은 당사자가 법규의 내용과 다른 의사표시를 한 경우에, 임의법규는 의사표시가 임의법규의 내용과 다른 경우에도 유효하나, 그것이 강행법규에 위반한 경우에는 무효이거나 취소할 수 있고, 또는 제재를 받게 된다. 또한 강행법규는 법률행위의 해석의 절대적 기준이지만, 임의법규는 법률행위의 해석에 있어서 당사자의 의사와 관습에 이은 제3의 기준이 된다.

Ⅶ. 원칙법과 예외법

원칙법이란 법의 적용대상에 대하여 일반적으로 적용되는 법이고, 예외법이라 함은 원칙법의 예외를 인정함으로써 원칙법을 배제하고 적용되는 법을 말한다. 흔히 우리는 예외없는 법은 없다고 말할 때 그 예외가 바로 예외법이다. 일반적으로 법규는 보편성과 추상성을 특징으로 하고 있기 때문에 개개의 구체적 사례에 일률적으로 적용하면 오히려 불합리한 결과를 초래할 수 있다. 이를 조정하기 위하여 예외법을 인정한다. 예를 들면, 민법 제3조에 "사람은 생존한 동안 권리와 의무의 주체가 된다"고 규정하고 있는데, 이 규정은 자연인의 권리·의무능력의 존속기간을 정한 원칙법이며, 민법 제1000조 3항에는 "태아는 상속순위에 관하여 이미 출생한 것으로 본다"라고 규정하여, 원칙법에 대한 예외를 규정하고 있다.

원칙법과 예외법도 법의 효력범위에 관한 구별이나 일반법과 특별법의 구별과는 차이가 있다. 원칙법과 예외법은 어떤 특정한 사항에 관하여 그 원칙과 예외를 정하는 법인데 비해 일반법과 특별법은 이것 보다 훨씬 넓은 범위에 있어서 장소적, 인적 또는 사항에 관한 효력의 범위를 정하는 법이라는 데서 양자의 차이가 있다. 그러므로 일반법과 특별법은 법률과 다른 법률 사이에서 구별되는 것이 일반적이나 원칙법과 예외법은 동일한 법률 중에서 또는 동일한 조문 중에서 구별되는 것이 보통이다. 예를 들면, 민법 제137조는 "법률행위의 일부분이 무효인 때에는 그 전부를 무효로 한다"라고 법률행위의 무효에 대한 원칙을 규정하고, 그 단서에서 "그러나 그 무효부분이 없더라도 법률행위를 하였을 것이라고 인정될 때에는 나머지 부분을 무효가 되지 않는다"라고 예외를 인정하고 있다. 여기서 보는 바와 같이 대체로 법조문 가운데 단서는 예외법으로서 성격을 갖는다.

원칙법과 예외법을 구별하는 실익은 먼저 법해석과 관련해서 나타난다. 즉 원칙법에 대해서는 유추해석이나 확대해석이 허용되지만 "예외법은 엄격하게 해석하여야 한다"라는 해석상의 원칙에 따라 확대해석이 허용되지 않는다. 또한 원칙법의 입증책임은 원고 또는 청구자에게 있으나 예외법을 적용하는 전제조건이 되는 사실의 입증책임은 피고 또는 피청구자에게 있는 것이 일반적이다.

제 5 장

법의 효력

제 1 절 법의 효력의 의미

법의 효력이란 사회규범으로서의 법이 그 목적과 내용대로 실현하는 힘(강제력)을 말한다. 다시 말해서 법의 효력이란 행위규범으로서 법의 내용을 실현하는 강제력을 의미하며, 강제규범으로 법이 사회를 구속하는 힘을 말한다. 그리고 법의 내용을 실현하려는 법 효력의 근거를 법의 타당성 또는 정당성이라 한다. 법의 타당성이란 법이 구속력을 가질 수 있는 정당한 권능을 의미한다. 법은 규범으로서 그 내용만으로 효력을 발생하는 것이 아니라 규범으로서 타당성을 가지고 있어야 한다. 또한 법이 강제규범으로서 효력을 지니고 실제로 실현되는 것을 법의 실효성이라 한다. 법의 실효성이란 법이 현실로 지켜져 실현되는 강제력을 말한다. 다시 말해 법이 단지 제정만 되고 실제로 법이 규정한 대로 시행되지 않는다면 어느 누구도 이 법을 효력이 있는 법이라고 하지 않을 것이다. 법이 본연의 효력을 발생하기 위해서는 법이 규범으로서 타당성과 실효성을 동시에 갖추어야 한다. 법은 타당성을 지니면서 이를 실현할 수 있는 실효성을 갖추어야 한다. 법이 실효성을 보장

받으려면 법 자체가 타당성이 있어야 한다. 이렇게 본다면 법의 효력은 법의 타당성과 실효성이 모두 갖추어졌을 때 제대로 발휘되는 것이라고 할 수 있다. 이와 같이 법의 타당성과 실효성은 법의 필수적인 요소로서 불가분의 관계에 있다.

제2절 법 효력의 근거와 범위

Ⅰ. 법 효력의 근거

법 효력의 근거는 무엇인가? 법의 효력은 법의 의미와 근거가 무엇이냐는 문제와 깊이 관련이 있다. 그래서 법 효력의 근거는 매우 법철학상의 문제, 즉 법의 근본적인 문제이다. 법 효력의 근거를 법에 선행하는 초월적인 규범에서 유래한다는 주장과 법 자체에 내재되어 있는 타당성에 근거한다는 주장이 있다. 법의 근거를 신(神)의 뜻에 두는 견해도 있고, 법 효력의 근거를 자연법론에 의하면 자연의 섭리에서 찾고, 분석법학파에 의하면 국가의 명령에서 찾고, 역사학파에 의하면 민족의 법적 확신에서, 법실증주의에 의하면 상위규범의 법질서에서 그 근거를 구한다.

Ⅱ. 법 효력의 범위

법은 '언제', '어느 곳에서', '누구에게' 효력이 미치는가? 법은 시간적, 공간적, 인적으로 일정한 범위 내에서 효력을 갖는다. 즉 법의 효력이 미치는 범위는 시간적으로도 한정되어 있고, 공간적으로도 일정한 제한이 있으며, 적용되는 대상도 정해져 있다. 일반적으로 법의 효력이 미치는 범위를 시간적 효력, 장소적(공간적) 효력 및 사람에 대한 효력으로 나눌 수 있다.

제3절 법의 시간에 대한 효력

Ⅰ. 법의 시행과 폐지

법은 시간적 제한 없이 영구적으로 효력이 있는 것은 아니다. 그럼 언제부터 언제까지 효력이 발생하는가? 먼저 법은 시행과 더불어 효력을 발생한다. 법이 제정되었더라도 법을 시행하기 전에는 효력이 발생하지 않는다. 또한 법의 폐지가 있으면 법의 효력은 발생하지 않는다. 즉, 법은 시행과 더불어 효력을 발생하고 폐지함으로써 그 효력이 상실하는데 이 기간을 법의 '유효기간' 또는 '시행기간'이라 한다.

1. 법의 시행

법률은 제정과 동시에 효력을 발생하는 것이 아니라 시행하는 날로부터 효력을 발생한다. 그런데 제정된 법은 시행에 앞서 공포하여 일정한 기간 동안 그 내용을 국민에게 알리고 그 후 일정한 기일이 지난 다음 시행한다. 즉, 공포일로부터 시행일까지의 일정한 기간을 두는데, 이를 법의 '주지(周知)기간' 또는 '시행유예기간'이라고 한다. 입법기관에서 제정된 법은 해당 법령의 부칙에 효력의 발생시기를 규정하는 것이 일반적이다. 법의 시행시기에 대해서 부칙 또는 시행법령 등에 직접 규정하는 경우에는 그날로부터 시행한다. 공포한 날로부터 시행한다고 규정한 법도 있으며, 공포한 날로부터 시행 기일까지 일정한 기간을 두고 있는 법도 있다. 우리나라에서 법률은 특별한 규정이 없는 한 대통령이 공포한 날로부터 20일을 경과함으로써 그 효력이 발생한다(헌법 제53조 제7항). 관습법은 성립 시부터 그 효력을 가지나 보통 그 성립 시기가 명백하지 않다.

2. 법의 폐지

법의 폐지란 법의 효력이 소멸되는 것을 말하며, 이에는 명시적 폐지와 묵시적 폐지가 있다. 명시적 폐지는 명시적인 법규정에 의하여 법이 폐지되는 것이다. 그 대표적인 경우는, 법령에 그 시행기간이 정하여진 경우에 그 기간의 만료로 해당 법은 효력이 소멸한다. 이러한 법을 한시법(限時法)이라 한다. 한시법은 법률이 그 법의 시행 및 폐지시기를 정하고 있다. 한시법은 보통 부칙에 "이 법은 ○○부터 적용하여 ○○까지 그 효력을 가진다"라는 규정을 두고 있다. 그리고 신법의 명시적 규정에 의하여 구법의 일부 또는 전부를 폐지한다고 규정하고 있는 경우에는 구법은 폐지된다. 구법의 일부만 폐지된 경우에는 폐지되지 아니한 조항은 신법과 함께 효력을 유지한다. 그리고 묵시적 폐지란 명시적 규정에 의한 폐지가 아닌 것으로 다음과 같은 경우가 있다. 먼저 구법의 규정이 신법의 규정에 저촉되는 경우이다. 즉, 동일사항에 관하여 신법과 구법이 모순·저촉되는 경우에는 그 저촉의 범위 내에서 구법은 효력을 상실한다. 이 경우에 "신법은 구법을 폐지한다"라는 원칙이 적용된다(신법우선의 원칙 적용). 또 다른 묵시적 폐지에는, 법의 목적사항이 완료되어 법의 효력이 소멸되는 경우이다. 이 경우에는 법이 규율한 목적사항이 완전히 소멸되어 더 이상 시행할 필요가 없어져 자연스럽게 폐지되는 경우이다.

Ⅱ. 법률불소급의 원칙

1. 의 의

법률불소급(不遡及)의 원칙이란 법의 효력은 시행 이후인 시행기간 중에 발생한 사항에 대하여서만 적용되고 그 시행 이전에 발생한 사항에 대하여는 적용되지 않는다는 원칙을 말한다. 만일 소급효를 인정하게 된다면 행위 당시에는 적법하였던 것이 새로운 법에 의하여 부적법한 것으로 되어 법적 생활의 안정성을 크게 해칠 우려가 있다. 행위 당시에는 허용되던 것이 사후에 만들어진 법에 의해 금지되거나 처벌된다면 법적 안정성과 예측가능성을 훼손할 가능성이 높다. 따라서 사후법의 제정을 금지하는 것이다. 법률불소급의 원칙은 주로 법적 생활의 안정성, 인권보장과 기득권 존중의 요구로 인정되는 법원칙이다.

법률불소급의 원칙에서 파생되는 원칙으로서 '사후법 제정금지의 원칙'과 '기득권존중의 원칙'이 있다. 사후법 제정금지(prohibition of *ex post facto* law)라 함은 행위 당시에 적법인 행위에 대하여 사후에 이를 처벌하는 소급법을 제정하지 못한다는 것을 의미하는 동시에 또한 그러한 방법으로 형을 가중하는 것도 금지된다는 것이다. 이것은 바로 죄형법정주의의 내용이기도 하다. 그리고 기득권존중의 원칙이라 함은 이미 구법에 의하여 취득한 권리는 신법에 의하여 변경·소멸할 수 없다는 원칙이다. 일단 부여한 권리를 함부로 제한하거나 소멸시키게 되면 사회생활의 법적 안정성을 해칠 우려가 있으므로 이를 침해하지 않도록 충분히 고려해야 한다.

법률불소급의 원칙과 밀접한 관계가 있는 것은 특히 형벌법규 영역이다. 만일 행위 당시에 존재하지 않았던 형벌법규가 사후에 제정되어 소급되는 경우에는 국민의 기본권이 침해되므로 죄형법정주의의 요청상 행위자에게 불이익을 주는 형벌법규의 소급은 엄격히 금지되어야 한다. 우리 헌법도 "모든 국민은 행위시의 법률에 의하여 범죄를 구성하지 아니하는 행위에 대하여 소추를 받지 아니하며…"(헌법 제13조)라고 이 원칙을 명시적으로 규정하고 있다. 또 형법 제1조 1항에 "범죄의 성립과 처벌은 행위시의 법률에 의한다"고 규정하고 있다. 이와 같이 법률불소급의 원칙은 인간의 생명, 자유 및 재산에 밀접한 관계를 가지는 법의 분야인 형법에 있어서 더욱 중요한 의의를 가진다. 이 원칙은 "법률이 없으면 범죄도 없고, 형벌도 없다"(nullum crimen nulla poena sine lege)라는 법언이 의미하고 있는 죄형법정주의의 파생원칙 중의 하나이다.

2. 예 외

법률불소급의 원칙은 사후입법에 의하여 행위자에게 불이익을 주는 것을 금지하는 원칙이기 때문에 때로는 입법상의 필요에 의하여 예외적으로 소급효를 인정하는 수도 있다. 불소급은 행위자에게 소급하여 불이익을 주는 것을 금지하는 것을 내용으로 하는 만큼 만약 소급함이 오히려 이익이 될 때에는 소급효를 인정하는 것이 타당하다. 신법을 소급하여 적용하는 것이 오히려 사회의 현실적 요구에 적합하고 정의 또는 형평의 이념에 부합하는 경우 또는 국민에게 이익을 주고 불이익을 제거하는 경우에는 소급효를 예외적으로 인정한다. 예를 들면, 형법은 "범죄 후 법률의 변경에 의하여 그 행위가 범죄를 구성하지 아니하거나 형이 구법보다 경한 때에는 신법에 의한다"(형법 제1조 제2항)고 규정하고, 또한 "재판 확정 후 법률의 변경에 의하여 그 행위가 범죄를 구성하지 아니한 때에는 형의 집행을 면제한다"(형법 제1조 제3항)라고 하여 불소급원칙의 예외를 인정하고 있다. 또한 민법도 "본법은 특별한 규정이 있는 경우 외에는 본법 시행일 전의 사항에 대하여도 이를 적용한다"(민법 부칙 제2조)라고 규정하여 소급효를 인정하고 있다.

관련 판례

5·18민주화운동에 관한 특별법은 '헌정질서의 파괴범죄에 대하여 국가의 소추권 행사의 장애 사유가 존재한 기간은 공소시효가 정지된 것으로 본다'라고 규정하여 5·18 광주학살 관련자들을 처벌할 수 있는 법적 근거를 마련하였다. 그런데 이 법에 대하여 공소시효 규정이 소급입법에 해당하여 헌법에 위반된다는 주장이 제기되었다. 이와 관련하여 헌법재판소는 다음과 같이 판시하였다.

"왜곡된 한국 반세기 헌정사의 흐름을 바로잡아야 하는 시대적 당위성과 아울러 집권과정에서의 헌정질서 파괴범죄를 범한 자들을 응징하여 정의를 회복하여야 한다는 중대한 공익이 있는 반면 … 공소시효가 완성되지 않은 이상 예상된 시기에 이르러 반드시 시효가 완성되리라는 것에 대한 보장이 없는 불확실한 기대일 뿐이므로 그 신뢰보호이익은 상대적으로 미약하여 위헌이라고 볼 수 없다"(헌재 1996. 2. 16. 96헌가2).

Ⅲ. 경과법

법령의 제정 또는 개정이 있을 때 구법 시행시에 발생한 사항에는 구법을 적용하고, 신법 시행 이후에 발생한 사항에 대해서는 신법을 적용하는 것이 원칙이다. 그러나 어떤 사항이 구법시대에 발생하여 신법시대까지 계속하여 진행하고 있는 경우에 그 사항에 구법을 적용할 것인가 그렇지 않고 신법을 적용할 것이냐 하는 문제가 발생한다. 이 문제를 해결하기 위하여 만든 규정을 경과법(transitive law) 또는 시제법(時際法)이라 한다. 이것은 대개 별도의 법을 제정하기 보다는 신법의 부칙에서 그 문제해결방법을 규정하는 특별 경과규정을 두는 것이 보통이다.

제4절 법의 사람에 대한 효력

Ⅰ. 원 칙

법이 어떤 사람에게 적용되느냐 하는 문제가 법의 사람에 관한 효력의 문제이다. 이에 대하여는 종래부터 근본적으로 대립되는 두 가지 주의가 있으니 속인주의와 속지주의이다. 옛날부터 "로마인은 로마법에 지배되고, 게르만인은 게르만법에 지배를 받는다"는 말과 같이 어느 한 국가의 법령은 그 국가의 국민에게 적용된다.

속인주의란 그 나라의 '국적'을 가진 자는 국내에 있는 자는 물론이고, 외국에 있는 자에게도 국적국 법을 적용한다는 것이다. 그런데 이러한 속인주의는 다른 나라의 영토주권과 상충하는 측면이 있어서 다른 나라에 있는 자국민은 그 국가의 영토주권의 행사 아래에 있으며 그 국가(재유국)의 법이 적용되고, 국적국 법은 적용되기 어려운 측면이 있다. 이러한 이유는 해당 국가 자신에 있어서도 마찬가지 이다. 예를 들면, 자국에 있는 다른 국가의 국민(즉, 외국인)에게는 속인주의를 적용할 수 없다. 이러한 한계를 극복하는 방법은 자국의 영토주권을 적용하여 자국 내에 있는 다른 국가 국민에게도 자국법을 적용하는 것이다. 이를 속지주의라 한다. 즉 속지주의란 자국의 영역 내에 있는 모든 사람에 대하여 내·외국인을 불문하고 자국법을 적용할 수 있다는 원칙이다.

Ⅱ. 예 외

1. 속지주의의 예외

한 국가의 법이 그 국가의 영토 내에 거주하는 모든 사람에게 적용된다는 속지주의 원칙은 다음과 같은 예외가 있다. 헌법상의 권리·의무 중 참정권 또는 병역의무 등은 외국인에 대해서는 인정하지 않는다. 그리고 자국 영역 밖에서 행해진 범죄에 대해서도 자국법을 적용하는 범죄가 있다. 예를 들면, 내란죄, 외란죄, 국기에 대한 죄, 통화 및 유가증권에 관한 죄 등은 대한민국 영역 밖에서 죄를 범한 경우에도 형법을 적용한다(형법 제5조). 그리고 공해(high sea)상에서 선박에 대한 관할권은 선박의 등록국, 즉 기국(state of flag)에 있다. 이는 속지주의의 확대에 해당한다.

2. 속인주의의 예외

사람에 관한 법의 효력에서 또 하나의 중요한 예외로서 생각해야 할 것이 있다. 국가 정책상 특수한 신분을 가진 자에게 국내법의 적용을 배제하는 경우가 있다. 대표적인 예가 대통령과 국회의원의 특권이다. 대통령에게는 "내란 또는 외환의 죄를 범한 경우를 제외하고는 재직 중 형사상의 소추를 받지 아니함" 특권을 부여하고 있으며(헌법 제84조), 국회의원에게는 회기 중 불체포 및 불구금의 특권을 부여하고 있으며(헌법 제44조 제1항), 또한 국회의원에게는 직무상 발언·표결의 면책특권을 부여하고 있다(헌법 제45조). 여기서 유의할 내용은 많은 문헌에서, 국제법상 특권과 면제를 향유하는 국가원수, 외무장관, 외교사절, 영사 그리고 외국에 주둔하고 있는 군대 등은 주재국의 국내법의 적용을 받지 않을 수 있는 치외법권(extraterritoriality)을 향유하는 자라고 설명하고 있으나 이는 잘못된 설명이다. 이들도 재유국(在留國)의 법령을 준수할 의무가 있다. 다만 재유국의 법을 위반할지라도 재판관할권이 면제되는 것일 뿐이다. 치외법권이라는 용어는 제국주의 국가들의 식민지 정책에서 나온 것이고, 따라서 오늘날 관련 국제조약들에는 이 용어는 존재하지 않는다. 특권과 면제(privilege and immunities)라고 표현하고 있다(1961년 외교관계에 관한 비엔나협약 전문(前文) 참조).

제 5 절 법의 장소에 대한 효력

I. 원 칙

법의 장소에 대한 효력은 법이 어느 지역에 적용되느냐에 관한 문제이다. 한 국가의 법은 원칙적으로 그 국가의 전체 영역에 걸쳐 적용된다. 한 국가의 모든 영역은 그 국가의 주권이 절대적으로 미치는 범위로서 영토·영수(영해·내수)·영공을 포함한다. 휴전선 이북도 대한민국의 영토(헌법 제3조)이므로 당연히 대한민국의 법의 효력이 미친다. 다만, 현실적으로 대한민국의 통치권이 잠정적으로 휴전선 이북에 미치지 않고 있기 때문에 통일이 되면 특별한 절차를 거칠 필요 없이 당연히 거기까지 대한민국 법이 적용되는 것이다.

II. 예 외

1. 영토의 일부에만 적용되는 법

장소에 관한 특별법의 경우로서 일정한 지역에만 적용되는 경우가 있다. 예컨대, 도시계획법 중 일부 규정은 특정한 지역에 대해서만 적용되며, 지방자치단체가 제정하는 자치법규(조례와 규칙)는 해당 지방자치단체의 관할지역에 대해서만 적용된다.

2. 국가영역의 확대

한 국가의 선박이나 항공기가 공해 또는 공공(公空)이나 다른 국가영역에 있을 경우에 등록국의 국가영역의 연장으로 보아 원칙적으로 등록국(旗國)의 법의 효력이 미친다. 그리고 연안국은 외국선박이 자국의 영해, 접속수역, 배타적 경제수역, 대륙붕에서 자국의 법령을 위반한 경우에 공해까지 추적하여 나포할 수 있는 추적권이 인정되고 있다.

제 6 장
법의 제재

제 1 절 법의 제재란?

법의 제재(制裁)란 대표적인 사회적 제재로서 법의 강제력이 발현되는 형태를 말한다. 법의 제재(sanction)는 국가권력을 배경으로 하여 법의 목적을 달성하고 실효성을 확보하기 위해 법 위반자에게 가해지는 법적 통제를 의미한다. 제재는 법의 목적을 실현하고 법의 실효성을 확보하는 수단이므로 법이 곧 제재라고 생각하는 것은 옳지 않다. 제재는 필요악으로서 그것이 발동하지 않아도 법이 잘 준수되는 사회상태가 바람직하다. 또 법의 제재는 법적 통제이므로 이것을 받는 자에게는 불이익을 가져오는데, 생명의 박탈, 자유의 구속, 강제노동, 재산적 손실, 반의사적 행위의 강요, 손해배상 등으로 나타난다. 이러한 제재는 법치주의 원칙상 법적 근거와 적법한 절차에 의해 이루어져야 하며 사적 제재는 원칙적으로 허용되지 않는다. 따라서 법적 제재는 도덕적, 종교적 또는 사회적 제재 등과 같은 것은 법의 제재와는 다르다. 법의 제재는 위법행위를 제거하기 위한 필요한 범위 내에서만 행사되어야 하며 이를 남용하면 아니 된다. 위법행위를 제재하기 위한 조치도 적법하게 이루어져야 한다. 법의 제재는 크게 국제법상의 제재와 국내법상 제재로 나눌 수 있고, 후자는 다시 공법상의 제재와 사법상의 제재로 나누어 볼 수 있다.

제2절 국내법상의 제재

I. 공법상의 제재

1. 헌법상의 제재

헌법상의 제재는 국가권력에 대한 법적 통제를 의미하는 것으로 국민주권주의의 실현으로 법치주의의 징표이다. 대표적인 헌법상의 제재는 탄핵제도가 있다. 탄핵이란 일반적인 사법절차에 따라 소추하거나 징계하기 어려운 고위직 공무원과 법관 등 일정한 관직에 있는 자에 대하여 직무상 중대한 비위사실을 범한 경우에 국회에서 소추하여 해임하거나 처벌하는 등 법적 책임을 추궁하는 것을 말한다. 헌법에 의하면 대통령·국무총리·국무위원·행정각부의 장·헌법재판소 재판관·법관·중앙선거관리위원회 위원·감사원장·감사위원 기타 법률에 정한 공무원이 그 직무집행에 있어서 헌법이나 법률을 위배한 때에는 국회는 탄핵의 소추를 의결할 수 있다(헌법 제65조 제1항). 탄핵소추는 국회재적의원 3분의 1이상의 발의가 있어야 하며, 그 의결은 국회재적의원 과반수의 찬성이 있어야 하는데, 대통령에 대한 탄핵소추는 국회재적의원 과반수의 발의와 국회재적의원 3분의 2이상의 찬성이 있어야 한다(동법 제65조 제2항). 탄핵소추의 의결을 받은 자는 탄핵결정이 있을 때까지 그 권한행사가 정지되고(동법 제65조 제3항), 탄핵결정이 있으면 공직으로부터 파면된다(동법 제65조 제4항). 탄핵심판은 헌법재판소가 담당하는데, 헌법재판소의 탄핵결정은 재판관 6인 이상의 찬성이 있어야 한다(동법 제113조 제1항).

그리고 헌법상의 제재에는 민주적 기본질서에 위배되는 정당에 대한 해산(동법 제8조 제4항), 국무총리와 국무위원에 대한 해임 건의(동법 제63조), 국정조사, 선거법 위반자에 대한 당선무효(공직선거법 제264조), 국회의원에 대한 징계(동법 제64조 제2항) 등이 있다.

2. 행정법상의 제재

행정법상 제재란 행정법규를 위반한 자에 대하여 과해지는 제재로서, 이에는 일반 국민에 대한 제재와 공무원에 대해 제재로 나누어 볼 수 있다.

1) 일반 국민에 대한 제재

행정법상 일반 국민에 대한 제재는 행정법상의 의무를 가진 자가 의무를 이행하지 아니하거나, 급박한 행정목적을 실현하기 위한 강제적 발동으로서 행정의 실효성 확보를 위한 권력적 강제작용이다. 여기에는 행정법상 의무 불이행자에 대해 의무의 이행을 강제하는 행정상 강제집행과 의무 위반자에게 과하는 행정벌, 급박한 행정목적을 실현하기 위한 행정상 즉시강제 그리고 행정상 필요한 정보나 자료의 수집을 위한 행정조사 등이 있다.

가. 행정상의 강제집행

행정상의 강제집행은 행정법규 또는 행정처분에 의하여 과하여진 의무를 이행하지 않을 경우에 이것을 강제적으로 이행시키거나 이행과 동일한 상태를 실현하기 위하여 과하는 일종의 제재이다. 그 방법으로는 다음과 같은 것이 있다.

① **대집행(代執行)** 대집행은 행정법규 또는 행정처분에 의하여 과하여진 대체적 작위의무(예: 건물철거의무 등)를 진자가 그 의무를 이행하지 않을 경우에 행정청이 스스로 의무자가 할 행위를 하거나, 제3자로 하여금 대신하게 하고 그 비용을 의무자로부터 징수하는 것을 말한다. 이와 관련한 일반법이 행정대집행법이다. 대집행의 집행절차는 계고, 대집행영장에 의한 통지, 대집행의 실행, 비용의 징수 등 4단계로 나누어진다.

② **집행벌** 집행벌은 부작위의무(예컨대 무기를 소지하지 않을 위무) 또는 비대체적 작위의무(예컨대 예방접종의무)의 이행을 강제하기 위하여 과하는 제재를 말한다. 즉, 일정한 기간 내에 의무를 이행하지 않으면 일정한 과태료를 과하겠다는 뜻을 예고하고 의무의 이행이 있을 때까지 반복하여 과함으로써 의무자에게 심리적 압박을 가하여 그 의무의 이행을 간접적으로 강제하는 방법이다.

③ **직접강제** 직접강제란 행정법상의 의무가 이행되지 아니한 경우, 특히 대집행 또는 집행벌로 그 목적을 달성할 수 없는 경우에 의무자의 신체 또는 재산에 실력을 가하여 직접 그 의무의 이행이 있는 것과 같은 상태를 실현하는 행정상의 강제집행을 말한다. 예컨대 예방접종을 강제실시하거나 사진촬영금지구역에서

촬영한 필름의 압수 등이 이에 해당한다.

④ **행정상 강제징수** 행정상 강제징수란 사인이 국가 또는 지방공공단체에 대하여 부담하는 조세 기타 공법상의 금전급부의무(예: 국세·지방세 사용료 부담금, 대집행비용 과태료 등)를 이행하지 않을 경우에 의무자의 재산을 강제적으로 압류 또는 매각함으로써 그 의무가 이행된 것과 같은 상태를 실현시키는 것을 말한다. 행정상의 강제집행이다. 이를 위해 국세징수법은 강제징수의 절차를 독촉, 재산의 압류, 매각, 청산 등 4단계로 나누고, 압류·매각(환가처분)·청산(충당) 등을 체납처분이라고 한다(국세징수법 제23조, 제31조, 제62조, 제81조).

나. 행정벌

행정벌은 행정법상 의무위반자에 대해서 국가 또는 공공단체가 일반통치권에 의해 과하는 제재로 간접적인 이행확보 수단을 말한다. 형벌은 범죄에 대한 처벌인 반면에 행정벌은 행정목적을 침해한 행정법의 위반에 대한 제재이다. 행정벌은 그 처벌의 내용에 따라 형법상의 형벌로서 벌하는 행정형벌과 형법상의 형명(刑名)이 없는 단순한 행정법규의 위반인 행정질서벌로 나눈다. 행정형벌은 통고처분이나 즉결심판 등에 의해서 이루어지기도 한다. 통고처분은 경미한 행정법 위반사범에 대해 일정한 금액의 범칙금을 납부하도록 통고하는 행정형벌이다. 그리고 행정질서벌이란 간단한 행정법규 위반자, 예컨대 신고 미필, 허가 위반 등에 대한 행정처분으로 과태료 또는 과징금을 부과하는 제재이다. 행정질서벌은 행정청이 가벼운 행정법규를 위반한 자에 대해 형벌이 아닌 금전적 부담을 주는 행정벌로서 위법행위에 대해 간편하게 제재를 가하는 대신 형벌에 의한 전과자의 낙인을 방지하는 것이다.

다. 행정상의 즉시강제

행정상의 즉시강제란 눈앞의 급박한 장애를 제거하기 위하여 필요한 경우 또는 미리 의무를 명할 여유가 없거나 그 성질상 의무를 명하여서는 목적을 달성 할 수 없는 경우에 의무의 불이행을 기다릴 것 없이 직접 의무자의 신체나 재산에 실력을 가하여 행정상의 필요한 상태를 실현시키는 긴급행정작용을 말한다(예: 불심검문, 강제격리, 토지사용 등). 행정상 즉시강제는 행정법상 의무이행을 전제로 하는 행정상 강제집행과 달리 미리 의무를 부과할 여유가 없는 급박한 경우에 위험을 방지하거나 위험으로부터 개인을 보호하기 위한 것이다.

2) 공무원에 대한 제재

공무원에 대한 제재에는 직위해제, 징계, 행정처분이 있다. 직위해제란 공무원에게 직위를 계속 유지시킬 수 없는 사유가 발생한 경우에 공무원으로서 신분은 유지하되 직위를 부여하지 아니하는 것을 말한다. 징계처분은 특별행정법관계에 있어서 질서유지를 위하여 의무위반자에 대하여 과하는 제재를 말한다. 국가공무원과 지방공무원의 대한 행정법상의 징계에는 파면·해임·1계급 강등·정직·감봉·견책이 있다(국가공무원법 제79조~제80조; 지방공무원법 제70조~제71조). 행정처분은 공무원의 징계처분 직전의 경미한 행정법규 위반에 대하여 공무원에게 행정상 불이익을 주는 제재로 주의, 경고, 공익봉사제 등이 있다.

3. 형법상의 제재

형법상의 제재란 형법 기타 특별형법을 위반한 자에 대하여 사법적 절차에 의해 부과하는 제재로서 보통 형벌을 의미한다. 현행법상 형벌의 종류에는 다음과 같은 것이 있다.

(1) 사 형

사형은 수형자의 생명을 박탈하는 형벌로서 생명형이라고도 한다. 현행형법상 사형만을 과할 수 있는 죄는 여적죄(형법 제93조)뿐이고, 기타는 법관의 재량에 의하여 사형과 자유형을 선택적으로 부과할 수 있다. 사형은 형무소 내에서 교수하여 집행한다(형법 제66조). 사형에 대하여서는 예로부터 반대론이 있고, 특히 계몽기의 자유주의적 인도주의사상에 입각한 사형폐지론이 주장된 이래 오늘에 이르기까지 논의를 거듭하고 있다. 그 근거로서는 사형이 반드시 범죄억제의 효과를 가져오는 것은 아니라는 것, 오판에 의하여 사형이 집행된 경우에는 회복이 불가능하다는 것, 사형은 인도주의에 반한다는 것 등을 들고 있다. 대체로 오늘날 국제사회는 사형제도를 폐지하는 경향을 보이고 있다.

(2) 자유형

자유형은 수형자를 구금하여 그 신체의 자유를 박탈하는 형벌이다. 자유형은 범죄인을 자유로운 사회생활로부터 격리함으로써 사회 안전을 도모하고, 나아가 범죄인의 사회적응력을 회복시키고, 범죄인의 범죄성을 교화·개선하여 사회복귀를 목적으로 한다. 현행법상 자유형에는 징역·금고·구류가 있다.

징역은 형무소 내에 구치하여 정역에 복무하게 하는 형벌로 무기와 유기가 있는데 무기징역은 종신형이고, 유기징역은 1개월 이상 30년 이하로 한다. 단, 유기징역 또는 유기금고에 대하여 형을 가중하는 때에는 50년까지로 한다(형법 제42조, 제67조). 금고는 정치범, 사상범, 과실범 등 비파렴치범에 과해지며 명예를 추락시키는 작용을 한다. 그리고 금고도 교도소에 구치하는 형벌로서 정역에 복무하지 않는 점을 제외하고는 징역과 같다. 구류는 1일 이상 30일 미만의 기간 동안 교도소에 구치하는 형벌이다(형법 제46조). 구류도 자유형이지만 그 기간이 단기인 점에서 징역 및 금고와 다르고, 금고와 함께 정역에 복무하지 않는 점에서 징역과 구별된다.

(3) 명예형

명예형은 범죄자의 일정한 자격을 박탈하거나 일정기간 정지시키는 것을 내용으로 하는 형벌이다. 현행형법상 명예형에는 자격상실과 자격정지가 있다.

자격상실은 사형, 무기징역 또는 무기금고의 판결을 받은 자에 대하여, 그 형의 효력으로서 일정한 자격을 당연히 상실케 하는 형벌이다(형법 제43조). 여기서 일정한 자격이란 공무원이 되는 자격, 공법상 선거권과 피선거권, 법률로 요건을 정한 공법상의 업무에 관한 자격, 법인의 이사·감사·지배인 기타 법인의 업무에 관한 검사역이나 재산관리인이 되는 자격을 말한다(형법 제43조 제1항).

자격정지는 유기징역 또는 유기금고의 판결을 받은 자에 대하여 그 형의 집행이 종료하거나 면제될 때까지 공무원이 되는 자격, 공법상 선거권과 피선거권, 법률로 요건을 정한 공법상의 업무에 관한 자격 등을 별도의 판결로 일정기간(1년 이상 15년 이하) 자격의 전부 또는 일부를 정지시키는 것을 내용으로 하는 형벌이다(형법 제41조·제43조 제2항·제44조 제1항).

(4) 재신형

재산형은 재산적 이익을 박탈하는 형벌로 벌금·과료·몰수 등이 있다. 재산형은 범죄인으로 하여금 일정한 금액의 지급의무를 강제적으로 부담하게 하는 것을 내용으로 하는 형벌의 하나로, 범죄자로부터 일정한 금액을 강제적으로 빼앗음으로써 금전적 부담을 부과하여 범죄행위를 억제하고 장래에 법질서에 적합한 행위를 하도록 함을 목적으로 하고 있다. 재산형은 형무소에 구금하는 것을 면하게 하여 범죄자의 신체의 자유를 제한하지 않는 장점이 있으나 범죄인의 경제적 능력에 따른 형벌효과의 불평등을 초래하고, 부자에게는 형벌의 효과가 미약하고, 또한 재산상의 이익을 목적으로 반복하여 행하는 범죄의 경우에는 세금과 동일시되는 단점이 있다.

벌금은 그 금액이 5만원 이상으로 상한은 없다. 형벌법규에 규정된 벌금액은 경제사정의 변동에 따라 '벌금 등 임시조치법'에 의한 특례가 인정되어 있다. 벌금은 판결확정일로 부터 30일 내에 납입하여야 하며, 벌금을 선고할 때에는 동시에 그 금액을 완납할 때까지 노역장에 유치할 것을 명할 수도 있다(형법 제69조 제1항). 또한 벌금을 납입하지 아니한 자는 1일 이상 3년 이하의 기간 내에서 노역장에 유치하여 작업에 복무하게 한다. 그리고 300만원 이하의 벌금형에서 경제적 이유로 벌금을 낼 수 없는 사회적 약자인 경우 양로원, 사회복지시설 등의 도우미 또는 도시근로 사업의 사회봉사로 벌금을 대체할 수 있다. 이를 벌금대체 사회봉사제도라고 한다.[1]

과료는 재산형의 일종으로서 그 금액은 2천원 이상 5만원 미만이다(형법 제47조). 과료는 그 금액이 적고 비교적 경미한 범죄(예: 경범죄처벌법상의 범죄)에 과하여지는 점을 제외하고는 벌금의 경우와 같다. 행정법상 질서벌인 과태료와 다르다.

몰수는 범인이 실질적으로 부당한 이익을 얻지 못하도록 하고 또한 사회적으로 유해한 물건을 제거하기 위한 형벌이다. 몰수는 범죄행위에 제공하였거나 제공하려고 한 물건, 범죄행위로 인해 발생하였거나 이로 인하여 취득한 물건 및 그 대가로 취득한 물건을 강제적으로 국가의 소유로 이전하는 형벌로 원칙적으로 다른 형벌에 부가하여 과한다(몰수의 부가성, 형법 제49조). 그러나 유죄의 판결 없이도 몰수만을 선고할 수 있다. 판결 당시에 대상 물건이 이미 소비되었거나 멸실되어 몰수가 불가능한 경우에는 그 가액을 추징한다.

Ⅱ. 사법상의 제재

사법상의 제제라 함은 민법, 상법 등 사법(私法)을 위반한 자에 대하여 가하는 제재를 말하며, 이에는 손해배상, 강제이행, 실권(失權) 등이 있다.

---

1 우리나라에서는 2009년 3월에 사회봉사를 새로운 처분으로 도입하는 「벌금 미납자의 사회봉사 집행에 관한 특례법」이 제정되어 동년 9월부터 「벌금대체사회봉사제도」가 시행되고 있다. 본 특례법의 제정이유는, 현행 제도상 벌금을 납입하지 아니할 경우 일률적으로 노역장에 유치하고 있어 벌금 납입의사가 있으나 경제적 능력이 없어 납입하지 못하는 경우 경제적 불평등이 형벌의 불평등으로 이어지고 있기 때문에, 경제적 무능력을 이유로 벌금을 납입하지 못한 사람에 대하여 노역장 유치에 앞서 미납벌금을 사회봉사로 대체하여 집행할 수 있도록 특례를 마련함으로써 노역장 유치에 따른 범죄학습, 가족관계 단절, 구금시설 과밀화 등의 문제점을 해소 또는 최소화하는 동시에 벌금미납자에 대한 편익을 도모하려는 것이다.

1. 손해배상

손해배상은 채무자가 채무를 이행하지 않을 경우(채무불이행, 민법 제390조)에 채무자에게, 고의 또는 과실로 인한 위법행위로 타인에게 손해를 가한 경우(불법행위, 민법 제750조 이하)에 가해자에게 그 손해 및 위자료를 배상하도록 책임을 부과하는 것으로 일종의 제재이다. 손해배상은 금전배상을 원칙으로 한다(민법 제394조, 제763조). 타인의 명예를 훼손한 자에 대하여는 법원은 피해자의 청구에 의하여 손해배상에 갈음하거나 손해배상과 함께 명예회복에 적당한 처분을 명할 수 있다(민법 제764조).

관련 판례

명예훼손의 경우 민법 제764조상의 '적당한 처분'에 사죄광고가 포함되는지 여부에 대하여 헌법재판소는 다음과 같이 판시하여, "명예회복에 적당한 처분"에 사죄광고를 포함시키는 것은 헌법에 위반된다고 하였다. "민법 제764조가 사죄광고를 포함하는 취지라면 그에 의한 기본권제한에 있어서 그 선택된 수단이 목적에 적합하지 않을 뿐만 아니라 그 정도 또한 과잉하여 비례의 원칙이 정한 한계를 벗어난 것으로 헌법 제37조 제2항에 의하여 정당화될 수 없는 것으로서 헌법 제19조(양심의 자유)에 위반되는 동시에 헌법상 보장되는 인격권의 침해에 해당한다"(헌재 1991. 4. 1, 89헌마160 전원재판부).

2. 강제집행

민사상의 강제집행이란 채무자가 임의로 채무를 이행하지 않을 경우에 채권자의 청구에 의해 국가의 공권력으로 이를 강제적으로 이행하도록 하는 제재를 말한다(민법 제389조). 강제집행절차는 집행법원이 관할한다. 강제집행에는 직접강제, 대체집행, 간접강제 등이 있다.

(1) 직접강제

직접강제란 채무자의 의사를 무시하고 국가 공권력에 의해 채권의 내용을 실현하는 것을 말한다. 채무자가 임의로 채무를 이행하지 아니한 때에는 채권자는 그 강제이행을 법원에 청구할 수 있다. 민사집행기관의 집행행위에 의하여 직접적으로 채권의 내용을 실현하는 방법이다. 그러나 채무의 성질이 직접강제를 하지 못할 것인 때에는 그렇게 할 수 없다. 즉 금전채권 기타 물건의 인도를 목적으로 하는 채무에 대하여서만 직접강제를 할 수 있다.

(2) 대체집행

대체집행이란 채무자가 채무를 이행하지 않을 경우 그 채무의 성질이 채무자의 일신에 전속하지 아니한 작위를 목적으로 하는 것으로 타인이 갈음하여 이행할 수 있는 것일 때 제3자로 하여금 채무이행과 같은 행위를 하도록 하고, 그 비용을 채무자가 부담하는 집행방법이다(민법 제389조 제2항). 대체집행은 채무의 성질이 직접강제가 불가능한 채무 중에서 대체성이 있는 채무에 허용된다. 예를 들면, 건물을 지어 줄 채무가 이에 해당하는 사례이다.

(3) 간접강제

간접강제란 일정한 기간 내에 채무를 이행하지 아니할 경우, 법원이 손해배상금의 지급을 명함으로써 채무자를 심리적으로 강제하여 채무를 이행하게 하는 것을 말한다(민사집행법 제261조 제1항). 이것은 성질상 다른 집행방법을 취할 수 없는 경우 즉, 직접강제와 대체집행을 할 수 없는 비대체적 채무에 허용된다. 그러나 채무의 성질상 간접강제를 할 수 없는 경우에는(예: 부부동거의무, 작가의 창작에 관한 채무 등) 손해배상에 의할 수밖에 없다.

Ⅲ. 실 권

실권(失權)이란 일정한 권리를 가지는 자가 그 권리를 불법적으로 행사하거나 적법한 행사를 해태(懈怠)한 경우에 그 법률상의 자격 또는 권리를 상실케 하는 것을 말한다. 예컨대, 친권의 상실(민법 제924조), 소멸시효에 의한 권리상실(민법 제16조 이하), 주식인수인의 납입해태로 인한 실권(상법 제307조) 등이 그것이다.

제3절 국제법상의 제재

국제법상의 제재는 국제사회에 있어서 국제법의 위반에 대한 제재를 말한다. 그런데 국제사회에는 아직 국가권력과 같은 조직적인 중앙권력이 확립되어 있지 아니하므로 국내법 위반에 대해서 가해지는 국내법상의 제재에 비해 강력한 강제적 제재수단을 갖추고 있지 못하다. 국제사회는 분권적·수평적 체제로 국제법위반에 대한 대응이 주로 피해국의 자력구제(self-help)의 형태로 이루어졌다. 자력구제에는 보복행위와 복구가 있다. 보복행위(acts of retorsion)는 타국의 '위법한 행위' 또는 '적법하지만 비우호적 행위'에 대응하기 위한 국가의 '비우호적이지만 적법한 행위'를 말한다. 이것은 정치적인 비우호적 행위이지 그 자체가 위법한 행위로 간주되는 것은 아니다. 보복행위의 예로는 외교관계의 단절, 대사관 규모의 축소, 여러 종류의 금수(禁輸)조치, 자발적인 원조계획의 철회 등을 들 수 있다. 그리고 복구(reprisals)란 타국의 위법행위에 대해 이를 중지시키거나 또는 이에 대한 구제, 즉 손해배상을 얻기 위하여 피해국이 의무 위반국에 대해 부담하고 있는 국제의무를 이행하지 않는 것을 말한다. 전통적으로 이는 무력복구(military reprisals)를 의미하는 것이었으나 무력행사를 금지하고 있는 UN헌장체제 아래서는 무력복구는 위법한 군사적 조치에 해당한다. 따라서 현행 국제법에서는 복구라는 용어 대신에 대응조치(countermeasures)라고 하고 있다. 대응조치는 원래 국제법상 위법행위지이만 그 행사요건을 충족한 경우에는 위법성이 조각된다.

그리고 오늘날에는 UN(United Nations, 국제연합)이라는 국제조직이 다양한 분야에서 활동하며 세계의 평화와 안전의 유지를 위하여 강력한 제재조치를 취할 수 있는 근거를 마련하고 있다. UN은 국제평화를 위협하거나 파괴하는 경우 또는 침략행위에 대해 비군사적 제재조치(UN헌장 제41조)를 취할 수 있으며, 이의 조치로 불충분한 경우 군사적 제재조치(UN헌장 제42조)를 취할 수 있다. 비군사적 제재조치에는 경제관계 및 철도, 항해, 항공, 우편, 전신, 무선통신 및 다른 교통수단의 전부 또는 일부의 중단과 외교관계의 단절 등이 있다. 군사적 제재조치는 육군, 해군 또는 공군에 의한 군사적 조치를 말하며 UN 회원국의 육군, 공군 또는 해군에 의한 시위, 봉쇄 및 다른 작전을 포함할 수 있다.

J/U/R/I/S/P/R/U/D/E/N/C/E

PART 2 공 법

제 7 장

헌 법

제 1 절 헌법총론

I. 헌법의 의의·분류

1. 헌법의 의의

헌법이란 국가적 공동체의 존재형태와 기본적 가치질서에 관한 국민적 합의를 법규범적인 논리체계로 정립한 국가의 기본법이다. 헌법은 그 시대의 정치적 이념과 시대사상을 반영하는 역사적 생성물이다. 역사적인 차원에서 볼 때, 헌법의 개념은 국가에 고유한 헌법에서 출발하여 근대입헌주의적 헌법을 거쳐 현대사회국가적 헌법으로 발전해 왔다. 헌법은 최고규범이기 때문에 정치·경제·사회·문화 등 모든 분야에서의 국가 활동은 헌법에 위반되어서는 아니 되며, 헌법에 위반되는 법령이 입법된 경우에는 헌법재판을 통해 위헌·무효가 될 수 있다.

2. 헌법의 분류

헌법의 전통적 분류방법에 따르면 첫째, 헌법의 존재형식이 성문이냐 불문이냐에 따라서 성문헌법과 불문헌법으로 분류할 수 있다. 둘째, 헌법의 개정방법을 기준으로 경성헌법과 연성헌법으로 분류할 수 있다. 셋째, 헌법의 제정주체를 기준으로 흠정헌법, 민정헌법, 협약헌법, 국약헌법으로 분류할 수 있다.

II. 헌법의 제정·개정·변천

1. 헌법의 제정

사회적 공동체는 헌법의 제정을 통해 정치적 공동체인 국가적 공동체로 탄생한다. 실질적 의미에서의 헌법의 제정이라 함은 정치적 공동체의 형태와 기본적 가치질서에 관한 국민적 합의를 법규범체계로 정립하는 것이다. 이에 대하여 형식적 의미에서의 헌법의 제정이라 함은 헌법제정권자가 헌법사항을 성문의 헌법으로 법전화하는 것을 말한다.

2. 헌법의 개정

헌법의 개정이라 함은 헌법에 규정된 개정절차에 따라 기존의 헌법과 기본적 동일성을 유지하면서 헌법의 특정조항을 의식적으로 수정 또는 삭제하거나 새로운 조항을 추가함으로써 헌법의 형식이나 내용에 변경을 가하는 행위를 말한다.

3. 헌법의 변천

헌법의 변천이라 함은 특정의 헌법조항이 헌법에 규정된 개정절차에 따라 의식적으로 수정·변경되는 것이 아니고, 당해 조문은 원상대로 존속하면서 그 의미내용만이 실질적으로 변화하는 경우를 말한다.

III. 헌법의 수호

1. 헌법의 수호

헌법의 수호 내지 헌법의 보장이라 함은 헌법의 핵심적 내용이나 규범력이 헌법에 대한 침해로 말미암아 변질되거나 훼손되지 아니하도록 헌법에 대한 침해행위를 사전에 예방하거나 사후에 배제하는 것을 말한다. 헌법수호제도는 평상적 헌법수호와 비상적 헌법수호로 분류할 수 있다. 평상적 헌법수호에 해당하는 것으로는 탄핵제도와 위헌정당해산제도 등을 들 수 있으며, 비상적 헌법수호에 해당하는 것으로는 국가긴급권과 저항권 등을 들 수 있다.

2. 국가긴급권

국가긴급권이라 함은 전쟁·내란·경제공황 등과 같이 국가의 존립과 안전을 위태롭게 하는 비상사태가 발생한 경우에, 국가원수가 헌법에 규정된 통상적인 절차와 제한을 무시하고, 국가의 존립과 안전을 확보하기 위하여 필요한 긴급적 조치를 강구할 수 있는 비상적 권한을 말한다.

관련 판례

유신헌법 제53조에 근거하여 발령된 대통령 긴급조치 제1호와 제2호(1974년), 제9호(1979년)는 헌법에 위반되는가? 계엄이나 긴급조치와 같은 국가긴급권은 국가가 법치주의적 질서 아래에서 행사되는 정상적인 헌법보호수단에 의해서는 제거할 수 없는 전쟁, 사변, 천재·지변 등과 같은 비상사태(긴급사태)에서만 행사될 수 있는 것이고, 그 행사의 목적이 국가의 존립 내지 자유민주적 기본질서의 보호를 위한 것이어야 한다. 긴급조치 제1호와 제2호는 입법목적의 정당성이나 방법의 적절성을 갖추지 못하고, 참정권, 표현의 자유, 영장주의 및 신체의 자유, 법관에 의한 재판을 받을 권리 등을 침해하였고, 긴급조치 제9호는 입법목적의 정당성이나 방법의 적절성을 갖추지 못하였고, 참정권, 표현의 자유, 집회·시위의 자유, 영장주의 및 신체의 자유, 학문의 자유 등을 침해하였다(헌재 2013. 3. 21, 2010헌바132).

3. 저항권

저항권이라 함은 민주적·법치국가적 기본질서 또는 기본권보장체계를 위협하거나 침해하는 공권력에 대하여 더 이상의 합법적인 대응수단이 없는 경우에, 주권자로서의 국민이 민주적·법치국가적 기본질서를 유지·회복하고 기본권을 수호하기 위하여 공권력에 저항할 수 있는 최후의 비상수단적 권리를 말한다.

관련 판례

「국회법」 규정이 정하는 협의절차를 위반한 개의시간의 변경과 회의일시를 통지하지 아니한 것(소위 법률안 날치기 통과)이 저항권행사의 대상이 되는가? 저항권은 국가권력에 의하여 헌법의 기본원리에 대한 중대한 침해가 행하여지고 그 침해가 헌법의 존재 자체를 부인하는 것으로서 다른 합법적인 구제수단으로는 목적을 달성할 수 없을 때에 국민이 자기의 권리·자유를 지키기 위하여 실력으로 저항하는 권리이므로, 국회법 소정의 협의 없는 개의시간의 변경과 회의일시를 통지하지 아니한 입법과정의 하자는 저항권 행사의 대상이 되지 아니한다(헌재 1997. 9. 25, 97헌가4).

4. 방어적 민주주의

방어적 민주주의라 함은 민주주의의 이름으로 민주주의 그 자체를 파괴하거나 자유의 이름으로 자유의 체계 그 자체를 말살하려는 민주적·법치국가적 헌법질서의 적으로부터 민주주의가 자신을 효과적으로 방어하고 그와 투쟁하기 위한 자기방어적·자기수호적 민주주의를 말한다. 정부가 제소하여 헌법재판소가 심판하는 위헌정당해산제도는 방어적 민주주의를 구현하는 제도이다. 방어적 민주주의를 채택하고 있는 대표적인 국가는 독일이며, 독일에서도 위헌정당해산을 결정한 사례가 있다. 2014년 12월 헌법재판소의 통합진보당 해산 결정은 우리 헌법이 방어적 민주주의를 채택하고 있기 때문에 가능했던 것이다.

Ⅳ. 대한민국의 구성요소

1. 국가권력

넓은 의미로 국가권력이라 함은 주권과 통치권을 말한다. 어떠한 정치적 통일체가 국가이기 위해서는, 국가의사를 전반적·최종적으로 결정할 수 있는 최고권력인 주권과, 현실적으로 국가적 조직을 유지하고 국가적 목적을 실현하기 위한 구체적 권력으로서의 통치권을 필요로 한다.

2. 국 민

국민이라 함은 국가에 소속하는 개개의 자연인을 말하며, 이들 개개인은 전체로써 국민을 구성한다. 국민은 인민과 구별된다. 국민은 국가적 공동체를 전제로 한 개념으로서 국가의 구성원, 즉 국적을 가진 개개인의 집합을 의미하는 데 대하여, 인민은 국가적 공동체와는 무관한 사회적 개념인 사회의 구성원을 의미한다.

관련 판례

북한국적의 주민으로 우리나라에 입국한 사람은 대한민국 국적을 취득할 수 있는가? 북한법의 규정에 따라 북한국적을 취득하여 중국 주재 북한대사관으로부터 북한의 해외공민증을 발급받은 자라 하더라도, 북한지역 역시 대한민국의 영토에 속하는 한반도의 일부를 이루는 것이어서 대한민국의 주권이 미친다. 북한지역이라고 하더라도, 대한민국의 주권과 부딪치는 어떠한 국가단체나 주권을 법리상 인정할 수 없다. 북한국적을 지닌 사람이 우리나라에 입국한 경우에는 대한민국 국적을 취득할 수 있다(대판 1996. 11. 12. 선고 96누1221).

3. 국가의 영역

국가는 일정한 범위의 공간을 그 존립의 기초로 한다. 이 공간이 영역이다. 영역은 국가의 법이 적용되는 공간적 범위를 의미하면서 국가적 지배의 물적 대상을 의미하기도 한다. 영역은 영토·영해·영공으로 구성된다.

Ⅴ. 대한민국 헌법의 기본원리

1. 국민주권 원리

국민주권의 원리라 함은 국가적 의사를 전반적·최종적으로 결정할 수 있는 최고의 권력인 주권을 국민이 보유한다는 것과 모든 국가권력의 정당성의 근거를 국민에게서 찾아야 한다는 것을 내용으로 하는 민주국가적 헌법원리를 말한다. 이러한 국민주권의 원리는 미국의 독립선언과 프랑스의 인권선언을 비롯한 현대민주국가의 헌법들이 예외없이 선언하고 있다.

2. 자유민주주의

자유민주주의는 자유주의와 민주주의가 결합된 정치원리이다. 자유주의라 함은 국가권력의 간섭을 배제하고 개인의 자유와 자율을 옹호하고 존중할 것을 요구하는 사상적 입장을 말한다. 이러한 의미의 자유주의는 18세기에 와서 신흥시민계급이 주장한 이데올로기로서 개인의 자유를 이상으로 하고, 자유경쟁에 입각한 자율적 행동원리를 그 수단으로 하는 정치철학이요 정치원리라고 할 수 있다. 이에 대하여 민주주의라 함은 국민에 의한 지배 또는 국가권력이 국민에게 귀속되는 것을 내용적 특징으로 하는 정치원리를 말한다고 할 수 있다.

3. 사회국가 원리

사회국가라 함은 모든 국민에게 그 생활의 기본적 수요를 충족시킴으로써 건강하고 문화적인 생활을 영위할 수 있도록 하는 것이 국가의 책임이면서, 그것에 대한 요구가 국민의 권리로서 인정되어 있는 국가를 말한다. 사회국가의 원리는 사회정의를 구현하기 위하여 법치국가적 방법으로 모든 국민의 복지를 실현하려는 국가적 원리를 말한다. 사회국가의 원리는 실질적 법치국가를 실천목표로 하고 사회적 시장경제질서에 의하여 뒷받침된다는 점에서 사회적 법치국가의 원리와 표리의 관계에 있다.

4. 문화국가 원리

문화국가라 함은 국가로부터 문화활동의 자유가 보장되고 국가에 의하여 문화가 공급되어야 하는 국가, 즉 문화에 대한 국가적 보호·지원·조정 등이 이루어져야 하는 국가를 말한다. 현대국가는 문화의 자율성을 최대한으로 존중하면서도 문화에 대한 자유방임정책이 초래한 현대적 모순과 불합리성을 극복하기 위해 능동적으로 문화를 형성하고 보호하는 기능을 떠맡게 되었다. 이러한 의미에서 현대의 문화국가는 문화조성적 국가라고도 할 수 있다.

5. 법치국가 원리

법치국가의 원리가 현대민주국가에서는 예외없이 헌법적 원리의 하나로 인식되고 있지만, 그것은 다의적인 개념이기 때문에 각국의 역사적 상황이나 논자의 시각에 따라 그 개념규정이 동일하지 아니하다. 그러나 법치국가라 함은 일반적으로 사람이나 폭력이 지배하는 국가가 아니라 법이 지배하는 국가를 말한다. 그렇다면 법치국가의 원리란 모든 국가적 활동과 국가공동체적 생활은 국민의 대표기관인 의회가 제정한 법률에 근거를 두고 법률에 따라 이루어져야 한다는 헌법원리라고 할 수 있다.

6. 평화국가 원리

평화국가라 함은 국제협조와 국제평화의 지향을 그 이념적 기반으로 하는 국가를 말한다. 평화국가의 원리란 국제적 차원에서 평화공존·국제분쟁의 평화적 해결·각 민족국가의 자결권존중·국내문제불간섭 등을 핵심내용으로 하는 국제평화주의를 국가목적으로 하는 원리를 말한다.

VI. 한국헌법의 기본질서

1. 민주적 기본질서

민주적 기본질서에 관한 논의는 곧 민주주의에 관한 논의라고 할 수 있다. 하지만 민주주의는 다의적 개념이므로 일의적인 개념 규정이 불가능하다. 민주주의의 본질적 내용을 이루는 보편적 가치 내지 이념이 무엇인가에 관해서는 다양한 견해가 있으나, 일반적으로 국민주권을 비롯하여 자유·평등·정의 등을 들고 있다. 민주적 기본질서는 헌법적 질서의 하나로서 자유민주주의와 사회민주주의를 비롯한 모든 민주주의를 그 내용으로 포괄하는 공통분모적 상위개념이다.

2. 사회적 시장경제질서

사회적 시장경제질서는 사회국가라는 국가적 유형에 대응하는 경제질서이다. 사회적 시장경제질서라 함은 사유재산제의 보장과 자유경쟁을 기본원리로 하는 시장경제질서를 근간으로 하되, 사회복지·사회정의·경제민주화 등을 실현하기 위하여 부분적으로 사회주의적 계획경제(통제경제)를 가미한 경제질서를 말한다.

3. 평화주의적 국제질서

양차세계대전의 체험을 계기로 제2차대전 이후에는 각국이 전쟁을 방지하고 평화를 유지하기 위한 각별한 노력을 기울이고 있다. 여러 국제조약과 각국 헌법에 국제평화주의를 선언하고 침략전쟁금지를 위한 평화조항을 수용하게 되었다. 그 내용으로는 국제법규의 존중과 외국인의 법적 지위보장을 들 수 있다. 또한 우리나라에서는 평화통일의 원칙도 평화주의적 국제질서에 포함될 수 있다.

Ⅶ. 한국헌법의 기본제도

1. 정당제도(복수정당제)

현대민주국가에 있어서 정당은 분산된 국민의 정치적 의사를 일정한 방향으로 유도하고 결집하여 상향적으로 국가의사결정에 반영하는 매개체 또는 중개자역할을 담당한다. 현대민주국가에서 정당이 수행하는 공적 기능을 제도적으로 보장하고 반의회주의적 정당의 폐해를 방지하기 위하여 제2차대전 이후에는 정당제도를 헌법에 수용하는 국가들이 증가하고 있다. 우리나라는 헌법 제8조에서 복수정당제도를 보장하고 있다.

관련 판례

[판례 1] 정당등록의 요건으로서 5개 이상의 시·도당이 있을 것 및 각 시·도당마다 1,000명 이상의 당원을 갖출 것을 요구하는 것은 정당설립자유에 위반되는가? 우리 헌법의 대의민주적 기본질서가 제기능을 수행하기 위해서는 의회 내의 안정된 다수세력의 확보를 필요로 한다는 점에서, 군소정당의 배제는 그 목적의 정당성이 인정될 수 있다. 또한 지역적 연고에 지나치게 의존하는 정당정치풍토가 우리의 정치현실에서 자주 문제시되고 있다는 점에서 볼 때, 단지 특정지역의 정치적 의사만을 반영하려는 지역정당을 배제하려는 취지가 헌법에 어긋난 입법목적이라고 단정하기 어렵다. 이 사건 법률조항이 정당설립의 자유에 어느 정도 제한을 가하는 점이 있는 것은 사실이나, 이러한 제한은 "상당한 기간 또는 계속해서", "상당한 지역에서" 국민의 정치적 의사형성 과정에 참여해야 한다는 헌법상 정당의 개념표지를 구현하기 위한 합리적인 제한이라고 할 것이므로, 그러한 제한은 헌법적으로 정당화된다(헌재 2006. 3. 30. 2004헌마246).

[판례 2] 정당내 경선절차에도 선거원칙이 적용되는가? 피고인들은 A정당의 19대 국회 비례대표의원 추천을 위한 당내경선에서 특정 후보를 당선시키기 위하여 당원들의 인증번호를 받은후 인터넷에서 대리투표를 하였고, 위계에 의한 업무방해죄로 기소되어 징역 1년에 집행유예 3년을 선고받았다. 정당의 국회의원 비례대표 후보자 명단을 확정하기 위한 당내 경선에서도 직접·평등·비밀투표 등 일반적인 선거원칙이 그대로 적용되고 대리투표는 허용되지 않는다(대판 2013. 11. 28, 2013도5117).

2. 선거제도

선거라 함은 국민적 합의에 바탕한 대의제민주정치를 구현하기 위하여 주권자인 국민이 그들을 대표할 국가기관을 보통·평등·직접·비밀·자유선거를 통하여 선임하는 행위를 말한다. 선거는 법적으로 유권자의 집단인 선거인단이 국회의원이나 대통령 등 국민을 대표할 국가기관을 선임하는 집합적 합성행위라는 성질을 가진다.

관련 판례

국회의원 지역선거구 간의 과도한 인구수 차이는 투표가치의 불평등을 초래하여 평등선거원칙을 침해하는가? 인구편차 상하 33⅓%(인구비례 2:1)(인구편차 0% 인구비례 1:1은 모든 선거구의 인구가 동일하다는 것이나 이는 현실적으로 불가능함)를 넘어 인구편차를 완화하는 것은 지나친 투표가치의 불평등을 야기하는 것으로, 이는 대의민주주의의 관점에서 바람직하지 아니하고, 국회를 구성함에 있어 국회의원의 지역대표성이 고려되어야 한다고 할지라도 이것이 국민주권주의의 출발점인 투표가치의 평등보다 우선시 될 수는 없다(헌재 2014. 10. 30. 2012헌마192등).

3. 공무원제도

공무원이라 함은 직접 또는 간접으로 국민에 의하여 선출되거나 임용권자에 의하여 임용되어 국가 또는 공공단체와 공법상의 근무관계를 맺고 공공적 업무를 담당하고 있는 자를 말한다. 제도로서 직업공무원제를 보장한다 함은 공무원근무관계가 공법상의 근무관계, 종신제, 정치적 중립성, 능력주의, 경력과 직렬의 구분, 국가에 의한 생활보장, 신분관계의 법적 보호 등을 내용으로 하는 공직제도라야 함을 의미한다. 우리나라는 헌법 제7조에서 공무원의 법적 지위·책임·신분과 정치적 중립성 등에 관하여 규정하고 있다.

관련 판례

공무원에게 책임이 있는지의 유무를 묻지 않고 면직시키는 규정인 「국가보위입법회의법」 부칙 제4항 후단은 직업공무원제도에 위반되는가? 우리나라는 직업공무원제도를 채택하고 있다. 이는 공무원이 집권세력의 논공행상의 제물이 되는 엽관제도(獵官制度)를 지양하고 정권교체에 따른 국가작용의 중단과 혼란을 예방하고 일관성 있는 공무수행의 독자성을 유지하기 위하여, 헌법과 법률에 의하여 공무원의 신분이 보장되는 제도이다. 「국가보위입법회의법」 부칙 제4항은 공무원에게 아무런 과실이나 책임이 없음에도 불구하고 면직시키는 것으로 규정하고 있기 때문에 헌법상 보장되고 있는 공무원의 신분보장에 위배된다. 이 규정은 직업공무원제도에 반하는 위헌적인 규정이다(헌재 1989. 12. 18, 89헌마32 등).

4. 지방자치제도

지방자치제도라 함은 일정한 지역을 단위로 하여, 일정한 지역의 주민이 그 지방에 관한 여러 가지 사무를 그들 자신의 책임하에, 자신들이 선출한 기관을 통하여 직접 처리하게 함으로써, 지방자치행정의 민주성과 능률성을 제고하고, 지방의 균형있는 발전과 아울러 국가의 민주적 발전을 도모하는 제도를 말한다. 지방자체제의 이념은 민주주의와 밀접한 관련을 가지고 있다. 풀뿌리 민주주의를 강화하고 직접민주주의제의 요소를 정착시키며 중앙집권주의를 견제할 수 있는 지방분권주의의 실현이 곧 지방자치제의 이념이라 할 수 있다.

관련판례

지방자치단체장의 재임을 3기로 제한하는 것은 지방자치단체장의 공무담임권을 침해하여 위헌인가? 지방자치단체장의 계속 재임을 3기로 제한한 규정의 입법취지는 장기집권으로 인한 지역발전저해 방지와 유능한 인사의 자치단체장 진출을 확대하고자 하는 것이다. 지방자치단체장의 계속 재임을 3기로 제한하더라도 그것만으로는 주민의 자치권을 심각하게 훼손한다고 볼 수 없다(헌재 2006. 2. 23. 2005헌마403).

제2절 기본권총론

I. 기본권의 의의

인권 또는 인간의 권리라 함은 인간이 인간으로서 당연히 누리는 권리를 말한다. 이러한 의미의 인권을 최초로 선언한 헌법은 버지니아권리장전과 프랑스인권선언이다. 인권 또는 인간의 권리를 독일 등에서는 기본적 인권 또는 기본권이라고 한다. 엄밀한 의미에서 인권과 기본권은 동일한 개념이 아니다. 인권은 인권사상을 바탕으로 하여 인간이 인간이기 때문에 당연히 누리는 인간의 생래적·천부적 권리를 의미하지만, 기본권은 헌법이 보장하는 국민의 기본적 권리를 의미하기 때문이다. 그러나 각국의 헌법에서 보장하고 있는 기본권은 자유권적 기본권을 중심으로 하고 있을 뿐만 아니라 그 밖의 정치적·경제적·사회적 기본권 등도 인간의 권리와 보완관계에 있는 것이기 때문에, 헌법 제37조 제1항을 근거로 하여 인권과 기본권을 동일시하여도 무방하다고 할 수 있다.

Ⅱ. 기본권의 분류·유형

1. 기본권의 분류

기본권은 주체, 성질, 내용, 효력을 기준으로 분류할 수 있다. 특히, 기본권은 효력을 기준으로 구체적 기본권과 추상적 기본권으로 분류할 수 있다. 구체적 기본권이라 함은 모든 국가권력을 직접 구속하는 효력을 가진 기본권을 말한다. 이에 대하여 추상적 기본권이라 함은 입법에 의하여 비로소 구체적 권리가 되는 기본권으로서, 입법자에 대해 입법의 의무만을 부과하는 것일 뿐 집행권과 사법권에 대해서는 직접적 구속력이 없는 기본권을 말한다. 다수설은 사회적 기본권을 추상적 기본권으로 이해하고 있다.

2. 기본권의 유형

기본권의 유형을 기본권의 내용과 성질이라는 복합기준에 따라 현행 헌법상의 기본권을 포괄적 기본권(헌법 제10조, 제11조), 자유권적 기본권(헌법 제12부터 제23조까지), 정치적 기본권(헌법 제24조, 제25조), 청구권적 기본권(헌법 제26조부터 제30조까지), 사회적 기본권(헌법 제31조부터 제36조까지)으로 나눌 수 있다.

Ⅲ. 기본권의 주체

1. 자연인

한국 국적을 가진 대한민국의 국민은 누구나 헌법이 보장하는 기본권의 주체가 될 수 있다. 다만 기본권의 주체성은 기본권보유능력과 기본권행사능력으로 나누어진다. 기본권보유능력이라 함은 기본권을 보유할 수 있는 기본권귀속능력을 말한다. 기본권보유능력은 국민이면 누구나 가지는 것이므로, 이때의 국민 중에는 미성년자나 심신상실자·수형자 등도 포함된다. 기본권행사능력이라 함은 기본권의 주체가 자신의 기본권을 현실적으로 행사할 수 있는 자격 또는 능력을 말한다. 선거권·피선거권·투표권 등 특정한 기본권은 그것을 현실적으로 행사하기 위해서는 일정한 연령요건을 구비하고 결격사유가 없어야 하는 등 기본권행사능력이 요구되는 경우가 있다. 외국인에게는 인간의 권리에 속하는 인간의 존엄과 가치, 생명권, 재판청구권 등의 기본권 주체성이 인정되지만, 국민의 권리라고 볼 수 있는 피선거권, 국민투표권, 입국의 자유 등의 기본권 주체성은 인정되지 않는다.

관련 판례

[판례 1] 태아는 생명권의 주체가 될 수 있는가? 인간의 생명은 고귀하고, 이 세상에서 무엇과도 바꿀 수 없는 존엄한 인간 존재의 근원이다. 이러한 생명에 대한 권리, 즉 생명권은 비록 헌법에 명문의 규정이 없다 하더라도 인간의 생존본능과 존재목적에 바탕을 둔 선험적이고 자연법적인 권리로서 헌법에 규정된 모든 기본권의 전제로서 기능하는 기본권 중의 기본권이다. 모든 인간은 헌법상 생명권의 주체가 되며, 형성 중의 생명인 태아에게도 생명에 대한 권리가 인정되어야 한다(헌재 2008. 7. 31, 2004헌바81).

[판례 2] 태아의 생명권과 모체의 자기결정권과의 관계는? 태아가 모체를 떠난 상태에서 독자적으로 생존할 수 있는 시점인 임신 22주 내외에 도달하기 전이면서 동시에 임신 유지와 출산 여부에 관한 자기결정권을 행사하기에 충분한 시간이 보장되는 시기(이하 착상 시부터 이 시기까지를 '결정가능기간'이라 한다)까지의 낙태에 대해서는 국가가 생명보호의 수단 및 정도를 달리 정할 수 있다고 봄이 타당하다(헌재 2019. 4. 11. 2017헌바127). 이 헌법불합치 결정으로 2012년의 낙태죄 합헌 결정은 변경되었다.

2. 법 인

헌법학의 영역에서 기본권에 관한 전통적인 논의는 국가와 국민과의 관계를 중심으로 하여 전개되어 왔다. 그러나 오늘날에는 다양한 조직·단체·법인 등의 실재성과 사회적 중요성이 증대됨에 따라 이들을 더 이상 헌법의 무인도로 방치하여 둘 수 없게 되었다. 하지만 독일기본법처럼 법인의 기본권주체성을 명문으로 규정하고 있지 아니한 헌법의 경우에는 법인도 기본권의 주체가 될 수 있는가가 논란의 대상이 되고 있다. 원칙적으로 법인의 기본권주체성을 긍정하고 있다. 단 공법인에 대해서는 원칙적으로 기본권주체성을 부정하되, 제한된 범위 안에서 예외적으로만 기본권주체성을 긍정하고 있다.

관련 판례

서울대학교도 기본권의 주체가 될 수 있는가? 교육의 자주성이나 대학의 자율성은 헌법 제22조 제1항이 보장하고 있는 학문의 자유의 확실한 보장수단으로 꼭 필요한 것으로서 이는 대학에게 부여된 헌법상의 기본권이다. 따라서 국립대학인 서울대학교는 다른 국가기관 내지 행정기관과는 달리 공권력의 행사자의 지위와 함께 기본권의 주체라는 점도 중요하게 다루어져야 한다(헌재 1992. 10. 1, 92헌마68 등).

Ⅳ. 기본권의 효력

1. 기본권의 대국가적 효력

기본권의 효력이라 함은 기본권이 그 의미와 내용대로 실현될 수 있는 힘, 즉 기본권의 구속력을 말한다. 국가작용은 권력작용(공권력의 행사)과 비권력작용(관리작용·국고작용)으로 구분된다. 기본권은 모든 공권력적 국가작용을 직접 구속하는 효력을 가진다. 국가작용 중 공권력의 발동인 권력작용은 그것이 국가기관에 의한 것이든 지방자치단체에 의한 것이든 공권력수탁자에 의한 것이든 그 모두가 기본권에 기속된다. 그러나 영조물의 설치·관리, 예산재원의 조달, 공공수요의 충족 등 경제활동을 내용으로 하는 관리작용과 국고작용 등 경제적 비권력작용까지도 기본권에 기속되는가에 관해서는 견해가 갈리고 있다.

2. 기본권의 제3자적 효력

기본권이 사인의 법률행위나 사인 상호간의 법률관계에도 적용되는가 하는 기본권의 제3자적 효력(대사인적 효력)여하에 관해서는 각국헌법에 명문의 규정이 거의 없으며 학설도 갈리고 있다. 독일에서의 이론전개를 살펴보면 효력부인설(제3자적 효력부정설), 직접효력설(직접적용설), 간접적용설(간접효력설)이 있는데 간접적용설(공서양속설)이 다수설이다. 우리나라에서도 헌법에 명문의 규정이 없는 경우 간접적용설(공서양속설)에 따라 기본권규정이 사법상의 일반원칙을 통해 사법관계에 적용된다고 보는 것이 다수설의 입장이다. 미국에서도 사정부이론의 관점에서 사인의 특정한 행위를 국가행위로 간주하는 헌법판례이론을 가지고, 헌법규정을 사법관계에 직접적용하는 이론구성을 하고 있다. 이것을 국가유사론 또는 국가행위의제론이라고 한다.

관련 판례

기본권이 사인(私人)의 법률행위나 사인 상호간의 법률관계에도 적용되는가? 헌법상의 기본권은 제1차적으로 개인의 자유로운 영역을 공권력의 침해로부터 보호하기 위한 방어적 권리이지만 다른 한편으로 헌법의 기본적인 결단인 객관적인 가치질서를 구체화한 것으로서, 사법(私法)을 포함한 모든 법 영역에 그 영향을 미치는 것이므로 사인간의 사적인 법률관계도 헌법상의 기본권 규정에 적합하게 규율되어야 한다. 다만 기본권 규정은 그 성질상 사법관계에 직접 적용될 수 있는 예외적인 것을 제외하고는 사법상의 일반원칙을 규정한 민법 제2조, 제103조, 제750조, 제751조 등의 내용을 형성하고 그 해석 기준이 되어 간접적으로 사법관계에 효력을 미치게 된다(대판 2010. 4. 22, 선고 2008다38288).

3. 기본권의 갈등

헌법의 기본권규정들은 각기 고립하여 존재하는 것이 아니라 어떠한 형태로든 다른 기본권규정들과 관련을 가지고 있으며, 때로는 기본권 상호간에 마찰과 모순을 드러내는 경우도 없지 아니하다. 기본권 간의 마찰과 모순으로부터 야기되는 제반 문제를 기본권의 갈등이라 한다. 기본권의 갈등은 단일의 기본권주체가 동시에 여러 기본권의 적용을 주장하는 경우(기본권의 경합)와 복수의 기본권주체가 서로 대립되는 상이한 기본권의 적용을 주장하는 경우(기본권의 충돌)를 포괄하는 개념이다.

(1) 기본권의 경합(경쟁)

기본권의 경합이라 함은 단일의 기본권주체가 국가에 대해 동시에 여러 기본권의 적용을 주장하는 경우를 말한다. 일반적으로 기본권경합의 문제는 상이한 제한의 정도를 규정한 법률유보가 부가됨으로써 그 제한의 가능성이 각기 상이한 여러 기본권을 단일의 기본권주체가 동시에 주장하는 경우에 발생한다. 이러한 경우 제한의 가능성이 보다 더 큰(효력이 보다 약한) 기본권과 제한의 가능성이 더 작은(효력이 보다 강한) 기본권 중에서 어느 것을 우선적으로 적용할 것인가가 헌법문제로서 제기된다.

관련 판례

기본권경합이란 무엇인가? 하나의 규제로 인해 여러 기본권이 동시에 제약을 받는 기본권 경합의 경우에는 기본권 제한을 주장하는 의도 및 입법자의 객관적 동기 등을 참작하여 사안과 가장 밀접한 관계가 있고 침해의 정도가 큰 주된 기본권을 중심으로 하여 제한의 한계를 따져 보아야 한다. 최저임금법은 최저임금을 지급하도록 근로계약의 내용을 강제하는 것이고, 일반택시운송사업자들의 영업의 자유가 제한되는 것은 이와 같은 계약의 자유가 제한됨에 따른 결과에 불과하다. 따라서 이 사건에서는 계약의 자유가 보다 밀접하고 침해의 정도가 더 큰 기본권이라고 할 것이므로 이를 중심으로 침해 여부를 살펴본다(헌재 2016. 12. 29. 2015헌바327).

(2) 기본권의 충돌(상충)

기본권의 충돌이라 함은 복수의 기본권주체가 서로 충돌하는 권익을 실현하기 위하여 국가에 대해 각기 대립되는 기본권의 적용을 주장하는 경우를 말한다. 기본권의 충돌은 복수의 기본권주체를 전제로 하고, 원칙적으로 국가에 대하여 기본권을 주장하는 경우를 말한다. 실질적으로는 사인 상호간에 이해관계가 충돌하는 경우라 하더라도 기본권규정의 적용과 관련된 권리자와 의무자는 국가와 사인일 수 밖에 없다. 왜냐하면 기본권의 충돌이란 국가공권력이 한 사인의 기본권을 보호하려는 의도를 가지고 이와 대립하는 다른 사인의 기본권을 제한하는 경우를 의미하기 때문이다.

관련판례

피해자의 반론권(정정보도청구권)과 보도기관의 언론의 자유가 상충하는 경우에 그 해결방법은 무엇인가? 두 기본권이 서로 충돌하는 경우에는 헌법의 통일성을 유지하기 위하여 상충하는 기본권 모두가 최대한으로 그 기능과 효력을 나타낼 수 있도록 하는 조화로운 방법이 모색되어야 한다. 정정보도청구권은 정기간행물의 보도에 의하여 인격권의 침해를 받은 피해자가 반론의 게재를 요구할 수 있는 권리이다. 정정보도청구제도는 언론보도의 공정성과 객관성을 향상시키는 제도로서 언론자유의 본질적 내용을 침해하지 않으므로, 헌법에 위반되지 않는다(헌재 1991. 9. 16, 89헌마165).

V. 기본권의 제한

기본권의 제한이라 함은 기본권의 효력이나 그 적용범위를 축소하거나 한정하는 것을 말한다. 기본권을 제한하는 방식에는 헌법유보에 의한 제한과 법률유보에 의한 제한의 두 가지가 있다.

1. 헌법유보에 의한 기본권의 제한

(1) 헌법유보의 의미

기본권에 당연히 내재하는 한계성을 명문화한 것이든 새로운 제한을 창설한 것이든, 헌법이 명문의 규정을 가지고 직접 기본권의 제한을 규정하고 있는 경우에, 그것을 기본권제한에 관한 헌법유보 또는 헌법직접적 기본권제한이라 한다. 헌법유보에는 헌법이 직접 기본권 전반에 대하여 제한을 규정하는 일반적 헌법유보와 특정의 기본권에 한하여 제한을 규정하는 개별적 헌법유보가 있다.

(2) 헌법유보의 유형

1) 일반적 헌법유보

현행헌법에는 독일기본법 제2조 제1항과 같은 일반적 헌법유보에 해당하는 규정이 없다. 그러나 일반적 헌법유보에 관한 조항이 없을지라도 타인의 권리·도덕률·헌법질서 등의 존중은 국가적 공동생활을 위하여 기본권에 당연히 내재하는 제약사유이다.

2) 개별적 헌법유보

현행헌법에서도 정당의 목적과 활동에 관한 제한(헌법 제8조 제4항), 언론·출판의 사회적 책임의 강조(헌법 제21조 제4항), 재산권의 행사의 제약(헌법 제23조 제2항) 등에 관한 조항은 개별적 헌법유보라고 할 수 있다. 이들 헌법조항은 개별 기본권별로 직접 헌법에서 제약사유를 명기하고 있으므로, 이들 조항은 개별적 헌법유보에 해당하는 것이다.

2. 법률유보에 의한 기본권의 제한

(1) 법률유보의 의미

헌법이 기본권의 제한을 직접 규정하지 아니하고 그 제한을 법률에 위임하고 있는 경우에 그것을 기본권제한에 관한 법률유보 또는 헌법간접적 기본권제한이라 한다. 법률유보에도 헌법이 특정의 기본권에 한하여 법률로써 제한할 수 있다라고 규정하는 개별적 법률유보와 기본권전반이 법률에 의하여 제한할 수 있다고 규정하는 일반적 법률유보가 있다.

(2) 법률유보의 유형

1) 일반적 법률유보

기본권제한에 관한 일반적 법률유보조항을 의미하는 헌법 제37조 제2항 전단은 법률로써 기본권을 제한하는 경우에 준수되어야 할 일반준칙을 규정한 조항이다. 따라서 기본권을 제한하는 입법을 함에 있어서는 입법목적의 정당성과 그 목적달성을 위한 방법의 적정성, 피해의 최소성, 그리고 그 입법에 의해 보호하려는 공공의 필요와 침해되는 기본권 사이에 균형성이 유지되게 하는 조건을 모두 갖추어야 하며, 이를 준수하지 않은 법률 내지 법률조항은 기본권제한의 입법적 한계를 벗어난 것으로 헌법에 위반된다.

관련판례

무등록 음반판매업자의 모든 음반을 반드시 몰수하도록 규정한 법률조항은 합헌적인가? 무등록 음반판매업자 등이 소유 또는 점유하는 모든 음반 등을 필요적으로 몰수하도록 규정한 「음반및비디오물에관한법률」은 지나치게 가혹한 형벌을 규정함으로써 형벌체계상 균형을 잃고 형벌 본래의 기능과 목적을 달성함에 있어 필요한 정도를 현저히 일탈하여 결국 입법재량권이 자의적으로 행사된 경우에 해당한다고 볼 것이다. 따라서 이 사건 법률조항은 국민의 재산권 등을 제한할 때에는, 그 입법목적을 달성함에 필요한 최소한도에 그쳐야 한다는 헌법 제37조 제2항의 과잉입법금지원칙에 반하므로 위헌이다(헌재 1995. 11. 30, 94헌가3).

2) 개별적 법률유보

모든 기본권은 일반적 법률유보에 따라 제한이 가능하지만, 별도로 규정이 있는 경우가 있다. 이를 개별적 법률유보라 한다. 개별적 법률유보조항이 있는 기본권으로는 헌법 제12조 제1항의 신체의 자유, 헌법 제23조 제3항의 재산권 등이 있다.

Ⅵ. 기본권의 보호

국가는 국민의 기본권을 보호할 의무를 가진다. 헌법 제10조 2문은 “국가는 개인이 가지는 불가침의 기본적 인권을 확인하고 이를 보장할 의무를 진다”고 하여 국가의 기본권 보호의무를 규정하고 있다. 국가기관이 아닌 제3자 사인(私人)에 의한 기본권 침해로부터 국가는 국민을 보호하여야 한다. 국가는 국민의 기본권보호를 위하여 적절하고 최소한의 보호조치를 취하였는가를 심사기준(과소보호금지원칙)으로 하여, 헌법재판소는 국가가 국민의 기본권보호의무를 이행하였는지 여부를 판단한다.

관련판례

선거운동을 하면서 소음규제 없이 확성장치를 사용하게 하는 것은 건강하고 쾌적한 환경에서 생활할 권리를 침해하는가? 선거운동의 자유를 감안하여 선거운동을 위한 확성장치를 허용할 공익적 필요성이 인정된다고 하더라도 정온한 생활환경이 보장되어야 할 주거지역에서 출근 또는 등교 이전 및 퇴근 또는 하교 이후 시간대에 확성장치의 최고출력 내지 소음을 제한하는 등 사용시간과 사용지역에 따른 수인한도 내에서 확성장치의 최고출력 내지 소음 규제기준에 관한 규정을 두지 아니한 것은, 국민이 건강하고 쾌적하게 생활할 수 있는 양호한 주거환경을 위하여 노력하여야 할 국가의 의무를 부과한 헌법 제35조 제3항에 비추어 보면, 적절하고 효율적인 최소한의 보호조치를 취하지 아니하여 국가의 기본권 보호의무를 과소하게 이행한 것으로서, 청구인의 건강하고 쾌적한 환경에서 생활할 권리를 침해하므로 헌법에 위반된다.(헌재 2019.12.27. 2018헌마730). 이후 공직선거법 제79조에는 자동차에 부착된 확성장치와 휴대용 확성장치의 소음기준이 신설되었다.

제 3 절 기본권각론

I. 인간의 존엄과 가치 · 행복추구권 · 평등권

1. 인간의 존엄과 가치

헌법 제10조는 "모든 국민은 인간으로서의 존엄과 가치를 가지며 행복을 추구할 권리를 가진다"고 하여 인간의 존엄과 가치 및 행복추구권을 규정하고 있다. 인간의 존엄과 가치는 포괄적이고 근본적인 권리로서 다른 모든 기본권의 종국적 목적이자 기본이념이다. 인간의 존엄성은 최고의 헌법적 가치이자 국가목표규범으로서 모든 국가기관을 구속한다. 국가는 인간존엄성을 실현해야 할 의무와 과제를 지닌다.

관련 판례

경찰서유치장의 칸막이가 낮은 화장실은 유치인의 인간으로서의 존엄과 가치를 침해하는가? 경찰서 유치장에 수용되어 있는 동안 차폐시설이 불충분하여 사용과정에서 신체부위가 다른 유치인들 및 경찰관들에게 관찰될 수 있고 냄새가 유출되는 실내화장실을 사용하도록 강제한 행위는 인간으로서의 기본적 품위를 유지할 수 없도록 하는 것으로서, 수인하기 어려운 정도라고 보여지므로 전체적으로 볼 때 비인도적·굴욕적일 뿐만 아니라 동시에 비록 건강을 침해할 정도는 아니라고 할지라도 헌법 제10조의 인간의 존엄과 가치로부터 유래하는 인격권을 침해하는 정도에 이르렀다(헌재 2001. 7. 19, 2000헌마546). 이후 경찰청 예규인 '유치장설계표준규칙'의 개정 등을 통하여, 경찰서유치장의 화장실 시설은 일부 개선되었다.

2. 행복추구권

헌법 제10조에 규정된 행복추구권의 개념과 내용에 대해서는 논란이 많다. 행복을 추구할 권리를 의미하는 행복추구권은 포괄적인 기본권으로서의 성격을 지니고 있어서, 여러 영역에 걸친 다양한 기본권들이 행복추구권으로부터 파생된다. 일반적 행동자유권, 개성의 자유로운 발현권, 자기결정권, 계약의 자유 등의 다양한 기본권이 행복추구권의 내용으로 보장된다.

관련 판례

[판례 1] 「형법」 제304조에 규정된 혼인빙자간음죄는 남성의 성적자기결정권 및 사생활의 비밀과 자유를 침해하는가? 이 사건 법률조항은 개인의 내밀한 성생활의 영역을 형사처벌의 대상으로 삼음으로써 남성의 성적자기결정권과 사생활의 비밀과 자유라는 기본권을 지나치게 제한하는 것인 반면, 이로 인하여 추구되는 공익은 오늘날 보호의 실효성이 현격히 저하된 음행의 상습없는 부녀들만의 '성행위 동기의 착오의 보호'로서 그것이 침해되는 기본권보다 중대하다고는 볼 수 없으므로, 법익의 균형성도 상실하였다. 결국 이 사건 법률조항은 목적의 정당성, 수단의 적절성 및 피해최소성을 갖추지 못하였고 법익의 균형성도 이루지 못하였으므로, 헌법 제37조 제2항의 과잉금지원칙을 위반하여 남성의 성적자기결정권 및 사생활의 비밀과 자유를 과잉제한하는 것으로 헌법에 위반된다(헌재 2009. 11. 26. 2008헌바58). 이후 「형법」 개정을 통하여 혼인빙자간음죄는 삭제되었다.

[판례 2] 「형법」 제269조에 규정된 낙태죄는 임신한 여성의 자기결정권을 침해하는가? 자기결정권은 인간의 존엄성을 실현하기 위한 수단으로서 인간이 자신의 생활영역에서 인격의 발현과 삶의 방식에 관한 근본적인 결정을 자율적으로 내릴 수 있는 권리다. 자기결정권에는 여성이 그의 존엄한 인격권을 바탕으로 하여 자율적으로 자신의 생활영역을 형성해 나갈 수 있는 권리가 포함되고, 여기에는 임신한 여성이 자신의 신체를 임신상태로 유지하여 출산할 것인지 여부에 대하여 결정할 수 있는 권리가 포함되어 있다. (중략) 자기낙태죄 조항은 모자보건법이 정한 일정한 예외를 제외하고는 임신기간 전체를 통틀어 모든 낙태를 전면적·일률적으로 금지하고, 이를 위반할 경우 형벌을 부과하도록 정함으로써 임신한 여성에게 임신의 유지·출산을 강제하고 있으므로, 임신한 여성의 자기결정권을 제한하고 있다(헌재 2019. 4. 11. 2017헌바127). 이 헌법불합치 결정으로 2012년의 낙태죄 합헌 결정은 변경되었고, 2020년 12월 31일까지 「형법」의 낙태죄 규정은 삭제되고 「모자보건법」의 인공임신중절 규정이 개정되어야 했다. 그러나 그간 여러 건의 관련 법안이 국회에 발의되었음에도 불구하고 법안이 국회를 통과하지는 못하였다. 현재는 낙태죄 규정의 효력이 상실되었으며, 새로운 법률이 만들어지지 못하여 입법공백 상태에 있다고 할 수 있다.

3. 평등권

헌법 제11조 제1항은 "모든 국민은 법 앞에 평등하다. 누구든지 성별·종교 또는 사회적 신분에 의하여 정치적·경제적·사회적·문화적 생활의 모든 영역에 있어서 차별을 받지 아니한다"고 규정하여 평등원칙과 평등권을 보장하고 있다. 평등원칙은 국가가 입법을 하거나 법을 집행하고 해석하는 경우에 모든 국민을 이유없이 차별하지 않아야 한다는 원칙이다. 평등권은 국가가 부당한 차별을 할 경우에 부당한 차별의 금지를 요구할 수 있는 권리이다.

관련 판례

호주제는 여성의 평등권을 침해하는 제도인가? 호주제는 성역할에 관한 고정관념에 기초한 차별로서, 호주승계 순위, 혼인 시 신분관계 형성, 자녀의 신분관계 형성에 있어서 정당한 이유없이 남녀를 차별하는 제도이고, 이로 인하여 많은 가족들이 현실적 가족생활과 가족의 복리에 맞는 법률적 가족관계를 형성하지 못하여 여러모로 불편과 고통을 겪고 있다. 숭조(崇祖)사상, 경로효친, 가족화합과 같은 전통사상이나 미풍양속은 문화와 윤리의 측면에서 얼마든지 계승, 발전시킬 수 있으므로 이를 근거로 호주제의 명백한 남녀차별성을 정당화하기 어렵다(헌재 2005. 2. 3, 2001헌가9). 이후 호주제를 내용으로 하는 「호적법」은 폐지되어 호주제는 사라졌고, 「가족관계등록에 관한 법률」이 제정되어 시행되고 있다.

Ⅱ. 자유권적 기본권

1. 신체의 자유

헌법 제12조 제1항은 "모든 국민은 신체의 자유를 가진다"고 하여 신체의 자유를 보장하고 있으며, 제12조와 제13조 등에서 신체의 자유를 보장하기 위한 규정을 두고 있다. 신체의 자유란 불법적인 체포·구속·압수·수색·심문·처벌·보안처분·강제노역으로부터의 자유를 말한다. 신체의 자유에 대한 실체적 보장으로서는 죄형법정주의, 이중처벌금지, 연좌제금지 등이 있고 신체의 자유에 대한 절차적 보장으로서는 적법절차의 원칙, 영장주의, 체포구속적부심사제도, 인신보호제도, 구속이유 등 고지제도 등이 있다. 형사피의자와 형사피고인의 인권보장을 위해서는 무죄추정의 원칙, 구속이유 등을 고지받을 권리, 구속적부심사청구권, 진술거부권, 고문받지 아니할 권리, 자백의 증거능력제한, 변호인의 조력을 받을 권리, 신속한 공개재판을 받을 권리 등이 있다.

관련 판례

검사조사실에서 계구사용을 원칙으로 규정하고 있는 「계호근무준칙」은 신체의 자유를 침해하는가? 수형자나 미결수용자에 대한 계호의 필요에 따라 수갑, 포승 등의 계구를 사용할 수 있지만 구금된 자라는 이유만으로 계구사용이 당연히 허용되는 것이 아니고 계구사용으로 인한 신체의 자유의 추가적 제한 역시 과잉금지원칙에 반하지 않아야 한다. 그러므로 구속 피의자에 대한 계구사용은 도주, 폭행, 소요 또는 자해나 자살의 위험이 분명하고 구체적으로 드러난 상태에서 이를 제거할 필요가 있을 때 이루어져야 하며, 필요한 만큼만 사용하여야 한다. 검사가 검사조사실에서 피의자신문을 하는 절차에서는 피의자가 신체적으로나 심리적으로 위축되지 않은 상태에서 자기의 방어권을 충분히 행사할 수 있어야 하므로 계구를 사용하지 말아야 하는 것이 원칙이고 다만 도주, 폭행, 소요, 자해 등의 위험이 분명하고 구체적으로 드러나는 경우에만 예외적으로 계구를 사용하여야 할 것이다. 검사실에서의 계구사용을 원칙으로 하면서 심지어는 검사의 계구해제 요청이 있더라도 이를 거절하도록 규정한 「계호근무준칙」 조항은 원칙과 예외를 전도한 것으로서 신체의 자유를 침해하므로 헌법에 위반된다(헌재 2005. 5. 26, 2004헌마49).

2. 주거의 자유

헌법 제16조는 "모든 국민은 주거의 자유를 침해받지 아니한다. 주거에 대한 압수나 수색을 할 때에는 검사의 신청에 의하여 법관이 발부한 영장을 제시하여야 한다"고 규정하고 있다. 주거의 자유는 모든 공권력이나 타인에 의한 침해를 받지 않고 주거의 안전과 평온이 침해받지 않을 자유를 말한다. 주거에는 주택이나 아파트는 물론이고 사무실, 호텔, 강의실, 차량, 선박 등이 해당된다. 누구나 출입할 수 있는 영업장소인 상점, 음식점 등은 영업시간에는 주거라고 보기 어렵다.

3. 거주·이전의 자유

헌법 제14조는 "모든 국민은 거주·이전의 자유를 가진다"고 규정하고 있다. 거주·이전의 자유는 거주지를 정하거나 거주지를 변경하여 이동하는 데 간섭을 받지 아니할 자유와 거주지를 변경할 것을 강요받지 아니할 자유를 말한다. 거주·이전의 자유에는 ① 국내 거주·이전의 자유와 ② 국외 거주·이전의 자유, ③ 국적이탈의 자유가 포함된다.

관련 판례

특정지역에 방문을 금지하는 것은 거주·이전의 자유를 침해하는가? 외교통상부가 전쟁 또는 테러의 위험이 있는 해외 위난지역에서의 국민을 보호하고자 특정 해외 위난지역에서의 여권사용, 방문 또는 체류를 금지한 고시는 국민의 생명·신체 및 재산을 보호하기 위한 것으로 그 목적의 정당성과 수단의 적절성이 인정된다. 당시 전쟁이 계속 중이던 이라크와 소말리아, 그리고 실제로 한국인에 대한 테러 가능성이 높았던 아프가니스탄 등 3곳으로 대상지역을 한정하고, 그 기간도 1년으로 하여 그다지 장기간으로 볼 수 없을 뿐 아니라, 부득이한 경우 예외적으로 외교통상부장관의 허가를 받아 여권의 사용 및 방문·체류가 가능하도록 하였다. 국민의 거주·이전의 자유에 대한 침해로 볼 수 없다(헌재 2008. 6. 26, 2007헌마1366).

4. 사생활의 비밀과 자유

헌법 제17조는 "모든 국민은 사생활의 비밀과 자유를 침해받지 아니한다"고 규정하고 있다. 사생활의 비밀과 자유란 개인의 사적 영역이 공개되지 않고 사적 영역을 형성함에 있어서 방해받지 않고 형성된 사적 영역이 침해받지 않을 권리를 말한다. 사생활의 비밀과 자유에는 사생활의 비밀과 자유만이 아니라 개인정보자기결정권도 포함된다. 개인정보자기결정권이란 개인정보에 대한 조사·수집·처리·보관·공개·활용 등에 관해서 해당 개인정보의 주체가 스스로 결정할 권리이다.

관련 판례

[판례 1] 성범죄자 신상공개제도는 사생활의 비밀과 자유를 침해하는가? 성범죄자 신상공개제도는 현존하는 성폭력위험으로부터 사회 공동체를 지키려는 인식을 제고함과 동시에 일반인들이 청소년 성매수 등 범죄의 충동으로부터 자신을 제어하도록 하기 위하여 도입되었다. 청소년 성매수 범죄자들이 자신의 신상과 범죄사실이 공개됨으로써 수치심을 느끼고 명예가 훼손된다고 하더라도 그 보장 정도에 있어서 일반인과는 차이를 둘 수밖에 없어, 그들의 인격권과 사생활의 비밀의 자유도 그것이 본질적인 부분이 아닌 한 넓게 제한될 여지가 있다. 청소년 성매수자의 일반적 인격권과 사생활의 비밀의 자유가 제한되는 정도가 청소년 성보호라는 공익적 요청에 비해 크다고 할 수 없으므로 결국 신상공개제도는 해당 범죄인들의 사생활의 비밀과 자유를 과잉금지의 원칙에 위배하여 침해한 것이라 할 수 없다(헌재 2003. 6. 26, 2002헌가14).

[판례 2] 모든 성범죄자는 예외없이 신상이 공개되어야 하는가? (소위 '몰카범죄'의 경우) 성범죄의 재범을 억제하고 수사의 효율성을 제고하기 위하여, 법무부장관이 등록대상자의 재범 위험성이 상존하는 20년 동안 그의 신상정보를 보존·관리하는 것은 정당한 목적을 위한 적합한 수단이다. 그런데 (중략) 공익이 중요하더라도, 모든 등록대상자에게 20년 동안 신상정보를 등록하게 하고 위 기간 동안 각종 의무를 부과하는 것은 비교적 경미한 등록대상 성범죄를 저지르고 재범의 위험성도 많지 않은 자들에 대해서는 달성되는 공익과 침해되는 사익 사이의 불균형이 발생할 수 있으므로 이 사건 관리조항은 개인정보자기결정권을 침해한다(헌재 2015. 7. 30. 2014헌마340 등). 이후 선고받은 형의 경중에 따라 신상정보 등록기간은 30년·20년·15년·10년 등으로 세분되었다.

5. 통신의 자유

헌법 제18조는 "모든 국민은 통신의 비밀을 침해받지 아니한다"고 규정하고 있다. 통신자유는 통신비밀의 불가침과 통신의 자유를 내용으로 한다. 통신비밀의 불가침은 통신의 내용이 통신인의 의사에 반하여 다른 사람들에게 공개되지 않을 권리를 말하는 것으로, 통신의 열람금지, 청취와 녹음의 금지, 누설금지, 공개금지 등을 포함한다. 통신의 자유는 자유롭게 통신하는 것을 의미하며, 국가 등이 국민의 자유로운 통신을 방해하는 경우에는 통신자유의 침해이다.

관련 판례

신병훈련소에서 교육훈련을 받는 동안 전화사용을 통제하는 「육군신병훈련지침」은 신병들의 통신의 자유를 침해하는가? 신병들을 군인으로 육성하고 교육훈련과 병영생활에 조속히 적응시키기 위하여 신병의 외부 전화통화를 통제한다. 신병훈련기간이 5주의 기간으로서 상대적으로 단기의 기간이라는 점, 긴급한 전화통화의 경우는 지휘관의 통제 하에 허용될 수 있다는 점, 신병들이 부모 및 가족에 대한 편지를 작성하여 우편으로 송부하도록 하고 있는 점 등을 종합하여 고려하여 보면, 신병교육훈련기간 동안 전화사용을 하지 못하도록 정하고 있는 규율이 신병교육훈련생들의 통신의 자유 등 기본권을 필요한 정도를 넘어 과도하게 제한하는 것이라고 보기 어렵다(헌재 2010. 10. 28, 2007헌마890).

6. 양심의 자유

헌법 제19조는 "모든 국민은 양심의 자유를 가진다"고 규정하고 있다. 양심의 자유는 양심형성의 자유와 양심적 결정의 자유를 포함하는 내심적 자유와 양심적 결정을 외부로 표현하고 실현할 수 있는 양심실현의 자유를 포함한다. 양심형성의 자유와 양심적 결정의 자유는 제한할 수 없는 절대적 자유이고, 양심실현의 자유는 제한될 수 있는 상대적 자유이다.

관련 판례

'양심적 병역거부자'를 처벌하도록 규정하고 있는 「병역법」 규정은 입영거부자의 양심의 자유를 침해하는가? 2011년에 헌재는 "양심의 자유를 이유로 하는 병역거부를 인정할 수 없다."고 하여 합헌 결정을 하였으나, 2018년에는 헌법불합치 결정을 내렸다. 즉, 대체복무제를 도입하면서도 병역의무의 형평을 유지하는 것은 충분히 가능하다. 위와 같이 대체복무제의 도입이 우리나라의 국방력에 유의미한 영향을 미친다거나 병역제도의 실효성을 떨어뜨린다고 보기 어려운 이상, 우리나라의 특수한 안보상황을 이유로 대체복무제를 도입하지 않거나 그 도입을 미루는 것이 정당화된다고 할 수는 없다. (중략) 양심적 병역거부자에 대한 대체복무제를 규정하지 아니한 병역종류조항은 과잉금지원칙에 위배하여 양심적 병역거부자의 양심의 자유를 침해한다. (2018. 6. 28. 2011헌바379등) 이후「대체역의 편입 및 복무 등에 관한 법률」(약칭 대체역법)이 제정되어 2021년 4월 13일부터 시행되고 있다.

7. 종교의 자유

헌법 제20조는 "① 모든 국민은 종교의 자유를 가진다. ② 국교는 인정되지 아니하며, 종교와 정치는 분리된다"고 규정하고 있다. 종교의 자유는 신앙의 자유와 종교행위의 자유를 그 내용으로 한다. 신앙의 자유에는 종교를 선택하고 믿을 자유, 종교를 가지지 아니할 자유, 개종의 자유가 포함되고, 종교행위의 자유에는 종교결사의 자유, 종교집회의 자유, 선교의 자유, 종교교육의 자유가 포함된다. 종교자유와 함께 우리헌법에는 국교부인과 정교분리의 원칙이 규정되어 있는데, 국교부인은 특정종교를 국교로 지정할 수 없다는 원칙이고 정교분리는 국가가 종교에 개입할 수 없음과 종교가 정치에 개입할 수 없다는 원칙이다.

관련 판례

[판례 1] 미결수용자를 대상으로 한 개신교 종교행사를 4주에 1회, 일요일이 아닌 요일에 실시한 행위는 종교의 자유를 침해하는가? 해당 구치소에는 종교행사 공간이 1개뿐이고, 종교행사는 종교, 수형자와 미결수용자, 성별, 수용동 별로 진행되며, 미결수용자는 공범이나 동일사건 관련자가 있는 경우 이를 분리하여 참석하게 해야 하는 점을 고려하면 피청구인이 미결수용자 대상 종교행사를 4주에 1회 실시했더라도 종교의 자유를 과도하게 제한하였다고 보기 어렵다. 구치소의 인적·물적 여건상 하루에 여러 종교행사를 동시에 하기 어려우며, 개신교의 경우에만 그 교리에 따라 일요일에 종교행사를 허용할 경우 다른 종교와의 형평에 맞지 않고, 공휴일인 일요일에 종교행사를 할 행정적 여건도 마련되어 있지 않다는 점을 고려하면, 이 사건 종교행사 처우는 청구인의 종교의 자유를 침해하지 않는다(헌재 2015. 4. 30, 2013헌마190).

[판례 2] 미결수용자를 대상으로 한 종교행사를 실제 연간 1회 정도 참석하게 하는 것은 종교의 자유를 침해하는가? 피청구인은 출력수(작업에 종사하는 수형자)를 대상으로 원칙적으로 월 3~4회의 종교집회를 실시하는 반면, 미결수용자와 미지정 수형자에 대해서는 원칙적으로 매월 1회, 그것도 공간의 협소함과 관리 인력의 부족을 이유로 수용동별로 돌아가며 종교집회를 실시하여 실제 연간 1회 정도의 종교집회 참석 기회를 부여하고 있다. 이는 미결수용사 및 미지징 수형자의 구금기간을 고려하면 사실상 종교집회 참석 기회가 거의 보장되지 않는 결과를 초래할 수도 있다. 나아가 피청구인은 현재의 시설 여건하에서도 종교집회의 실시 횟수를 출력수와 출력수 외의 수용자의 종교의 자유를 보장하는 범위 내에서 적절히 배

분하는 방법, 공범이나 동일사건 관련자가 있는 경우에 한하여 이를 분리하여 종교집회 참석을 허용하는 방법, 미지정 수형자의 경우 추가사건의 공범이나 동일사건 관련자가 없는 때에는 출력수와 함께 종교집회를 실시하는 등의 방법으로 청구인의 기본권을 덜 침해하는 수단이 있음에도 불구하고 이를 전혀 고려하지 아니하였다. 따라서 이 사건 종교집회 참석 제한 처우는 부산구치소의 열악한 시설을 감안하더라도 과잉금지원칙을 위반하여 청구인의 종교의 자유를 침해한 것이다(헌재 2014. 6. 26, 2012헌마782).

8. 학문·예술의 자유

학문의 자유는 학문을 연구하고 학문적 결사·집회를 할 자유를 의미한다. 학문의 자유와 함께 대학의 자치가 헌법상 보장되고 있는데, 대학자치에는 교수자치회의 보장, 교과과정의 편성, 교육의 내용·방법의 자율, 학생선발의 자율 등이 포함된다. 예술의 자유에는 예술창작의 자유, 예술적 집회·결사의 자유, 예술표현의 자유 등이 포함된다.

관련 판례

학교경계선으로부터 200미터를 학교환경위생정화구역으로 설정하고, 누구든지 정화구역 안에서 극장시설 및 영업을 하여서는 아니 된다고 규정하는 「학교보건법」은 예술의 자유를 침해하는가? 이러한 학교보건법은 극장운영자의 표현의 자유 및 예술의 자유도 필요한 이상으로 과도하게 침해하고 있으며, 표현·예술의 자유의 보장과 공연장 및 영화상영관 등이 담당하는 문화국가형성의 기능의 중요성을 간과하고 있다. 따라서 이 사건 법률조항은 표현의 자유 및 예술의 자유를 침해하는 위헌적인 규정이다(헌재 2004. 5. 27, 2003헌가1). 이후 「학교보건법」과 「영화 및 비디오물의 진흥에 관한 법률」의 개정을 통하여 학교환경위생정화구역에는 제한상영관만이 금지된다.

9. 언론·출판의 자유

헌법 제21조 "① 모든 국민은 언론·출판의 자유와 집회·결사의 자유를 가진다. ② 언론·출판에 대한 허가나 검열과 집회·결사에 대한 허가는 인정되지 아니한다"고 규정하고 있다. 언론·출판이란 언론·출판을 자유로이 할 수 있는 권리이다. 언론의 자유는 말·글·화상을 통한 의사표현과 전달매체를 통한 의견과 사상의 표현의 지유를 의미한다. 출판의 자유란 책을 발행하고 배포하는 자유를 말한다.

관련 판례

본인확인절차를 거쳐야만 인터넷게시판을 이용할 수 있도록 하는 본인확인제(인터넷실명제)를 규정한 「정보통신망 이용촉진 및 정보보호 등에 관한 법률」은 인터넷게시판 이용자의 표현의 자유, 개인정보자기결정권 및 인터넷게시판을 운영하는 정보통신서비스 제공자의 언론의 자유를 침해하는가? 인터넷실명제는 인터넷 주소 등의 추적 및 확인, 당해 정보의 삭제·임시조치, 손해배상, 형사처벌 등 인터넷 이용자의 표현의 자유나 개인정보자기결정권을 제약하지 않는 다른 수단에 의해서도 충분히 달성할 수 있음에도, 인터넷의 특성을 고려하지 아니한 채 본인확인제의 적용범위를 광범위하게 정하여 법집행자에게 자의적인 집행의 여지를 부여하고, 목적달성에 필요한 범위를 넘는 과도한 기본권 제한을 하고 있다(헌재 2012. 8. 23, 2010헌마47). 이후 선거운동 기간에 인터넷게시판에 글을 올리는 사람의 실명확인을 의무화하고 있던 「공직선거법」 상의 인터넷실명제 규정도 위헌(헌재 2021. 1. 28. 2018헌마456)으로 결정되었다. 다만, 국가·지방자치단체·공기업 등이 운영하는 인터넷게시판의 실명제는 여전히 유효(「정보통신망법」 제44조의5(게시판이용자의 본인확인) 제1호)하다는 점은 특별히 유의할 필요가 있다.

10. 집회·결사의 자유

헌법 제21조는 "① 모든 국민은 언론·출판의 자유와 집회·결사의 자유를 가진다. ② 언론·출판에 대한 허가나 검열과 집회·결사에 대한 허가는 인정되지 아니한다"고 규정하고 있다. 집회의 자유는 방해받지 않고 집회를 개최할 수 있는 자유이고, 결사의 자유는 단체를 구성하고 활동하는 데 방해를 받지 않을 자유이다.

관련 판례

야간에 옥외집회를 금지하는 「집회 및 시위에 관한 법률」 규정은 위헌인가? 헌법 제21조 제2항은, 집회에 대한 허가제는 집회에 대한 검열제와 마찬가지이므로 이를 절대적으로 금지하겠다는 국민들의 헌법가치적 합의이며 헌법적 결단이다. 헌법 제21조 제2항에서 금지하고 있는 '허가'는 행정권이 주체가 되어 집회 이전에 예방적 조치로서 집회의 내용·시간·장소 등을 사전심사하여 일반적인 집회금지를 특정한 경우에 해제함으로써 집회를 할 수 있게 하는 제도, 즉 허가를 받지 아니한 집회를 금지하는 제도를 의미한다. 집시법 제10조 본문은 야간옥외집회를 일반적으로 금지하고, 그 단서는 행정권인 관할경찰서장이 집회의 성격 등을 포함하여 야간옥외집회의 허용 여부를 사전에 심사하여 결정한다는 것이므로, 결국 야간옥외집회에 관한 일반적 금지를 규정한 집시법 제10조 본문과 관할 경찰서장에 의한 예외적 허용을 규정한 단서는 그 전체로서 야간옥외집회에 대한 허가를 규정한 것이라고 보지 않을 수 없고, 이는 헌법 제21조 제2항에 정면으로 위반된다. 따라서 집시법 제10조 중 "옥외집회" 부분은 헌법 제21조 제2항에 의하여 금지되는 허가제를 규정한 것으로서 헌법에 위반된다(헌재 2009. 9. 24, 2008헌가25).

11. 재산권

헌법 제23조는 "① 모든 국민의 재산권은 보장된다. 그 내용과 한계는 법률로 정한다. ② 재산권의 행사는 공공복리에 적합하도록 하여야 한다. ③ 공공필요에 의한 재산권의 수용·사용 또는 제한 및 그에 대한 보상은 법률로써 하되, 정당한 보상을 지급하여야 한다"고 규정하고 있다. 재산권은 재산의 사용·수익·처분에 간섭을 받지 않을 권리인데, 재산권이란 사적 유용성 및 그에 대한 처분권을 포함하는 모든 재산가치 있는 권리를 말한다. 헌법상의 재산권에는 경제적 가치가 있는 모든 공법상·사법상의 권리를 뜻한다. 따라서 민법상의 물권, 급료청구권, 임차권, 주식권 등의 사법상의 권리와 광업권, 어업권, 공무원의 급료청구권·연금청구권 등의 공법상의 권리도 헌법상의 재산권에 포함된다.

관련 판례

공연관람자들에게 문예진흥기금을 징수하도록 규정하고 있는 「문화예술진흥법」은 재산권을 침해하는가? 문예진흥기금의 모금대상인 시설을 이용하는 자를 공연 등을 관람한다는 이유만으로, 역사적·사회적으로 나아가 법적으로, 다른 사람들과 구분할 만한 동질성 있는 특별한 집단으로 인정하는 것은 대단히 무리이다. 또한 공연 등을 관람하는 일부의 국민들만이 문화예술의 진흥에 집단적으로 특별한 책임을 부담하여야 할 아무런 합리적인 이유도 없다. 따라서, 문예진흥기금의 납입금 자체가 특별부담금의 헌법적 허용한계를 벗어나서 국민의 재산권을 침해하므로 위헌이다(헌재 2003. 12. 18, 2002헌가2).

12. 직업의 자유

우리 헌법 제15조는 "모든 국민은 직업선택의 자유를 가진다"고 규정하여 직업의 자유를 보장하고 있다. 직업의 자유란 직업을 선택하고 수행함에 있어서 간섭을 받지 않을 자유를 말한다.

관련 판례

학원강사로 하여금 '대학 졸업 이상의 학력 소지자일 것'을 정하고 있는 「학원의 설립·운영 및 과외교습에 관한 법률」은 대학재학생 등의 직업의 자유를 침해하는가? 직업의 자유에 의한 보호의 대상이 되는 '직업'은 '생활의 기본적 수요를 충족시키기 위한 계속적 소득활동'을 의미하며 그러한 내용의 활동인 한 그 종류나 성질을 묻지 아니한다. '계속성'과 관련하여서는 주관적으로 활동의 주체가 어느 정도 계속적으로 해당 소득활동을 영위할 의사가 있고, 객관적으로도 그러한 활동이 계속성을 띨 수 있으면 족하다고 해석되므로 휴가기간 중에 하는 일, 수습직으로서의 활동 따위도 이에 포함된다고 볼 것이고, 또 '생활수단성'과 관련하여서는 단순한 여가활동이나 취미활동은 직업의 개념에 포함되지 않으나 겸업이나 부업은 삶의 수요를 충족하기에 적합하므로 직업에 해당한다. 대학 재학생이 방학이나 휴학 중에 학원강사로서 일하는 행위는 어느 정도 계속성을 띤 소득활동으로서 직업의 자유의 보호영역에 속한다. 그러나 학원강사로 하여금 '대학 졸업 이상의 학력 소지자일 것'을 정하고 있는 「학원의 설립·운영 및 과외교습에 관한 법률」이 직업의 자유를 침해하지는 않는다(헌재 2003. 9. 25, 2002헌마519).

Ⅲ. 사회적 기본권

1. 인간다운 생활을 할 권리

헌법 제34조 제1항은 "모든 국민은 인간다운 생활을 할 권리를 가진다"고 규정하고 있다. 인간다운 생활을 할 권리는 인간으로서의 가치와 인격을 유지하고 인간의 존엄성이 보장되는 수준의 육체적 건강과 정신적 생활을 영위할 수 있도록 물질적·정신적 급부를 국가에 대하여 요구할 수 있는 권리이다. 인간다운 생활을 할 권리는 사회적 기본권에 관한 헌법규범들의 이념적 목표를 제시하는 규정이다.

관련판례

보건복지부장관이 최저생계비를 고시함에 있어 장애로 인한 추가지출비용을 반영한 별도의 최저생계비를 결정하지 않은 채 가구별 인원수만을 기준으로 최저생계비를 결정한 2002년도 최저생계비고시가 생활능력 없는 장애인가구 구성원의 인간다운 생활을 할 권리를 침해하였는가? 인간다운 생활이란 그 자체가 추상적이고 상대적인 개념으로서 그 나라의 문화의 발달, 역사적·사회적·경제적 여건에 따라 어느 정도는 달라질 수 있는 것이다. 국가가 인간다운 생활을 보장하기 위한 생계급여의 수준을 구체적으로 결정함에 있어서는 국민 전체의 소득수준과 생활수준, 국가의 재정규모와 정책, 국민 각 계층의 상충하는 갖가지 이해관계 등 복잡 다양한 요소를 함께 고려해야 하므로, 생활이 어려운 장애인의 최저생활보장의 구체적 수준을 결정하는 것은 입법부 또는 입법에 의하여 다시 위임을 받은 행정부 등 해당기관의 광범위한 재량에 맡겨져 있다. 가구별 인원수만을 기준으로 최저생계비를 결정하였다고 하여, 장애인 가구 구성원의 인간다운 생활을 할 권리가 침해되었다고 할 수 없다(헌재 2004. 10. 28, 2002헌마328).

2. 교육에 관한 권리

헌법 제31조 제1항은 "모든 국민은 능력에 따라 균등하게 교육을 받을 권리를 가진다"고 하여 교육을 받을 권리를 규정하고 있다. 제2항에서는 교육을 받게 할 의무, 무상의무교육, 교육의 자주성·전문성·정치적 중립성과 대학의 자율성, 국가의 평생교육진흥의무, 교육제도의 법정주의 등을 규정하고 있다.

관련판례

고등학교에서 퇴학된 날로부터 6월이 지나지 아니한 자를 고등학교 졸업학력 검정고시를 받을 수 있는 자의 범위에서 제외하고 있는 「고등학교 졸업학력 검정고시 규칙」은 교육을 받을 권리를 침해하는가?
헌법 제31조 제1항의 교육을 받을 권리는, 국민이 능력에 따라 균등하게 교육받을 것을 공권력에 의하여 부당하게 침해받지 않을 권리와, 국민이 능력에 따라 균등하게 교육받을 수 있도록 국가가 적극적으로 배려하여 줄 것을 요구할 수 있는 권리로 구성된다. 전자는 자유권적 기본권의 성격이, 후자는 사회권적 기본권의 성격이 강하다고 할 수 있다. 검정고시응시자격을 제한하는 것은, 국민의 교육받을 권리 중 그 의사와 능력에 따라 균등하게 교육받을 것을 국가로부터 방해받지 않을 권리, 즉 자유권적 기본권을 제한하는 것이므로, 그 제한에 대하여는 헌법 제37조 제2항의 비례원칙에 의한 심사, 즉 과잉금지원칙에 따른 심사를 받아야 한다. 이 조항의 입법목적은 고등학교 퇴학자의 응시 증가를 줄이고 정규 학교교육과정의 이수를 유도하기 위함이므로 그 입법목적이 정당하고, 고등학교를 퇴학한 후 일정한 기간 동안 응시를 제한한다면 내신관리를 위해 고등학교를 퇴학할 것인지를 고민하는 자에 대하여는 고등학교 자퇴 여부를 숙고하게 할 것이므로 방법의 적절성이 인정된다(헌재 2008. 4. 24, 2007헌마1456).

3. 근로의 권리

헌법 제32조 제1항은 "모든 국민은 근로의 권리를 가진다. 국가는 사회적·경제적 방법으로 근로자의 고용의 증진과 적정임금의 보장에 노력하여야 하며 …"라고 규정하여 근로의 권리를 보장하고 있다. 근로의 권리란 근로의 기회를 제공받고 보장받을 권리를 말한다. 근로의 권리의 보장은 생활의 기본적인 수요를 충족시킬 수 있는 생활수단을 확보해 주며, 나아가 인격의 자유로운 발현과 인간의 존엄성을 보장해 주는 의의를 지닌다. 근로의 권리에는 고용증진을 통한 근로기회의 보장, 고용의 안정, 최저임금제의 시행과 적정임금의 보장, 근로조건기준의 법정주의, 여자·연소자의 근로에 대한 특별보호, 국가유공자 등에 대한 우선적 근로기회부여 등이 포함된다.

관련판례

한국식품위생연구원과 한국보건의료관리연구원이 한국보건산업진흥원으로 통폐합되면서 일부 직원들의

고용이 승계되지 아니하였다. 고용이 승계되지 아니한 직원들은 의사에 반하여 해고됨으로 근로의 기회를 박탈받았는가? 근로의 권리는 사회적 기본권으로서, 국가에 대하여 직접 일자리(직장)를 청구하거나 일자리에 갈음하는 생계비의 지급청구권을 의미하는 것이 아니라, 고용증진을 위한 사회적·경제적 정책을 요구할 수 있는 권리에 그친다. 마찬가지로 근로의 권리로부터 국가에 대한 직접적인 직장존속청구권을 도출할 수도 없다. 단지 사용자의 처분에 따른 직장 상실에 대하여 최소한의 보호를 제공하여야 할 의무를 국가에 지우는 것이다(헌재 2002. 11. 28, 2001헌바50).

4. 근로3권

헌법 제33조 제1항은 "근로자는 근로조건의 향상을 위하여 자주적인 단결권·단체교섭권 및 단체행동권을 가진다"고 규정하고 있다. 단결권, 단체교섭권, 단체행동권을 포함하는 근로3권은 근로자의 개선과 복지증진 등 근로자의 경제적·사회적 지위를 향상시키기 위하여 사용자와 대등한 지위에서 단결하고 교섭하며 단체로 행동할 수 있게 하는 권리이다.

관련 판례

공항·항만 등 국가중요시설의 경비업무를 담당하는 특수경비원에게 경비업무의 정상적인 운영을 저해하는 일체의 쟁의행위를 금지하는 「경비업법」 조항이 특수경비원의 단체행동권을 박탈하여 헌법 제33조 제1항에 위배되는가? 특수경비원 업무의 강한 공공성과 특히 특수경비원은 소총과 권총 등 무기를 휴대한 상태로 근무할 수 있는 특수성 등을 감안할 때, 특수경비원의 신분이 공무원이 아닌 일반근로자라는 점에만 치중하여 특수경비원에게 근로3권, 즉 단결권, 단체교섭권, 단체행동권 모두를 인정하여야 한다고 보기 어렵다. 특수경비원에 대하여 단결권, 단체교섭권에 대한 제한은 전혀 두지 아니하면서 단체행동권 중 '경비업무의 정상적인 운영을 저해하는 일체의 쟁위행위'만을 금지하는 것은 입법목적 달성에 필요불가결한 최소한의 수단이다. 특수경비원의 단체행동권 제한은 헌법에 위반되지 아니한다(헌재 2009. 10. 29, 2007헌마1359).

5. 환경권

헌법 제35조 제1항은 "모든 국민은 건강하고 쾌적한 환경에서 생활할 권리를 가지며, 국가와 국민은 환경보전을 위하여 노력하여야 한다"고 규정하고 있다. 환경권은 건강하고 쾌적한 환경에서 생활할 권리이다. 환경권의 보호대상이 되는 환경에는 자연환경뿐만 아니라 인공적 환경과 같은 생활환경도 포함된다.

관련 판례

조망권의 침해는 헌법상 보장되는 환경권의 침해인가? 어느 토지나 건물의 소유자가 종전부터 향유하고 있던 경관이나 조망이 그에게 하나의 생활이익으로서의 가치를 가지고 있다고 객관적으로 인정된다면 법적인 보호의 대상이 될 수 있는 것인바, 이와 같은 조망이익은 원칙적으로 특정의 장소가 그 장소로부터 외부를 조망함에 있어 특별한 가치를 가지고 있고, 그와 같은 조망이익의 향유를 하나의 중요한 목적으로 하여 그 장소에 건물이 건축된 경우와 같이 당해 건물의 소유자나 점유자가 그 건물로부터 향유하는 조망이익이 사회통념상 독자의 이익으로 승인되어야 할 정도로 중요성을 갖는다고 인정되는 경우에 비로소 법적인 보호의 대상이 되는 것이라고 할 것이고, 그와 같은 정도에 이르지 못하는 조망이익의 경우에는 특별한 사정이 없는 한 법적인 보호의 대상이 될 수 없다(대판 2004. 9. 13, 2003다64602).

6. 혼인과 가족생활·모성보호·국민보건

헌법 제36조는 "① 혼인과 가족생활은 개인의 존엄과 양성의 평등을 기초로 성립되고 유지되어야 하며, 국가는 이를 보장한다. ② 국가는 모성의 보호를 위하여 노력하여야 한다. ③ 모든 국민은 보건에 관하여 국가의 보호를 받는다"고 규정하고 있다. 이들 기본권은 국가에 대하여 혼인과 가족생활의 적극적 보호를 요구할 권리이다.

관련 판례

남성 단기복무장교를 육아휴직 허용 대상에서 제외하고 있는 군인사법 조항이 남성 단기복무장교의 양육권을 침해하는가? 양육권은 공권력으로부터 자녀의 양육을 방해받지 않을 권리라는 점에서는 자유권적 기본권으로서의 성격을, 자녀의 양육에 관하여 국가의 지원을 요구할 수 있는 권리라는 점에서는 사회권적 기본권으로서의 성격을 아울러 가진다. 그러나 육아휴직신청권은 헌법 제36조 제1항 등으로부터 개인에게 직접 주어지는 헌법적 차원의 권리라고 볼 수는 없고, 입법자가 입법의 목적, 수혜자의 상황, 국가예산, 전체적인 사회보장수준, 국민정서 등 여러 요소를 고려하여 제정하는 입법에 적용요건, 적용대상, 기간 등 구체적인 사항이 규정될 때 비로소 형성되는 법률상의 권리이다. 직업군인과 의무복무군인을 구분하여 청구인과 같은 남성 단기복무장교에게 육아휴직을 허용하지 아니하는 것이 헌법상 용인될 수 있는 재량의 범위를 명백히 일탈하여 청구인의 양육권을 침해한다고 볼 수 없다(헌재 2008. 10. 30, 2005헌마1156).

Ⅳ. 청구권적 기본권

1. 청원권

헌법 제26조는 "① 모든 국민은 법률이 정하는 바에 의하여 국가기관에 문서로 청원할 권리를 가진다. ② 국가는 청원에 대하여 심사할 의무를 진다"고 규정하고 있다. 청원권은 국가기관 등에 의견이나 희망을 진술할 권리이며, 국가는 제출된 청원을 심사하고 청원자에게 그 심사결과를 통지하여야 한다.

관련 판례

국회에 청원을 할 때 의원의 소개를 얻어 청원서를 제출하도록 규정하고 있는 국회법 조항이 청원권을 침해하는가? 청원권의 구체적 내용은 입법활동에 의하여 형성되며, 입법형성에는 폭넓은 재량권이 있으므로 입법자는 청원의 내용과 절차는 물론 청원의 심사·처리를 공정하고 효율적으로 행할 수 있게 하는 합리적인 수단을 선택할 수 있는바, 의회에 대한 청원에 국회의원의 소개를 얻도록 한 것은 청원 심사의 효율성을 확보하기 위한 적절한 수단이다. 또한 청원은 일반의안과 같이 처리되므로 청원서 제출단계부터 의원의 관여가 필요하고, 의원의 소개가 없는 민원의 경우에는 진정으로 접수하여 처리하고 있으며, 청원의 소개의원은 1인으로 족한 점 등을 감안할 때 이 사건 법률조항이 국회에 청원을 하려는 자의 청원권을 침해한다고 볼 수 없다(헌재 2006. 6. 29, 2005헌마604).

2. 재판청구권

헌법 제27조 제1항은 "모든 국민은 헌법과 법률이 정한 법관에 의하여 법률에 의한 재판을 받을 권리를 가진다"고 규정하고 있다. 헌법 제27조는 이 외에도 신속한 재판을 받을 권리, 공개재판을 받을 권리, 무죄추정의 권리, 형사피해자의 재판절차 진술권 등을 규정하고 있다. 재판청구권은 독립이 보장된 법원에서 헌법과 법률이 정한 법관에 의하여 법률에 따라 공정하고 신속한 재판을 받을 권리이다.

관련 판례

[판례 1] 「국민의 형사재판 참여에 관한 법률」이 정하는 국민의 참여재판(배심재판)을 받을 권리가 헌법상 재판청구권으로서 보장되는가? 우리 헌법상 헌법과 법률이 정한 법관에 의한 재판을 받을 권리는 직업법관에 의한 재판을 주된 내용으로 하는 것이므로 국민참여재판을 받을 권리가 헌법 제27조 제1항에서 규정한 재판을 받을 권리의 보호범위에 속한다고 볼 수 없다. 기존의 형사재판과 다른 배심재판을 위한

물적, 인적 여건이 처음부터 구비되기 어렵다는 점을 감안하여 대상사건의 범위를 제한한 것의 목적의 정당성이 인정된다. 또한 국민의 관심사가 집중되고 피고인의 선호도가 높은 중죄 사건으로 그 대상사건을 한정한 것은 위와 같은 목적을 위한 합리적인 방법이다(헌재 2009. 11. 26, 2008헌바12).

[판례 2] 수형자의 민사소송을 대리하는 변호사와의 접견시간을 일반접견과 동일하게 회당30분 · 월4회로 제한하는 「형의 집행 및 수용자의 처우에 관한 법률 시행령」 규정은 재판청구권을 침해하는가? 수형자의 접견 시간 및 횟수를 제한하는 것은 교정시설 내의 수용질서 및 규율을 유지하고 수형자의 신체적 구속을 확보하기 위한 것이지만, 소송을 대리하는 변호사와의 접견을 과도하게 제한하는 것은 수형자의 기본권을 침해하는 것이다. 변호사와의 접견은 수형자로 하여금 변호사의 조력을 받을 수 있게 함으로써 재판청구권을 보장하는 것을 목적으로 하는 반면, 가족, 친구 등과의 일반접견은 수형자의 교화 및 갱생 등을 목적으로 한다. 변호사와의 접견 시간을 일반 접견과 동일하게 제한하면서, 접견 횟수 또한 일반 접견의 횟수에 포함시키는 것은 변호사의 조력을 받아야 할 수형자의 재판청구권을 침해한다(헌재 2015. 11. 26, 2012헌마858).

3. 국가배상청구권

헌법 제29조 제1항은 "공무원의 직무상 불법행위로 인한 손해를 받은 국민은 법률이 정하는 바에 의하여 국가 또는 공공단체에 정당한 배상을 청구할 수 있다(후략)"고 규정하고 있다. 국가배상청구권은 위법한 국가작용으로 인한 손해에 대하여 사후적으로 손해의 배상을 받을 권리이다.

관련 판례

헌병대 영창에서 탈주한 군인들이 민가에 침입하여 저지른 범죄행위에 대하여 국가가 손해배상책임을 지는가? 「군행형법」과 「군행형법 시행령」이 군교도소에 대한 경계 감호를 위하여 관련 공무원에게 각종 직무상의 의무를 부과하고 있는 것은, 일차적으로는 수용자들을 격리보호하고 교화함으로써 공공 일반의 이익을 도모하고 교도소 등의 내부 질서를 유지하기 위한 것이라 할 것이지만, 부수적으로는 그 수용자들이 탈주한 경우에 도주과정에서 일어날 수 있는 2차적 범죄행위로부터 일반 국민의 인명과 재화를 보호하고자 하는 목적도 있다. 국가공무원들이 이와 같은 직무상 의무를 위반한 결과 수용자들이 탈주함으로써 일반 국민에게 손해를 입히는 사건이 발생하였다면, 국가는 그로 인하여 피해자들이 입은 손해를 배상할 책임이 있다(대판 2003. 2. 14, 2002다62678).

4. 형사보상청구권

헌법 제28조는 "형사피의자 또는 형사피고인으로서 구금되었던 자가 법률이 정하는 불기소처분을 받거나 무죄판결을 받은 때에는 법률이 정하는 바에 의하여 국가에 정당한 보상을 청구할 수 있다"고 규정하고 있다. 형사보상청구권은 형사피의자 또는 형사피고인으로서 구금되었던 자가 법률이 정하는 불기소처분을 받거나 무죄판결을 받은 때에 국가에 보상을 청구할 권리이다.

관련 판례

형사보상청구에 대한 보상결정에 대하여는 불복을 할 수 없도록 하여 형사보상을 단심재판으로 규정한 「형사보상법」 조항은 형사보상청구권 및 재판청구권을 침해하는가? 보상액의 산정에 기초되는 사실인정이나 보상액에 관한 판단에서 오류나 불합리성이 발견되는 경우에도 그 시정을 구하는 불복신청을 할 수 없도록 하는 것은 형사보상청구권 및 그 실현을 위한 기본권으로서의 재판청구권의 본질적 내용을 침해하는 것이라 할 것이고, 나아가 법적 안정성만을 지나치게 강조함으로써 재판의 적정성과 정의를 추구하는 사법제도의 본질에 부합하지 아니하는 것이다. 또한, 불복을 허용하더라도 즉시항고는 절차가 신속히 진행될 수 있고 사건수도 과다하지 아니한데다 그 재판내용도 비교적 단순하므로 불복을 허용한다고 하여 상급심에 과도한 부담을 줄 가능성은 별로 없다고 할 것이어서, 이 사건 불복금지조항은 형사보상청구권 및 재판청구권을 침해한다(헌재 2010. 10. 28, 2008헌마514).

5. 범죄피해자구조청구권

헌법 제30조는 "타인의 범죄행위로 인하여 생명·신체에 대한 피해를 받은 국민은 법률이 정하는 바에 의하여 국가로부터 구조를 받을 수 있다"고 규정하고 있다. 범죄피해자구조청구권은 타인의 범죄행위로 인하여 생명·신체에 대한 피해를 받은 국민이 범죄피해의 전부나 일부를 배상받지 못한 경우에 국가로부터 구조를 받을 수 있는 권리이다.

V. 정치적 기본권

1. 선거권

헌법 제24조는 "모든 국민은 법률이 정하는 바에 의하여 선거권을 가진다"고 규정하고 있다. 선거권이란 공직자를 선출하기 위한 행위에 참여할 수 있는 권리이다. 민주주의 국가에서 국민주권과 대의제 민주주의의 실현수단으로서 선거권이 갖는 중요성으로 인해 입법자는 선거권을 최대한 보장하는 방향으로 입법을 하여야 한다.

관련
판례

재외국민의 선거권 행사를 전면적으로 부정하고 있는 「공직선거법」 규정은 재외국민의 선거권을 침해하는가? 선거권의 제한은 불가피하게 요청되는 개별적·구체적 사유가 존재함이 명백할 경우에만 정당화될 수 있고, 막연하고 추상적인 위험이나 국가의 노력에 의해 극복될 수 있는 기술상의 어려움이나 장애 등을 사유로 그 제한이 정당화될 수 없다. 북한주민이나 조총련계 재일동포가 선거에 영향을 미칠 가능성, 선거의 공정성, 선거기술적 이유 등은 재외국민등록제도나 재외국민 거소신고제도, 해외에서의 선거운동방법에 대한 제한이나 투표자 신분확인제도, 정보기술의 활용 등을 통해 극복할 수 있으며, 나아가 납세나 국방의무와 선거권 간의 필연적 견련관계도 인정되지 않는다는 점 등에 비추어 볼 때, 단지 주민등록이 되어 있는지 여부에 따라 선거인명부에 오를 자격을 결정하여 그에 따라 선거권 행사 여부가 결정되도록 함으로써 엄연히 대한민국의 국민임에도 불구하고 주민등록법상 주민등록을 할 수 없는 재외국민의 선거권 행사를 전면적으로 부정하고 있는 법 제37조 제1항은 어떠한 정당한 목적도 찾기 어려우므로 헌법 제37조 제2항에 위반하여 재외국민의 선거권과 평등권을 침해하고 보통선거원칙에도 위반된다(헌재 2007. 6. 28, 2004헌마644). 이후 공직선거법의 개정을 통하여, 재외국민도 대통령선거나 국회의원선거에 투표를 할 수 있게 되었다.

2. 공무담임권

헌법 제25조는 "모든 국민은 법률이 정하는 바에 의하여 공무담임권을 가진다"고 규정하고 있다. 공무담임권이란 국가나 공공단체의 공무를 맡을 권리이다. 이는 선거에 입후보하여 당선될 수 있는 피선거권과 공직에 임명될 수 있는 공직취임권을 포괄하는 개념이다. 헌법 제25조가 보장하는 비선거직 공무원에 대한 공직취임권은 모든 국민에게 누구나 그 능력과 적성에 따라 공직에 취임할 수 있는 균등한 기회를 보장한다. 따라서 공직자 선발에 있어서 해당 공직이 요구하는 직무수행능력과 무관한 요소인 성별·종교·사회적 신분·출신지역 등을 이유로 하는 차별은 허용되지 않는다. 이러한 능력주의 원칙에는 예외가 있다. 즉, 국가유공자·상이군경, 전몰군경의 유가족에 대한 우선적 근로기회보장, 여자·노인·청소년·장애자 등에 대한 사회보장의무로 인하여 능력주의가 제한될 수 있다.

관련
판례

국가유공자와 그 유족 등 취업보호대상자가 국가기관이 실시하는 채용시험에 응시하는 경우에 10%의 가점을 주도록 한 「국가유공자등예우및지원에관한법률」의 가산점제도는 일반 국민의 공무담임권을 침해

하는가? 헌법 제25조가 보장하고 있는 비선거직공직에 대한 공직취임권은 모든 국민에게 누구나 그 능력과 적성에 따라 공직에 취임할 수 있는 균등한 기회를 보장한다는 뜻이다. 헌법의 기본원리나 특정조항에 비추어 능력주의 원칙에 대한 예외를 인정할 수 있는 경우가 있고, 이러한 헌법적 요청이 있는 경우에는 합리적 범위 안에서 능력주의가 제한될 수 있다. 가산점제도에 의한 공직취임권의 제한은 헌법 제32조 제6항에 헌법적 근거를 두고 있는 능력주의의 예외로서, 과잉금지의 원칙에 위반된 것으로도 볼 수 없다. 가산점제도는 청구인의 공무담임권을 침해하지 아니한다(헌재 2001. 2. 22, 2000헌마25). 헌법재판소가 위헌으로 선언한 제대군인가산점제도는 헌법이 특별히 금지하고 있는 여성차별적인 성격을 띠고 있는 데 반하여, 국가유공자 가산점제도는 국가유공자 등에게 우선적으로 근로의 기회를 제공할 것을 규정하고 있는 헌법 제32조 제6항에 근거를 두고 있는 제도이다.

3. 국민표결권

국민표결권은 특정한 국정사안에 대하여 국민이 직접 그 정책결정에 참가함으로써 주권을 직접 행사할 수 있는 권리이다. 간접민주제적 요소인 대의제를 택하고 있는 현행 헌법질서에서 국민표결권은 직접민주제적인 특징을 지닌 기본권이다. 우리 헌법에는 2가지 경우에만 국민투표를 규정하고 있다. 헌법 제72조는 "대통령은 필요하다고 인정할 때에는 외교·국방·통일 기타 국가안위에 관한 중요정책을 국민투표에 붙일 수 있다"고 규정하고 있으며, 헌법 제130조 제2항은 "헌법개정안은 국회가 의결한 후 30일 이내에 국민투표에 부쳐 국회의원선거권자 과반수의 투표와 투표자 과반수의 찬성을 얻어야 한다"고 규정하고 있다.

Ⅵ. 기본의무

헌법이 규정하고 있는 국민의 기본의무는 납세의무, 국방의무, 교육의무, 근로의무, 환경보존의무이다. 이는 국민으로서 부담하는 여러 의무 중에서 특히 헌법에 근거를 두고 있는 기본의무이다.

제4절 정치제도론

I. 일반론

1. 권력분립

권력분립원칙은 입법권·행정권·사법권의 분리와 상호 견제와 균형을 통하여 권력의 남용가능성을 방지하여 국민의 자유와 기본적 권리를 보장하기 위한 헌법원칙이다. 입법권은 국회에, 행정권은 대통령을 수반으로 하는 행정부에, 사법권은 법원에 속한다. 고전적인 권력분립은 삼권의 엄격한 분리와 독립을 특징으로 하지만, 현대적 권력분립은 권력의 융합현상을 보이면서 상호 견제와 균형을 특징으로 한다.

2. 대의제

현대민주주의 국가의 주권의 행사방식에는 직접민주제와 간접민주제가 있다. 간접민주제적 요소인 대의제도는 국민이 직접 주권을 행사하지 않고 대표자를 선출하여 이들로 하여금 주권을 행사하게 하는 국가운영의 방식을 의미한다. 대의제도의 핵심기관인 의회는 국민을 대표하여 법률을 만들고, 행정권 및 사법권은 헌법과 법률에 근거하여 권한을 행사한다. 현대 민주주의 국가에서는 간접민주제인 대의제를 원칙으로 하면서, 직접민주제적 요소(국민투표, 국민소환, 국민발안)를 예외적으로 도입하고 있다.

3. 정부형태

현대국가들이 채택하고 있는 가장 기본적인 정부형태는 대통령제와 의원내각제이고 이를 혼합한 정부형태인 혼합정부제(이원정부제)로 구분된다. 대통령제는 행정부와 의회의 분리와 견제가 특징이고, 의원내각제는 내각(행정부)과 의회의 융합과 협조가 특징이다. 혼합정부제는 대통령제와 의원내각제를 혼합한 형태로서, 일반적으로 대통령은 외치를 담당하고 수상은 내치를 담당한다.

Ⅱ. 국 회

1. 국회의 구성과 운영

국민이 선거를 통하여 직접 선출한 국회의원들로 구성되는 헌법기관으로서 입법권을 행사하고 정부를 통제한다. 의회는 상하양원제 또는 단원제로 구성할 수 있는데, 우리나라는 단원제를 채택하고 있다. 국회의원의 정원은 300명이고 임기는 4년이다. 국회에는 상임위원회와 특별위원회, 소위원회가 있다. 국회의 본회의는 항상 개회하는 것이 아니라 매년 9월에 소집되는 정기회와 대통령이나 재적의원 1/4 이상의 요구로 소집되는 임시회가 있다. 정기회는 100일을 초과할 수 없고, 임시회는 30일을 초과할 수 없다. 국회는 다수결의 원칙과 의사공개의 원칙에 의하여 운영되고 있다.

2. 국회의 권한

(1) 입법에 관한 권한

헌법 제40조는 "입법권은 국회에 속한다"고 규정하고 있으며 입법권은 국회의 가장 본질적인 권한이다. 여기서 입법권이란 법률을 의미하는 것으로, 법률의 입법권은 국민의 대표기관인 국회에 속한다는 의미이다. 법률안 제출권은 국회와 정부에 있고 법률을 공포하는 권한은 원칙적으로 대통령에게 있지만, 법률안을 심의·의결하는 권한은 오직 국회에만 있다. 시행령·시행규칙 등의 행정입법은 대통령과 행정각부에 입법권이 있고, 조례·규칙 등의 자치입법은 지방자치의회와 지방자치단체장에게 입법권이 있다. 그러나 국민의 권리·의무에 관한 사항을 규정하거나 중요사항은 법률에 규정하여야 한다.

(2) 재정에 관한 권한

헌법 제59조는 "조세의 종목과 세율은 법률로 정한다"고 규정하고 있다. 이를 '조세법률주의'라 하는데, 국가는 법률의 근거 없이 조세를 징수할 수 없다는 원칙이다. 국민의 대표기관인 국회가 만든 법률에 의해서만 조세징수의 정당성이 부여된다는 의미이다. 헌법 제54조 제1항은 "국회는 국가의 예산안을 심의·확정한다"고 규정하고 있는데, 예산안의 편성은 정부가 하지만 이를 확정하는 것은 국회의 권한임을 명시하고 있다. 이외에도 예비비나 국채모집 등에 국회의 의결을 요하는 이유도 국민의 대표기관인 국회가 국가재정에 관한 결정권을 지닌다는 의미를 지니고 있다.

(3) 국정통제에 관한 권한

국회는 국민의 대표기관으로서 전반적인 국정을 통제할 수 있는 권한이 부여되어 있다. 즉, 탄핵소추권, 국정감사·조사권, 국무총리·국무위원 해임건의권, 국무총리·국무위원 등의 국회출석요구 및 질문권, 대통령의 긴급명령과 긴급재정경제명령 등에 대한 승인권, 대통령의 계엄선포에 대한 해제요구권 등을 통하여 국정전반에 대한 통제를 할 수 있다. 이 중에서도 특히 매년 정기회 기간인 9월에 실시되는 국정감사는 국회의 상임위원회별로 국정 전반에 걸친 감사를 시행하는데, 행정부를 포함한 권력작용의 활동을 감시하고 견제하는 제도이다. 국정조사는 특정사안에 대한 조사를 목적으로 재적의원 1/4 이상의 요구가 있는 경우에 본회의의 의결을 얻어 시행하는 것이므로, 연례적으로 개최되는 국정감사와 다르다.

(4) 인사에 관한 권한

대통령이 국무총리, 대법원장, 대법관, 헌법재판소 소장, 감사원장을 임명하려면 국회의 동의를 얻어야 한다. 이러한 국회의 권한은 대통령의 고위직 공무원 임명권에 대한 견제작용을 하며, 국민이 선출하지 않은 고위직 공무원에 대하여 간접적으로 민주적 정당성을 부여하는 효과가 있다. 헌법재판소의 재판관 3인과 중앙선거관리위원회 위원 3인은 국회에서 직접 선출한다. 인사청문회도 국회의 인사에 관한 권한을 제도화한 것이다. 국가정보원장·국세청장·검찰청장·경찰청장을 포함하여 국무위원과 합동참모의장 등등 중요 고위공직자의 공직적격 여부에 관한 인사청문회가 시행되고 있다.

3. 국회의원의 지위·특권·의무

(1) 국회의원의 지위

국회의원은 국민의 대표자로서의 지위를 지닌다. 그러나 국민들이 국회의원에게 특별한 요구를 할 경우 국회의원은 그를 선출한 국민의 의사에 구속되느냐 하는 문제가 제기된다. 국회의원은 개개 국민이나 선거구민·특정 이익집단을 대표하는 것이 아니고 국민 전체의 대표자이기 때문에 특정인이나 특정요구에 구속되지 않는다. 이를 국회의원과 국민 간에는 명령적 위임이 아닌 자유위임관계가 있다고 한다. 이러한 자유위임은 정당국가적 경향으로 인하여 사실상 약화되고 있다.

(2) 국회의원의 특권

헌법이 규정하고 있는 대표적인 국회의원의 특권은 면책특권과 불체포특권이다. 헌법 제44조 제1항에는 "국회의원은 현행범인인 경우를 제외하고는 회기중 국회의 동의없이 체포 또는 구금되지 아니한다"고 규정되어 있으며, 헌법 제45조에는 "국회의원은 국회에서 직무상 행한 발언과 표결에 관하여 국회 외에서 책임을 지지 아니한다"고 규정하고 있다. 이는 국민의 대표인 국회의원이 집행부로부터의 부당한 탄압으로부터 자유롭게 국회의원으로서의 직무수행을 보장하기 위한 특권이다. 그러나 이러한 특권의 남용으로 인하여 면책특권과 불체포특권을 제한하자는 논의가 있다.

(3) 국회의원의 의무

헌법이 명시하고 있는 국회의원의 의무는 청렴의무, 국가이익을 우선하여 양심에 따라 직무를 행할 의무, 겸직을 하지 아니할 의무 등이 있다. 그러나 상세한 겸직금지의 대상, 청렴의무 위반에 대한 제재, 국가이익과 양심의 내용 등은 법률규정이나 법원판결에 의하여 구체화된다.

Ⅲ. 행정부

1. 대통령

대통령은 대내외적으로 국가를 대표하며, 행정권의 최고책임을 지는 행정부 수반으로서의 지위를 지닌다. 국민의 직접선거에 의하여 선출되고, 임기는 5년이고 중임할 수 없다. 대통령제 정부형태를 채택하고 있는 현행 헌법 하에서는 대통령에게 많은 권한이 집중되어 있다. ① 집행에 관한 권한은 집행의 최고결정권, 법률집행권, 외교에 관한 권한, 정부구성권과 공무원임면권, 국군통수권, 재정권, 영전수여권 등이 있고, ② 입법에 관한 권한은 헌법개정안제안권, 법률안제출권, 법률안거부권, 법률공포권, 행정입법권 등이 있고, ③ 사법에 관한 권한은 사면권, 위헌정당해산제소권 등이 있고, ④ 국가긴급권은 긴급명령권, 긴급재정경제처분·명령권, 계엄선포권 등이 있다. 대통령에게는 내란 또는 외환의 죄를 범한 경우를 제외하고는 재직 중 형사소추를 받지 아니할 형사상 불소추특권이 있다. 대통령에게는 헌법수호의무와 성실한 직책수행의무, 겸직금지의무 등이 헌법에 명시되어 있다.

2. 국무총리

대통령제 정부형태에서는 부통령을 두는 것이 일반적이고, 총리 또는 수상은 의원내각제 정부형태를 채택하고 있는 국가에서 내각의 최고책임자이다. 우리나라는 대통령제를 채택하고 있으면서도 의원내각제를 가미하고 있는데, 국무총리는 의원내각제적 요소이다. 국무총리는 국회의 동의를 얻어 대통령이 임명한다. 국무총리는 대통령 유고시의 제1순위 권한대행자, 행정각부를 통할하는 대통령의 보좌기관으로서의 지위를 지닌다. 국무총리는 행정입법으로서 총리령을 발할 수 있고, 국무위원 제청권, 행정부에 대한 지휘·감독권, 부서권, 국정심의권 등이 있다.

3. 행정각부

행정각부의 장은 국무위원의 지위와 행정각부 장관의 지위를 지닌다. 행정각부의 장은 국무위원으로서 국무회의에 참여하여 국정을 심의한다. 행정각부의 장은 법률의 시행규칙에 해당되는 부령을 발할 수 있다.

4. 감사원

감사원은 감사원장을 포함한 7인의 감사위원으로 구성된다. 감사원장은 국회의 동의를 얻어 대통령이 임명하며, 임기는 4년이고 1차에 한하여 중임할 수 있다. 감사원은 세입세출의 결산, 국가·법률에 규정된 단체 등의 회계검사, 행정기관 및 공무원의 직무감찰 등의 권한을 지닌다. 미국·영국 등의 경우에는 감사원이 의회에 소속되어 있거나 독일·프랑스·일본 등의 경우에는 독립기관이나, 우리나라의 감사원은 대통령의 소속으로 설치되어 있다.

5. 선거관리위원회

선거관리위원회는 9인의 위원으로 구성된다. 3인은 대통령이 임명하고 3인은 국회에서 선출하고 3인은 대법원장이 지명한다. 위원장은 위원 중에서 호선된다. 위원의 임기는 6년이며, 연임에 관한 제한규정이 없다. 선거관리위원회는 선거·국민투표의 관리와 정당에 관한 사무를 처리한다. 선거관리위원회는 중앙 선관위, 특별시·광역시·도 선관위, 구·시·군 선관위, 읍·면·동 선관위의 4종류가 있다.

Ⅳ. 법 원

1. 법원의 조직

법원은 대법원과 각급 법원으로 구성된다. 법원에는 대법원, 고등법원, 지방법원, 가정법원, 행정법원, 특허법원, 회생법원의 7종류가 있다. 헌법 제101조에 의하여 법관의 자격은 법률로 정하도록 하고, 법원조직법에 법관의 임용자격이 규정되어 있다. 일반 법관의 임기는 10년이며 연임할 수 있다. 대법원장은 국회의 동의를 얻어 대통령이 임명하고, 대법관은 대법원장의 제청으로 국회의 동의를 얻어 대통령이 임명한다. 대법원장과 대법관의 임기는 6년이고 대법원장은 중임할 수 없지만, 대법관은 연임할 수 있다.

2. 법원·법관의 독립

헌법 제101조는 "사법권은 법관으로 구성된 법원에 속한다"고 규정하여 사법권이 행정부나 국회로부터 독립된 기관임을 명시하고 있다. 법원은 위헌법률심판제청권 등을 통해 국회를 견제하고 있으며, 규칙에 대한 위헌·위법심사권이나 처분에 대한 행정재판 등을 통해 정부를 견제하고 있다. 이외에도 사법권은 정당·언론·사회단체 등으로부터도 독립되어야 한다. 또한 헌법 제103조는 "법관은 헌법과 법률에 의하여 그 양심에 따라 독립하여 심판한다"고 규정하고 있다. 법관의 독립은 신분상 독립(인적 독립)과 직무상 독립(물적 독립)으로 구분된다. 법관의 신분상 독립은 재판을 담당하는 법관의 자격·임기·신분을 보장하는 것을 말한다. 법관의 신분상 독립을 보장하기 위한 제도에는 법관자격 법정주의, 법관인사위원회제도, 임기제와 정년제, 부당한 파면·퇴직·징계로부터의 신분보장 등이 있다. 법관의 직무상 독립은 법관이 재판을 함에 있어서는 누구의 지시나 명령에도 구속받지 않는다는 것을 말한다. 법관의 직무상 독립을 보장하기 위한 제도에는 법관의 제척·기피·회피제도, 법관의 양형결정권 보장, 계속 중인 재판에 대한 국정감사·조사금지 등이 있다.

V. 헌법재판소

1. 헌법재판소 개관

헌법재판소는 법관의 자격을 가진 9인의 재판관으로 구성되며, 재판관은 대통령이 임명한다. 헌법재판관 9인 중에서 3인은 국회에서 선출하는 자를, 3인은 대법원장이 지명하는 자를 임명한다. 헌법재판소장은 대통령이 국회의 동의를 얻어 재판관 중에서 임명한다.

2. 헌법재판소의 권한

(1) 위헌법률심판

법률이 헌법에 위반되는가의 여부를 심사하여, 법률이 헌법에 위반되는 것으로 인정되는 경우에는 법률의 효력을 상실하게 하는 제도이다. 위헌법률심판은 사건을 심리하는 법원의 제청에 따라서, 헌법재판소가 법률의 위헌 여부를 심판하는 제도(구체적 규범통제)이다. 그러므로 헌법재판소가 법률 또는 법률조항에 대한 위헌 여부의 심판을 하기 위해서는, 위헌 여부에 따라 해당 재판의 결과가 달라진다는 것을 의미하는 '재판의 전제성'과 '법원의 제청'이라는 요건이 구비되어야 한다. 위헌법률심판에서 심판의 대상이 되는 법률은 형식적 의미의 법률은 물론이고 그와 동일한 효력을 가지는 법규범까지 모두 포함한다. 따라서 긴급명령과 긴급재정경제명령은 물론이고 조약도 위헌법률심판의 대상에 포함된다. 위헌법률심판은 법률이 헌법에 위반되는 여부를 심판하는 것이므로, 심판의 기준은 헌법이다. 헌법재판소가 법률에 대한 위헌결정(한정합헌결정·한정위헌결정·헌법불합치결정·단순위헌결정)을 하려면, 9인의 재판관 중 6인 이상의 찬성이 있어야 한다. 그 밖의 경우에는 재판관 과반수의 찬성으로써 결정한다.

관련 판례

호주제를 규정한 민법 제788조 등은 위헌인 법률인가? 호주제는 성역할에 관한 고정관념에 기초한 차별로서, 호주승계 순위, 혼인 시 신분관계 형성, 자녀의 신분관계 형성에 있어서 정당한 이유없이 남녀를 차별하는 제도이고, 이로 인하여 많은 가족들이 현실적 가족생활과 가족의 복리에 맞는 법률적 가족관계를 형성하지 못하여 여러모로 불편과 고통을 겪고 있다. 숭조(崇祖)사상, 경로효친, 가족화합과 같은 전통사상이나 미풍양속은 문화와 윤리의 측면에서 얼마든지 계승, 발전시킬 수 있으므로 이를 근거로 호주제의 명백한 남녀차별성을 정당화하기 어렵다(헌재 2005. 2. 3, 2001헌가9 등).

(2) 헌법소원심판

공권력의 행사 또는 불행사로 말미암아 헌법상 보장된 기본권이 직접 그리고 현실적으로 침해당한 자는 공권력의 위헌 여부에 대한 심사를 청구하여 기본권을 구제받는 제도이다. 헌법소원에는 권리구제형 헌법소원과 위헌심사형 헌법소원이 있다. '권리구제형 헌법소원'이라 함은 공권력의 행사 또는 불행사로 말미암아 헌법상 보장된 기본권을 침해당한 자가 청구하는 헌법소원이고(헌재법 제68조 제1항), '위헌심사형 헌법소원'이라 함은 위헌법률심판의 제청신청이 법원에 의하여 기각된 경우에 제청신청을 한 당사자가 청구하는 헌법소원이다(헌재법 제68조 제2항).

헌법재판소법 제68조 제1항의 규정에 의한 권리구제형 헌법소원심판을 청구하기 위해서는 공권력의 행사 또는 불행사가 존재할 것(공권력의 존재), 공권력의 행사 또는 불행사로 말미암아 헌법상 보장된 자신의 기본권이 직접적이고 현실적으로 침해되었을 것(당사자적격성: 자기관련성, 직접성, 현재성), 다른 법률에 구제절차가 있는 경우에는 그 절차를 모두 마친 후일 것(보충성의 원칙), 권리보호의 필요성이 있을 것(권리보호의 이익) 등이다. 그리고 헌법재판소법 제68조 제2항의 규정에 의한 위헌심사형 헌법소원(위헌소원)심판을 청구하기 위해서는 문제된 법률의 위헌 여부가 재판의 전제가 되어야 하고(재판의 전제성), 법원이 청구인의 위헌제청신청을 기각한 경우(제청신청의 기각)라야 한다.

관련 판례

공무원 시험의 응시연령을 제한하는 것은 공무원 수험생의 기본권을 침해하는가? 32세가 넘으면 5급공무원의 직무수행에 필요한 자격요건을 상실한다고 볼 수 없다. 5급공무원의 응시연령을 32세로 제한한 「국가공무원법」 및 「공무원임용시험령」은 32세가 넘은 국민의 공직취임권을 직접적으로 침해한다(헌재 2008. 5. 29, 2007헌마1105). 이 사건 이후로 법령이 개정되어 경찰 등을 제외한 일반직 공무원의 응시연령 제한은 폐지되었다.

(3) 탄핵심판

일반사법절차에 따라 소추하거나 징계절차로써 징계하기가 곤란한 고위직행정공무원이나 법관 등 신분이 보장된 공무원이 직무상 중대한 비위를 범한 경우에, 국회가 탄핵을 소추하고 헌법재판소가 탄핵심판을 담당한다. 탄핵소추대상자는 대통령·국무총리·국무위원·행정각부의 장, 헌법재판소 재판관·법관, 중앙선거관리위원회 위원·감사원장·감사위원, 기타 법률이 정한 공무원이다. 탄핵소추의 사유는 '직무집행에 있어서 헌법이나 법률에 위배된 때'이다. 탄핵결정은 공직자를 공직으로부터 파면함에 그친다. 그러나 탄핵의 결정으로 민사상의 책임이나 형사상의 책임이 면제되는 것은 아니다. 탄핵의 결정은 징계적 처벌이므로 탄핵결정과 민·형사재판 간에는 일사부재리의 원칙이 적용되지 아니한다.

관련 판례

[판례 1] 대통령(노무현)은 탄핵에 의하여 파면되어야 하는가? 언론사와의 기자회견에서의 발언 등은 공직선거법 제9조의 공무원의 중립의무에 위반하였고, 재신임 국민투표 제안행위는 헌법 제72조에 반하는 것으로 헌법수호의무에 위반하는 등, 대통령의 헌법과 법률에 대한 위반행위가 있었다. 그러나 대통령에 대한 파면결정은 국가적 손실과 국정 공백 및 국론분열과 정치적 혼란을 가져올 수 있기 때문에, 파면결정을 정당화하는 사유도 이에 상응하는 중대성을 가져야 한다. 이러한 점에서 탄핵소추된 대통령의 법위반행위가 헌법수호의 관점에서 중대한 의미를 가진다고 볼 수 없고, 또한 대통령에게 부여한 국민의 신임을 임기 중 다시 박탈해야 할 정도로 국민의 신임을 저버린 경우에 해당한다고도 볼 수 없다. 대통령에 대한 파면결정을 정당화하는 사유가 존재하지 않는다(헌재 2004. 5. 14, 2004헌나1).

[판례 2] 대통령(박근혜)은 탄핵에 의하여 파면되어야 하는가? 피청구인의 헌법과 법률 위배행위는 국민의 신임을 배반한 행위로서 헌법수호의 관점에서 용납될 수 없는 중대한 법 위배행위라고 보아야 한다. 그렇다면 피청구인의 법 위배행위가 헌법질서에 미치게 된 부정적 영향과 파급 효과가 중대하므로, 피청구인을 파면함으로써 얻는 헌법수호의 이익이 대통령 파면에 따르는 국가적 손실을 압도할 정도로 크다고 인정된다(헌재 2017. 3. 10, 2016헌나1).

(4) 정당해산심판

정부는 정당의 목적이나 활동이 민주적 기본질서에 위배될 때에는 국무회의의 심의를 거쳐 헌법재판소에 해산을 제소할 수 있다. 헌법재판소는 9인의 재판관 중 6인 이상의 찬성으로써 정당의 해산을 명하는 결정을 할 수 있다.

관련 판례

정당(통합진보당)의 목적이나 활동이 민주적 기본질서에 위배되었는가? 헌법재판소는 8(인용) : 1(기각)의 의견으로, 통합진보당을 해산하고 그 소속 국회의원은 의원직을 상실한다는 결정을 선고하였다. 통진당이 북한식 사회주의를 실현한다는 숨은 목적을 가지고 내란을 논의하는 회합을 개최하는 등 활동을 한 것은 헌법상 민주적 기본질서에 위배된다. 통진당에 대한 해산결정은 비례의 원칙에도 어긋나지 않고, 위헌정당의 해산을 명하는 비상상황에서는 국회의원의 국민 대표성은 희생될 수밖에 없으므로, 통진당 소속 국회의원의 의원직 상실은 위헌정당해산 제도의 본질로부터 인정되는 효력이다(헌재 2014. 12. 19, 2013헌다1).

(5) 권한쟁의심판

기관 간에 권한의 존부나 범위에 관하여 다툼이 있으면, 국가기관이나 지방자치단체는 헌법재판소에 권한쟁의심판을 청구할 수 있다. 권한쟁의의 결정은 재판관 7인 이상이 참석하고, 참석재판관 중 과반수의 찬성으로써 한다.

관련 판례

구(區)의 재산세를 '특별시 및 구세'로 하여 서울특별시와 강남구의 공동세로 변경하는 「지방세법」 개정은 강남구의 지방자치권을 침해하는가? 재산세를 반드시 기초자치단체에 귀속시켜야 할 헌법적 근거나 논리적 당위성이 있다고 할 수 없다. 법률 개정으로 구의 재산세 수입이 종전보다 50% 감소하게 되지만, 특별시분 재산세가 각 자치구에 배분되므로 이를 감안하면 종전에 비하여 실질적으로 감소되는 재산세는 50% 미만이다. 법률 개정으로 인하여 강남구 등의 자치재정권이 유명무실하게 될 정도로 지나치게 침해되었다고는 할 수 없다. 따라서 피청구인 국회가 위 법률조항들을 제정한 행위는 헌법상 보장된 청구인들의 지방자치권의 본질적 내용을 침해하였다고 할 수 없다(헌재 2010. 10. 28, 2007헌라4).

제 8 장

행정법

제 1 절 행정법이란 무엇인가

Ⅰ. 개 념

행정법을 처음 접했을 때, 난해하고 어렵다는 인식이 많다. 그러나 행정법은 도로공사, 음식점영업허가, 자동차운전면허발부, 공무원 임용 등과 같이 우리 생활 속에서 이루어지고 있는 행정기관과 국민 간의 법률관계를 규율하는 법이다. 학문적으로 행정법은 국가나 지방자치단체 등과 같은 **행정주체의 조직**과 그러한 행정주체가 내부적 또는 외부적[1]으로 국민에게 행사하는 일정한 행위인 **작용**, 행정주체에 의한 공권력의 행사인 행정작용으로 권리나 이익이 침해된 국민의 구제를 위한 제도를 규율하고 있는 **행정구제**에 관한 내용을 담고 있는 국내공법이다. 권력분립 원칙에 따라 국가권력은 법제정행위인 입법, 법적용행위인 사법, 행정으로 분류되는데, 행정은 법집행작용으로 민주주의를 기초로 하는 근대입헌국가의 탄생과 함

1 행정법에서 내부적 작용이란 국가기관 내에서 조직끼리의 활동을 의미한다. 즉 시청의 경우(국민과 시청직원의 관계가 아닌) 시청 공무원들 간의 관계를 의미하고 외부적 작용이란 행정기관과 국민의 관계(시청직원과 국민의 관계)를 의미한다.

께 형성된 역사적 산물이다. 행정법은 법에 근거하여 국가공익실현을 위해 토지, 도로의 건설 등 한정된 자원을 효율적으로 이용하는 지침 역할을 하며, 재난구제, 경찰작용, 소방활동 등 국민생활의 필수적 서비스를 제공하며 사회부조, 사회보험 등 최소한도의 인간다운 생활을 보장하기 위한 다양한 생존배려를 제공한다는 점에서 존재의의가 있다.

Ⅱ. 구 별

1. 민사법과의 구별

민사법은 상대적으로 대등한 사인 간의 법률관계의 분쟁을 재판에 의해 해결하기 위한 사법으로 우월적 지위에 있는 국가와 사인 간의 생활관계의 분쟁 해결을 위한 공법인 행정법과 구별된다. 민사법이 사적자치를 기본원리로 한다면 행정법은 공공복리를 기본원리로 하며 적용법규, 절차, 강제집행, 손해배상제도 등에서 구별된다.

[민사법과 행정법의 구별]

	민사법	행정법
기본원리	사적자치	공공복리
적용법규, 절차	민법, 민사소송법	행정소송법, 행정심판법 등
강제집행	민사집행법	행정대집행법
손해배상	민 법	국가배상법

이러한 차이 때문에 공익에 봉사하는 법을 공법으로 보고 사익을 실현하는 법을 사법으로 보는 이익설, 국가 등 행정주체를 당사자로 하는 법률관계를 규율하는 법을 공법으로 보고 사인 간의 법률관계를 규율하는 법을 사법으로 보는 주체설, 상하관계에 적용되는 법을 공법으로 보고 대등한 관계에 적용되는 법을 사법으로 보는 종속설 등 공·사법 구별을 위한 판단기준에 대한 학설이 대립한다.

관련판례

국유잡종재산을 대부하는 행위는 국가가 사경제주체로서 상대방과 대등한 지위에서 행하는 사법상의 계약이고, 행정청이 공권력의 주체로서 상대방의 의사 여하에 불구하고 일방적으로 행하는 행정처분이라고 볼 수 없다(대판 2000. 2. 11, 99다61675).
- 대법원은 여러 학설을 종합적으로 취하고 있다.

2. 형사법과의 구별

형법은 범죄의 성립요건과 그에 대한 법적 효과로서의 형사제재를 규정한 법으로 사인인 범죄자를 처벌하는 국가의 공형벌권에 관한 법으로 공법이라는 점에서 행정법과 동일하나, 형법은 행정법과 달리 형법전이라는 단일법전이 존재하고 형사재판에 있어서 적용되는 법이므로 행정법의 범주에 속하는 행형법 등과는 달리 사법법에 속한다.

Ⅲ. 특수성

행정법은 개별적 개인이 아닌 국민 전체 또는 다수의 이해관계인의 이익을 대상으로 하므로 획일성과 강행성이 요구되고, 국민의 신뢰보호와 법적 안정성을 위해 성문의 형식을 취함이 원칙이다. 그러나 헌법, 민법, 형법과는 달리 국내 행정법은 단행 법률이 존재하지 않고, 행정소송법, 행정심판법 등 다수의 법령형태로 존재한다(형식상 특수성).[2] 또한 행정법은 공익실현을 목적으로 하므로 행정주체에게 우월적 지위를 부여하여 국민에게 강제력 있는 명령을 할 수 있고, 행정활동이 위법하더라도 당연 무효가 아닌 한 권한 있는 행정기관에 의한 행정행위는 취소가 있을 때까지 유효한 공정력을 부여하고 있다(내용상 특수성).[3] 행정주체의 공권력행사는 법에 근거하여 법의 범위 내에서 이루어질 것을 엄격히 요하나(법치행정의 원리), 오늘날 행정국가화 현상으로 인해 행정활동이 요구되는 분야가 확대되었고 전문성과 기술성을 확보함으로써 효율적으로 공익을 실현하기 위해 행정주체에게 광범위한 재량권이 인정되는 경우가 많다(성질상 특수성).

---

2 지방자치법, 국가공무원법, 지방공무원법, 정부조직법, 경찰직무집행법, 식품위생법, 국민기초생활보장법, 국토의 계획 및 이용에 한 법률, 건축법, 도로교통법, 공익사업을 위한 토지 등의 취득 및 보상에 관한 법률, 국세징수법 등.

3 공정력: 행정청이 사인에게 부과한 과태료가 너무 많아 위법한 하자가 있더라도, 그 위법함이 중대명백한 당연무효사유가 아닌 취소사유에 해당하는 경우, 그 과태료부과 행정행위가 취소되기 전까지는 사인은 과태료부담의무를 진다.

Ⅳ. 통치행위

통치행위란 고도의 정치성을 가지는 국가기관의 행위로서 사법심사가 제한되는 행위이다.[4]

통치행위가 행정법과 관련하여 문제되는 것은 민감한 정치성을 지닌 통치행위도 국가행위로써 법치행정의 원리에 따라 법의 적용을 받아야 하는지와 통치행위로 인해 개인의 권익이 침해되었을 때 사법심사로 보호받을 수 있는지의 문제이다. 대법원은 원칙적으로 사법심사부정설의 입장을 취하나, 헌법재판소는 통치행위를 인정하면서도 기본권 침해와 직접 관련된 경우 제한적 사법심사를 인정한다.

관련 판례

[판례 1] 대통령의 비상계엄의 선포·확대에 대한 사법심사가 문제된 사안

대통령의 계엄선포행위는 고도의 정치적, 군사적 성격을 띠는 행위라고 할 것이어서, 그 선포의 당, 부당을 판단할 권한은 헌법상 계엄의 해제요구권이 있는 국회만이 가지고 있다 할 것이고 그 선포가 당연 무효의 경우라면 모르되, 사법기관인 법원이 계엄선포의 요건 구비 여부나, 선포의 당, 부당을 심사하는 것은 사법권의 내재적인 본질적 한계를 넘어서는 것이 되어 적절한 바가 못 된다(대판 1979. 12. 7, 79초70).

[판례 2] 대통령의 금융실명제에 대한 긴급재정경제명령에 대한 헌법소원사건

고도의 정치적 결단에 의하여 행해지는 국가작용이라고 할지라도 그것이 국민의 기본권 침해와 직접 관련되는 경우에는 당연히 헌법재판소의 대상이 된다(헌재 1996. 2. 29, 93헌마186).

제2절 법치행정

Ⅰ. 의 의

법치행정이란 행정은 법률을 바탕으로 하여 법률에 따라 행해져야 한다는 뜻이다. 행정기본법은 "행정작용은 법률에 위반되어서는 아니되며, 국민의 권리를 제한하거나 의무를 부과하는 경우와 그 밖에 국민생활에 중요한 영향을 미치는 경우

4 대통령의 이라크파병결정, 긴급재정경제명령, 대통령의 비상계엄선포행위, 행정수도이전 등이 통치행위에 해당한다.

에는 법률에 근거하여야 한다"고 법치행정의 원칙을 명문화하였다(동법 제8조). 오토 마이어는 법치행정원리를 법률의 지배라는 개념 아래 그 내용을 법률의 법규창조력, 법률의 우위, 법률의 유보로 보았다.

Ⅱ. 내 용

1. 법률의 법규창조력

법률의 법규창조력이란 국민의 대표기관인 국회만이 국민을 구속하는 규범인 법규를 만들 수 있음을 전제로 국민의 대표기관인 국회가 만든 법률이라는 명칭을 가진 국가의사만이 국민을 구속한다는 것을 뜻한다.

2. 법률우위의 원칙

법률우위의 원칙은 정당한 합헌적 절차로 제정된 법률은 헌법 이외의 모든 국가의사에 우월하므로 행정은 법률에 위반하여서는 안 된다는 원칙을 말한다.

3. 법률유보의 원칙

(1) 의 의

법률유보의 원칙이란 일정한 행정권의 발동은 의회에서 제정한 형식적 의미의 작용법상 법률에 근거하여 이루어져야 한다는 원칙으로 국민의 기본권 보장을 위해 행정이 개입할 필요가 제기되더라도 법률의 근거 없이는 행정권이 발동될 수 없다는 것을 의미한다.

(2) 적용범위

국민의 기본권보장을 위해 모든 행정작용에 법률유보의 원칙이 적용됨이 바람직하나, 모든 행정작용에 법의 근거를 요구하는 경우 긴급이 필요한 행정행위인데 법의 근거가 없는 경우 활동하지 못하는 등 행정활동이 마비될 위험이 있다. 이러한 위험을 방지하고 행정의 원활하고 융통성 있는 활동을 위해 법률유보원칙의 적용범위에 대하여 학설이 대립하는바, 행정작용이 국민의 권리를 침해하는 경우 적용된다는 침해유보설과 침해행정뿐 아니라 급부행정에도 법률의 근거를 요한다는 급부행정유보설,[5] 모든 행정작용에 적용되어야 한다는 전부유보설, 행정작용 중 국민에게 영향을 미치는 중요하고 본질적 사항에 법률에 근거가 있어야 한다는 중요사항유보설이 대립한다.

관련 판례

오늘날 법률유보원칙은 단순히 행정작용이 법률에 근거를 두기만 하면 충분한 것이 아니라, 국가공동체와 그 구성원에게 기본적이고도 중요한 의미를 갖는 영역, 특히 국민의 기본권실현에 관련된 영역에 있어서는 행정에 맡길 것이 아니라 국민의 대표자인 입법자 스스로 그 본질적 사항에 대하여 결정하여야 한다는 요구까지 내포하는 것으로 이해하여야 한다(헌재 2008. 2. 28, 2006헌바70; 헌재 2009. 12. 29, 2008헌바48).

- 대법원은 중요사항유보설의 입장에서 판단하고 있다.

제3절 법 원

I. 의 의

법원이란 행정권이 위법성을 판단하는 기준이자 준수해야 할 행정법의 인식근거로 행정법은 국민의 권리와 의무에 관한 것을 주된 규율 대상으로 하기 때문에 성문법주의를 원칙으로 한다. 그러나 앞서 언급한 것처럼 행정국가화 현상으로 행정법의 적용범위가 확대되고 있고 행정 고유의 복잡다기성으로 융통성 있는 행정활동을 위한 불문법원이 필요하다.

II. 성문법원

1. 헌 법

헌법은 국가의 조직과 작용의 기본원칙을 정하고 있는 국가의 최고규범성을 지닌 기본법으로서 행정작용의 기준을 제시하는 중요한 법원이다.

5 급부행정=행정주체가 수익적 활동을 통하여 직접으로 사회공공의 복리를 증진하기 위하여 하는 작용으로 금전지급, 물건의 공여 등이 이에 해당한다.

2. 법 률

행정법의 법원으로서의 법률은 헌법상의 입법절차에 따라 국회에 의해 제정된 형식적 의미의 법률을 의미한다.

3. 행정입법(법규명령과 행정규칙)

법규명령이란 법률의 위임에 따라 국민의 권리와 의무를 제한하는 법적 구속력을 지닌 것이고 행정규칙이란 상급행정기관이 직권으로 소속행정기관에 가하는 행정사무처리기준에 관한 내부적 규율이다. 행정규칙은 직접적으로 국민에 대한 법적 구속력을 내용으로 하는 외부적 법규가 아니라는 점에서 견해가 대립하나 다수의 견해는 행정법의 법원에 속한다고 본다.

4. 자치입법

지방자치단체가 법령의 범위 안에서 헌법이 부여한 자치입법권에 의해 제정하는 규율로 조례와 규칙이 있는바, 이는 지방자치행정의 중요한 법원으로서의 기능을 한다.

5. 조약 및 국제법규

헌법 제6조에서 "헌법에 의하여 체결된 조약과 일반적으로 승인된 국제법규는 국내법과 같은 효력을 가진다"고 규정하고 있고, 법률은 행정법의 법원이 되므로 조약 및 국제법규도 행정법의 법원이 된다.

Ⅲ. 불문법원

1. 관습법

관습법이란 어떠한 사실이 일정기간 관행으로 계속 반복됨으로써 일반국민의 법적 확신을 얻어 성립하는 것으로 행정절차법 제4조 제2항은 일반 행정에 있어서의 행정신례법의 존재를 명문으로 인정하고 있다.[6]

6 행정절차법 제4조(신의성실 및 신뢰보호) 제2항 행정청은 법령 등의 해석 또는 행정청의 관행이 일반적으로 국민들에게 받아들여진 때에는 공익 또는 제3자의 정당한 이익을 현저히 해할 우려가 있는 경우를 제외하고는 새로운 해석 또는 관행에 의하여 소급하여 불리하게 처리하여서는 아니 된다.

2. 판례법

법원의 계속적인 재판을 통하여 선례가 만들어지고 그 선례가 장래 동종사건에 대한 사실상 재판의 준거가 되는 경우가 있는데, 이 때 판례법의 법원성을 인정할지에 대해 견해대립이 있다. 우리나라는 상급법원의 판결이 당해 사건에 한하여 기속하는 효력만이 있으므로[7] 일반적으로 법원으로서의 판례법의 법적 구속력은 인정하지 않고, 사실상의 구속력은 인정하는 입장이다.

Ⅳ. 행정상의 법의 일반원칙

1. 비례원칙

(1) 의 의

비례원칙이란 행정작용에 있어 목적 실현을 위한 수단과 목적관계에서 그 수단은 정당한 목적을 실현하는 데 적합하고 최소 침해를 가져오는 것이어야 한다는 원칙을 의미한다. 비례원칙은 앞서 언급한 법률유보 원칙에 적합한 법에 근거한 행정작용이라도, 국민의 기본권 보호를 위한 한계로서 행정청의 재량권의 한계를 설정해 주며 최후의 보루수단으로서의 기능을 한다.

(2) 내 용

비례원칙은 행정기관이 취한 수단이 ① 정당한 목적을 달성하는 데 있어 적합한 수단이어야 하고(적합성의 원칙), ② 이러한 여러 수단 중에서 당사자의 자유와 재산 등의 권리침해를 최소한으로 할 수 있는 수단이어야 하며(필요성의 원칙), ③ 목적달성을 위해 필요한 수단이더라도 그로 인한 사익의 침해가 의도하는 공익을 능가하여 더 큰 불이익을 초래하여서는 안 된다(상당성의 원칙)는 점을 내용으로 한다(행정기본법 제10조).

2. 신뢰보호의 원칙

(1) 의 의

신뢰보호의 원칙이란 개인이 행정기관의 일정한 행위의 정당성 또는 존속성에

---

7 법원조직법 제8조(상급심재판의 기속력) 상급법원의 행정기본법은 제12조에서 신뢰보호원칙을 명문화하였다. 재판에 있어서의 판단은 당해 사건에 관하여 하급심을 기속한다.

대하여 신뢰하고 행동한 경우, 그 신뢰가 보호할 가치가 있는 한 사인의 신뢰를 보호해 주어야 한다는 원칙으로 헌법의 기본원리인 법치주의 원리로부터 파생되는 원리이자 법적 안정성에 근거한 원리이다.

(2) 요 건

신뢰보호의 원칙이 적용되기 위해서는 ① 공적표명 등 개인에게 신뢰를 주는 일정한 행정청의 선행조치가 존재하여야 하고, ② 그 개인의 신뢰가 보호가치 있는 신뢰일 것을 요하며, ③ 신뢰를 기초로 한 사인의 행위가 있고, ④ 그 행위가 선행조치에 대한 사인의 신뢰와 행위 사이에 인과관계가 있을 것이 요구된다. ⑤ 마지막으로 선행조치에 반하는 행정기관의 후행조치가 있고 이로 인해 상대방의 권익침해가 있을 것을 요구한다.

관련 판례

일반적으로 행정상의 법률관계 있어서 행정청의 행위에 대하여 신뢰보호의 원칙이 적용되기 위해서는, ① 행정청이 개인에 대하여 신뢰의 대상이 되는 공적인 견해표명을 하여야 하고, ② 행정청의 견해표명이 정당하다고 신뢰한 데에 대하여 그 개인에게 귀책사유가 없어야 하며, ③ 그 개인이 그 견해표명을 신뢰하고 이에 어떠한 행위를 하였어야 하고, ④ 행정청이 위 견해표명에 반하는 처분을 함으로써 그 견해표명을 신뢰한 개인의 이익이 침해되는 결과가 초래되어야 하며, 어떠한 행정처분이 이러한 요건을 충족할 때에는, 공익 또는 제3자의 정당한 이익을 현저히 해할 우려가 있는 경우가 아닌 한(적용한계), 신뢰보호의 원칙에 반하는 행위로서 위법하게 된다. 폐기물처리업에 대하여 사전에 관할 관청으로부터 적정통보를 받고 막대한 비용을 들여 허가요건을 갖춘 다음 허가신청을 하였음에도 다수 청소업자의 난립으로 안정적이고 효율적인 청소업무의 수행에 지장이 있다는 이유로 한 불허가처분이 신뢰보호의 원칙 및 비례의 원칙에 반하는 것으로서 재량권을 남용한 위법한 처분이다(대판 1998. 5. 8, 98두4061).

(3) 적용한계

원칙으로 돌아갔을 때, 그 행정기관의 행정작용은 (문제가 제기되기 전까지는 적법하게 통용되었던) 법률에 근거하여 행하여졌다는 점에서 **객관적 법률적합성**을 충족 하였다는 점에서 신뢰보호의 원칙이 추구하는 **법적 안정성**과 이익이 충돌되는 경우가 있는데, 이때 어느 것을 우선할 것인지 적용의 한계 인정 여부가 문제된다. 판례는 법적 안정성과 행정의 객관적 법률적합성 모두 동일한 우위에 있으므로 구체적 사안마다 비교형량하여 판단해야 한다는 입장이다.

3. 자기구속의 원칙

(1) 의 의

자기구속의 원칙이란 행정기관은 동일한 사안의 경우, 이전에 행한 결정과 동일한 결정을 상대방에게 해야 한다는 원칙으로 이는 일반적인 재량권 행사의 통제수단으로서 국민의 기본권을 보호하는 기능을 한다.

(2) 적용요건

자기구속의 원칙은 당해 사안이 ① 행정청에게 재량권이 인정되는 법률관계에 대한 문제이고,[8] ② 현재 처분의 상대방에 대한 상황과 이전의 상황이 법적으로 동일한 상황의 동일한 법 적용일 것을 요한다. ③ 다만 이전의 선례가 보호가치 있는 불법한 선례가 아니어야 하고, 이전의 행정행위를 번복할 중대한 사정변경이 존재하지 않아야 한다. 즉, 동일한 사안, 동일한 법적용인 사건이더라도 이전과 다른 결정을 해야 하는 중대한 사정변경이 있는 경우(예를 들어 법령의 개정), 다른 결정을 하더라도 재량권의 일탈·남용으로 위법한 경우에 해당하지 않는다.

관련 판례

같은 법 시행규칙 제53조에 따른 별표 15의 행정처분기준은 행정기관 내부의 사무처리준칙을 규정한 것에 불과하기는 하지만 규칙 제53조 단서의 식품 등의 수급정책 및 국민보건에 중대한 영향을 미치는 특별한 사유가 없는 한 행정청은 당해 위반사항에 대하여 위 처분기준에 따라 행정처분을 함이 보통이라 할 것이므로, 행정청이 이러한 처분기준을 따르지 아니하고 특정한 개인에 대하여만 위 처분기준을 과도하게 초과하는 처분을 한 경우에는 재량권의 한계를 일탈하였다고 볼 만한 여지가 충분하다. 영업허가 이전 1개월 이상 무허가 영업을 하였고 영업시간위반이 2시간 이상이라 하더라도 위 행정처분기준에 의하면 1월의 영업정지사유에 해당하는 데도 2월 15일의 영업정지처분을 한 것은 재량권일탈 또는 남용에 해당한다(대판 1993. 6. 29, 93누5635).

4. 부당결부금지의 원칙

(1) 의 의

부당결부금지의 원칙이란 행정주체가 행정작용을 함에 있어서 상대방에게 실

8 행정행위는 크게 기속행위와 재량행위로 나뉘는데, 기속행위는 법령이 요구하는 요건을 갖추면 행정청의 판단 개입 없이 그대로 행정행위를 해야 하는 구속력이 있으나, 재량행위는 행정청에게 일정한 판단 또는 선택이 가능한 범위가 있어(예를 들어 1회 법령 위반 시 한 달 이내의 범위 안에서 영업정지를 할 수 있는 재량) 재량권의 한계 설정이 국민의 기본권보호와 관련하여 문제된다.

질적인 관련이 없는 의무를 부과하거나 그 의무이행을 강제하여서는 안 된다는 원칙으로 이는 행정기관이 관련성도 없는 부담을 국민에게 부담하는 등의 권한남용을 방지함으로써 국민의 기본권을 보호하는 기능을 한다. 행정기본법은 "행정청은 행정작용을 할 때 상대방에게 행정작용과 실질적인 관련이 없는 의무를 부과해서는 아니 된다"고 부당결부금지의 원칙을 명문화하였다(동법 제13조).

(2) 요 건

부당결부금지의 원칙이 적용되기 위해서는 ① 행정청의 공권력의 행사가 있고, ② 행정청의 권한행사가 상대방의 반대급부와 결부되어 있으며, ③ 그 행정작용과 반대급부 사이에 상당인과관계나 행정의 특정한 목적을 달성하는 데 정당한 내적 관계, 즉 실질적 관련성이 없을 것을 요한다.

관련판례

지방자치단체장이 사업자에게 주택사업계획승인(행정청의 공권력 행사)을 하면서 그 주택사업과는 아무런 관련이 없는(실질적 관련성 없는) 토지를 기부 채납하도록 하는 부관(반대급부)을 주택사업계획승인에 붙인 경우, 그 부관은 부당결부금지의 원칙에 위반되어 위법하다(대판 1997. 3. 11, 96다49650).

제4절 행정법관계의 당사자

I. 행정주체

1. 의 의

행정주체란 자기의 이름과 책임으로 공행정임무를 수행하는 행정법관계의 당사자로서 국가, 지방자치단체, 영조물법인(한국방송공사, 국립대학병원), 공법상재단, 공무수탁사인 등이 이에 해당한다.

2. 공무수탁사인

공무수탁사인이란 법령에 의하여 국가나 지방자치단체로부터 공적인 임무를 수탁받은 사인으로 자기의 이름으로 수행하도록 권한이 주어진 사인이다.[9] 이러한 공무수탁사인은 행정의 비대화현상으로 인해 늘어난 행정사무를 해당 분야의 전문지식을 지닌 사인을 활용하여 적절히 업무분산을 함으로써 효율적으로 공익목적을 달성하고 정부의 비용을 경감하는 등 순기능이 있어 오늘날 국가사무의 민간위탁이 늘어나는 추세이다. 공무수탁사인도 행정청이므로[10] 임무수행과 관련하여 위법한 행정처분으로 권리를 침해당한 사인은 행정심판이나 행정소송을 제기할 수 있고, 종래 손해배상과 관련하여 국가배상책임을 받는지 민법상 손해배상책임을 받는지 견해가 대립하였으나, 2009년 국가배상법을 개정하며 공무수탁사인 역시 공무원임을 명시적으로 규정하여[11] 국가배상법에 따른 손해배상을 받을 수 있게 되었다.

3. 행정법 관계의 객체

행정주체가 행한 공권력 행사의 대상이 되는 일방 당사자로서 원칙적으로 국민이지만, 지방자치단체 등 공법상 법인과 사인도 행정의 상대방의 지위에 놓이기도 한다.

4. 행정법 관계의 내용

(1) 국가적 공권

국가적 공권이란 국가 또는 지방자치단체와 같은 행정주체가 우월한 지위에서 행정객체, 즉 사인에 대해 갖는 권리로 ① 목적을 기준으로 조직권·경찰권·재정권·형벌권으로 구분되고, ② 내용을 기준으로 하명권·강제권·형성권 등으로 구분된다.

(2) 개인적 공권

1) 개 념

개인적 공권이란 반대로 사인이 행정주체에 가지는 공법상의 권리로 국가나 지방자체단체와 같은 행정주체에 대하여 일정한 행위를 요구할 수 있도록 개인에게 주어진 법적인 힘을 의미한다. 최근 국민의 기본권 보호를 위한 개인적 공권의

9 예: 토지보상법에 의한 사인의 사업시행자로서의 토지수용.

10 행정소송법 제2조 ② 이 법을 적용함에 있어서 행정청에는 법령에 의하여 행정권한의 위임 또는 위탁을 받은 행정기관, 공공단체 및 그 기관 또는 사인이 포함된다.

11 국가배상법 제2조 ① 국가나 지방자치단체는 공무원 또는 공무를 위탁받은 사인이 직무를 집행하면서 고의 또는 과실로 법령을 위반하여 타인에게 손해를 입히거나, 자동차손해배상보장법에 따라 손해배상의 책임이 있을 때에는 이 법에 따라 그 손해를 배상하여야 한다.

확대화 경향에 따라 무하자재량행사청구권과 행정개입청구권과 같은 새로운 개인적 공권의 인정 여부가 논의되고 있다. 개인적 공권이 성립되기 위해서는 ① 당해 행정작용의 근거법령이 행정주체에게 일정한 작위의무를 부과하는 강행법규여야 하고(강행법규의 존재), ② 근거행정법규의 목적이 공익실현뿐 아니라 사익보호도 그 목적으로 하고 있어야 한다(사익보호성). 사익보호성 없이 근거행정법규가 공익실현만을 목적으로 하는 경우 당사자가 그 법령에 의해 사실상 향유하는 이익을 반사적 이익이라고 하는데, 개인적 공권이 인정되면 행정쟁송의 원고적격이 인정되나 당사자가 주장하는 이익이 단순한 반사적 이익에 해당하면 행정쟁송의 원고적격이 인정되지 않을 가능성이 많다는 점에서 구별실익이 있다.

2) 개인적 공권의 확대화 경향

가. 무하자재량행사청구권

무하자재량행사청구권이란 행정청에게 재량권이 부여된 경우 사인이 행정청에 대하여 하자 없는 재량권을 행사하여 줄 것을 청구할 수 있는 권리를 의미하며, 인정할 경우 원고적격의 부당한 확대로 행정소송이 민중소송화될 우려가 있다는 이유로 독자적 권리성을 부정하는 견해도 있으나,[12] 국민의 권리구제의 범위를 확대하기 위해 긍정하는 견해가 다수이다.

관련 판례

검사의 임용에 있어서 임용권자가 임용 여부에 관하여 어떠한 내용의 응답을 할 것인지는 임용권자의 자유재량에 속하므로 일단 임용거부라는 응답을 한 이상 설사 그 응답내용이 부당하다고 하여도 사법심사의 대상으로 삼을 수 없는 것이 원칙이나, 적어도 재량권의 한계 일탈이나 남용이 없는 위법하지 않은 응답을 할 의무가 임용권자에게 있고 이에 대응하여 임용신청자로서도 재량권의 한계 일탈이나 남용이 없는 적법한 응답을 요구할 권리가 있다고 할 것이며, 이러한 응답신청권에 기하여 재량권 남용의 위법한 거부처분에 대하여는 항고소송으로서 그 취소를 구할 수 있다고 보아야 하므로 임용신청자가 임용거부처분이 재량권을 남용한 위법한 처분이라고 주장하면서 그 취소를 구하는 경우에는 법원은 재량권남용 여부를 심리하여 본안에 관한 판단으로서 청구의 인용 여부를 가려야 한다(대판 1991. 2. 12, 90누5825).

12 민중소송화될 경우, 특정한 이해관계 없는 일반 사람들의 소제기가 가능하게 되어, 무분별한 소제기로 인한 업무과중, 소송경제의 훼손 등의 문제가 제기될 수 있다.

나. 행정개입청구권

행정개입청구권이란 사인이 자기의 이익을 위해 행정청에 대하여 자기 또는 제3자에게 특정한 행정권을 발동해줄 것을 청구할 수 있는 권리로 독자적 권리로서 인정할지 견해가 대립하고 있는데, 판례는 긍정적인 입장을 취한 경우도 있고 부정적인 입장을 취한 경우도 있다.

관련 판례

주거지역 안에서는 거주의 안녕과 건전한 생활환경의 보호를 해치는 모든 건축이 금지되고 있을 뿐 아니라(공익목적) 주거지역 내에 거주하는 사람(乙이) 받는 위와 같은 보호이익은 법에 의하여 보호되는 이익(사익보호성인정)이라고 할 것이므로 주거지역 내에 위 법조 소정 제한면적을 초과한 연탄공장 건축허가 처분으로 불이익을 받고 있는 제3거주자(乙)는 비록 당해 행정처분의 상대자(甲)가 아니라 하더라도 그 행정처분으로 말미암아 위와 같은 법률에 의하여 보호되는 이익을 침해받고 있다면 당해행정 처분의 취소를 소구하여 그 당부의 판단을 받을 법률상의 자격이 있다(대판 1975. 5. 13, 73누96·97).

- 행정청이 甲에게 건축법에 저촉되는 연탄공장 건축허가를 해준 것에 대해 인근주민인 乙이 건축허가취소소송을 제기한 경우 행정개입청구권을 인정하여 원고적격이 인정되는지의 문제

(3) 특별권력관계 인정 여부

특별권력관계란 국립학교와 학생의 재학관계, 교도소 수감관계 등 특별한 공행정목적을 위해 법률상 원인에 근거하여 성립되는 관계로서 포괄적 지배관계에 있다는 점에서 사법심사의 대상이 되는지 견해가 대립된다. 그러나 오늘날 법치행정의 실현을 위해 전통적 특별권력 관계를 부정하고 사법심사가능성을 긍정하는 견해가 다수의 입장이다.

제5절 행정작용

행정작용이란 행정기관이 행하는 여러 가지 행정활동으로 행정입법, 행정행위, 행정계획, 행징계약, 행징지도 등의 형식으로 분류된다.

I. 행정입법

1. 의 의

행정입법이란 행정주체가 정립하는 일반적·추상적 규율을 의미한다. 권력분립의 원칙에 따라 국회에 의한 법률제정이 가능하지만 급변하는 사회에 국회가 장래의 모든 상황을 예측하여 법률을 제정할 수 없고, 행정의 복잡다기화에 따른 전문적 기술적 역량을 국회가 모두 갖출 수 없다는 한계점 때문에 일정한 경우 행정입법이 인정된다. 통설은 일반적으로 국민의 권리와 의무를 제한하는 대외적 법적 구속력의 존재유무를 기준으로 행정입법을 법규명령과 행정규칙으로 나눈다.

2. 법규명령

(1) 의의와 분류

법규명령이란 법령상의 수권에 근거하여 행정기관이 정립하는 일반적·추상적인 규범이다.

법규명령은 ① 법률과의 관계를 기준으로 헌법대위명령·법률대위명령·법률종속명령(위임명령과 집행명령[13])으로 분류되고, ② 수권의 근거를 기준으로 직권명령·위임명령으로 분류되고, ③ 발령권의 소재를 기준으로 대통령령·총리령·부령[14]·중앙선거관리위원회규칙 등으로 분류된다.

(2) 법규명령의 적법성

법규명령이 적법하기 위해서는 ① 법률 또는 상위법령의 근거가 필요하며(법률유보의 원칙), ② 내용이 수권의 범위 내에 있어야 하며(법률우위의 원칙), ③ 구체적인 위임일 것을 요한다(포괄적 위임금지의 원칙).

관련 판례

사회현상의 복잡다기화와 국회의 전문적·기술적 능력의 한계 및 시간적 적응능력의 한계로 인하여 형사처벌에 관련된 모든 법규를 예외 없이 형식적 의미의 법률에 의하여 규정한다는 것은 사실상 불가능할 뿐만 아니라 실제 적합하지도 아니하기 때문에, 특히 긴급한 필요가 있거나 미리 법률로써 자세히 정할

13 위임명령은 상위법령의 수권에 의해 위임된 사항에 관한 명령으로 수권 범위 내에서 국민의 권리·의무에 관한 사항을 새롭게 규율할 수 있고, 집행명령은 법령의 범위 내에서 집행에 필요한 세부적 사항을 규율하기 위한 명령으로 새로운 국민의 권리·의무를 제한하는 내용을 규정할 수 없다.

14 대통령령을 일반적으로 시행령이라 부르며, 총리령·부령을 일반적으로 시행규칙이라 한다.

수 없는 부득이한 사정이 있는 경우에 한하여 수권법률(위임법률)이 구성요건의 점에서는 처벌대상인 행위가 어떠한 것인지 이를 예측할 수 있을 정도로 구체적으로 정하고, 형벌의 점에서는 형벌의 종류 및 그 상한과 폭을 명확히 규정하는 것을 전제로 위임입법이 허용된다(대판 2000. 10. 27, 2000도1007).

3. 행정규칙

(1) 의의와 분류

행정규칙이란 상위행정기관이 내부행정조직의 활동과 사무처리기준을 내용으로 하는 일반적·추상적 규범이다. 행정규칙은 ① 형식을 기준으로 훈령·지시·예규·고시로 분류되며, ② 기능을 기준으로 재량준칙·해석준칙·법령보충적 행정규칙으로 분류된다.

(2) 행정규칙의 법규성 인정 여부

행정규칙은 행정조직 내부에서의 그 조직과 활동을 위해 제정되는 것이고 원칙적으로 국민에게 대외적 구속력을 미치지 않으나, 오늘날 행정행위를 함에 있어 행정규칙이 실질적인 행정사무처리의 기준으로 반복적으로 시행되면서 일반국민에 대하여 사실상 영향을 미친다는 점에서 행정규칙에도 법규성을 인정할지 견해가 대립한다. 대법원은 원칙적으로 행정규칙의 법규성은 물론 대외적 구속력을 부인하는 입장이나, 상위법령과 결합하여 위 법령에 내용을 보충하는 성격을 가지는 법령보충적 행정규칙의 경우 성질상 법규성을 인정한다.

관련 판례

상급행정기관이 하급행정기관에 대하여 업무처리지침이나 법령의 해석적용에 관한 기준을 정하여서 발하는 이른바 행정규칙은 일반적으로 행정조직 내부에서만 효력을 가질 뿐 대외적인 구속력을 갖는 것은 아니지만, 법령의 규정이 특정행정기관에게 그 법령내용의 구체적 사항을 정할 수 있는 권한을 부여하면서 그 권한행사의 절차나 방법을 특정하고 있지 아니한 관계로 수임행정기관이 행정규칙의 형식으로 그 법령의 내용이 될 사항을 구체적으로 정하고 있다면 그와 같은 행정규칙, 규정은 행정규칙이 갖는 일반적 효력으로서가 아니라, 행정기관에 법령의 구체적 내용을 보충할 권한을 부여한 법령규정의 효력에 의하여 그 내용을 보충하는 기능을 갖게 된다 할 것이므로 이와 같은 행정규칙, 규정은 당해 법령의 위임한계를 벗어나지 아니하는 한 그것들과 결합하여 대외적인 구속력이 있는 법규명령으로서의 효력을 갖게 된다(대판 1987. 9. 29, 86누484).

4. 법규명령 형식의 행정규칙과 행정규칙 형식의 법규명령

(1) 문제점

행정사무처리기준과 같은 행정 내부적 사항은 행정규칙의 형식(고시·훈령)으로 규정되는 것이 정당하나, 당해 내용이 법규명령의 형식인 대통령령·총리령·부령 속에 들어가 있는 경우, 법령에 근거하여 국민의 권리·의무를 제한하는 구체적 법령사항을 행정규칙인 고시·훈령 등의 형식으로 규율하여 상위법령을 보충·구체화하게 되는 경우에 형식과 내용이 불일치하게 되는데, 이 때 그 성질을 무엇으로 볼지 문제가 된다.

(2) 대법원의 입장

법규명령 형식의 행정규칙의 경우, 대법원은 부령의 경우와 대통령령 형식의 경우를 구분하여 판단하고 있다. 부령의 형식으로 제정된 경우[15] 그 규정은 행정청 내부사무처리기준의 행정규칙에 불과하다고 보아 대외적 구속력을 부인하나(판례 1), 대통령령 형식으로 제정된 경우에는 대외적 구속력을 지닌 법규명령으로 보고 있다(판례 2). 행정규칙 형식의 법규명령의 경우,[16] 대법원은 상위법령과 결합하여 대외적으로 구속력이 있는 법규명령으로서 효력을 가지는 것으로 보고 있다(판례 3).

관련 판례

[판례 1] 제재적 재량처분의 기준을 정하고 있는 공중위생법 시행규칙은 형식은 부령이나 그 성질은 행정기관 내부의 사무처리준칙을 규정한 것에 불과한 것으로 재량권을 기속하거나 국민을 기속하는 것은 아니다(대판 1991. 6. 23, 90누6545).

[판례 2] 당해 처분의 기준이 된 주택건설촉진법시행령 제10조의3 제1항 [별표 1]은 주택건설촉진법 제7조 제2항의 위임규정에 터 잡은 규정형식상 대통령령이므로 그 성질이 부령인 시행규칙이나 또는 지방자치단체의 규칙과 같이 통상적으로 행정조직 내부에 있어서의 행정명령에 지나지 않는 것이 아니라 대외적으로 국민이나 법원을 구속하는 힘이 있는 법규명령에 해당한다(대판 1997. 12. 26, 97누1541).

---

15 공중위생법 시행규칙 별표 7 행정처분기준.

시설 및 설비기준위반한 때	1차: 개선명령	2차: 영업정지 15일	3차: 영업정지 1월

16 소득세법에서 양도소득세의 양도차익을 계산함에 있어 실지거래가액이 적용될 경우를 대통령령에 위임함으로써 동법시행령이 위 위임규정에 따라 양도소득세의 실지거래가액이 적용될 경우의 하나로서 국세청장으로 하여금 양도소득세의 실지거래가액이 적용될 부동산투기억제를 위하여 필요하다고 인정되는 거래를 지정하게 하면서 이에 따라 국세청장이 재산제세사무처리규정(훈령형식) 제72조 제3항에서 양도소득세의 실지거래가액이 적용될 부동산투기억제를 위하여 필요하다고 인정되는 거래의 유형을 열거한 경우.

[판례 3] 상급행정기관이 하급행정기관에 대하여 업무처리지침이나 법령의 해석적용에 관한 기준을 정하여서 발하는 이른바 행정규칙은 일반적으로 행정조직 내부에서만 효력을 가질 뿐 대외적인 구속력을 갖는 것은 아니지만, 법령의 규정이 특정행정기관에게 그 법령내용의 구체적 사항을 정할 수 있는 권한을 부여하면서 그 권한행사의 절차나 방법을 특정하고 있지 아니한 관계로 수임행정기관이 행정규칙의 형식으로 그 법령의 내용이 될 사항을 구체적으로 정하고 있다면 그와 같은 행정규칙, 규정은 행정규칙이 갖는 일반적 효력으로서가 아니라, 행정기관에 법령의 구체적 내용을 보충할 권한을 부여한 법령규정의 효력에 의하여 그 내용을 보충하는 기능을 갖게 된다 할 것이므로 이와 같은 행정규칙, 규정은 당해 법령의 위임한계를 벗어나지 아니하는 한 그것들과 결합하여 대외적인 구속력이 있는 법규명령으로서의 효력을 갖게 된다(대판 1987. 9. 29, 86누484).

Ⅱ. 행정계획

1. 의 의

행정계획이란 행정주체가 행정에 관한 전문적·기술적 판단을 기초로 하여 특정한 행정목표를 달성하기 위하여 서로 관련되는 다양한 행정수단을 통합·조정함으로써 장래의 일정한 지점에 있어서 일정한 질서를 형성하기 위해 설정된 활동기준을 의미한다.[17]

2. 법적 성질

행정계획이 항고소송의 대상이 되는 처분 등으로 인정되는지와 관련하여 법적 성질이 문제되는데, 학설은 행정계획을 그 자체로 특수한 성질을 지닌 독자성을 인정하는 견해와 입법행위로 보는 견해, 행정소송의 대상이 되는 행정행위로 보는 견해가 존재하나 행정계획은 장기성과 복잡 다양한 성질에 기초해 법규명령적인 것도 행정행위인 것도 존재하므로 개별적으로 검토해야 한다는 복수성질설이 다수의 견해이다.

3. 효 력

(1) 효력발생요건

행정계획이 법규의 형식으로 이루어진 경우에는 일반적으로 공포한 날로부터 20일이 경과함으로써 효력이 발생하며 그 외의 형식에 의한 행정계획은 각 개별적

17 도시기본계획, 주택건설사업계획, 채광계획 등이 이에 해당한다.

규정에 따라 고시와 동시에 효력이 발생한다.

(2) 행정계획의 집중효

행정계획의 집중효란 본질적으로 장기간 대규모 성질을 지닌 행정계획의 경우, 그 주된 근거법의 요건을 갖추면 관련된 다른 법령이 요구하는 일정한 인가·허가를 받은 것으로 간주하는 효력을 의미하는 것으로 당해 대규모 사업의 절차를 간소화함으로써 행정의 신속성을 추구하는 기능을 지닌다. 집중효의 정도에 대하여 다른 법령의 관할권만이 인정되고 다른 법령에 요구하는 절차적·실체적 요건은 준수해야 한다는 관할집중효설과 절차적 요건까지 집중되고 실체적 요건은 준수해야 한다는 절차집중효설, 실체적 요건까지 모두 집중된다는 실체적 요건설 등이 대립하나 대법원은 원칙적으로 절차집중을 인정하나, 실체집중은 부정하는 입장이다.

관련 판례

건설부장관이 구 주택건설촉진법 제33조(주된 근거법령)에 따라 관계기관의 장과의 협의를 거쳐 사업계획승인을 한 이상 같은 조 제4항의 허가·인가·결정·승인 등이 있는 것으로 볼 것(관련법령 요건의 집중효)이고, 그 절차와 별도로 도시계획법 제12조 등 소정의 중앙도시계획위원회의 의결이나 주민의 의견청취 등 절차(절차집중 긍정)를 거칠 필요는 없다(대판 1992. 11. 10, 92누1162).

Ⅲ. 행정행위

1. 행정행위의 개념

(1) 의 의

행정행위란 실정법상의 용어가 아닌 학문상의 용어로 행정청이 구체적 사실에 대한 법집행으로서 외부에 대해 직접적이고 구체적인 구속력을 발생시키는 권력적 단독행위를 의미한다. 실정법상 행정행위는 허가·인가·특허·확인·면제 등의 용어로 사용된다.

(2) 행징젱송법상의 처분개념

실정법상 처분이라는 용어의 정의는 "행정청이 행하는 구체적 사실에 관한 법집행으로서의 공권력의 행사 또는 그 거부, 그 밖에 이에 준하는 행정작용(행정심판법 제2조 제1호)"으로 처분과 행정행위가 동일한 개념인지에 대한 논의가 있는데 이는 순수한 사실행위나 공법상 계약, 행정지도 등을 항고소송의 대상으로 포함할지 문제와 결부된다. 판례는 일률적으로 판단하기보다는 구체적 상황에 따라 그 행위의 성질과 국민의 권리보호필요성 등을 종합적으로 고려하여 판단하는 입장이다.

(3) 분 류

행정행위는 ① 법률효과의 성질에 따라 수익적 행정행위[18]·침익적 행정행위[19]·복효적 행정행위로,[20] ② 행정주체의 재량권 여부에 따라 기속행위와 재량행위로 분류된다. ③ 내용에 따라 법률행위적 행정행위[21]와 준법률행위적 행정행위[22]로 분류되고, ④ 행위대상에 따라 대인적 행정행위와 대물적 행정행위로 분류된다.

(4) 기속행위와 재량행위

1) 의 의

기속행위란 당해 행위의 근거법률이 요구하는 구성요건이 충족되면 행정청이 반드시 어떠한 행위를 발하거나 발하지 말아야 하는 행정행위를 의미하고, 재량행위란 법규상 구성요건으로 정한 전제요건이 충족되더라도, 공익 등의 이유로 행정청에게 일정한 선택(재량)권이 부여되는 경우를 의미한다. 예를 들어 사인이 대중음식점영업을 개시하는 데 필요한 요건을 갖추어 행정청에 청구하면 식품위생법상 대중음식점영업허가를 발급해줘야 하는 경우가 기속행위이고, 다수의 개인택시운송사업면허 신청에 대하여 행정청이 행정사무처리기준으로 규정한 '운전경력 인정방법에 대한 기준'을 근거로 재량권 범위 내에서 신청자 전부가 아닌 일부에게만 면허를 발급하는 것이 재량행위이다(참고판례 대판 2007. 3. 15, 2006두15783).

2) 기속행위와 재량행위의 구별기준

종래에는 요건재량설과 효과재량설, 판단여지설 등 학설의 대립이 있었으나, 오늘날 다수의 견해와 판례는 당해 행정행위의 근거가 된 법규의 체재·형식과 그

---

18 수익적 행정행위: 국민에 대하여 이익을 부여하거나 권리를 회복시켜주는 등 유리한 효과를 발생시키는 행정행위로 허가, 특허, 면제 등이 이에 해당한다.

19 침익적 행정행위: 국민의 권리를 제한하거나 의무를 부과하는 등 불리한 효과를 발생시키는 행정행위로 하명·수익적 행정행위의 취소 등이 이에 해당한다.

20 복효적 행정행위: 하나의 행정행위가 일방에겐 수익적 효과를 타인에겐 침익적 효과를 발생시키는 행정행위로 제3자효 행정행위라고도 한다(예: 행정청이 甲에게 연탄공장의 건축허가를 부여하자, 인근주민 乙이 얻게 되는 환경오염, 상업적 이익감소의 피해가 발생하는 경우).

21 명령적 행정행위인 하명·허가·면제와 형성적 행정행위인 특허·인가가 이에 해당한다.

22 확인, 공증, 수리, 통지 등이 이에 해당한다.

문언, 당해 행위가 속하는 행정분야의 주된 목적과 특성, 당해 행정 자체의 개별적 성질과 유형 등을 모두 종합적으로 고려하여 판단하는 입장이다(대판 2001. 2. 9, 98두17593).

3) 재량하자의 유형

재량하자에는 ① 법령상 주어진 재량의 한계를 벗어난 하자인 재량권의 일탈과 ② 법령상 주어진 재량권의 범위 내에서 행사하였으나 잘못된 방향으로 사고되어 재량행사가 이루어진 재량권의 남용, ③ 행정청이 자신에게 부여된 재량권을 전혀 행사하지 아니하거나 현저히 불합리하게 충분히 행사하지 아니한 경우를 의미하는 재량권의 불행사가 있다. 행정청에게 재량권이 부여된다 할지라도 재량권의 행사는 국민의 권익을 침해하지 않는 한도 내에서 이루어져야 한다. 예를 들어, 영업허가 이전 1개월 이상 무허가 영업을 하여 식품위생법을 위반하였다 하더라도 식품위생법 시행규칙 행정처분기준에 의하면 1월의 영업정지사유에 해당하는데, 이를 초과하는 2월 15일의 영업정지처분을 한 것은 재량권일탈 또는 남용에 해당한다(참조판례 대판 1993. 6. 29, 93누5635).

2. 행정행위의 내용

(1) 법률행위적 행정행위

1) 명령적 행정행위

가. 하 명

하명이란 작위·부작위·급부·수인을 명하는 행정행위로, 개인의 권리를 제한하거나 의무를 부과하는 침익적 행위이므로 법령의 근거를 필요로 한다.

나. 허 가

허가란 법령에 의해 제한되고 있는 자유를 그 제한을 해제함으로써 자유를 회복시켜 주는 행정행위로 유사한 개념으로 예외적 승인이 있는데, 허가는 일반적으로 해제가 예정되어 있는 상대적 금지대상을 요건이 충족될 경우 제한을 해제하여 권리행사를 허용해야 하는 원칙상 기속행위의 성질을 가지나, 예외적 승인은 사회적으로 유해하거나 바람직하지 않은 행위를 원칙적으로 금지하고 예외적인 특정한 경우 행정청의 재량을 통해 금지를 해제하여 적법하게 행위를 해준다는 점에서 구별된다.[23]

23 허가: 건축법상의 건축허가, 식품위생법상 일반음식점영업허가.

다. 면 제

면제란 징집면제, 조세면제 등 법령에 의하여 상대방에게 부여된 작위의무나 급부의무·수인 의무를 일정한 경우에 해제하는 행정행위를 의미한다.

2) 형성적 행정행위

가. 특 허

특허란 자동차운수사업면허, 광업허가 등 특정인에게 새로운 권리나 포괄적 법률관계를 설정해주는 행위를 의미한다.

나. 인 가

인가란 민법상 재단법인의 정관변경의 허가, 사립학교의 설립자변경인가처분 등 행정청이 다른 법률행위를 보충하여 그 법률상의 효력을 완성시키는 보충적 행정행위이다.

다. 대 리

공법상 대리란 체납처분절차상 압류재산공매처분과 같이 행정주체가 제3자를 대신하여 행위한 후, 그 효과를 직접 제3자에게 귀속하게 하는 법적 효과를 발생하는 행정행위이다.

(2) 준법률행위적 행정행위

1) 확 인

확인이란 친일반민족행위자재산조사위원회의 친일재산 국가귀속결정과 같이 기존의 사실 또는 법률관계의 존부를 공권적으로 판단하여 확정하는 행정행위이다.

2) 공 증

공증이란 토지대장에의 등재, 부동산등기법상 등기 등 일정한 사실이나 법률관계의 존재 여부를 공적으로 증명하는 행정행위이다.

3) 통 지

통지란 국가공무원법상 공무원에게 발하는 정년퇴직발령 구 토지수용법상 사업인정의 고시 등 특정인 또는 불특정 다수인에게 일정한 사실을 알리는 행정행위이다.

4) 수 리

수리란 행정심판청구서의 수리, 주민등록 전입신고 수리 등, 타인의 행위를 유

예외적 승인: 교환경위생정화구역 안의 당구장 영업허가, 개발제한구역 내의 음식점 영업허가.

효한 행위로서 받아들이는 행정행위이다. 행정기본법은 "법령등으로 정하는 바에 따라 행정청에 일정한 사항을 통지하여야 하는 신고로서 법률에 신고의 수리가 필요하다고 명시되어 있는 경우에는 행정청이 수리하여야 효력이 발생한다"고 규정하여 수리 여부에 따른 신고의 효력을 명문화하였다.

3. 행정행위의 효력

(1) 내용상 구속력

구속력이란 행정행위가 법령이 정하는 바에 따라 일정한 법적 효과를 발생시켜 당사자를 구속하는 실체법상 효력을 의미한다.

(2) 공정력

공정력은 행정행위의 특유의 효력으로 국가공동체의 원활한 운용을 위해 당해 행정행위가 당연무효가 아닌 한 권한 있는 기관에 의해 적법한 취소가 이루어지기 전까지 일응 유효한 것으로 통용되는 힘을 의미한다. 특정한 행정행위의 위법 여부나 효력 여부가 다른 민사사건이나 형사사건 재판에 있어서 먼저 해결되어야 하는 선결문제일 때, 행정소송이 제기된 수소법원이 아닌 다른 법원이 선결문제인 행정행위의 위법성 등을 심사할 수 있는지 문제된다. 예를 들어 하자있는 조세의 과세처분으로 국민이 과오납을 한 경우, 행정청에 대하여 민법상 부당이득반환청구를 할 수 있는지의 문제이다. 대법원은 일반적으로 하자의 정도가 당연무효인 경우에는 공정력이 인정되지 않으므로 선결문제의 위법성을 심사할 수 있음을 전제로 판단하나, 단순한 취소사유인 경우 공정력을 존중해 그 행정행위의 효력유무 판단이나 위법성 심사를 인정하지 않는다.

관련 판례

조세의 과오납이 부당이득이 되기 위해서는 납세 또는 조세의 징수가 실체법적으로나 절차법적으로 전혀 법률상의 근거가 없거나 과세처분의 하자가 중대하고 명백하여 당연무효이어야 하고, 과세처분의 하자가 단지 취소할 수 있는 정도에 불과할 때에는 과세관청이 이를 스스로 취소하거나 항고소송절차에 의하여 취소되지 않는 한 그로 인한 조세의 납부가 부당이득이 된다고 할 수 없다(대판 1994. 11. 11, 94다28000).

(3) 구성요건적 효력

최근 종래 공정력이론을 행정행위의 상대방과 이해관계인에 대한 구속력은 공정력으로, 다른 행정기관이나 다른 법원에 미치는 구속력은 구성요건적 효력으로 구별하는 견해가 유력하게 대두되고 있다.

(4) 존속력

행정행위가 행해진 후, 제소기간의 경과 등 그 효력을 안정적으로 유지할 필요가 발생한 경우 상대방은 이에 대한 효력을 다시 다툴 수 없고(불가쟁력), 행정행위를 한 행정청도 이를 철회나 취소할 수 없게 되는 효력(불가변력)을 존속력이라 한다. 이는 민사소송법상 기판력과 유사하다.

(5) 강제력

행정행위의 효율적인 목적달성을 위해 일정한 경우 행정행위에 의해 부과된 의무를 상대방이 이행하지 않는 경우 행정청이 스스로 그 의무이행을 실현시킬 수 있는 자력집행력과 그 불이행에 대한 제재로 행정벌을 부과할 수 있는 제재력이 발생한다.

4. 행정행위의 하자

행정행위의 하자란 행정행위가 유효하게 성립하기 위해 필요한 요건을 완전히 갖추지 못한 경우를 의미하는 것으로 이러한 행정행위의 하자에는 적법요건을 완전하게 구비하지 못한 위법한 행정행위와 적법요건을 구비하였으나 합목적적이지 못한 재량행사로 인한 부당한 행정행위로 구성된다. 위법한 행정행위는 법원에 의한 행정소송절차 외에 행정기관 내의 행정심판절차로도 다툴 수 있으나, 부당한 행정행위는 행정심판절차로만 다툴 수 있다. 행정행위의 위법성은 행정처분이 행하여졌을 때의 법령과 사실 상태를 기준으로 판단하여야 한다.

(1) 행정행위의 무효와 취소의 구별

1) 구별실익

법치행정의 원리에 따라 침익적 처분을 받은 상대방의 권리구제를 위해 위법한 행위는 무효로 보는 것이 바람직하나, 공익 보호와 그 상대방의 신뢰보호를 위해 위법한 행정행위의 효력을 취소사유과 무효사유로 구분한다.

2) 구별기준

국민의 권리구제와 법적 안정성의 요청을 조화시키기 위해 하자가 법규의 중요한 부분을 위반한 중대한 것으로서 객관적으로 명백할 때 무효이고 그 외에는 취소할 수 있는 행정행위로 보는 중대명백설이 다수설과 판례의 입장이다.

관련판례

행정처분에 사실관계를 오인한 하자가 있는 경우 그 하자가 중대하다고 하더라도 객관적으로 명백하지 않다면 그 처분을 당연무효라고 할 수 없는바, 하자가 명백하다고 하기 위해서는 그 사실관계 오인의 근거가 된 자료가 외형상 상태성을 결여하거나 또는 객관적으로 그 성립이나 내용의 진정을 인정할 수 없는 것임이 명백한 경우라야 할 것이고 사실관계의 자료를 정확히 조사하여야 비로소 그 하자 유무가 밝혀질 수 있는 경우라면 이러한 하자는 외관상 명백하다고 할 수는 없을 것이다(대판 1992. 4. 28, 91누6863).

(2) 하자의 치유·전환·승계

1) 하자의 치유

하자의 치유란 행정행위 성립 당시부터 하자가 있어 취소할 수 있는 행정행위이나 사후에 흠결 요건을 보완하였거나 그 하자가 경미하여 공익을 위해 효력을 유지할 필요성이 있는 경우, 하자의 치유를 인정하여 소급하여 처분 시(행정행위 성립 시)부터 하자 없는 적법한 행정행위로 보는 것으로 판례는 원칙적으로 부정하나, 예외적인 경우 하자의 치유를 인정한다.

관련판례

행정청이 식품위생법상의 청문절차를 이행함에 있어 소정의 청문서 도달기간을 지키지 아니하였다면 이는 청문의 절차적 요건을 준수하지 아니한 것이므로 이를 바탕으로 한 행정처분은 일단 위법하다고 보아야 할 것이지만 이러한 청문제도의 취지는 처분으로 말미암아 받게 될 영업자에게 미리 변명과 유리한 자료를 제출할 기회를 부여함으로써 부당한 권리침해를 예방하려는 데에 있는 것임을 고려하여 볼 때, 가령 행정청이 청문서 도달기간을 다소 어겼다 하더라도 영업자가 이에 대하여 이의하지 아니한 채 스스로 청문일에 출석하여 그 의견을 진술하고 변명하는 등 방어의 기회를 충분히 가졌다면 청문서 도달기간을 준수하지 아니한 하자는 치유되었다고 봄이 상당하다(대판 1992. 10. 23, 92누2844).

2) 무효인 행정행위의 전환

무효인 행정행위라도 다른 행정행위의 요건을 충족하고 있고 전환이 필요한 경우, 법적 안정성을 위해 무효인 행정행위를 그 다른 행정행위로의 효력으로 유효하게 인정하는 것으로 두 행정행위가 실질적 공통성이 있고, 당사자가 전환을 의욕하며, 제3자의 권리를 침해하지 않는 범위 내에서 가능하다.[24]

3) 하자의 승계

하자승계는 특정한 행정목적을 위하여 두 개 이상의 행정행위가 단계적으로 행해지는 경우, 선행행정행위의 하자를 후행행정행위 단계에서 다툴 수 있는가의 문제이다. 즉, 후행행정행위는 아무런 하자가 없으나 선행행정행위의 위법사유(무효가 아닌 취소사유가 존재하는 경우)가 존재하는 경우 그 선행행위의 하자를 후행행위의 위법사유로서 다툴 수 있는지의 문제이다. 대법원은 원칙적으로 두 처분성을 지닌 행정행위가 서로 결합하여 하나의 법률효과를 완성하는 때에는 하자의 승계를 인정하여 위법성을 다툴 수 있다고 보고 별개의 법률효과를 목적으로 하는 경우에는 부정한다.

관련 판례

주택건설촉진법 제38조 제2항은 공동주택 및 부대시설·복리시설의 소유자·입주자·사용자 등은 부대시설 등에 대하여 도지사의 허가를 받지 않고 사업계획에 따른 용도 이외의 용도에 사용하는 행위 등을 금지하고, 그 위반행위에 대하여 위 주택건설촉진법 제52조의2 제1호에서 1천만원 이하의 벌금에 처하도록 하는 벌칙규정만을 두고 있을 뿐, 건축법 제69조 등과 같은 부작위의무 위반행위에 대하여 대체적 작위의무로 전환하는 규정을 두고 있지 아니하므로 위 금지규정으로부터 그 위반결과의 시정을 명하는 원상복구명령을 할 수 있는 권한이 도출되는 것은 아니다. 결국 행정청의 원고에 대한 원상복구명령은 권한 없는 자의 처분으로 무효라고 할 것이고, 위 원상복구명령(선행행정행위)이 당연무효인 이상 후행처분인 계고처분(후행행정행위)의 효력에 당연히 영향을 미쳐 그 계고처분 역시 무효로 된다(대판 1996. 6. 28, 96누4374).

(3) 직권취소와 철회

1) 직권취소

직권취소란 행정의 법률적합성 구현과 공정한 행정에 대한 국민의 신뢰를 확보하기 위해 행정행위가 그 성립 시부터 하자가 있는 경우 행정행위를 발령한 처

24 이미 사망한 자를 제3채무자로 표시한 압류 및 전부명령이 있었다고 하더라도 이러한 오류가 사망자의 그 상속인으로 경정하는 결정이 확정되는 경우에는 당초 압류 및 전부명령 정본이 제3채무자에게 송달된 때에 소급하여 제3채무자가 사망자의 상속인으로 경정된 내용의 압류 및 전부명령의 효력이 발생한다(대판 1998. 2. 13, 95다15667).

분청이 그 효력을 직접 취소하는 것으로 판례는 원칙적으로 별도의 법적 근거가 없어도 스스로 직권취소할 수 있음을 인정한다.[25]

2) 철 회

철회란 행정의 탄력성과 합리적인 공익유지를 위해 적법하게 성립한 행정행위이지만 사후에 변경할 필요가 발생한 경우, 장래를 향하여 그 행정행위의 효력을 상실시키는 독립된 행정행위로, 원칙적으로 당해 행정처분을 한 처분청이 철회할 수 있고 판례는 별도의 법적 근거가 없더라도 사정변경이 생겼거나 중대한 공익상 필요가 발생한 경우에는 철회할 수 있음을 인정한다.[26]

5. 행정행위의 부관

(1) 의 의

부관이란 행정행위의 효과를 제한 또는 보충하기 위하여 행정기관에 의하여 주된 행정행위에 부가되는 종된 규율로 다양한 행정사무를 각 상황에 탄력성 있게 할 수 있도록 한다. 예를 들어 행정청이 토지소유자에게 토지형질변경행위허가를 해주면서 기부채납의 부관을 붙여 일부 토지를 국가에 기부채납(증여)하게 하는 경우가 이에 해당한다.

(2) 종 류

부관에는 조건, 기한, 철회권의 유보, 부담, 법률효과의 일부배제, 부담권유보가 있다. 특히 부담은 일반적으로 행정청이 수익적 행정행위를 하며 상대방에게 일정한 작위·부작위·수인·급부의무 등의 특정한 의무를 부과하는 침익적 성격을 지니고 있어 그 자체로 독립된 행정처분성이 인정되고 그 자체로 독립된 행정소송의 대상이 된다.

관련 판례

행정행위의 부관은 행정행위의 일반적인 효력이나 효과를 제한하기 위하여 의사표시의 주된 내용에 부가되는 종된 의사표시이지 그 자체로서 직접 법적 효과를 발생하는 독립된 처분이 아니므로 현행 행정쟁송제도 아래서는 부관 그 자체만을 독립된 쟁송의 대상으로 할 수 없는 것이 원칙이나 행정행위의 부관 중에서도 행정행위에 부수하여 그 행정행위의 상대방에게 일정한 의무를 부과하는 행정청의 의사표시인 부담의 경우에는 다른 부관과는 달리 행정행위의 불가분적인 요소가 아니고 그 존속이 본체인 행정행위

25 대판 1995. 9. 15, 95누6311.

26 대판 1992. 1. 17, 91누3130.

의 존재를 전제로 하는 것일 뿐이므로 부담 그 자체로서 행정쟁송의 대상이 될 수 있다(대판 1992. 1. 21, 91누1264).

6. 그 밖의 행정행위

(1) 확 약

확약이란 공무원임용의 내정과 같이 행정청이 국민에게 자기구속의 의도로 특정 행정행위의 발령 여부에 관해 약속하는 일방적 의사표시를 의미한다. 판례는 확약의 처분성을 원칙적으로 인정하지 않으나, 행정청은 상대방에게 확약된 행위를 하여야 할 자기구속적 의무를 발생시킨다.[27]

(2) 공법상 계약

공법상 계약이란 일정한 공법상 효력의 발생을 목적으로 당사자 간의 의사합치에 의해 성립되는 공법행위로 공익사업을 위한 토지 등의 취득 및 보상에 관한 법률상 사업시행자와 토지소유자 간의 협의, 공공시설의 이용관계에 관한 계약 등이 여기에 해당한다. 행정기본법은 “행정청은 법령등을 위반하지 아니하는 범위에서 행정목적을 달성하기 위하여 필요한 경우에는 공법상 법률관계에 관한 계약을 체결할 수 있다”고 규정하여 공법상 계약의 체결에 관하여 명문화하였다(동법 제27조). 종래에는 국가와 사인 간의 관계는 행정주체에게 일방적 힘을 부여하는 권력관계가 중심이었으나, 오늘날 행정사무가 다양해짐에 따라 비권력적 행정작용, 즉 공법상 계약과 같이 국가와 사인 간의 자율적 합의가 존중되는 영역이 확대되고 있다

(3) 공법상 사실행위

공법상 사실행위란 일정한 법적 효과의 발생을 목적으로 하는 것이 아니라 사실상의 효과 발생을 목적으로 하는 행정작용으로 사실행위의 처분성을 인정하여 행정쟁송이 가능한지 여부가 문제되는데, 판례는 단수조치, 검사실에서의 수갑 및 포승사용행위와 같은 권력적 사실행위의 경우에는 처분성을 긍정하여 행정쟁송을 인정하나, 공표, 민원회신과 같은 비권력적 사실행위의 경우에는 처분성은 부정하여 항고소송의 대상이 될 수 없다고 본다.

---

27 대판 1994. 3. 22, 93누22517.

(4) 행정지도

1) 의 의

행정지도란 행정기관이 그 소관사무의 범위 안에서 일정한 행정목적을 실현하기 위하여 특정인에게 일정한 행위를 하거나 하지 아니하도록 지도·권고·조언 등을 하는 행정작용으로(행정절차법 제2조 제3호) 행정청의 일방적인 공권력의 행사로 야기될 수 있는 분쟁을 미연에 방지할 수 있다는 기능이 있다. 행정기관은 행정지도의 상대방의 의사에 반하여 부당하게 강요하여서는 아니되고(동법 제48조 제1항), 상대방이 행정지도에 따르지 아니하였다는 것을 이유로 불이익한 조치를 하여서는 안된다(동법 제48조 제2항).[28]

2) 행정쟁송 가능성

대법원은 행정지도의 비권력적 사실행위의 성질을 이유로 쟁송의 대상이 되기 위한 처분성을 부정하는 견해이나 최근 규제적 행정지도의 성질을 지닌 남녀차별개선위의 시정권고조치에 대한 처분성을 긍정하여 주목된다.

관련판례

구 남녀차별금지및구제에관한법률 제28조에 의하면, 국가인권위원회의 성희롱결정과 이에 따른 시정조치의 권고는 불가분의 일체로 행하여지는 것인데 국가인권위원회의 이러한 결정과 시정조치의 권고는 성희롱 행위자로 결정된 자의 인격권에 영향을 미침과 동시에 공공기관의 장 또는 사용자에게 일정한 법률상의 의무를 부담시키는 것이므로 국가인권위원회의 성희롱결정 및 시정조치권고는 행정소송의 대상이 되는 행정처분에 해당한다고 보지 않을 수 없다(대판 2005. 7. 8, 2005두487).

제6절 행정절차

I. 개 념

행정절차란 행정청이 행정에 관한 결정을 함에 있어 거쳐야 하는 일련의 절차

28 행정지도는 경영지도 등 사인의 활동을 조성해 주려는 조성적 행정지도와 사인의 활동을 규제할 목적으로 행하는 규제적 행정지도, 사인 간의 이해대립관계를 조정하여 분쟁을 해결하기 위한 조정적 행정지도로 분류된다.

로서 우리나라는 행정절차에 관한 일반법으로 행정절차법을 두고 처분·신고·행정상 입법예고·행정예고·행정지도의 절차에 관하여 다른 특별한 규정이 없는 경우에 위 법을 적용한다. 행정절차는 행정작용에 있어 국민의 참여를 확대함으로써 행정의 민주화 기능을 수행한다.

Ⅱ. 절 차

행정절차법은 원칙적으로 필요한 처분기준을 설정·공표하여야 하고(행정절차법 제20조) 처분 시 그 이유를 제시할 것을 요한다(제23조)는 공통절차에 관한 규정을 두고 신청에 의한 수익적 처분과 당사자의 권익을 제한하거나 의무를 부과하는 침익적 처분을 구분하여 고유한 절차에 대해 규정하고 있다. 침익적 처분의 경우, 당사자에게 별도의 처분의 사전통지를 할 의무를 부여하고 있고(동법 제21조), 의견제출의 기회를 부여할 것을 요구한다(제22조 제3항).

Ⅲ. 행정절차의 하자

개별규정이 행정절차의 하자의 효력에 대해 명문의 규정을 두고 있는 경우를 제외하고는 행정절차의 하자의 효력에 관한 일반법을 두고 있지는 않으나, 행정소송법 제30조 제3항이 취소소송 등의 기속력이 절차의 위법을 이유로 하는 경우 준용된다고 규정하고 있는 점과 국민의 절차적 기본권 보장의 확대화 경향에 따라 오늘날 행정절차의 하자의 독자적 위법성 인정 여부에 귀추가 주목되고 있다.

1. 독자적 위법성의 인정 여부

행정절차의 하자가 있는 경우(특히 기속행위의 경우 절차하자의 위법성을 시정하기 위해 다시 적법한 절차를 거치더라도 동일한 처분을 할 가능성이 많다는 점에서) 독자적 위법성을 인정할 실익이 있는지에 대해 견해가 대립하나, 다수설과 판례는 행정절차의 독자적 위법성을 인정하는 입장이다.

관련 판례

행정청이 침해적 행정처분을 하면서 당사자에게 행정절차법상의 사전통지를 하거나 의견 제출의 기회를 주지 아니하였다면 사전통지를 하지 않거나 의견제출의 기회를 주지 아니하여도 되는 예외적인 경우에 해당하지 아니하는 한 그 처분은 위법하여 취소를 면할 수 없다(대판 2007. 9. 21, 2006두20631).

2. 위법성의 정도

행정절차상 하자를 독자적 위법사유로 인정하더라도 무효사유로 볼지 취소사유로 볼지 문제가 되는데 판례입장인 중대명백설에 따라 구체적 상황별로 종합적 검토하는 것이 타당하다.

관련 판례

행정청이 구 도시계획법 제23조 제5항의 규정에 의한 사업시행자 지정처분을 취소하기 위해서는 청문을 실시하여야 하고, 다만 행정절차법 제22조 제4항, 제21조 제4항에서 정한 예외사유에 해당하는 경우에 한하여 청문을 실시하지 아니할 수 있으며, 이러한 청문제도는 행정처분의 사유에 대하여 당사자에게 변명과 유리한 자료를 제출할 기회를 부여함으로써 위법사유의 시정가능성을 고려하고 처분의 신중과 적정을 기하려는 데 그 취지가 있음에 비추어 볼 때, 행정청이 침해적 행정처분을 함에 즈음하여 청문을 실시하지 않아도 되는 예외적인 경우에 해당하지 않는 한 반드시 청문을 실시하여야 하고, 그 절차를 결여한 처분은 위법한 처분으로서 취소사유에 해당한다(대판 2004. 7. 8, 2002두8350).

제 7 절 정보공개법과 개인정보보호법

I. 정보공개법

국정운영의 투명성을 확보하고 국민의 국정참여를 위해 우리나라는 공공기관의 정보공개에 관한 법률을 두어 원칙적으로 공공기관이 보유·관리하는 정보에 대한 국민의 공개청구를 인정한다. 공공의 안전이나 국가보장 등을 위한 비공개대상정보를 제외하고는 원칙적으로 정보공개를 인정하고 모든 국민은 정보공개를 청구할 권리를 가진다(동법 제5조 제1항). 정보공개와 관련한 공공기관의 비공개 또는 공개결정에 대해 불복이 있는 청구인은 이의신청(동법 제18조)이나 행정심판(동법 제19조), 행정소송(동법 제20조)을 통해 구제받을 수 있고, 공정한 정보공개심사를 위해 국가기관, 지방자치단체 및 정부투자기관은 정보공개 여부 등을 심의하기 위한 정보공개심의회를 설치·운영하여야 한다.

Ⅱ. 개인정보보호법

오늘날 정보화 사회의 가속화와 함께 개인정보의 노출 위험이 늘어나면서 이런 사회적 변화에 따른 개인정보보호를 위한 법적 조치가 필요하게 되었다. 그리하여 2011년 3월 29일 개인정보보호법을 제정·공포하여 원칙적으로 모든 분야의 개인정보의 처리행위를 규율할 수 있도록 하였다. 개인정보보호법은 개인정보의 수집·유출·오용·남용으로부터 사생활의 비밀 등을 보호함으로써 국민의 권리와 이익을 증진하고, 나아가 개인의 장래의 불이행가치를 구현하기 위하여 개인정보 처리에 관한 사항을 규정함을 목적으로 한다. 여기서 보호되는 개인정보란 살아 있는 개인에 관한 정보로 성명, 주민등록번호 등 개인식별정보 그 자체뿐 아니라 다른 정보와 쉽게 결합하여 알아볼 수 있는 것을 포함한다.

제8절 실효성 확보수단

Ⅰ. 개 념

행정목적의 실효성 확보를 위해 행정관련 법령은 행정상 의무이행을 위한 여러 확보수단을 두고 있다. 간접적 수단으로 행정벌(행정형벌과 행정질서벌)이 존재하고, 직접적 수단인 강제집행(대집행, 직접강제, 이행강제금, 강제징수)과 즉시강제가 존재한다. 행정기본법은 제3장 제5절에 행정상 강제에 관한 규정을 두어 행정대집행, 이행강제금, 직접강제, 강제징수, 즉시강제에 관하여 명문화하였다(동법 제30조). 기타 오늘날 행정업무의 다양화에 따라 그에 의한 실효성 확보수단의 다양성도 요구되고 있는바, 그에 따라 과징금, 위반사실의 공표 공급거부, 관허사업의 제한 등 새로운 의무이행 확보수단이 등장하고 있다.

Ⅱ. 간접적 확보수단 — 행정형벌과 행정질서벌

행정벌은 행정상 과거의 의무위반에 대한 제재로 행정형벌과 행정질서벌이 존재한다. 행정형벌은 행정상의 의무위반에 대해 형법에 규정되어 있는 형벌(징역·금고·자격상실·자격정지·벌금·구료·과료)이 가해지는 행정벌로 처벌의 일종이므로 죄형법정주의에 따라 법률의 근거가 있을 것을 요한다. 행정질서벌은 행정질서의 장해를 야기할 우려가 있는 의무위반에 대하여 과태료를 부과하는 행정벌로 행정형벌에 비해 경미한 범법행위에 가해지는 제재로 질서위반행위규제법을 두어 따로 규율하고 있다.

Ⅲ. 직접적 강제수단 — 행정상 강제집행

행정상 강제집행이란 행정상 의무불이행과 장래의 불이행에 대한 이행강제를 위한 제재로 강제수단으로는 대집행, 직접강제, 이행강제금, 강제징수가 존재한다. 이에 관한 실정법에는 행정대집행법과 행정상 강제징수에 관한 국세징수법 등이 존재한다.

1. 대집행

대집행이란 공법상 비금전적인 대체적 작위의무를 의무자가 이행하지 않고 심히 공익을 해하는 경우 행정청이 스스로 의무자가 행하여야 할 행위를 하거나(자기집행) 제3자로 하여금 이행하게 하고 그 비용을 의무자로부터 징수하는 것으로 건축법을 위반한 건축물에 대한 철거의무를 당사자가 이행하지 않는 경우, 행정청이 직접 철거하고 그에 대한 비용을 그 당사자에게 청구하는 행위가 이에 해당하며, 계고[29] → 통지[30] → 실행 → 비용징수 4단계로 나누어 이루어진다.

2. 직접강제

직접강제란 의무자의 행정법상 의무 불이행에 대해 직접 의무자의 신체 또는 재산에 실력을 행사하여 행정상 필요한 상태를 실현하는 강제집행수단으로 작위의

29 대집행을 하기에 앞서 상당한 이행 기한을 정하여 대집행의 뜻을 문서로 알리는 행위.

30 계고를 받고도 정해진 기한까지 의무를 이행하지 않은 경우, 당해 행정청이 대집행의 시기, 방식 등을 의무자에게 알리는 행위.

무의 불이행뿐 아니라 부작위의무의 불이행의 경우도 활용될 수 있는 수단으로 현행법상 인정되는 수단으로는 영업장의 폐쇄, 외국인의 강제퇴거 등이 있다.

3. 이행강제금

이행강제금이란 행정상 비대체적 작위의무 또는 부작위의무를 이행하지 않는 경우 금전지급의무를 부과하는 행정상 강제금으로 장래의 의무를 심리적으로 강제하기 위한 수단으로 활용된다. 건축법상 행정관청의 시정명령 위반행위에 대하여 과해지는 제재로의 이행강제금이 이에 해당한다.

4. 강제징수

강제징수란 행정법상의 금전급부의무를 이행하지 않는 경우 행정청이 의무자의 재산에 대해 행정상 의무가 이행된 것과 같은 상태를 강제적으로 실현하는 강제집행의 한 수단으로 독촉→ 체납처분(압류→매각→청산)의 절차로 이루어진다.

Ⅳ. 행정상 즉시강제와 행정조사

1. 행정상 즉시강제

행정상 즉시강제란 행정강제의 일종으로 목전의 급박한 행정상 장해를 제거할 필요가 있는 경우나 미리 의무를 명할 시간적 여유가 없을 때, 직접 국민의 신체 또는 재산에 실력을 가하여 행정상 필요한 상태를 실현하는 작용으로 마약류관리에 관한 법률에 의한 물건의 폐기, 검역법상 강제격리 등이 이에 해당한다. 즉시강제는 다른 수단으로는 행정목적을 달성할 수 없는 경우에만 허용되며, 이 경우에도 최소한으로만 실시하여야 한다(행정기본법 제33조).

2. 행정조사

행정조사란 행정기관이 정책을 결정하거나 직무를 수행하는 데 필요한 정보나 자료를 수집하기 위해 현장조사·문서열람·자료제출요구 등을 행하는 것으로 종래 즉시강제에 포함하여 설명하였으나 오늘날에 행정조사는 그 자체가 행정작용 실현을 위한 자료 및 정보를 수집하는 준비행위라는 점에서 구별된다.

V. 새로운 실효성 확보수단

최근 대두되고 있는 새로운 실효성 확보수단으로는 ① 행정법상의 의무를 위반한 자에 대하여 당해 위반행위로 얻게 된 경제적 이익을 박탈하기 위한 목적으로 부과하는 금전적인 제재인 과징금과 ② 행정법상 의무위반행위에 대하여 그 성명이나 위반사실을 대중에게 공표하게 하는 위반사실의 공표, ③ 의무위반한 자에게 일정한 행정상의 급부나 재화의 공급을 거부하는 공급거부(건축물에 대한 수도의 공급중지), ④ 의무위반자에게 부여하였던 허가 등을 거부·철회함으로써 행정법상의 의무이행을 간접적으로 확보하는 관허사업의 제한 등이 있다.

제9절 행정구제

I. 개 념

행정작용은 우월적 지위에 있는 행정청의 공권력행사라는 점에서 개인의 권익이 침해될 가능성이 많기에 행정구제가 보다 중요하다. 이러한 행정구제를 위한 사전적 행정구제방법으로는 청원, 고충민원처리 등이 있고 사후적 행정구제수단으로 손해전보를 위한 국가배상법상 손해배상과 손실보상, 행정상 쟁송으로의 행정심판, 행정소송 등이 존재한다.

II. 사전적 구제수단

1. 청 원

청원이란 법률이 정하는 바에 따라 모든 국민이 국가기관에게 자신의 의견이나 불만 등을 개진하거나 시정을 요구하는 것으로 헌법상 기본권의 하나로 인정되는 권리이다. 청원은 아무런 이해관계가 없는 자도 청구 가능하고, 공무원의 위법·부당한 행위에 대한 시정요구뿐 아니라, 구체적 권익침해가 존재하기 전에 그 문제되는 법률의 제정·폐지 등의 청구도 가능해 사전적 구제수단으로서의 기능을 한다.

2. 고충민원처리

고충민원처리란 국민권익위원회와 시민고충처리위원회 등의 관할 안에 행정기관 등의 위법·부당하거나 소극적인 처분으로 국민의 권리를 침해하거나 국민에게 불편 또는 부담을 주는 사항에 대해 조사하고 조정, 시정권고, 공표 등을 하고 그에 관한 불합리한 행정제도를 개선하는 것으로, 공공기관이 그 책무를 적정하게 수행하고 있는지 국민을 대신하여 감시하는 옴부즈맨의 기능을 한다.

Ⅲ. 사후적 구제수단

1. 행정상 손해전보

(1) 행정상 손해배상

1) 개 념

행정상 손해배상이란 공무원의 직무상 불법행위나 공공의 영조물의 설치·관리의 하자로 인하여 국민에게 손해가 발생한 때에 국가나 공공단체에게 그에 대한 손해배상을 청구하는 것으로 헌법 제29조와 국가배상법 제2조, 제5조에 근거하고 있다.

헌법 제29조

제29조 ① 공무원의 직무상 불법행위로 손해를 받은 국민은 법률이 정하는 바에 의하여 국가 또는 공공단체에 정당한 배상을 청구할 수 있다. 이 경우 공무원 자신의 책임은 면제되지 아니한다.
② 군인·군무원·경찰공무원 기타 법률이 정하는 자가 전투·훈련 등 직무집행과 관련하여 받은 손해에 대하여는 법률이 정하는 보상 외에 국가 또는 공공단체에 공무원의 직무상 불법행위로 인한 배상은 청구할 수 없다.

국가배상법 제2조(배상책임) ① 국가나 지방자치단체는 공무원 또는 공무를 위탁받은 사인(이하 "공무원"이라 한다)이 직무를 집행하면서 고의 또는 과실로 법령을 위반하여 타인에게 손해를 입히거나, 「자동차손해배상 보장법」에 따라 손해배상의 책임이 있을 때에는 이 법에 따라 그 손해를 배상하여야 한다. 다만, 군인·군무원·경찰공무원 또는 향토예비군대원이 전투·훈련 등 직무 집행과 관련하여 전사·순직하거나 공상을 입은 경우에 본인이나 그 유족이 다른 법령에 따라 재해보상금·유족연금·상이연금 등의 보상을 지급받을 수 있을 때에는 이 법 및 「민법」에 따른 손해배상을 청구할 수 없다.
② 제1항 본문의 경우에 공무원에게 고의 또는 중대한 과실이 있으면 국가나 지방자치단체는 그 공무원에게 구상할 수 있다.

국가배상법 제5조(공공시설 등의 하자로 인한 책임) ① 도로·하천, 그 밖의 공공의 영조물의 설치나 관리에 하자가 있기 때문에 타인에게 손해를 발생하게 하였을 때에는 국가나 지방자치단체는 그 손해를 배상하여야 한다. 이 경우 제2조 제1항 단서, 제3조 및 제3조의2를 준용한다.
② 제1항을 적용할 때 손해의 원인에 대하여 책임을 질 자가 따로 있으면 국가나 지방자치단체는 그 자에게 구상할 수 있다.

2) 공무원의 직무행위로 인한 손해배상(국가배상법 제2조)

가. 요 건

국가배상법상 ① 공무원[31]이 ② 객관적으로 직무와 관련 있는 사무[32]를 집행하면서 ③ 고의 또는 과실로 ④ 법령을 위반하여 ⑤ 타인에게 재산적 또는 정신적 손해를 입힌 경우 국민은 국가 또는 지방자치단체에게 손해배상을 청구할 수 있다.

관련 판례

경찰서 대용감방에 배치된 경찰관 등으로서는 감방 내의 상황을 잘 살펴 수감자들 사이에서 폭력행위 등이 일어나지 않도록 예방하고 나아가 폭력행위 등이 일어난 경우에는 이를 제지하여야 할 의무가 있음에도 불구하고 이러한 주의의무를 게을리하였다면 국가는 감방 내의 폭력행위로 인한 손해를 배상할 책임이 있다(대판 1993. 9. 28, 93다17546).

나. 공무원의 배상책임과 구상

공무원의 위법한 직무행위로 인한 손해의 배상책임자는 원칙적으로 국가 또는 지방자치단체이다.[33] 이에 대하여 국가가 공무원을 대신하여 지는 책임으로 이해하는 대위책임설과 기관인 공무원을 통한 자기행위에 대한 책임으로 보는 자기책임설이 대립하고, 이와 연관하여 헌법 제29조 제1항의 단서와 관련하여 국가 등에 대한 배상책임 외에 사인이 공무원 개인에 대해서도 배상책임을 청구할 수 있는지에 대하여 견해가 대립하는데, 판례는 절충설 입장에서 공무원에게 고의 또는 중과실이 있는 경우에는 국가 등 외에 공무원 개인에 대한 선택적 청구를 긍정하나, 단순 경과실이 있는 경우에는 공무원 개인에 대한 선택적 청구를 부정하는 입장이다.

31 최광의의 공무원으로 판례에 따르면 집달관, 향토예비군, 청원경찰, 교통할아버지는 이에 해당하나 시용버스운전사, 의용소방대원은 이에 해당하지 않는다.

32 사경제작용을 제외한 권력작용과 비권력작용만 포함되며(광의설), 외형이론에 따라 직무의 범위 내에 속하는 행위이거나 직무와 밀접한 관련이 있는 경우를 의미한다.

33 헌법 제29조 ① 공무원의 직무상 불법행위로 손해를 받은 국민은 법률이 정하는 바에 의하여 국가 또는 공공단체에 정당한 배상을 청구할 수 있다. 이 경우 공무원 자신의 책임은 면제되지 아니한다.

관련 판례

국가배상법 제2조 제1항 본문 및 제2항의 입법 취지는 공무원의 직무상 위법행위로 타인에게 손해를 끼친 경우에는 변제자력이 충분한 국가 등에게 선임감독상 과실 여부에 불구하고 손해배상책임을 부담시켜 국민의 재산권을 보장하되, 공무원이 직무를 수행함에 있어 경과실로 타인에게 손해를 입힌 경우에는 그 직무수행상 통상 예기할 수 있는 흠이 있는 것에 불과하므로, 이러한 공무원의 행위는 여전히 국가 등의 기관의 행위로 보아 그로 인하여 발생한 손해에 대한 배상책임도 전적으로 국가 등에만 귀속시키고 공무원 개인에게는 그로 인한 책임을 부담시키지 아니하여 공무원의 공무집행의 안정성을 확보하고, 반면에 공무원의 위법행위가 고의·중과실에 기한 경우에는 비록 그 행위가 그의 직무와 관련된 것이라고 하더라도 그와 같은 행위는 그 본질에 있어서 기관행위로서의 품격을 상실하여 국가 등에게 그 책임을 귀속시킬 수 없으므로 공무원 개인에게 불법행위로 인한 손해배상책임을 부담시키되, 다만 이러한 경우에도 그 행위의 외관을 객관적으로 관찰하여 공무원의 직무집행으로 보여질 때에는 피해자인 국민을 두텁게 보호하기 위하여 국가 등이 공무원 개인과 중첩적으로 배상책임을 부담하되 국가 등이 배상책임을 지는 경우에는 공무원 개인에게 구상할 수 있도록 함으로써 궁극적으로 그 책임이 공무원 개인에게 귀속되도록 하려는 것이라고 봄이 합당하다(대판 1996. 2. 15, 95다38677).

3) 영조물의 설치·관리 하자로 인한 손해배상(국가배상법 제5조)

국가 또는 지방자치단체는 ① 도로, 하천 기타 공공의 영조물의 ② 설치·관리에 하자[34]가 있어서 ③ 타인에게 손해를 발생하게 하였을 때에 손해배상의 책임을 진다.

관련 판례

폭설로 차량 운전자 등이 고속도로에서 장시간 고립된 사안에서, 고속도로의 관리자가 고립구간의 교통정체를 충분히 예견할 수 있었음에도 교통제한 및 운행정지 등 필요한 조치를 충실히 이행하지 아니하였으므로 고속도로의 관리상 하자가 있다. 고속도로의 관리상 하자가 인정되는 이상 고속도로의 점유관리자는 그 하자가 불가항력에 의한 것이거나 손해의 방지에 필요한 주의를 해태하지 아니하였다는 점을 주장·입증하여야 비로소 그 책임을 면할 수 있다(대판 2008. 3. 13, 2007다29287).

(2) 행정상 손실보상

1) 의 의

행정상 손실보상이란 공공의 필요를 위해 국가나 지방자치단체가 적법한 공권

34 설치·관리란 영조물의 축조와 그 후의 유지 보관작용을 의미하며 하자란 통상적으로 갖추어야 할 객관적 안전성을 결여하였음을 의미한다.

력 행사로써 사인의 재산권에 특별한 희생을 가한 경우 전체적인 공평부담의 견지에서 이를 조절하기 위해 행하는 재산적 보상을 의미한다. 행정상 손해배상이 위법한 행정작용으로 발생한 손해에 대한 손해전보라면, 손실보상은 적법한 행정작용으로 발생한 결과에 대한 보상이라는 점에서 양자 간에 차이가 있다.

2) 근 거

손실보상은 헌법 제23조 제3항의 헌법적 근거를 두고 있고, 이를 구체화한 공익사업을 위한 토지 등의 취득 및 보상에 관한 법률 등 개별 법률이 존재한다.

헌법 제23조 제3항

공공필요에 의한 재산권의 수용·사용 또는 제한 및 그에 대한 보상은 법률로써 하되 정당한 보상을 지급하여야 한다.

3) 요 건

손실보상청구권이 인정되기 위해서는 ① 공공필요로 인한 ② 가치 있는 재산권에 대한 ③ 적법하고 의도된 침해로 ④ 특별한 희생이 존재하고 ⑤ 그에 대한 보상규정이 있을 것을 요한다. 침해의 방식에는 재산권을 박탈하는 '수용'과 행정청이 공공필요로 인해 일시 사용하는 것을 의미하는 '사용', 개인의 재산에 대한 사용·수익 등 사적유용성을 한정하는 '제한'이 있다. '보상'에 대하여 재산권의 공공복리 적합의무의 관점에서 공익과 사익을 형량하여 보상내용을 결정해야 한다는 상당보상설과 침해 전후를 비교형량하여 경제적 가치에 있어서 완전한 보상을 해야 한다는 완전보상설이 대립하는바, 상당보상설은 합리적 이유가 있는 경우에는 완전보상을 하회하는 보상도 가능하다는 위험성이 있어 판례의 입장인 완전보상설이 타당하다.

4) 손실보상의 내용

손실보상은 수용 당시의 시가를 기준으로 보상하며 개발이익을 배제한 시가보상을 원칙으로 하고 있다.[35] 보상은 현금보상을 원칙으로 하며(공익사업을 위한 토지 등의 취득 및 보상에 관한 법률 제63조 제1항 이하 공특법이라 한다) 예외로 현물보상, 매수보상, 채권보상이 가능하다. 손실보상의 대표 예인 공특법에 따르면 1차로 당사

35 개발이익이란 공공사업의 시행 또는 정비, 용도지역 등의 결정·변경 때문에 생겨나는 지가상승분을 말하는데, 이는 토지소유자의 아무런 노력 없이 얻게 되는 불로소득에 해당하므로 개발이익의 사유화를 막기 위해 해당 공익사업을 하면서 상승한 토지가격을 보상액에 포함시키지 않는다.

자 간의 협의가 되면 협의에 따라 보상하고, 협의가 성립되지 않는 경우 사업시행자는 토지수용위원회에 재결을 신청하여 수용재결을 받을 수 있다. 이에 대한 사인의 구제수단으로 이의신청, 행정소송제기, 보상금증감소송 등이 존재한다.

2. 행정쟁송

행정쟁송이란 위법 또는 부당한 행정작용으로 권리나 이익을 침해당한 자가 일정한 재정기관에게 그 작용의 취소나 무효 등 확인을 구하고 이를 심리받는 권리구제제도이다. 행정쟁송은 사인의 권익을 침해한 그 행정작용 자체 효력의 취소·변경을 구한다는 점에서 행정작용으로 인한 손해나 손실을 사후에 금전 등으로 보상하는 손해전보제도와 구별된다.

(1) 행정심판

1) 의 의

행정심판이란 행정청의 위법 또는 부당한 처분이나 부작위로 침해된 국민의 권리 또는 이익을 구제하고, 아울러 행정의 적정한 운영을 꾀함을 목적으로 하는 것으로 행정소송은 다른 국가기관인 법원에 의해 위법한 행정작용에 대한 국민 구제수단인 반면, 행정심판은 내부 행정기관이 위법뿐 아니라 부당한 행정작용에 대해 자율적으로 잘못을 시정함으로써 행정의 적법성을 보장한다는 점에 의의가 있다.

	행정심판	행정소송
공통점	개괄주의, 국민의 권리구제수단, 집행부정지의 원칙, 불이익변경금지의 원칙	
심리기관	상급행정청 내부의 행정심판위원회	법 원
대 상	위법 또는 부당한 행정작용	위법한 행정작용
종 류	취소심판, 무효등확인심판, 의무이행심판	취소소송, 무효등확인소송, 부작위위법확인소송(의무이행소송, 예방적 금지소송 판례부정)
제기기간	안 날로부터 90일, 처분이 있은 날로부터 180일	안 날로부터 90일, 처분이 있은 날로부터 1년
임시처분(가처분)	인 정	부정(판례)
재 결	취소재결, 변경재결, 사정재결	취소판결, 사정판결

2) 종 류

행정심판에는 행정청의 위법 또는 부당한 처분을 취소하거나 변경하는 취소심판(동법 제5조 제1호)과 행정청의 처분의 효력 유무 또는 존재 여부를 확인하는 무효등확인심판(동법 제5조 제2호), 당사자의 신청에 대한 행정청의 위법 또는 부당한 거부처분이나 부작위에 대항 일정한 처분을 하도록 하는 의무이행심판(동법 제5조 제3호)이 존재한다.

3) 심판절차

각급 행정청에는 행정심판위원회를 두어 행정심판청구사건을 수리하여 심의·재결하여야 하고,[36] 당사자는 원칙적으로 처분이 있음을 알게 된 날로부터 90일 이내, 처분이 있었던 날로부터 180일 이내에 위 행정심판위원회에 서면으로 행정심판을 청구하여야 한다.

4) 가구제

심판청구는 집행부정지[37]가 원칙이나, 행정심판법은 사인의 권리보전을 도모하기 위하여 잠정적인 구제수단을 취할 수 있는 가구제 제도로 집행정지제도와 임시처분제도를 규정하고 있는데, 집행정지제도란 위원회가 처분의 집행 또는 절차의 속행으로 중대한 손해가 생기는 것이 예방할 필요성이 긴급하다고 인정될 때에 직권 또는 당사자의 신청에 의해 이를 정지할 수 있는 제도(행정심판법 제30조 제2항)이고, 임시처분제도란 처분 또는 부작위가 위법 또는 부당하다고 상당히 의심되는 경우로써 처분 또는 부작위 때문에 당사자가 받을 우려가 있는 중대한 불이익이나 당사자에게 생길 급박한 위험을 막기 위하여 임시지위를 정하여야 할 필요가 있는 경우에는 직권 또는 당사자의 신청에 의해 임시처분을 결정할 수 있는 제도(동법 제31조 제1항)이다.[38]

---

36 과거에는 행정심판기관을 의결기관인 재결청과 심리기관인 행정심판위원회로 분리하였으나, 2008년 2월 29일 심리·의결과 재결 권한을 통합하여 행정심판위원회에서 통일적으로 하도록 하는 1원적 구조로 개정되었다.

37 심판청구는 처분의 효력이나 그 집행 또는 절차의 속행에 영향을 주지 아니한다(행정심판법 제30조 제1항).

38 특히 임시처분제도는 2010. 1. 25 행정심판법 개정 시, 종래 행정심판법이 안고 있던 행정청의 거부처분과 부작위에 대하여 행정소송법과 달리 의무이행심판을 인정하면서도 이에 대응하는 가구제를 인정하고 있지 않아, 의무이행심판의 실효성을 제약하고 있다는 문제점을 개선하기 위해 도입했다는 점에서 의의가 있다.

5) 행정심판의 재결

재결이란 심판청구사건에 대해 행정심판위원회가 심리 후 최종적으로 하는 법적 판단으로 준사법행위의 성질을 지닌다. 재결에는 심판청구 요건의 불비로 행하는 각하재결, 심판청구가 이유 있다고 인정하는 인용재결과 이유 없다고 판단하는 기각재결, 사정재결[39]이 있다.

재결이 있으면 그 재결 및 같은 처분 또는 부작위에 대하여 다시 심판청구를 할 수는 없고(재결심판청구의 금지, 행정소송법 제51조) 그 재결 자체에 고유한 위법이 있는 경우에 재결에 대한 행정소송을 제기할 수 있다(동법 제19조 단서 및 제38조).

(2) 행정소송

1) 의 의

행정소송이란 행정소송절차를 통하여 행정청의 위법한 처분 그 밖에 공권력의 행사·불행사 등으로 인한 국민의 권리 또는 이익의 침해를 구제하고, 공법상의 권리관계 또는 법적용에 관한 다툼을 적정하게 해결함을 목적으로 하는 사후적 구제수단이다.

2) 종 류

행정소송은 크게 국민의 주관적 권익 보호를 위한 주관적 소송인 항고소송과 당사자소송, 개인의 권익이 아닌 행정법규의 적정한 적용의 보장을 주된 내용으로 객관적인 법질서의 유지를 위한 객관적 소송인 민중소송과 기관소송으로 분류된다.

3) 항고소송

가. 취소소송

① 의 의 취소소송은 항고소송의 가장 대표적인 형태로 행정청의 위법한 처분 등을 취소 또는 변경하는 소송이다(행정소송법 제4조 제1호). 취소소송과 무효등확인소송은 서로 병렬적 관계에 있는 별개의 소송이나 원고가 무효사유인 하자로 취소소송을 제기한 경우, 판례는 그것이 외견상 존재하는 행정처분에 관하여 권한 있는 기관에 의한 취소를 구하고 있는 점에서 하나의 항고소송인 이상, 단순 기각하는 것이 아니라 취소소송의 제소요건을 구비한 경우(예를 들어 취소소송의 제기기간 준수 등)에 한해 무효선언을 구하는 취소판결을 한다.

39 심판청구가 이유 있다고 인정하나, 이를 인용하는 경우 공공복리에 현저히 반하는 경우에 공익과 사익의 합리적인 조정을 도모하기 위해 예외적으로 인정하는 재결이다. 공익실현을 목적으로 한다는 점에서 인정되는 행정법상의 특유한 재결형태이다.

② 요 건

a. 당사자

취소소송의 당사자는 행정청의 위법한 처분 등으로 권익이 침해되었음을 이유로 처분의 취소를 주장하는 자이고, 피고는 다른 법률에 특별한 규정이 없는 한 그 처분 등을 행한 행정청이다. 최소소송의 원고적격이란 처분 등의 취소를 구할 수 있는 자격으로 행정소송법 제12조 전문에 따라 처분 등의 취소를 구할 법률상 이익 있는 자가 제기할 수 있다. 여기서 '법률상 이익'에 대한 견해대립이 있는데[40] 판례는 법률상 보호이익설의 입장에 따른다. 결론적으론 처분의 직접 당사자가 아니더라도 법적 이해관계가 있는 자 역시 원고적격이 인정된다.

관련 판례

행정처분에 대한 취소소송에서의 원고적격이 있는지 여부는 당해 처분의 상대방인지 여부에 따라 결정되는 것이 아니라 그 취소를 구할 법률상의 이익이 있는지 여부에 따라 결정되는 것이고, 여기서 말하는 법률상 이익이라 함은 당해 처분의 근거 법률에 의하여 보호되는 직접적이고 구체적인 이익이 있는 경우를 가리키며, 간접적이거나 사실적·경제적 이해관계를 가지는 데 불과한 경우는 포함되지 아니한다(대판 2001. 9. 28, 99두8565).

b. 소송물 — 취소소송의 대상

취소소송의 대상은 행정청이 행하는 구체적 사실에 관한 법집행으로서의 공권력의 행사 또는 그 거부와 그 밖에 이에 준하는 행정작용 및 행정심판에 대한 재결을 말한다(행정소송법 제2조 제1항 제1호). 여기서 공권력의 행사란 행정청이 우월적 지위에서 국민의 권리나 의무에 관계되는 사항에 관하여 직접 효력을 미치는 행위를 의미한다.

관련 판례

[판례 1] 처분성 긍정

택지개발촉진법 제3조에 의한 건설부장관의 택지개발예정지구의 지정과 같은 법 제8조에 의한 건설부장관(행정청)의 택지개발사업시행자에 대한 택지개발계획의 승인(공권력행사)은 그 처분의 고시에 의하여 개발할 토지의 위치, 면적, 권리내용 등이 특정되어 그 후 사업시행자에게 택지개발사업을 실시할 수 있는 권한이 설정되고, 나아가 일정한 절차를 거칠 것을 조건으로 하여 일정한 내용의 수용권이 주어지며 고시된 바에 따라 특정 개인의 권리나 법률상 이익이 개별적이고 구체적으로 규제받게 되므로 건설부장관의 위 각 처분은 행정처분의 성격을 갖는 것이다(대판 1992. 8. 14, 91누11582).

40 권리회복설, 법률상 보호이익설, 보호가치이익설, 적법성보장설.

[판례 2] 거부처분의 처분성 요건

국민의 적극적 행위 신청에 대하여 행정청이 그 신청에 따른 행위를 하지 않겠다고 거부한 행위가 항고소송의 대상이 되는 행정처분에 해당하는 것이라고 하려면, 그 신청한 행위가 공권력의 행사 또는 이에 준하는 행정작용이어야 하고, 그 거부행위가 신청인의 법률관계에 어떤 변동을 일으키는 것이어야 하며, 그 국민에게 그 행위발동을 요구할 법규상 또는 조리상의 신청권이 있어야 하는바, 여기에서 '신청인의 법률관계에 어떤 변동을 일으키는 것'이라는 의미는 신청인의 실체상의 권리관계에 직접적인 변동을 일으키는 것은 물론, 그렇지 않다 하더라도 신청인이 실체상의 권리자로서 권리를 행사함에 중대한 지장을 초래하는 것도 포함한다. 건축계획심의신청에 대한 반려(거부)처분이 항고소송의 대상이 되는 행정처분에 해당한다(대판 2007. 10. 11, 2007두1316).

c. 제소기간

취소소송을 제기할 수 있는 기간은 처분 등이 있음을 안 날로부터 90일 이내, 처분 등이 있은 날로부터 1년 내에 제기되어야 한다.

d. 소의 이익

소의 이익이란 판결의 실효성 확보와 소송경제를 위해 본안판단을 해야 하는 구체적 실익이 있을 것을 요하는 것으로 행정처분의 효력기간이 만료된 경우 원칙적으로는 소의 이익이 부정된다. 예를 들어 사인이 식품위생법 위반으로 음식점 영업의 30일 정지처분을 받았는데 이에 관한 취소소송을 제기하기 전에 30일의 기간이 이미 경과한 경우, 사인은 적법하게 음식점 영업을 할 수 있으므로 소의 이익이 부정된다. 다만 예외적으로 처분의 효력기간이 만료되어 처분이 소멸되더라도 그 처분의 전력(甲)이 장래 다른 처분(乙)시 가중요건으로 규정된 경우(앞의 30일(甲) 경과 후 1년 내에 다시 위반행위가 있는 경우 두 번째여서 가중처벌돼 30일이 아닌 50일(乙)의 영업정지를 받을 위험이 있는 경우)에는 소의 이익이 인정된다.

③ 취소소송의 가구제 행정심판의 가구제제도로 집행정지제도와 임시처분제도가 있으나, 취소소송의 가구제로 집행정지만 인정된다(행정소송법 제23조 제1항). 집행정지는 ⅰ) 처분이 존재하고 ⅱ) 본안소송의 계속 중 ⅲ) 회복하기 어려운 손해가 발생할 가능성이 있고 ⅳ) 긴급한 필요가 존재하고 ⅴ) 소극적 요건으로 공공복리에 대한 중대한 영향을 미칠 우려가 없을 때 인정된다.[41]

41 행정심판의 임시처분제도와 같이 행정소송의 가구제로 가처분제도를 인용할 것인지에 대해 견해대립이 있으나, 우리 판례는 이를 인정하지 않는다. "민사소송법상의 보전처분은 민사판결절차에 의하여 보호받을 수 있는 권리에 관한 것이므로, 민사소송법상의 가처분으로써 행정청의 어떠한 행정행위의 금지를 구하는 것은 허용될 수 없다 할 것이다(대판 1992. 7. 6, 92마54)."

관련 판례

미결수용중 다른 교도소로 이송된 피고인이 그 이송처분의 취소를 구하는 행정소송을 제기하고 아울러 그 효력정지를 구하는 신청을 제기한 데 대하여 행정처분의 집행정지나 효력정지결정을 하기 위해서는 행정소송법 제23조 제2항에 따라 회복하기 어려운 손해를 예방하기 위하여 긴급한 필요가 있어야 하고, 여기서 말하는 "회복하기 어려운 손해"라 함은 특별한 사정이 없는 한 금전으로 보상할 수 없는 손해라 할 것이며 이는 금전보상이 불능한 경우뿐만 아니라 금전보상으로는 사회관념상 행정처분을 받은 당사자가 참고 견딜 수 없거나 또는 참고 견디기가 현저히 곤란한 경우의 유형, 무형의 손해를 일컫는다. 형사피고사건이 상고심에 계속중에 안양교도소로부터 진주교도소로 이송되는 경우에는 그로 인하여 변호인과의 접견이 어려워져 방어권의 행사에 지장을 받게 됨은 물론 가족이나 친지 등과의 접견권의 행사에도 장애를 초래할 것임이 명백하므로 "회복하기 어려운 손해"가 발생할 염려가 있다(대판 1992. 8. 7, 92두30).

④ 취소소송의 판결과 효력

a. **판결의 종류**

취소소송의 판결에는 소의 요건 불비로 본안심리 전에 소를 종료하는 각하판결, 원고의 주장이 이유 없음을 이유로 주장을 배척하는 기각판결, 원고의 주장이 이유 있음을 이유로 취소 또는 변경을 인정하는 인용판결, 소의 이유가 인정되나(원고의 주장이 타당하나) 공익을 현저히 반할 위험이 있어(원고의 주장을 받아들이는 경우, 법적 안정성이 무너지거나 공익을 현저히 해할 우려가 있는 경우) 원고의 청구를 기각하는 사정판결이 인정된다.[42]

b. **판결의 효력**

판결이 확정되면 ① 법원 자신도 스스로 이를 취소 또는 변경할 수 없는 불가변력이 발생하며, ② 당사자가 더 이상 취소소송의 판결을 다툴 수 없게 되는 불가쟁력도 발생한다. ③ 또한 취소판결이 확정되면 당사자인 행정청과 그 밖의 관계행정청은 동일 사실관계 아래 동일당사자에 대하여 사실심변론종결 이전의 사유를 내새워 동일한 내용의 처분을 반복해서는 안되고(반복금지의 원칙) 거부처분에 대한 취소처분이 인정되면 그 처분을 행한 행정청은 판결의 취지에 따라 당사자가 종전에 한 신청에 대한 처분을 해야 하는 의무를 지닌(재처분의무) 기속력이 발생한다.[43] 그 외에도 ④ 기판력과 형성력이 인정된다.

---

42 사정판결은 취소소송에만 인정되고, 무효등확인소송과 부작위위법확인소송에는 인정되지 않는다.

43 거부처분취소판결의 확정시에 기속력에 따라 행정청에 부과되는 재처분의무의 이행을 확보하기 위해 행정소송법은 간접강제제도를 도입하여, 일정한 기간 안에 재처분의무를 불이행하는 경우에는 일정한 배상을 할 것을 명할 수 있다(행정소송법 제34조 제1항).

나. 무효등확인소송

무효등확인소송이란 행정청의 처분 등의 효력 유무 또는 존재 여부를 확인하는 소송으로(행정소송법 제4조 제2호) 처분 등의 효력 유무 또는 존재 여부의 확인을 구할 법률상 이익이 있는 자가 제기할 수 있다. 종래 판례는 무효확인소송을 제기하기 위한 원고적격으로 그 판결로써 법률관계의 존부를 확정하는 것이 불안·위험을 제거하는 데 필요하고도 적절한 경우에 인정된다(즉시확정이익－보충성을 요구)는 입장이었으나,[44] 최근 전원합의체 판결로 무효등확인소송은 민사소송과는 목적, 기능을 달리하며 국민의 권익구제를 위해 행정처분의 무효를 전제로 한 이행소송 등과 같은 직접적인 구제수단이 있는지 여부를 따질 필요 없이(즉시확정이익을 요구함 없이) 행정처분의 근거 법률에 의하여 보호되는 직접적이고 구체적인 이익(법률상 이익)이 있는 경우에는 무효확인을 구할 법률상 이익을 인정하게 되었다.[45] 무효등확인소송의 피고적격에 관하여는 취소소송의 피고적격에 관한 규정이 준용되므로(집행정지도 준용된다) 당해 처분 등을 행한 행정청이 피고가 되고, 무효등확인소송에는 제소기간의 제한이 없다.

다. 부작위위법확인소송

부작위위법확인소송이란 행정청의 부작위가 위법하다는 것을 확인하는 소송으로(행정소송법 제4조 제3호), 여기서 소송의 대상이 되기 위한 부작위란 행정청이 당사자의 신청에 대하여 상당한 기간 내에 일정한 처분을 하여야 할 법률상 의무가 있음에도 불구하고 이를 하지 아니하는 것을 의미한다(동법 제2조 제1항 제2호). 부작위위법확인소송 역시 행정청의 부작위가 계속되는 한 제소기간의 제한이 없다. 다만 행정심판을 거쳐 소송을 제기하는 경우에는 부작위에 대한 행정심판의 재결서의 정본을 송달받은 날로부터 90일, 재결이 있는 날로부터 1년 이내에 제기하여야 한다. 부작위위법확인소송과 관련하여 행정청의 부작위에 대하여 일정한 처분을 발급해 줄 것을 청구하는 적극적인 이행소송으로서의 의무이행소송이 인정될 수 있는지에 대하여 견해대립이 있으나, 판례는 이를 부정한다.

관련판례

행정심판법 제3조에 의하면 행정청의 위법 또는 부당한 거부처분이나 부작위에 대하여 의무이행 심판청

44 대판 2006. 5. 2, 2004두14714.

45 대판 2008. 3. 20, 2007두6342 전합.

구를 할 수 있으나 행정소송법 제4조에서는 행정심판법상의 의무이행심판청구에 대응하여 부작위위법확인소송만을 규정하고 있으므로 행정청의 부작위에 대한 의무이행소송은 현행법상 허용되지 않는다(대판 1989. 9. 12, 87누868).

4) 당사자소송

당사자소송이란 행정청의 처분 등을 원인으로 하는 법률관계에 관한 소송 그 밖에 공법상의 법률관계에 관한 소송으로서 그 법률관계의 한쪽 당사자를 피고로 하는 소송(동법 제3조 제2호)으로 취소소송과 같은 항고소송이 행정주체의 우월한 지위에서 행하는 공권력의 행사 등에 대한 분쟁해결수단이라면 당사자소송은 그 공권력 행사로 생긴 법률관계에 관한 소송이나 그 밖의 대등한 당사자 간의 공법상의 권리나 의무에 관한 소송이다. 예를 들어, 광주광역시문화예술회관장의 단원 위촉은 행정청이 공권력을 행사하여 하는 처분이 아니라 공법상의 근무관계의 설정을 목적으로 대등한 지위에서 의사가 합치되어 성립하는 공법상 계약에 해당하므로 당사자소송 사안에 해당한다(대판 2001. 12. 11, 2001두7794). 당사자소송은 항고소송과 달리 행정청이 아닌 국가나 공공단체 그 밖의 권리주체를 피고로 한다.

5) 민중소송

민중소송이란 국가 또는 공공단체의 기관이 법률에 위반되는 행위를 한 때에 직접 자기의 법률상 이익과 관계없이 그 시정을 구하기 위하여 제기하는 소송으로(동법 제3조 제3호) 행정의 객관적 적법성 보장을 목적으로 하는 소송이다. 이러한 성질 때문에 민중소송은 공직선거법상 선거소송과 당선소송, 지방자치법상 주민소송 등 법률에 특별한 규정이 있는 경우에 한하여 인정된다.

6) 기관소송

기관소송이란 국가 또는 공공단체의 기관 상호 간에 있어서의 권한의 존부 또는 그 행사에 관한 다툼이 있을 때에 이에 대하여 제기하는 소송으로 헌법재판소의 관장사항으로 되는 소송을 제외한다(동법 제3조 제4호). 예를 들어, 지방자치단체의 장이 지방의회의 의결이 월권이거나 법령에 위반되거나 공익을 현저히 해친다고 인정하여 재의결을 요구한 사안에 대해 그 재의결된 사항이 법령에 위반된다고 인정될 때 대법원에 제기하는 소송이 이에 해당한다(지방자치법 제107조 제3항 — 지방자치단체의 지방자체단체장과 지방의회의 기관소송).

제 9 장

형 법

제 1 절 형법의 의의와 죄형법정주의

I. 형법의 의의와 기능

사례 1

고등학생 A는 친구들과 학교운동장에서 야구를 하다 그만 홈런을 친 공이 학교담장을 넘어 甲의 대형할인매장의 유리창을 깨트렸다. 이에 甲은 변상을 요구하다 A의 언행이 불손하자 경찰에 신고하여 처벌을 요구하였다. 甲의 요구는 정당한가?

1. 형법의 의의

형법이란 범죄행위라는 법률요건을 확정하고 그 범죄행위에 대하여 형사제재라는 법률효과를 부여하는 법규범의 총체이다. 그런데 범죄(자)에 대하여 가해지는 형사제재에는 **형벌**과 **보안처분**이 있다. 따라서 형법의 개념은 범죄와 이에 대해 가해지는 형벌 및 보안처분에 관한 법이라고 하는 것이 가장 정확하다. 그러나 보안처분은 범죄를 실제로 행한 자 중에서 재범의 위험성이 있는 특정한 행위'자' 유형에 대하여 형벌을 보충하거나 대체하여 과하여지는 형사제재이다. 따라서 보안처분의 대상이 되는 행위자의 범죄 '행위'에 대해서는 원래 형벌이 과해질 것으로 예정되어 있다. 이와 같이 범죄 '행위'에 대해서는 원래 형벌이 과하여지도록 예정되어 있기 때문에 형법은 범죄와 형벌의 관계를 정하는 법규범의 총체라고 정의하여도 무방하다. 이와 같이 형법은 범죄와 형벌에 관한 법규범이므로 형벌을 중심으로 하여 형벌법(Strafrecht, penal law)이라 하고, 또 범죄를 중심으로 하여 범죄법(Kriminalrecht, criminal law)이라고도 할 수 있다.

범죄와 형벌의 내용은 시대와 장소에 따라 다르지만 '**응보로부터 예방으로 발전**'하여 왔다. 사회방위를 중시하는 오늘날의 형법이론에서는 형법의 개념에 과거의 범죄에 대한 제재로서의 형벌(형법 제41조는 사형, 징역, 금고, 자격상실, 자격정지, 벌금, 구류, 과료, 몰수의 9가지 형벌을 규정하고 있음)뿐만 아니라 장래의 범죄를 예방하기 위한 예방적 조치로서 보안처분(보호관찰, 사회봉사명령, 수강명령, 치료감호, 신상정보등록·공개, 위치추적 전자장치부착, 성충동약물치료 등)을 함께 규정하게 되었다. 이러한 점에서 형법은 형벌이라는 강제를 수반하지 않는 민법 등과도 구별된다.

2. 형법의 기능

형법의 기능은 보호적 기능, 보장적 기능 및 사회보호적 기능을 가진다.

첫째, 형법의 **보호적 기능**이란 형법이 일정한 행위를 범죄로 하고 이에 대하여 형벌을 과함으로써 범죄로부터 '법익'과 '사회윤리적 행위가치'를 보호하는 기능을 말한다. 여기서 **법익**이란 형법에 의하여 그 침해가 금지되는 개인 및 공동체의 이익이나 가치를 말한다. 이러한 가치로는 국가·사회의 안전, 개인의 생명·신체·명예·자유·재산 등이 해당한다. 따라서 법익침해를 수반하지 아니하는 범죄란 존재하지 아니한다. 또한 형법은 법익만 보호하는 것이 아니라 인간의 **사회윤리적 행위가치**도 보호한다. 이러한 형법의 보호적 기능과 관련하여 '**보충성의 원칙**'과 '**형법의 탈윤리화**'가 강조되어야 한다. **보충성의 원칙**이란 형법이 규정하는 제재인 형벌은 국가가 행사할 수 있는 가장 강력한 것이기 때문에 형법에 의한 법익보호는 다른 법률에 의한 보호수단이 끝난 후에 최후의 수단으로만 발동되어야 함을 의미한다. 이러한 원칙에 따라 국가는 우선적으로 단순히 사회윤리와 도덕에 맡길 수 있는 영역이 아직도 실정형법에 규정되어 있다면 이를 '**비범죄화**'시키는 조치를 취하여야 한다. 즉 형법은 법익보호에 기초한 사회윤리를 보호하는 것이지, 특정한 종교·윤리·도덕 그 자체를 보호해서는 안 된다. 예컨대 결혼해 주겠다고 거짓말을 하고 여자와 정을 통한 행위를 처벌했던 '혼인빙자간음죄'는 단순한 도덕적·윤리적 비난대상에 불과한 것이지 "폭행 또는 협박으로 사람을 강간함으로써 성립하는" 강간죄(형법 제297조)와 같은 상대방의 성적 자기결정권이라는 법익을 강제로 침해하는 범죄실질은 없기 때문에 비범죄화함으로써 형법을 탈윤리화(脫倫理化)시켜야 한다는 견해가 지속적으로 제시되었다. 이 때문에 헌법재판소는 혼인빙자간음죄에 대해 남성의 성적 자기결정권 및 사생활의 비밀과 자유를 침해한다는 등의 이유로 위헌결정을 내렸다(헌재결 2009. 11. 26, 2008헌바58, 2009헌바191 병합). 그리고 2015년 2월 26일 헌법재판소는 '형법 제241조(간통)는 헌법에 위반된다'고 결정(헌재결 2015. 2. 26, 2009헌바17)하였고, 2016년 1월 6일 형법에서 삭제되었다. 또한 2019년 4월 11일 헌법재판소는 낙태한 여성을 처벌하는 형법 제269조 제1항과 낙태 수술을 한 의사를 처벌하는 형법 제270조 제1항에 대해 재판관 4인 헌법불합치, 3인 단순 위헌, 2인 합헌 의견으로 헌법불합치라고 결정(헌재결 2019. 4. 11, 2017헌바127)하였고, 이에 국회는 2020년 12월 31일까지 관련 법조항을 개정해야 했으나 아직까지 개정이 이루어지지 않고 있다. 한편 국가는 사회적으로 가치 있는 법익을 침해하는 행위임에도 불구하고 아직 실정법상 범죄로 규정되어 있지 않다면 이를 '**신범죄화**'하는 조치도 강구해야 한다. 최근 형법개정을 통하여 컴퓨터범죄에 관한 많은 규정들이 새로이 형법에 도입된 것은 이러한 예가 될 것이다.

둘째, 형법의 **보장적 기능**이란 형법이 국가의 형벌권의 발동을 제한하여 개인의 권리와 자유를 보장하는 기능을 말한다. 즉 형법은 국가형벌권의 한계를 명백히 하여 어떤 국민에게도 형법이 규정하는 죄를 범하지 않는 한 형벌을 과할 수 없다는 의미에서 국가형벌권의 행사는 제한되고 개인의 권리와 자유가 보장된다. 이런 의미에서 형법은 먼저 **선량한 국민의 마그나 카르타**(Magna Charta)라고 할 수 있다. 또한 일정한 범죄를 범한 자라 하더라도 그 범죄에 규정된 형벌 이외의 부당한 형벌을 받지 아니한다는 권리가 보장된다. 이를 두고 형법은 **범죄인의 마그나 카르타**(Magna Charta)라고 한다.

마지막으로 형법은 형벌이나 보안처분이라는 수단을 동원하여 법질서를 침해하는 범죄에 대하여 사회질서를 유지하고 보호하려고 하는 **사회보호적 기능**을 수행한다. 이러한 형벌의 기능은 다시 일반예방기능과 특별예방기능으로 구별되어진다. **일반예방기능**이란 형벌의 사전예고(형벌적 위하)와 시행(판결의 선고와 집행)을 통하여 일반국민에게 범죄로 나아가지 아니하도록 함으로써 범죄를 예방하는 작용을 말한다. **특별예방기능**이란 범죄 행위자 자신에 대한 기능으로 형벌의 목적을 범죄인 자신의 재범예방에 두는 것을 말한다. 그 수단은 위하, 격리의 방법도 있으나 오늘날에는 형벌을 통하여 범죄인을 교육·개선함으로써 재사회화시키는 방법이 주류를 이루고 있다. 이러한 특별예방기능은 형벌의 개별화, 단기자유형의 제한, 가석방 집행유예, 선고유예의 활성화, 상습범의 특별취급 등을 통하여 그 목적을 달성하고자 한다.

▣ **사례 1의 해결**

甲의 A에 대한 형사처벌 요구는 정당하지 않다. 형법은 과실에 의한 재물손괴의 처벌규정을 두고 있지 않기 때문이다. 따라서 甲은 A에 대해 형사처벌을 주장할 수 없지만 민사상 손해배상청구권을 행사할 수 있다. 즉 국가는 형법에 규정되어 있는 범죄가 존재하지 않는 한 사회적으로 아무리 유해한 행위가 발생하여도 형벌권의 행사는 불가능하다. 따라서 어떠한 국민도 형법이 규정한 범죄를 범하지 아니하는 한 국가의 형벌권으로부터 자유가 보장된다.

Ⅱ. 죄형법정주의

사례 2

고등학생 甲은 1995년 12월 24일 저녁에 자신의 여자친구 A에게 전화를 걸기 위해 공중전화기에 동전과 유사한 모형을 투입하여 약 30분간 통화를 하였다. 이 경우 甲은 형사처벌될 수 있는가?

1. 죄형법정주의의 의의

법치국가에서 형법의 기본원리인 **죄형법정주의**란 어떤 행위를 범죄로 하고 이에 대해 어떤 형벌을 부과할 것인가를 미리 성문의 법규(제정법)로 정해두고 이러한 성문법규가 없는 한 아무리 부도덕하고 사회적으로 유해한 행위도 범죄로 처벌할 수 없다는 원칙을 말한다. 이는 "법률 없으면 범죄 없다(nullum crimen sine lege)"와 "법률 없으면 형벌 없다(nulla poena sine lege)"라는 2개의 명제로 성립된다. 범죄와 형벌을 국가가 자의적으로 적용하고 안정적인 사회생활을 위해서는 이와 같은 국가형벌권의 확장과 남용을 방지할 수 있는 수단이 필요하게 되는데, 그것이 바로 죄형법정주의다.

헌법 제12조 제1항의 "누구든지 법률과 적법한 절차에 의하지 아니하고는 처벌, 보안처분 또는 강제노역을 받지 아니한다"라는 규정과 동법 제13조 제1항의 "모든 국민은 행위시에 법률에 의하여 범죄를 구성하지 아니하는 행위로 소추되지 아니한다"라는 규정 및 형법 제1조 제1항의 "범죄의 성립과 처벌은 행위 시의 법률에 따른다"[1]라는 규정은 모두가 죄형법정주의를 표명한 것이다.

죄형법정주의는 형법학의 산물이라기보다는 근대 자유주의적 인권사상의 발달로 인하여 성립하였다. 그러므로 법치국가 및 개인주의·자유주의 사상이 죄형법정주의의 사상적 배경을 이룬다.

2. 죄형법정주의의 내용

죄형법정주의는 법률주의, 소급효금지의 원칙, 명확성의 원칙, 유추해석금지의 원칙 및 적정성의 원칙 등 5가지 파생적 원칙을 그 내용으로 하고 있다.

첫째, **법률주의**이다. 범죄와 형벌은 국회에서 제정된 성문의 법률에 의하여 규정되지 않으면 안 된다. 법률주의는 관습형법금지의 원칙을 그 내용으로 하므로 법률주의를 '**관습형법금지의 원칙**'이라고도 한다. 관습형법금지의 원칙은 관습법을 형법의 법원(法源)으로 인정할 수 없다는 것이다. 왜냐하면 관습법은 사회생활에 있어서의 관습적 규율이 법으로서 효력을 가지는 것이며, 성문법과 같이 문서로써 표시되어 제정된 것이 아니므로 관습법을 형법에 적용하면 개인은 존재가 불분명한 법으로써 처벌되어 범죄와 형벌의 관계를 미리 법률로써 정하여야 한다는 죄형법정주의의 근본 취지에 위배되기 때문이다. 다만 피고인에게 유리한 관습법의 적용까지 금지되지는 않는다.

한편 복잡하고 전문화된 현대사회는 미리 법률로써 자세히 정할 수 없거나 긴급한 필요가 있는 사정이 점차 많아진다. 이 때문에 범죄구성요건의 전부 또는 일

1 제21대 국회는 2020. 12. 8. "형법에 사용된 일본식 표현이나 어려운 한자어 등 개정이 시급한 내표적인 법률용어들을 국민의 눈높이에 맞추어 알기 쉬운 우리말로 변경하고, 법률문장의 내용을 정확히 전달할 수 있도록 어순구조를 재배열하는 등 알기 쉬운 법률 문장으로 개정"하는 「형법 일부개정법률안」(법률 제17571호)을 본회의에서 통과시켰고, 2021. 12. 9.부터 시행된다. 이에 이하의 형법 법조문은 개정 형법전에 따른다.

부를 보충규범에 위임하는 위임입법은 입법기술상 불가피하다. 즉 범죄구성요건과 형벌을 예측 가능하도록 명백하게 규정한다는 전제에서 위임입법을 허용하고 있다. 헌법 제75조는 대통령령으로의 위임을 허용하고 있고, 이러한 위임입법은 처벌법규에도 적용된다(헌재결 1991. 7. 8, 91헌가4). 다만 포괄적 위임입법은 허용되지 않는다.

관련판례

① 사회현상의 복잡다기화와 국회의 전문적·기술적 능력의 한계 및 시간적 적응능력의 한계로 인하여 형사처벌에 관련된 모든 법규를 예외 없이 형식적 의미의 법률에 의하여 규정한다는 것은 사실상 불가능할 뿐만 아니라 실제에 적합하지도 아니하기 때문에, 특히 긴급한 필요가 있거나 미리 법률로써 자세히 정할 수 없는 부득이한 사정이 있는 경우에 한하여 수권법률(위임법률)이 구성요건의 점에서는 처벌대상인 행위가 어떠한 것인지 이를 예측할 수 있을 정도로 구체적으로 정하고, 형벌의 점에서는 형벌의 종류 및 그 상한과 폭을 명확히 규정하는 것을 전제로 위임입법이 허용된다(대판 2000. 10. 27, 2000도1007).
② 의료법 제41조가 "환자의 진료 등에 필요한 당직의료인을 두어야 한다"라고 규정하고 있을 뿐인데도 시행령 조항은 당직의료인의 수와 자격 등 배치기준을 규정하고 이를 위반하면 의료법 제90조에 의한 처벌의 대상이 되도록 함으로써 형사처벌의 대상을 신설 또는 확장하였다. 그러므로 시행령 조항은 위임입법의 한계를 벗어난 것으로서 무효이다(대판 2017. 2. 26, 2015도16014 전원합의체).
③ 산업재해발생에 관한 보고를 하지 않는 자를 처벌하는 (구)산업안전보건법 제69조 제1호 중 제10조 제1항에 관한 부분은 "사업주는 이 법 또는 이 법에 의한 명령의 시행을 위하여 필요한 사항으로서 노동부령이 정하는 사항"을 "보고를 하지 아니하거나 허위의 보고를 한" 경우에 1천만 원 이하의 벌금형으로 처벌함을 밝히고 있을 뿐이고, "이 법 또는 이 법의 시행을 위하여 필요한 사항"이 어떠한 것인지에 관하여는 단지 제10조 제2항에서 "제1항의 규정에 의한 보고의 종류·보고시기 기타 필요한 사항은 노동부령으로 정한다"라고만 규정하여, 처벌법규의 구성요건의 구체적인 내용을 모두 하위법령인 노동부령에 위임하고 있다. 이 사건 법률조항이 처벌법규의 구성요건에 있어서 기본적 요소가 되는 '보고사항의 내용'에 관하여 그 대강을 확정하지 아니한 채로 그 규범의 실질을 모두 하위법령인 노동부령에 위임한 것은 포괄적 위임입법으로서 헌법 제75조에 위반된다(헌재결 2010. 2. 25, 2008헌가6).

둘째, **명확성의 원칙**이다. 어떤 행위가 형법에 의하여 금지되는 행위인지가 명확하여 누구나 알 수 있어야 한다는 원칙이다. 나아가 행위의 효과로서 부과되는 형벌도 그 내용이 명확해야 한다. 따라서 절대적 부정기형은 금지되는데, 이를 **절대적 부정기형금지의 원칙**이라 한다. 형식적으로는 죄형이 법정되어 있더라도 내용이 불명확하여 무엇이 범죄인가를 일반국민이나 법관이 알 수 없다면 형벌권의 자의적 행사로부터 개인을 보호할 수 없기 때문이다.

관련 판례

① '추행'에 해당하는 행위를 일일이 구체적, 서술적으로 열거하는 방식으로 명확성의 원칙을 관철하는 것은 입법기술상 불가능하거나 현저히 곤란하며, 건전한 상식과 통상적인 법감정을 가진 군형법 피적용자는 어떠한 행위가 이 사건 법률조항의 구성요건에 해당되는지 여부를 어느 정도 쉽게 파악할 수 있기 때문에 형벌법규의 명확성의 원칙에 위배되지 아니한다(헌재결 2002. 6. 27, 2001헌바70).
② 전기통신기본법 제47조 제1항이 '공익'을 해할 목적으로 전기통신설비에 의하여 공연히 허위의 통신을 한 자를 형사처벌하는 것은 명확성 원칙에 반하는 위헌이다(헌재결 2010. 12. 28, 2008헌바157).

셋째, **유추해석금지의 원칙**이다. 법률에 규정이 없는 사항에 대하여 그것과 유사한 성질을 가지는 사항에 관한 법률을 적용하는 것을 유추해석이라고 하는데, 형법을 해석함에 있어서 법조문의 문장과 표현대로 엄격히 해석해야 하고, 해석자(수사기관, 재판기관)가 자의적으로 해석을 해서는 안 된다는 원칙이다. 예를 들어 형법 제319조 제1항은 "사람의 주거, 관리하는 건조물, 선박이나 항공기 또는 점유하는 방실에 침입한 자는 3년 이하의 징역 또는 500만원 이하의 벌금에 처한다"라고 주거침입죄를 규정하고 있는데, 이때 창 밖에서 창문 속을 들여다보는 행위를 주거침입죄의 주거침입행위로 해석한다면 이는 금지된 유추해석을 하는 것이다.

관련 판례

① 항공보안법 제42조는 "위계 또는 위력으로써 운항 중인 항공기의 항로를 변경하게 하여 정상 운항을 방해한 사람은 1년 이상 10년 이하의 징역에 처한다"라고 규정하고 있다. 같은 법 제2조 제1호는 '운항 중'을 '승객이 탑승한 후 항공기의 모든 문이 닫힌 때로부터 내리기 위하여 문을 열 때까지'로 정의하였다. 본죄의 객체는 '운항 중'의 항공기이다. 그러나 위계 또는 위력으로 변경할 대상인 '항로'는 별개의 구성요건요소로서 그 자체로 죄형법정주의 원칙에 부합하게 해석해야 할 대상이 된다. 항로가 공중의 개념을 내포한 말이고, 입법자가 그 말뜻을 사전적 정의보다 넓은 의미로 사용하였다고 볼 자료가 없다. 지상의 항공기가 이동할 때 '운항 중'이 된다는 이유만으로 그때 다니는 지상의 길까지 '항로'로 해석하는 것은 문언의 가능한 의미를 벗어난다. 따라서 갑 항공사 부사장인 피고인이 외국 공항에서 국내로 출발 예정인 자사 여객기에 탑승하였다가, 담당 승무원이 일등석 승객인 자신에게 견과를 대접하는 방식이 자기가 알고 있는 객실서비스 설명서에 규정된 방법과 다르다는 이유로 화가 나 폭언하면서 승무원을 비행기에서 내리도록 하기 위해, 기장으로 하여금 계류장의 탑승교에서 분리되어 푸시백(Pushback, 계류장의 항공기를 차량으로 밀어 유도로까지 옮기는 것) 중이던 비행기를 다시 탑승구 쪽으로 돌아가게 함으로써 위력으로 운항 중인 항공기의 항로를 변경하게 하였다고 하여 항공보안법 위반으로 기소된 사안에서, 피고인이 푸시백 중이던 비행기를 탑승구로 돌아가게 한 행위가 항공기의 항로를 변경하게

한 것에 해당하지 않는다는 이유로, 같은 취지에서 피고인에게 무죄를 선고한 원심판단이 정당하다(대판 2017. 12. 21, 2015도8335 전원합의체).

② 성폭력범죄의 처벌 등에 관한 특례법(이하 '성폭력처벌법'이라고 한다) 제14조 제1항, 제2항, 제3항에 의하면, 성폭력처벌법 제14조 제1항의 촬영의 대상은 '성적 욕망 또는 수치심을 유발할 수 있는 다른 사람의 신체'라고 보아야 함이 문언상 명백하므로 위 규정의 처벌 대상은 '다른 사람의 신체 그 자체'를 카메라 등 기계장치를 이용해서 '직접' 촬영하는 경우에 한정된다고 보는 것이 타당하므로, 다른 사람의 신체 이미지가 담긴 영상도 위 조항의 '다른 사람의 신체'에 포함된다고 해석하는 것은 법률문언의 통상적인 의미를 벗어나는 것이어서 죄형법정주의 원칙상 허용될 수 없고, 성폭력처벌법 제14조 제2항 및 제3항의 촬영물은 '다른 사람'을 촬영대상자로 하여 그 신체를 촬영한 촬영물을 뜻하는 것임이 문언상 명백하므로, 자의에 의해 스스로 자신의 신체를 촬영한 촬영물까지 위 조항에서 정한 촬영물에 포함시키는 것은 문언의 통상적인 의미를 벗어난 해석이다(대판 2018. 3. 15, 2017도21656).

넷째, **소급효금지의 원칙**이다. 범죄와 형벌은 행위시의 법률에 의하여 결정하지 않으면 안 된다는 원칙이다. **형벌불소급의 원칙** 또는 **법률불소급의 원칙**이라고도 한다. 형법의 소급효를 허용한다면 행위 당시에는 범죄로 되지 않았던 행위(적법행위)가 행위 후의 법률에 의하여 처벌되어 범죄와 형벌의 관계를 미리 법률로써 정하여야 한다는 죄형법정주의의 기초를 붕괴시킬 수 있기 때문이다. 따라서 이 원칙은 법적 안정성과 법률에 대한 예측가능성을 위한 법치국가이념에 그 근거를 두고 있다.

관련판례

① 특정 범죄자에 대한 위치추적 전자장치 부착 등에 관한 법률에 의한 전자감시제도는 범죄행위를 한 자에 대한 응보를 주된 목적으로 그 책임을 추궁하는 사후적 처분인 형벌과 구별되어 그 본질을 달리하는 것으로서 형벌에 관한 소급입법금지의 원칙이 그대로 적용되지 않으므로, 위 법률이 개정되어 부착명령 기간을 연장하도록 규정하고 있더라도 그것이 소급입법금지의 원칙에 반한다고 볼 수 없다(대판 2010. 12. 30, 2010도11996).

② 가정폭력범죄의 처벌 등에 관한 특례법이 정한 보호처분 중의 하나인 사회봉사명령은 가정폭력범죄를 범한 자에 대하여 환경의 조정과 성행의 교정을 목적으로 하는 것으로서 형벌 그 자체가 아니라 보안처분의 성격을 가지는 것이 사실이나, 이는 가정폭력범죄행위에 대하여 형사처벌 대신 부과되는 것으로서, 가정폭력범죄를 범한 자에게 의무적 노동을 부과하고 여가시간을 박탈하여 실질적으로는 신체적 자유를 제한하게 되므로, 이에 대하여는 원칙적으로 형벌불소급의 원칙에 따라 행위시법을 적용함이 상당하다. 이에 따라 가정폭력범죄의 처벌 등에 관한 특례법상 사회봉사명령을 부과하면서, 행위시법상 사회봉사명령 부과시간의 상한인 100시간을 초과하여 상한을 200시간으로 올린 신법을 적용한 것은 위법하다(대결 2008. 7. 24, 2008어4).

다섯째, **적정성의 원칙**이다. 형벌법규의 실질적 내용이 정당하고 합리성이 있어야 한다는 원칙을 말한다. 이 원칙은 형벌법규의 형식적 법정주의를 넘어서 **실질적 죄형법정주의**의 실현을 요구하는 것이다. 따라서 형법은 평화로운 공동체질서를 유지하기 위하여 필요한 경우에 최후의 수단으로 형벌을 부과하여야 한다는 필요성과 보충성의 원칙을 충족하는 정당한 내용의 법률이어야 한다고 표현될 수 있다.

관련 판례

취업제한 조항이 범죄행위의 유형이나 구체적 태양 등을 고려하지 않은 채 범행의 정도가 가볍고 재범의 위험성이 상대적으로 크지 않은 자에게까지 10년 동안 일률적인 취업제한을 부과하고 있는 점 등을 종합하면, 이 사건 취업제한 조항은 침해의 최소성 원칙에 위배된다. 또한, 이 사건 취업제한 조항이 달성하고자 하는 공익이 우리 사회의 중요한 공익이지만 이 사건 취업제한 조항에 의하여 청구인의 직업선택의 자유가 과도하게 제한되므로, 이 사건 취업제한 조항은 법익의 균형성 원칙에도 위배된다(헌재결 2016. 4. 28, 2015헌마98).

▣ **사례 2의 해결**

상기한 [사례]에서 공중전화와 같이 자동설비에 의하여 편익 또는 재산상의 이득을 취득한 경우에는 재물이 아니기 때문에 절도죄가 성립하지 않는다. 또한 사람을 기망한 경우가 아니기 때문에 사기죄도 성립하지 아니한다. 따라서 고등학생 甲이 1995년 12월 24일 저녁에 한 행위에 대해서는 처벌조항이 없기 때문에 형사처벌을 할 수 없다.

이와 같은 문제점을 해결하기 위해 1995년 12월 29일 형법 개정시에 '편의시설부정이용죄'라는 별도의 처벌조항을 신설하였다. 즉 형법 제348조의2는 "부정한 방법으로 대가를 지급하지 아니하고 자동판매기, 공중전화 기타 유료자동설비를 이용하여 재물 또는 재산상의 이익을 취득한 자는 3년 이하의 징역, 500만원 이하의 벌금, 구류 또는 과료에 처한다"라고 규정하고 있다. 따라서 甲이 현재에도 이와 같은 행위를 했다면 그를 편의시설부정이용죄로 처벌할 수 있다.

제2절 범죄론

I. 범죄성립의 요소

범죄는 국가가 보호하는 사회생활상의 이익·가치를 침해 내지 위협하는 반사회적 행위라고 할 수 있다. 범죄는 그것이 반사회적 행위이기 때문에 이에 대하여 형벌을 부과하는 것이다. 그렇다면 범죄가 성립하기 위해서는 어떤 요소를 갖추어야 하는가의 문제가 제기되는데, 이것이 범죄의 성립요건의 문제이다. 형식적 의의에 있어서의 범죄의 개념은 구성요건에 해당하는 위법·유책한 행위라고 할 수 있다. 즉 구성요건해당성, 위법성 및 책임성을 범죄성립의 3요소라고 한다.

1. 구성요건해당성

사례 3

甲은 A를 살해하려고 총을 쏘았으나 단지 중상해만을 입히고 생명에는 지장을 주지 않았다. (1) A는 병원으로 이송 도중에 자동차사고로 죽었다. (2) A는 자동차 안에서 지나친 출혈의 결과 의식불명이 되면서 토하게 되었고, 이 토한 물질이 목에 걸려 질식사하였다. (3) A는 병원으로 이송되어 수술을 받던 중 의사의 의료과실에 의하여 사망하였다. (4) A는 병원에서 퇴원하기 전날에 병실화재로 질식사하였다. 이 경우에 A의 사망에 대한 甲의 죄책은?

구성요건이란 형벌부과의 요건으로 추상적으로 규정된 위법행위의 유형을 말한다. 즉 구성요건은 위법행위 중에서 특히 범죄로 처벌할 가치가 있다고 인정되는 것만을 유형화(형법 각 본조)하여 개념적으로 규정한 것이다. 예를 들어 제250조 살인죄의 구성요건은 '사람을 살해한 자', 제329조 절도죄의 구성요건은 '타인의 재물을 절취한 자'로 되어 있다. 따라서 우선 범죄가 성립되기 위해서는 위법행위가 형법 각 본조에서 규정하고 있는 구성요건에 해당해야 한다. 이를 **구성요건해당성**이라 한다.

구성요건은 객관적 구성요건요소와 주관적 구성요건요소로 구성되어 있다. **객관적 구성요건요소**는 행위주체, 행위객체, 행위(행위태양·행위상황), 결과, 인과관계를 말하며, **주관적 구성요건요소**는 고의·과실을 말한다.

[살인죄의 구성요건 분석]

객관적 구성요건	주 체	사 람
	객 체	사람의 신체
	행 위	살해행위
	결 과	사 망
	인과관계	살해행위로 인한 사망의 결과발생
주관적 구성요건	고의 또는 과실	고 의

(1) 행위주체

우리 형법각칙은 범죄주체를 "~한 자"로 표현하고 있다. 여기서 "~한 자"라 함은 사람을 의미한다. 따라서 동물이나 자연현상은 범죄주체가 될 수 없다. 또한 "~한 자"는 살아 있는 자연인을 의미한다는 데에는 아무런 문제도 없고 이론도 없다. 문제는 법에 의해 사람으로서의 자격이 부여되는 법인도 범죄주체가 될 수 있는가, 즉 법인에게 범죄능력이 있는가이다. 이에 대하여 긍정설과 부정설이 대립하고 있는데, 통설과 판례는 부정설을 취하고 있다. 그 논거로는 의사와 육체가 없는 법인은 행위능력이 없으며, 법인이 관여된 범죄에 대해서는 자연인인 기관을 처벌하면 족하므로 법인 자체를 처벌할 필요는 없다는 점을 든다. 이에 반해 긍정설은 법인은 그 기관을 통하여 의사를 형성하고 행위를 할 수 있으므로 법인에게도 의사능력과 행위능력이 있으며, 법인기관의 행위는 법인 자체의 행위이고, 법인 자체의 행위는 그 구성원에게 효력이 미치므로 법인에 대한 처벌은 자기책임의 원칙에 반하는 것이 아님을 논거로 제시한다. 부정설이든 긍정설이든 법인처벌의 필요성에 대해서는 견해가 일치하고 있으며, 실제로 각종의 행정형법에서는 행위자 이외에 법인을 형벌(벌금형)로 처벌하는 소위 **양벌규정**을 두고 있다.

한편 행위주체를 특정한 신분을 가진 자연인만으로 제한하는 범죄가 있다. 예를 들어 허위진단서작성죄(제233조)의 의사, 한의사, 치과의사 등과 수뢰죄(제129조)에서의 공무원 등이다. 이를 진정신분범이라고 한다.

(2) 인과관계와 객관적 귀속

행위 이외에 일정한 결과의 발생을 전제로 하는 범죄, 즉 결과범인 경우에 그 범죄의 기수가 되기 위해서는 행위와 결과 사이에 인과관계가 존재하고 원인을 야기한 자에게 그 구체적 결과가 그의 작품으로 귀속될 수 있어야 한다. 결과범에 있어서 요구되는 이러한 인과관계와 객관적 귀속가능성은 범죄요소 중에서 기술되지 않은 객관적 구성요건요소에 해당한다. 반면에 행위를 함으로써 그 범죄의 구성요건이 실현되는 단순한 거동범에 있어서는 이러한 인과관계와 객관적 귀속의 문제가 생기지 않는다.

인과관계와 객관적 귀속의 차이는 인과관계는 행위와 결과 사이에 자연과학적 또는 경험적 연관관계를 의미하는 데 반하여 객관적 귀속의 관계는 순수한 규범적 평가관계라는 점에 있다.

인과관계의 판단기준에 대해서는 크게 조건설, 합법칙적 조건설과 상당인과관계설이 대립하고 있다. 우선 조건설은 행위와 결과 사이에 그 행위가 없었더라면 결과가 발생하지 않았을 것이라는 관계(conditio sine qua non의 관계)가 성립하면 인과관계를 인정하는 견해이다. 이때 결과에 대한 모든 조건은 동등한 가치가 있다고 보므로 조건설은 등가설(Äquivalenztheorie)이라고도 불리어진다. 이러한 조건설은 인과관계의 인정범위를 지나치게 확대하는 문제점을 지니고 있다. 다음으로 합법칙적 조건설은 가설적 인과과정을 고려하지 않고 결과가 행위에 후속하고 행위와 결과 사이에 일상적 경험법칙으로서의 합법칙성에 의한 연관관계가 있는 경우에 인과관계를 인정하는 견해이다. 이 설은 '가정'과 '부정'의 공식이 아니라, '실재(~한 행위의 실재가 있었으므로)'와 '긍정(~한 결과가 있었다)'의 관계를 일반적 경험칙에 의하여 확정하는 점에서 앞의 조건설과 다르다. 다만 이 설은 인과관계의 다음 단계로서 객관적 귀속의 검증과정을 또다시 거쳐야 한다는 전제에서 학계의 다수설로서 주장될 뿐이고, 객관적 귀속이라는 인과관계의 다음 단계를 채택하지 아니하는 우리나라 실무는 상당인과관계설을 여전히 유지하고 있다. 마지막으로 상당인과관계설은 결과에 대하여 상당한 조건에 대해서만 인과관계를 인정하는 견해이다. 우리나라 판례의 태도에 해당한다. 그러나 상당인과관계설은 상당성의 개념이 모호하다는 비판이 제기된다. 이 때문에 학계에서는 인과관계의 문제를 인과관계 인정문제와 형사책임귀속의 문제로 구별하여 판단하는 객관적 귀속이론의 입장을 따르고 있다. 이에 따르면 행위와 결과 간에 절대적 제약관계만 있으면 인과관계를 인정하는 조건설(또는 합법칙적 조건설)에 의해 인과관계를 확정하고, 행위자가 허용되지 아니한 위험을 새로이 창출하거나 증대시키는 행위를 하여야 하고, 행위자에 의해 창출된 위험이 구체적인 결과에 그대로 실현되었다고 규범적으로 평가될 수 있어야 한다는 객관적 귀속에 대한 일반척도에 의해서 형사책임의 범위가 결정된다고 본다.

[상당인과관계를 긍정한 판례]

① 의사가 연탄가스중독환자에 대해 가스중독임을 설명하지 않아 그 이후 재차 연탄가스에 중독된 경우(대판 1991. 2. 12, 90도2547), ② 평소 지병이 있는 자에게 폭행을 가하자 그 지병이 어느 정도 영향을 주어 피해자가 사망한 경우(대판 1979. 10. 10, 79도2040), ③ 피고인이 주먹으로 피해자의 복부를 1회 강타하여 장파열로 인한 복막염으로 사망케 하였다면, 비록 의사의 수술지연 등 과실이 피해자의 사망의 공동원인이 되었다 하더라도 피고인의 행위가 사망의 결과에 대한 유력한 원인이 된 경우(대판 1984. 6. 26, 84도831), ④ 이미 탈진상태에 있는 피해자의 손과 발을 묶어 17시간 이상 좁은 차량 속에 감금하자 드디어 피해자가 묶인 부위의 혈액순환장애로 사망한 경우(대판 2002. 10. 11, 2002도4315), ⑤ 피고인 1이 (제품명 1 생략)의 주원료를 변경하는 과정에서 흡입독성이 없는 것으로 확인되는 살균제 성분을 원료물질로 사용하거나, PHMG를 원료물질로 사용하더라도 흡입독성시험을 실시하는 등으로 흡입독성에 관한 객관적 자료를 확인하여 인체에 무해한 농도로 권장사용량을 정하였다면, (제품명 1 생략)을 사용한 피해자들이 폐질환으로 사망하거나 상해를 입는 결과가 발생하지 않았을 것으로 판단된다. … 피고인 1이 2000. 10.경 또는 그 이후에 급성 흡입독성시험을 실시하였다면, (제품명 1 생략)의 유해성을 확인할 수 있었을 것이므로, 위 피고인이 급성 흡입독성시험을 실시하지 않은 업무상과실과 사상의 결과 사이에 인과관계가 인정된다(대법원 2018. 1. 25, 2017도12537).

[상당인과관계를 부정한 판례]

① 강간당한 피해자가 음독자살한 경우(대판 1982. 11. 23, 82도1446), ② 비정상적인 얇은 두개골로 뇌종양이 있는 제자를 징계목적에서 체벌함으로써 사망을 야기한 경우(대판 1978. 11. 28, 78도1961), ③ 피고인이 고속도로 진입로에서 시속 20km 정도의 과속은 하였지만 그 상태에서 고속도로를 무단으로 횡단하기 위하여 뛰어오던 피해자를 충격한 경우(대판 2000. 9. 5, 2000도2671), ④ 한의사에게 과거 알레르기 반응검사 및 약 12일 전 봉침시술에서도 이상반응이 없었던 피해자를 상대로 다시 알레르기 반응검사를 실시할 의무가 있다고 보기는 어렵고, 설령 그러한 의무가 있다고 하더라도 제반 사정에 비추어 알레르기 반응검사를 하지 않고 환부인 목 부위에 봉침시술을 하였는데, 피해자가 위 시술 직후 아나필락시 쇼크반응을 나타내는 등 상해를 입은 경우(대판 2011. 4. 14, 2010도10104), ⑤ 의사가 설명의무를 다하지 않았더라도 환자가 수술의 위험성을 충분하게 인식하고 있었기 때문에 의사가 수술의 위험성에 관하여 설명하였다면 환가가 수술을 거부하였을 것이라고 단정하기 어려운 때라면 의사의 설명의무 위반과 환자의 사망 사이에 상당인과관계가 있다고 보기 어렵다(대판 2015. 6. 24, 2014도11315).

▣ **사례 3의 해결**

(1)의 경우에 중상해를 입힌 살인미수행위와 그 이후의 사망 사이에 소선석 인과관세는 인정된다. 그리고 허용되지 않은 위험(중상해)도 창출되었다. 그러나 창출된 위험(중상해)이 사망결과에 그대로 실현되었다고 평가할 수는 없다. 즉, 사망의 결과는 교통사고에 기인한

것이지 그 앞의 권총을 쏜 행위에 의해 야기된 상해 때문인 것으로 평가될 수는 없다. 결국, 양자 사이에 객관적 귀속관계는 부정된다(甲은 살인미수). 이것은 규범의 보호목적론에 의해서도 동일하게 귀결된다. 왜냐하면 환자를 병원으로 급히 이송하는 것으로부터 나오는 위험은 살인죄의 금지목적이 아니기 때문이다. 그러나 (2)의 경우에는 창출된 중상해의 위험이 질식사에 그대로 실현되었다고 평가할 수 있으므로 객관적 귀속이 인정되어야 한다(甲은 살인기수). 그리고 의사가 실수한 (3)의 경우에는 의사가 작위적인 실수를 하였으면 객관적 귀속이 부정되어야 하지만(甲은 살인미수), 의사가 단순히 환자를 방치한 실수를 범하였다면 객관적 귀속이 인정되어야 한다(甲은 살인기수). (4)의 경우는 희생자의 건강이 회복되어 퇴원단계까지 이른 상태에서 다른 원인(화재)으로 사망하였으므로 단정적으로 객관적 귀속이 부정되어야 한다(甲은 살인미수).

2. 위법성

범죄는 구성요건에 해당하는 위법·유책한 행위이므로 위법성은 범죄의 성립요건의 하나이며, 모든 범죄는 반드시 위법성이 있어야만 성립한다. 이와 같이 범죄의 성립요건의 하나인 **위법성**이란 구성요건적 행위가 법적인 견지에서 허용되지 아니한다는 성질, 즉 국가적 사회생활을 규율하는 법규의 목적에 위반하여 법질서 전체의 관점에서 보아 부정적 가치판단을 받는 것을 말한다. 이때 **전체 법질서**란 형법뿐만 아니라 민법·행정법 등 일체의 성문법과 관습법·사회상규·조리, 보편적 법사상 등 불문법을 포함하는 넓은 의미이다.

위법성은 불법개념과 구별해야 한다. 즉 위법성은 행위와 전체 법질서 사이의 관계개념으로서 그 판단은 전체 법질서에 비추어 항상 적법 내지 위법이라는 단일한 평가가 내려짐에 반해, **불법**은 '전체 법질서에 배치된다고 평가된 실체' 또는 '위법으로 평가된 행위 자체'를 의미하는 실체개념으로서 질과 양의 면에서 정도의 차이를 띠게 된다.

현행형법은 위법성에 관하여 적극적으로 규정하지 않고 소극적으로 위법성이 조각될 사유(제20조~제24조)만을 규정하고 있다. 따라서 형법 각 본조의 구성요건에 해당하는 행위는 위법성이 조각되는 특별한 사정이 없는 한 원칙적으로 위법이라고 추정된다. 이와 같이 일정한 행위가 구성요건에 해당함으로써 생기는 위법성의 추정을 깨고 그 행위의 위법성을 배제하여 적법으로 하는 예외적인 특별한 사유를 **위법성조각사유**라고 한다. 형법은 이러한 위법성조각사유로 정당행위, 정당방위, 긴급피난, 자구행위, 피해자의 승낙에 의한 행위를 인정하고 있다.

(1) 정당행위

사례 4-1

대학생 甲은 현행범 乙이 A의 집 안으로 도망가는 것을 보았다. 甲은 무조건 A의 집 안으로 들어가서 乙을 체포하여 그를 경찰에 넘겼다. 이 경우 甲의 죄책은?

사례 4-2

甲은 남편인 피해자 A를 정신병원에 강제 입원시키기 전에 정신과 전문의와 상담하여 전문의로부터 입원치료가 필요하다는 의견을 들었다. 그러나 전문의가 A를 대면 진찰하거나 병원장의 입원결정이 없는 상태에서 원무과장에게 부탁하여 A를 강제로 구급차에 실어 병원에 데려왔다. 강제입원 조치 후 전문의가 A를 진찰한 결과 입원치료가 필요하다고 진단하였고, 병원장이 A의 입원을 결정하였다. 이 경우 甲의 행위를 정당행위로 인정할 수 있는가?

형법은 일반적 위법성조각사유로서의 **정당행위**에 관하여 제20조에 "법령에 의한 행위 또는 업무로 인한 행위 기타 사회상규에 위배되지 아니하는 행위는 벌하지 아니한다"라고 규정하고 있다. 예컨대 사람을 살해한 행위는 살인이라는 범죄구성요건에 해당된다. 그러나 교도관이 사형을 집행하는 행위나 전쟁터에서 적군병사를 살해하는 행위는 정당한 직무 수행행위이므로 정당행위가 성립하여 위법성이 없으므로 살인죄를 구성하지 않는다는 것이다. 대법원은 "교육법 제76조에 의하면 각 학교 장은 교육상 필요한 때에는 학생에게 징계 또는 처벌을 할 수 있도록 규정하고 있으므로 교장이 훈계의 목적으로 교칙위반 학생에게 뺨을 몇 차례 때린 정도는 감호교육상의 견지에서 볼 때 징계의 방법으로서 사회관념상 비난의 대상이 될 만큼 사회상규를 벗어난 것이라고 할 수 없는 정당행위로서 처벌의 대상이 되지 아니한다"(대판 1976. 4. 27, 75도115)라고 판시하고 있다. 그러나 **징계권의 행사**는 무제한 허용되는 것이 아니라 사회상규에 위배되지 않는 범위에서만 허용된다. 징계권의 행사가 위법성을 조각하기 위해서는 객관적인 징계사유가 있는 경우에 피징계권자의 연령, 성별 등을 고려하여 징계목적을 달성하기 위하여 필요하고도 적절한 범위 내에 한정된다. 따라서 이 범위를 초과한 징계행위는 위법성이 조각되지 아니한다. 징계권 남용의 사례로는 예컨대 그 방법이 지나치게 가혹한 경우, 징계행위로서 피해자에게 상해를 입힌 경우 등이 여기에 해당한다.

관련 판례

① 피고인이 피해자로부터 며칠 간에 걸쳐 집요한 괴롭힘을 당해 온 데다가 피해자가 피고인이 교수로 재직하고 있는 대학교의 강의실 출입구에서 피고인의 진로를 막아서면서 피고인을 물리적으로 저지하려 하자 극도로 흥분된 상태에서 그 행패에서 벗어나기 위하여 피해자의 팔을 뿌리쳐서 피해자가 상해를 입게 된 경우, 피고인의 행위는 피해자의 부당한 행패를 저지하기 위한 본능적인 소극적 방어 행위에 지나지 아니하여 사회통념상 허용될 만한 정도의 상당성이 있어 위법성이 없는 정당행위라고 봄이 상당하다(대판 1995. 8. 22, 95도936).

② 상관의 적법한 직무상 명령에 따른 행위는 정당행위로서 형법 제20조에 의하여 그 위법성이 조각된다고 할 것이나, 상관의 위법한 명령에 따라 범죄행위를 한 경우에는 상관의 명령에 따랐다고 하여 부하가 한 범죄행위의 위법성이 조각될 수는 없다(대판 1997. 4. 17, 96도3376 전원합의체).

③ 근로자는 원칙적으로 헌법상 보장된 기본권으로서 근로조건 향상을 위한 자주적인 단결권·단체교섭권 및 단체행동권을 가지므로(헌법 제33조 제1항), 쟁의행위로서 파업이 언제나 업무방해죄에 해당하는 것으로 볼 것은 아니고, 전후 사정과 경위 등에 비추어 사용자가 예측할 수 없는 시기에 전격적으로 이루어져 사용자의 사업운영에 심대한 혼란 내지 막대한 손해를 초래하는 등으로 사용자의 사업계속에 관한 자유의사가 제압·혼란될 수 있다고 평가할 수 있는 경우에 비로소 집단적 노무제공의 거부가 위력에 해당하여 업무방해죄가 성립한다고 보는 것이 타당하다(대판 2011. 3. 17, 2007도482 전원합의체).

▣ 사례 4-1의 해결

甲이 현행범인을 '체포'한 행위는 "현행범인은 누구든지 영장 없이 체포할 수 있다"라고 규정한 형사소송법 제212조에 의해 허용되는 법령에 의한 정당행위가 된다. 문제는 甲이 현행범 체포를 위해 A의 주거를 침입한 행위도 허용되는가에 있다. 형사소송법에는 현행범에 대해서 일반인은 체포만 할 수 있을 뿐이고, 체포하기 위하여 타인의 주거에 들어가거나 현행범을 가둘 수는 없는 것으로 되어 있다. 따라서 상기한 [사례]에서 甲의 주거침입행위는 적어도 법령에 의한 정당행위로서 위법성이 조각될 수는 없고, 주거침입죄가 성립한다.

▣ 사례 4-2의 해결

형법 제20조의 '사회상규에 위배되지 아니하는 행위'라 함은 법질서 전체의 정신이나 그 배후에 놓여 있는 사회윤리 내지 사회통념에 비추어 용인될 수 있는 행위를 말하고, 어떠한 행위가 사회상규에 위배되지 아니하는 정당한 행위로서 위법성이 조각되는 것인지는 구체적인 사정 아래서 합목적적, 합리적으로 고찰하여 개별적으로 판단하여야 한다. 이와 같은 정당행위를 인정하려면 첫째 그 행위의 동기나 목적의 정당성, 둘째 행위의 수단이나 방법의 상당성, 셋째 보호이익과 침해이익과의 법익권형성, 넷째 긴급성, 다섯째 그 행위 외에 다른 수단이나 방법이 없다는 보충성 등의 요건을 갖추어야 한다.

사안에서 甲이 A를 정신의료기관에 강제 입원시키는 과정에서 A를 감금한 행위가 정신보건법에 기한 행위 또는 정당한 업무로 인한 행위로 볼 수 없고, 사회상규에 위배되지 아니하는 정당한 행위로서 위법성이 조각된다고 보기 어렵다(대판 2001. 2. 23, 2000도4415).

(2) 정당방위

사례 5-1

여대생 甲은 12살 때부터 의붓아버지 병에게 강간을 당한 후 최근까지 계속적으로 성관계를 강요받아 왔고 행동의 자유까지 간섭받아 왔다. 甲은 이러한 사실을 남자친구인 乙에게 고백하자 乙은 甲과 공모하여 의붓아버지 A를 살해하기로 하였다. 어느 날 乙은 甲이 열어준 문을 통하여 A의 집에 들어가 술에 취하여 잠들어 있는 A를 깨워 더 이상 甲을 괴롭히지 말라고 한 후 준비해 간 식칼로 A의 심장을 찔러 살해하였다. 이 경우 甲의 죄책은?

사례 5-2

A와 B가 인적이 드문 심야에 혼자 귀가 중인 여성 甲의 뒤에서 느닷없이 달려들어 양팔을 붙잡고 어두운 골목길로 끌고 가 담벽에 쓰러뜨린 후, 甲의 음부를 만지는 등 성추행을 하면서 강제키스를 하자, 甲이 A의 혀를 깨물어 설절단상을 입혔다. 이 경우 甲에게 정당방위를 인정할 수 있는가?

형법 제21조 제1항에 의하면 **정당방위**란 "현재의 부당한 침해로부터 자기 또는 타인의 법익(法益)을 방위하기 위하여 한 행위는 상당한 이유가 있는 경우에는 벌하지 아니한다"고 규정함으로써 긴급피난, 자구행위 등과 함께 범죄성립 조각사유의 하나로 취급하고 있다. 예를 들어 흉기를 들고 위협하는 강도와 격투를 벌이다 오히려 강도를 찔러 죽인 경우에 이는 자신의 생명권을 지키기 위한 정당방위로 인정하여 살인죄가 구성되지 않는다고 보는 것이다. 정당방위는 자신의 법익뿐만 아니라 타인의 법익이 침해되는 것을 막는 경우에도 해당된다. 예를 들면 길거리에서 불량배들에게 폭행당하는 사람들을 구해주기 위하여 불량배들과 격투를 벌이다 상대방에게 피해를 입혔을 경우에도 정당방위는 성립한다. 그러나 **과잉방위**

나 **오상방위**는 위법성이 조각되지 않는다. 예를 들어 상대방이 주먹으로 한 대 가격하는 것을 피하기 위하여 상대방을 흉기로 찔러 사망케 하였다면 이는 과잉방위로서 살인죄로 처벌된다. 절도범인을 현장에서 추적 중에 탈환한 경우라면 정당방위로 취급되고, 추적에 실패한 이후 나중에 절도범인을 만나서 탈환한 경우라면 자구행위로 봐야 한다.

이와 같은 정당방위는 "누구도 자신에 대한 침해를 방관할 필요는 없다"는 **자기보호의 원칙**과 "법은 불법에 길을 비켜줄 필요가 없다" 내지 "정당방위는 국가형벌권이 늘어난 팔의 기능을 수행한다"는 **법질서수호의 원칙**에 근거하고 있다.

관련 판례

① 정당방위가 성립하려면 침해행위에 의하여 침해되는 법익의 종류, 정도, 침해의 방법, 침해행위의 완급과 방위행위에 의하여 침해될 법익의 종류, 정도 등 일체의 구체적 사정들을 참작하여 방위행위가 사회적으로 상당한 것이어야 하고, 정당방위의 성립요건으로서의 방어행위에는 순수한 수비적 방어뿐 아니라 적극적 반격을 포함하는 반격방어의 형태도 포함되나, 그 방어행위는 자기 또는 타인의 법익침해를 방위하기 위한 행위로서 상당한 이유가 있어야 한다.
의붓아버지의 강간행위에 의하여 정조를 유린당한 후 계속적으로 성관계를 강요받아 온 피고인이 상피고인과 사전에 공모하여 범행을 준비하고 의붓아버지가 제대로 반항할 수 없는 상태에서 식칼로 심장을 찔러 살해한 행위는 사회통념상 상당성을 결여하여 정당방위가 성립하지 아니한다(대판 1992. 12. 22, 92도2540).

② 가해자의 행위가 피해자의 부당한 공격을 방위하기 위한 것이라기 보다는 서로 공격할 의사로 싸우다가 먼저 공격을 받고 이에 대항하여 가해하게 된 것이라고 봄이 상당한 경우, 그 가해행위는 방어행위인 동시에 공격행위의 성격을 가지므로 정당방위 또는 과잉방위행위라고 볼 수 없다(대판 2000. 3. 28, 2000도228).

③ 이혼소송중인 남편이 찾아와 가위로 폭행하고 변태적 성행위를 강요하는 데에 격분하여 처가 칼로 남편의 복부를 찔러 사망에 이르게 한 경우, 그 행위는 방위행위로서의 한도를 넘어선 것으로 사회통념상 용인될 수 없다는 이유로 정당방위나 과잉방위에 해당하지 않는다(대판 2001. 5. 15, 2001도1089).

④ 피고인의 최초 폭행 이후 피해자가 피고인 또는 가족의 생명, 신체를 중대하게 위협하였다고 하거나 피고인의 재산이나 주거의 평온에 대한 추가적 침해를 우려할 정황을 발견할 수 없는 점, 피해자를 도망가지 못하게 하기 위하여는 피해자의 손발을 테이프, 넥타이 등으로 잠시 묶어두거나 큰 소리를 질러 1층에 거주하는 외조부모 또는 이웃 주민들에게 자신이 처한 상황을 알리는 등 다른 경미한 대체수단으로도 충분히 방위 목적을 실현할 수 있었던 점 등을 고려할 때 피고인의 방위행위는 상당한 이유가 없어 정당방위가 성립하지 않는다고 판단하였다. 그리고 방위의사가 인정되지 않으므로 과잉방위도 인정되지 않는다(대판 2016. 5. 12, 2016도2794).

▣ **사례 5-1의 해결**

상기한 [사례]는 우리나라에서 발생한 김보은 양 사건에 관한 것이다. 이 사건에 대해 대법원은 "피고인 김보은이 약 12살 때부터 의붓아버지인 피해자의 강간행위에 의하여 정조를 유린당한 후 계속적으로 이 사건 범행 무렵까지 피해자와의 성관계를 강요받아 왔고, 그 밖에 피해자로부터 행동의 자유를 간섭받아 왔으며, 또한 그러한 침해행위가 그 후에도 반복하여 계속될 염려가 있었다면, 피고인들의 이 사건 범행 당시 피고인 김보은의 신체나 자유 등에 대한 현재의 부당한 침해상태가 있었다고 볼 여지가 없는 것은 아니나, 그렇다고 하여도 판시와 같은 경위로 이루어진 피고인들의 이 사건 살인행위가 형법 제21조 소정의 정당방위나 과잉방위에 해당한다고 하기는 어렵다"(대판 1992.12.22, 92도2540)라고 판시하였다.

그러나 이러한 경우에는 정당방위의 요건인 침해의 현재성이 아예 없는 것으로 해석하는 것이 타당하다. 즉 김보은 양 사건에서는 의붓아버지가 잠자고 있었기 때문에 타인의 법익에 대한 현재의 침해행위가 있어야 인정될 수 있는 정당방위상황이 아예 존재하지 않는다고 보아야 한다. 다만 김보은 양에게는 성폭력피해의 계속적 위험이 존재한다고 볼 수 있다. 양부가 잠자는 동안에는 그 위험이 김보은 양에게 공격적으로 작동하지는 않지만(따라서 정당방위의 현재적 침해상황은 될 수 없다), 그 때에도 김보은 양에게 성폭력피해의 위험성이 계속적으로 존재하는 것은 틀림없다. 이러한 경우에는 독일판례도 긴급피난에서 말하는 '현재의 위난'을 인정한 적이 있었다. 만약 이것이 인정된다면 김보은 양의 행위는 —과잉정당방위가 아니라— 과잉긴급피난이 될 것이다.

▣ **사례 5-2의 해결**

甲의 범행은 자기의 신체에 대한 현재의 부당한 침해에서 벗어나려고 한 행위로서 그 행위에 이르게 된 경위와 그 목적 및 수단, 행위자의 의사등 제반사정에 비추어 위법성이 결여된 행위이므로, 정당방위가 인정된다(대판 1989. 8. 8, 89도358).

(3) 긴급피난

사례 6

甲은 생명에 위해를 가하겠다는 협박이 두려워 시키는 대로 남의 물건을 훔쳤다. 이 경우에 甲은 정당화적 긴급피난을 주장할 수 있는가?

긴급피난이란 자기 또는 타인의 법익에 대한 현재의 위난을 피하기 위한 행위를 말하고, 상당한 이유가 있는 때에는 벌하지 아니한다(제22조). 예를 들면 좁은 골목길에서 과속으로 질주하는 차량을 피하기 위하여 남의 집 대문을 부수고 들어간 경우에 그러한 상황이 아니라면 주거침입죄와 손괴죄에 해당하지만 생명의 위난을 피하기 위한 것으로 인정된다면 위법성이 없어 범죄로 볼 수 없다는 것이다. 그리고 길에서 동물의 공격을 받아 자기 또는 타인의 생명과 신체에 대한 위해가 예상될 때 동물을 공격한 행위도 긴급피난으로 간주된다. 다만, 형법 제22조 제2항의 규정처럼 군인, 경찰관, 소방관 등 직무 수행상 일정한 위난을 감수해야 할 의무가 있는 사람들에게는 긴급피난이 인정되지 않는다.

관련 판례

① 타인의 피조개 양식장 앞에 권한 없이 자신의 선박을 정박하다가 갑자기 태풍을 만난 상태에서 선원과 선박을 구하기 위해 닻줄을 길게 풂으로써 피조개 양식장에 피해를 입힌 사건에 대해 손괴죄의 미필적 고의를 인정하면서 동시에 긴급피난에 의한 위법성조각을 인정하였다. 특히 이 경우 선박을 미리 이동시키지 않은 선주의 책임은 사후의 긴급 상황에서의 피난행위에 대해 정당화적 긴급피난을 인정하는 데 장애사유가 되지 않는다(대판 1987. 1. 20, 85도221).

② 피고인으로서는 자신의 진돗개를 보호하기 위하여 몽둥이나 기계톱 등을 휘둘러 피해자의 개들을 쫓아버리는 방법으로 자신의 재물을 보호할 수 있었을 것이므로 피해견을 기계톱으로 내리쳐 등 부분을 절개한 것은 피난행위의 상당성을 넘은 행위로서 형법 제22조 제1항에서 정한 긴급피난의 요건을 갖춘 행위로 보기 어려울 뿐 아니라, 그 당시 피해견이 피고인을 공격하지도 않았고 피해견이 평소 공격적인 성향을 가지고 있었다고 볼 자료도 없는 이상 형법 제22조 제3항에서 정한 책임조각적 과잉피난에도 해당하지 아니한다(대판 2016. 1. 28, 2014도2477).

▣ 사례 6의 해결

상기한 [사례]에서 협박이 두려워서 甲이 행한 강요된 행위, 즉 절도행위에는 상기한 긴급피난의 요건 중에서 보충성의 원칙이 충족되지 않으며, 자기법익을 지키기 위하여 불법의 편에 선 것이기 때문에 실질적 상당성도 없다고 보아야 한다. 그 때문에 강요된 행위는 긴급피난을 원용할 수는 없고 단지 기대불가능성을 근거로 한 책임조각만을 주장할 수 있을 뿐이다.

(4) 자구행위

사례 7

甲은 토지에 대해 사실상의 지배권을 갖고 토지 소유자를 대신하여 실질적으로 토지를 관리하고 있던 중, 토지에 세운 건축물에 위법요소가 있다는 이유에서 토지에 철주를 세우고 철망을 설치하고 포장된 아스팔트를 걷어내는 등의 방법으로 토지를 건물의 통행로로 이용하지 못하게 하여 A의 상가 임대업무 및 B의 상가 영업업무를 방해하였다. 이 경우에 甲의 행위는 자구행위가 인정될 수 있는가?

자구행위란 법률에서 정한 절차에 따라서는 청구권을 보전(保全)할 수 없는 경우에 그 청구권의 실행이 불가능해지거나 현저히 곤란해지는 상황을 피하기 위하여 한 행위를 말하고, 상당한 이유가 있는 때에는 벌하지 아니한다(제23조). 자구행위는 정당방위, 긴급피난과 함께 긴급행위의 하나로서 권리가 침해되었을 때 그 권리를 보전하는 데 있어서 법률에서 정한 절차에 의한 구제를 기다려서는 벌써 그 시기를 잃어 권리의 실행이 불가능하든가 또는 현저하게 곤란한 경우에 권리자 스스로 그 실력에 의하여 보전에 필요한 구제행위를 하는 것을 말한다. 예를 들면 채무를 변제하지 않고 도망가는 채무자를 채권자가 붙잡는다든지, 절도범인을 만난 피해자가 피해 물품을 환수하는 행위 등은 자구행위로 인정되어 위법성이 조각된다. 다만, 자구행위는 정당방위나 긴급피난과는 달리 자신의 피해에만 해당되고 타인의 피해에 대해서는 해당되지 않는다.

▣ 사례 7의 해결

甲이 소유자를 대위 또는 대리하여 사실상의 지배권이 있는 토지에 세운 건물에 건축법상 위법요소가 있고, 토지상의 가설건축물 허가 여부에 관한 관할관청의 행정행위에 하자가 존재한다고 하더라도 법정절차에 의하여 이 사건 토지의 소유권을 방해하는 사람들에 대한 방해배제 등 청구권을 보전하는 것이 불가능하였거나 현저하게 곤란하였다고 볼 수 없고, 甲의 행위가 그 청구권의 실행불능 또는 현저한 실행곤란을 피하기 위한 상당한 행위라고 볼 수도 없어 자구행위에 해당하지 않는다(대판 2007. 12. 28, 2007도7717).

(5) 피해자의 승낙에 의한 행위

사례 8

甲은 피해자를 강간할 목적으로 여자 공중화장실에서 노크하자 피해자는 남편인줄 알고 용변 칸의 문을 열었고, 이에 甲이 용변 칸으로 들어갔다. 이 경우에 甲의 행위는 피해자의 승낙에 의한 행위로 볼 수 있는가?

형법은 **피해자의 승낙에 의한 행위**에 관하여 제24조에 "처분할 수 있는 자의 승낙에 의하여 그 법익을 훼손한 행위는 법률에 특별한 규정이 없는 한 벌하지 아니한다"라고 규정하고 있다. 그러나 피해자의 승낙에 의한 행위일지라도 그 방법·목적이 사회상규에 위배되면 위법성이 조각되지 않는다.

관련 판례

① 산부인과 전문의 수련과정 2년차인 의사가 자신의 시진, 촉진결과 등을 과신한 나머지 초음파검사 등 피해자의 병증이 자궁외 임신인지, 자궁근종인지를 판별하기 위한 정밀한 진단방법을 실시하지 아니한 채 피해자의 병명을 자궁근종으로 오진하고 이에 근거하여 의학에 대한 전문지식이 없는 피해자에게 자궁적출술의 불가피성만을 강조하였을 뿐 위와 같은 진단상의 과오가 없었으면 당연히 설명받았을 자궁외 임신에 관한 내용을 설명받지 못한 피해자로부터 수술승낙을 받았다면 위 승낙은 부정확 또는 불충분한 설명을 근거로 이루어진 것으로서 수술의 위법성을 조각할 유효한 승낙이라고 볼 수 없다(대판 1993. 7. 27, 92도2345).

② 형법 제24조의 규정에 의하여 위법성이 조각되는 피해자의 승낙은 개인적 법익을 훼손하는 경우에 법률상 이를 처분할 수 있는 사람의 승낙이어야 할 뿐만 아니라 그 승낙이 윤리적·도덕적으로 사회상규에 반하는 것이 아니어야 한다. 피고인이 피해자와 공모하여 교통사고를 가장하여 보험금을 편취할 목적으로 피해자에게 상해를 가하였다면 피해자의 승낙이 있었다고 하더라도 이는 위법한 목적에 이용하기 위한 것이므로 피고인의 행위가 피해자의 승낙에 의하여 위법성이 조각된다고 할 수 없다(대판 2008. 12. 11, 2008도9606).

▣ 사례 8의 해결

甲이 피해자가 사용 중인 공중화장실의 용변칸에 노크하여 남편으로 오인한 피해자가 용변칸 문을 열자 강간할 의도로 용변칸에 들어간 것이라면 피해자가 명시적 또는 묵시적으로 이를 승낙하였다고 볼 수 없어 주거침입죄에 해당한다(대판 2003. 5. 30, 2003도1256).

3. 책 임

일정한 행위가 구성요건에 해당하고 위법성을 갖추고 있더라도 책임이 존재하지 않는 한 범죄는 성립하지 아니하다. 이때 **책임**이란 실제적으로 구성요건에 해당하고 위법한 행위를 한 자에 대해 그와는 달리 적법하게 행위하는 쪽으로 의사를 결정할 수 있었다는 **비난가능성**을 의미한다. 구성요건해당성과 위법성의 단계까지는 행위에 초점을 두지만, 책임의 단계에서는 행위자에게 초점을 맞춘다. 즉 책임의 단계에서는 그 위법한 행위를 한 행위자를 개인적으로 비난할 수 있느냐를 문제 삼는다. 이 때문에 책임은 범죄성립의 **주관적 요건**이다.

책임원칙에 따라 책임이 없으면 형벌을 과할 수 없고, 형벌의 양은 책임의 양을 초과할 수 없다. 책임의 구성요소는 ① 책임능력, ② 위법성의 인식, ③ 기대가능성, ④ 고의·과실과 같은 책임조건이다.

(1) 책임능력

사례 9-1

甲은 13세 미만의 미성년자강간 등의 죄로 징역 5년을 선고받고 복역 후 그 형의 집행을 종료하였으나 출소 후에도 다시 십여 차례에 걸쳐 13세 미만의 여자아이를 강간하였다. 정신감정 결과 甲의 범행 전력, 범행 내용, 횟수 등에 비추어 볼 때, 甲은 이 사건 범행 당시에 중증의 소아기호증으로 인하여 범행의 충동을 억제하지 못하고 범행에 이르게 된 것으로 나타났다. 甲의 변호인은 甲이 심신장애 상태에서 자기통제능력을 상실하였다고 주장하였다. 이 경우 甲의 죄책은?

사례 9-2

고위층 자제인 甲은 자가용을 타고 술집에 와서는 독한 양주를 마시기 시작하였다. 그는 음주 후 운전할 생각은 추호도 없었다. 그런데 甲은 책임무능력의 상태에 이른 만취상태에서 음주운전을 하다가 타인을 치상시키는 교통사고를 내었다. 이 경우 甲의 죄책은?

책임능력이란 유책한 행위를 할 수 있는 능력을 말한다. 14세 미만의 **형사미성년자**(제9조)나 심신장애로 인하여 사물을 변별할 능력이 없거나 의사를 결정할 능력이 없는 **심신장애자**(제10조 제1항)와 같은 **책임무능력자**의 행위는 비난가능성이 없어 책임이 조각되어 범죄를 성립시키지 않는다. 그리고 심신장애로 인하여 사물을 변별할 능력이나 의사를 결정할 능력이 미약한 **심신미약자**(제10조 제2항)와 **농아자**(제11조)는 **한정책임능력자**로서 책임능력이 미약하여 책임이 감경된다. 그러나 **원인에 있어서 자유로운 행위**, 즉 행위자가 고의 또는 과실로 자기 자신을 심신장애의 상태에 빠지게 한 후 이러한 상태에서 범죄를 실행한 경우에는 책임이 조각되거나 감경되지 않는다(제10조 제3항). 이 경우에는 '**행위와 책임의 동시존재의 원칙**'이 수정된다고 보아야 할 것이다.

관련판례

① 피고인이 자신의 절도의 충동을 억제하지 못하는 성격적 결함(정신의학상으로는 정신병질이라는 용어로 표현하기도 한다)으로 인하여 절도 범행에 이르게 되었다고 하더라도, 이와 같이 자신의 충동을 억제하지 못하여 범죄를 저지르게 되는 현상은 정상인에게서도 얼마든지 찾아볼 수 있는 일로서 이는 정도의 문제에 불과하고, 따라서 특단의 사정이 없는 한 위와 같은 성격적 결함을 가진 자에 대하여 자신의 충동을 억제하고 법을 준수하도록 요구하는 것이 기대할 수 없는 행위를 요구하는 것이라고는 할 수 없으므로 원칙적으로는 충동조절장애와 같은 성격적 결함은 형의 감면사유인 심신장애에 해당하지 않는다고 봄이 상당하고, 다만 그러한 성격적 결함이 매우 심각하여 원래의 의미의 정신병을 가진 사람과 동등하다고 평가할 수 있다든지, 또는 다른 심신장애사유와 경합된 경우에는 심신장애를 인정할 여지가 있을 것이다(대판 1995. 2. 24, 94도3163).

② 피고인이 정신장애 3급의 장애자로 등록되어 있고, 진료소견서 등에도 병명이 '미분화형 정신분열증 및 상세불명의 간질' 등으로 기재되어 있을 뿐만 아니라, 수사기관에서부터 자신의 심신장애 상태를 지속적으로 주장하여 왔으며, 변호인 또한 공판기일에서 피고인의 심신장애를 주장하는 내용의 진술을 하였다면, 비록 피고인이 항소이유서에서 명시적으로 심신장애 주장을 하지 않았다고 하더라도, 직권으로라도 피고인의 병력을 상세히 확인하여 그 증상을 밝혀보는 등의 방법으로 범행 당시 피고인의 심신장애 여부를 심리하였어야 한다(대판 2009. 4. 9, 2009도870).

③ 형법 제10조 제3항은 '위험의 발생을 예견하고 자의로 심신장애를 야기한 자의 행위에는 전2항의 규정을 적용하지 아니한다'고 규정하고 있는바, 이 규정은 고의에 의한 원인에 있어서의 자유로운 행위만이 아니라 과실에 의한 원인에 있어서의 자유로운 행위까지도 포함하는 것으로서 위험의 발생을 예견할 수 있었는데도 자의로 심신장애를 야기한 경우도 그 적용대상이 된다고 할 것이어서, 피고인이 음주운전을 할 의사를 가지고 음주만취한 후 운전을 결행하여 교통사고를 일으켰다면 피고인은 음주시에 교통사고를 일으킬 위험성을 예견하였는데도 자의로 심신장애를 야기한 경우에 해당하므로 위 법조항에 의하여 심신장애로 인한 감경 등을 할 수 없다(대판 1992. 7. 28, 92도999).

■ **사례 9-1의 해결**

상기한 [사례]에서 사춘기 이전의 소아들을 상대로 한 성행위를 중심으로 성적 흥분을 강하게 일으키는 공상, 성적 충동, 성적 행동이 반복되어 나타나는 '소아기호증'은 성적인 측면에서의 성격적 결함으로 인하여 나타나는 것으로서, 소아기호증과 같은 질환이 있다는 사정은 그 자체만으로는 형의 감면사유인 심신장애에 해당하지 아니한다. 다만 그 증상이 매우 심각하여 원래의 의미의 정신병이 있는 사람과 동등하다고 평가할 수 있거나, 다른 심신장애사유와 경합된 경우 등에는 심신장애를 인정할 여지가 있다(대판 2007. 2.8, 2006도7900).

사안에서 甲은 원래의 의미의 정신병이 있는 사람과 동등하다고 평가할 수 있을 정도로 그 증상이 심한 경우라고 할 수 있으므로 심신장애를 인정할 수 있다.

▣ **사례 9-2의 해결**

상기한 [사례]에서 甲은 사고를 고의로 야기한 것은 아니기 때문에 (고의)상해죄의 죄책을 지지는 않는다. 따라서 甲에게는 업무상과실치상죄에 대한 완전책임의 범죄성립이 문제될 뿐이다. 그런데 보통 음주운전을 하게 되면 사고발생의 개연성은 크다고 볼 수 있다. 따라서 상기한 [사례]에서 甲이 음주시에 이후의 사고야기에 대해서 고의를 가진 것은 아니지만 사고발생에 대한 예견가능성(과실)은 그에게 있었다고 보아야 한다. 따라서 그에게 완전책임의 업무상과실치상죄를 귀속시키는 것은 별문제가 없는 것으로 평가된다.

(2) 위법성의 인식과 법률의 착오

위법성의 인식이란 자기의 행위가 법에 의해 금지되어 있다는 사실을 알았다는 것을 말한다. 착오로 인하여 위법성을 인식하지 못한 경우를 특히 **법률의 착오**라고 하는데, 형법 제16조는 "자기의 행위가 법령에 의하여 죄가 되지 않는 것으로 오인한 행위는 그 오인에 정당한 이유가 있는 때에 한하여 벌하지 아니한다"라고 규정하고 있다. '정당한 이유'가 있는지에 대한 판단 기준과 관련하여 법률 위반 행위 중간에 일시적으로 판례에 따라 그 행위가 처벌대상이 되지 않는 것으로 해석되었던 적이 있었다고 하더라도 그것만으로 자신의 행위가 처벌되지 않는 것으로 믿은 데에 정당한 이유가 있다고 할 수 없다(대판 2021. 11. 25, 2021도10903).

위법성의 인식은 책임요소이며, 따라서 위법성의 인식이 없으면 고의가 조각되지는 않고 다만 경우에 따라 책임이 조각될 수 있을 뿐이다. 위법성의 인식을 결여하여 책임이 조각되기 위해서는 그 결여에 정당한 이유가 있어야 한다(제16조).

(3) 기대가능성

기대가능성이란 행위 당시의 구체적 상황에서 행위자가 범죄행위를 하지 않고 적법행위를 할 것이라고 기대할 수 있는 가능성을 말한다. 기대가능성이 없는 경우에는 행위자에 대해서 비난가능성이 없다고 보아 책임이 조각된다. 형법 제12조의 '**강요된 행위**'나 과잉방위(제21조 제3항), 과잉피난(제22조 제3항), 그 밖에 형법각칙상의 친족 간의 범인은닉과 증거인멸 등의 규정들은 기대불가능성을 인정한 예로 볼 수 있다.

(4) 책임조건

고의·과실은 **책임조건**으로서 **이중적 지위**를 갖는다. 즉 의사의 방향을 결정하는 행위반가치로서의 고의·과실은 (주관적) 구성요건요소가 되며, 고의·과실의 불법행위를 통하여 드러난 행위자의 법적대적 태도에 대한 부정적 가치판단을 의미하는 심정반가치로서의 고의·과실은 책임요소가 된다. 따라서 고의·과실은 구성요건요소인 동시에 책임요소로서의 이중적 지위를 가진다.

Ⅱ. 고의범과 과실범

1. 고의범

고의란 구성요건실현에 대한 인식과 의욕을 말한다. 여기서 **인식**은 고의의 지적 요소이고, **의욕**은 고의의 의적 요소를 의미한다. 우리 형법 제13조는 고의의 개념을 "죄의 성립요소인 사실을 인식하지 못한 행위는 벌하지 아니한다"라고 규정하여 지적 요소만을 고의개념의 구성요소로 파악하고 있으나, 구성요건을 실현하려는 의사인 의적 요소도 고의의 개념요소임에 유의해야 한다.

형법각칙에 규정되어 있는 살인죄와 같은 범죄구성요건들은 대부분 고의범이다. 즉 행위자가 형법 제13조의 범의를 가지고 범행해야 당해 구성요건의 범죄가 성립한다. 고의범은 원칙적인 범죄유형이기 때문에 형법각칙에는 명문으로 언급하고 있지 않다. 그러나 '고의'를 관념상 추가하여 읽어야 한다. 예를 들어 형법각칙 제250조 제1항의 살인죄는 "사람을 살해한 자는 사형, 무기 또는 5년 이상의 징역에 처한다"라고 규정되어 있으나, "**고의**로 사람을 살해한 자는 사형, 무기 또는 5년 이상의 징역에 처한다"로 읽어야 한다.

2. 과실범

고의범과 대응되는 범죄개념이 과실범이다. 이때 **과실**이란 정상적으로 기울여야 할 주의(注意)를 게을리하여 죄의 성립요소인 사실을 인식하지 못한 행위를 말한다(제14조). 다시 말하면 주의의무에 위반함으로써 행위자의 의사에 반하여 구성요건을 실현하는 것이 바로 과실이라고 할 수 있다. 이와 같이 사회생활에서 요구되는 주의의무를 위반함으로써 구성요건적 결과가 발생한 경우에 형벌이 과하여지는 범죄가 바로 **과실범**이다. 이러한 과실범은 법률에 특별한 규정이 있는 경우에만 처벌하도록 하고 있다(제14조).

형법각칙에서 처벌되는 것으로 규정된 과실범으로는 실화죄, 과실폭발성물건파열등죄, 과실일수죄, 과실전기등 방류죄, 과실가스전기등 공급방해죄, 과실교통방해죄, 과실치상죄, 과실치사죄, 업무상·중과실장물죄가 있다. 이렇게 처벌되는 구성요건은 몇 개 없으나 실제 사례는 고의범에 못지않게 많이 발생된다. 각종 교통사고와 의료사고만을 보더라도 실제 발생하는 과실범의 수는 엄청난 것이다. 여기서 과실은 고의와는 달리 행위자에게 구성요건실현에 대한 의사가 없으면서 주의의무위반은 있는 경우를 말한다. 그리고 행위자에게 결과에 대한 인식까지 없는 경우는 **인식 없는 과실**(범), 인식은 있으나 의사가 없는 경우는 **인식 있는 과실**(범)이 된다.

3. 고의범과 과실범의 차이

사례 10

甲은 乙을 살해하기 위하여 비행기에 시한폭탄을 장치하였다. 甲은 乙에게 그 비행기를 타 볼 것을 권유하였으나 乙이 그 권유를 실제로 받아들일지는 의문이었다. 그런데 乙은 甲의 권유대로 丙이 운전하는 그 비행기를 탔다. 지상 1000미터 상공에서 甲이 장치한 시한폭탄이 터져 乙과 丙은 즉사하였다. 丙에 대하여 甲은 그가 낙하산을 타고 뛰어 내려 생명이 구조되기를 희망하였다. 폭발로 인한 비행기의 파편은 아래로 떨어지면서 들에서 일하던 농부 丁이 상해를 입었다. 甲은 파편에 의한 불상사의 가능성을 예견하였으나 실제로 발생하지 않기를 희망하였다. 그러나 甲은 실제로 그 결과가 발생하여도 감수할 수밖에 없다고 생각하였다. 이 경우 각 구성요건적 결과에 대한 甲의 고의 정도는 무엇인가?

고의범과 과실범은 다음과 같은 점에서 커다란 차이를 나타내고 있다.

우선 고의범은 원칙적인 범죄유형인 반면에 과실범은 법률에 특별한 규정이 있는 경우에 한하여 처벌된다는 점에 있다.

다음으로 고의는 구성요건의 실현을 행위자가 인식하였거나 확실히 예견했을 때는 물론이고 행위자가 결과발생을 가능한 것으로 인식하고 그것을 감수하겠다는 의욕을 보인 경우, 즉 **미필적 고의**가 있는 경우에도 인정된다. 미필적 고의는 인식 있는 과실과 구별에서 특히 문제가 된다. 결과발생가능성을 인식하였다는 점에서 양자는 동일하다. 그러나 의욕요소와 관련하여 미필적 고의는 결과발생을 감수하겠다는 소극적 의미의 의욕의사가 있는 반면, 인식 있는 과실은 그것조차 없는 경우이다. 이처럼 양자는 이웃사촌관계에 있으면서도 어떤 법적 평가를 받는가에 따라 하나는 고의범이 되고 다른 하나는 과실범이 됨으로써 커다란 실무상 차이를 나타낸다. 예를 들어 미필적 고의에 의한 살인도 고의살인범이므로 형법 제250조 제1항이 적용되어 사형, 무기 또는 5년 이상의 징역에 처해질 수 있지만, 인식 있는 과실에 의한 사망결과의 야기는 과실치사로서 그 법정형이 2년 이하의 금고형 또는 700만원 이하의 벌금에 지나지 않는다(제267조). 이처럼 형법이 고의범을 과실범보다 중하게 벌하는 것은 고의와 과실의 행위불법이 다를 뿐만 아니라 책임의 경중에도 차이가 있기 때문이다. 따라서 고의는 구성요건요소인 동시에 책임요소로서의 **이중적 지위**를 갖는다.

▣ 사례 10의 해결

상기한 [사례]의 경우에 甲은 乙의 사망(살인죄)에 대해서 지적 면에서는 다소 불확실하였으나(乙이 비행기를 타지 않을 수도 있었기 때문에), 의적 면에서는 乙의 사망을 직접목표로서 의욕하였다. 다음으로 비행기의 파괴(손괴죄)에 대해서 지적 면에서는 결과발생이 확실하다고 인식하였으나 의적 면에서는 중간목표로서 의욕하였다. 다음으로 丙의 사망(살인죄)에 대해서는 지적 면에서는 결과발생의 확실성에 이르는 인식을 가졌으나, 의적 면에서는 부수효과로서 감수한 의사에 머물 뿐이다. 그리고 농부의 상해(상해죄)에 대해서 지적 면에서는 결과발생의 가능성에 대한 인식에 불과하고 의적 면에서도 부수효과로서 감수한 의사에 불과하다. 이 경우 의적 요소가 목표 내지 중간목표에 해당하는 강도를 가진 乙에 대한 살인과 비행기손괴의 고의(소위 **제1급의 직접고의**-의도적 고의)가 인정되고, 결과발생이 확실하다고 인식은 하였으나 그 결과를 목표로 하지 않은 병에 대한 살인의 고의(소위 **제2급의 직접고의**-지정고의)도 인정된다. 나아가 결과발생에 대해서는 가능성만 인식하였고 결과실현에 대해서도 감수의사만 있은 농부에 대한 상해의 고의(소위 미필적 고의)도 인정된다.

Ⅲ. 부작위범

1. 작위와 부작위

범죄를 범하는 행위의 형태로는 작위와 부작위가 있다. **작위**는 법적으로 금지된 것(금지규범)을 적극적으로 위반해 나아가는 행동을 말하고, **부작위**는 단순히 '아무것도 하지 않는 것'을 의미하는 것이 아니라 법적으로 명령된 것(명령규범)을 소극적으로 행하지 아니하는 것을 말한다. 따라서 부작위는 존재론적으로 고찰하면 작위와 동렬에 설 수 없지만 가치론적으로 고찰하면 규범을 위반한다는 점에서 작위와 같은 범주에서 파악될 수 있다. 그리하여 행위를 가치개념으로 파악하게 되면(**사회적 행위개념**) 작위뿐만 아니라 부작위도 행위개념에 포함된다. 아울러 부작위가 형법에 위반되는 행위로 평가될 때 이를 **부작위범**이라 한다.

구성요건적 행위의 태양에는 작위뿐만 아니라 부작위도 포함된다. 이때 문제는 작위의 요소와 부작위의 요소가 병존하는 경우에 작위와 부작위의 구별이 쉽지 않다는 데 있다. 예를 들어 과실범의 경우에 과실행위의 수행이라는 면은 작위요소이지만, 요구된 주의의무를 이행하지 않은 면은 부작위요소이다. 이처럼 작위와 부작위의 구별이 명백하지 않은 경우에는 부작위의 작위에 대한 보충성을 인정하여 먼저 작위범의 성립 여부를 심사하고, 이것이 부정될 경우에 한하여 부작위를 검토하여야 한다. 대법원도 "피고인이 검사로부터 범인을 검거하라는 지시를 받고서도 그 직무상의 의무에 따른 적절한 조치를 취하지 아니하고 오히려 범인에게 전화로 도피하라고 권유하여 그를 도피케 하였다는 범죄사실만으로는 직무위배의 위법상태가 범인도피행위 속에 포함되어 있는 것으로 보아야 할 것이므로, 이와 같은 경우에는 작위범인 범인도피죄만이 성립하고 부작위범인 직무유기죄는 따로 성립하지 아니한다"(대판 1996. 5. 10, 96도51)라고 판시하여 **부작위의 보충성**을 인정하고 있다.

2. 진정부작위범과 부진정부작위범

사례 11-1

甲은 인적이 없는 곳에서 익사위기에 있던 A를 일단 구하여 인공호흡을 시도하다가 중도에 그만 두고 그 자리를 떠나 버렸다. 그 때문에 A는 결국 죽었다. 이 경우 甲의 죄책은?

사례 11-2

여객선 선장인 甲은 세월호가 좌현으로 기울어져 있는 상황에서 피해자인 승객과 승무원 등이 안내방송 등을 믿고 대피하지 않은 채 선내에 그대로 대기하고 있는 상태에서 배가 더 기울면 밖으로 빠져나오지 못하고 익사할 수 있다는 사실을 알았음에도, 승객 등에 대한 구조조치를 취하지 아니한 채 퇴선하였다. 그 결과 선내에 남아 있던 피해자들이 익사하였다. 이 경우 甲에게 부작위에 의한 살인죄의 성립을 인정할 수 있는가?

형법각칙에 있는 대부분 범죄구성요건의 행위는 원칙적으로 작위범의 형태로 규정되어 있다. 아주 예외적으로 형법각칙이 직접 부작위를 행위로 규정하고 있는데, 이렇게 형법각칙이 특별히 직접 규정한 부작위범을 **진정부작위범**이라고 한다. 예를 들어 다중불해산죄(제116조), 퇴거불응죄(제319조 제2항), 전시공수계약불이행죄(제117조 제1항), 전시군수계약불이행죄(제103조 제1항), 집합명령위반죄(제145조 제2항)가 각칙에서 부작위범의 형태로 규정된 진정부작위범에 해당한다. 이러한 구성요건에는 모두 불응, 불해산, 불이행 등 부작위가 규정되어 있다.

반면에 대부분의 형법 구성요건은 행위태양이 작위로 되어 있다. 살인죄, 절도죄 등이 모두 그러하다. 그러나 이러한 범죄도 부작위로 범할 수 있다. 예를 들어 응급환자를 소생시켜 줘야 할 의사가 고의 또는 과실로 환자를 소생시키지 않아 사망케 했다거나 상처를 악화시켰다든지, 강가에 노는 아기를 돌봐줘야 할 부모나 유모가 고의 또는 과실로 돌봐주지 않아 아기가 강물에 빠져 사망하였거나 상처를 입은 경우 등이다. 이렇게 작위형태의 범죄를 부작위로 범하는 것을 가리켜 **부진정부작위범**이라 한다.

부진정부작위범의 성립에는 작위범과는 다른 특별한 제한이 있다. 그 대표적인 것이 작위범은 공무원수뢰죄와 같은 신분범을 제외하고 대부분 모든 자가 행위주체가 될 수 있으나, 부진정부작위범은 **보증인지위**에 있는 자만이 행위주체가 될 수 있을 뿐이다. 예를 들어 물에 빠진 아들을 보증인지위(구조의무) 있는 부모가 그를 구조할 수 있음에도 불구하고 구조하지 않았다면 부작위에 의한 살인죄가 성립하지만, 지나가는 사람이 그를 구조하지 않는다고 하여 살인죄가 성립하는 것은 아니다. 그리고 보증인지위는 부모와 같은 관계에 의한 것뿐만 아니라, 교통사고를 일으킨 **선행행위**를 한 자에게도 피해자를 구조할 **보증의무**가 있게 된다.

이러한 점을 규정한 것이 바로 "위험의 발생을 방지할 의무가 있거나 자기의 행위로 인하여 위험발생의 원인을 야기한 자가 그 위험발생을 방지하지 아니한 때에는 그 발생된 결과에 의하여 처벌한다"라고 규정한 형법 제18조의 내용이라고 할 수 있다.

▣ **사례 11-1의 해결**

보증인지위는 의무에 반하는 위험스러운 선행행위에 의해서 발생한다. 그러나 그 선행행위가 위험을 창출하거나 증가하지 않았다면 보증의무의 근거가 될 수 없다. 따라서 상기한 [사례]에서 甲이 익사위기에 있던 A를 일단 구하여 인공호흡을 시도한 선행행위는 위험을 감소하였을 뿐이기 때문에 甲에게 보증의무가 없다. 그러므로 甲은 부작위에 의한 살인죄를 범한 것이 아니다.

▣ **사례 11-2의 해결**

선박침몰 등과 같은 조난사고로 승객이나 다른 승무원들이 스스로 생명에 대한 위협에 대처할 수 없는 급박한 상황이 발생한 경우에는 선박의 운항을 지배하고 있는 선장 甲은 적극적인 구호활동을 통해 보호능력이 없는 승객이나 다른 승무원의 사망 결과를 방지하여야 할 작위의무가 있으므로, 법익침해의 태양과 정도 등에 따라 요구되는 개별적·구체적인 구호의무를 이행함으로써 사망의 결과를 쉽게 방지할 수 있음에도 그에 이르는 사태의 핵심적 경과를 그대로 방관하여 사망의 결과를 초래하였다면, 부작위는 작위에 의한 살인행위와 동등한 형법적 가치를 가지고, 작위의무를 이행하였다면 결과가 발생하지 않았을 것이라는 관계가 인정될 경우에는 작위를 하지 않은 부작위와 사망의 결과 사이에 인과관계가 있다. 따라서 甲에게는 부작위에 의한 살인죄가 성립한다(대판 2015. 11. 12, 2015도6809).

Ⅳ. 미수범

1. 기수범과 미수범

사례 12

甲은 주유소를 강탈하기 위하여 복면을 하고 누군가 문을 열면 곧바로 폭력을 행사하려고 문을 두드렸고, 乙은 타인의 승용차를 추적하여 한적한 곳에서 강탈하기 위해 그 승용차가 지나칠 때까지 길목에서 기다리고 있었으며, 丙은 자전거 바퀴가 잠겨 있는지를 확인하고 절취하기 위하여 그 앞

바퀴를 흔들어 보았다. 각각의 행위 순간에 그들이 각자 체포되었다면 甲, 乙, 丙에게 미수범은 성립되는가?

형법은 원칙적으로 **기수범**만을 처벌한다. 예외적으로 미수를 처벌하기 위해서는 별도의 처벌규정이 있어야 한다. 예를 들어 폭행죄의 경우에는 미수범처벌규정이 없다. 따라서 폭행미수는 처벌할 수 없다. 그러나 상해죄의 경우 제257조 제3항에 "전2항의 미수범은 처벌한다"라고 규정되어 있으므로 상해미수는 처벌할 수 있는 것이다. 이때 미수란 범죄의 실행에 착수하였으나 행위를 종료하지 못하였거나 결과가 발생하지 않은 경우를 말한다. 그러므로 미수는 범죄의 실행착수 이전 단계인 **예비·음모**와는 구별된다.

미수범이 성립하기 위해서는 ① 범죄의 실행에 착수하고, ② 범죄가 완성되지 않을 것(실행행위의 미종료 또는 결과의 불발생)을 요한다. 그리고 이외에 ③ 주관적 구성요건으로서 고의가 필요하다.

▣ **사례 12의 해결**

상기한 [사례]에서 甲은 그의 표상에 따르면 문을 두드림으로써 구성요건적 실행행위(폭행·협박)와의 사이에 더 이상의 중간행위는 없다. 또한 그 단계에서 이미 법익침해와 시간적·장소적 연관성도 있다. 따라서 그에게 비록 구성요건적 행위인 폭행·협박은 아직 개시되지 않았지만 강도죄 미수범의 성립이 가능하다. 그러나 [사례]의 乙에게는 그의 표상에 의하면 강도행위의 구성요건적 행위에 이르기 위해서는 한적한 곳까지 미행하여야 하는 중간행위가 존재한다. 이러한 경우에는 단순한 강도죄 예비에 불과하다. 그리고 [사례]에서 丙의 경우에는 특정자전거를 찍어서 상기의 행위를 하였다면 절도죄 실행착수가 인정되어 절도죄 미수범이 성립한다. 그러나 여러 자전거들을 흔들어 보고 하나를 선택하려는 생각이었다면 실행착수는 부정되어 무죄이다.

2. 미수범의 종류

미수범에는 개념상 장애미수, 중지미수, 불능미수가 있다. **장애미수**란 행위자의 의사에 반하여 범죄를 완성하지 못한 경우를 말하며, **중지미수**란 행위자의 의사에 의하여 범죄를 중지한 경우를 말한다. 한편, **불능미수**란 실행의 수단 또는 대상의 착오로 인하여 결과의 발생이 불가능하더라도 위험성이 있는 경우를 말한다. 기수범의 형에 비하여 장애미수는 임의적 감경(제25조 제2항), 중지미수는 필요적 감면(제26조), 불능미수는 임의적 감면(제27조 단서)이므로 구별의 실익이 있다.

(1) 장애미수

장애미수란 행위자가 자신의 의사에 반하여, 즉 외부적 장애로 범죄를 완성하지 못한 경우를 말한다. "범죄의 실행에 착수하여 행위를 종료하지 못하였거나 결과가 발생하지 아니한 때에는 미수범으로 처벌한다"라고 규정한 형법 제25조 제1항은 미수범 일반 내지 장애미수를 규정한 것으로 볼 수 있다.

장애미수가 성립하기 위해서는 우선 객관적 구성요건으로서 ① 범죄의 실행에 착수하고, ② 범죄가 완성하지 않아야 한다. 이때 **실행의 착수**는 범행의 직접적 개시를 의미하고, **범죄가 완성되지 못한 경우**란 행위자가 실행행위를 종료하지 못한 경우(이를 **착수미수**라 함: 예컨대 사람을 죽이려고 칼로 찌르는 순간에 타인이 제지하거 살해하지 못한 경우)와 행위는 종료하였으나 예상했던 구성요건적 결과가 발생하지 않은 경우(이를 **실행미수**라 함: 예컨대 총을 발사하였으나 명중하지 않은 경우 또는 명중하였으나 치명상이 아니기 때문에 사망의 결과가 발생하지 않은 경우)를 말한다. 그리고 미수범의 주관적 구성요건은 ③ 범행결의이다. **범행결의**는 고의와 그 밖의 주관적 불법요소(예컨대, 목적·경향 등)를 포괄한다. 이때의 고의는 기수고의와 동일하다.

미수범의 처벌은 형법각칙의 특별한 규정이 있을 때에 한한다(제29조). 그리고 장애미수의 형은 기수범보다 감경할 수 있다(제25조 제2항). 즉 **임의적 감경사유**이다. 그러므로 법관은 경우에 따라서 기수범과 동일한 형량을 선고할 수도 있다.

(2) 중지미수

사례 13

甲은 A에게 위조한 예금통장을 보여주면서 외국회사에서 투자금을 받았다고 거짓말을 하며 자금대여를 요청하였으나, A가 입금 여부를 확인하고자 하여 은행으로 같이 가던 중 은행 입구에서 A에게 차용하는 것을 포기하고 돌아왔다. 이 경우 甲의 죄책은?

중지미수란 범죄의 실행에 착수한 자가 아직 범죄가 완성되기 전에 자기의 의사(즉 자의)로 범행을 중지하거나 결과의 발생을 방지하는 경우를 말한다. 예를 들어 사람을 죽이기 위하여 권총 한 발을 쏘았으나 빗나간 상태에서 권총을 또 쏠 수도 있었지만 후회하고 스스로 중지한 경우가 여기에 해당한다.

중지미수는 앞서 설명한 장애미수를 임의적 감경사유로 한 것과는 달리 반드시 형을 면제하거나 아니면 감경하는 사유, 즉 **필요적 감면사유**로 하고 있다(제26조). 이처럼 중지미수를 특별히 취급하는 이유로는 이미 실행에 착수한 행위자에게 그 범죄의 완성을 중지하거나 결과의 발생을 방지하도록 유도하기 위하여 관대하게 취급하는 규정을 둔 것이라는 **형사정책설**이 주장되는데, 이를 소위 '**황금의 다리 이론**'이라고 한다.

중지미수가 성립하기 위해서는 주관적 요건으로 ① 자의성과, 객관적 요건으로서 ② 실행의 착수와 ③ 중지행위가 있어야 한다. **자의성**은 중지미수와 장애미수의 구별기준이 된다고 할 수 있는데, 그 판단기준에 대해서는 다시 객관설과 주관설의 학설대립이 있다. **객관설**은 내부적 동기에 의해 범죄를 중지한 경우는 중지미수이며, 외부적 사정에 의한 경우는 장애미수라고 한다. 이에 대해 **주관설**은 후회나 동정과 같은 윤리적 동기에 의한 경우에만 중지미수가 성립한다고 한다. 이 밖에 할 수 있었음에도 불구하고 원하지 않아서 중지한 때에는 중지미수이고, 하려고 하였지만 할 수가 없어서 중지한 때에는 장애미수라는 **프랑크의 공식**도 있지만, **다수설과 판례**는 일반통념상 범죄수행에 장애가 될 만한 사유가 있었는가를 기준으로 자의성을 판단하는 절충적인 입장을 취하고 있다.

[자의성의 부정판례]

① 〈강간죄〉 강간죄에서 피해부녀의 어린 딸이 잠에서 깨어 우는 경우와 시장 간 남편이 곧 돌아오고 임신 중이라는 말에 의하여 도주한 경우(대판 1993. 4. 13, 93도347), 강간죄에서 피해부녀가 수술한 지 얼마 안 되어 배가 아프다면서 애원하는 바람에 중지한 경우(대판 1992. 7. 28, 92도917)

② 〈겁을 먹고 그만둔 경우〉 피고인이 장롱 안의 옷가지에 불을 놓아 건물을 소훼하려 하였으나 불길이 치솟는 것을 보고 겁이 나서 물을 부어 불을 끈 경우(대판 1997. 6. 13, 97도957)와 피고인이 피해자를 살해하기 위해 그의 목 부위와 가슴 부위를 수회 찔러 많은 피가 나는 것을 보고 겁을 먹고 그만둔 경우(대판 1999. 4. 13, 99도640)

[자의성의 긍정판례]

① 피고인이 피해자를 강간하려다가 피해자의 다음번에 만나 친해지면 응해 주겠다는 취지의 간곡한 부탁으로 인하여 그 목적을 이루지 못한 후 피해자를 자신의 차에 태워 집에까지 데려다 주었다면 피고인

은 자의로 피해자에 대한 강간행위를 중지한 것이고 피해자의 다음에 만나 친해지면 응해 주겠다는 취지의 간곡한 부탁은 사회통념상 범죄실행에 대한 장애라고 여겨지지는 아니하므로 피고인의 행위는 중지미수에 해당한다(대판 1993. 10. 12, 93도1851).

▣ **사례 13의 해결**

상기한 [사례]에서 甲은 범행이 발각될 것이 두려워 범행을 중지한 것으로서 일반 사회통념상 범죄를 완수함에 장애가 되는 사정에 해당하여 자의에 의한 중지미수로 볼 수 없다(대판 2011. 11. 10, 2011도10539). 따라서 甲은 사기(장애)미수죄가 성립한다.

(3) 불능미수

불능범은 결과발생이 처음부터 불가능한 경우를 말한다. 그런데 형법 제27조의 표제는 '불능범'으로 되어 있지만 그 내용은 가벌적 불능미수를 규정하고 있다. **불능미수**는 실행의 수단 또는 대상의 착오로 인하여 결과발생이 불가능하더라도 위험성이 있기 때문에 미수로 처벌되는 행위를 말한다. 이에 반해 불가벌적 **불능범**은 처음부터 구성요건이 실현될 위험성이 없기 때문에 범죄가 되지 않는 행위를 말한다. 예를 들어 치사량 미달의 독약으로 살해하려 한 경우에는 가벌적 불능미수범이 되지만, 다량의 설탕을 가지고 죽이려고 한 경우에는 불가벌적인 불능범이 된다. 가벌적 불능미수의 형은 기수범의 형에 비하여 감면될 수 있다. 즉 **임의적 감면사유**이다(제27조 단서).

불능미수가 성립하기 위해서는 ① 실행의 수단 또는 대상의 착오로 인하여 결과의 발생이 불가능할 것, ② 위험성이 있을 것을 요한다. 이외에 불능미수도 미수범인 이상 미수의 공통요건인 ③ 실행의 착수가 있어야 한다.

[위험성 있는 불능미수의 긍정판례]

① 살해의 방법으로 쥐약을 술에 혼입하여 음복하게 한 경우(대판 1954. 12. 21, 4287형상190), ② 소매치기가 돈이 없는 피해자 주머니에 손을 넣고 금품을 절취하려고 한 경우(대판 1986. 11. 25, 86도2090, 86감도231), ③ 히로뽕 제조를 위해 시도하였으나 약품배합 미숙으로 그 완제품을 제조하지 못한 경우(향정신성의약품제조죄의 불능미수를 인정한 대판 1985. 3. 26, 85도206), ④ 피고인이 피해자가 심신상실 또는 항거불능의 상태에 있다고 인식하고 그러한 상태를 이용하여 간음할 의사로 피해자를 간음하였으나 피해자가 실제로는 심신상실 또는 항거불능의 상태에 있지 않은 경우에는, 실행의 수단 또는 대상의

착오로 인하여 준강간죄에서 규정하고 있는 구성요건적 결과의 발생이 처음부터 불가능하였고 실제로 그러한 결과가 발생하였다고 할 수 없다. 피고인이 준강간의 실행에 착수하였으나 범죄가 기수에 이르지 못하였으므로 준강간죄의 미수범이 성립한다. 피고인이 행위 당시에 인식한 사정을 놓고 일반인이 객관적으로 판단하여 보았을 때 준강간의 결과가 발생할 위험성이 있었으므로 준강간죄의 불능미수가 성립한다(대판 2019. 3. 28, 2018도16002 전원합의체).

[위험성 없는 불능범의 긍정판례]

소송사기에 있어서 피기망자인 법원의 재판은 피해자의 처분행위에 갈음하는 내용과 효력이 있는 것이어야 하고, 그렇지 아니하는 경우에는 착오에 의한 재물의 교부행위가 있다고 할 수 없어서 사기죄는 성립되지 아니한다고 할 것이므로, 피고인의 제소가 사망한 자를 상대로 한 것이라면 이와 같은 사망한 자에 대한 판결은 그 내용에 따른 효력이 생기지 아니하여 상속인에게 그 효력이 미치지 아니하고 따라서 사기죄를 구성한다고 할 수 없다(대판 2002. 1. 11, 2000도1881).

V. 공범론

1. 공범의 의의

형법의 구성요건은 원칙적으로 단독범행을 예상하여 규정되어 있다. 그러한 구성요건을 단독이 아닌 2인 이상이 실현하였을 때 이를 어떻게 다룰 것인가에 관한 이론이 **공범론**이다.

공범이란 넓은 의미에서는 2인 이상이 가공하여 범죄의 구성요건을 실현하는 것을 말한다. 형법총칙이 규정하는 넓은 의미의 공범에는 공동정범(제30조), 교사범(제31조), 종범(제32조) 및 간접정범(제34조)이 있다. 그런데 넓은 의미의 공범 중에서 공동정범과 간접정범은 두 사람 이상이 범행에 등장하지만 어디까지나 정범에 해당하고, 교사범과 종범은 **협의의 공범**에 해당한다. 보통 정범에 대립되는 개념으로서의 공범은 바로 협의의 공범만을 말한다.

정범과 협의의 공범은 이론상 범행지배의 유무에 의하여 구별되는 것이 오늘날 통설적 견해(소위 **범행지배설**)이다. 즉 **범행지배**란 '구성요건에 해당하는 실행행위의 진행을 조종·장악하는 것'이며, 이를 통하여 그의 의사에 따라 구성요건의 실현을 저지하거나 진행하게 할 수 있는 자는 정범이고, 다만 행위를 야기하거나 촉진한 자는 공범이라고 할 수 있다.

정범과 협의의 공범의 구별의 실익으로는 후자의 협의의 공범은 정범에 어느 정도 종속되어 성립되고 처벌되는 데에 있다. 오늘날 다수설인 **제한적 종속성설**에 의하면, 정범의 행위가 적어도 구성요건에 해당하고 위법하여야 협의의 공범은 비로소 성립가능하고, 정범이 반드시 '유책할' 것을 요구하지는 않는다고 한다.

2. 공범의 종류

(1) 공동정범

사례 14

甲, 乙, 丙은 절도를 함께 하기로 모의했다. 甲은 범행계획을 지시하고 乙과 丙은 현장에 가서 함께 재물을 절취해 왔고, 절취한 재물을 甲, 乙, 丙과 함께 나누어 가졌다. 이 경우 甲, 乙, 丙의 죄책은?

공동정범이란 2인 이상이 공동의 범행계획에 따라 각자 실행의 단계에서 본질적인 기능을 분담하여 이행함으로써 성립하는 정범형태를 말한다. 이에 대해 형법 제30조는 "2인 이상이 공동하여 죄를 범한 때에는 각자를 그 죄의 정범으로 처벌한다"라고 규정하고 있다. 공동정범은 다수인의 범죄참가형식이라는 점에서 넓은 의미의 공범의 일종이다.

공동정범은 범인들이 공동의 의사로 특정한 범죄행위를 하기 위하여 일체가 되어 서로 다른 사람의 행위를 이용하여 자기의 의사를 옮기는 것을 내용으로 한다는 점에 특징이 있다. 즉 공동정범에서는 구성요건의 분업적 실현 또는 기능적 지배를 특징으로 한다(이른바 **기능적 범행지배설**). 따라서 서로 의사연락하에 현장에서 망보는 행위를 한 자도 해당 범죄의 공동정범이 된다.

공동정범이 성립하기 위해서는 주관적 요건으로 ① '공동의 범행의사'와 객관적 요건으로 ② '실행행위의 분담'이 필요하다. 먼저 **공동의 범행의사**란 공동으로 범행한다는 의사를 나누어 갖는 것이다. 이때 의사연락은 실행행위 이전은 물론, 실행행위의 도중 또는 일부 종료 후에도 가능하다. 특히 실행행위의 일부 종료 후 기수 이전에 이러한 사정을 알고 타인의 범행에 가담하여 범죄를 공동으로 수행한 경우를 **승계적 공동정범**이라 한다. 다음으로 공동의 범행계획에 따라 범죄를 분담하여 실행한 사실이 있어야 한다. 이때 실행행위의 분담은 전체 계획의 견지에서 볼 때 결과를 실현하는 데에 불가결한 요소가 되는 기능을 분담하는 것을 의미한다.

공동정범은 각자를 그 죄의 정범으로 처벌한다. 즉 부분실행에 전체책임을 부담하는 것으로 공동자 모두 그 범행으로 야기된 결과에 대해 단독으로 야기한 것과 같은 처벌을 받게 된다.

관련 판례

① 다른 3명의 공모자들과 강도 모의를 주도한 피고인이, 다른 공모자들이 피해자를 뒤쫓아 가자 단지 "어?"라고만 하고 더 이상 만류하지 아니하여 공모자들이 강도상해의 범행을 한 사안에서, 피고인이 그 공모관계에서 이탈하였다고 볼 수 없다(대판 2008. 4. 10, 2008도1274).

② 형법 제30조의 공동정범은 공동가공의 의사와 그 공동의사에 의한 기능적 행위지배를 통한 범죄실행이라는 주관적·객관적 요건을 충족함으로써 성립하므로, 공모자 중 구성요건행위를 직접 분담하여 실행하지 아니한 사람도 위 요건의 충족 여부에 따라 이른바 공모공동정범으로서의 죄책을 질 수도 있다. 한편 구성요건행위를 직접 분담하여 실행하지 아니한 공모자가 공모공동정범으로 인정되기 위하여는 전체 범죄에 있어서 그가 차지하는 지위·역할이나 범죄경과에 대한 지배 내지 장악력 등을 종합하여 그가 단순한 공모자에 그치는 것이 아니라 범죄에 대한 본질적 기여를 통한 기능적 행위지배가 존재하는 것으로 인정되어야 한다(대판 2010. 7. 15, 2010도3544).

③ 게임산업진흥에 관한 법률 제26조 제2항에서 '청소년게임제공업 등을 영위하고자 하는 자'란 청소년게임제공업 등을 영위함으로 인한 권리의무의 귀속주체가 되는 자(이하 '영업자'라고 한다)를 의미하므로, 영업활동에 지배적으로 관여하지 아니한 채 단순히 영업자의 직원으로 일하거나 영업을 위하여 보조한 경우, 또는 영업자에게 영업장소 등을 임대하고 사용대가를 받은 경우 등에는 같은 법 제45조 위반에 대한 본질적인 기여를 통한 기능적 행위지배를 인정하기 어려워, 이들을 방조범으로 처벌할 수 있는지는 별론으로 하고 공동정범으로 처벌할 수는 없다(대판 2011. 11. 10, 2010도11631).

▣ 사례 14의 해결

상기한 [사례]에서 甲은 절도행위에 직접 참가하지는 않았지만, 실행행위에 가담하지 않은 자에게도 공동정범을 인정하는 공모공동정범이론에 따르면 절도의 공모에 참가하였으므로 절도죄(제329조)의 공동정범이 인정된다. 乙과 丙은 두 사람 이상이 합동하여 절도를 범한 합동범이므로 특수절도죄(제331조 제2항)에 해당한다. 다만 시간적·장소적 협동이 없는 甲에게는 특수절도의 책임까지 인정할 수는 없을 것이다. 따라서 甲은 절도죄의 공동정범이 되고, 乙과 丙은 특수절도죄에 해당한다.

(2) 간접정범

사례 15

甲이 A의 차용증을 가지고 있기는 하나 그 채권의 존재에 관하여 A와 다툼이 있는 상황에서 당초에 없던 월 2푼의 약정이자에 관한 내용 등을 부가한 A명의 차용증을 새로 위조하여, 이를 바탕으로 자신의 처에 대한 채권자인 乙에게 차용원금 및 위조된 차용증에 개한 약정이자 2,500만 원을 양도하고, 이러한 사정을 모르는 乙로 하여금 A를 상대로 양수금 청구소송을 제기하도록 하였다. 이 경우 甲과 乙의 죄책은?

간접정범이란 타인을 생명 있는 도구로 이용하여 범행하는 것을 말한다. 여기서 타인이 도구로 이용된다는 것은 주된 형사상 죄책은 이용자에게 돌려지고 이용된 타인은 도구로서의 종적 취급만 받게 된다는 것을 의미한다. 형법 제34조 제1항은 간접정범을 "어느 행위로 인하여 처벌되지 아니하는 자 또는 과실범으로 처벌되는 자를 교사 또는 방조하여 범죄행위의 결과를 발생하게 한 자"라고 규정하고 있다.

간접정범을 정범으로 보느냐 공범으로 보느냐에 대하여는 견해의 대립이 있긴 하지만, 정범의 일종으로 취급하는 것이 대다수의 견해이다. 즉 **범위지배설**에 의할 때 간접정범은 행위자에게 피이용자의 의사에 대한 지배(**의사지배**)가 인정되기 때문에 정범으로 분류된다는 것이다. 보다 구체적으로 말하여 간접정범은 이용자가 피이용자의 의사를 지배하고, 이를 통하여 사람(피이용자)을 지배하며, 결국 피이용자의 행위를 지배하는 형태의 정범인 것이다.

간접정범은 정범의 한 유형이라는 점에서 협의의 공범인 교사범 및 종범과 구별된다. 또한 간접정범은 타인을 도구로 이용한다는 점에서 스스로 직접 범행하는 직접정범과 구별된다. 물론 직접정범도 도구를 사용하는 경우가 있지만 이때의 도구는 생명 없는 도구라는 점이 간접정범과 다르다. 아울러 간접정범은 공동정범과도 구별된다. 간접정범은 의사지배를 표지로 하는 정범인 데 반하여, 공동정범은 기능적 행위지배를 표지로 하는 정범이다.

간접정범이 성립하기 위해서는 ① 어느 행위로 인하여 처벌되지 아니하는 자 또는 과실범으로 처벌되는 자를, ② 교사 또는 방조하여, ③ 범죄행위의 결과를 발생하게 하여야 한다. 이때 '**어느 행위로 인하여 처벌되지 아니하는 자**'란 구성요건 해당성이 없거나 위법성 또는 책임이 없어 그의 행위가 범죄로 성립되지 않는 자를 말한다. 예를 들어 사정을 모르는 간호사로 하여금 환자에게 독약을 주사하도록 하는 경우가 여기에 해당한다. 그리고 '**교사 또는 방조하여**'라고 규정되어 있으나 교사범 또는 종범의 경우에서와는 달리 넓은 의미의 **사주나 이용**의 뜻으로 보아야 한다.

간접정범은 교사 또는 방조의 예에 의해 처벌한다. 그러나 간접정범은 정범이므로 정범의 형에 따라 처벌해야지 공범의 예에 따라 처벌하도록 한 것은 입법론상 잘못이라는 비판이 있다. 그리고 자기의 지휘·감독을 받는 자를 교사 또는 방조하여 결과를 발생하게 한 간접정범에 대해서는 교사인 때에는 정범에 정한 형의 장기 또는 다액의 2분의 1까지 가중하고 방조인 때에는 정범의 형으로 처벌한다(제34조 제2항).

관련판례

① 공문서의 작성권한이 있는 공무원의 직무를 보좌하는 자가 그 직위를 이용하여 행사할 목적으로 허위의 내용이 기재된 문서 초안을 그 정을 모르는 상사에게 제출하여 결재하도록 하는 등의 방법으로 작성권한이 있는 공무원으로 하여금 허위의 공문서를 작성하게 한 경우에는 간접정범이 성립되고 이와 공모한 자 역시 그 간접정범의 공범으로서의 죄책을 면할 수 없는 것이고, 여기서 말하는 공범은 반드시 공무원의 신분이 있는 자로 한정되는 것은 아니라고 할 것이다(대판 1992. 1. 17, 91도2837).
② 강제추행죄는 사람의 성적 자유 내지 성적 자기결정의 자유를 보호하기 위한 죄로서 정범 자신이 직접 범죄를 실행하여야 성립하는 자수범이라고 볼 수 없으므로, 처벌되지 아니하는 타인을 도구로 삼아 피해자를 강제로 추행하는 간접정범의 형태로도 범할 수 있다. 여기서 강제추행에 관한 간접정범의 의사를 실현하는 도구로서의 타인에는 피해자도 포함될 수 있으므로, 피해자를 도구로 삼아 피해자의 신체를 이용하여 추행행위를 한 경우에도 강제추행죄의 간접정범에 해당할 수 있다(대판 2018. 2. 8, 2016도17733).

▣ 사례 15의 해결

자기에게 유리한 판결을 얻기 위하여 소송상의 주장이 사실과 다름이 객관적으로 명백하거나 증거가 조작되어 있다는 정을 인식하지 못하는 제3자를 이용하여 그로 하여금 소송의 당사자가 되게 하고 법원을 기망하여 소송 상대방의 재물 또는 재산상 이익을 취득하려 하였다면 간접정범의 형태에 의한 소송사기죄가 성립하게 된다.

상기한 [사례]에서 적어도 위 약정이자 2,500만 원 중 법정지연손해금 상당의 돈을 제외한 나머지 돈에 관한 甲의 행위는 乙을 도구로 이용한 간접정범 형태의 소송사기죄를 구성한다(대판 2007. 9. 6, 2006도3591).

(3) 교사범

사례 16

수사관 X의 끄나풀인 甲은 전문절도범 乙에게 A의 자동차를 훔치게 교사하였다. X와 甲은 함께 처음부터 계획한 대로 乙이 A의 자동차를 훔치려고 실행착수하는 순간에 그를 체포하였다. 이 경우 甲의 죄책은?

교사범이란 타인으로 하여금 범죄를 결의하여 실행하게 하는 자를 말한다. 이 경우에 실제로 범행에 나서는 피교사자는 정범이 되고, 교사자는 협의의 공범이 된다. 형법 제31조 제1항은 교사범에 관하여 "타인을 교사하여 죄를 범하게 한 자는 죄를 실행한 자와 동일한 형으로 처벌한다"라고 규정하고 있다.

이러한 교사범은 스스로 기능적 범행지배에 관여하지 않고 기능분담이 없다는 점에서 공동정범과 구별되고, 정범의 존재를 전제로 한다는 점에서 타인을 도구로 의사지배하는 정범인 간접정범과도 구별된다. 또한 교사범은 타인에게 범죄의 결의를 유발하는 점에서 이미 범의를 가지고 있는 자를 유형·무형으로 돕는 종범과도 구별된다.

교사범이 성립하기 위해서는 ① 교사자의 교사, ② 피교사자의 범죄결의, ③ 실행행위가 있어야 한다. **교사**란 범죄의사가 없었던 사람에게 범죄실행의 결의를 생기게 하는 것이다. 교사의 수단에는 제한이 없으나, 교사는 그 성질상 고의적·적극적인 행위이므로 부작위나 과실에 의한 교사는 인정되지 않는다. 이 밖에 교사자는 2가지 내용의 고의를 가져야 하는데, 교사의 상대방과 그가 행할 특정 범죄에 대한 인식과 그 범죄의 결과에 대한 고의가 그것이다. 그러므로 범죄결과에 대한 고의가 없는 **미수의 교사**는 인정되지 않는다. 한편, 피교사자는 교사에 의하여 범죄실행의 결의를 하여야 하며 교사와 실행결의 사이에는 인과관계가 있어야 한다.

교사범은 정범과 동일한 형으로 처벌한다. 이는 법정형이 동일하다는 의미이며 선고형까지 같다는 것은 아니다. 그리고 **교사의 미수** 중에서 피교사자가 범죄의 실행을 승낙하고 실행에 착수하지 않는 경우를 **효과 없는 교사**(제31조 제2항)라 하고, 피교사자가 범죄행위를 승낙하지 않음으로써 교사 자체가 실패한 경우를 **실패한 교사**(제31조 제3항)라 한다. 형법은 효과 없는 교사의 경우에 교사자와 피교사자 모두를, 실패한 교사의 경우에는 교사자만을 예비·음모에 준하여 처벌하고 있다.

관련 판례

판례는 치과의사가 치과기공사들에게 퇴원환자들을 상대로 한 무면허진료행위를 지시한 경우(대판 1986. 7. 8, 86도749), 피해자를 정신 차릴 정도로 때려주라고 말한 경우(대판 1997. 6. 24, 97도1075), 백송을 도벌하여 상자를 만들어 달라고 말하면서 도벌자금을 교부한 경우(대판 1969. 4. 22, 69도255)에 각각 교사범의 성립을 인정하였다.
반면에 연소한 자에게 밥값을 구해오라고 한 경우에는 교사범의 성립을 부정하였다(대판 1984. 5. 15, 84도418).

▣ **사례 16의 해결**

교사자가 처음부터 피교사자의 행위가 미수에 그칠 것을 예견하면서 교사하는 경우를 미수의 교사라고 부른다. 이 경우 교사자가 미수범으로 처벌되는가에 관하여는 견해대립이 있으나, 통설은 교사자의 고의도 적어도 구성요건을 실현할 의사가 있어야 하기 때문에 처음부터 구성요건을 실현하지 않을 것을 인식하고 교사행위를 한 경우에는 교사자에게 고의가 없어 불가벌이라고 한다. 같은 의미에서 수사관이 마약사범을 단속하기 위하여 혐의자에게 마약구입을 교사하고 기수에 이르기 전에 체포하는 함정수사, 즉 아쟝 쁘로보까퇴르의 경우에도 교사자(함정수사관)의 가벌성은 부인된다. 통설에 따르면, [사례]에서 甲은 乙이 범한 절도미수에 대해서는 교사범으로서 아무런 책임을 부담하지 않는다.

(4) 종 범

종범이란 정범의 범죄실행을 방조한 자를 말하며, **방조범**이라고도 한다. 형법 제32조 제1항은 종범에 관하여 "타인의 범죄를 방조한 자는 종범으로 처벌한다"라고 규정하고 있다.

종범은 이미 범죄의 결의를 하고 있는 자, 즉 고의있는 정범의 범행을 도우는 점에서, 특정범죄를 결의하고 있지 않은 자에게 새로이 범죄의 결의를 하게 하는 교사범과 구별된다. 또한 종범은 범행에 관여는 하나 그에 대한 지배의 정도에는 미치지 않는 협의의 공범이라는 점에서 상호 의사연락하에 범행을 분업적으로 지배하는 공동정범과 구별된다.

종범이 성립하기 위해서는 ① 종범의 방조행위와, ② 정범의 실행행위가 있어야 한다. **방조**는 정범의 범죄실행행위를 용이하게 하는 행위를 말한다. 방조행위의 방법에는 제한이 없다. 정신적 방조(조언·격려·충고·정보제공 등과 같은 무형적 지원방법), 물질적 방조(범행도구제공·범행장소제공·범행자금제공 등) 등을 가리지 않는다. 보증인지위에 있는 자의 부작위에 의한 방조도 얼마든지 가능하다. 그러나 과실에 의한 방조는 불가능하다. 방조는 실행행위 도중뿐만 아니라 그 이전이나 이후에도 범죄의 종료 이전까지는 가능하다. 방조행위와 정범의 범죄행위 간에는 인과관계가 있을 것을 요한다. 종범의 경우에도 교사범과 마찬가지로 자신의 행위와 정범의 행위에 대한 **이중의 고의**가 필요하며, 종범이 성립하기 위해서는 정범이 실행의 착수에 이르러야 한다. 정범의 실행행위는 구성요건에 해당하는 위법행위이면 충분하고 책임까지 있을 필요는 없다. 정범의 행위는 고의범이어야 한다. 정범이 미수에 그친 경우에는 종범도 미수범으로 처벌한다.

종범의 형은 정범보다 감경한다(제32조 제2항). 즉 종범은 **필요적 감경사유**이다. 교사범과는 달리 방조의 미수는 불가벌이다.

[방조범의 긍정판례]

① 운전면허 없는 자에게 승용차를 제공하여 무면허운전을 하게 한 경우(대판 2000. 8. 18, 2000도1914), ② 진료부는 환자의 계속적인 진료에 참고로 공하여지는 진료상황부이므로 간호보조원의 무면허 진료행위가 있은 후에 이를 의사가 진료부에다 기재하는 행위는 정범의 실행행위종료 후의 단순한 사후행위에 불과하다고 볼 수 없고 무면허 의료행위의 방조에 해당(대판 1982. 4. 27, 82도122), ③ 도박하는 자리에서 금원으로 사용하리라는 정을 알면서 채무변제로 금원을 교부한 경우(대판 1970. 7. 28, 70도1218), ④ 살인할 것을 알면서 그에 소요되는 비용을 제공한 경우(대판 1947. 12. 30, 4280형상131), ⑤ 의사가 입원치료를 받을 필요가 없는 환자가 보험금 수령을 위하여 입원치료를 받으려고 하는 사실을 알면서도 입원을 허가하여 형식상으로 입원치료를 받도록 한 후 입원확인서를 발급하여 주었고 환자 이를 제출하여 보험금을 수령하였다면 의사에게는 사기방조죄가 성립(대판 2006. 1. 12, 2004도6557). ⑥ 정범이 침해 게시물을 인터넷 웹사이트 서버 등에 업로드하여 공중의 구성원이 개별적으로 선택한 시간과 장소에서 접근할 수 있도록 이용에 제공 하면, 공중에게 침해 게시물을 실제로 송신하지 않더라도 공중송신권 침해는 기수에 이른다. 그런데 정범이 침해 게시물을 서버에서 삭제하는 등으로 게시를 철회하지 않으면 이를 공중의 구성원이 개별적으로 선택한 시간과 장소 에서 접근할 수 있도록 이용에 제공하는 가벌적인 위법행위가 계속 반복되고 있어 공중송신권 침해의 범죄행위가 종료되지 않았으므로, 그러한 정범의 범죄행위는 방조의 대상이 될 수 있다(대판 2021. 9. 9, 2017도19025 전원합의체).

[방조범의 부정판례]

① 이미 입영기피를 결심한 자에게 몸조심하라고 악수를 나눈 경우(대판 1983. 4. 12, 82도43), ② 클럽 웨이터가 지배인의 지시에 따라 미성년자를 출입시킨 경우(대판 1984. 8. 21, 84도781)

제3절 형벌론

Ⅰ. 형벌의 의의

형벌이란 국가가 공권력을 행사하여 범죄자의 법익을 박탈하는 제재를 말한다. 형벌은 사회통제의 가장 강력한 최후의 물리적 수단이다. 죄형법정주의의 원칙에 의하여 범죄가 없으면 형벌은 과할 수 없는 것이다. 근대 이전의 형벌은 국가질서의 수호 차원에서 범죄에 대한 공적인 복수로 볼 수 있는 **응보형**과 범죄자에게 육체적 고통을 가하는 **신체형**이 대부분이었으나, 오늘날에는 범죄자의 인권도 존중한다는 차원에서 참회를 통한 갱생을 유도하는 **교육형**과 육체적 고통보다는 행동의 자유를 제한하는 **자유형**이 주를 이루고 있다.

Ⅱ. 형벌의 종류

형법상 형벌의 종류에는 다음과 같은 9가지가 있다(제41조).

1. 사 형

사형은 범죄자의 생명을 박탈하는 형벌, 즉 **생명형**이다. 오늘날 인간 생명의 존엄성을 이유로 사형제도에 대하여 찬반의 논의가 계속되고 있으며, 실제로 사형제도를 폐지하는 나라가 증가하고 있는 추세이다. 우리나라에서도 1997년 12월 30일 마지막 사형을 집행한 이래, 아직 단 한 번도 사형을 집행하지 않아 2007년부터 실질적인 사형폐지 국가로 분류되고 있다. 다만 현행 형법에는 내란죄, 내란목적살인죄, 외환유치죄, 여적죄, 모병이적죄, 살인죄, 강도살인죄 등 10여 개의 범죄에 대하여 사형을 법정 최고형으로 규정하고 있다. 민간인에 대하여는 교수형의 방식을, 군인에게는 총살형 방식을 택하고 있다.

관련판례

군인인 피고인이 소속 부대의 간부나 동료 병사들의 피고인에 대한 태도를 따돌림 내지 괴롭힘이라고 생각하던 중 초소 순찰일지에서 자신의 외모를 희화화하고 모욕하는 표현이 들어 있는 그림과 낙서를 보고 충격을 받아 소초원들을 모두 살해할 의도로 수류탄을 폭발시키거나 소총을 발사하고 도주함으로써 상관 및 동료 병사들을 살해하고 중상을 가하였으며, 군용물손괴·군용물절도·군무이탈 행위를 하였다는 내용으로 기소된 사안에서, 비록 피고인에게 일부 참작할 정상이 있고 예외적이고도 신중하게 사형 선고가 이루어져야 한다는 전제에서 보더라도, 범행에 상응하는 책임의 정도, 범죄와 형벌 사이의 균형, 유사한 유형의 범죄 발생을 예방하여 잠재적 피해자를 보호하고 사회를 방위할 필요성 등 제반 견지에서 법정 최고형의 선고가 불가피하므로 피고인에 대한 사형 선고가 정당화될 수 있는 특별한 사정이 있다(대판 2016. 2. 19, 2015도12980 전원합의체).

※ 참고: 사형찬반 논의

사형제도 찬성론자는 일반인에게 겁을 주어 범죄억제의 효과가 있으며, 흉악 범죄인의 생명을 박탈하는 것은 사회정의의 실현이라고 주장한다. 반면에 사형제도 폐지론자는 형벌의 본질은 죄를 범한 자를 교육하고 교화하여 건전한 사회인으로 복귀시키는 것인데, 교육과 교화를 근본적으로 포기하는 사형은 허용될 수 없으며, 또 오판의 가능성이 있다고 주장한다.

2. 징역·금고·구류

징역·금고 및 **구류**는 수형자의 신체적 자유를 박탈하는 것을 내용으로 하는 형벌, 즉 **자유형**으로서 근대적 형벌의 중심을 이루고 있다. 이것은 다 같이 수형자를 교도소에 구치하는 점에서 공통성을 가지고 있으나, 구류는 그 기간이 1일 이상 30일 미만(제46조)이라는 점에서 30일 이상인 징역 및 금고와 구별된다. 징역은 자유를 박탈하면서 강제노역에 처한다(제67조)는 점에서 자유만 박탈하는 금고와 구별된다. 현실적으로 금고형은 드물고 대부분이 징역형이다. 그리고 징역과 금고에는 유기와 무기의 구별이 있으며, 유기는 원칙적으로 1개월 이상 30년 이하이다(제42조). 다만 형을 가중하는 때에는 50년까지로 한다. 형법 267조는 "과실로 인하여 사람을 사망에 이르게 한 자는 2년 이하의 금고 또는 700만원 이하의 벌금에 처한다"라고 규정하여 고의가 아닌 실수로 사람을 죽거나 다치게 한 경우에는 금고형만을 부과하도록 규정하고 있다.

3. 자격상실·자격정지

이것은 수형자의 일정한 자격을 상실 내지 정지시키는 것을 내용으로 하는 형벌이며, 범죄인의 일정한 자격 또는 명예를 박탈한다는 의미에서 **자격형** 또는 **명예형**이라고 한다. 형법상 자격이 상실되는 경우로서는 사형·무기징역 또는 무기금고의 판결을 받은 경우이다(제43조). 또한 법원에 의하여 일정한 기간 동안 자격행사를 못하게 하는 것을 **자격정지**라 한다. 상실되거나 정지되는 자격은 선거권, 공무담임권과 같은 공법상의 권리나 법인의 이사나 감사가 되는 권리를 말한다.

4. 벌금·과료·몰수

재산형으로서 벌금과 과료는 그 금액에 있어서 차이가 있을 뿐이다. 즉 **벌금**은 5만원 이상으로 하여 상한은 없고(제45조), **과료**는 2천원 이상 5만원 미만으로 하고 있다(제47조). **몰수**는 범죄에 사용된 물건이나 범죄로 얻은 부당이익을 국가가 범죄인으로부터 환수하는 것이다(제48조). 몰수가 현실적으로 불가능할 경우에는 그에 해당하는 금액을 추징할 수도 있다.

※ 참고: 보호관찰, 사회봉사명령 및 수강명령제도

유죄가 인정되는 범죄자에 대하여 교도소에 구금하는 대신 자유로운 사회생활을 하도록 하면서 전문가의 지도·감독을 받게 하거나(보호관찰), 사회봉사를 하도록 하거나, 일정한 교육을 받을 것을 명령하는 제도가 실시되고 있다(형법 제62조의2).

보호관찰: 범죄자의 재범 방지를 막고 건전한 사회 복귀를 돕기 위하여 보호관찰 조건부로 집행유예, 선고유예 판결을 받은 자, 가석방자, 소년법에 의하여 보호처분을 받은 자를 대상으로 보호관찰관의 지도·감독을 받도록 하고, 신고된 주소지에 거주하고 생업에 종사하며, 주거를 이전하거나 1개월 이상의 국내외 여행을 할 때는 신고하도록 하는 규정을 준수하도록 하는 제도

사회봉사명령: 조건부 집행유예 판결을 받은 자에게 법원의 명령으로 일정 시간 동안 사회에 유익한 근로를 무보수로 하도록 하여 근로정신을 함양하고 속죄의 기회를 부여하여 건전한 사회인으로 복귀하는 것을 돕는 제도. 소년범에게만 실시해 오던 것을 1997년 이후 성인범에게도 확대 실시하고 있으며, 500시간의 범위 내에서 실시된다(「보호관찰 등에 관한 법률」 제59조 제1항 본문).

수강명령: 조건부 집행유예 판결을 받은 자에게 법원의 명령으로 지정된 시간, 지정된 기관에서 교육을 받도록 하는 제도. 교육내용은 약물 오·남용 방지교육, 준법운전교육, 성폭력 방지교육, 가정폭력 방지교육, 인간관계 교육, 심성 계발 교육 등으로 200시간 이내에서 실시된다(「보호관찰 등에 관한 법률」 제59조 제1항 본문).

Ⅲ. 형의 적용

구체적인 사건에 적용되는 형벌의 결정은 형벌법규가 규정하는 형벌범위에서 곧바로 나오는 것이 아니라 몇 단계의 조정을 거쳐서 이루어진다. 즉 형벌법규에 규정된 **법정형**에 여러 가지의 가중·감경 사유를 적용시켜 **처단형**을 산출하고, 동 처단형의 범위 내에서 구체적인 사건에 적용될 **선고형**을 결정한다.

1. 법정형

형법 각조에 규정되어 있는 형벌 규정으로 일반적인 경우 상한선 또는 하한선을 명시하고 있다. 예를 들어 살인죄는 사형, 무기 또는 5년 이상의 징역, 강도죄는 3년 이상의 징역에 처한다고 규정하여 하한선을 규정하고 있고, 절도죄는 "6년 이하의 징역 또는 1천만원 이하의 벌금에 처한다"라고 규정하여 상한선을 규정하고 있다.

2. 처단형

누범자는 2배까지 가중 처벌할 수 있고(제35조), 미수범이나 자수를 한 경우, 범죄의 정상에 참작할 만한 사유가 있는 때에는 형을 감경할 수 있다(제53조). 이러한 형법 규정에 따라 법정형의 상한선과 하한선은 구체적인 범죄에 적용 가능한 형벌 내용은 달라지는데, 이를 **처단형**이라 한다.

3. 선고형

선고형이란 법원이 처단형의 범위 내에서 구체적으로 형을 양정하여 당해 피고인에게 실제로 선고하는 형을 말한다. 즉 "甲 피고인에게 징역 5년을 선고한다", "乙 피고인에게 벌금 100만원을 선고한다" 등으로 구체화된 형벌을 말한다. 이러한 선고형은 법정형 또는 선고형의 범위 내에서 범인의 연령, 성행, 지능과 환경, 피해자에 대한 관계, 범행의 동기, 수단과 결과, 범행 후의 정황 등을 고려하여 법관의 재량에 따라 결정된다.

Ⅳ. 형의 집행

판결에 의하여 형이 확정되면 피고인에게 선고된 형이 집행된다. 선고유예·집행유예·가석방·보안처분 등은 형법이 정한 형벌은 아니지만 형의 집행과 관련이 있기 때문에 간략히 설명한다.

1. 선고유예

선고유예는 1년 이하의 징역·금고·자격정지·벌금을 선고할 정도의 경미한 범죄로서 범죄인이 자격정지 이상의 전과가 없고, 범죄에 대하여 뉘우침이 뚜렷한 경우 형법 제51조의 양형조건을 고려하여 선고를 유예하는 것이다(제59조). 선고유예를 받은 날로부터 2년을 경과하면 면소된 것으로 본다.

2. 집행유예

집행유예는 3년 이하의 징역이나 금고를 선고할 경우 일정한 결격사유가 없으면 형법 제51조를 참작하여 1년 이상 5년 이내에 형집행을 유예하는 것이다(제62조). 집행유예 선고의 실효 또는 취소됨이 없이 유예기간을 지나면 형의 선고는 효력을 잃는다.

3. 가석방

가석방은 자유형의 집행 중에 있는 자가 무기형인 경우는 20년, 유기형인 경우는 형기의 3분의 1을 경과하고 행상(行狀)이 양호하고 뉘우침이 뚜렷한 때 형기만료 전에 일시로 석방하고 임시석방이 취소되지 않는 한 형집행이 종료한 것과 같은 효력을 갖는 제도이다(제72조~제76조).

4. 보안처분

보안처분은 사회적으로 위험한 행위를 할 우려가 있는 자에 대하여 이를 사회로부터 격리하여, 그 위험성을 교정하는 것을 목적으로 하는 처분이다. 보안처분은 법률에 의해서만 과할 수 있으며 소년법상의 보호처분(동법 제4조, 제32조~제42조), 보안관찰법상의 보안관찰처분(동법 제4조) 등을 들 수 있다.

제4절 형법각칙

I. 서 설

1. 형법각칙의 의의

형법전을 펼쳐보면 총칙과 각칙의 두 개의 편으로 나누어져 있다. 총칙에서는 범죄와 형벌에 대한 일반원칙을 규정하고 있는 반면, 각칙에서는 개별적인 범죄유형과 이에 대한 구체적인 형벌이 규정되어 있다. 보다 구체적으로 형법총론이 총칙을 대상으로 하여 형법의 본질적인 기초를 이루는 범죄와 형벌의 본질, 그 구성요소 및 발생형태를 밝히는 것이라면, 형법각론은 각칙을 연구대상으로 삼는 학문이다. 따라서 형법각론의 과제는 개별적인 특별구성요건과 이에 대한 형벌을 규명하여 형법에 의하여 금지되는 행위가 무엇이고 그것이 다른 범죄와 어떻게 구별되는가를 명백히 하는 데 있다. 이렇게 볼 때 형법을 전체적으로 이해하기 위해서는 형법총론의 일반적·추상적 원리와 형법각론의 구체적·개별적 원리를 종합적으로 인식하여야 한다.

형법총론과 형법각론의 관계는 수레의 두 바퀴와 같이 긴밀하게 연관되어 있다. 즉 총론의 일반원리는 각론의 개별적인 범죄를 토대로 추상화된 것이므로 총론이론은 각론을 전제로 할 때에만 의미를 가질 수 있다. 예컨대 형법총론에서 탐구한 범죄의 일반적 성립요건·고의·과실·작위·부작위·미수·공범·죄수 등의 논의는 형법각론의 개별적 범죄유형과 결합하지 않으면 아무 의미가 없다. 따라서 형법총론과 형법각론은 개념상 구별되지만 내용적으로나 기능적으로 서로 보충하고 제약하면서 전체로서 하나의 통일체를 이루고 있으며, 그 중요성에서 우열이 있을 수 없다.

2. 형법각칙의 체계

우리가 형법각론의 체계를 세워 설명함에 있어 그 기초가 되는 것은 개개의 형벌법규에 의해 보호되고 있는 법익, 즉 보호법익이다. 이때 보호법익이란 사회공동체를 위해 특별한 의미를 갖기 때문에 법의 보호를 누리게 된 가치 또는 법적으로 인정된 인간의 이익을 말한다. 살인죄의 보호법익은 '생명'이다. 형법의 궁극적 목적이 법익보호에 있으므로 개개 형벌법규의 보호법익을 기준으로 한 형법각칙의 체계가 원칙적으로 타당하다. 그러나 보호법익에 따라 각론을 분류하는 방법에는 공익과 사익으로 분류하여 범죄를 공공적 법익에 대한 죄와 개인적 법익에 대한 죄로 양분하는 **이분설**과 공공적 법익에 대한 죄를 국가적 법익에 대한 죄와 사회적 법익에 대한 죄로 나누어 개인적 법익에 대한 죄와 대립시키는 **삼분설**이 대립되고 있다. 현재 형법의 해석에 있어서는 삼분설이 지배적 견해이다. 이에 따르면 **국가적 법익에 대한 죄**란 국가의 존립과 권위 또는 그 기능을 보호하기 위한 범죄를 말하고 형법각칙 제1장 내란의 죄에서 제11장 무고의 죄까지가 여기에 해당한다. **사**

회적 법익에 대한 죄는 인간의 공동생활의 기초가 되는 사회생활에서의 일반적 법익을 보호하기 위한 범죄를 말하고 제12장의 신앙에 관한 죄부터 제23장 도박과 복표에 관한 죄가 여기에 속한다. 이에 반하여 **개인적 법익에 대한 죄**는 개인의 인격적 가치와 재산적 가치를 보호하기 위한 범죄로서 제24장 살인의 죄부터 제42장 손괴의 죄까지가 여기에 해당한다.

Ⅱ. 개인적 법익에 관한 죄

1. 생명과 신체에 관한 죄의 구성

(1) 살인의 죄(제250조~256조)

살인죄란 고의로 사람을 살해함으로써 그 생명을 침해하는 범죄이다(제250조). 가장 오랜 역사를 지닌 범죄이며, 가장 무거운 형벌로 다스려지고 있는 범죄이다. 살인죄와 관련하여 최근 생명을 단축시키는 안락사를 인정할 것인가에 대해 활발한 논의가 전개되고 있다. 안락사는 죽음에 임박한 환자의 고통을 덜어 주기 위한 방법으로 생명을 단축시켜 사망하게 하는 것을 말한다. 안락사는 적극적 안락사와 소극적 안락사로 나눌 수 있다. 전자는 불치병에 걸려 사망이 임박한 환자의 생명을 독약을 주입하는 등의 작위적 방법으로 단축하는 의료시술을 말하는 것으로, 현행법상 적극적 안락사는 살인죄가 성립한다. 후자는 사망이 임박한 환자에 대한 연명치료중단을 통하여 사망에 이르게 하는 것을 의미하는 것으로 소위 '**존엄사**'(death with dignity)라고도 한다. 2016년 2월 3일 제정된 「호스피스 완화의료와 임종과정에 있는 환자의 연명의료 결정에 관한 법률」에 의해 연명치료중단이 안락사 혹은 존엄사의 맥락에서 논의되고 있다. 연명치료는 '의학적으로 죽음을 초래하는 질환을 회복시키지 못한 채 인위적으로 생명만을 연장하는 의료적 처치'를 말한다. 법원은 존엄사에 대해 일정한 조건하에서 이를 인정하고 있다. 이러한 소극적 안락사의 경우에 적극적 안락사와는 달리 살인죄의 위법성조각이 가능하다. 다만 소극적 안락사의 경우 위법성조각의 근거는 원칙적으로 환자 자신의 명시적 승낙 또는 추정적 승낙에서만 나올 수 있다. 즉 환자의 자기결정권에 기초하여 비로소 위법성조각은 인정될 수 있는 것이다. 환자가 의식불명의 상태이기 때문에 그의 승낙의사가 확인될 수 없다면 가족과 같은 신뢰할 수 있는 주변인의 합리적 판단에 의해

치료중단이 요구되고 의사 또한 합리적으로 치료중단을 결정한 경우에만 위법성의 조각이 인정되어야 한다. 이 경우 회복불능상태에 있는 환자에 대한 소극적 안락사는 이러한 조건하에서 위법성조각이 될 가능성이 상당히 크다. 그러나 보라매병원사건과 같이 회복단계에 있는 환자의 생명을 그의 자기결정권에 전혀 근거함이 없이, 특히 단순한 치료비라는 경제적 이유만으로 죽게 하는 것에 대해서는 위법성조각이 인정되어서는 안 된다. 인간의 생명은 경제적 가치로 측정될 수 없는 고귀한 것이기 때문이다. 따라서 보라매병원사건에서 회복되는 환자로부터 생명유지장치 제거를 요청한 처에 대해서 부작위에 의한 살인죄의 성립을 인정한 판례의 태도는 타당하다.

관련 판례

① 의학적으로 환자가 의식의 회복가능성이 없고 생명과 관련된 중요한 생체기능의 상실을 회복할 수 없으며 환자의 신체상태에 비추어 짧은 시간 내에 사망에 이를 수 있음이 명백한 경우(이하 '회복불가능한 사망의 단계'라 한다)에 이루어지는 진료행위(이하 '연명치료'라 한다)는, 원인이 되는 질병의 호전을 목적으로 하는 것이 아니라 질병의 호전을 사실상 포기한 상태에서 오로지 현 상태를 유지하기 위하여 이루어지는 치료에 불과하므로, 그에 이르지 아니한 경우와는 다른 기준으로 진료중단 허용 가능성을 판단하여야 한다. 이미 의식의 회복가능성을 상실하여 더 이상 인격체로서의 활동을 기대할 수 없고 자연적으로는 이미 죽음의 과정이 시작되었다고 볼 수 있는 회복불가능한 사망의 단계에 이른 후에는, 의학적으로 무의미한 신체 침해 행위에 해당하는 연명치료를 환자에게 강요하는 것이 오히려 인간의 존엄과 가치를 해하게 되므로, 이와 같은 예외적인 상황에서 죽음을 맞이하려는 환자의 의사결정을 존중하여 환자의 인간으로서의 존엄과 가치 및 행복추구권을 보호하는 것이 사회상규에 부합되고 헌법정신에도 어긋나지 아니한다. 그러므로 회복불가능한 사망의 단계에 이른 후에 환자가 인간으로서의 존엄과 가치 및 행복추구권에 기초하여 자기결정권을 행사하는 것으로 인정되는 경우에는 특별한 사정이 없는 한 연명치료의 중단이 허용될 수 있다. 한편 환자가 회복불가능한 사망의 단계에 이르렀는지 여부는 주치의의 소견뿐 아니라 사실조회, 진료기록 감정 등에 나타난 다른 전문의사의 의학적 소견을 종합하여 신중하게 판단하여야 한다(대판 2009. 5. 21, 2009다17417 전원합의체).

② 보호자가 의학적 권고에도 불구하고 치료를 요하는 환자의 퇴원을 간청하여 담당 전문의와 주치의가 치료중단 및 퇴원을 허용하는 조치를 취함으로써 환자를 사망에 이르게 한 행위에 대하여 보호자, 담당 전문의 및 주치의가 부작위에 의한 살인죄의 공동정범으로 기소된 사안에서, 담당 전문의와 주치의에게 환자의 사망이라는 결과 발생에 대한 정범의 고의는 인정되나 환자의 사망이라는 결과나 그에 이르는 사태의 핵심적 경과를 계획적으로 조종하거나 저지·촉진하는 등으로 지배하고 있었다고 보기는 어려워 공동정범의 객관적 요건인 이른바 기능적 행위지배가 흠결되어 있다는 이유로 작위에 의한 살인방조죄만 성립한다(대판 2004. 6. 24, 2002도995).

(2) 상해와 폭행의 죄(제257조~제265조)

상해와 폭행의 죄는 사람의 신체에 대해 침해함으로써 성립하는 범죄이다. 그러나 상해죄와 폭행죄의 관계와 관련하여 상해죄는 신체의 건강을 보호함을 목적으로 하는 침해범인 반면, 폭행죄는 신체의 건재를 보호함을 목적으로 하는 형식범이다. 즉 상해는 생리적 기능을 침해하는 행위이며, 폭행은 신체의 완전성을 침해하는 행위이다.

상해죄는 사람의 신체를 상해함으로써 성립한다(제257조 제1항). 상해의 개념과 관련하여 (i) 신체의 완전성에 대한 침해로 보는 **완전성설**, (ii) 신체의 생리적 기능을 훼손하는 행위에 국한하여야 한다는 **생리적 기능훼손설**, (iii) 생리적·기능적 기능저하 및 신체의 외모에 대한 중대한 변화(예: 두발이나 수염의 절단)를 상해로 이해하는 **절충설**(이 견해에 따르면 소량의 모발이나 손톱을 깎는 행위는 폭행에 불과하지만 눈썹의 전부나 여자의 머리를 완전히 깎는 행위는 상해가 됨)의 견해가 대립한다. 생각건대 형법은 상해죄와 폭행죄를 엄격히 구별하여 규정하고 있으므로 상해개념을 가장 좁게 해석하는 생리적 기능훼손설이 타당하다고 본다. 따라서 생리적 기능훼손설에 의하면 성병감염과 같은 질병을 일으키는 경우에 한하지 않고 처녀막파열, 보행불능, 수면장애, 식욕감퇴와 같은 상처나 신체 일부의 박리와 같은 것도 상해에 속한다.

특수상해·특수중상해는 단체 또는 다중의 위력을 보이거나 위험한 물건을 휴대하여 상해·존속상해·중상해·존속중상해의 죄를 범함으로써 성립하는 범죄이다(제258조의2). 본 규정은 2016년 1월 「폭력행위 등 처벌에 관한 법률」에 규정되어 있던 내용이 삭제되고 형법에 신설되었다.

폭행죄는 사람의 신체에 대하여 폭행을 가함으로써 성립하는 비신분범이다(제260조 제1항). 폭행죄는 피해자의 명시한 의사에 반하여 공소를 제기할 수 없는 반의사불벌죄이다(제260조 제3항). 따라서 의사능력이 있는 피해자가 처벌을 희망하지 아니하는 의사표시가 있거나, 처벌을 희망하는 의사표시를 철회하였을 때에는 공소를 제기할 수 없고, 이미 공소를 제기한 때에는 공소기각의 판결을 선고하여야 한다. 여기의 '**폭행**'이란 사람의 신체에 대한 유형력의 행사를 말하는 협의의 의미의 폭행을 말한다. 예컨대 사람에게 돌을 던지는 것, 빰을 때리는 것, 침을 뱉는 것, 손이나 옷을 잡아 당기거나 미는 것 등이 폭행에 해당한다. 유형력의 행사이어야 하므로 단순히 욕설이나 폭언을 하는 것은 폭행이 아니다(대판 1990. 2. 13, 89도1406). 그리고 신체에 대한 유형력의 행사이므로 타인의 집 마당에 인분을 던지는 것(대판 1977. 2. 8, 75도2673)과 문을 열어주지 않으면 죽여 버리겠다고 폭언하면서 방문을 발로 차는 것(이 경우 손괴죄와 협박죄는 인정하였지만 폭행죄의 성립을 부정한 대판 1984. 2. 14, 83도3186)만으로는 폭행이 되지 않는다. 그러나 반드시 신체에 대한 직접적인 접촉을 요건으로 하는 것은 아니다(대판 2003. 1. 10, 2000도5716). 따라서 주먹이나 돌을 휘두르고 던졌으나 맞지 않은 경우, 신체에 공간적으로 근접하여 고함을 질러 사람을 놀라게 하는 것, 야간에 고통스러울 정도의 소음을 내는 것, 계속 전화를 걸어 경악케 하는 것 등은 폭행에 해당된다고 보아야 한다(그러나 전화기에 대고 한 단순한 고성은 폭행에 해당되지 않음; 대판 2003. 1. 10, 2000도5716). 더 나아가 사람의 오관에 직접 간접으로 작용하여 육체적·정신적으로 고통을 가하는 일체의 힘도 여기의 유형력 행사에 포함시켜야 한다. 즉 혐오감이나 불쾌감을 주는 행위, 수차 반복된 폭언(대판 1956. 12. 12, 4289형상297)은 여기의 폭행이 될 수 있다.

(3) 과실치사상의 죄(제266조~제268조)

과실치사상의 죄란 과실로 인하여 사람을 사망에 이르게 하거나 사람의 신체에 상해를 가하는 것을 내용으로 하는 범죄를 말한다. 본죄는 생명과 신체를 보호법익으로 하는 점에서는 살인의 죄와 상해의 죄와 같으나, 과실범인 점에서는 그들과 다르다. 과실치사상의 죄에서 기본적 구성요건은 과실치상죄(제266조 제1항)와 과실치사죄(제267조)이다. 이에 대한 가중적 구성요건이 업무상과실·중과실치사상죄(제268조)이다. 이 중에서 과실치상죄는 피해자의 명시적인 불처벌의 의사표시가 있으면 범죄자를 처벌할 수 없는 반의사불벌죄이다(제266조 제2항).

(4) 유기와 학대의 죄(제271조~제275조)

유기죄란 나이가 많거나 어림, 질병 그 밖의 사정으로 도움이 필요한 사람을 법률상 또는 계약상 보호할 의무가 있는 자가 유기함으로써 성립하는 범죄이다(제271조 제1항). 본죄의 주체는 도움이 필요한 사람을 보호할 법률상 또는 계약상 의무 있는 자에 한하므로, 본죄는 진정신분범이다. 이처럼 우리 형법은 보호의무 있는 자의 유기만을 처벌하기 때문에 극단적인 개인주의가 반영되어 있다. 보호의무 없는 자는 위난에 빠진 자를 쉽게 구할 수 있었음에도 불구하고 구조하지 않은 경우에도 처벌되지 않는다. 그러나 독일의 경우에는 구조의무 없는 자도 소위 '**선한 사마리안인 규정**'인 구조불이행죄(제323조의c)로서 처벌될 수 있다. 이러한 단기유기죄에 대하여 존속유기죄(제271조 제2항)는 신분관계로 인하여 책임이 가중된 가중적 구성요건이고, 영아유기죄(제272조)는 책임이 감경되는 감경적 구성요건이다.

관련 판례

① 형법 제271조 제1항에서 말하는 법률상 보호의무 가운데는 민법 제826조 제1항에 근거한 부부간의 부양의무도 포함되며, 나아가 법률상 부부는 아니지만 사실혼 관계에 있는 경우에도 위 민법 규정의 취지 및 유기죄의 보호법익에 비추어 위와 같은 법률상 보호의무의 존재를 긍정하여야 하지만, 사실혼에 해당하여 법률혼에 준하는 보호를 받기 위하여는 단순한 동거 또는 간헐적인 정교관계를 맺고 있다는 사정만으로는 부족하고, 그 당사자 사이에 주관적으로 혼인의 의사가 있고 객관적으로도 사회관념상 가족질서적인 면에서 부부공동생활을 인정할 만한 혼인생활의 실체가 존재하여야 한다. 따라서 동거 또는 내연관계를 맺은 사정만으로는 사실혼관계를 인정할 수 없고, 내연녀가 치사량의 필로폰을 복용하여 부조를 요하는 상태에 있었음을 인식하였다는 점을 인정할 증거가 부족하다는 이유로 유기치사죄의 성립이 부정된다(대판 2008. 2. 14, 2007도3952).

② 피고인이 자신이 운영하는 주점에 손님으로 와서 수일 동안 식사는 한 끼도 하지 않은 채 계속하여 술을 마시고 만취한 피해자를 주점 내에 그대로 방치하여 저체온증 등으로 사망에 이르게 하였다는 내용으로 예비적으로 기소된 사안에서, 피해자가 피고인의 지배 아래 있는 주점에서 3일 동안 과도하게 술을 마시고 추운 날씨에 난방이 제대로 되지 아니한 주점 내 소파에서 잠을 자면서 정신을 잃은 상태에 있었다면, 피고인은 주점의 운영자로서 피해자의 생명 또는 신체에 대한 위해가 발생하지 아니하도록 피해자를 주점 내실로 옮기거나 인근에 있는 여관에 데려다 주어 쉬게 하거나 피해자의 지인 또는 경찰에 연락하는 등 필요한 조치를 강구하여야 할 계약상의 부조의무를 부담하기 때문에 유기치사죄가 성립한다(대판 2011. 11. 24, 2011도12302).

학대죄란 자기의 보호 또는 감독을 받는 사람(자기 또는 배우자의 직계존속)을 학대함으로써 성립하는 범죄이다(제273조 제1항, 제2항). 본죄의 행위는 학대이다. '**학대**'란 육체적으로 고통을 가하는 행위뿐만 아니라 정신적으로 고통을 가하는 행위도 포함된다(다수설). 학대행위의 예로는 음식, 휴식, 수면을 허용하지 않는 것 등이 있다.

2. 자유에 대한 죄

(1) 협박의 죄(제283조~제286조)

협박죄는 사람을 협박함으로써 성립하는 범죄이다(제283조 제1항). 본죄는 개인의 의사결정의 자유만을 보호법익으로 한다. 의사결정에 더하여 의사활동까지 침해한 경우에는 강요의 죄, 체포감금의 죄, 약취유인의 죄, 강간과 간음의 죄 등이 성립한다.

협박죄의 행위는 협박이다. 여기의 '**협박**'은 협의의 의미의 협박에 해당한다. 즉 여기의 협박이란 상대방에게 해악을 고지하여 공포심을 일으키는 것을 말한다. 협박이라고 하기 위해서는 해악의 발생이 직접·간접으로 행위자에 의하여 좌우될 수 있는 것이어야 하며, 이 점에서 경고와 구별된다. 따라서 행위자 자신이 지배할 수 없는 천벌을 받게 하겠다, 번개에 맞아 죽게 하겠다와 같은 길흉화복과 천재지변의 침해를 알리는 단순한 경고는 여기의 협박이 아니다. 그리고 단순히 형벌을 받게 하겠다는 통고도 협박이 될 수 없다.

협박죄가 성립하기 위해서는 적어도 발생 가능한 것으로 생각될 수 있는 정도의 구체적인 해악의 고지가 있어야 한다. 따라서 "앞으로 수박이 없어지면 네 책임으로 한다"고 말하였다고 하더라도 그것만으로는 구체적으로 어떠한 법익에 어떠한 해악을 가하겠다는 것인지를 알 수 없어 이를 해악의 고지라고 보기 어렵다(더 나아가 협박이 된다 하더라도 위법성이 조각된다는 대판 1995. 9. 29, 94도2187). 그리고 협박은 객관적인 해악의 고지가 있어야 하므로 단순한 폭언은 협박이 될 수 없다.

(2) 강요의 죄(제324조~제324조의6)

강요의 죄는 폭행 또는 협박으로 사람의 권리행사를 방해하거나 의무 없는 일을 하게 함으로써 의사결정의 자유뿐만 그 활동의 자유를 침해하는 것을 내용으로 하는 범죄이다. 강요죄는 의사결정의 자유를 보호한다는 점에서 협박죄와 같지만 의사활동의 자유까지 보호한다는 점에서 협박죄와 구별된다. 강요의 죄의 보호법익이 보호받는 정도는 사람의 생명에 대한 구체적 위험을 전제로 하는 중강요죄(제326조)를 제외하고 법익침해를 필요로 하는 침해범이다.

강요죄가 성립하기 위해서는 폭행 또는 협박을 수단으로 사람의 권리행사를 방해하거나 의무 없는 일을 하게 하여야 한다. 이때 '**권리행사를 방해한다**' 함은 법령상 행사할 수 있는 권리의 정당한 행사를 방해하는 것을 말하는데(대판 2008. 12. 24, 2007도9287), 여기서 권리는 법률에 명기된 권리에 한하지 않고 법령상 보호되어야 할 이익이면 족하고 공법상의 권리인지 사법상의 권리인지를 묻지 않는다(대판 2010. 1. 28, 2008도7312). '**의무 없는 일**'이란 법령, 계약 등에 기하여 발생하는 법률상 의무 없는 일로서, 폭행 또는 협박으로 법률상 의무 있는 일을 하게 한 경우에는 폭행죄 또는 협박죄의 성립은 별론으로 하더라도 강요죄는 성립할 여지가 없다(대판 2008. 5. 15, 2008도1097).

(3) 체포와 감금의 죄(제276조~제282조)

체포와 감금의 죄는 사람을 체포 또는 감금하여 사람의 신체적 활동의 자유를 침해하는 것을 내용으로 하는 범죄이다. 따라서 본죄의 보호법익은 사람의 신체활동의 자유, 특히 장소선택의 자유이다. 즉 동죄의 '**체포**'는 사람의 신체에 현실적·직접적 구속을 가하여 행동의 자유를 빼앗는 것이고, '**감금**'은 사람을 일정한 장소 밖으로 나가지 못하게 하거나 현저히 곤란하게 하여 장소이전의 자유를 제한하는 것이다. 장소적 제한이 있는 점에서 체포와 구별된다.

(4) 약취·유인 및 인신매매의 죄(제287조~제296조의2)

약취·유인 및 인신매매의 죄는 사람을 약취·유인 또는 매매하여 자기 또는 제3자의 사실적 지배하에 둠으로써 개인의 자유를 침해하는 범죄이다. 본죄의 보호법익은 사람의 신체활동의 자유 중에서 장소선택의 자유이다. 다만 체포감금죄가 일정한 장소에 한정된 자유인데 반하여 본죄는 장소에 제한이 없는 점이 다르다. 그리고 본죄는 신체활동의 자유를 보호한다는 점에서 단순히 의사결정의 자유를 보호법익으로 삼는 협박죄와 다르고, 특정한 신체활동을 보호한다는 점에서 일반적인 활동의 자유를 보호법익으로 삼는 강요죄와도 다르다.

약취·유인 및 인신매매의 죄는 2013. 4. 5. 시행된 개정형법에 의하여 대폭 개정되었다. 개정된 주요 내용은 ① 약취와 유인의 죄에 인신매매죄를 신설하여 그 장명을 약취·유인 및 인신매매의 죄로 변경하였고, ② 약취·유인 및 인신매매의 목적으로 노동력 착취·성매매와 성적 착취·장기 적출의 목적이 추가되었고, ③ 결합범 및 결과적가중범으로 약취·유인·매매 및 이송 등 상해·치사죄와 동 살인·치사죄가 신설되었고, ④ 상습범 가중규정과 친고죄에 대한 규정이 삭제되었으며, ⑤ 제296조의2를 신설하여 특정한 약취·유인의 죄 및 그 미수범은 대한민국 영역 밖에서 죄를 범한 외국인에 대해서도 대한민국 형법을 적용할 수 있는 세계주의를 도입하였다는 것이다.

관련판례

① 베트남 국적 여성인 피고인이 남편 甲의 의사에 반하여 생후 약 13개월 된 자녀 乙을 주거지에서 데리고 나와 약취하고 베트남에 함께 입국함으로써 乙을 국외에 이송하였다고 하여 국외이송약취 및 피약취자국외이송으로 기소된 사안에서, 제반 사정을 종합할 때 피고인이 乙을 데리고 베트남으로 떠난 행위는 어떠한 실력을 행사하여 을을 평온하던 종전의 보호·양육 상태로부터 이탈시킨 것이라기보다 친

권자인 모(모)로서 출생 이후 줄곧 맡아왔던 을에 대한 보호·양육을 계속 유지한 행위에 해당하여, 이를 폭행, 협박 또는 불법적인 사실상의 힘을 사용하여 을을 자기 또는 제3자의 지배하에 옮긴 약취행위로 볼 수는 없다(대판 2013. 6. 20, 2010도14328 전원합의체). ② 피고인과 甲은 각각 한국과 프랑스에서 따로 살며 이혼소송 중인 부부로서 자녀인 피해아동 乙(만 5세)은 프랑스에서 甲과 함께 생활하였는데, 피고인이 乙을 면접교섭하기 위하여 그를 보호·양육하던 甲으로부터 乙을 인계받아 국내로 데려온 후 면접교섭 기간이 종료하였음에도 乙을 데려다주지 아니한 채 甲과 연락을 두절한 후 법원의 유아인도명령 등에도 불응한 경우에, 피고인의 행위가 미성년자약취죄의 약취행위에 해당한다(대판 2021. 9. 9, 2019도16421).

(5) 강간과 추행의 죄(제297조~제306조)

강간과 추행의 죄는 개인의 성적 자기결정의 자유를 침해하는 범죄이다. 강제추행죄(제298조)를 강간의 죄와 추행의 죄를 통괄하는 기본적 구성요건으로 설정하면서 강간죄를 이에 대한 가중적 구성요건으로 해석하는 견해가 있으나, 형법은 강간의 죄와 추행의 죄에 대하여 각자 기본적 구성요건을 둔 것으로 이해하는 것이 타당하다. 즉 강간죄(제297조)와 강제추행죄(제298조)가 강간의 죄와 추행의 죄에 대한 각자의 기본적 구성요건이 된다.

그리고 본장의 죄에 대한 대표적 특별법으로서 '**성폭력범죄의 처벌 등에 관한 특례법**'이 제정되어 있다. 이 법은 주거침입 성폭행(제3조 제1항), 특수강도시의 성폭행(제3조 제2항), 특수강간(제4조 제1항), 특수강제추행(제4조 제2항), 특수준강간·준강제추행(제4조 제3항), 친족관계에 의한 강간·강제추행(제5조), 장애인에 대한 강간·강제추행(제6조), 13세미만의 미성년자에 대한 강간·강제추행(제7조) 등을 엄격하게 처벌하면서 아예 비친고죄로 만들었다. 더 나아가 이 법은 업무상위력 등에 의한 추행죄(제10조), 공중밀집장소에서의 추행죄(제11조), 성적 목적을 위한 다중이용장소 침입행위(제12조), 통신매체이용음란죄(제13조), 카메라 등을 이용한 촬영(제14조), 허위영상물 등의 반포등(제14조의2), 촬영물 등 이용한 협박·강요(제14조의3)를 처벌하고 있다. 기타 이 법은 자기 또는 배우자의 직계존속을 고소하지 못한다는 형소법 제224조를 배제하고 있다(제18조).

강간죄란 사람을 폭행 또는 협박하여 간음함으로써 성립하는 범죄로(제297조) 종전 고소권자의 고소가 있어야 기소할 수 있는 친고죄이었으나(제306조), 2012. 12. 18일 형법개정을 통해 친고죄 규정을 삭제하여 비친고죄로 전환하였다. 본죄의 행위는 폭행 또는 협박으로 사람을 강간하는 것이다. 여기의 '**폭행·협박**'은 피해자의 항거를 불능하게 하거나 현저히 곤란하게 할 정도의 것이어야 한다(통설). 따라서 물리적인 힘을 행사하는 경우, 마취제 또는 수면제를 먹이는 경우, 최면술을 거는 경우와 같이 절대적 폭력을 행사하는 것은 물론이고 심리적으로 반항을 포기케 하는 것도 포함된다. 이 경우 폭행 또는 협박이 피해자의 항거를 불능하게 하거나 현저히 곤란하게 할 정도의 것이었는지 여부는 유형력을 행사한 당해 폭행 및 협박의 내용과 정도는 물론이고, 유형력을 행사하게 된 경위, 피해자와의 관계, 성교 당시의 정황 등 제반 사정을 종합하여 판단하여야 한다(대판 1992. 4. 14, 92도259). 그리고 실행착수시에 그러한 정도의 폭행·협박을 개시하면 족한 것이지 실제로 피해자가 그러한 항거불능의 상태에 빠져야 하는 것은 아니다. 따라서 부녀의 팔을 낚아채어 입술을 빨고 유방과 엉덩이를 만지면서 팬티를 벗기려고 하였다면 이에 놀라 피해자가 달아난 경우에도 강간죄의 미수는 인정된다(대판 2000. 6. 9, 2000도1253). 또한 실제 간음행위가 시작되어야만 그 실행의 착수가 있다고 볼 것은 아니다(대판 2021. 8. 12, 2020도17796).

강제추행죄란 폭행 또는 협박하여 사람을 추행함으로써 성립하는 범죄이다(제298조). 본죄의 행위도 강간죄와 같이 폭행 또는 협박으로 추행하는 이중의 행위를 요구하고 있다. 여기의 폭행·협박은 강제추행죄의 법정형(10년 이하의 자유형 또는 벌금형)을 강간죄(3년 이상의 자유형)에 비하여 현저하게 경하게 된 점을 고려하면 폭행·협박의 정도를 강간죄보다 다소 낮추어 해석하는 것이 타당하다. 따라서 상대방의 반항을 상당히 곤란케 할 정도의 폭행 또는 협박으로도 강제추행죄의 성립은 가능한 것으로 해석하여야 한다. 그리고 본죄의 '**추행**'이란 객관적으로 일반인에게 성적 수치심과 혐오의 감정을 일으키게 하는 일체의 행위를 말한다. 추행은 객관적 관점에서 성적 수치심을 느껴야 할 정도의 것이어야 한다. 따라서 예컨대 갑자기 상대방의 상의를 걷어 올려서 유방을 만지고 하의를 끄집어 내린 경우(대판 1994. 8. 23, 94도630), 데이트하던 중 여자를 팔로 힘껏 껴안고 강제로 두 차례 입을 맞춘 경우(대판 1983. 6. 28, 83도399), 잠자고 있는 여자의 가슴과 엉덩이를 만진 경우, 음부에 손가락을 넣은 경우 등은 여기의 추행이 인정될 수 있다. 그리고 성욕의 자극 또는 만족과 같은 행위자의 주관적 경향, 목적, 동기 등은 추행의 성립요소가 될 수 없다.

관련판례

① 피해자는 이른바 노래방 도우미로서, "피고인 운영의 노래방에 와서 피고인 및 그 일행들의 유흥을

돋우는 일을 하다가 피고인의 일행들이 먼저 귀가한 후 1시간 더 연장하자는 피고인의 요청에 따라 피고인과 단둘이 노래방에 있던 중, 피해자가 울면서 하지 말라고 하고 '사람 살려'라고 소리를 지르는 등 반항하였음에도, 피고인이 피해자를 소파에 밀어붙이고 양쪽 어깨를 눌러 일어나지 못하게 하는 등으로 피해자의 반항을 억압하고는 피고인의 성기를 피해자의 음부에 삽입하였다"고 일관되게 진술하고 있는 사안에서 법원은 "강간행위에 관한 피해자의 진술이 신빙성이 있고 당시 행위 상황 등에 비추어 피고인과의 성교 당시 피고인의 폭행으로 인하여 피해자가 항거하기 현저히 곤란한 상태에 이르렀던 것으로 봄이 상당하다는 등의 이유로, 강간치상의 공소사실을 무죄로 본 원심판결을 파기"하였다(대판 2005. 7. 28, 2005도3071).

② 편의점 업주인 피고인이 아르바이트 구인 광고를 보고 연락한 갑을 채용을 빌미로 불러내 면접을 한 후 자신의 집으로 유인하여 갑의 성기를 만지고 갑에게 피고인의 성기를 만지게 하였다고 하여 성폭력범죄의 처벌 등에 관한 특례법 위반(업무상위력등에의한추행)으로 기소된 사안에서, 피고인이 채용 권한을 가지고 있는 지위를 이용하여 갑의 자유의사를 제압하여 갑을 추행하였다고 본 원심판단이 정당하다(대판 2020. 7. 9, 2020도5646).

③ 피고인이 스마트폰 채팅 애플리케이션을 통하여 알게 된 14세의 피해자에게 자신을 '고등학교 2학년인 갑'이라고 거짓으로 소개하고 채팅을 통해 교제하던 중 자신을 스토킹하는 여성 때문에 힘들다며 그 여성을 떼어내려면 자신의 선배와 성관계를 하여야 한다는 취지로 피해자에게 이야기하고, 피고인과 헤어지는 것이 두려워 피고인의 제안을 승낙한 피해자를 마치 자신이 갑의 선배인 것처럼 행세하여 간음한 사안에서, 피고인은 간음의 목적으로 피해자에게 오인, 착각, 부지를 일으키고 피해자의 그러한 심적 상태를 이용하여 피해자를 간음한 것이므로 피고인의 간음행위는 위계에 의한 것이라고 평가할 수 있다(대판 2020. 8. 27, 2015도9436 전원합의체).

④ 피해자가 깊은 잠에 빠져 있거나 술·약물 등에 의해 일시적으로 의식을 잃은 상태 또는 완전히 의식을 잃지는 않았더라도 그와 같은 사유로 정상적인 판단능력과 대응·조절능력을 행사할 수 없는 상태에 있었다면 준강간죄 또는 준강제추행죄에서의 심신상실 또는 항거불능 상태에 해당한다(대판 2021. 2. 4, 2018도9781).

⑤ 군인인 피고인 甲은 자신의 독신자 숙소에서 군인 乙과 서로 키스, 구강성교나 항문성교를 하는 방법으로 추행하고, 군인인 피고인 丙은 자신의 독신자 숙소에서 동일한 방법으로 피고인 甲과 추행하였다고 하여 군형법 위반으로 기소된 사안에서, 피고인들과 乙은 모두 남성 군인으로 당시 피고인들의 독신자 숙소에서 휴일 또는 근무시간 이후에 자유로운 의사를 기초로 한 합의에 따라 항문성교나 그 밖의 성행위를 한 점 등에 비추어, 피고인들의 행위는 군형법 제92조의6에서 처벌대상으로 규정한 '항문성교나 그 밖의 추행'에 해당하지 않는다(대판 2022. 4. 21, 2019도3047 전원합의체).

3. 명예와 신용에 대한 죄

(1) 명예에 관한 죄(제307조~제312조)

명예에 관한 죄란 공연히 사실을 적시하여 사람의 명예를 훼손하거나 공연히 사람을 모욕함으로써 성립하는 범죄를 말한다. 보호법익은 사람의 명예이다. 여기서 '**명예**'란 사람의 사회생활에서 가지는 인격적 가치를 의미한다. 명예훼손죄(제307조)가 기본범죄이며, 그 외에도 사자의 명예훼손죄(제308조), 출판물에 의한 명예훼손죄(제309조) 및 모욕죄(제311조)가 있다.

명예훼손죄는 공연히 사실 또는 허위의 사실을 적시하여 사람의 명예를 훼손함으로써 성립하는 범죄이다(제307조 제1항, 제2항). 이때 '**공연히**'란 불특정 또는 다수인이 인식할 수 있는 상태를 말한다. 공연성과 관련하여 대법원은 소위 '**전파성의 이론**'을 취하고 있다. 전파성의 이론이란 사실을 적시한 상대방이 특정된 소수의 사람이라 하더라도 그 사람이 불특정 또는 다수인에게 전파할 가능성이 있으면 공연성을 인정하는 입장을 의미한다. 이에 대하여 공연성의 범위를 지나치게 확대시켜 표현의 자유를 과도하게 제한한다는 비판이 제기되고 있다. 그리고 사실의 적시란 가치판단이나 평가를 내용으로 하는 의견표현과 대치되는 개념으로 사람의 사회적 평가를 저하시키는 데 적합한 것이면 족하나, 적시된 사실은 이로써 특정인(법인 포함)의 사회적 가치 내지 평가가 침해될 가능성이 있을 정도로 구체성을 띠어야 한다(대판 2000. 2. 25, 98도2188). 따라서 "아무것도 아닌 똥꼬다리 같은 놈"과 "잘 운영되어 가는 어촌계를 파괴하려 한다"는 구절(대판 1989. 3. 14, 88도1397), 단순히 "애꾸눈 병신"이라고 말한 것(대판 1994. 10. 25, 94도1770)은 구체적인 사실의 적시라고 할 수 없다. 나아가 제310조는 "제307조 제1항의 행위가 진실한 사실로서 오로지 공공의 이익에 관한 때에는 처벌하지 아니한다"고 하여 위법성조각사유를 인정하고 있다. 이는 각자 헌법적 법익으로 보호되어 있는 개인의 명예와 언론의 자유, 표현의 자유(특히 비판의 자유)가 충돌하는 경우에 규범 조화적으로 그 충돌을 해결하기 이한 규정이다.

한편 사람을 비방할 목적으로 정보통신망을 통하여 공공연하게 사실을 드러내어 다른 사람의 명예를 훼손한 자는 「정보통신망 이용촉진 및 정보보호 등에 관한 법률」에 의해 처벌된다(동법 제70조 제1항, 제2항). 정신통신망법위반(명예훼손)죄도 반의사불벌죄이다(같은 조 제3항).

모욕죄는 공연히 사람을 모욕함으로써 성립하는 범죄이다(제311조). '**모욕**'이란 구체적 사실의 적시 없이 사람에 대하여 경멸의 의사를 표시하는 것을 말한다. 사실의 적시가 있더라도 그것이 구체적이지 않으면 모욕이 된다. 예컨대 '죽일 놈' 등은 모욕죄가 되나 단순한 농담, 불친절 또는 무시만으로는 모욕이 아니다. 모욕의 수단 방법에는 제한이 없다. 명시적인 언어, 서면, 그림, 거동 등의 방법이 대표적인 예가 된다. 흔히 일어나는 상대를 향해 침을 뱉는 것은 거동에 의한 모욕이 될 수 있다.

관련판례

① 피고인이 갑의 집 뒷길에서 피고인의 남편 을 및 갑의 친척인 병이 듣는 가운데 갑에게 '저것이 징역 살다온 전과자다' 등으로 큰 소리로 말함으로써 공연히 사실을 적시하여 갑의 명예를 훼손하였다는 내용으로 기소된 사안에서, 병이 갑과 친척관계에 있다는 이유만으로 전파가능성이 부정된다고 볼 수 없고, 오히려 피고인은 갑과의 싸움 과정에서 단지 갑을 모욕 내지 비방하기 위하여 공개된 장소에서 큰 소리로 말하여 다른 마을 사람들이 들을 수 있을 정도였던 것으로 불특정 또는 다수인이 인식할 수 있는 상태였다고 봄이 타당하므로, 피고인의 위 발언은 공연성이 인정된다(대판 2020. 11. 19, 2020도5813 전원합의체).

② 인터넷 신문사 소속 기자 갑이 작성한 기사가 인터넷 포털 사이트의 '핫이슈' 난에 게재되자, 피고인이 "이런걸 기레기라고 하죠?"라는 댓글을 게시함으로써 공연히 갑을 모욕하였다는 내용으로 기소된 사안에서, '기레기'는 모욕적 표현에 해당하나, 위 댓글의 내용, 작성 시기와 위치, 위 댓글 전후로 게시된 다른 댓글의 내용과 흐름 등을 종합하면, 위 댓글을 작성한 행위는 사회상규에 위배되지 않는 행위로서 형법 제20조에 의하여 위법성이 조각된다(대판 2021. 3. 25, 2017도17643).

(2) 신용·업무와 경매에 관한 죄(제313조~제315조)

신용·업무와 경매에 관한 죄란 허위의 사실을 유포하거나 기타 위계로써 사람의 신용을 훼손하거나(제313조), 이와 같은 방법 또는 위력으로 업무를 방해하거나(제314조), 경매 또는 입찰의 공정을 해함으로써(제315조) 성립하는 범죄이다.

관련판례

교수인 피고인 甲이 출제교수들로부터 대학원신입생전형시험문제를 제출받아 피고인 乙, 丙에게 그 시험문제를 알려주자 그들이 답안쪽지를 작성한 다음 이를 답안지에 그대로 베껴 써서 그 정을 모르는 시험감독관에게 제출한 경우에 위계로써 입시감독업무를 방해한 것이므로 업무방해죄에 해당한다(대판 1991. 11. 12, 91도2211).

4. 사생활의 평온에 대한 죄

(1) 비밀침해의 죄(제316조~제318조)

비밀침해죄란 봉함 기타 비밀장치한 사람의 편지, 문서 또는 도화를 개봉하거나, 봉함 기타 비밀장치한 사람의 편지, 문서, 도화 또는 전자기록 등 특수매체기록을 기술적 수단을 이용하여 그 내용을 알아냄으로써 성립하는 범죄이다(제316조).

업무상비밀누설죄란 업무상(의사, 한의사, 치과의사, 약제사, 약종상, 조산사, 변호사, 변리사, 계리사, 공증인, 대서업자나 그 직무상 보조자, 종교의 직에 있는 자 또는 그 직에 있었던 자) 또는 종교의 직에 있는 자 또는 있었던 자가 그 업무처리 중 지득한 타인의 비밀을 누설함으로써 성립하는 범죄이다(제317조).

(2) 주거침입의 죄(제319조~제322조)

주거침입의 죄란 사람의 거주 또는 관리하는 건조물(예: 건축가옥, 폐쇄된 빈 집, 공장, 창고, 극장, 백화점, 관공서의 청사, 학교 등), 선박이나 항공기 또는 점유하는 방실(예: 가옥 중에서 명도받은 몇 개의 방, 빌딩의 사무실, 투숙중인 호텔, 여관의 객실, 시장점포, 연구실 등)에 침입하거나 이의 장소에서 퇴거요구를 받고 응하지 아니한 때 성립한다(제319조). 주거침입죄의 행위는 침입이다. 이때 '**침입**'이란 주거자, 관리자 또는 점유자의 의사에 반하여 들어가는 것을 말한다. 그리고 여기의 침입은 신체의 침입을 말한다. 따라서 밖에서 창문으로 들여다보는 것, 소리를 지르는 것, 돌을 던지는 것, 전화를 거는 것 등은 여기의 침입이 될 수 없다. 신체의 부위는 묻지 않는다. 따라서 머리 또는 신체의 일부를 타인의 주거에 집어넣는 것도 침해가 된다(다만 기수 또는 미수의 문제는 있음).

단체 또는 다중의 위력을 보이거나 위험한 물건을 휴대하여 본조의 죄를 범한 경우에는 특수주거침입죄로 가중처벌한다(제320조). 사람의 신체, 주거, 관리하는 건조물, 자동차, 선박이나 항공기 또는 점유하는 방실을 수색한 자도 주거·신체수색죄로 처벌받는다(제321조).

관련 판례

① 피고인들이 골프장 부지에 설치된 사드(THAAD: 고고도 미사일 방어 체계)기지 외곽 철조망을 미리 준비한 각목과 장갑을 이용해 통과하여 300m 정도 진행하다가 내곽 철조망에 도착하자 미리 준비한 모포와 장갑을 이용해 통과하여 사드기지 내부 1km 지점까지 진입함으로써 대한민국 육군과 주한미군이 관리하는 건조물에 침입하였다고 하여 폭력행위 등 처벌에 관한 법률 위반(공동주거침입)으로 기소된 사안에서, 위 사드기지는 더 이상 골프장으로 사용되고 있지 않을 뿐만 아니라 이미 사드발사대 2대가 반입되어 이를 운용하기 위한 병력이 골프장으로 이용될 당시의 클럽하우스, 골프텔 등의 건축물에 주둔하고 있었고, 군 당국은 외부인 출입을 엄격히 금지하기 위하여 사드기지의 경계에 외곽 철조망과 내곽 철조망

을 2중으로 설치하여 외부인의 접근을 철저하게 통제하고 있었으므로, 위 사드기지의 부지는 기지 내 건물의 위요지에 해당한다는 이유로, 이와 달리 보아 피고인들에게 무죄를 선고한 원심판결에 주거침입죄의 위요지에 관한 법리를 오해한 잘못이 있다(대판 2020. 3. 12, 2019도16484).

② 피고인이 갑의 부재중에 갑의 처 을과 혼외 성관계를 가질 목적으로 을이 열어 준 현관 출입문을 통하여 갑과 을이 공동으로 거주하는 아파트에 들어간 사안에서, 피고인이 을로부터 현실적인 승낙을 받아 통상적인 출입방법에 따라 주거에 들어갔으므로 주거의 사실상 평온상태를 해치는 행위태양으로 주거에 들어간 것이 아니어서 주거에 침입한 것으로 볼 수 없고, 피고인의 주거 출입이 부재중인 갑의 의사에 반하는 것으로 추정되더라도 주거침입죄의 성립 여부에 영향을 미치지 않는다(대판 2021. 9. 9, 2020도12630 전원합의체).

③ 피고인 갑은 처(妻) 을과의 불화로 인해 을과 공동생활을 영위하던 아파트에서 짐 일부를 챙겨 나왔는데, 그 후 자신의 부모인 피고인 병, 정과 함께 아파트에 찾아가 출입문을 열 것을 요구하였으나 을은 외출한 상태로 을의 동생인 무가 출입문에 설치된 체인형 걸쇠를 걸어 문을 열어 주지 않자 공동하여 걸쇠를 손괴한 후 아파트에 침입하였다고 하여 폭력행위 등 처벌에 관한 법률 위반(공동주거침입)으로 기소된 사안에서, 아파트에 대한 공동거주자의 지위를 계속 유지하고 있던 피고인 갑에게 주거침입죄가 성립한다고 볼 수 없고, 피고인 병, 정에 대하여도 같은 법 위반(공동주거침입)죄가 성립하지 않는다(대판 2021. 9. 9, 2020도6085 전원합의체).

④ 피고인들이 공모하여, 갑, 을이 운영하는 각 음식점에서 인터넷 언론사 기자 병을 만나 식사를 대접하면서 병이 부적절한 요구를 하는 장면 등을 확보할 목적으로 녹음·녹화장치를 설치하거나 장치의 작동 여부 확인 및 이를 제거하기 위하여 각 음식점의 방실에 들어감으로써 갑, 을의 주거에 침입하였다는 내용으로 기소된 사안에서, 피고인들이 각 음식점 영업주로부터 승낙을 받아 통상적인 출입방법에 따라 각 음식점의 방실에 들어간 것은 주거침입죄에서 규정하는 침입행위에 해당하지 아니하고, 설령 다른 손님인 병과의 대화 내용과 장면을 녹음·녹화하기 위한 장치를 설치하거나 장치의 작동 여부 확인 및 이를 제거할 목적으로 각 음식점의 방실에 들어갔더라도, 그러한 사정만으로는 피고인들에게 주거침입죄가 성립하지 않는다(대법원 2022. 3. 24, 2017도18272 전원합의체).

5. 재산에 대한 죄

(1) 절도와 강도의 죄(제329조~제346조)

절도죄는 타인의 재물을 절취함으로써 성립하는 범죄이다(제329조). 절도죄의 행위객체는 소유자 또는 점유자가 점유하고 있는 재물이다. 재물의 재산적 가치는 필요하지 않으며(예: 주민등록증, 서신, 사진, 주권포기각서, 심문기일소환장 등), 소유자나 점유자가 본인만이 가지고 있어야 한다는 수관적 가치가 있으면 된다(통설, 대판 1996. 5. 10, 95도3057). 청구권이나 지적재산권 같은 권리, 소프트웨어, 컴퓨터프로그램 등은 포함되지 않지만 이들 권리가 기재·수록된 물체는 재물에 포함된다. 본죄의 행위는 절취이다. 여기서 '**절취**'란 타인이 점유하고 있는 재물을 점유자의 의사에 반하여 그 점유를 배제하고 자기 또는 제3자의 점유로 옮기는 것을 말한다. 따라서 절취는 타인의 기존점유의 배제와 새로운 점유의 취득을 양 요소로 한다.

절도죄가 성립하기 위해서는 고의 이외에 초과주관적 구성요건요소로서 불법영득의사가 필요하다(다수설). 이러한 불법영득의사가 없는 경우에 불가벌적인 사용절도가 되어 처벌되지 않는다. 다만 자동차, 선박, 항공기 또는 원동기장치 자전거 등의 불법사용행위에 대해서는 예외적으로 자동차등불법사용죄(제331조의2)에 의해 처벌된다.

관련 판례

컴퓨터에 저장되어 있는 '정보' 그 자체는 유체물이라고 볼 수도 없고, 물질성을 가진 동력도 아니므로 재물이 될 수 없다 할 것이며, 또 이를 복사하거나 출력하였다 할지라도 그 정보 자체가 감소하거나 피해자의 점유 및 이용가능성을 감소시키는 것이 아니므로 그 복사나 출력 행위를 가지고 절도죄를 구성한다고 볼 수도 없다(대판 2002. 7. 12, 2002도745).

강도죄는 폭행 또는 협박으로 타인의 재물을 강취하거나 기타 재산상의 이익을 취득하거나 제3자로 하여금 이를 취득하게 함으로써 성립하는 범죄이다(제333조). 여기의 폭행·협박의 정도는 상대방의 의사를 억압하여 반항을 불가능하게 할 정도이어야 한다(최협의 개념). 예컨대 의식을 잃게 강타한 경우, 살해한 경우, 주류 또는 마취제를 사용하여 사람을 혼수케 한 경우 등이 여기에 해당한다.

준강도죄는 절도가 재물의 탈환에 항거하거나 체포를 면탈하거나 범죄의 흔적을 인멸할 목적으로 폭행 또는 협박한 때에 성립한다(제335조). 본죄의 행위자는 절도범(단순절도, 야간주거침입절도, 특수절도 모두가 여기에 해당)이어야 하므로 신분범이다. 절도는 적어도 절도죄의 실행에 착수한 자를 의미한다. 즉 여기의 절도에는 절도의 죄의 기수까지 간 자는 물론이고 미수범도 포함된다. 그러나 절도의 실행에도 착수하지 못한 경우에는 아무리 폭행·협박을 행하여도 준강도의 주체가 될 수 없다. 예컨대 절도의 의사로 낮에 타인의 주거에 침입하다가 주인에게 발각되자 체포를 면할 목적으로 폭행하였더라도 주거침입죄와 폭행죄의 경합범이 될 뿐이다. 다만 주거침입을 야간에 하였다면 야간주거침입절도죄의 실행착수가 있으므로 준강도죄가 성립될 수 있다(대판 1968. 4. 23, 67도334).

관련 판례

① 형법 제335조에서 절도가 재물의 탈환을 항거하거나 체포를 면탈하거나 죄적을 인멸할 목적으로 폭행 또는 협박을 가한 때에 준강도로서 강도죄의 예에 따라 처벌하는 취지는 강도죄와 준강도죄의 구성요건인 재물탈취와 폭행·협박 사이에 시간적 순서상 전후의 차이가 있을 뿐 실질적으로 위법성이 같다고 보기 때문인바, 이와 같은 준강도죄의 입법 취지, 강도죄와의 균형 등을 종합적으로 고려해 보면, 준강도죄의 기수 여부는 절도행위의 기수 여부를 기준으로 하여 판단하여야 한다(대판 2004. 11. 18, 2004도5074 전원합의체).

② 날치기 수법으로 피해자가 들고 있던 가방을 탈취하면서 가방을 놓지 않고 버티는 피해자를 5m 가량 끌고 감으로써 피해자의 무릎 등에 상해를 입힌 경우, 반항을 억압하기 위한 목적으로 가해진 강제력으로서 그 반항을 억압할 정도에 해당하므로 강도치상죄가 성립한다(대판 2007. 12. 13, 2007도7601).

③ 강도의 범의로 야간에 칼을 휴대한 채 타인의 주거에 침입하여 집안의 동정을 살피다가 피해자를 발견하고 갑자기 욕정을 일으켜 칼로 협박하여 강간한 경우, 야간에 흉기를 휴대한 채 타인의 주거에 침입하여 집안의 동정을 살피는 것만으로는 특수강도의 실행에 착수한 것이라고 할 수 없으므로 위의 특수강도에 착수하기도 전에 저질러진 강간행위가 특수강도강간죄에 해당한다고 할 수 없다(대판 1991. 11. 22, 91도2296).

④ 절도를 공모한 피고인이 다른 공모자의 폭행행위에 대하여 사전양해나 의사의 연락이 전혀 없었고, 범행장소가 빈 가게로 알고 있었고, 공모자가 담배창구를 통하여 가게에 들어가 물건을 절취하고 피고인은 밖에서 망을 보던중 예기치 않았던 인기척 소리가 나므로 도주해버린 이후에, 공모자가 창구에 몸이 걸려 빠져 나오지 못하게 되어 피해자에게 붙들리자 체포를 면탈할 목적으로 피해자에게 폭행을 가하여 상해를 입힌 것이고, 피고인은 그동안 상당한 거리를 도주하였을 것으로 추정되는 상황하에서는 피고인이 공모자의 폭행행위를 전연 예기할 수 없었다고 보여지므로 피고인에게 준강도상해죄의 공동책임을 지울 수 없다(대판 1984. 2. 28, 83도3321).

⑤ 범인이 피해자로부터 직불카드 등을 강취한 경우에는, 이를 갈취 또는 편취한 경우와는 달리, 피해자가 그 직불카드 등의 사용권한을 범인에게 부여하였다고 할 수 없고, 따라서 그와 같이 강취한 직불카드를 사용하여 현금자동인출기에서 현금을 인출하여 가진 경우에는 그 현금자동인출기 관리자의 의사에 반하여 그의 지배를 배제하고 그 현금을 자기의 지배하에 옮겨 놓는 것이 되므로 절도죄가 별도로 성립한다(대판 2007. 4. 13, 2007도1377).

(2) 사기와 공갈의 죄(제347조~제354조)

사기죄는 사람을 기망하여 자기 또는 제3자가 재물의 교부를 받거나 재산상의 이익을 취득함으로써 성립한다(제347조 제1항, 제2항). 즉 기망행위에 의하여 상대방은 착오에 빠지며(기망과 착오, 착오와 처분행위 간의 인관관계), 이러한 착오상태에서 재산상의 처분행위를 하는 것이다. 이때 처분행위자(피기망자)는 반드시 재산상의 피해자일 필요는 없다(소위 '**삼각사기**'). 예컨대 타인의 신용카드를 절취하여 물건을 구매한 경우(대판 1993. 11. 23, 93도604)와 타인의 신용카드를 강취하여 물건을 구매한 경우(대판 1997. 1. 21, 96도2715)에는 가맹점을 피기망자로 하고 신용카드회사(또는 카드소유자)를 피해자로 하는 삼각사기가 성립된다(판례는 신용카드부정사용죄와 실체적 경합을 인정함). 법원에 허위의 사실을 주장하거나 허위의 증거를 제출하여 법원을 기망함으로써 재산적 이익을 얻는 승소판결을 받는 '**소송사기**'의 경우에도 피기망자는 법원이고 피해자는 패소판결을 받는 소송상대방이므로 삼각사기가 된다.

관련판례

① 소송사기는 법원을 속여 자기에게 유리한 판결을 얻음으로써 상대방의 재물 또는 재산상 이익을 취득하는 범죄로서, 이를 쉽사리 유죄로 인정하게 되면 누구든지 자기에게 유리한 주장을 하고 소송을 통하여 권리구제를 받을 수 있는 민사재판제도의 위축을 가져올 수밖에 없으므로, 피고인이 그 범행을 인정한 경우 외에는 그 소송상의 주장이 사실과 다름이 객관적으로 명백하고 피고인이 그 주장이 명백히 거짓인 것을 인식하였거나 증거를 조작하려고 하였음이 인정되는 때와 같이 범죄가 성립되는 것이 명백한 경우가 아니면 이를 유죄로 인정하여서는 아니 되고, 단순히 사실을 잘못 인식하였다거나 법률적 평가를 잘못하여 존재하지 않는 권리를 존재한다고 믿고 제소한 행위는 사기죄를 구성하지 아니하며, 소송상 주장이 다소 사실과 다르더라도 존재한다고 믿는 권리를 이유 있게 하기 위한 과장표현에 지나지 아니하는 경우 사기의 범의가 있다고 볼 수 없고, 또한, 소송사기에서 말하는 증거의 조작이란 처분문서 등을 거짓으로 만들어 내거나 증인의 허위 증언을 유도하는 등으로 객관적·제3자적 증거를 조작하는 행위를 말한다(대판 2004. 6. 25, 2003도7124).

② 피고인이, 갑에게 이미 당뇨병과 고혈압이 발병한 상태임을 숨기고 을 생명보험 주식회사와 피고인을 보험계약자로, 갑을 피보험자로 하는 2건의 보험계약을 체결한 다음, 고지의무 위반을 이유로 을 회사로부터 일방적 해약이나 보험금 지급거절을 당할 수 없는 이른바 면책기간 2년을 도과한 이후 갑의 보험사고 발생을 이유로 을 회사에 보험금을 청구하여 당뇨병과 고혈압 치료비 등의 명목으로 14회에 걸쳐 보험금을 수령하여 편취하였다는 내용으로 기소된 사안에서, 피고인의 보험계약 체결행위와 보험금 청구행위는 을 회사를 착오에 빠뜨려 처분행위를 하게 만드는 일련의 기망행위에 해당하고, 을 회사가 그에 따라 보험금을 지급하였을 때 사기죄는 기수에 이른다(대판 2019. 4. 3, 2014도2754).

③ 비트코인은 경제적인 가치를 디지털로 표상하여 전자적으로 이전, 저장과 거래가 가능하도록 한 가상자산의 일종으로 사기죄의 객체인 재산상 이익에 해당한다(대판 2021. 11. 11, 2021도9855).

공갈죄는 사람을 공갈하여 재물의 교부를 받거나 재산상의 이익을 취득하거나 제3자로 하여금 이를 취득하게 함으로써 성립한다(제350조). 여기서 '**공갈**'은 재물의 교부를 받거나 재산상의 이익을 취득하기 위하여 상대방에게 폭행 또는 협박으로 외포심을 일으켜 의사결정과 행동의 자유에 제한을 가할 때에 인정된다. 폭행 또는 협박의 정도는 사람의 의사결정 및 행동을 자유를 제한하는 것으로 족한 점에서 반드시 상대방의 반항을 억압할 정도에 이를 것을 요하는 강도죄의 그것과 구별된다. 따라서 예컨대 14세 또는 15세 되는 아이들은 의사능력이 있다고 할 것이므로 이들을 공갈하여 금원을 갈취하였다면 이는 준사기죄가 되는 것이 아니고 공갈죄에 해당한다(대판 1968. 1. 31, 67도1319).

관련판례

아무리 자신에게 정당한 권리가 있다고 하더라도, 그 권리의 행사를 빙자하여, 사회통념상 허용되는 정도나 범위를 넘어서는 협박을 수단으로 상대방을 겁주어 재물을 교부받거나 재산상의 이익을 받으려고 하였다면, 이는 공갈죄의 실행에 착수한 것이라고 보아야 한다(대판 2006. 5. 12, 2005도9595).

(3) 횡령과 배임의 죄(제355조~제361조)

횡령죄는 타인의 재물을 보관하는 자가 그 재물을 횡령하거나 반환을 거부함으로써 성립하는 범죄이다(제355조 제1항). 횡령죄는 위탁관계에 의하여 타인의 재물을 보관하는 자만이 주체가 될 수 있으므로 신분범이다. 횡령죄에서 보관(점유)은 주체가 되는 신분요소이기 때문에 재물을 사실상 지배하면서 횡령하는 것 이외에 법률상 지배하면서 횡령하는 것도 포함되어야 한다. 따라서 횡령죄에서의 점유는 사실상 지배 이외에 법률상 지배(예: 타인의 돈을 위탁받아 은행 등에 예금한 자, 유가증권의 소지자 등)도 포함되어야 한다(통설).

민법규정에 의하면 불법원인급여물은 원칙적으로 급부자가 수급자에 대하여 급부된 재물의 반환을 청구할 수 없다(민법 제746조 본문). 이러한 민법상 효과 때문에 뇌물전달, 마약구입 등의 불법목적을 위해 교부받은 불법원인급여물을 보관하는 자가 이를 착복하면 횡령죄가 성립할 것인가에 대하여 적극설과 소극설(다수설, 판례)이 대립하고 있다.

관련판례

① 민법 제746조에 의하면, 불법의 원인으로 인한 급여가 있고, 그 불법원인이 급여자에게 있는 경우에는 수익자에게 불법원인이 있는지 여부, 수익자의 불법원인의 정도, 그 불법성이 급여자의 그것보다 큰지 여부를 막론하고 급여자는 불법원인급여의 반환을 구할 수 없는 것이 원칙이나, 수익자의 불법성이 급여

자의 그것보다 현저히 큰 데 반하여 급여자의 불법성은 미약한 경우에도 급여자의 반환청구가 허용되지 않는다면 공평에 반하고 신의성실의 원칙에도 어긋나므로, 이러한 경우에는 민법 제746조 본문의 적용이 배제되어 급여자의 반환청구는 허용된다.

포주가 윤락녀와 사이에 윤락녀가 받은 화대를 포주가 보관하였다가 절반씩 분배하기로 약정하고도 보관 중인 화대를 임의로 소비한 경우, 포주와 윤락녀의 사회적 지위, 약정에 이르게 된 경위와 약정의 구체적 내용, 급여의 성격 등을 종합해 볼 때 포주의 불법성이 윤락녀의 불법성보다 현저히 크므로 화대의 소유권이 여전히 윤락녀에게 속한다는 이유로 횡령죄를 구성한다(대판 1999. 9. 17, 98도2036).

② 명의신탁자가 매수한 부동산에 관하여 부동산실명법을 위반하여 명의수탁자와 맺은 명의신탁약정에 따라 매도인에게서 바로 명의수탁자 명의로 소유권이전등기를 마친 이른바 중간생략등기형 명의신탁을 한 경우, 명의신탁자는 신탁부동산의 소유권을 가지지 아니하고, 명의신탁자와 명의수탁자 사이에 위탁신임관계를 인정할 수도 없다. 따라서 명의수탁자가 명의신탁자의 재물을 보관하는 자라고 할 수 없으므로, 명의수탁자가 신탁받은 부동산을 임의로 처분하여도 명의신탁자에 대한 관계에서 횡령죄가 성립하지 아니한다(대판 2016. 5. 19, 2014도6992 전원합의체).

③ 피고인 갑, 을이 공모하여, 피고인 갑 명의로 개설된 예금계좌의 접근매체를 보이스피싱 조직원 병에게 양도함으로써 병의 정에 대한 전기통신금융사기 범행을 방조하고, 사기피해자 정이 병에게 속아 위 계좌로 송금한 사기피해금 중 일부를 별도의 접근매체를 이용하여 임의로 인출함으로써 주위적으로는 병의 재물을, 예비적으로는 정의 재물을 횡령하였다는 내용으로 기소되었는데, 원심이 피고인들에 대한 사기방조 및 횡령의 공소사실을 모두 무죄로 판단한 사안에서, 피고인들에게 사기방조죄가 성립하지 않는 이상 사기피해금 중 일부를 임의로 인출한 행위는 사기피해자 정에 대한 횡령죄가 성립한다(대판 2018. 7. 19, 2017도17494 전원합의체).

④ 부동산실명법을 위반하여 명의신탁자가 그 소유인 부동산의 등기명의를 명의수탁자에게 이전하는 이른바 양자간 명의신탁의 경우, 계약인 명의 신탁약정과 그에 부수한 위임약정, 명의신탁약정을 전제로 한 명의신탁 부동산 및 그 처분대금 반환약정은 모두 무효이다. 나아가 명의신탁자와 명의수탁자 사이에 무효인 명의신탁약정 등에 기초하여 존재한다고 주장될 수 있는 사실상의 위탁관계라는 것은 부동산실명법에 반하여 범죄를 구성하는 불법적인 관계에 지나지 아니할 뿐 이를 형법상 보호할 만한 가치 있는 신임에 의한 것이라고 할 수 없다. 말소 등기의무의 존재나 명의수탁자에 의한 유효한 처분가능성을 들어 명의수탁자가 명의신탁자에 대한 관계에서 '타인의 재물을 보관하는 자'의 지위에 있다고 볼 수도 없다. 그러므로 부동산실명법을 위반한 양자간 명의신탁의 경우 명의수탁자가 신탁받은 부동산을 임의로 처분하여도 명의신탁자에 대한 관계에서 횡령죄가 성립하지 아니한다(대판 2021. 2. 18, 2016도18761 전원합의체).

⑤ 채무자가 제3채무자에게 채권양도 통지를 하지 않은 채 자신이 사용할 의도로 제3채무자로부터 변제를 받아 변제금을 수령한 경우, 이는 단순한 민사상 채무불이행에 해당할 뿐, 채무자가 채권자와의 위탁신임관계에 의하여 채권자를 위해 위 변제금을 보관하는 지위에 있다고 볼 수 없고, 채무자가 이를 임의로 소비하더라도 횡령죄는 성립하지 않는다(대판 2021. 2. 25, 2020도12927).

배임죄는 타인의 사무를 처리하는 자가 그 임무에 위배하는 행위를 하여서 재산상의 이익을 취득하거나 제3자로 하여금 이를 취득케 하고 본인에게 손해를 가하는 것을 내용으로 하는 범죄이다(제355조 제2항). 본죄의 주체는 타인의 사무를 처리하는 자만이 행위주체가 될 수 있는 진정신분범이다. 여기서 '**타인의 사무를 처리하는 자**'란 타인과의 대내관계에 있어서 신의성실의 원칙에 비추어 그 사무를 처리할 신임관계가 존재한다고 인정되는 자를 의미하고, 반드시 제3자에 대한 대외관계에서 그 사무에 관한 대리권이 존재할 것을 요하지 않는다(대판 2000. 3. 14, 99도457; 대판 1999. 9. 17, 97도3219). 사무처리의 근거는 법령(친권자, 후견인, 파산관재인, 집달관 또는 회사의 대표자 등), 계약 또는 법률행위(위임, 고용, 임치 등), 관습의 어느 것에 의하건 묻지 않고 사실상의 것도 포함한다. 그리고 임무에 위배하는 행위란 법령의 규정, 계약의 내용 또는 신의칙상 당연히 하여야 할 것으로 기대되는 행위를 하지 않거나 당연히 하지 않아야 할 것으로 기대되는 행위를 함으로써 본인과의 신임관계를 저버리는 일체의 행위를 포함한다. 배임죄는 타인과의 신뢰관계에서 일정한 임무에 따라 사무를 처리할 법적 의무가 있는 자가 그 상황에서 당연히 할 것이 법적으로 요구되는 행위를 하지 않는 부작위에 의해서도 성립할 수 있다(대판 2021. 5. 27, 2020도15529). 판례는 부동산의 이중매매에 대해서는 배임죄의 성립을 긍정하나, 동산의 이중매매에 대해서는 이를 부정하고 있다.

관련 판례

① 매매의 목적물이 동산일 경우, 매도인은 매수인에게 계약에 정한 바에 따라 그 목적물인 동산을 인도함으로써 계약의 이행을 완료하게 되고 그때 매수인은 매매목적물에 대한 권리를 취득하게 되는 것이므로, 매도인에게 자기의 사무인 동산인도채무 외에 별도로 매수인의 재산의 보호 내지 관리 행위에 협력할 의무가 있다고 할 수 없다. 따라서 동산매매계약에서의 매도인은 매수인에 대하여 그의 사무를 처리하는 지위에 있지 아니하므로, 매도인이 목적물을 매수인에게 인도하지 아니하고 이를 타에 처분하였다 하더라도 형법상 배임죄가 성립하는 것은 아니다(대판 2011. 1. 20, 2008도10479 전원합의체).

② 채무자가 채권자에 대하여 소비대차 등으로 인한 채무를 부담하고 이를 담보하기 위하여 장래에 부동산의 소유권을 이전하기로 하는 내용의 대물변제예약에서, 약정의 내용에 좇은 이행을 하여야 할 채무는 특별한 사정이 없는 한 '자기의 사무'에 해당하는 것이 원칙이다.

채무자가 대물변제예약에 따라 부동산에 관한 소유권을 이전해 줄 의무는 예약 당시에 확정적으로 발생하는 것이 아니라 채무자가 차용금을 제때에 반환하지 못하여 채권자가 예약완결권을 행사한 후에야 비로소 문제가 되고, 채무자는 예약완결권 행사 이후라도 얼마든지 금전채무를 변제하여 당해 부동산에 관한 소유권이전등기절차를 이행할 의무를 소멸시키고 의무에서 벗어날 수 있다. 한편 채권자는 당해 부동산을 특정물 자체보다는 담보물로서 가치를 평가하고 이로써 기존의 금전채권을 변제받는 데 주된 관심이 있으므로, 채무자의 채무불이행으로 인하여 대물변제예약에 따른 소유권등기를 이전받는 것이 불가능하게 되는 상황이 초래되어도 채권자는 채무자로부터 금전적 손해배상을 받음으로써 대물변제예약을 통해 달성하고자 한 목적을 사실상 이룰 수 있다. 이러한 점에서 대물변제예약의 궁극적 목적은 차용금반환채무의 이행 확보에 있고, 채무자가 대물변제예약에 따라 부동산에 관한 소유권이전등기절차를 이행할 의무는 궁극적 목적을 달성하기 위해 채무자에게 요구되는 부수적 내용이어서 이를 가지고 배임죄에서 말하는 신임관계에 기초하여 채권자의 재산을 보호 또는 관리하여야 하는 '타인의 사무'에 해당한다고 볼 수는 없다.

그러므로 채권 담보를 위한 대물변제예약 사안에서 채무자가 대물로 변제하기로 한 부동산을 제3자에게 처분하였다고 하더라도 형법상 배임죄가 성립하는 것은 아니다(대판 2014. 8. 21, 2014도3363 전원합의체).

③ 부동산 매매계약에서 계약금만 지급된 단계에서는 어느 당사자나 계약금을 포기하거나 그 배액을 상환함으로써 자유롭게 계약의 구속력에서 벗어날 수 있다. 그러나 중도금이 지급되는 등 계약이 본격적으로 이행되는 단계에 이른 때에는 계약이 취소되거나 해제되지 않는 한 매도인은 매수인에게 부동산의 소유권을 이전해 줄 의무에서 벗어날 수 없다. 따라서 이러한 단계에 이른 때에 매도인은 매수인에 대하여 매수인의 재산보전에 협력하여 재산적 이익을 보호·관리할 신임관계에 있게 된다. 그때부터 매도인은 배임죄에서 말하는 '타인의 사무를 처리하는 자'에 해당한다고 보아야 한다. 그러한 지위에 있는 매도인이 매수인에게 계약 내용에 따라 부동산의 소유권을 이전해 주기 전에 그 부동산을 제3자에게 처분하고 제3자 앞으로 그 처분에 따른 등기를 마쳐 준 행위는 매수인의 부동산 취득 또는 보전에 지장을 초래하는 행위이다. 이는 매수인과의 신임관계를 저버리는 행위로서 배임죄가 성립한다(대판 2018. 5. 17, 2017도4027 전원합의체).

④ 배임죄는 타인의 사무를 처리하는 자가 그 임무에 위배하는 행위로써 재산상의 이익을 취득하거나 제3자로 하여금 이를 취득하게 하여 사무의 주체인 타인에게 손해를 가할 때 성립하는 것이므로 범죄의 주체는 타인의 사무를 처리하는 지위에 있어야 한다. 여기에서 '타인의 사무를 처리하는 자'라고 하려면, 타인의 재산관리에 관한 사무의 전부 또는 일부를 타인을 위하여 대행하는 경우와 같이 당사자 관계의 전형적·본질적 내용이 통상의 계약에서의 이익대립관계를 넘어서 그들 사이의 신임관계에 기초하여 타인의 재산을 보호 또는 관리하는 데에 있어야 한다. 이익대립관계에 있는 통상의 계약관계에서 채무자의 성실한 급부이행에 의해 상대방이 계약상 권리의 만족 내지 채권의 실현이라는 이익을 얻게 되는 관계에 있다거나, 계약을 이행함에 있어 상대방을 보호하거나 배려할 부수적인 의무가 있다는 것만으로는 채무자를 타인의 사무를 처리하는 자라고 할 수 없고, 위임 등과 같이 계약의 전형적·본질적인 급부의 내용이 상대방의 재산상 사무를 일정한 권한을 가지고 맡아 처리하는 경우에 해당하여야 한다.

채무자가 금전채무를 담보하기 위하여 그 소유의 동산을 채권자에게 양도담보로 제공함으로써 채권자인 양도담보권자에 대하여 담보물의 담보가치를 유지·보전할 의무 내지 담보물을 타에 처분하거나 멸실, 훼손하는 등으로 담보권 실행에 지장을 초래하는 행위를 하지 않을 의무를 부담하게 되었더라도, 이를 들어 채무자가 통상의 계약에서의 이익대립관계를 넘어서 채권자와의 신임관계에 기초하여 채권자의 사무를 맡아 처리하는 것으로 볼 수 없다. 따라서 채무자를 배임죄의 주체인 '타인의 사무를 처리하는 자'에 해당한다고 할 수 없고, 그가 담보물을 제3자에게 처분하는 등으로 담보가치를 감소 또는 상실시켜 채권자의 담보권 실행이나 이를 통한 채권실현에 위험을 초래하더라도 배임죄가 성립한다고 할 수 없다. 위와 같은 법리는, 채무자가 동산에 관하여 양도담보설정계약을 체결하여 이를 채권자에게 양도할 의무가 있음에도 제3자에게 처분한 경우에도 적용되고, 주식에 관하여 양도담보설정계약을 체결한 채무자가 제3자에게 해당 주식을 처분한 사안에도 마찬가지로 적용된다(대판 2020. 2. 20, 2019도9756 전원합의체).

⑤ 채무자가 금전채무를 담보하기 위하여 그 소유의 동산을 채권자에게 동산·채권 등의 담보에 관한 법률(이하 '동산채권담보법'이라 한다)에 따른 동산담보로 제공함으로써 채권자인 동산담보권자에 대하여 담보물의 담보가치를 유지·보전할 의무 또는 담보물을 타에 처분하거나 멸실, 훼손하는 등으로 담보권 실행에 지장을 초래하는 행위를 하지 않을 의무를 부담하게 되었더라도, 이를 들어 채무자가 통상의 계약에서의 이익대립관계를 넘어서 채권자와의 신임관계에 기초하여 채권자의 사무를 맡아 처리하는 것으로 볼 수 없다. 따라서 이러한 경우 채무자를 배임죄의 주체인 '타인의 사무를 처리하는 자'에 해당한다고 할 수 없고, 그가 담보물을 제3자에게 처분하는 등으로 담보가치를 감소 또는 상실시켜 채권자의 담보권 실행이나 이를 통한 채권실현에 위험을 초래하더라도 배임죄가 성립하지 아니한다(대판 2020. 8. 27, 2019도14770 전원합의체).

⑥ 지입차주가 자신이 실질적으로 소유하거나 처분권한을 가지는 자동차에 관하여 지입회사와 지입계약을 체결함으로써 지입회사에 그 자동차의 소유권등록 명의를 신탁하고 운송사업용 자동차로서 등록 및 그 유지 관련 사무의 대행을 위임한 경우, 지입회사 운영자가 지입차주와의 관계에서 '타인의 사무를 처리하는 자'의 지위에 있다(대판 2021. 6. 24, 2018도14365).

⑦ 채무자가 채권양도담보계약에 따라 부담하는 '담보 목적 채권의 담보가 치를 유지·보전할 의무'를 이행하는 것은 채무자 자신의 사무에 해당할 뿐이고, 채무자가 통상의 계약에서의 이익대립관계를 넘어서 채권자와의 신임관계에 기초하여 채권자의 사무를 맡아 처리한다고 볼 수 없으므로, 이 경우 채무자는 채권자에 대한 관계에서 '타인의 사무를 처리하는 자'에 해당한다고 할 수 없다. 하고 있어야 한다고 볼 수 없다(대판 2021. 8. 19, 2020도14576).

점유이탈물횡령죄(제360조)는 유실물·표류물·매장물 또는 타인이 점유를 이탈한 재물을 횡령한 자를 처벌한다. 예컨대 길에 떨어진 물건을 주워 갖는 경우에 본죄가 성립한다.

(4) 장물의 죄(제362조~제365조)

장물에 관한 죄는 장물을 취득, 양여, 운반, 보관하거나 또는 이를 알선함으로써 성립하는 범죄이다. 여기서 장물이란 재산범죄(절도죄, 강도죄, 사기죄, 횡령죄, 공갈죄, 장물죄)에 의하여 불법하게 영득한 재물을 말한다. 따라서 본죄는 순재물죄이다. 장물을 발생하게 한 재산범죄를 본범라고 한다. 기본적 구성요건은 장물취득·양도·운반·보관죄(제362조 제1항) 및 장물알선죄(제362조 제2항)가 규정되어 있고, 가중적 구성요건으로서 상습장물죄(제363조)가 규정되어 있다. 그리고 장물의 죄에는 과실범의 처벌규정이 있다. 다만 보통과실범은 처벌되지 않고 업무상 과실과 중과실범에 한하여 처벌된다(제364조). 장물의 죄에도 친족상도례의 규정이 적용된다. 다만, 장물범과 피해자 사이는 물론이고 장물범과 본범 사이에 친족관계가 있는 경우에도 적용된다.

관련 판례

甲이 권한 없이 인터넷뱅킹으로 타인의 예금계좌에서 자신의 예금계좌로 돈을 이체한 후 그 중 일부를 인출하여 그 정을 아는 乙에게 교부한 경우, 甲이 컴퓨터등사용사기죄에 의하여 취득한 예금채권은 재물이 아니라 재산상 이익이므로, 그가 자신의 예금계좌에서 돈을 인출하였더라도 장물을 금융기관에 예치하였다가 인출한 것으로 볼 수 없다는 이유로 乙의 장물취득죄의 성립은 부정된다(대판 2004. 4. 16, 2004도353).

(5) 손괴의 죄(제366조~제372조)

손괴죄란 타인의 재물, 문서 또는 전자기록 등 특수매체기록을 손괴 또는 은닉 기타의 방법으로 그 효용을 해하는 것을 기본구성요건의 내용으로 하는 범죄이다(제366조). 본죄는 재물만을 객체로 하는 순재물죄이며, 본죄의 주관적 구성요건으로서는 재물손괴의 고의만을 요구하기 때문에 다른 재산범죄가 고의를 초과하는 불법영득의 의사를 요하는 영득죄인 것과는 크게 다르다. 재물손괴죄(제366조)와 공익건조물파괴죄(제367조)가 기본적 구성요건이고, 중손괴죄(제368조)는 결과적 가중범으로서, 특수손괴죄(제369조)는 행위방법의 불법이 가중되는 가중적 구성요건이다. 경계침범죄(제370조)는 독립된 특별구성요건이다.

손괴죄의 행위는 손괴 또는 은닉 기타의 방법으로 그 효용을 해하는 것이다. 여기서 '**손괴**'란 행위객체에 직접 물리적 유형력을 행사하여 그 이용가능성을 침해하는 것을 말한다. 유형력의 행사로서 물체의 상태변화가 있으면 족하고 반드시 물체가 소멸하여야 하는 것은 아니다. 따라서 타인의 금반지 또는 금니를 녹이는 것, 얼음을 녹이는 것, 문서를 찢는 것, 기계를 분해하는 것 등은 여기의 손괴가 된다. 그리고 손괴는 반드시 재물의 중요한 부분을 훼손할 필요도 없다. '**은닉**'은 객체의 소재를 불분명하게 하여 그 발견을 어렵게 함으로써 그 이용가능성을 침해하는 것을 의미한다. 피해자가 지배하는 장소에서 물건을 숨기는 것과 같이 행위자의 점유 밑으로 객체가 이전되지 않은 경우에도 은닉은 인정될 수 있다. '**기타의 방법**은' 손괴 또는 은닉 이외의 방법으로 객체의 효용을 해하는 일체의 행위를 의미한다. 우물에 방뇨하는 경우, 새장의 문을 열어 날려 보내는 경우, 그림에 낙서하는 경우, 자동차의 타이어에서 바람을 빼는 경우, 문서의 내용을 삭제하는 경우 등이 여기에 해당할 수 있다. 특수매체기록의 경우에는 새로운 프로그램을 입력하여 기존의 정보를 사용할 수 없게 하거나 새로운 기록을 추가하거나 기존기록의 일부를 삭제하거나 다른 정보와 연결함으로써 정보의 내용을 변경하는 것이 여기에 해당할 수 있다.

(6) 권리행사를 방해하는 죄(제323조~제328조)

권리행사를 방해하는 죄는 타인의 점유 또는 권리의 목적이 된 자기의 물건에 대한 타인의 권리행사를 방해하거나, 강제집행을 면탈할 목적으로 채권자를 해하는 것을 내용으로 하는 범죄를 말한다. 따라서 본죄는 자기소유의 물건에 대해서도 성립되는 점에 특징이 있다. 본죄의 보호법익은 소유권이 아닌 타인의 제한물권 또는 채권이다. 여기의 제한물권에는 용익권과 담보권이 포함된다. 구체적으로 권리행사방해죄(제323조)는 제한물권과 채권의 모두를 보호법익으로 포함하고, 강제집행면탈죄(제327조)는 채권자의 채권을 보호법익으로 할 뿐이다. 다만 그 채권이 강제집행권에 의하여 발동될 단계에 접근하여야 한다. 점유강취죄(제325조)의 보호법익에는 제한물권 이외에 자유권이 포함된다.

관련 판례

형법 제323조의 권리행사방해죄는 타인의 점유 또는 권리의 목적이 된 자기의 물건을 취거, 은닉 또는 손괴하여 타인의 권리행사를 방해함으로써 성립하므로 그 취거, 은닉 또는 손괴한 물건이 자기의 물건이 아니라면 권리행사방해죄가 성립할 수 없다. 물건의 소유자가 아닌 사람은 형법 제33조 본문에 따라 소유자의 권리행사방해 범행에 가담한 경우에 한하여 그의 공범이 될 수 있을 뿐이다. 그러나 권리행사방해죄의 공범으로 기소된 물건의 소유자에게 고의가 없는 등으로 범죄가 성립하지 않는다면 공동정범이 성립할 여지가 없다(대판 2017. 5. 30, 2017도4578).

Ⅲ. 사회적 법익에 관한 죄

사회적 법익에 관한 죄는 크게는 (i) 공공의 평안에 관한 죄, (ii) 공공의 신용에 관한 죄, (iii) 공공의 건강에 관한 죄, (iv) 공공의 도덕에 관한 죄로 나누어진다.

이 중에서 공공의 평안에 관한 죄는 형법각칙 제5장의 공안을 해하는 죄(일부), 제6장의 폭발물에 관한 죄, 제13장의 방화와 실화의 죄, 제14장의 일수와 수리에 관한 죄 및 제15장의 교통방해의 죄에서 규정되어 있다. 다음으로 공공의 신용에 관한 죄는 형법각칙 제18장의 통화에 관한 죄, 제19장의 유가증권 우표와 인지에 관한 죄, 제20장의 문서에 관한 죄 및 제21장의 인장에 관한 죄에서 규정되어 있다. 그리고 공공의 건강에 관한 죄는 형법각칙 제16장의 음용수에 관한 죄와 제17장의 아편에 관한 죄에서 규정되어 있다. 마지막으로 공공의 도덕에 관한 죄는 형법각칙 제12장의 신앙에 관한 죄, 제22장의 성풍속에 관한 죄 및 제23장의 도박과 복표에 관한 죄에서 규정되어 있다.

Ⅳ. 국가적 법익에 관한 죄

국가적 법익에 관한 죄는 국가의 존립, 국가의 권위 또는 국가의 기능 등을 보호하려는 범죄를 말한다. 국가의 존립을 보호하는 국가보호형법으로는 내란의 죄(각칙 제1장)와 외환의 죄(각칙 제2장)가 규정되어 있다. 전자가 국가의 내부적 안전을 보호하기 위한 것임에 반하여 후자의 국가의 외부적 안전을 보호하기 위한 것이다. 국가의 권위를 보호하기 위해서는 국기에 관한 죄(각칙 제3장)가 규정되어 있다. 형법 제4장의 국교에 관한 죄는 국가의 외교지위를 보호하기 위해 규정된 것이다. 국가의 기능을 보호하기 위해서는 공무원의 직무에 관한 죄(각칙 제7장), 공무방해에 관한 죄(각칙 제8장), 도주와 범인은닉의 죄(각칙 제9장), 위증과 증거인멸의 죄(각칙 제10장), 무고의 죄(각칙 제11장)가 규정되어 있다. 도주와 범인은닉의 죄, 위증과 증거인멸의 죄 및 무고의 죄는 국가의 기능 중에서 특별히 국가의 사법기능을 보호하기 위해 규정된 것이다.

제10장

국제법

제1절 국제법의 정의 및 역할

Ⅰ. 국제법의 정의

국제법에 대한 전통적인 정의는 '국가간의 관계를 규율하는 규칙의 총체'이었다. 근대 주권국가의 출현으로 많은 국가들이 서로 관계를 맺고 국제사회를 형성하였는데, 국제법은 이와 같은 국제사회에 국가의 권리와 의무를 규정하여 국가간의 관계를 규율하는 규범으로 적용되었다. 이러한 국가중심적 국제법의 개념은 제2차 세계대전 이후에 변화를 가져왔다. 국제사회의 발전에 따라 국제기구(국제조직, international organization)가 조직되고, 개인(individuals)의 법적 지위가 향상됨에 따라 이들도 제한적인 범위에서 국제법상의 법인격(legal personality)을 인정받게 되었다. 즉 국제법은 국제기구 및 개인의 행위를 규율하고 이들 상호관계나 국가와의 관계도 규율하는 것으로 변화되었다. 따라서 국제법에 대한 현대적 정의는 국제법이라 함은 국가, 국제기구 및 개인 등을 포함한 다양한 실체(entity)를 규율하는 국제사회의 법이라 할 수 있다.

그런데 다른 법학 분야와는 달리 국제법을 과연 진정한 의미의 법이라고 할 수 있느냐, 즉 국제법의 법적 성질에 관하여 논쟁이 존재하기도 한다. 이 문제는 주로 국내법에 대한 인식을 바탕으로 국제법이 그 위반에 대하여 실효적인 강제수단을 가지고 있지 못하다는 의문으로부터 발생한 것이다. 국내법은 일정한 행위를 명령 또는 금지하고 그 위반에 대하여 실효적인 강제수단을 확립하고 있는 데 비하여 국제법은 그것을 위반한 국가에 대하여 제재를 가하고 책임을 추궁하는 방법이 아직 불완전하다. 따라서 학자 중에는 국제법은 진정한 의미의 법이라기보다는 도덕적 성질을 가지는 것에 지나지 않는다고 주장하는 사람도 있다.

그러나 어떠한 강제도 없는 규범은 법규범이라 할 수 없지만 국제법은 국내법의 경우에 미치지는 못하더라도 특별한 강제수단으로서 피해국은 대응조치, 자위권과 같은 자력구제조치를 취하는 것을 인정하고 있으며, 침략전쟁에 대하여도 피침략국은 물론이고 국제사회가 자체의 강제적 조치를 취할 수 있으므로(예: 국제연합헌장 제7장상의 강제조치), 국제법은 결코 단순한 도덕률이 아니며, 법규범으로서의 성질을 가지고 있다. 다만 국내법에 비하여 발달 정도가 뒤떨어진 미성숙한 법이라는 것은 사실이다. 그렇지만 오늘날에는 국제조직이 발달하여 국제사회가 조직화되고 또 국제재판제도가 발달됨에 따라서 국제법은 그의 실효성을 점차 강화하고 있다. 국내법적 눈으로만 국제사회를 바라보면 국제법은 법으로서 약점도 많고, 잘 준수되지도 않는 법이라고 생각할 수도 있다. 그리고 국제법이란 개인의 일상적인 삶과는 관계없이 국가간의 권력질서에만 관련되어 있다고 생각할 수 있다. 그러나 오늘날 국제법은 국가간의 관계뿐만 아니라 우리 개인의 일상적인 생활영역에 영향을 미치고 있다. 지금 이 시간에도 우리가 인식하지 못할 뿐이지 우리의 일상생활의 배후에는 국제법이 작동하고 있다. 예를 들어, 비행기를 타고 외국여행을 하는 경우, 세계 각국에서 도량형, 시간 등이 통일 되어 있고, 세계 어느 곳에도 주소만 알면 우편물을 보낼 수 있는데 이것은 모두 국제법(특히 관련 조약)이 작동하고 있기 때문이다.

Ⅱ. 국제법과 국내법의 관계

국제법은 주로 국가 간의 관계를 규율하는 법으로서 여러 국가의 공동 의사로 이루어진 것에 반하여 국내법은 한 국가 내에서 주로 개인 상호간 및 국가, 공공기관과 개인 간의 관계를 규율하는 법으로서 각 국가의 단독 의사로 제정한다. 이러한 국제법과 국내법은 어떠한 관계를 가지는 것인가, 이에 관한 견해는 일원론(一元論)과 이원론(二元論)으로 나뉜다. 이원론은 국제법과 국내법은 그 법원, 주체, 적용범위 등이 근본적으로 각각 다르므로 양자는 서로 독립된 별개의 법이라고 한다. 이 견해에 의하면 국제법과 국내법은 직접 저촉되는 일이 없다고 한다. 일원론은 국제법과 국내법은 독립한 별개의 법이 아니라 통일적인 법체계를 이루고 있는 것으로서 다만 상대적인 차이가 있는 데 지나지 않는다고 한다. 그런데 같은 체계에 속하는 국제법과 국내법 중 어느 것이 우위에 있느냐에 관하여 그 견해는 국내법우위설과 국제법우위설로 나누어진다. 전자는 법이란 일반적으로 국민에 대한 국가의 명령이므로 국제법도 국가가 국내적으로 법으로 채용하여 국민에게 그 준수를 명할 때 비로소 법이 되는 것으로 국제법이란 대외적인 국가법이라는 것이다. 후자는 국제법을 전체적 질서(상위), 국내법을 부분적 질서(하위)로 보아 양자간의 관계는 마치 국가의 법과 지방자치단체의 법과의 관계로 볼 수 있고, 따라서 국내법의 유효성 및 타당성의 기초가 결국 국제법에 있다고 보는 것이다. 최근에 국제법의 중요성이 더욱 높아가는 실정에 비추어 국제사회에서는 국제법우위설이 지지되고 있으나, 대부분의 국가의 국내법질서 내에서는 그렇지 아니하다.

Ⅲ. 국제법의 법원

국제법의 법원(法源)이라 함은 일반적으로 국제법의 존재형식을 말한다. 이러한 맥락에서 국제법의 가장 주요한 법원에는 '조약'과 '국제관습법'이 있고, 그 밖에 '법의 일반원칙'과 '학설 및 판례'가 법원이 되느냐에 관하여는 논란이 있다.

1. 조 약

조약(treaty)이란 국제법의 주체(국가와 국제기구) 간의 명시적인 합의를 내용으로 하는 국제법규이다. 조약을 체결하는 국제법의 주체는 주로 국가이나 국제기구인 경우도 있다. 조약은 당사국의 수에 따라 보편조약, 일반(다자)조약, 특별(양자)조약으로 구분하고, 조약의 내용에 의하여 계약적 조약(contractual treaty)과 입법적 조약(law-making treaty)으로 구분하기도 한다. 그리고 조약 가입허용 여부에 따라 개방조약(open treaty)와 폐쇄조약(closed treaty)으로 나누고, 조약체결절차가 간단히 서명만으로 완성되는 경우 약식조약이라 하고, 비준 또는 수락 · 승인절차를 필요로 하는 조약을 정식조약이라 한다. 이러한 조약 중 특별조약과 계약적 조약은 국제법의 법원이 아니라는 주장도 있으나 이들 조약도 당사국에게 법적 구속력이 있는 법규라는 점에서 그러한 주장은 부당하다. 즉 모든 조약은 당사국에게 권리와 의무를 주는 국제법규이다.

2. 국제관습법

국제관습법(international customary law)은 국제사회에서 일반적으로 법으로서 승인된 국제관행이다. 국제관습법의 성립 요건은 객관적 요건으로 그러한 국가관행(general practice of states)의 존재이며, 주관적 요건으로 그러한 국가관행을 준수하는 것이 의무라고 인정하는 법적 확신(*opinio juris*)이다. 국제관습법의 성립요건이 존재하는지에 대한 입증책임(burden of proof)은 그러한 관습의 존재를 주장하는 당사자에게 있다. 그리고 국제관습법은 동의한 국가에게만 효력이 발생한다. 따라서 국제관습법을 명시적으로 거부한 국가에게는 해당 관습법규가 적용되지 않는다(완강한 반대국가(persistent objector)이론). 그러나 묵시적으로 동의한 국가(A Silence is not dissent but acquiescence) 및 사후 반대국가(subsequent objector)에게는 효력이 발생한다. 통일적 입법기관이 없는 현재의 국제사회에서 국제사회 전체를 규율하는 이른바 보편 국제법의 대부분이 국제관습법규의 형태를 취할 수밖에 없는 점으로 볼 때, 아직도 국제관습법은 국제법의 법원으로서 중요한 역할을 하고 있다고 할 수 있다. 그러나 유엔체제 아래에서 1947년 국제법의 점진적 발전 및 법전화(codification)를 위해 설립된 국제법위원회(ILC)의 활동으로 여러 분야의 국제법규가 조약으로 채택되었다.

3. 법의 일반원칙

국제사법재판소 규정 제38조는 재판의 준칙으로서 조약과 국제관습법 이외에 '문명국에 의하여 승인된 법의 일반원칙'을 들고 있다. 법의 일반원칙은 모든 국가의 국내법에서 공통적으로 인정되고 있는 일반원칙들로, 신의성실의 원칙, 권리남용금지원칙, 기판력의 원칙, 손해배상원칙, 금반언의 원칙 등이 이에 해당한다. 법의 일반원칙이 법원인가의 여부에 대해 찬반의 의견이 있으나 국제법의 흠결로 인한 재판불능(non-liquet)의 방지와 법관의 자의적 · 독단적 재판의 방지 등의 기능을 한다. 이러한 법의 일반원칙들은 오늘날 점차 국제관습법과 조약으로 흡수되어 그 중요성 및 역할이 크게 감소하고 있다.

제 2 절 국제법의 주체

국제법의 주체란 국제법상의 권리·의무를 향유하는 자, 즉 법인격(legal personality)을 가지고 있는 실체(entity)를 의미한다. 그럼 누가 국제법상의 주체인가? 원래 국제법이 국가간의 관계를 규율하기 위한 법으로 출발한 점에 비추어 보면 국가는 본원적인 주체이다. 그리고 2차 대전 이후에 본격적으로 설립된 국제기구(국제조직)를 비롯하여 개인, 다국적기업, 비정부기구(NGO) 등은 기존의 국제법 주체인 국가의 승인에 의해 국제법의 주체성이 인정될 수 있는 파생적 주체이다.

I. 국 가

국제법상 국가라 함은 일정한 영역의 일정한 인민에게 주권을 행사할 수 있는 권능을 가진 주권국가를 말하며, 국가는 국제법상 가장 기본적인 주체이며, 전형적·능동적·영구적·완전한 주체(typical·active·permanent·perfect subject)이다.

1. 국가의 성립

국가의 성립이란 국가가 국제법의 주체로서 성립하는 것을 말하며, 1933년 국가의 권리의무에 관한 협약 제1조는 국가로 성립하기 위해서는 ① 영구적 인민(permanent population), ② 확정된 영토(defined territory), ③ 정부(government), ④ 타국과의 관계를 맺을 수 있는 능력(capacity to enter into relations with other states)이 필요하다고 규정하고 있다. 그런데 국가가 국제법의 주체로 인정되기 위해서는 이러한 국가의 성립요소를 확립하고 있을 뿐만 아니라 국제사회의 기존국가에 의하여 국가로서 승인을 받아야 한다. 국가승인을 받는 데 필요한 요건은 ① 국내법상의 정부조직을 확립할 것, ② 국제법을 준수할 의사와 능력이 있을 것이다. 승인은 각 국가가 개별적으로 할 수도 있고 다수의 국가가 공동으로 할 수도 있으며,

또한 승인은 선언·통고 등 명시적으로 할 수도 있고, 외교사절의 파견 및 접수, 중요한 조약의 체결 등 명백히 국가만을 상대로 할 수 있는 행위를 통하여 묵시적으로 할 수도 있다. 다자조약 가입의 동의, 통상대표부 설치 승인, 상대방 국가의 여권 인정 등은 묵시적 승인으로 해석되지 않는다. 새로 성립한 국가가 승인을 받으면 이를 승인한 국가와의 관계에 있어서만 국제법상의 권리의무가 발생한다.

2. 국가의 유형

(1) 주권국과 반주권국

㈎ 주권국: 주권국이란 국제법상 모든 관계를 유지함에 있어 완전한 국제법상의 권리를 향유하며 타국의 제한을 받지 않는 국가를 말한다. 이는 독립국가(independent state)를 말한다.

㈏ 반주권국: 반주권국이란 국제법상의 능력이 타국으로부터 제한을 받는 국가를 말하는데, 일부주권국 또는 비독립국이라고도 한다.

1) 피보호국

국제법상 보호관계는 제국주의 시대에 강대국이 세력확장의 수단으로 이용되었다. 보호관계란 조약에 의하여 보호국이 다른 국가로부터 침략이나 압력으로부터 피보호국을 보호하기로 하고, 보호국이 피보호국의 외교관계를 대신 처리하기로 하는 관계를 말한다. 외교능력이 어느 정도 제한되느냐는 보호국과 피보호국간의 보호조약에 의하여 정하여진다. 피보호국이 되어도 국제법상의 국가의 지위를 상실하지 않으며 국제법 주체성은 인정된다. 피보호국 국민의 국적도 변하지 않는다. 피보호국은 오직 외교능력만을 제한받는 것이다. 오늘날 피보호국은 국제사회에서 거의 존재하지 않는다. 현재 모나코는 프랑스의 피보호국이며, 산마리노는 이탈리아의 피보호국이다.

2) 종속국

종주국의 주권 밑에서 제한된 주권을 인정받고 그 범위 안에서만 국제법상의 능력을 갖는 국가이다. 종속국이 어느 정도의 제한된 주권을 갖느냐는 종주국의 국내법에 의하여 결정된다. 그 예로는 1866년부터 제1차 대전까지의 이집트(터키가 종주국)의 경우가 있다.

(2) 국가통치형태에 의한 유형

㈎ 단일국가: 완전한 주권을 가지고 있는 단일의 국가로 국제법상 완전한 능력을 가진 국가를 말한다.

㈏ 국가연합: 국가연합(confederated state)은 2개 이상의 국가가 공통의 이익을 보호하기 위하여 조약에 의해 결합하고 조약에 명시된 범위 내에서 국제법상의 능력을 가지며, 특히 국방정책 수행이나 외교능력을 공동으로 행사하는 결합체일 뿐 국제법상의 하나의 국가가 아니다. 즉 국가연합은 국제법상의 주체가 아니고 그 구성국 각자가 국제법상의 법인격을 향유한다. 이에 해당하는 사례에는 1787년 북미연합 및 1815~1866년 독일연합이 있었으며, 현재는 1991년 소련이 해체되고 러시아를 중심으로 형성된 독립국가연합(Commonwealth of Independent States, CIS)가 있다. CIS는 연방국가가 아니며 또한 초국가적인 국제조직도 아니다.

㈐ 연방국가: 연방국가(federal state)는 2개 이상의 국가가 헌법에 의하여 결합하고 중앙정부에 국제법상의 능력이 부여된 복합국가이다. 따라서 연방구성국(지방국)은 대내적으로는 주권국으로 인정을 받으나 대외적으로 국제법상의 권리능력은 갖지 않는다. 즉 국제법의 주체는 오직 연방국가이지, 그 구성국은 국제법상 국가로 인정되지 않는다. 이에 속하는 국가는 현재 미합중국, 스위스연방, 독일연방 등이다.

(3) 특수한 유형

㈎ 영연방: 영연방(The Commonwealth)은 영국의 식민지로부터 독립한 여러 국가와 영국인 본국과의 특별한 결합으로 영국의 국왕을 상호의 자유로운 결합의 상징으로 인정하고, 영국 국왕을 영연방의 수장으로 인정하는 독특한 국가의 집합체이다.

㈏ 영세중립국: 영세중립국(permanently neutralized state)이란 국제사회로부터 그 독립과 영토보전을 영구히 보장받고 자위의 목적 이외에는 무력사용을 하지 않으며, 전쟁에 개입하지 않을 의무를 지고 있는 국가를 말한다. 다시 말해서 자위를 제외하고는 전쟁에 개입하지 않을 의무를 지는 대신에 다른 국가들로부터 국가의 독립과 영토를 보호받는다. 스위스, 오스트리아, 로마교황청 등이 이에 해당한다.

3. 국가의 기본적 권리·의무

국가는 국제'법'의 주체로서 여러 가지 권리와 의무를 향유한다. 1949년 국제법위원회(ILC)의 '국가의 권리의무에 관한 선언초안'을 보면, 모든 국가는 독립권, 평등권, 영토관할권, 자위권, 국내문제 불간섭의 의무, 다른 나라의 내란을 선동하지 않을 의무, 인권과 기본적 자유를 존중할 의무, 국제평화를 확보할 의무, 분쟁의 평화적 해결 의무, 무력의 불사용 의무, 침략국을 원조하지 않을 의무, 국제법상의 의무를 이행할 의무, 다른 국가와의 관계를 국제법에 따라 처리할 의무 등의 국가의 권리와 의무를 제시한 바가 있다. 이 중에서 국가의 기본적 권리·의무만을 다음에 설명한다.

(1) 주 권

국제법상 주권의 개념은 매우 추상적이며 포괄적인 우산적 개념(umbrella concept)이지만, 주권이란 다른 국가의 명령이나 힘 또는 어떠한 국제적인 권력에도 복종하지 않고 자주적으로 통치권을 행사하고 독립적으로 행동할 수 있는 권리라고 정의할 수 있다. 국가주권의 상호존중은 국제관계의 기본이다. 주권은 여러 가지 의미로 쓰이는데, 이를 대외적 주권과 대내적 주권으로 나눌 수 있다. 대외적 주권이란 국가가 대외사항을 자기 의사에 의해 처리할 수 있는 것을 의미하며, 대내적 주권이란 국가가 자국의 영역 내에 있어서 법률을 제정하고 정책을 수립·시행할 수 있는 힘을 의미한다. 국제법에서 주로 문제되는 것은 대외적 주권으로 오늘날은 국제법의 제한을 받는다. 즉 주권의 개념은 역사적으로 많은 변천을 하여 왔는데 오늘날 국제사회의 조직화가 가속화되고 국가간의 관계가 긴밀해짐에 따라 주권은 절대적인 것이 아니라 어느 범위에 있어서 제한할 수 있는 것으로 생각되게 되었다. 그리고 국가가 자국의 주권을 제약하는 조약을 체결하는 경우 이는 주권의 포기 또는 침해가 아니다. 스스로의 의사에 의해서 자국의 주권행사의 제약을 결정한 것이므로 이는 주권의 개념과 모순되는 것은 아니다.

(2) 독립권

국가의 주권은 대내적 측면과 대외적 측면으로 나누어 볼 수 있는데, 영토주권이나 국가관할권은 주권의 대내적 측면을 고려한 표현이라면 독립권은 주권의 대외적 발현에 해당한다. 독립권이라 국가가 자기 의사에 따라 대외적으로 자주적으로 활동을 할 수 있으며 다른 국가의 의사에 일방적으로 복종하지 않을 국제법상의 자격을 말한다.

(3) 평등권

모든 국가는 국제법상 동등한 대우를 받아야 한다. 모든 국가는 동등한 지위에서 동등하게 국제법상의 권리의무를 가진다. 다시 말하면, 국가는 국제법상의 권리·의무를 평등하게 가지며 또한 국제법상 평등한 대우와 보호를 받으며 국제회의에 평등하게 참석하여 평등한 투표권을 행사할 수 있는 것을 뜻한다. 국제사회에서 모든 국가는 실질적 차이(영역의 대소, 인구의 다소, 문화수준의 고저 등)가 있음에도 불구하고 평등하게 국제법상 권리의무를 향유한다. 이러한 평등은 엄밀하게 말하면 '법적' 평등, 즉 '법 앞의 평등'(equal before the law)을 의미하는 것이지 모든 국가가 '현실에 있어' 똑같은 대우를 받아야 함을 의미하는 것은 아니다. 그러나 평등권에도 예외가 있다. 예를 들면, 국제연합 안전보장이사회 상임이사국은 거부권(veto power)을 가지고 있다.

(4) 자위권

자위권이란 무력공격이 발생한 경우에 이를 방어하기 위하여 불가피하게 실력을 행사하여 방위조치를 취할 수 있는 권리를 말한다. 여기서 실력의 행사란 전쟁 또는 무력행사를 의미하기 때문에 자위권을 남용하는 경우 그 피해가 클 수 있다. 따라서 오늘날 국제연합헌장은 자위권의 행사를 제한하고 있다. 국제연합헌장은 자위권을 국가의 고유한 권리(inherent right)로 인정하면서도 행사요건을 '무력공격이 발생한 경우'(if an armed attack occurs)로 제한하고 있으며, 행사기간에 있어서도 '안전보장이사회가 국제평화와 안전에 필요한 조치를 취할 때까지'(until the Security Council has taken the measures necessary to maintain international peace and security)로 통제하고 있으며, 자위권을 행사하는 국가는 즉시 안전보장이사회에 보고하도록 하여 그 남용을 제한하고 있다. 또한 자위권은 개별적 자위권뿐만이 아니라 집단적 자위권을 인정하고 있다(국제연합헌장 제51조). 집단적 자위란 직접적으로 무력공격을 받은 국가와 상호방위조약을 통해 군사동맹을 맺고 있는 국가가 공동으로 자위조치를 취하는 것을 말한다. 오늘날 테러행위에 대한 대응방안으로 예방적 자위권(anticipatory or preemptive self-defence)의 허용 여부에 대해 논란이 제기되고 있다.

(5) 국내문제 불간섭의 의무

한 국가가 다른 국가의 간섭을 받지 않고 자기의사에 따라 스스로 결정·처리할 수 있는 사항인 국내문제(domestic matters)에 대하여 다른 국가는 '간섭'해서는 안 될 의무가 있다. 이러한 국내문제에는 국내관할권에 속하는 사항으로 오로지 각국의 국내법의 규율에 맡겨진 사항을 말한다. 무엇이 국내문제인지 여부는 고정불변한 것이 아니라 국제관계의 변화에 따라 유동적·가변적이다. 전형적인 국내문제로는 헌법상의 통치조직·관세·이민·국적 등에 관한 문제가 있는데, 오늘날 국가간의 교류가 활발해지면서 그 범위는 가변적인 것이 되고 있다. 그리고 여기서 말하는 '간섭'의 의미는 어느 국가(또는 국제기구)가 정당한 권원 없이 자신의 의사를 다른 국가에 강제하는 것을 말한다. 따라서 단순한 권고, 의견제시 또는 항의는 간섭이 되지 않는다. 그런데 현실의 국제사회에서는 간섭 및 불간섭의 한계를 정하기란 매우 어렵다. 다시 말해서, 국제사회가 긴밀해짐에 따라 관계맺음이 더욱 넓어지고 활발해지고 있는데 거기서 허용되는 간섭과 허용되지 않는 간섭을 구별하기란 쉽지 않다. 그럼에도 직·간접적인 무력간섭(direct and indirect armed intervention)뿐만 아니라 정치적·경제적 간섭을 포함한 '기타 모든 유형의 개입 또는 위협의 시도'(all other forms of interference or attempted threats), 즉 무력의 위협 또는 사용을 동반하지 아니하는 강제적 간섭(coercive, non-armed intervention)이 금지된다는 것은 명백하다.

국제사법재판소(ICJ)는 1986년 니카라과 사건에서 "재정 지원, 훈련, 무기제공, 첩보 그리고 병참지원을 통하여 니카라과 내 콘트라 반군의 군사적·준군사적 활동에 대하여 부여한 미국의 지원은 불간섭의 원칙의 명백한 위반에 해당한다"고 판결하였다. 그러나 미국이 니카라과에 대한 경제 원조를 중단한 것은 불간섭원칙을 위반한 것으로 볼 수 없다고 판결하였다.

한편, 국제연합헌장은 예외적으로 다른 국가의 국내문제에 대하여 국제연합이 간섭할 수 있는 경우, 즉 국내문제에 해당하는 사항이라도 그것이 국제평화와 안전을 파괴하거나 위협하는 경우 국제연합의 강제조치가 적용될 수 있다고 규정하고 있다(유엔헌장 제2조 제7항 단서).

최근에는 인도적 간섭(humanitarian intervention)의 합법성에 대한 논란이 제기되고 있다.

4. 국가관할권

(1) 의 의

국가관할권(national jurisdiction)이란 국가가 사람(人), 물건, 사항(行爲)에 대해 행사할 수 있는 권한의 총체를 말한다. 즉 국제법상 한 국가가 자국의 국내법을 통하여 자국의 국민과 재산 등의 일정한 행위와 사실에 대하여 통치할 수 있는 법적 기초를 의미하는 표현이다. 국가관할권의 기초는 국가주권에 있고, 각국은 국가주권에 기초하여 자국의 영역 내에 있는 사람, 물건, 사항(행위)에 대하여 관할권을 행사하며, 경우에 따라서는 자국 영역 외에서도 관할권을 행사하며 심지어는 외국에 있는 사람, 물건에 대하여까지 그 관할권을 행사하기도 한다.

(2) 국가관할권의 종류

국가관할권은 입법관할권과 집행관할권으로 나눌 수 있다. 입법관할권이란 법을 제정할 수 있는 권한을 의미하며, 법규 제정 관할권이라 할 수 있다. 국가는 그 입법의 내용이 국제법상의 기본이념과 정신에 반하지 않는 한 어떠한 문제에 대해서도 입법할 수 있는 권한을 가진다. 집행관할권은 입법관할권의 행사에 따라 제정된 법규범의 이행을 위하여 행사되는 국가의 강제성 있는 행위를 의미한다(행정관할권과 재판관할권이 이에 해당). 역외적 입법관할권은 역외 입법 자체만으로는 국가분쟁이 야기될 가능성은 희박하지만 역외 집행관할권은 영토적 제약이 강하기 때문에 다른 국가와 충돌 가능성이 존재한다.

(3) 국가관할권의 이론적 기초

1) 속지주의

속지주의(영역주의, territorial principle)란 행위자가 내국인이냐 외국인이냐를 불문하고 '한 국가의 영토내에서' 발생한 범죄에 대해서 당해 영토국가의 관할권을 행사할 수 있다는 원칙을 말한다. 속지주의는 가장 기본적인 관할권 결정의 준칙으로서 자국영역을 기준으로 관할권을 결정한다는 의미에서 영역주의라고도 하며 국가의 영토주권(territorial sovereignty)으로부터 당연히 도출된다. 또한 속지주의를 확장하여 자국 영역밖에 있는 자기 국적의 선박 및 항공기 내부에서 행해진 행위와 사실에 대해서도 자국영역 내에서 행해진 것으로 간주한다. 객관적 속지주의가 변형·확대된 효과이론(effects doctrine)은 외국기업에 의해 외국에서 완료된 행위라고 할지라도 행위 결과로부터 파생되는 효과(영향)가 미국에 직접적이고 실질적으로 영향을 미친 경우에는 미국의 독점금지법이 적용된다는 주장이다.

2) 속인주의

속인주의(국적주의, nationality principle)란 행위가 실행된 영역이 자국영역내이냐 밖이냐를 불문하고 행위자의 국적이 자국민인 경우 관할권을 행사할 수 있다는 원칙이다. 속인주의는 국적주의라고도 하며 국가의 대인주권(personal sovereignty)으로부터 도출된다. 보통 대륙법계 국가는 속인주의를 원칙으로 하며 속지주의를 보충적으로 적용하고 있으며, 이에 비하여 영미법계 국가는 속지주의를 원칙으로 채택하고 속인주의를 보충적으로 적용하여 두 가지 원칙을 병용하고 있다.

3) 수동적 속인주의

수동적 속인주의(passive personality principle)란 외국인이 자국영역 밖에서 행한 행위에 의하여 피해를 입은 자가 자국의 국민이거나 법인인 경우에 관할권을 행사할 수 있다는 원칙이다.

4) 보호주의

보호주의(protective principle)란 행위자의 국적 및 행위 장소의 여하를 불문하고 당해 행위에 의하여 국가이익, 즉 국가안보(national security) 또는 사활적 경제이익(vital economic interests)을 침해당한 국가가 관할권을 행사할 수 있다는 원칙이다. 이 원칙이 적용되는 경우는 국가의 정치적 기본질서를 해하는 행위 및 경제적 기본질서를 해하는 행위라고 할 수 있다.

5) 보편주의

보편주의(universality principle)란 국제공동체의 이익을 해하는 범죄행위에 대하여 그 행위자의 신병을 억류·체포한 모든 국가에 기소·처벌의 관할권을 부여하는 원칙이다. 보편적 관할권 또는 세계주의라고도 한다. 이와 같은 보편적 관할권은 국제공동체 전체에 대한 위협이 되는 중대한 범죄 또는 '국제법하의 범죄'(crimes under international law)에 대하여 인정되고 있다.

Ⅱ. 국제기구

여러 국가들이 일정한 공동의 목적을 위해 조약에 의해 설립된 조직인 국제기구(국제조직 또는 국제단체)는 국제법인격을 가진다. 국제기구는 회원국들과는 별개의 법인격을 가지며 그 목적 내에서 국제법의 주체성을 인정받는다. 다만 국가와는 달리 해당 국제기구의 목적과 임무의 범위 내에서 법인격을 향유한다. 보통 국제기구(international organization, Inter-Governmental Organization)는 설립헌장(constituent charter)에 근거하여 설립된다. 어떤 국제기구가 법인격을 가지는가는 1차적으로 설립헌장에 의하여 판단한다. 예를 들면, 세계무역기구(WTO)는 법인격을 향유하는데 WTO설립헌장 제8조 제1항에 "WTO shall have legal personality … "라는 규정이 있다. 물론 이러한 명시적 규정이 없다고 해서 법인격이 부인되는 것은 아니다. 설립헌장에 독자적인 법인격에 관한 명시적 규정이 없는 경우에는 해당 국제기구의 목적, 임무, 권한 등을 기준으로 판단할 수밖에 없다. 유엔헌장에도 법인격 여부에 관한 명시적 규정은 없으나 국제연합헌장 제104조에 "회원국 영토 내에서 법적 능력을 향유한다"라는 규정과 함께 국제연합의 목적과 임무 및 권한에 비추어 판단할 때 국제법상 법인격을 가진다고 해석할 수 있다. 국제사법재판소는 1949년 국제기구의 법인격 인정여부와 관련하여 '유엔 근무 중 입은 손해에 대한 배상'(Reparation for Injuries Suffered in the Service of UN)에 관한 권고적 의견(advisory opinion(1949))에서 국제연합의 객관적 법인격을 인정하였다. 일반적으로 국제기구는 조약체결권, 제소권 및 손해배상청구권을 가지며 그 대표는 특권과 면제를 향유하는데, 국제연합도 조약체결권(국제연합헌장 제43조), 특권과 면제(제105조), 제소권 및 손해배상청구권을 가진다. 또한 국제연합의 특권과 면제에 관한 협약을 보면 "국제연합은 법인격을 가지며, ① 조약체결, ② 동산과 부동산의 취득 및 처분, ③ 소송을 제기할 수 있는 능력을 갖는다"라고 규정하고 있다(동 협약 제1조).

국제사회의 다양한 분야에 걸쳐서 많은 종류가 있으나 다음에서는 가장 대표적인 국제기구인 국제연합에 대해서만 살펴본다.

1. 국제연합의 성립

현대에 있어서 국제기구로 가장 유력한 것은 국제연합이다. 이것이 제1차 대전 후에 설립되어 제2차 대전의 발발로 사실상 붕괴된 국제연맹의 뒤를 이어서 제2차 대전 후에 설립된 것이다.

국제연합은 국제연합헌장에 의거하고 있는데 헌장은 제2차 대전 때의 연합국이었던 미·영·소·중의 4개국이 1944년 8월부터 10월에 걸쳐 덤바르톤 오크스에서 회의를 개최하고 그 초안을 작성한 것이며, 이 초안은 다시 1945년 4월부터 6월까지 열린 전 연합국이 참가한 샌프란시스코회의에서 채택되어 그 후 필요한 비준을 얻어 1945년 10월 24일 효력을 발생하게 되어 국제연합(United Nations)이 창설되었다.

2. 국제연합의 목적과 원칙

국제연합의 목적은 헌장에 다음의 네 가지로 규정되어 있다(전문 및 제1조). 즉 ① 국제평화와 안정의 유지, ② 모든 국가간에 우호관계의 촉진, ③ 경제, 사회, 문화, 인도적 문제에 관한 국제협력, ④ 이상의 공동목적을 달성하기 위하여 국가들의 행동을 조절하는 중심이 되는 것이다. 국제연합의 이상과 같은 목적을 달성하기 위하여 준수해야 할 원칙으로 다음과 같은 것을 천명하고 있다(제2조). 즉 ① 주권평등원칙, ② 헌장에 규정된 의무의 성실한 이행, ③ 분쟁의 평화적 해결원칙, ④ 무력의 위협 또는 사용금지의 원칙, ⑤ 국제연합의 행동에 대한 원조, ⑥ 비회원국의 협력의 확보, ⑦ 국내문제에 대한 불간섭의 원칙 등이다.

3. 국제연합의 기관

국제연합의 주요한 기관으로서는 총회, 안전보장이사회, 경제사회이사회, 신탁통치이사회, 국제사법재판소, 사무국 등이 있다.

(1) 총 회

총회는 형식상 국제연합의 최고기관으로서 모든 회원국으로 구성되며, 각 회원국은 5인까지 대표자를 참여시킬 수 있다. 정기총회는 1년에 한번, 임시총회는 필요에 따라 수시로 개최될 수 있다. 총회는 헌장의 범위 내에서 널리 제반사항을 토의하여 그 결과를 각 가맹국 또는 안전보장이사회에 권고할 수 있다. 회원국은 각 1개의 투표권을 가지며, 원칙적으로 의결은 출석하여 투표하는 회원국의 과반수에 의하며, 중요한 문제는 출석하여 투표하는 회원국의 3분의 2의 다수로 의결한다. 총회결의는 원칙적으로 법적 구속력이 없다.

(2) 안전보장이사회

안전보장이사회는 실질상 가장 중요한 기관으로서 15개 회원국으로 구성된다. 그 중 5개국은 상임이사국(미·영·프·러·중)이고 나머지 10개국은 비상임이사국이다. 상임이사국은 항상 대표를 낼 수 있으나 비상임이사국은 2년의 임기로 총회에서 선출된다. 안전보장이사회는 국제평화와 안전의 유지에 위한 제1차적 책임(primary responsibility)을 지고 이러한 책임을 이행하기 위하여 회원국들을 대표하여 행동한다. 따라서 각 연합국은 안전보장이사회의 결정을 승인하고 실시하여야 한다. 안전보장이사회의 의결은 절차상의 문제에 관하여는 9개국의 찬성투표로 성립되고 기타 모든 문제에 관하여는 상임 이사국의 동의투표를 포함한 9개국의 찬성투표로 성립된다. 따라서 상임이사국은 그의 반대투표로서 안전보장이사회의 의결을 성립하지 못하게 할 수 있는 권한, 즉 거부권을 가진다. 그러나 분쟁의 평화적 해결에 관한 문제의 결의에 있어서는 분쟁당사국이 상임이사국인 경우에는 투표권이 없다.

(3) 경제사회이사회

경제사회이사회는 총회 밑에서 경제·사회·문화·교육·보건·인도적 성질의 국제문제를 처리하는 기관이다. 54개 이사국으로 구성되며 임기는 3년이고 매년 18개국이 개선된다. 의결은 출석하여 투표하는 이사국의 과반수로 성립한다.

(4) 신탁통치이사회

신탁통치이사회는 총회 밑에서 신탁통치에 관한 문제를 처리하는 기관이다. 신탁통치이사회는 ① 신탁통치국, ② 안전보장이사회의 상임이사국으로서 신탁통치국이 아닌 국가, ③ 총회에서 임기 3년으로 선출된 국가 등의 대표자로 구성된다. 의결은 출석하여 투표하는 이사국의 과반수로 성립한다. 마지막으로 남아 있던 신탁통치지역인 팔라우가 1994년 10월 1일 독립함으로써 신탁통치이사회도 같은 해 11월 1일부터 업무를 정지하였다.

(5) 국제사법재판소

국제사법재판소(International Court of Justice, ICJ)는 국제연합의 주요한 사법기관으로서 다른 기관과 달라 자치적 지위를 가진다. 그 구성, 권한, 절차 등에 관하여는 헌장과는 별도로 '국제사법재판소 규정'(ICJ Statute)에서 이를 규정하고 있으며 모든 연합국이 이 규정의 당사국이 된다. 재판소의 판결은 재판의 당사자가 된 회원국을 구속하며 그 판결에 복종하지 않는 국가가 있을 때에는 타방 당사국의 제소에 의하여 안전보장이사회가 판결집행을 위하여 권고하거나 취할 조치를 결정할 수 있다. 재판소는 헤이그에 있다,

(6) 사무국

사무국은 국제연합의 전 조직에 걸친 사무를 담당하는 기관이며 1명의 사무총장과 필요한 직원으로 구성된다. 사무총장은 총회에서 과반수의 찬성으로 임명되고 직원은 사무총장이 임명한다. 사무국은 뉴욕에 있다.

Ⅲ. 개 인

개인(Individuals)이 국제법의 주체냐 아니냐에 관하여 종래의 통설은 부정적이었다. 그 이유는 국제법은 국가 상호간의 관계를 규율하는 것이며 따라서 국제법상의 권리와 의무는 국가만이 갖고 개인에 대하여는 직접 규정하지 않는다는 것이다. 이렇듯이 19세기까지 국제법은 개인을 국내법에서 동물을 취급하듯이 다루었다. 그러나 오늘날 개인의 국제적 지위가 향상되고 새롭게 인식됨에 따라 국제법은 개인의 권리의무에 대하여도 규정하게 되어 개인도 국제법상의 주체성을 제한적으로 인정하게 되었다.

개인이 국제법상의 권리·의무로서 주요한 것은 다음과 같다. 개인이 국제법상 가지는 권리로는 국제인권조약에 의해 인정되는 인권, 조약에 의하여 입국·거주·통상·영업을 할 수 있는 권리 등이 있다. 특히 현대 국제법에서는 개인의 인권을 국제법 차원에서 보장하려는 움직임이 활발하고 많은 발전이 있었다. 국제법이 개인에게 부과하는 의무에는 해적행위를 하지 않은 의무, 집단학살의 금지의무, 노예매매·마약거래 금지의무, 전쟁법규 및 중립법규를 준수할 의무, 침략전쟁의 금지의무, 조약상 의무의 준수의무 등이 있다. 제2차 세계대전 후 국제평화와 질서를 파괴한 사태에 관련이 있는 개인에게도 직접 책임을 묻기 시작했는데 오늘날 개인에게 부과된 특정한 의무를 위반한 경우(집단학살, 반인도적 범죄, 전쟁범죄, 침략행위)에 이를 국제범죄로 처벌할 수 있는데, 이러한 개인에 대해 국제형사재판소(ICC)에서 소추·처벌한다.

제3절 외교사절과 영사

I. 외교사절

1. 외교사절의 의의 및 종류

국가의 일상적인 외교활동은 외교사절을 통하여 이루어진다. 외교사절은 국가를 대표하여 외교업무를 수행하기 위하여 다른 나라에 파견되는 국가의 기관이다. 외교사절에는 상주외교사절과 임시외교사절이 있는데, 임시외교사절은 특정사항에 관한 외교교섭을 하거나 국제회의에 참석하기 위하여 임시로 파견되는 사절이다.

외교사절제도는 국제법의 역사에서 가장 오래 된 것으로 오랜 동안 관습법으로 발달되어 오다가 1961년 '외교사절에 관한 비엔나협약'이 체결되어 외교사절 분야에 적용되고 있다. 이 협약은 외교사절의 계급을 대사, 공사 및 대리공사의 3종류로 구분하고 있다. 이러한 계급은 서열과 예의에 불과하며 그 직무와 특권에 있어서는 차이가 없다. 외교사절 간의 서열은 1차적으로 계급에 의하여 결정되고, 동일 계급 간에는 직무개시일 순으로 정해진다. 어느 계급의 사절을 파견하느냐는 파견국과 접수국의 합의에 의하여 정해진다. 그리고 외교사절은 원칙적으로 파견국의 국민이어야 하지만 접수국의 동의를 얻어 제3국 사람이나 접수국 국민을 임명할 수도 있다.

2. 외교사절의 파견과 접수

외교사절을 파견하거나 접수할 수 있는 실체는 원칙적으로 독립국가이다. 파견과 접수는 파견국과 접수국의 합의에 의하여 이루어진다. 누구를 외교사절로 임명하느냐는 파견국이 임의로 결정하는데 실제에 있어서는 파견 전에 접수국에게 그 사람에 대한 이의의 유무를 묻는 것이 보통이다. 이때 접수국이 이의가 없는 의사표시를 하는 것을 '아그레망을 수여한다'고 한다. 아그레망의 거부는 비우호적 행위가 아니며, 그 이유를 제시할 필요도 없다. 파견국은 접수국으로부터 아그레망을 수여한 자를 사절로 임명하고 신임장을 교부하여 접수국에 파견한다. 그 신임장이 접수국의 국가원수에게 제정(提呈)되는 때 외교사절의 자격으로 직무를 시작한다.

3. 외교사절의 직무

외교사절의 주요한 직무는 다음과 같다. 첫째, 접수국에서 본국(파견국)을 '외교적으로' 대표한다. 둘째, 접수국에서 본국과 본국 국민의 이익을 보호한다. 셋째, 본국을 대표하여 접수국 정부와 교섭한다. 넷째, 합법적 수단에 의하여 접수국의 정치·경제·군사·여론 기타 본국의 이해에 관계되는 사항을 관찰하여 본국에 보고한다. 다섯째, 본국과 접수국 간의 우호관계 증진 및 경제·문화·과학 관계의 발전을 도모한다.

4. 외교사절의 특권과 면제

외교사절에게는 오래전부터 접수국에서 일정한 특권과 면제(privilege and immunity)를 부여하였다. 이러한 특권과 면제를 인정하는 이유는 무엇인가? 외교사절은 국가의 대표자로서의 위엄을 가지고 있기도 하지만 본질적으로는 그 직무를 효율적으로 수행할 수 있도록 하기 위하여 접수국에서 특권과 면제를 인정하는 것이다. 이와 같이 특권과 면제는 개인의 이익을 보호하기 위한 개인의 권리가 아니라 파견국의 권리이다. 특권과 면제의 구체적 내용을 살펴보면 다음과 같다.

외교사절 및 외교공관은 3가지 불가침권을 향유한다. 첫째, 외교관은 신체·명예의 불가침권을 가진다. 외교관은 어떠한 형태의 체포 또는 구금도 당하지 아니하며, 접수국은 외교관의 신체·자유·품위가 침해되지 않도록 적절한 조치를 취해야 한다. 둘째, 외교공관은 불가침권을 가진다. 공관지역이란 공관장의 주거지를 포함하여 공관의 목적으로 사용되는 건물과 부속토지를 말한다. 접수국 관헌은 공관장의 동의 없이는 공관지역에 들어갈 수 없다. 이러한 외교공관의 불가침으로 인해 공관의 비호권(Asylum) 인정 여부와 관련하여 논란이 되고 있다. 외교관계에 관한 비엔나협약에는 이에 관하여 규정이 없고 국제관습법상으로는 외교공관의 비호권을 인정하고 있지 않다. 다만 국제사회의 관행을 보면 정치적 비호를 구하는 자에 대해서 인도적 관행으로 일시적인 보호는 허용되는 것으로 보인다. 셋째, 공문서 및 통신의 불가침권이다. 여기서 문서란 모든 형태의 정보 저장장치를 의미하며, 전자정보 저장장치, 사진, 필름, 녹음 등도 포함한다. 파견국과 외교공관의 자유롭고 안전한 통신은 효율적인 외교업무 수행을 위해서 필수적이다. 이러한 통신의 불가침권도 인정된다. 외교관은 본국과의 연락에서 보안을 위하여 외교행랑(diplomatic pouch or bag)을 사용하는데, 이러한 외교행낭은 개봉(open)하거나 유치(detain)할 수 없다.

또한 외교관은 접수국의 영토 내에 있으면서 원칙적으로 접수국의 재판권, 경찰권, 과세권에서 면제된다. 구체적으로 살펴보면, 외교관은 접수국의 형사재판관할권으로부터 절대적으로 면제되며, 민사·행정재판관할권의 '원칙적으로' 면제된다. 또한 강제집행의 면제, 증인으로서 증언면제, 조세의 면제(다만, 제공된 역무에 대한 대가(예: 수도·전기요금)는 지불해야 하며, 간접세, 개인소유의 부동산에 대한 과세, 상속세, 접수국 내의 상업상 투자에 대한 자본세 등은 면제되지 않는다), 관세의 면제, 사회보장규정으로부터의 면제, 인적·공적 역무의 면제 등을 향유한다. 그리고 외교관은 거주이전·여행의 자유, 통신의 자유, 종교의 자유를 향유한다. 이러한 특권과 면제는 외교관뿐만 아니라 '외교관의 세대를 구성하는 가족'에게도 '접수국의 국민이 아닌 한' 외교관과 동일하게 인정된다.

특권과 면제를 향유하는 기간은 외교사절이 접수국의 영역에 들어간 때부터 그 임무가 종료된 후 상당한 기간 내에 접수국을 퇴거할 때까지이다. 외교사절의 임무가 종료되는 것은 사절이 파견국의 명령에 의하여 소환된 경우, 접수국이 사절에 대하여 퇴거를 요구한 경우, 사절이 자발적으로 퇴거하는 경우 및 파견국 또는 접수국의 원수가 변경되는 경우 등이다.

외교관은 이러한 특권과 면제를 누리는 대신 접수국의 국내법을 준수할 의무가 있으며, 접수국의 국내문제 간섭하지 아니할 의무가 있다.

Ⅱ. 영 사

1. 영사제도의 의의와 종류

영사제도는 외교사절제도보다 더 오랜 역사를 가지고 있다. 영사는 파견국(본국)을 외교적으로 대표하지 않으며 주로 접수국에서 본국의 경제·통상을 촉진하고 자국민을 보호하며, 여권과 입국사증을 처리하고, 혼인·상속 등 주로 사법행정을 처리하는 사이나. 영사에 관한 내용은 과거 국제관습법의 형태로 존재하였으나 지금은 1963년 '영사관계에 관한 비엔나협약'이 적용된다. 영사에는 전임영사와 명예영사가 있다. 전임영사는 영사의 사무를 그 본무로 하고 본국으로부터 파견되어 전적으로 영사의 사무에만 종사하여 자를 말한다. 이에 비하여 명예영사는 접수국의 거주자 중에서 선임되어 영사의 사무를 위임받고 상업이나 기타 영업에도 종사 할 수 있으며 봉급이 아닌 수수료를 받는다. 영사의 계급은 총영사·영사·부영사·영사대리의 4종류가 있다. 영사 간의 서열은 1차적으로 계급 순이며, 동일한 계급 간에는 영사인가장을 발급받은 순서에 따른다.

2. 영사의 파견과 접수

영사를 파견·접수할 수 있는 실체는 원칙적으로 독립국가이며, 파견·접수는 당사국 간의 합의에 의한다. 외교관계가 수립되면 달리 의사표시가 없는 한 영사관계의 수립이 수반된다. 반면 외교관계의 단절은 자동적인 영사관계의 단절을 의미하지는 않는다. 외교공관은 접수국에 1개소만 설치되지만 영사공관은 접수국의 여러 곳에 절치될 수 있다. 영사의 파견에 있어서는 외교사절의 파견에 있어서와 같이 접수국의 아그레망을 구할 필요가 없으며 따라서 파견국의 신임장을 필요로 하지 않으며, 대신 파견국의 영사인가장이 교부된 때에 영사가 정식으로 접수된 것이며 이때부터 영사는 그 자격으로서 직무를 개시한다.

3. 영사의 직무

영사의 직무는 비정치적이고, 주로 사법적(私法的) 이해관계와 관련된 행정지원업무이다. 영사의 주요한 직무는 통상과 항해에 관한 사항으로서 접수국 내에서 파견국 및 자국민의 이익을 보호하고, 파견국과 본국의 이해에 관계되는 접수국 사정을 관찰하여 이를 본국에 보고하며, 자국민에 대한 여권 발급 및 타국민에 대한 입국사증을 발급하며, 공증 및 민사업무를 수행하며, 자국민과 관련된 상속업무를 처리한다. 또한 송달, 증거조사 등과 같은 자국 법원을 위한 사법적(司法的) 업무를 수행하고 자국 선박·항공기 및 그 승무원에 대한 감독 및 지원 업무를 수행한다.

4. 영사의 특권과 면제

영사, 영사공관, 영사문서와 서류는 불가침권을 향유한다. 영사의 신체는 불가침이며, 영사공관의 불가침도 인정하고 있을 뿐만 아니라 영사 공문서도 불가침이다. 그리고 영사도 원칙적으로 접수국의 재판권과 경찰권에 속하지만, 전임영사는 일정한 경우 체포 또는 처벌되지 않는다고 인정하고 원칙적으로 과세권으로부터 면제된다. 다만 영사의제는 외교사절의 특권과 면제에 비해 제한적이다. 첫째, 영사의 민·형사재판관할권의 면제는 공적 행위 중에서도 '영사직무'에 대해서만 인정된다. 둘째, 파견국의 대리인으로서 체결한 것이 아닌 계약으로부터 제기되는 민사소송, 접수국 내에서 차량·선박·항공기에 의하여 야기된 사고로부터 발생하는 손해에 대하여 제3자가 제기하는 민사소송은 면제되지 않는다. 셋째, 영사에게는 사법·행정절차과정에서 증인으로 출두하도록 요구할 수 있다. 넷째, 영사가 중대한 범죄를 범하고 권한 있는 사법당국의 결정이 있는 경우 그를 체포하거나 미결구금할 수 있다. 다섯째, 영사의 주거와 개인적 서류는 불가침성이 인정되지 않는다. 여섯째, 영사공관에 대해서는 국방(national defence)이나 공용(public utility)을 위해 수용(收用)이 가능하다.

제 4 절 조약법

1. 조약의 정의

조약은 국제법 주체 간에 국제법규에 따라 일정한 법률효과를 발생시키기 위해 문서로 이루어지는 국제적 합의이다. 조약이란 하나 또는 둘 이상의 관련 문서에 의해 그 특징의 명칭에 관계없이 서면형식으로 국제법 주체 간에 체결되어 국제법에 의해 규율되는 국제적 협의를 말한다(조약법에 관한 비엔나협약 제2조 제1항 a호). 오늘날 조약은 문서로 작성되어야 한다. 조약체결당사자는 원칙적으로 독립국가이나 국제연합과 같은 국제기구도 당사자가 될 수 있다. 국제연합이 조약의 당사자가 되는 경우는 예컨대 신탁통치협정, 강제조치에 관한 특별협정 등을 체결하는 경우이다. 조약에는 여러 가지 명칭을 사용하는데 협약·협정·규정·규약·헌장·의정서 등이 그것이다. 그러나 그 명칭이 어떠하든 위의 조약 정의에 합치하는 국제법상의 주체 간의 합의는 넓은 의미의 조약이며 그 효력에는 치이가 없이 다 같이 당사자를 구속한다. 다만 신사협정(gentlemen's agreement)은 법적 구속력이 없는 단순한 정치적·도덕적 문서이다. 조약의 체결절차, 효력, 종료 등에 관한 내용은 관습법의 형태로 적용되어 왔으나 1969년 조약법에 관한 비엔나협약(Vienna Convention on the Law of Treaties)이 체결되어 국가 간에 체결되는 조약에 적용되는 국제법규로 발효하였고, 이와 별도로 국제기구가 당사자로 체결하는 조약에 적용하기 위하여 1986년에 협약(Vienna Convention on the Law of Treaties between States and International Organizations or between International Organizations)을 채택하였다.

2. 조약의 성립요건

조약이 유효하게 성립하기 위해서는 일정한 요건을 충족하여야 한다. 첫째, 조약당사자가 조약체결의 능력(capacity)이 있어야 한다. 국가나 국제기구는 조약체결 능력이 있으나 개인에게는 인정되지 않는다. 둘째, 조약당사자를 대표하는 조약체결권자는 조약체결을 위한 정당한 권한을 가지고 있어야 한다. 누가 정당한 조약체결권자인지는 국제법에서 정하는 사항이 아니며 각국의 국내법, 특히 헌법에 규정되어 있다. 셋째, 조약체결권자가 임명한 대표(全權代表) 간의 하자 없는 동의(consent)가 이루어져야 한다. 전권대표의 지위에 하자가 있는 경우에는 조약 체결에 하자가 존재하는 것으로 무효이다. 전권대표에게는 조약체결과 관련된 행위를 할 수 있는 권한을 표시한 문서인 전권위임장(full powers)이 요구된다. 넷째, 조약의 내용이 실현가능하고 적법한 것이어야 한다. 조약의 내용이 강행법규(jus cogens)를 위반해서는 아니 된다.

3. 조약의 체결절차

조약은 보통 교섭, 조약문의 채택, 서명, 비준, 비준서의 교환 또는 기탁, 등록, 가입 등의 절차에 의하여 체결된다. 조약본문(adoption of the text)의 채택은 원칙적으로 협상에 참가한 모든 국가의 동의를 필요로 하나 다자조약의 경우 현실적으로 수십 개의 국가가 모두 동의하는 만장일치를 적용하기가 어렵기 때문에 다수결에 의해 채택되는 경향이 있다. 조약법에 관한 비엔나협약은 3분의2의 다수결을 조약 채택의 결정방법으로 규정하고 있다. 서명(signature)이라 함은 당사국의 대표자가 조약문서에 서명함으로써 그 내용을 확정하는 것을 의미한다. 비준을 필요로 하지 않는 조약은 서명에 의하여 확정적으로 성립한다. 어느 조약이 비준을 필요로 하지 않고 서명만으로 성립되는 것인지는 항상 확실한 것은 아니고 당사국의 합의에 의하여 결정한다.

비준(ratification)은 당사국이 조약을 최종적으로 확인하는 것이다. 일반적으로 조약은 비준에 의하여 성립한다. 비준을 필요로 하는 이유는, 첫째로 당사국에게 그 대표자가 권한 내에서 협상하고 합의를 하였는가 아닌가를 심사할 수 있게 하고, 둘째로 조약의 체결이 국내법상으로 의회의 동의를 요하는 것이 보통이므로 그 여유를 당사국에 주는 것이다. 비준여부는 해당 국가의 자유이다. 비준 절차를 보면 비준한 국가는 비준서를 상호교환하거나 일정한 장소에 기탁(deposit)을 한다. 즉 2개국 간의 조약은 비준서가 상호 교환(exchange)되고 다자조약은 비준서가 특정한 곳에 기탁된다. 기탁 장소는 당사국 간에 합의한 특정국가의 외무부나 국제기구 사무국인 경우가 보통이다.

등록(registration)은 국제연맹에서 처음으로 시작된 제도이며 국제연합에서도 이를 채택하고 있다. 국제연맹 당시에 등록의 조약의 효력발생 요건이었지만, 현재 국제연합 체제 하에서는 회원국이 체결한 모든 조약을 국제연합 사무국에 등록하여 공표하도록 하고 있으며, 당사국은 등록하지 않은 조약의 내용을 국제연합 기관에 대하여 그 내용을 원용할 수 없다(국제연합헌장 제102조).

가입(accession)은 조약이 발효한 이후에 조약문 작성에 참가하지 아니한 제3국이 해당 조약의 당사국이 되는 것을 말한다. 조약에는 2개국 간에 체결된 양자조약과 또는 수개국간에 체결되고 많은 국가에게 당사국이 될 수 있도록 개방되어 있는 다자조약이 있는데 가입에 의하여 새로이 당사국이 될 수 있는 것은 다자조약의 경우이다.

I. 조약의 유보

1. 유보의 정의

유보(reservation)라 함은 그 표현 또는 명칭이야 어떠하든, 조약의 서명, 비준, 수락, 승인 또는 가입시에 국가가 행하는 일방적 선언으로서, 자국에 대하여 조약을 적용함에 있어 특정조항의 적용을 배제하거나 변경할 것을 의도하는 것을 말한다(조약법에 관한 비엔나협약 제2조 제1항(d)).

2. 유보의 절차

유보는 보통 서명 전 또는 서명시에 행하나, 비준·가입시에도 가능하며 반드시 유보 내용을 서면으로 밝혀야 한다. 유보가 상대당사국에게 구속력이 발생하기 위해서는 그 상대국의 동의가 있어야 한다.

3. 유보의 제한

유보는 조약의 통일성을 훼손할 수 있기 때문에 무한정 허용되는 것은 아니다. 다음 3가지 경우에는 유보가 허용되지 않는다. 첫째, 조약에 명시적으로 유보가 금지되어 있는 경우에는 어떤 유보도 허용되지 않는다. 둘째, 조약에 특정의 유보만을 인정하고 있는 경우에 이에 해당하지 않은 조항의 유보는 허용되지 않는다. 셋째, 위의 두 경우에 해당되지 않는 경우 해당 유보가 조약의 대상 및 목적과 양립하지 않는 경우에도 유보가 허용되지 않는다. 국제사법재판소의 Genocide협약의 유보에 관한 권고적 의견(1951)에서도 "해당 유보가 협약의 대상 및 목적과 양립한다면(if the reservation is compatible with the object and purpose of the Convention) 협약의 당사국으로 간주될 수 있다"고 하였다.

4. 유보의 효력

유보는 유보한 조항에 따라 그 조항의 효력을 제한한다(제한적 효력). 또한 유보의 효력은 유보를 행한 당사국과 그에 동의한 당사국 간에만 발생한다(상대적 효력). 유보는 언제든지 철회할 수 있다.

Ⅱ. 조약의 효력

1. 조약당사국에 대한 효력

조약은 당사국에 대하여 효력이 발생한다. 당사국은 국내법을 이유로 조약을 준수할 수 없다고 주장할 수 없다. 다시 말해서 당사국은 조약을 성실히 준수해야 할 의무가 있다(*pact sunt servanda*). 별도의 의사표시가 없는 한 조약은 발효 이후의 당사국의 행위나 사실에 대해서만 적용된다(조약의 불소급 효력). 그리고 원칙적으로 조약은 당사국 영토 전체에 대해 구속력이 있으며 그것을 전체적으로 이행하여야 한다.

2. 정부변경과 조약의 효력

조약은 당사국에 대하여 구속력을 가지는 것이므로 조약의 일방 당사국의 정부 또는 정부형태의 변경이 있는 경우에도 그 조약의 구속력에는 아무런 영향을 미치지 못한다. 그러나 어떤 조약이 본질적으로 일정한 정부형태를 전제로 하고 있을 경우에는 그러한 형태에 있어서의 어떤 정부변경은 그 조약규정을 종료하게 한다.

3. 제3국에 대한 효력

조약은 제3자를 해하지도 이롭게도 하지 않는다. 따라서 조약은 당사국에 대하여서만 효력이 발생하고 당사국이 아닌 제3국에 대하여 원칙적으로 어떠한 권리나 의무를 발생시킬 수 없다. 그러나 예외적으로 다음의 경우에는 제3국에 대하여 효력을 가질 수 있다.

첫째로, 제3국에 대하여 의무나 부담을 지우는 조약의 당사국이 제3국에 통고하고 제3국이 이를 승인한 경우에는 제3국은 그 조약에 규정된 의무나 부담을 진다. 그러나 이러한 의무는 조약 자체에 의해 발생한 것은 아니고 별도의 제3국의 승인행위에 의한 것이다. 제3국에 의무를 부과하는 조약은 서면을 통해 반드시 제3국의 동의가 있어야 한다(제35조). 그래서 이러한 의무에 위반하는 행위를 하는 제3국은 그 위법행위에 대해 국가책임이 있다.

둘째로, 조약의 체결이 제3국에 우연히 이익을 주게 되거나 또는 제3국에 어떤 권리를 부여하는 경우에 그 제3국이 반대하지 아니하는 한 그러한 이익이나 권리가 제3국에게 부여된다. 예컨대 제2차 대전 승전국인 연합국과 패전국인 일본과 체결된 1951년의 대일평화조약에 규정된 '한국의 수익조항'(제2, 4, 9, 21조)은 한국이 당사국이 아님에도 그 해당 조항에서 규정한 내용이 한국에게 이익 또는 권리를 부여한 것이라 볼 수 있다. 최혜국대우조항(most favored nation clause: MFN조항)도 제3국에 권리를 부여하는 내용을 담고 있다.

Ⅲ. 조약의 무효

조약의 무효(invalidity of treaty)라 함은 외견상 조약 체결절차가 완료된 것처럼 보이기는 하지만 조약체결의 기초가 되는 국가의 동의에 중대한 하자가 있는 경우 그 법적 효력이 부인됨을 의미한다(조약법에 관한 비엔나협약 제69조 제1항). 조약법에 관한 비엔나협약은 조약체결권한에 관한 국내법규정의 위반, 국가동의의 표시권한에 제한이 있는 경우에 그 제한의 위반, 착오, 기만(사기), 국가대표의 부정, 국가대표에 대한 강박, 국가 자체에 대한 강박, 국제강행법규의 위반 등을 무효사유로 규정하고 있다.

Ⅳ. 조약의 종료

조약의 종료(termination)는 일단 하자 없이 발효한 조약이 그 후 특별한 사정의 개입으로 그 효력을 상실하는 것을 말한다. 조약이 적법하게 종료되면, 조약에서 달리 규정하거나 그 당사자들이 달리 합의하지 않는 한, 모든 당사국은 이제부터 그 조약을 이행할 의무로부터 벗어나게 되지만, 조약의 종료 이전에 이미 그 조약의 시행을 통하여 생긴 당사국의 권리, 의무 또는 법적 상황은 조약의 종료로 인하여 영향을 받지 아니한다. 조약의 종료는 조약규정에 의한 경우, 당사국의 합의에 의한 경우, 당사국의 합의에 의하지 않은 경우 등으로 구분할 수 있다. 실제 대다수 조약은 그 종료를 명시적으로 규정하고 있다. 즉 조약에 유효기간이 정해진 경우에는 그 기간의 만료와 동시에 그 조약은 종료한다. 그리고 조약의 종료는 모든 당사국의 동의가 있으면 언제든지 발생할 수 있다.

또한 당사국이 구조약과 내용상 서로 모순되는 신조약을 체결할 때에는 폐기의사를 명백히 하지 않아도 구조약은 종료하며 그리고 일정한 해제조건부 조약은 해제조건의 성취와 더불어 종료하며 모든 당사국의 합의로 폐지할 때에는 조약은 소멸한다.

일방 당사국의 의무불이행에 대하여 타방 당사국이 일방적으로 폐기함으로써 조약의 효력을 상실시킬 수 있다. 그리고 당사국이 조약체결시에 예측하지 못하였고, 예측하였더라면 조약을 체결하지 않았으리라고 추정되는 사실의 존재하는 경우 사정변경의 원칙에 따라 당사국 일방이 조약을 폐기하여 조약의 효력을 상실케 할 수 있다.

2개국 간의 조약에서 당사국의 일방 또는 쌍방이 소멸하거나, 다자조약에서 당사국의 전부가 소멸하거나 또는 일부만 남고 나머지가 소멸하면 그 조약은 종료한다. 그리고 조약의 이행에 불가결한 객체가 영구적으로 소멸 또는 파괴되어 조약의 이행이 불가능한 경우, 이를 조약의 종료 사유로 원용할 수 있다.

제 5 절 국가책임

1. 국가책임의 성립요건

국가책임(state responsibility)이란 국제법 위반에 대한 법적 비난(법적 결과)을 말한다. 국제연합 국제법위원회(ILC)는 2001년 12월 제53차 회기에서의 '국제위법행위에 대한 국가책임에 관한 협약초안'(Draft Articles on the Responsibility of States for Internationally Wrongful Acts)을 최종적으로 채택하였다. 이 초안은 그 동안의 국가책임과 관련한 국제관습법을 대체로 반영하고 있으며 가장 정합성을 갖추고 있기 때문에 여기서는 이 초안의 내용을 중심으로 설명하겠다.

국가책임이 발생하는 기본적인 상황은 '국가의 모든 국제위법행위'(every internationally wrongful act of a State)이다. 동 초안은 국가책임의 성립요소로 '행위의 국가귀속'과 '국제의무의 위반'로 규정하고 있다. 즉 국가의 국제위법행위는 해당 행위(작위와 부작위 포함)가 국가의 행위이어야 하고, 그 행위가 국제의무를 위반한 것이어야 한다.

국가의 행위로 귀속되는 행위는 모든 국가기관, 지방자치단체기관, 공권력을 위임받은 기관 등의 행위이며, 이러한 행위가 직무상의 행위이어야 한다. 직무상의 행위에 해당하면 그 행위가 권한 밖의 행위(월권행위)도 국가행위로 귀속된다. 그리고 원칙적으로 사인의 행위는 국가로 귀속되지 않는다. 그러나 침해행위에 대해 사전에 '상당한 주의'(due diligence)로 방지하지 않았거나 사후에 적절한 '국내적 구제'(local remedies)를 취하지 않은 경우 국가책임이 발생한다.

국제의무의 위반은 국제법의 위반을 포함하여 국가의 일방적 약속에 의해 부담한 의무의 위반도 포함한다.

2. 위법성조각사유

국가책임이 면제되는 위법성조각사유(circumstance precluding wrongfulness)에

는 피해국의 동의(consent), 타국의 국제위법행위에 대한 대응조치(countermeasures), 불가항력과 우발적 사태(*force majeure* and fortuitous event)에 기초한 행위, 조난(distress), 긴급피난상태(state of necessity), 자위(self-defence) 등이 있다.

3. 국가책임의 이행방법

국가책임을 이행하는 방법으로는 위법행위가 발생하기 이전의 상태로 회복시키는 원상회복(restitution)이 원칙이고, 원상회복이 불가능한 경우에는 금전배상(compensation)이 이루어진다. 이외에도 민족(satisfaction, non-monetary compensation), 공식적 사과(formal apology), 관계자의 처벌, 장래에 대한 보장, 위법행위의 취소 또는 무효 선언 등이 있다.

제6절 국가영역

1. 의 의

국가영역이란 국가가 배타적이며 자유로운 지배권을 행사할 수 있는 영역을 말하며, 이와 같은 국가의 권능을 영역권 또는 관할권이라 한다. 국가는 자국 영역에 배타적 지배권(영역권)을 보유하고 있는데, 영역 자체에 대한 지배권(영역주권)과 영역 내의 인민에 대한 지배권(통치권)을 가지고 있음을 의미한다. 국가가 영역자체에 대해 지배권을 가진다는 것은 국가가 자국 영역을 자유로이 사용, 수익, 처분할 수 있다는 것을 말하며, 영역 내에 지배권을 행사한다는 것은 자국 영역 내의 국민뿐만 아니라 외국인에 대해서도 지배권을 행사할 수 있다는 것이다.

2. 국가영역의 구성

국가영역은 영토, 영수 영공으로 구성된다. 영토(land territory)란 육지(land)와 도서(island)로 이루어지고, 영수(territorial waters)는 내수(internal waters), 군도수역(archipelagic waters), 영해(territorial sea), 해협(strait)을 포함한다. 내수에는 호수, 하천, 운하, 항구, 만, 내해 등이 있다. 영공(territorial air space)은 영토와 영해의 상공을 말한다.

3. 영 토

영토는 국가영역 중 가장 기본적인 영역이다. 즉 영토를 기준으로 영해가 정해지고 영토와 영해를 기준으로 영공이 정해진다. 영토는 국가영역권이 가장 강하게 적용되는 지역이다. 국가영토의 한계는 국경선에 의해서 정해진다. 국경선(national boundary)은 국가간의 합의(국경조약, 평화조약)를 통해 결정된다. 하천이 국경선인 경우 그에 대한 당사국간의 명시적 합의가 없을 때에는 가항 수로의 중앙(center of navigable channel)을 국경선으로 한다. 이를 Thalweg원칙이라 한다. 산맥이 국경선인 경우에는 분수령(watershed)이 그 선이 된다.

4. 국가영역의 취득

과거에 국제법의 아버지라 불리는 Grotius는 사유재산의 취득에 관한 로마법상의 원칙을 국가의 영역 취득에 원용하였다. 그중 일부는 국제법 원칙의 변화로 인해 더 이상 적용할 수 없게 되었다.

(1) 선 점

선점(occupation)이란 주인 없는 땅에 대하여 선점의 의사(영유의 의사)를 가지고 실효적으로 지배(주권의 행사)하는 경우에 국가의 영역권이 발생한다는 것이다. 위의 2가지 요건 이외에 이해관계국에 대한 통고가 필요하다는 주장도 있다. 선점의 대상은 무주지(無主地)인데, 현행 국제법상 극지(남극과 북극)는 선점의 대상이 되지 않기 때문에 오늘날 현실적으로 선점의 대상은 더 이상 존재하지 않는다.

(2) 할 양

할양(cession)이란 국가간의 합의, 즉 양도국과 양수국간 합의를 통해 영토 일부를 이전하는 것을 말한다. 과거에 주로 전쟁이 끝나고 승전국이 패전국에 대하여 전리품으로 할양이 이루어졌다.

(3) 병 합

병합(annexation)이란 국가간 합의를 통하여 영토 전부를 이전하는 것을 말한다.

(4) 정 복

정복(conqust)이란 일방적 의사(보통 전쟁에 의해)에 의한 타국의 영토를 취득하는 것을 말한다. 과거 정복이 이루어지기 위해서는 피정복국이 영역 전부의 점령하고 그에 대해 실효적·확정적 점령이 이루어지고 피정복국 영역에 대한 병합의사표시가 존재하여야 했다. 그러나 오늘날 현행 국제법상 전쟁은 불법이기 때문에 정복은 위법한 영역취득이므로 무효이다.

(5) 첨 부

첨부(accretion)란 인공적 행위 또는 자연적 사실에 의해 국가영역을 확장하는 것이다. 간척지 매립은 인공적 행위에 해당하고, 삼각주 형성은 자연적 사실에 의한 영토의 확장이라 볼 수 있다.

(6) 시 효

시효(acquisitive prescription)란 주인 국가가 있는 영토에 대해 오랫동안 평온하게 영유의 의사를 가지고 실효적 지배를 해 온 경우에 영역권을 인정하게 되는 것을 말한다. 시효의 요건은 선점의 요건과 동일하나 선점에 비하여 실효적 지배가 '오랜 기간' 요구된다는 점과 시효의 대상은 무주지가 아니라 주인국가가 있는 지역이라는 점이 다르다. 시효에 의해서 영역을 상실하지 않기 위해서는 시효의 완성을 차단해야 하는데, 시효를 차단하는 방법으로는 외교적 항의나 국제사법재판소 또는 국제연합에 해당 문제를 제기하는 것을 생각해 볼 수 있다.

제 7 절 해양법

I. 영해에 대한 이해

영해(territorial sea)란 연안국의 해안에 인접한 해양으로 연안국의 주권이 미치는 일정한 범위의 바다를 말한다. 영해는 국가의 영유권이 행사되는 소위 연안해이다. 국가영역은 영토, 영수, 영공으로 구성되어 있는데, 물로 이루어진 국가영역인 영수는 내수와 영해로 나뉜다. 내수(internal waters)는 영토 내의 수역 및 영해의 기선으로부터 육지 쪽에 있는 수역을 말한다. 호수(lake), 하천(river), 항구(port), 만(bay) 등이 내수에 해당된다. 이러한 내수에 대한 연안국의 주권은 영토에 대한 국가주권과 동일하며 영해의 경우보다 훨씬 배타적이다. 그러나 고대로부터 바다는 공기처럼 만인에게 자유라는 관념이 적용되었고, 이로부터 바다는 만민의 공유이므로 누구든지 자유로이 항행할 수 있다고 생각하였다. 즉, 바다는 모든 국가의 모든 선박의 항해에 개방되어 있는 수역이라는 관념이 적용되었다. 이러한 역사적 사실이 영해가 국가영역이라는 국제법규가 확립되었음에도 영토에 대한 주권행사에 비해 상당한 제한을 받게 되는 기초가 되었다고 볼 수 있다. 일정한 범위의 바다를 국가의 영역으로 인정해준 대신에 계속해서 해양자유의 원칙의 일부인 모든 선박의 항해를 보장해 주고, 어떠한 국가의 영유권도 인정하고 있지 않은 공해에서의 선박에 대한 관할권 이론이 영해에서도 유지되는 영해제도를 확립한 것이다. 즉 공해상의 선박에 대해서는 기국(flag state)의 관할에 따르게 하고 있는 국제법원칙을 국가영역인 영해에 있어서도 적용하고 있다는 점이다. 그래서 설령 한국의 영해상에 있는 외국 선박에 대하여 한국 영토 내에 있는 사람이나 물건에 행사할 수 있는 한국의 국가권력이 동일하게 적용되지 않는다. 특히 재판관할권의 행사에 있어서 그 제한은 더욱 명백하다.

Ⅱ. 영해의 범위

연안국의 국가영역에 해당하는 영해의 범위에 대하여 과거부터 학설이나 각국의 관행이 다르게 나타났다. 14세기부터 17세기에 걸쳐 100해리설, 60해리설 또는 육안으로 볼 수 있는 한도까지라는 주장(목측가능거리설), 1日 동안 항해가 가능한 한도까지라는 주장(1일항해거리설) 등이 주장되기도 하였으나 1702년에 네덜란드 사람인 Bynkershoek가 그의 저서 '해양주권론'(*De Dominio Maris Dissertatio*)에서 "국토의 권력은 무기의 힘이 그치는 곳에서 끝난다"라고 주장하였는데(착단거리설), 이것이 3해리설의 기원이 되었다. 그 후 착탄거리가 3해리라고 하여 영해의 범위를 3해리까지 하여야 한다는 주장이 나오고 이것이 다수설이 되었다. 이러한 3해리설은 해양강대국들의 지지를 받았다. 그 이유는 해양강대국들은 가능한한 영해의 범위를 줄임으로써 공해(公海)를 확장하여 그들의 군사적 활동의 자유가 제약되는 것을 방지하려 했기 때문이다. 그러나 3해리설을 반대하여 노르웨이와 스웨덴은 4해리설을, 스페인과 이탈리아는 6해리설을 주장하였고 러시아는 1909년 이후 12해리설을, 엘살바도르와 우루과이는 200해리설을 주장해왔다. 이와 같이 국가마다 상이한 영해의 폭을 주장하여 이에 관한 국제사회의 통일된 의견을 찾아보기 어렵게 되었다.

이러한 상황을 타개하기 위하여 국제적인 노력이 시도되었다. 1930년 국제연맹의 주최로 헤이그 국제법전편찬회의가 개최되었으나 영해의 범위에 대해서는 3해리를 주장하는 국가들과 6해리를 주장하는 국가들 간의 대립으로 합의를 보지 못하였다. 그 후 1958년 국제연합의 주최로 개최된 제1차 국제해양법회의에서 영해·대륙붕·공해·어업 및 생물자원보존에 관한 4개 협약이 채택되었으나 영해의 범위는 결정하지 못했다. 영해의 범위를 확정하기 위하여 개최된 제2차 국제해양법회의도 국가가의 대립으로 성과없이 끝나고, 1973년에 시작된 제3차 해양법회의가 1982년에 '해양법협약'을 채택하면서 연안국은 기선(baseline)으로부터 12해리를 초과하지 않는 범위에서 영해의 폭을 설정할 수 있다고 규정하여 영해의 범위를 12해리로 확정하였다.

Ⅲ. 영해의 법적 지위

영해의 법적 지위(legal status of territorial sea)란 연안국(costal state)이 영해에 대하여 갖는 권리를 말한다. 현재 영해에 대한 연안국의 권리는 주권이라는 주장이 우세하고, 이에 대해서 1958년 영해 및 접속수역에 관한 협약 제1조와 제2조 그리고 해양법협약 제2조는 연안국이 영토, 내수, 군도수역 및 영해에 대해 갖는 권리는 주권(sovereignty)으로 규정하여 주권설을 따르고 있다. 오늘날 주권개념을 절대적인 것으로 보지 않고 주권도 국제법에 의해 제한된다는 점을 인정하고 있는 사실에 비추어 본다면 영해에서 외국선박에 무해통항권을 인정하고 재판관할권 행사가 제한된다고 하지만 본질적으로는 주권이 미치는 국가영역으로 보아야 할 것이다.

Ⅳ. 영해에서의 연안국의 권리

영해에서 연안국의 권리는 앞에서 설명한 바와 같이 주권적 권리이고, 주권은 배타적 관할권으로 나타난다. 연안국은 영해에서의 안전과 질서를 유지하기 위하여 국내법을 제정하여 실시할 수 있으며, 만약 외국선박이 이를 위반하는 경우 처벌할 수도 있다. 이외에도 연안국은 영해에서 어업에 관한 국내법을 제정·시행할 수 있고, 이를 위반하여 어로활동을 하는 외국선박을 나포하여 처벌할 수 있다. 그리고 연안국은 영해 내에서의 해상투기 및 외국선박에 의한 해양오염을 규제하기 위한 법령을 제정·시행할 수 있고, 또한 연안국은 영해안에서 해양과학조사에 관한 배타적 권리를 갖는다. 재판관할권은 민사재판관할권과 형사재판관할권으로 나눌 수 있는데 다음에 별도로 설명한다.

V. 영해에서의 재판관할권

1. 의 의

주권은 배타적으로 국가영역에 행사되는 것이 원칙이기 때문에 연안국은 그의 영해에 대해서도 주권을 행사하지만 영해에서는 외국선박에 대하여 무해통항권(right of innocent passage)이 인정됨에 따라 영해를 항해하는 선박에 대하여 연안국이 어느 정도로 민·형사재판권을 행사할 수 있느냐의 문제가 제기된다.

2. 상선과 상업용 정부선박에 대한 재판관할권

(1) 형사재판관할권

연안국은 영해상의 외국상선과 상업용 정부선박(상업적 목적으로 운용되는 정부선박)에 대하여 형사재판관할권을 행사할 수 있는가? 원칙적으로 연안국은 자국영해내의 외국선박 내에서 발생한 범죄에 대하여 승선하여 범인을 체포하거나 수사하는 등 형사재판관할권을 행사할 수 없고 기국이 이를 행사할 수 있다. 즉, 단지 연안국의 영해를 통항중인 외국선박이 선상에서 범죄가 발생한 경우 연안국은 그 외국선박 내에서 어떠한 사람을 체포하거나 여하한 수사를 할 수 없다. 다만 예외적으로 ① 범죄의 결과가 연안국에 미치는 경우, ② 범죄가 연안국의 평화 또는 그 영해의 공공질서(good order)를 교란하는 종류의 경우, ③ 그 선박의 선장이나 기국의 외교관 또는 영사가 현지 당국에 지원을 요청하는 경우, ④ 마약이나 향정신성물질의 불법거래를 진압하기 위하여 필요한 경우에는 연안국이 형사재판관할권을 행사할 수 있다. 또한 연안국은 외국선박이 내수(內水)에 들어오지 않고 단순히 영해를 통항하는 경우, 연안국의 영해에 들어오기 전에 이미 외국선박 내부에서 발생한 어떠한 범죄와 관련해서도 여하한 사람을 체포하거나 여하한 수사를 위하여 외국선박 내에서 어떠한 조치도 취할 수 없다. 그러나 연안국의 내수를 떠나 영해를 통항중인 외국선박에서 범죄가 발생한 경우에는 연안국은 형사관할권의 행사를 위해 필요한 조치를 취할 수 있다.

형사재판관할권은 외국선박 내에 있는 자연인에만 적용되는가 아니면 선박자체를 나포할 수 있느냐가 이론상 대립이 있어 왔다. 영국을 제외한 국가들은 대체로 선박을 제외하고 자연인에 대해서만 관할권을 행사하나, 영국은 선박과 자연인을 모두 관할한다. 영해가 국가영역의 일부라는 점을 고려한다면 형사재판관할권은 선박 및 자연인에 모두 적용된다고 보아야 할 것이다. 다만 외국선박을 나포 또는 수사하는 경우에도 선박항행에 지장을 최소한으로 줄이는 방향으로 특별한 고려가 요청된다. 한편, 선박충돌사고와 같은 선박외부사건에 대해서는 연안국이 형사재판관할을 가지며, 이는 국제법상 일반적으로 인정되고 있다.

(2) 민사재판관할권

연안국은 자국 영해 내에 있는 외국인, 외국선박에 대하여 민사재판관할권을 행사할 수 있다. 즉, 선박충돌 또는 해난구조 등 영해 통항 중에 책임이 발생한 경우에는 그 선박에 대한 민사재판관할권의 행사가 가능하다. 그러나 영해 내의 선박내부에서 일어난 계약·혼인·유언 등과 같은 민사사건에 대한 재판관할권은 원칙적으로 기국에 있다. 따라서 연안국은 자국영해를 통항중인 외국선박 내에 타고 있는 자에 대한 민사재판관할권을 행사하기 위해 그 외국선박을 정지시키거나 항로를 변경시킬 수 없다. 그러나 연안국은 외국선박이 연안국의 수역을 항행하는 동안에 또는 그 수역을 항행하기 위하여 스스로 부담하거나 인수한 의무 또는 책임에 관한 경우에는 민사소송절차를 위하여 강제집행 또는 압류를 행할 수 있다. 물론 이런 경우 이외에는 그 외국선박에 대한 강제집행이나 압류를 할 수 없다. 또한 연안국은 영해 내에 정박하고 있거나 내수를 떠나 영해를 통항중인 외국상선에 대해서는 연안국의 자국법에 따라 민사소송절차를 위하여 강제집행 또는 압류를 행할 수 있다. 이 경우는 외국상선이 內水에 있는 경우와 동일하게 취급하기 때문이다.

4. 군함 및 비상업용 정부선박에 대한 재판관할권

연안국은 자국 영해 내에 있는 외국의 군함이나 비상업용 정부선박에 대해서는 어떠한 경우에도 민·형사상재판관할권을 가지지 못한다. 국제법상 군함과 우편선, 세관선, 경찰선 등과 같은 비상업용 정부선박은 타국의 국가관할권을 면제받기 때문이다. 위와 같은 공공선박은 기국의 관할하에 있으며, 평시에 어떠한 국가도 이를 나포·억류·몰수할 수 없다. 해양법협약은 이 점을 명백히 규정하고 있다. 즉, 군함 및 기타 비상업용 정부선박은 연안국의 관할권으로부터 면제된다고 규정하고 있다. 군함의 경우에 불가침성이 인정되어 선장의 동의 없이 선내에 들어갈 수 없으며 또한 군함은 연안국의 모든 민·형사재판관할권으로부터 면제된다. 기타 정부의 공공선박도 연안국의 재판관할권으로부터 면제된다. 따라서 외국군함이 영해통항에 관한 연안국의 법령을 준수하지 아니하고 그 법령의 준수요청을 무시하는 경우에도 연안국은 그 군함을 나포할 수 없고 자국의 영해에서 즉시 퇴거할 것을 요구할 수 있을 뿐이다. 그러나 기국은 군함이나 비상업용 정부선박이 영해통항에 관한 연안국의 법령 또는 해양법협약이나 그 밖의 국제법규칙을 준수하지 아니함으로써 발생하는 연안국에 대한 손실 또는 손해에 대하여 국제책임을 져야 한다. 또한 군함에 대한 관할권 면제는 재판관할권으로부터 면제를 의미하는 것이기 때문에 국가의 기본적 권리로 인정되고 있는 자위권행사에는 영향을 미치지 않는다.

제 8 절 국제분쟁의 해결

국제분쟁이란 법률이나 사실에 관한 국가간의 의견의 불일치, 즉 법률적 견해나 이해관계의 충돌을 말한다. 국제분쟁의 원인은 처음부터 국가와 국가간에서 발생할 수도 있고 처음에는 국가와 타국가와 국민간에 발생하고 후에 그 본국이 그 국민의 주장을 지지하여 다른 국가와 교섭을 함으로써 발생하는 경우도 있다. 이와 같은 국제분쟁은 평화적인 방법에 의하여 해결할 수 있고 또는 전쟁이나 무력사용의 방식을 사용하여 해결할 수도 있다. 그러나 전쟁이나 무력의 사용은 국제평화와 안전을 위협하고 파괴하는 것이기 때문에 현행 국제법에서는 금지하고 있다.

Ⅰ. 국제분쟁의 정치적 해결방법

분쟁의 평화적 해결방법에는 정치적 해결방법과 사법적 해결방법이 있다. 정치적 해결방법으로는 직접교섭, 주선(또는 알선), 중개(또는 거중조정), 국제심사, 국제조정이 있고, 사법적 해결방식(국제재판)으로는 중재재판과 사법재판이 있다. 사법적 해결(재판)은 당사국이 분쟁을 제3의 독립된 법정에 회부하여 구속력 있는 판결을 통해 해결하는 방식을 말한다.

평화적 해결이라 함은 국제분쟁을 강력적 방법에 의하지 않고 해결하는 것을 말한다. 본래 국가간의 분쟁이 없을 수 없는 이유 때문에 분쟁이 발생한 경우에 이것을 평화적으로 해결하는 방법이 확립되지 않으면 아니 되며 이것은 현 국제사회에 있어서 가장 중요한 과제의 하나로 되어 있는 것이다. 평화적 해결의 방법에는 다음과 같은 것이 있다.

1. 직접교섭

직접교섭이란 분쟁의 평화적 해결을 위한 분쟁 당사국간의 직접적인 외교교섭을 말한다. 이는 가장 초보적인 분쟁의 해결방법이나 현실에 있어서는 이상적인 방법으로 분쟁해결방법으로 그리 효력이 있는 것이 못된다.

2. 주선과 거중조정(중개)

주선은 제3국이 분쟁 당사국의 직접교섭에 편의를 제공하여 주는 것이다. 이것은 제3국이 분쟁의 내용에 까지 관여하는 것이 아니고 당사국에 대하여 권유하거나 또는 회담장소를 알선하여 주는 등에 그치는 것이다. 이에 대하여 거중조정은 제3국이 분쟁의 내용까지 관여하여 당사국에 대하여 양보를 권유하거나 또는 해결안을 작성하여 제의하는 것이다. 주선과 중개의 양자는 이론상 구별에 불과하며 국제과행은 구별을 하지 않고 있는 것이 보통이다.

3. 사실심사

사실심사란 분쟁의 당사자가 아닌 제3자가 분쟁의 원인이 된 사실을 심사하여 그 진상을 명백히 함으로써 분쟁의 해결을 용이하게 하는 것이다. 분쟁은 흔히 그 원인이 된 사실의 불명과 오해로부터 발생하는 것이므로 사실심사에 의하여 분쟁이 해결되는 경우가 적지 않다. 이것은 또한 긴장상태를 완화하는 방법이기도 하다.

4. 국제조정

국제조정은 독립적 지위에 있는 제3자가 분쟁을 심사하고 해결조건을 작성하여 이를 분쟁당사국에 권고함으로써 분쟁을 해결하려는 것이다. 이것은 법에 따라 정당한 해결을 하자는 것이 목적이 아니라 타협적 방법에 의하여 당사국의 의견을 일치시키려고 한다는 점과 조정자의 결정은 다만 권고적인 성질을 가지는데 불과하므로, 분쟁당사국은 반드시 이 결정에 복종할 법적 의무가 있는 것이 아니라는 점에서 재판과 다르다. 조정의 기관으로서 중요한 것은 국제조정위원회와 국제연합이 있다. 국제조정위원회는 특히 조정을 목적으로 2국간의 조정조약에 의하여 개별적으로 실시되는 것이다. 그런데 이 위원회는 그 자신이 정치적으로 유력한 기관이 아니기 때문에 조정기관으로서 그렇게 실효가 있는 것은 아니다.

국제연합에 의한 국제분쟁의 처리는 조정의 일종이다. 국제연합은 최대의 목적인 국제평화의 유지, 확보를 위하여 국제분쟁의 평화적 해결을 그 중요한 임무의 하나로 하고 있다. 국제연합은 국가 간에 분쟁이 발생하면 그 사실을 심사하고 당사국의 주장의 조화에 노력하며 또 해결조건을 작성하여 이를 당사국에게 권고할 수 있다. 이러한 점으로 보아 국제연합에 의한 분쟁해결은 완전한 의미에 있어서 조정의 성질을 가지는 것이다. 뿐만 아니라 국제연합은 많은 국가의 대표자로 조직되어 있다. 그 자체가 정치적으로 대단히 유력하고 또 사무국과 기타 보조기관에 의한 충분한 정치적으로 대단히 유력하고 또 사무국과 기타 보조기관에 의한 충분한 조사와 준비를 할 수 있으므로 국제연합에 의한 조정은 가장 유력한 것이다.

Ⅱ. 국제분쟁의 사법적 해결방법

1. 국제분쟁의 사법적 해결의 연혁

국제분쟁을 사법적으로 해결하기 시작한 것은 근대국가 체제 성립 이후이다. 18세기 후반 중재재판(arbitration)의 형태로 시작하였고,[1] 상설법정을 통한 국제재판의 역사 불과 100여 년[2]에 불과하다. 그리고 실제 상설재판소가 다룬 분쟁 사례

1 미국과 영국은 독립전쟁(1775~1783)으로 야기된 여러 분쟁을 해결하기 위해 1794년 체결된 Jay Treaty(UK-US Treaty of Amity, Commerce and Navigation)에서 양국간 분쟁해결의 수단으로 중재재판을 포함시켰고, 이에 근거한 최초의 중재재판은 1871~72년의 Alabama Claims Arbitration이었다. 이 중재재판의 성공으로 국제분쟁의 해결수단으로 중재재판에 대한 관심과 활용이 증가하였다.

2 1899년에 체결된 「국제분쟁의 평화적 해결을 위한 헤이그협약」에 따라 1901년 '상설중재재판

도 극히 소수에 불과하다.

중재재판이란 분쟁 당사국이 스스로 선정한 재판관에 의해 분쟁을 해결하는 것으로 중재재판의 결과, 즉 판정(award)가 분쟁당사국에게 법적 구속력을 지닌다는 점에서 정치적 해결방법과 구별된다.

2. 국제재판

국제재판은 보통 독립적 지위에 있는 제3자인 재판소가 원칙적으로 국제법에 의거하여 국제분쟁을 해결하는 것이다. 국제재판은 원칙적으로 법에 의거하여 행하여지며 그 판결은 법적 구속력이 있어 분쟁당사국은 이를 수락하여야 할 법적 의무를 지는데, 이것은 다른 분쟁당사국은 이를 수락하여야 할 법적 의무를 지는데, 이것은 다른 분쟁해결 방법과 다른 점인 동시에 또한 다른 방법에 비하여 훨씬 진보된 방법이라는 것을 뜻한다. 이와 같이 분쟁이 재판에 부탁되기만 하면 반드시 확정적으로 해결되므로 국제재판은 전쟁을 방지하고 나아가서는 국제평화를 유지하는데 대단히 중요한 것이다. 따라서 국제재판의 확립은 현 국제사회에 있어서 중대한 당면과제라 할 수 있다.

3. 중재재판과 사법재판의 차이

국제재판에서는 중재재판과 사법재판의 두 가지가 있다. 중재재판은 개별 중재재판소 및 상설중재재판소에 의한 국제재판이다. 개별중재재판소는 분쟁이 발생하였을 때 그 분쟁을 재판하기 위하여 당사국에 특별히 임시로 설치되는 재판소이며 그 재판이 끝나면 재판소도 소멸된다. 상설중재재판소는 1899년 '국제분쟁의 평화적 처리에 관한 조약'에 의하여 1901년에 네덜란드의 헤이그에 상설적으로 설치된 재판소이다. 중재재판의 특색은 대체로 재판관이 분쟁당사국에 의하여 선임되므로 그 재판관은 자기를 선임한 국가의 주장을 지지하게 될 경향이 많으며, 따라서 판결의 객관성과 공평성을 기대하기 어렵다. 사법재판은 원래 상설국제사법재판소(PCIJ)에 의한 재판을 말하였으나 이 재판소는 제2차 세계대전을 계기로 폐지되고 그 후신으로서 국제사법재판소(ICJ)가 설치되어 현재에 있어서 사법재판이라 하면 국제사법재판소에 의한 재판을 뜻한다. 국제사법재판소는 국제연합의 사법기

소'(Permanent Court of Arbitration: PCA)이 설치되어 현재 헤이그에 소재하고 있음. 1921년 상설국제사법재판소(Permanent Court of International Justice: PCIJ)이 창설되어 활동하다가 1946년 국제사법재판소(International Court of Justice: ICJ)로 대체되어 지금까지 운용되고 있다.

관이지만 그 구성, 관할, 절차에 관하여는 국제연합헌장과는 별도로 '국제사법재판소 규정'에서 이를 규정하고 있다. 이 재판소의 재판관은 분쟁이 발생한 후에 분쟁 당사국이 선임하는 것이 아니고 미리 다수국에 의하여 공동으로 선임되므로 그 판결의 객관성과 공평성을 기대할 수 있다. 그리고 이 재판소는 일반조약에 의거하여 설립되고 그 당사국도 국제사회에 거의 모든 국가를 포함하고 또 국제연합의 사법기관으로서의 지위를 가지고 있으므로 판결은 지지를 받고 또 권위를 유지할 수 있는 특색이 있다.

Ⅲ. 국제사법재판소

1. 구 성

국제사법재판소(International Court of Justice, 이하 ICJ)의 재판부는 9년 임기의 15명의 재판관으로 구성되며, 3년마다 실시되는 선거로 5명씩 교체되며, 총회와 안보리에서 선출한다. 재판관은 재선이 가능하며, 특권과 면제를 향유한다. 또한 당사국은 자국과 관련한 소송에서 임시재판관을 선임할 수 있으며, ICJ는 당사국의 요청에 따라 소재판부를 설치할 수 있다.

(1) 재판관의 자격

재판관 자격은 각국의 최고법관에 임명될 자격이 있는 자 또는 국제법에 정통한 법률가로서 덕망이 높은 사람이어야 한다(ICJ 규정 제2조, 제3조). 상설중재재판소(Permanent Court of Arbitration, PCA)의 국별재판관단이 후보자를 지명하고, 유엔 안보리와 총회가 각각 독자적으로 동시 선거를 실시하여 이 양자에서 다 같이 절대다수를 득표한 후보가 재판관으로 당선된다(ICJ 규정 제8조, 제10조 제1항). 재판소 재판관의 구성은 "세계 주요 문명 및 주요 법체계"가 대표되도록 유의해야 하며, 관례적으로 안보리 상임이사국이 1석씩 배정받고, 전체적으로 유엔기구의 지역별 의석 배정과 유사한 비율을 유지한다. 현재 재판소의 지역적 배분은 UN안전보장이사회 상임이사국의 5석, 아시아 2석, 아프리카 3석, 유럽 및 기타 3석, 중남미 2석으로 구성되어 있다.

이렇게 선출된 ICJ 재판관은 국가로부터 독립하여 임무를 수행하며 외부의 여하한 영향이나 간섭 없이 오로지 법에 따라서만 임무를 수행해야 한다. 재판관은

'재판소 직무에 종사하는 동안' 외교특권과 면제를 향유하며, 보수에 대한 조세가 면제된다(ICJ규정 제32조 제8항).

(2) 특별(임시)재판관

특별(임시)재판관(*ad hoc* judge)이란 소송 참여 당사국이 자국 국적을 가진 ICJ 재판관이 없을 경우, 당해 사건에 한하여 임시로 선임하는 재판관을 말한다. 임시 재판관은 반드시 당사국의 국적을 가질 필요는 없다. 임시재판관은 다른 재판관과 완전히 동일한 조건으로 사건의 모든 결정에 참여할 수 있다.

(3) 전원재판정과 소재판부

재판부는 재판관 전원으로 이루어지는 전원재판정(full Court)이 일반적이나 경우에 따라 상설 혹은 임시 소재판부(Chamber)를 구성하여 판결하기도 한다. 소재판부의 판결은 재판소의 판결과 동일한 효력을 보유한다.

2. 재판소의 관할

(1) 대인관할(對人管轄)

ICJ에서 소송당사자가 될 수 있는 자는 국가뿐이다(ICJ규정 제34조 제1항). 유엔 회원국은 자동적으로 규정당사국이 된다(유엔헌장 제93조 제1항). 국가만이 당사자 자격을 보유하며 개인이나 국제기구는 당사자 자격을 보유하지 못한다. 다만 개인의 이해가 걸린 분쟁의 경우 그 개인의 국적국이 외교적 보호권에 입각하여 재판을 청구하는 것은 가능하다.

(2) 대물관할(對物管轄)

ICJ에 제기될 수 있는 사건의 범위는 당사국이 재판소에 부탁하는 모든 사건 및 UN헌장 및 현행 조약에서 특히 규정하고 있는 모든 사항이다(ICJ규정 제36조 제1항).

1) 임의관할

원칙적으로 분쟁당사국의 합의에 의해 부탁되는 사건에 대하여 ICJ의 관할권이 인정된다. ICJ는 분쟁당사국 모두의 동의에 기초하여서만 재판관할권을 행사할 수 있다는 점을 기억할 필요가 있다.

2) 특별합의에 의한 관할권

또한 ICJ가 재판관할권을 행사할 수 있는 경우는 분쟁이 발생한 '후' 재판소에 부탁하기 위한 특별합의(special agreement, *compromis*)를 체결하여 ICJ에 재판 신청을 하는 경우, 즉 이미 존재하는 특정한 분쟁을 ICJ에 회부하고자 분쟁당사국간에 명시적으로 합의한 경우이다.

3) 확대관할권

소송제기 당시에는 일방 분쟁당사자만이 ICJ관할권을 인정하고, 타방 분쟁당사자는 ICJ의 강제관할권을 인정하지 않았으나, 후자가 응소하는 등 묵시적으로 ICJ 관할권을 인정하는 행위를 한 경우에 ICJ가 관할권을 행사하게 되는데, 이를 확대관할권(*forum prorogatum*)이라 한다(ICJ 규칙(Rules) 제38조 제5항(1978년 신설)).

4) 재판조항이나 재판조약에 의한 경우

분쟁이 발생하기 '전'에 당사국의 약정으로 특정한 분쟁에 대하여 ICJ에 회부할 것을 합의한 경우(約定管轄), 즉 분쟁이 발생하기 '전'에 향후 분쟁이 발생하는 경우 ICJ에 재판을 부탁할 것을 규정한 양자조약이나 다자조약(treaties and conventions)을 체결한 경우, 또는 어떤 조약에 해당 조약의 해석 및 적용으로 인해 발생하는 문제에 대해 ICJ에 관할권을 부여하는 재판조항(jurisdictional clause, compromissory)을 두고 있는 경우에 ICJ의 관할권이 성립한다. 해당조약은 현재 발효 중인 조약 및 협약(treaties and conventions in force)이어야 하며, 관련 분쟁당사국들이 모두 ICJ 규정의 당사자이어야 한다.

5) 유엔헌장에 의한 경우

ICJ 규정 제36조 1항에 의하면 ICJ의 관할권은 "유엔헌장에 특별히 규정된 문제"에 대해서 관할권이 성립함을 알 수 있다. 그러나 현재 유엔헌장에 특별히 규정된 문제는 존재하지 않는다. 다만, UN헌장 제36조 제3항은 법적 분쟁의 당사국들에게 사건을 ICJ에 부탁하도록 권고할 수 있는 권한을 안보리에 부여하고 있다. 그러나 이러한 안보리의 권고는 법적 구속력이 없다는 의견이 일반적이다.

6) 선택조항 수락에 의한 관할권 성립

ICJ규정 제36조의 선택조항(optional clause)에 따라 ICJ의 강제관할을 수락하는 선언(declaration accepting the compulsory jurisdiction of the Court)을 한 경우에 ICJ의 관할권이 성립한다. 선택조항이란 일정 종류의 분쟁에 관하여 ICJ 규정의 당사국이 임의로 재판소의 관할을 의무적인 것으로 인정하는 선언을 할 수 있다는 것을 규정한 조항을 말한다. ICJ 규정 제36조 제2항은 조약의 해석, 국제법상의 문제, 국제의무위반이 되는 사실의 *存否*, 국제의무위반에 대한 배상의 성질과 범위에 대하여 ICJ의 관할권을 수락을 선언할 수 있다고 규정하고 있다. 이러한 선언은 당사국이 일방적 선언 방식으로 할 수 있으며, 유보도 가능하다. 그리고 이러한 선언을 하게 되면 선택조항을 수락한 국가 간에는 ICJ의 강제관할권이 인정되게 된다.

(3) 권고적 관할

ICJ는 통상적인 의미의 재판뿐만 아니라 일정한 법률문제에 대하여 권고적 의견을 제공할 수 있다. 즉 국제기구는 ICJ에 '법률문제에 관하여' 권고적 의견(advisory opinion)을 요청할 수 있다(유엔헌장 제96조). 권고적 의견의 목적은 의견을 요청한 기관이나 기구에게 법적 자문을 제공하는 것이다. 쟁송사건의 판결과 달리 권고적 의견은 구속력이 없으며, 요청 기구나 기관은 권고적 의견에 따를 것인지의 여부에 대한 재량을 가진다. 그럼에도 권고적 의견이 비록 구속력은 없으나 상당한 법적 비중과 도덕적 권위를 가지고 있다.

3. 재판준칙

ICJ는 조약, 국제관습법, 법의 일반원칙을 재판의 준칙으로 삼으며, 판례 및 유력 학설을 보조수단으로 사용한다. 또한 당사자가 특별히 합의하는 경우는 "형평과 선"(*ex aequo et bono*)에 따른 재판이 가능하다(ICJ 규정 제38조).

4. 판결의 효력과 집행

ICJ 판결은 최종적이며 법적 구속력이 있다. 그러나 선례구속성은 인정되지 않으며, 상소(上訴)도 허용되지 않는다. 다만 재심(再審)은 가능하다. 그리고 판결의 구속력은 당사국에게만 미친다. ICJ 판결은 당사국과 당해 사건에 대해서만 구속력을 가지며 ICJ는 선례에 따를 법적 의무가 없으나, 예측가능성 및 법적 안정성의 측면과 관련하여, 실제 재판에 있어서 ICJ는 과거의 판례를 존중하는 경향이 있다.

ICJ의 판결은 안전보장이사회에 의해서 집행이 가능하다(유엔헌장 제94조 제2항), 일방당사국이 판결을 이행하지 않는 경우, 타방당사국은 안보리에 제소할 수 있으며 안보리는 판결의 이행 권고 또는 필요한 조치에 관한 결정을 내릴 수 있다.

J/U/R/I/S/P/R/U/D/E/N/C/E

사 법 PART 3

제11장

민 법

제1절 민법총칙

I. 민법 일반

1. 민법의 의의

민법의 의미를 정확히 이해하기 위해서는 민법이 전체 법질서 내지 법체계 속에서 어떠한 지위를 갖는 것인가를 먼저 검토해야 하는데, 우선 형식적 의미의 민법과 실질적 의미의 민법으로 구분하여 파악할 수 있다. 1960년 1월 1일부터 시행되고 있는 현행 민법전을 형식적 의미의 민법이라 하고, 실질적 의미에서의 민법은 사법(私法)의 일부로서 사법관계를 실체적으로 규율하는 사법의 일반법이라고 할 수 있다. 실질적 의미의 민법은 민법전뿐만 아니라, 민법부속법률 및 민사특별법(부동산등기법, 부동산 실권리사 명의등기에 관한 법률, 집합건물의 소유 및 관리에 관한 법률, 가등기담보 등에 관한 법률, 주택임대차보호법, 실화책임에 관한 법률, 제조물책임법 등)에 산재해 있다.

(1) 사법(私法)으로서 민법

국가와 개인 간의 관계를 규율하는 법을 공법(公法)이라 하는 반면, 개인과 개인의 관계를 규율하는 법을 사법(私法)이라 하는데, 민법은 바로 이러한 사법에 속하는 법이다. 사법에서는 개인과 개인이라는 대등한 관계 사이의 이해관계를 어떻게 조정할 것인가가 중심적인 문제가 되며, 당사자의 의사에 따라 자신이 원하는 대로 법률관계를 형성하는 사적 자치의 원리가 지배하고 있다.

사법의 규율대상이 되는 생활관계에는 재산관계와 가족관계의 두 유형이 있고, 민법이 규정하는 대상도 재산관계와 가족관계이다. 재산관계의 전형적인 것으로는 소유권·저당권 등의 물권관계와 매매·임대차·불법행위 등의 채권관계가 있으며, 가족관계는 약혼·혼인·친자관계·입양·후견·부양 등의 관계이다. 이와 같은 사법관계의 분류에 따라 민법도 재산관계를 다루는 재산법과 가족관계를 다루는 가족법으로 나누어진다.

(2) 일반사법으로서의 민법

재산에 관한 문제를 규율하는 법은 민법에만 한정되어 있는 것은 아니다. 상법 이외에도 독점규제 및 공정거래에 관한 법률·소비자기본법·약관의 규제에 관한 법률 등 다수의 경제법, 국토의 계획 및 이용에 관한 법률·주택법·건축기본법 등의 공법도 넓은 의미에서 재산에 관한 문제를 규율하는 법이라고 할 수 있다. 특히 상법은 영리를 목적으로 활동하는 상인을 그 적용대상으로 하는 점에서 특별사법이다. 이에 반해 민법은 인간이기만 하면 누구에게나 일반적으로 적용되는 것을 예정하고 있으므로 사법 중에서도 일반사법이다.

(3) 실체법으로서의 민법

민법은 직접 권리·의무에 관하여 정하는 실체법이고, 권리·의무를 실현하는 절차에 대해 규율하는 절차법과 구별된다. 그렇지만 실체법과 절차법은 서로 밀접한 관계에 놓여 있다. 실체법상 의무의 위반 등이 있는 경우에는 일정한 절차를 거쳐 그 의무이행을 강제하게 됨으로써, 실체법이 정하는 내용이 지켜지지 않을 때에는 절차법에 의해 실현되는 것이다. 민사에 관한 절차법으로 민사소송법·민사집행법·가사소송법 등이 있다.

2. 민법의 법원(法源)

(1) 법원의 의미와 종류

민사에 관한 분쟁이 발생하였을 경우, 이를 해결하기 위한 기본적인 법규는 민법이다. 이러한 민법이 구체적으로 어떠한 모습으로 존재하고 또 그 범위가 어디까지인지가 문제되는데, 이에 관한 것이 민법의 법원(法源)이다. 법원은 성문법과 불문법으로 구분할 수 있다. 성문법은 문자로 표시·기록되고 일정한 형식과 절차에 따라서 제정되는 법(제정법이라고도 함)이며, 성문법이 아닌 법은 불문법이다.

(2) 법원에 관한 민법규정

민법 제1조는 "민사에 관하여 법률에 규정이 없으면 관습법에 의하고 관습법이 없으면 조리에 의한다"라고 규정하고 있다. 이것은 민사에 관한 법원은 법률·관습법·조리의 세 가지에 한정된다는 점과 법률이 제1차적 법원이라는 점을 선언한 것으로, 민사에 관하여 성문법주의를 취하고 있음을 보여준다.

(3) 성문민법

민법의 법원 가운데 가장 기본이 되는 것은 현행 민법전이고, 민법 제1조에서의 법률은 국회의 의결을 통해 제정되는 형식적 의미에서의 법률만이 아니라, 명령·규칙·조약·자치법규 등 모든 성문법 내지 제정법을 포함한다.

(4) 불문민법

불문법도 법원으로 인정하지만, 성문법에 규정이 없는 경우에 한하여 보충적으로 적용되며, 불문법에는 관습법과 조리가 속한다. 관습법은 사회구성원 사이에 일정한 행위가 장기간 반복하여 행하여지는 관행 혹은 관습이 존재하고, 이것을 법규범으로 인식하는 대부분 사람들의 법적 확신 내지 승인이 있을 때에 성립한다.

관련 판례

사회의 반복적인 관행으로 생성된 사회생활규범이 관습법으로 성립하기 위해서는 헌법을 최상위규범으로 하는 전체법질서에 반하지 아니하는 것으로서 정당성과 합리성이 인정되어야 하고, 그렇지 아니한 경우에는 관습에 법적 규범인 관습법으로서의 효력을 인정할 수 없다고 한다(대판 2005. 7. 21, 2002다1178 전원합의체).

3. 민법전의 연혁과 구성

1948년 정부가 수립되기 전까지는 일제에 의해 제정된 「조선민사령」을 통하여 일본의 민법전과 각종 특별법 등이 우리나라에 그대로 적용되었다. 정부수립 후에는 법전편찬위원회가 구성되어 민법초안을 완성하였고, 이 초안은 정부법률안으로 국회에 제출되어 심의·수정을 거쳐 통과되었다. 그 후 1958년 2월 22일 법률 제471호로 공포되었는데, 이것이 현행 민법전이다.

4. 민법의 기본원리

근대민법은 모든 개인은 완전히 자유이고 서로 평등하다고 하는 자유인격의 원칙을 기본으로 하여 사유재산권 존중의 원칙, 사적 자치의 원칙, 과실책임의 원칙을 인정하였는데, 이러한 근대민법의 3대원리는 우리 민법에서도 당연히 그 기본원리가 되고 있다. 그러나 자본주의의 발전에 따라 각 개인의 경제력의 차이가 발생하면서 민법의 3대원리에 제약을 가하는 사회적 조정의 원칙이 나타나고 그러한 방향의 입법이 행하여지기도 한다.

Ⅱ. 법률관계와 권리·의무

1. 법률관계

인간의 생활관계를 규율하는 사회규범으로는 법·관습·도덕·종교 등이 있다. 그 중 법에 의하여 규율되는 생활관계를 법률관계라고 하며, 이것은 법의 힘에 의해 그 내용을 강제적으로 실현할 수 있다는 점에서 강제력이 없는 다른 사회규범과 구별된다. 법률관계는 보통 사람과 사람 사이의 관계로 모아지는데, 법에 의하여 보호되는 자와 법에 의하여 구속되는 자의 관계, 즉 권리와 의무의 관계로 나타난다. 결국 법률관계의 주된 내용은 권리·의무이고, 우리 민법은 원칙적으로 권리 위주로 규율하고 있다.

2. 권리와 의무

일반적으로 권리는 '일정한 생활상의 이익을 누리게 하기 위하여 법이 인정하는 힘', 의무는 '법률상의 구속'으로 설명한다. 권리의 내용을 구체적으로 실현하는 과정을 권리의 행사라 하고, 권리행사의 방법은 권리의 종류에 따라 다르다. 권리를 그 내용이 되는 '생활이익'을 기준으로 분류하면 재산권·인격권·신분권(가족권)·사원권으로 나눌 수 있고, '법률상의 힘'의 정도에 따라 지배권·청구권·형성권·항변권으로 나눌 수 있다.

(1) 권리행사의 한계

권리의 행사 여부는 원칙적으로 권리자의 자유에 맡겨져 있으나, 민법 제2조 제1항은 "권리의 행사와 의무의 이행은 신의에 좇아 성실히 하여야 한다"는 신의성실의 원칙(신의칙)을, 제2항은 "권리는 남용하지 못한다"라고 하는 권리남용 금지의 원칙을 규정하여 권리행사의 한계를 정하고 있다. 신의칙에서 파생하는 원칙으로는 '모순행위 금지의 원칙', '실효의 원칙', '사정변경의 원칙'을 들 수 있다.

관련 판례

부동산거래에 있어 상대방이 일정한 사정에 관한 고지를 받았더라면 그 거래를 하지 않았을 것이 경험칙상 명백한 경우에는 신의성실의 원칙상 사전에 상대방에게 그와 같은 사정을 고지할 의무가 있는데, … 아파트분양자는 단지 인근에 공동묘지가 조성되어 있다거나 쓰레기매립장이 건설예정이라는 사실을 분양계약자에게 고지할 신의칙상의 의무가 있다(대판 2007. 6. 1, 2005다5812, 5829, 5836; 대판 2006. 10. 12, 2004다48515).

(2) 의무의 이행

의무의 이행이란 의무자가 의무의 내용을 실현하는 것이고, 그 내용에 따라 작위행위일 수도 있고 부작위행위일 수도 있다. 예를 들어 금전채무에 있어서는 금전을 지급하는 작위행위가, 주변의 조망을 위해 건축하지 않기로 약정한 경우에는 건축을 하지 않는 부작위행위가 의무이행이다. 의무의 이행은 의무를 발생시킨 계약 또는 법률의 규정에 맞게 해야 할 뿐만 아니라, 신의에 좇아 성실하게 하여야 한다.

Ⅲ. 권리의 주체

1. 자연인

(1) 권리능력

권리가 귀속하는 주체를 '권리의 주체'라 하고, 권리의 주체가 될 수 있는 지위 또는 자격을 '권리능력'이라 한다. 모든 사람은 출생한 때부터 사망한 때까지 생존한 동안 평등하게 권리능력을 가진다. 다만 출생하기 전단계에 있는 태아의 경우, 그의 보호 차원에서 불법행위로 인한 손해배상의 청구, 상속, 대습상속, 유증, 사인증여, 유류분 등 특정한 법률관계에 있어서는 이미 출생한 것으로 보아 예외적으로 권리능력을 인정한다.

(2) 행위능력

1) 행위능력의 의의 및 제한능력자

단독으로 유효한 법률행위를 할 수 있는 지위 또는 자격을 '행위능력'이라 하는데, 민법은 '재산상 법률행위'의 분야에서 행위능력제도 또는 제한능력자제도를 채택하고 있다. 2011년 3월 7일에 민법이 개정되기 전에는 민법상의 무능력자로 미성년자·한정치산자·금치산자의 셋을 두고 있었으나, 2013년 7월 1일부터 시행된 개정민법에서는 한정치산자와 금치산자를 대신하여 피한정후견인과 피성년후견인으로 수정하였다.

2) 민법상의 제한능력자제도

넓은 의미에서 행위능력이 제한되는 제한능력자로 미성년자(제4조), 피성년후견인(제9조), 피한정후견인(제12조), 피특정후견인(제14조의2)의 네 가지를 규정하고 있다. 미성년자는 민법상 만19세가 되지 않은 자를 말하고, 원칙적으로 단독으로 법률행위를 하지 못하고 법정대리인의 동의를 얻어야 한다. 피성년후견인은 질병·장애·노령·그 밖의 사유로 인한 정신적 제약으로 사무를 처리할 능력이 지속적으로 결여된 사람으로서 일정한 자의 청구에 의하여 가정법원으로부터 성년후견개시의 심판을 받은 자이다. 피성년후견인은 원칙적으로 종국적·확정적으로 유효하게 법률행위를 할 수 없으며, 그의 법률행위는 취소할 수 있다. 피한정후견인은 피성년후견인과 동일한 사유로 사무를 처리할 능력이 부족한 경우에 가정법원으로부터 한정후견개시의 심판을 받은 자이다. 피한정후견인은 원칙적으로 행위능력을 가지나, 가정법원이 피한정후견인으로 하여금 한정후견인의 동의를 받아야 할 행위의 범위를 정한 경우에는 행위능력을 제한받게 된다. 피특정후견인은 앞에서와 동일한 사유로 일시적 후원 또는 특정한 사무에 관한 후원이 필요한 사람으로서 일정한 자의 청구에 의하여 특정후견의 심판을 받은 자이다. 특정후견의 심판이 있어도 피특정후견인의 행위능력은 제한되지 않지만, 역시 법정후견을 받기 때문에 다른 제한능력자와 함께 규정한 것이다. 제한능력자에 관한 규정은 강행규정이고, 행위능력을 제한하는 계약은 무효이다. 민법은 제한능력자가 법률행위를 취소한 경우에 선의의 제3자에게도 대항할 수 있도록 한다거나 현존이익만을 반환하도록 하여 제한능력자를 충실하게 보호하고 있다.

3) 제한능력자 상대방의 보호

제한능력자의 법률행위는 취소할 수 있고, 그 취소권은 제한능력자 쪽에서만 가지고 있다. 따라서 제한능력자와 거래한 상대방은 전적으로 제한능력자 측의 의사에 좌우되는 불안정한 상태에 놓이게 된다. 여기서 민법은 제한능력자의 상대방의 확답을 촉구할 권리(제15조), 철회권과 거절권(제16조), 제한능력자가 속임수를 쓴 경우에 취소권의 배제(제17조)를 규정하고 있다.

(3) 주 소

민법상 주소는 가족관계와 재산관계의 중심이 되고 있는 장소로서 생활의 근거가 되는 곳이다. 주소는 두 곳 이상 둘 수 있으며, 부재 및 실종의 표준, 변제의 장소, 상속개시의 장소, 재판관할의 표준 등 여러 법률관계에 영향을 준다.

(4) 부재와 실종

종래의 주소나 거소를 떠나 당분간 돌아올 가망이 없는 자를 부재자로 정하고, 그 자신이나 이해관계인을 위하여 부재자의 재산관리에 대해 규정하고 있다. 더 나아가 부재자의 생사불명의 상태가 오랫동안 계속되어 사망의 확증은 없지만 사망의 개연성이 큰 경우, 일정한 요건하에 실종선고를 하고 사망한 것과 같은 효과를 발생시키는 실종선고제도를 두고 있다.

2. 법 인

자연인이 아니면서 법인격, 즉 권리능력이 인정되어 있는 단체를 법인이라 한다. 민법은 비영리법인에 속하는 사단법인과 재단법인 두 가지만을 인정하는데, 일정한 목적을 위하여 결합한 사람의 단체를 실체로 하는 법인이 사단법인이고, 일정한 목적에 출연된 재산이 실체를 이루는 법인이 재단법인이다. 이러한 사단법인과 재단법인의 설립은 민법의 규정에 의한다.

법인의 능력은 자연인의 경우와는 본질적으로 다르기 때문에, 권리능력이나 행위능력의 범위가 제한될 수 있으며, 법인의 이사나 그 밖의 대표기관이 직무에 관하여 타인에게 손해를 가한 경우에는 법인은 피해자에 대하여 손해배상책임을 진다. 법인이 사회에서 활동하기 위해 필요로 하는 일정한 조직을 법인의 기관이라 하고, 여기에는 이사·사원총회·감사 등이 있다.

Ⅳ. 권리의 객체

권리는 일정한 대상을 필요로 하는데, 그것을 권리의 객체라고 한다. 물권에 있어서는 물건, 채권에 있어서는 채무자의 행위, 인격권에 있어서는 생명·신체·자유·명예 등의 인격적 이익, 친족권에 있어서는 친족법상의 지위, 상속권에 있어서는 상속재산 등이 권리의 객체이다. 민법은 권리의 객체 전부에 대한 일반적인 규정을 두지 않고 물건에 관하여만 규정하고 있다. 물건은 '유체물과 전기 기타 관리할 수 있는 자연력'을 말하며, 부동산과 동산, 주물과 종물, 원물과 과실 등으로 분류하고 있다. 여기서 토지 및 그 정착물은 부동산이고, 그 이외의 물건은 동산이다(제99조).

Ⅴ. 권리의 변동

권리가 발생·변경·소멸하는 것을 권리의 변동이라 한다. 권리의 변동은 일정한 원인이 있는 경우에 그 결과로서 발생하는데, 권리 내지 법률관계 변동의 원인이 되는 것을 '법률요건'이라 하고, 그 결과로서 생기는 법률관계 변동을 '법률효과'라고 한다. 법률요건에는 법률행위, 준법률행위, 불법행위, 부당이득, 사무관리 등 여러 가지가 있으며, 그중에 가장 중요한 것이 법률행위이다.

1. 법률행위

(1) 법률행위 일반

1) 법률행위의 의의 및 성질

법률행위는 "의사표시를 불가결의 요소로 하고 의사표시의 내용대로 법률효과를 발생하게 하는 사법상의 법률요건"이라고 할 수 있다. 법률요건에 해당하므로 법률행위가 있으면 그로 인하여 법률효과가 발생하고 권리의 변동이 일어난다. 그리고 법률행위는 의사표시를 필수불가결한 요소로 하므로 의사표시가 없는 법률행위는 있을 수가 없고, 단독행위는 하나의 의사표시(예를 들어, 취소·해제·유언)에 의해 성립하는 법률행위이고, 계약은 둘 이상의 의사표시의 일치(예를 들어, 매매·임대차)에 의하여 성립하는 법률행위이다.

2) 법률행위의 요건

법률행위가 그 법률효과를 발생하려면 여러 요건을 갖추어야 하는데, 법률행위의 요건은 성립요건과 효력요건으로 나누어진다. 성립요건은 법률행위의 존재를 위해 필요한 최소한의 형식적·외형적인 요건이고, 모든 법률행위에 공통하는 일반적 성립요건과 개별적인 법률행위에 특별히 요구되는 특별 성립요건으로 구분된다. 효력요건은 이미 성립한 법률행위가 효력을 발생하는 데 필요한 요건이다.

3) 법률행위의 해석

법률행위의 해석이란 법률행위의 내용을 확정하는 작업인데, 법률행위는 의사표시로 구성되어 있으므로 법률행위의 해석은 결국 의사표시의 해석이 된다. 법률행위 해석의 방법으로는, 우선 어떤 일정한 표시에 관하여 당사자가 사실상 일치하여 이해한 경우에는 그 의미대로 효력을 인정하는 자연적 해석, 그 일치 여부가 확정되지 않은 때에는 표시행위의 객관적·규범적 의미를 밝히는 규범적 해석, 그 해석의 결과 법률행위에 흠결이 발견되면 이를 보충하는 보충적 해석 등이 있다.

4) 법률행위의 목적

법률행위의 목적 내지 내용은 법률행위의 당사자가 법률행위에 의하여 달성하려고 하는 법률효과이다. 법률행위가 유효하려면 법률행위의 목적이 확정성, 실현가능성, 적법성, 사회적 타당성 등의 요건을 갖추어야 하고, 이러한 요건을 갖추지 못한 법률행위는 무효이다.

사회적 타당성과 관련하여 민법은 제103조에서 "선량한 풍속 기타 사회질서에 위반한 사항을 내용으로 하는 법률행위는 무효로 한다"라고 규정하고 있고, 그 결과 법률행위가 개별적인 강행법규에 위반하지 않더라도 경우에 따라서는 사회적 타당성이 없다는 이유로 무효로 될 수 있다. 또한 제104조는 어떤 자의 궁박·경솔·무경험을 이용하여 현저하게 공정을 잃은 법률행위(불공정한 법률행위 또는 폭리행위)를 한 경우에 이를 무효라고 규정하고 있는데, 불공정한 법률행위는 사회질서 위반행위의 일종이다. 불공정한 법률행위가 되기 위해서는 피해자측에 궁박·경솔·무경험 중 적어도 어느 하나의 사유가 있어야 하고, 폭리를 얻은 측이 피해자의 그러한 사정을 알고 이를 이용하려는 의사(악의)가 있어야 하며, 그로 인해 객관적으로 급부와 반대급부 사이에 현저한 불균형이 존재하여야 한다.

관련판례

* 양도소득세의 일부를 회피할 목적으로 매매계약서에 실제로 거래한 가액을 매매대금으로 기재하지 아니하고 그보다 낮은 금액을 매매대금으로 기재한 경우는 반사회적 법률행위가 아니다(대판 2007. 6. 14, 2007다3285).
* '부동산실권리자명의등기에 관한 법률'이 비록 부동산등기제도를 악용한 투기·탈세·탈법행위 등 반사회적 행위를 방지하는 것을 목적으로 제정되었다고 하더라도, 무효인 명의신탁약정에 기하여 타인명의로 등기가 마쳐졌다는 이유만으로 그것이 선량한 풍속 기타 사회질서에 위반한다고 볼 수 없다(대판 2003. 11. 27, 2003다41722).
* 처음부터 오로지 보험사고를 가장하여 보험금을 취득할 목적으로 생명보험계약을 체결한 것은 사회질서에 위배되는 법률행위로서 무효이다(대판 2000. 2. 11, 99다49064).
* 타인의 소송에서 사실을 증언하는 증인이 그 증언을 조건으로 그 소송의 일방당사자 등으로부터 통상적으로 용인될 수 있는 수준을 넘어서는 대가를 제공받기로 하는 약정은 반사회적 법률행위에 해당하여 무효이고, 이는 증언거부권이 있는 증인이 그 증언거부권을 포기하고 증언을 하는 경우도 마찬가지이다(대판 2010. 7. 29, 2009다56283).

(2) 의사표시

표시된 의사가 의사표시이므로, 기본적으로는 의사와 표시가 의사표시의 요소를 이루고, 의사표시가 주로 문제가 되는 것은 법률행위의 성립과정에서 의사와 표시의 불일치 또는 하자 있는 의사표시와 같이 '흠'이 발생한 경우이고 민법도 이 점에 관해 규정한다.

1) 진의 아닌 의사표시

진의 아닌 의사표시(비진의표시)는 의사와 표시의 불일치, 즉 표시행위의 의미가 표의자의 진의와 다르다는 것을 표의자 스스로 알면서 하는 의사표시이다. 비진의표시는 원칙적으로 표시된 대로 효력을 발생한다. 따라서 건물의 임대인이 차임을 인상할 의도로 명도를 청구하는 경우에는 명도청구로서의 효과가 발생한다. 다만 상대방이 표의자의 진의 아님을 알았거나 이를 알 수 있었을 경우에는 비진의표시는 무효이다.

2) 허위표시

상대방과 서로 짜고 하는(통정하여 하는) 진의 아닌 허위의 의사표시를 허위표시라 하는데, 표의자가 거짓의 의사표시를 하면서 상대방과 합의를 하고 있다는 점에서 표의자만이 아는 비진의표시와 다르다. 예를 들어, 세금을 적게 내기 위해 매도인과 매수인의 합의하에 매매계약서상의 매매대금을 실제보다 적게 기입하는 경우가 허위표시이다. 허위표시는 무효이고, 이 무효는 선의의 제3자에게 대항하지 못한다.

관련판례

채권자와 채무자 간에 제3자를 형식상의 채무자로 내세우고 채권자도 이를 양해한 경우에 제3자 명의로 되어 있는 대출약정은 통정허위표시에 해당하는 무효의 법률행위이다(대판 2002. 10. 11, 2001다7445; 대판 2005. 5. 12, 2004다68366).

3) 착 오

일반적으로 착오는 표시행위를 대상으로 법률행위의 해석을 통해 확정된 내용과 표의자의 진의가 일치하지 않고 나아가 표의자가 이를 알지 못한 것으로 정의되지만, 동기의 착오도 포함하면 표의자의 의사를 결정하게 한 연유(동기)가 실제의 사실과 다른 경우도 넓은 의미에서의 착오에 해당하게 된다. 민법 제109조의 착오가 고려되기 위해서는, 법률행위 내용의 중요부분에 착오가 있어야 하고 표의자에게 중대한 과실이 없어야 한다. 이 요건이 모두 갖추어진 경우에는 착오자는 법률행위를 취소할 수 있다.

관련 판례

매매에 따른 양도소득세를 매수인이 부담하기로 하고 그 세액을 매수인이 계산하여 이를 따로 지급하였는데 후에 양도소득세가 더 부과된 사안에서, "매도인이 그와 같이 착오를 일으키게 된 계기를 제공한 원인이 매수인에게 있을 뿐만 아니라 매수인도 그 세액에 관하여 동일한 착오에 빠져 있었다면, 매도인의 착오는 매매계약의 중요부분에 관한 것에 해당하여 착오를 이유로 취소할 수 있다"고 한다(대판 1994. 6. 10, 93다24810).

4) 사기·강박에 의한 의사표시

표의자의 자유로운 의사에 기인하지 않고 타인으로부터 부당한 간섭을 받아 결정된 의사표시는 '하자 있는 의사표시'가 되고, 민법 제110조는 이를 '사기·강박에 의한 의사표시'로 규정한다. 사기에 의한 의사표시는 타인의 고의적인 기망행위로 인하여 착오에 빠져서 한 의사표시이고, 강박에 의한 의사표시는 표의자가 타인의 강박행위로 인하여 공포심을 느끼고 한 의사표시이다. 사기나 강박에 의한 의사표시는 취소할 수 있고, 상대방 있는 의사표시에 관하여 제3자가 사기나 강박을 행한 경우에는 상대방이 그 사실을 알았거나 알 수 있었을 경우에 한하여 그 의사표시를 취소할 수 있다.

5) 의사표시의 효력발생

상대방 없는 의사표시에서는 의사표시를 수령할 특정의 상대방이 없기 때문에 표시행위가 완료된 때에 효력을 발생한다. 상대방 있는 의사표시는 그 통지가 상대방에게 도달한 때로부터 효력이 생긴다고 하여 도달주의 원칙을 채택하고 있으나, 일정한 경우에는 예외적으로 의사표시가 발송된 때에 효력이 생기는 것으로 정하고 있다.

(3) 대 리

대리란 대리인이 본인의 이름으로 법률행위 내지 의사표시를 하거나 또는 의사표시를 수령함으로써 그 법률효과가 직접 본인에게 생기는 제도이고, 대리제도는 '사적자치의 확장'과 '사적자치의 보충'이라는 두 가지의 기능을 한다. 대리는 대리권의 발생원인에 따라 임의대리와 법징대리로 분류하는데, 대리권이 본인의 의사에 기초하여 주어지는 것이 임의대리이고, 법률의 규정에 기초하여 주어지는 것이 법정대리이다.

1) 대리권

대리권은 타인(대리인)이 본인의 이름으로 의사표시를 하거나 또는 제3자의 의사표시를 수령함으로써 직접 본인에게 그 효과를 귀속시킬 수 있는 법률상의 지위 내지 자격을 말하며, 본인의 의사와는 관계없이 직접 법률의 규정에 의해 발생하는 법정대리권과 본인이 대리인에게 대리권을 수여하는 행위, 즉 수권행위에 의하여 발생하는 임의대리권으로 구분된다. 대리인이 한편으로는 본인을 대리하고 다른 한편으로는 자기 자신이 상대방이 되어 계약을 맺는 '자기계약'과 대리인이 혼자서 양 당사자를 대리하는 '쌍방대리'는 원칙적으로 금지된다.

2) 대리행위

대리행위의 법률효과가 본인에게 생기게 하려면 대리인이 본인을 위한 것임을 표시하여서 본인의 이름으로 의사표시를 하여야 하는데, 이러한 것을 '현명주의'라고 한다. 대리인이 본인을 위한 것임을 표시하지 아니한 때에는 그 의사표시는 자기를 위한 것으로 보기 때문에 대리인 자신이 확정적으로 법률효과를 받는다.

대리에 있어서 법률행위의 당사자는 대리인이므로, 의사표시의 요건은 본인이 아니고 대리인을 표준으로 판단하여야 한다. 민법 제116조 제1항도 "의사표시의 효력이 의사의 흠결, 사기, 강박, 또는 어느 사정을 알았거나 과실로 알지 못한 것으로 인하여 영향을 받을 경우에 그 사실의 유무는 대리인을 표준으로 결정한다"라고 규정하고 있다.

관련 판례

대리인이 부동산을 이중으로 매수한 경우, 그 매매계약이 반사회적 법률행위인지는 대리인을 표준으로 하여 판단하여야 하기 때문에, 대리인이 토지에 관한 사정을 잘 알고 그 배임행위에 가담하였다면 본인이 그러한 사정을 몰랐거나 반사회성을 야기한 것이 아니라고 하더라도 그 매매계약은 무효가 된다(대판 1998. 2. 27, 97다45532).

3) 대리의 효과

대리인이 대리권을 가지고 행한 법률행위의 효과는 직접 본인에게 발생한다. 대리행위에서 발생하는 권리·의무가 일단 대리인에게 귀속하였다가 내부적으로 본인에게 이전하는 것이 아니라 곧바로 본인에게 귀속하는 것이고, 계약의 해제권과 법률행위의 취소권도 본인에게 속한다.

4) 무권대리

무권대리는 대리권 없이 행하여진 대리행위이기 때문에, 원칙적으로 그 행위의 법률효과가 본인에게 생기지 않을 뿐만 아니라, 대리인이 본인의 이름으로 한 것이므로 그 효과를 대리인에게 귀속시킬 수도 없다. 그러나 이 원칙을 고수한다면 대리제도에 대한 신뢰는 유지될 수 없고 대리인과 거래하는 제3자의 지위는 현저하게 불안해진다. 여기서 본인의 이익을 침해하지 않으면서 한편으로 대리제도에 따르는 상대방의 위험을 최소화하는 차원에서 무권대리를 규율한다.

민법은 대리인에게 대리권이 있는 것으로 믿을 만한 외관이 있고 그 외관형성에 관해 본인이 일정한 원인을 준 경우에는 본인에게 그 무권대리의 효과가 발생하는 것으로 규정하고 있는데, 여기에는 대리권 수여의 표시에 의한 표현대리(제125조), 대리권한을 넘은 표현대리(제126조), 대리권 소멸 후의 표현대리(제129조)가 있다.

관련 판례

본인으로부터 아파트에 관한 임대 등 일체의 관리권한을 위임받아 본인으로 가장하여 아파트를 임대한 바 있는 대리인이 다시 자신을 본인으로 가장하여 임차인에게 아파트를 매도한 경우, 권한을 넘은 표현대리의 법리를 유추적용하여 본인에 대하여 그 행위의 효력이 미치는 것으로 보았다(대판 1993. 2. 23, 92다52436).

(4) 무효와 취소

무효와 취소는 법률행위의 효과가 발생하지 않는다는 점에서 공통이다. 무효는 법률행위가 성립한 당시부터 누구의 주장을 기다리지 않고서 법률상 당연히 그 효력이 없는 데 비하여, 취소는 일단 유효하게 성립한 법률행위의 효력을 특정인이 주장하는 때에 비로소 소멸하게 하며, 취소한 법률행위는 처음부터 무효인 것으로 본다.

(5) 조건과 기한

법률행위의 효력 발생 또는 소멸을 '장래의 일정한 사실'에 의존케 할 수 있는데, 장래의 일정한 사실의 발생이 불확실한 것이 조건이고 확실한 것이 기한이다.

관련 판례

부관이 붙은 법률행위의 경우에, 부관에 표시된 사실이 발생하지 아니하면 채무를 이행하지 아니하여도 된다고 보는 것이 타당한 경우에는 조건으로 보아야 하고, 표시된 사실이 발생한 때에는 물론이고 반대로 발생하지 아니하는 것이 확정된 때에도 채무를 이행하여야 한다고 보는 것이 타당한 경우에는 표시된 사실의 발생 여부가 확정되는 것을 불확정기한으로 정한 것으로 보아야 한다(대판 2020. 12. 24, 2019다293098).

2. 기 간

기간이란 어느 시점에서 어느 시점까지의 계속된 시간을 말한다. 기간의 계산에 관하여 법령이나 재판상의 처분 또는 법률행위에서 정하고 있으면 그에 의하게 되나, 달리 정하고 있지 않으면 민법의 기간 계산방법에 의한다.

3. 소멸시효

(1) 소멸시효의 의의

권리자가 법률상 그의 권리를 행사할 수 있음에도 불구하고 일정한 기간 동안 권리를 행사하지 않는 상태가 계속된 경우에 그의 권리를 소멸시키는 것이 소멸시효이다. 권리불행사의 기간을 소멸시효기간이라 하는데, 그 기간은 권리의 종류에 따라 다르다. 금전채권 등 보통의 채권 소멸시효기간은 10년이고, 3년 또는 1년의 단기소멸시효에 걸리는 채권은 별도로 규정한다. 소유권은 소멸시효에 걸리지 않으며 소유권을 제외한 재산권은 20년의 시효에 걸린다. 소멸시효의 기산점은 법률상의 장애 없이 '권리를 행사할 수 있는 때'이다.

관련 판례

하나의 채권 중 일부에 관하여만 판결을 구한다는 취지를 명백히 하여 소송을 제기한 경우에는 소제기에 의한 소멸시효중단의 효력이 그 일부에 관하여만 발생하고, 나머지 부분에는 발생하지 않는다. 다만 소장에서 청구의 대상으로 삼은 채권 중 일부만을 청구하면서 소송의 진행경과에 따라 장차 청구금액을 확장할 뜻을 표시하고 해당 소송이 종료될 때까지 실제로 청구금액을 확장한 경우에는 소 제기 당시부터 채권 전부에 관하여 재판상 청구로 인한 시효중단의 효력이 발생하나, 소장에서 청구의 대상으로 삼은 채권 중 일부만을 청구하면서 소송의 진행경과에 따라 장차 청구금액을 확장할 뜻을 표시하였더라도 그 후 채권의 특정 부분을 청구범위에서 명시적으로 제외하였다면, 그 부분에 대하여는 애초부터 소의 제기가 없었던 것과 마찬가지이므로 재판상 청구로 인한 시효중단의 효력이 발생하지 않는다(대판 2021. 6. 10, 2018다44114).

(2) 소멸시효의 중단 및 정지

소멸시효의 완성에 필요한 권리불행사라는 사실상태는 일정한 사유가 있을 때에 중단되고, 그 때까지 진행된 시효기간이 효력을 잃게 되는 것을 소멸시효의 중단이라 하고, 중단사유로는 권리자의 청구, 압류·가압류·가처분, 의무자의 승인 등이 있다. 이와 달리 일정한 사유가 있는 경우에는 그 사유가 종료된 때부터 일정기간 내에는 소멸시효가 완성하지 않는데, 이것을 소멸시효의 정지라고 하며, 이미 경과한 시효기간이 없어지지 않고, 일정한 유예기간이 경과하면 시효가 완성하는 점에서 중단과 구분된다.

제2절 물권법

Ⅰ. 물권법 총칙

민법은 물권의 의의에 관해 직접적으로 규정하고 있지 않지만, 일반적으로 물권이라 함은 '특정의 물건을 직접 지배해서 이익을 얻는 배타적·절대적 권리'를 말한다. 물권은 법률 또는 관습법에 의해서만 인정되고 당사자가 임의로 물권을 창설할 수 없는데, 이를 '물권법정주의'라고 한다. 민법에서는 점유권, 소유권, 지상권, 지역권, 전세권, 유치권, 질권, 저당권의 8가지의 물권을 인정하고 있다.

Ⅱ. 물권의 변동

물권의 변동은 물권의 발생·변경·소멸을 말한다. 물권은 그 대상이 되는 물건이 부동산이냐 동산이냐에 따라 '부동산물권의 변동'과 '동산물권의 변동'으로 나눌 수 있고, 물권의 변동을 가져온 원인이 당사자의 법률행위인지 여부에 따라 '법률행위에 의한 물권의 변동'과 '법률의 규정에 의한 물권의 변동'으로 나눌 수 있다.

1. 부동산물권의 변동

(1) 법률행위에 의한 부동산물권의 변동

민법 제186조는 "부동산에 관한 법률행위로 인한 물권의 득실변경은 등기하여야 그 효력이 생긴다"고 규정하여 형식주의의 원칙을 취하고 있다. 즉, 법률행위에 의한 부동산의 물권변동이 생기기 위해서는 유효한 법률행위가 있어야 하고, 이에 부합하는 등기가 있어야 한다. 따라서 법률행위가 있더라도 등기가 존재하지 아니하거나 물권행위가 유효하지 못하면 물권변동은 생기기 않는다. 또한 물권행위가 유효하고 등기가 있는 경우에도 등기와 물권행위의 내용이 합치하지 않는 경우에는 그 등기는 무효가 된다.

(2) 법률의 규정에 의한 부동산물권의 변동

상속·공용징수·판결·경매 기타 법률의 규정에 의한 부동산에 관한 물권의 취득은 등기를 요하지 않지만, 등기하지 않으면 이를 처분하지 못한다(제187조). 이는 부동산의 취득에 한하지 않고 물권의 소멸 및 변경에도 모두 적용되는 것으로, 등기가 없더라도 변동의 원인이 발생한 경우에는 물권변동이 생기는 것을 의미한다.

2. 동산물권의 변동

(1) 법률행위에 의한 동산물권의 변동

민법 제188조 제1항은 '동산에 관한 물권의 양도'라고 규정하고 있으나, 그 적용을 받는 것은 법률행위에 의한 동산 소유권의 양도뿐이다. 법률행위에 의해 동산 소유권이 이전되려면 '물권행위'와 공시방법으로서 '인도' 두 가지 요건이 갖추어져야 한다. 인도란 점유의 이전을 의미하는데, 현실의 인도를 원칙으로 한다. 현실의 인도 이외에도 간이인도, 점유개정, 목적물반환청구권의 양도가 인정되는데, 이는 당사자의 의사표시만으로 그 효력이 생기는 점에서 현실의 인도와 구별된다.

(2) 법률의 규정에 의한 동산물권의 변동

법률의 규정에 의한 동산의 물권변동에 관해서는 소유권취득의 절에서 동산의 취득시효(제246조), 선의취득(제249조~제251조), 신점(제252조), 유실물습득(제253조), 매장물발견(제254조), 동산 간의 부합(제257조), 혼화(제258조), 가공(제259조) 등을 정하고 있다. 또한 부동산 물권변동의 경우와 달리 인도를 요하지 않는다고 정한 규정은 없고, 이를 개별적으로 정하고 있다.

Ⅲ. 점유권과 소유권

1. 점유권

(1) 점유의 성립

민법 제192조 제1항은 "물건을 사실상 지배하는 자는 점유권이 있다"고 규정하여 점유의 성립에 어떤 의사를 따로 요구하고 있지 않다. 그러나 점유가 성립하려면 ① 사실상의 지배와 ② 점유설정의사가 있어야 한다는 것이 일반적인 견해이다.

관련 판례

물건에 대한 점유란 사회 관념상 어떤 사람의 사실적 지배에 있다고 보이는 객관적 관계를 말하는 것으로서 사실상 지배가 있다고 하기 위해서는 반드시 물건을 물리적·현실적으로 지배하는 것만을 의미하는 것이 아니고, 물건과 사람과의 시간적·공간적 관계와 본권관계, 타인 지배의 가능성 등을 고려하여 사회관념에 따라 합목적적으로 판단하여야 한다(대판 1992. 11. 10, 92다37710).

(2) 점유권의 취득과 소멸

1) 점유권의 취득

물건을 사실상 지배하면 '점유'가 성립하고, 이 경우 '점유권'을 취득하는 것으로 된다. 점유권의 양도는 점유물의 현실의 인도로, 양수인이 이미 점유하고 있는 때에는 간이인도로 그 효력이 생긴다. 한편, 직접점유자였던 자가 점유매개관계를 설정함으로써 간접점유를 취득할 수도 있고, 또한 양도인이 양도한 후 계속해서 점유하는 경우에는 양수인은 간접점유를 취득하게 된다.

2) 점유권의 소멸

직접점유는 점유물에 대한 사실상의 지배를 상실함으로써 소멸한다. 다만, ① 타인의 침탈에 의하여 점유를 상실한 경우 점유자가 제204조의 규정에 의하여 1년 이내에 점유회수의 청구를 하여 점유를 회수하게 되면 점유는 처음부터 상실하지 않았던 것으로 되고, ② 사실상 지배가 단절되더라도 그것이 일시적인 것에 지나지 않을 때에는 점유권이 상실되지 아니한 것으로 본다.

(3) 점유권의 효력

점유자가 점유물에 대하여 행사하는 권리는 적법하게 보유한 것으로 추정되고(제200조), 선의의 점유자는 점유물의 과실을 취득하며(제201조), 선의의 점유자는 점유물의 멸실·훼손에 대한 책임이 경감된다(제202조). 또한 점유자가 목적물에 비용을 지출하여 목적물이 보존되거나 그 가격이 증가된 이후에 점유물을 반환하는 경우에는 회복자에 대하여 지출된 비용의 상환을 청구할 수 있다(제203조). 한편, 점유자가 그 점유를 침해당하거나 방해를 받을 염려가 있는 때에는 점유보호청구권이 인정되며(제204조~제206조), 일정한 경우에는 자력으로 점유의 침해에 대한 방어를 할 수가 있다(제209조).

관련 판례

점유권을 기초로 한 본소에 대하여 본권자가 본소청구의 인용에 대비하여 본권에 기초한 장래이행의 소로서 예비적 반소를 제기하고 양 청구가 모두 이유 있는 경우, 법원은 점유권에 기초한 본소와 본권에 기초한 예비적 반소를 모두 인용해야 하고 점유권에 기초한 본소를 본권에 관한 이유로 배척할 수 없다. 이러한 법리는 점유를 침탈당한 자가 점유권에 기한 점유회수의 소를 제기하고, 본권자가 그 점유회수의 소가 인용될 것에 대비하여 본권에 기초한 장래이행의 소로서 별소를 제기한 경우에도 마찬가지로 적용된다(대판 2021. 3. 25, 2019다208441).

2. 소유권

(1) 소유권의 의의

물권은 물건을 지배하는 권리를 말하는데, 그 '지배'는 ① 그 물건에 대한 사용가치(사용·수익)를 얻는 것과 ② 교환가치(처분)를 얻는 모습으로 나타난다. 민법은 "소유자는 법률의 범위 내에서 그 소유물을 사용·수익·처분할 권리가 있다"고 함으로써 소유권이 사용가치와 교환가치를 모두 가지고 있음을 규정하고 있다(제211조).

(2) 부동산 소유권의 범위

토지의 소유권은 정당한 이익이 있는 범위 내에서 토지의 상하에 미친다(제212조). 이는 지표뿐만 아니라 지상의 공간이나 지하에도 소유권의 효력이 미치고, 소유자의 이익을 침해하지 않는 한도에서는 타인도 그 토지의 상공과 지하를 이용할 수 있음을 의미한다.

한 채의 건물에 대해 수인이 각각 그 일부분을 소유한 때에는 건물과 그 부속물 중 공용하는 부분은 구분소유자의 공유로 추정한다(제215조 제1항). 공용부분의 보존에 관한 비용 기타의 부담은 구분소유자가 각자의 소유부분의 가액에 비례하여 부담하며(제215조 제2항), 공용부분에 대하여는 분할청구를 할 수 없게 된다(제268조 제3항).

(3) 소유권의 취득

민법은 제245조 이하에서 소유권의 특수한 취득원인으로 취득시효, 선의취득, 무주물선점, 유실물습득, 매장물발견, 첨부 등을 규정하고 있다. 취득시효란 타인의 물건을 일정기간 계속하여 점유하는 자에게 그가 진실한 권리자인가를 묻지 않고서 물건에 대한 소유권을 취득하게 하는 제도이다. 소유권의 취득시효는 부동산 소유권의 경우(제245조)와 동산 소유권의 경우(제246조)로 나누어지며, 부동산 소유권의 취득시효는 등기 없이 20년간 점유한 자가 일정한 요건 하에 소유권을 취득하는 점유 취득시효와 소유자로서 등기한 자가 일정한 요건 하에 소유권을 취득하는 등기부 취득시효로 구분된다. 또한 민법은 제249조에서 동산의 선의취득을 규정하고 있는데, 이는 동산의 점유에 공신력을 인정하여 거래의 안전을 보호하기 위한 것이다. 따라서 동산의 경우에는 부동산에서와는 달리 일정한 요건 하에 무권리자로부터 동산의 소유권을 취득할 수 있게 된다.

무주의 동산을 소유의 의사로 점유한 자는 그 소유권을 취득하고, 무주의 부동산은 국유로 한다(제252조). 유실물의 습득자는 유실물법에 따라 신고를 하여야 하고, 유실자 등의 주소를 알 수 없는 경우에는 공고를 하여야 하는데, 그럼에도 불구하고 1년 내에 그 소유자가 권리를 주장하지 않는다면 그 유실물의 소유권은 습득자가 취득하게 된다. 매장물을 발견한 경우에도 유실물법에 의하여 공고한 후 1년 내에 소유자가 권리를 주장하지 아니하면 발견자가 그 소유권을 취득한다. 다만, 타인의 토지 기타 물건으로부터 발견한 매장물은 그 토지 기타 물건의 소유자와 발견자가 절반하여 취득하게 된다.

(4) 소유권에 기한 물권적 청구권

물권의 내용의 실현이 방해되는 경우에는 물권의 일반적 효력으로서 물권적 청구권이 발생한다. 즉, 소유자는 소유권을 방해하는 자 또는 방해할 염려가 있는 자에게 소유물반환청구권 및 소유물방해제거청구권 또는 소유물방해예방청구권을 행사할 수 있다. 다만, 소유물방해예방청구권에 갈음하여 장차 방해가 현실적으로 발생할 경우에 상대방이 부담할 손해배상의무를 미리 담보하게 할 수 있다.

관련판례

명의수탁자가 양자간 명의신탁에 따라 명의신탁자로부터 소유권이전등기를 넘겨 받은 부동산을 임의로 처분한 행위가 형사상 횡령죄로 처벌되지 않더라도, 위 행위는 명의신탁자의 소유권을 침해하는 행위로서 형사상 횡령죄의 성립 여부와 관계없이 민법상 불법행위에 해당하여 명의수탁자는 명의신탁자에게 손해배상책임을 부담한다(대판 2021. 6. 3, 2016다34007).

Ⅳ. 용익물권

용익물권은 타인의 물건을 일정한 범위 내에서 사용·수익하는 것을 내용으로 하는 권리로서, 물건의 교환가치만을 파악하는 담보물권과 더불어 제한물권에 속하는 것이다. 용익물권에는 지상권, 지역권, 전세권의 세 가지를 인정하고 있다.

1. 지상권

지상권은 타인의 토지에 건물 기타 공작물이나 수목을 소유하기 위하여 그 토지를 사용하는 권리이다(제279조). 지상권은 토지소유자와 지상권을 취득하려는 자 간의 지상권설정계약과 등기에 의해 성립하고, 상속·공용징수·판결·경매 등 법률행위가 아닌 그 밖의 사유에 의해 성립할 수도 있다. 일정한 경우에 토지에 대한 임차권이나 지상권을 설정할 수 없는 상태에서 토지와 건물의 소유자가 다르게 되는 경우, 건물소유자에게 토지에 대한 지상권을 취득하게 하는 법정지상권이 인정된다. 법률 이외에도 관습법에 의해 지상권이 성립하는 것으로 판례가 인정하는 경우로서, 분묘기지권과 관습법상의 법정지상권이 있다.

관련판례

① 타인의 토지에 합법적으로 분묘를 설치한 자는 관습상 그 토지 위에 지상권에 유사한 일종의 물권인 분묘기지권을 취득하나, 분묘기지권에는 그 효력이 미치는 범위 안에서 새로운 분묘를 설치하거나 원래

의 분묘를 다른 곳으로 이장할 권능은 포함되지 않는다(대판 2007. 6. 28, 2007다16885).
② 장사 등에 관한 법률의 시행일인 2001. 1. 13. 이전에 타인의 토지에 분묘를 설치한 다음 20년간 평온·공연하게 분묘의 기지(基地)를 점유함으로써 분묘기지권을 시효로 취득하였더라도, 분묘기지권자는 토지소유자가 '분묘기지에 관한 지료를 청구하면 그 청구한 날부터'의 지료를 지급할 의무가 있다고 보아야 한다(대판 2021. 4. 29, 2017다228007 전원합의체).
③ 자기 소유 토지에 분묘를 설치한 사람이 그 토지를 양도하면서 분묘를 이장하겠다는 특약을 하지 않음으로써 분묘기지권을 취득한 경우, 특별한 사정이 없는 한 분묘기지권자는 '분묘기지권이 성립한 때'부터 토지 소유자에게 그 분묘의 기지에 대한 토지사용의 대가로서 지료를 지급할 의무가 있다(대판 2021. 5. 27, 2020다295892).

2. 지역권

지역권이란 어느 토지의 편익을 위하여 타인의 토지를 이용하는 것을 말하는데, 지역권자는 일정한 목적을 위하여 타인의 토지를 자기의 토지의 편익에 이용하는 권리가 있다(제291조). 여기에서 편익을 받는 토지를 요역지라고 하고, 편익을 제공하는 토지를 승역지라 하며, 지역권이 성립되면 지역권자는 설정행위에 따라 승역지를 각각 자기 토지의 편익에 이용할 수 있게 된다.

3. 전세권

전세권은 전세금을 지급하고 타인의 부동산을 점유하여 그 용도에 좇아 사용·수익하고, 전세권이 소멸하면 그 부동산과 전세금을 반환하는 권리이다. 전세권에서는 전세금을 지급하는 것이 요소이고, 반드시 등기를 하여야 한다. 등기를 하지 않은 전세권을 '채권적 전세'라 하는데, 이는 임대차를 의미한다. 일반적으로 일상생활에서 사용하는 전세라는 용어는 전세권이 아니라 채권적 전세, 즉 임대차를 말한다. 한편, 민법은 전세권자의 전세금 회수를 확실하게 보장하기 위하여 전세권설정자가 전세금의 반환을 지체한 때에는 전세권자는 목적물의 경매를 청구할 수 있고, 후순위권리자 기타 채권자보다 전세금의 우선변제를 받을 권리가 있다. 따라서 전세권은 용익물권 외에도 담보물권으로서의 성격도 아울러 갖고 있다.

V. 담보물권

담보물권이란 채권자가 책임재산 중 특정한 물건을 가지고 채권의 담보에 충당하여 채무자의 채무불이행이 있게 되면 그 교환가치로부터 다른 채권자보다 우선하여 변제를 받기 위한 권리를 말한다. 담보물권은 제한물권이며, 타인의 물건에 대하여만 성립하는 타물권이라는 점에서는 용익물권과 같으나, 물건의 교환가치의 취득을 목적으로 하는 가치권이라는 점에서 용익물권이 사용가치의 취득을 목적으로 하는 이용권인 것과 다르다. 민법이 정하는 전형적인 담보물권으로는 유치권, 질권, 저당권의 세 가지가 있다.

1. 유치권

유치권은 채권자가 어느 물건 또는 유가증권에 관한 채권이 있는데, 그 물건을 점유하는 경우에 그 채권의 변제를 받을 때까지 물건을 유치함으로써 채권의 변제를 간접적으로 담보하는 물권이다(제320조). 예를 들어, 타인의 물건을 수선한 자가 그 수선비를 받을 때까지 그 물건의 인도를 거절하는 경우가 그러하다. 즉, 유치권자는 그의 채권을 변제 받을 때까지 목적물의 점유를 계속함으로써 그 인도를 거절하는 것을 의미한다.

또한 유치권자는 채권의 변제를 받기 위하여 유치물을 경매할 수 있다. 그러나 법률상 우선변제권은 없기 때문에 저당권에 기한 경매처럼 우선변제를 위한 경매로 볼 수 없고, 환가를 위한 경매의 성질을 갖는다. 다시 말해, 언제까지나 남의 물건을 보관하는 것이 불편하므로 이를 금전으로 환가하기 위해 유치권자에게 경매권을 인정하는 것이다. 정당한 이유가 있는 때에는 유치권자는 감정인의 평가에 의하여 유치물로 직접 변제에 충당할 것을 법원에 청구할 수 있고, 법원이 간이변제충당을 허가하는 결정을 하면 유치권자는 유치물의 소유권을 취득한다.

관련판례

다세대주택의 창호 등의 공사를 완성한 하수급인이 공사대금채권 잔액을 변제받기 위하여 위 다세대주택 중 한 세대를 점유하여 유치권을 행사하는 경우, 그 유치권은 위 한 세대에 대하여 시행한 공사대금만이 아니라 다세대주택 전체에 대하여 시행한 공사대금채권의 잔액 전부를 피담보채권으로 하여 성립한다(대판 2007. 9. 7, 2005다16942).

2. 질 권

질권이라 함은 채권자가 그 채권의 담보로서 채무자 또는 제3자로부터 받은 물건 또는 재산권을 점유하고, 채무의 변제가 있을 때까지 유치함으로써 채무의 변제를 간접적으로 강제하는 동시에 채무의 변제가 없는 때에는 그 목적물로부터 우선변제를 받을 수 있는 권리를 말한다. 질권은 질권을 취득하려는 채권자와 설정자 사이의 질권설정의 계약을 통해 성립한다. 질권은 동산 또는 재산권을 목적으로 하고, 질권자는 그 동산을 인도받아 점유하고 그 동산에 대해 우선변제권을 가진다(제329조·제355조).

3. 저당권

(1) 저당권의 의의

저당권은 채권의 담보로 채무자 또는 제3자가 제공한 물건으로부터 우선변제를 받는 점에서 질권과 같지만, 질권에서는 질권자가 그 담보물을 점유하는 데 반해, 저당권에서는 그 점유의 이전 없이, 즉 채무자 또는 제3자가 종전대로 목적물을 점유하여 사용·수익하고, 저당권자는 그 목적물이 가지는 교환가치만을 지배한다는 점에서 차이가 있다.

(2) 저당권의 성립

저당권은 저당권자와 저당권설정자 간의 저당권설정계약과 등기에 의해 성립하는 것이 원칙이다. 그러나 토지임대인이 변제기를 경과한 후 2년의 차임채권에 의하여 그 지상에 있는 임차인 소유 건물을 압류하여 압류등기를 한 경우 저당권등기가 없더라도 저당권은 성립한다(제649조). 부동산의 수급인은 자신의 보수청구권을 담보하기 위하여 그 부동산을 목적으로 하는 저당권의 설정을 청구할 수 있다(제666조).

관련 판례

근저당권은 채권담보를 위한 것이므로 원칙적으로 채권자와 근저당권자는 동일인이 되어야 하고, 다만 제3자를 근저당권 명의인으로 하는 근저당권을 설정하는 경우 그 점에 대하여 채권자와 채무자 및 제3자 사이에 합의가 있고, 채권양도 등의 방법으로 채권이 제3자에게 실질적으로 귀속되었다고 볼 수 있는 특별한 사정이 있는 경우에는 제3자 명의의 근저당권설정등기도 제한적으로 유효하다고 보아야 할 것이다(대판 2001. 3. 15, 99다48948).

(3) 저당권의 효력

1) 저당권의 효력이 미치는 범위

저당권의 효력은 법률에 특별한 규정이 없거나 다른 약정이 없는 경우에는 저당부동산에 부합된 물건과 종물에 미친다(제358조). 저당권은 목적물을 점유하지 않고 설정자의 점유하에 두어 그가 사용·수익하는 것을 내용으로 하기 때문에 그 효력은 과실에 미치지 않는 것이 원칙이다. 그러나 저당부동산에 대한 압류가 있은 후(또는 경매신청 등기 시)에는 그 부동산으로부터 수취한 과실 또는 수취할 수 있는 과실에도 미친다(제359조).

관련 판례

건물의 증축부분이 기존 건물에 부합하여 기존 건물과 분리하여서는 별개의 독립건물로서 효용을 가지지 못하는 이상, 기존 건물에 대한 경매절차에서 경매목적물로 평가되지 아니하였다고 하더라도 경락인은 저당권설정 후에 부합된 증축부분의 소유권을 취득한다(대판 2002. 5. 10, 99다24256).

2) 저당권자가 채권의 변제를 받는 방법

저당권자가 그의 채권을 변제받는 데에는 두 가지 방법이 있다. 첫째, 저당권에 기초하여 우선변제를 받는 것이다. 이는 다시 ① 저당권자 자신이 직접 저당권을 실행(경매)하여 그 대가로부터 우선변제를 받는 방법과 ② 저당부동산에 대하여 일반채권자가 강제집행을 하거나 후순위저당권자가 경매신청을 하는 경우에 저당권자로서 그 배당에 참여하여 그가 가지는 우선순위에 따라 변제를 받는 방법의 두 가지로 나누어진다. 둘째, 저당권자가 일반채권자의 자격에서 변제를 받는 것이다.

(4) 특수한 저당권

1) 근저당권

현대의 채권·채무관계는 계속적 거래관계가 예상되는 경우가 많이 발생하는데, 거래에서 채권이 발생할 때마다 일일이 저당권을 설정하여야 한다면 매우 불편하고 복잡하다. 여기서 하나의 저당권으로 다수의 불특정채권을 일괄하여 담보할 필요가 있게 되는데, 이를 근저당권이라 한다. 근저당권은 일반 저당권과 달리 반드시 채권자와 채무자 간에 계속적으로 채권·채무가 발생하는 기본계약이 존재하여야 한다. 그 후 채권자와 설정자 간에 근저당권설정계약을 맺고 이에 기하여 등기를 경료함으로써 성립하게 된다. 근저당권에서는 등기원인이 근저당권설정계약이라는 뜻과 채권최고액 및 채무자만이 등기된다.

관련판례

근저당권자가 채무불이행을 이유로 경매를 신청한 때에는 채무자와 더 이상의 거래관계를 계속하지 않겠다는 의사로 보아야 하므로, 경매신청시에 피담보채무는 확정된다(대판 1998. 10. 27, 97다26104). 경매신청을 하여 경매개시결정이 있은 후에 경매신청이 취하되었다고 하더라도 채무확정의 효과가 번복되는 것은 아니다(대판 2002. 11. 26, 2001다73022).

2) 공동저당

동일한 채권의 담보로 수개의 부동산 위에 설정된 저당권을 공동저당이라고 한다(제368조). 예를 들어 A가 B에 대해 5천만원의 금전채권을 가지고, 그 담보로 B소유 X토지와 Y토지에 대해 저당권을 설정하는 것이다. 추가담보로서 때를 달리하여 설정되어도, 수개의 목적물의 소유자가 달라도 공동저당은 성립될 수 있다. 공동저당은 각 부동산 위에 성립하는 것이므로, 각 부동산별로 저당권설정등기를 하여야 한다.

관련판례

공동저당권이 설정되어 있는 수개의 부동산 중 일부는 채무자 소유이고 일부는 물상보증인의 소유인 경우 위 각 부동산의 경매대가를 동시에 배당하는 때에는, 물상보증인이 민법 제481조, 제482조의 규정에 의한 변제자대위에 의하여 채무자 소유 부동산에 대하여 담보권을 행사할 수 있는 지위에 있는 점 등을 고려할 때, "동일한 채권의 담보로 수개의 부동산에 저당권을 설정한 경우에 그 부동산의 경매대가를 동시에 배당하는 때에는 각 부동산의 경매대가에 비례하여 그 채권의 분담을 정한다"고 규정하고 있는 민법 제368조 제1항은 적용되지 아니한다고 봄이 상당하다. 따라서 이러한 경우 경매법원으로서는 채무자 소유 부동산의 경매대가에서 공동저당권자에게 우선적으로 배당을 하고, 부족분이 있는 경우에 한하여 물상보증인 소유부동산의 경매대가에서 추가로 배당을 하여야 한다(대판 2010. 4. 15, 2008다41475).

제3절 채권법총론

Ⅰ. 채권법 일반

1. 채권법의 의의 및 특질

형식적 의미의 채권법은 민법전 가운데 「제3편 채권」을 가리키며, 총칙, 계약, 사무관리, 부당이득, 불법행위 등 5장으로 이루어져 있다. 채권법을 실질적 의미로 파악하면, '채권관계를 규율하는 일반사법'이라고 할 수 있으며, 채권법은 물권법과 함께 재산법에 속한다.

채권법의 영역에서는 사적 자치가 널리 인정되고 그 규정들은 대체로 임의규정으로 되어 있으며, 채권법은 거래법으로서 세계적으로 보편화·일반화하는 경향을 보인다. 한편 민법 전반에 적용되는 신의성실의 원칙이 채권법의 영역에서 가장 두드러지게 작용한다.

2. 채권의 본질

채권은 채권자가 채무자에 대하여 일정한 행위를 요구할 수 있는 권리이며, 내용면에서는 재산권이고, 효력 내지 작용면에서는 청구권이며, 의무자의 범위를 표준으로 해서 보면 상대권이다. 채권에 관한 법률관계, 즉 채권관계는 '2인 이상의 특정인 사이에 채권·채무가 존재하는 법률관계'를 의미한다.

3. 채권의 발생

민법은 '제3편 채권'에서 채권의 발생원인 가운데 계약·사무관리·부당이득·불법행위 등 네 가지를 대표적인 것으로 규정하고 있다. 일반적으로 채권의 발생원인은 그 성질에 따라 '법률행위'와 '법률행위가 아닌 것', 즉 '법률의 규정' 둘로 나눌 수 있는데, 채권편에 규정되어 있는 채권의 발생원인 중 계약은 법률행위에 속하고, 나머지는 법률의 규정에 속하게 된다.

4. 채권의 목적

채권은 채권자가 채무자에게 일정한 행위를 청구하는 것을 내용으로 하는 권리이므로, 채권의 목적은 '채무자의 행위'이다. 예를 들어, 매매계약에서 채권의 목적은 매도인이 매매목적물의 권리를 이전하는 행위이며, 매수인이 그 대금을 지급하는 행위이다. 채권이 법률행위에 의해 발생하는 경우, 채권의 목적은 법률행위의 목적에 관한 일반적인 유효요건인 확정성, 가능성, 적법성, 사회적 타당성을 갖추어야 한다. 채권의 목적은 여러 가지 표준에 의하여 분류할 수 있는데, 우리 민법은 특정물채권, 종류채권, 금전채권, 이자채권, 선택채권에 관하여 규정하고 있다.

Ⅱ. 채권의 효력

민법이 채권편에서 '채권의 효력'이라는 제목으로 규정하고 있는 내용은 크게 세 가지로 나눌 수 있다. 첫째, 채무자가 채무를 제대로 이행하지 않은 채무불이행과 이에 대한 구제로서 강제이행과 손해배상이다. 둘째, 채권자가 이행을 받을 수 없거나 받지 아니한 경우에 채권자가 수령하지 않은 데 따른 지체책임이다. 셋째, 채무자가 자신의 재산관리를 소홀히 하거나 적극적으로 처분하여 일반재산의 감소를 초래하는 경우, 채권자가 채무자의 권리를 대신 행사하고 채무자의 처분행위 등을 취소하여 채무자의 책임재산을 보전할 수 있게 한다.

1. 채무불이행

채무자에게 책임 있는 사유로 채무의 내용에 좇은 이행이 이루어지지 않고 있는 상태를 통틀어서 채무불이행이라 하고, 이러한 채무불이행이 있으면 채권자에게 손해배상청구권이 주어지는 등의 법률효과가 발생한다.

(1) 채무불이행의 유형

1) 이행지체

이행지체는 채무의 이행기가 되었고 그 이행이 가능함에도 불구하고 채무자가 책임 있는 사유로 이행을 하지 않고 있는 것을 말한다. 이행지체가 성립하면 채권자는 손해배상을 청구할 수 있는데, 여기서의 손해배상은 원칙적으로 이행의 지체로 인하여 생긴 손해의 배상(지연배상)이다. 그러나 채권자가 상당한 기간을 정하여 이행을 최고하여도 그 기간 내에 이행하지 않거나 지체 후의 이행이 채권자에게 이익이 없는 경우에는 예외적으로 이행에 갈음하는 손해의 배상(전보배상)을 청구할 수 있다. 그리고 지체 후에 생긴 손해에 대해서는 채무자에게 유책사유가 없는 때에도 책임을 진다.

관련 판례

금전채무의 지연손해금채무는 금전채무의 이행지체로 인한 손해배상채무로서 이행기의 정함이 없는 채무에 해당하므로, 채무자는 확정된 지연손해금채무에 대하여 채권자로부터 이행청구를 받은 때로부터 지체책임을 부담하게 된다(대판 2004. 7. 9, 2004다11582).

부당이득반환의무는 이행기한의 정함이 없는 채무이므로 그 채무자는 이행청구를 받은 때에 비로소 지체책임을 진다(대판 2010. 1. 28, 2009다24187, 24194).

2) 이행불능

채권이 성립한 후 채무자에게 책임 있는 사유로 이행할 수 없게 된 경우를 이행불능이라 한다. 이행불능의 요건이 갖추어지면 채권자는 손해배상을 청구할 수 있고, 이 때의 손해배상은 이행에 갈음하는 손해배상이다. 계약에 기하여 발생한 채무가 이행불능으로 된 때에는 채권자가 계약을 해제할 수 있고, 이행을 불능하게 하는 사정의 결과로 채무자가 이행의 목적물에 대신하는 이익을 취득한 경우, 그 이익의 이전을 청구하는 권리가 채권자에게 주어질 수 있는데 이를 대상청구권이라 한다.

관련 판례

쌍무계약에 있어 당사자 일방이 부담하는 채무의 일부만이 채무자의 책임 있는 사유로 이행할 수 없게 된 때에는, 그 이행이 불가능한 부분을 제외한 나머지 부분만의 이행으로는 계약의 목적을 달성할 수 없다면 채무의 이행은 전부가 불능이라고 보아야 할 것이므로, 채권자로서는 채무자에 대하여 계약 전부를 해제하거나 또는 채무 전부의 이행에 갈음하는 전보배상을 청구할 수 있을 뿐이지, 이행이 가능한 부분만의 급부를 청구할 수 없다(대판 1995. 7. 25, 95다5929).

3) 채무불이행에 대한 구제; 손해배상

채무자의 채무불이행이 있으면 채권자는 채무자에게 손해배상을 청구할 수 있는데, 민법은 손해배상의 범위 및 방법, 배상액의 예정, 과실상계, 배상자대위 등에 관하여 명문의 규정을 두고 있다. 손해배상의 범위에 대해서는 제393조 제1항이 "채무불이행으로 인한 손해배상은 통상의 손해를 그 한도로 한다"고, 제2항은 "특별한 사정으로 인한 손해는 채무자가 그 사정을 알았거나 알 수 있었을 때에 한하여 배상책임이 있다"고 규정하고 있다. 여기서 통상의 손해라고 하는 것은 채무불이행이 있으면 보통 일반적으로 발생한다고 생각되는 손해이다.

관련 판례

토지매도인의 소유권이전의무가 이행불능상태에 이른 경우, 매도인이 매수인에게 배상하여야 할 통상의 손해배상액은 그 토지의 채무불이행 당시의 교환가격이지만, 만약 그 매도인이 매매 당시 매수인이 이를 매수하여 그 위에 건물을 신축할 것이라는 사정을 이미 알고 있었고 매도인의 채무불이행으로 인하여 매수인이 신축한 건물이 철거될 운명에 이르렀다면, 그 손해는 적어도 특별한 사정으로 인한 것이고, 나아가 매도인은 이러한 사정을 알고 있었으므로, 위 손해를 배상할 의무가 있다(대판 1992. 8. 14, 92다2028).

2. 채권자지체

채무자의 채무이행에 있어서 급부의 수령 또는 채권자의 협력을 필요로 하는 경우, 채무자가 채무의 내용에 좇은 이행의 제공을 하였음에도 불구하고 채권자가 그것의 수령 기타의 협력을 하지 않거나 할 수 없기 때문에 이행이 지연되는 것을 채권자지체라 한다. 채권자지체 중에는 채무자는 고의 또는 중대한 과실이 있는 때에만 책임을 지고 이자가 있는 채권일지라도 이자를 지급할 의무가 없고, 채권자지체로 인하여 그 목적물의 보관이나 변제의 비용이 증가된 때에는 그 증가액은 채권자가 부담한다.

3. 책임재산의 보전

채권자의 금선채권은 채무자의 일반재산에 의하여 확보되고, 채무자의 일반재산은 채권에 대한 최후의 보장이라 할 수 있으므로 그 재산을 책임재산이라 한다. 채무자의 책임재산이 감소하게 되면 채권을 변제받을 가능성은 그만큼 줄어들게 된다. 여기서 채무자가 그의 권리실행을 소홀히 하여 재산을 감소하게 하거나 또는 고의로 재산의 감소를 꾀하는 경우 채권자로 하여금 간섭할 수 있는 여지를 주고 있다.

(1) 채권자대위권

채권자대위권은 채권자가 자기의 채권을 보전하기 위하여 채무자에게 속하는 권리를 행사할 수 있는 권리이다. 채권자대위권을 행사하기 위해서는 ① 채권자가 자기의 채권을 보전할 필요가 있을 것, ② 채권자의 채권이 이행기에 있을 것, ③ 채무자의 제3자에 대한 권리가 일신에 전속한 것이 아닐 것, ④ 채무자 스스로 자신의 권리를 행사하지 않을 것 등의 요건이 필요하고, 채권자대위권을 행사하면 그 효과는 직접 채무자에게 귀속한다.

(2) 채권자취소권

채권자취소권은 채권자를 해치는 것을 알면서 행한 채무자의 법률행위, 즉 사해행위를 취소하고 채무자의 재산을 회복하는 것을 목적으로 하는 채권자의 권리이다. 채권자취소권이 성립하려면, 채권자의 채권(피보전채권)이 존재하고, 채무자의 사해행위가 있어야 하며, 채무자와 수익자 또는 전득자에게 사해의 의사가 있어야 한다. 채권자취소권은 제3자의 이해관계에 큰 영향을 미치기 때문에, 반드시 법원에 소를 제기하는 방법으로 행사하여야 하며, 채권자취소권을 행사하여 수익자 또는 전득자로부터 받은 재산이나 이익은 채무자의 일반재산으로 회복되고 모든 채권자를 위하여 공동담보가 된다.

관련 판례

① 채권자취소권의 대상이 되는 채권자를 해하는 행위라 함은 적극재산을 감소하거나 소극재산을 증가시킴으로써 채무자를 채무초과 상태에 빠지게 하거나 채무초과 상태가 더 나빠지게 하는 행위를 의미하는데, 채무자가 아무 채무도 없이 다른 사람을 위해 자신의 부동산에 관하여 근저당권을 설정함으로써 물상보증인이 되는 행위는 그 부동산의 담보가치만큼 채무자의 총재산에 감소를 가져오는 것이므로, 그 근저당권이 채권자의 가압류와 동순위의 효력밖에 없다 하여도, 그 자체로 다른 채권자를 해하는 행위가 된다(대판 2010. 6. 24, 2010다20617, 20624).

② 채권자들의 공동담보가 되는 채무자의 총재산에 대하여 다른 채권자에 우선하여 변제를 받을 수 있는 권리를 가지는 채권자는 채무자의 재산에 대한 환가절차에서 처음부터 다른 채권자에 우선하여 배당을 받을 수 있는 지위에 있으므로, 그와 같은 우선변제권 있는 채권자에 대한 대물변제의 제공행위는 특별한 사정이 없는 한 다른 채권자들의 이익을 해한다고 볼 수 없어 사해행위가 되지 않는다(대판 2008. 2. 14, 2006다33357).

③ 채권자가 수익자와 전득자를 공동피고로 삼아 채권자취소의 소를 제기하면서 청구취지로 '채무자와 수익자 사이의 사해행위취소 청구'를 구하는 취지임을 명시한 경우 전득자에 대한 관계에서 채무자와 수익자 사이의 사해행위를 취소하면서 채권자취소권을 행사한 것으로 보아야 한다. 사해행위 취소를 구하는 취지를 수익자에 대한 청구취지와 전득자에 대한 청구취지로 분리하여 각각 기재하지 않았다고 하더라도 취소를 구하는 취지가 수익자에 대한 청구에 한정된 것이라고 볼 수는 없다(대판 2021. 2. 4,

2018다271909).

Ⅲ. 다수당사자의 채권관계

'다수당사자의 채권관계'란 하나의 급부에 대하여 채권자 또는 채무자가 다수인 경우를 의미하며, 민법은 이러한 다수당사자의 채권관계를 '수인의 채권자 및 채무자'라는 제목하에 규율하고 있다. 다수당사자의 채권관계에서 주로 문제되는 것은 그 효력인데, 효력에는 대외적 효력과 대내적 효력이 있다. 대외적 효력은 각 채권자 및 채무자와 상대방 사이에 이행청구나 이행이 어떠한 효력이 있는지, 그리고 채권자 또는 채무자 1인에 대하여 생긴 사유가 다른 채권자 또는 채무자에게 영향을 미치는지에 관계되고, 대내적 효력은 복수의 채권자들 또는 채무자들 사이의 내부관계로서 주로 재산을 출연한 채무자가 다른 채무자로부터 상환을 받는 구상관계가 문제된다.

1. 분할채권관계와 불가분채권관계

(1) 분할채권관계

채권이나 채무가 다수의 채권자 또는 채무자에게 분할되는 다수당사자의 채권관계로서, 각 채권자 또는 각 채무자는 특별한 의사표시가 없으면 균등한 비율로 분할된 채권을 가지거나 채무를 부담한다.

(2) 불가분채권관계

불가분채권관계는 불가분의 급부를 목적으로 하는 다수당사자의 채권관계이다. 불가분채권에 있어서 각 채권자는 단독으로 모든 채권자를 위하여 자기에게 급부 전부를 이행하라고 청구할 수 있고, 채무자는 모든 채권자를 위하여 각 채권자에게 채무 전부를 이행할 수 있다. 불가분채무에 관하여는 불가분채권 및 연대채무에 관한 규정들을 준용하고 있다.

2. 연대채무

(1) 의 의

연대채무는 수인의 채무자가 동일한 내용의 급부에 관하여 각각 독립해서 전부의 급부를 하여야 할 채무를 부담하고, 그 가운데 1인의 채무자가 전부의 급부를 하면 모든 채무자의 채무가 소멸하는 다수당사자의 채무이다. 이 경우 실질적으로는 하나의 채무인데도 모든 채무자가 전부급부의무를 부담함으로써 책임재산의 범위가 모두의 일반재산에까지 확장되는 결과 인적 담보의 기능을 하게 된다.

(2) 대외적 효력

채권자는 연대채무자 가운데 어느 1인에 대하여 채무의 전부 또는 일부의 이행을 청구할 수 있고, 또한 모든 채무자에 대하여 동시에 또는 순차로 전부나 일부의 이행을 청구할 수 있다. 연대채무의 경우에는 어느 채무자가 채무의 전부를 이행하면 모든 채무자의 채무가 소멸한다. 어느 연대채무자에게 생긴 사유가 다른 연대채무자에게도 효력이 인정되는 경우에 이를 절대적 효력이 있는 사유라고 하는데, 민법은 제416조 내지 제422조에서 7가지 사유의 절대적 효력을 인정하고 있다. 그 밖의 어느 연대채무자에게 생긴 사항은 다른 연대채무자에게 효력이 없는 상대적 효력만을 가진다.

(3) 대내적 효력

연대채무에서의 채무는 내부적으로는 각 연대채무자들이 일정한 비율로 출재한다는 관계에 있고, 출재를 분담하는 비율은 부담부분이 된다. 어느 연대채무자가 변제나 그 밖의 출재를 하여 모든 채무자의 채무가 소멸하거나 감소된 때에는 다른 연대채무자의 부담부분에 대하여 구상권을 행사할 수 있다. 다만 변제 등의 면책행위를 한 연대채무자가 면책행위를 하기 전에 미리 그러한 사실을 통지하지 않거나 면책행위 후에 그 사실을 통지하지 않은 일정한 경우에는 구상권을 제한하는 불이익을 준다.

3. 보증채무

(1) 의의 및 성립

보증채무는 주채무자가 그의 채무를 이행하지 않는 경우에 이를 이행하여야 할 보증인의 채무이고, 다수당사자의 채무이지만 그 작용은 채권을 담보하는 데 있다. 보증채무는 채권자와 보증인 사이에 체결되는 보증계약에 의하여 성립하며, 주채무자는 보증계약의 당사자가 아니다. 보증관계로부터 발생하는 보증인의 피해를 방지하기 위하여 「보증인 보호를 위한 특별법」(보증인보호법)이 제정되어 2008년 9월 22일부터 시행되고 있다.

관련 판례

보증채무자가 주채무를 소멸시키는 행위는 주채무의 존재를 전제로 하는 것이므로, 보증인의 출연행위 당시에는 주채무가 유효하게 존속하고 있었다 하더라도 그 후 주계약이 해제되어 소급적으로 소멸하는 경우에는, 보증인은 변제를 수령한 채권자를 상대로 이미 이행한 급부를 부당이득으로 반환청구할 수 있다(대판 2004. 12. 24, 2004다20265).

(2) 대외적 효력

채권자는 주채무자와 보증인에 대하여 각각 또는 동시에 이행기에 있는 채무의 전부나 일부의 이행을 청구할 수 있다. 보증인보호법 제5조는 채권자의 보증인에 대한 통지의무를 규정하고 있는데, 채권자는 주채무자가 원본·이자 그 밖의 채무를 3개월(금융기관이 채권자인 경우 1개월) 이상 이행하지 않으면 그 사실을 지체 없이 보증인에게 알려야 한다.

보증인은 주채무자가 가지는 동시이행의 항변권이나 주채무 소멸의 항변 등을 가지고 채권자에게 대항할 수 있으며, 주채무자가 항변을 포기하여도 그것은 보증인에게는 효력이 없다. 또한 보증인은 채권자의 이행청구에 대하여 일정한 사항을 증명하여 주채무자에게 먼저 청구하라든가, 주채무자의 재산에 대하여 먼저 집행하라고 항변할 수 있는 최고·검색의 항변권이 있다.

관련 판례

계속적 채권관계에서 발생하는 주계약상의 불확정 채무에 대하여 보증한 경우 그 보증채무는 통상적으로 주계약상의 채무가 확정된 때에 이와 함께 확정된다. 그러나 채권자와 주채무자 사이에서 주계약상의 거래기간이 연장되었으나 보증인과 사이에서 보증기간이 연장되지 아니하는 등의 사정으로 보증계약 관계가 먼저 종료된 때에는 그 종료로 보증채무가 확정되므로, 보증인은 그 당시의 주계약상의 채무에 대하여 보증책임을 지고, 그 후의 채무에 대하여는 보증책임을 지지 아니한다(대판 2021. 1. 28, 2019다207141).

(3) 대내적 효력

보증인이 자기의 출재로 채무를 이행한 때에는 당연히 주채무자에 대하여 구상권을 가진다. 그러나 보증인이 주채무자에게 통지하지 않고서 변제나 그 밖에 자기의 출재로 주채무를 소멸하게 한 경우, 또는 보증인이 변제나 그 밖의 출재로 면책되었음을 주채무자에게 통지하지 않은 경우에는 보증인의 구상권이 제한될 수 있다.

Ⅳ. 채권양도와 채무인수

1. 채권양도

(1) 지명채권의 양도

채권양도란 채권을 그 동일성을 유지하면서 이전하는 계약을 말하며, 지명채권은 채권자가 특정되어 있는 채권이다. 지명채권은 원칙적으로 양도성을 갖지만, 채권의 성질이 양도를 허용하지 않거나 당사자가 반대의 의사표시를 할 경우에는 양도하지 못한다.

지명채권의 양도는 당사자인 양도인과 양수인의 합의에 의하여 행하여지며, 채무자와 제3자에게 대항하기 위해서는 일정한 요건을 갖추어야 한다. 양도의 대항요건은 '채무자에 대한 양도인의 통지' 또는 '채무자의 승낙'이고, 다만 제3자에 대항하기 위해서는 추가적으로 통지 또는 승낙을 확정일자 있는 증서로써 하도록 규정하고 있다.

(2) 증권적 채권의 양도

증권적 채권은 채권이 증권(證券)으로 화체되어 채권의 성립·존속·행사·양도 등이 증권에 의하여 행해지는 채권으로서 유가증권의 일종이다. 여기에는 채권자를 정하는 방법에 따라 기명채권·지시채권·지명소지인출급채권·무기명채권의 네 종류가 있는데, 민법은 기명채권을 제외하고 나머지에 관하여만 규정하고 있다.

2. 채무인수

채무를 그 동일성을 유지하면서 인수인에게 이전시키는 계약이 채무인수이다. 채무자가 변경되면 의무의 질이 달라지므로 채권양도와 달리 채무인수는 인정하기 어려운 점이 있지만, 채권자의 일정한 관여하에 채무인수를 가능케 하고 있다. 채무인수는 당사자의 측면에서 보면 채권자·채무자·인수인이 고려될 수 있는데, 채권자와 인수인이 당사자로 되는 경우가 채무인수의 기본적인 모습이다.

관련 판례

물상보증인이 채무인수에 관하여 하는 동의는 채무인수인을 위하여 새로운 담보를 설정하겠다는 의사표시가 아니라 기존의 담보를 채무인수인을 위하여 계속 유지하겠다는 의사표시에 불과하여, 그 동의에 의하여 유지되는 담보는 기존의 담보와 동일한 내용을 갖는 것이므로, 근저당권에 관하여 채무인수를 원인으로 채무자를 교체하는 변경등기(부기등기)가 마쳐진 경우, 특별한 사정이 없는 한 그 근저당권은 당초 구채무자가 부담하고 있다가 신채무자가 인수하게 된 채무만을 담보하는 것이지, 그 후 신채무자(채무인수인)가 다른 원인으로 부담하게 된 새로운 채무까지 담보하는 것으로 볼 수는 없다(대판 2000. 12. 26, 2000다56204).

V. 채권의 소멸

채권이 객관적으로 존재하지 않게 되는 것을 채권의 소멸이라 하고, 그 원인에는 여러 가지가 있으나 민법은 변제·대물변제·공탁·상계·경개·면제·혼동의 7가지를 규정하고 있다. 그 밖에도 채권은 목적의 소멸, 채권의 존속기간의 만료, 소멸시효의 완성, 채무자에게 책임 없는 이행불능 등에 의해서도 소멸한다. 여기서는 채권편에 규정되어 있는 7가지의 채권소멸원인 중 변제와 상계에 대해서만 살펴보기로 한다.

1. 변 제

(1) 변제의 의의, 변제자 및 변제수령자

채무자 또는 제3자가 채무의 내용인 급부를 실현하는 것을 변제라 하고, 본래의 변제자는 변제의무를 부담하는 채무자이다. 제3자도 변제할 수 있으나, 일정한 경우에는 제3자의 변제가 금지된다(제469조 제1항 단서, 제2항). 유효하게 변제를 수령할 수 있는 변제수령자는 원칙적으로 채권자가 되지만, 채권자라도 수령권한이 없는 경우가 있고, 채권자가 아니면서 수령권한이 있는 경우도 있다.

(2) 변제의 목적물·장소·시기

특정물의 인도가 채권의 목적인 때에는 채무자는 이행기의 현상태대로 그 물건을 인도하여야 한다. 변제의 장소는 우선 당사자의 의사표시 또는 채무의 성질에 의하여 정하여지고, 그에 따라 정해지지 않는 경우에는 특정물채무는 채권성립 당시에 그 물건이 있던 장소에서 변제하여야 하고, 그 이외의 채무의 변제는 채권자의 현주소에서 하여야 한다. 채무자는 이행기에 변제하여야 하는데, 이행기는 당사자의 의사표시와 급부의 성질 또는 법률의 규정에 의해 정하여진다.

(3) 변제의 충당

변제의 충당이란 채무자가 변제로서 제공한 급부가 채무 전부를 소멸하게 하는 데 부족한 경우에 그 변제를 어느 채무에 충당할 것인가의 문제이다. 변제의 충당에는 당사자의 합의가 우선하며, 합의에 의해 충당할 수 없는 경우에는 지정권자의 지정에 의한 변제의 충당(지정충당)이나 법률의 규정에 의한 충당(법정충당)에 의한다.

(4) 변제의 제공

채무 중에는 채무자의 행위만으로 이행할 수 있는 것도 있으나, 대부분의 채무는 채무의 이행에 채권자의 협력이 필요하다. 여기서 채무자가 급부에 필요한 모든 준비를 해서 채권자의 협력을 요구하는 것을 변제의 제공이라 하고, 변제의 제공이 있으면 채무자는 채무불이행책임을 면하게 된다. 변제의 제공은 원칙적으로 현실의 제공으로 가능하지만, 채권자가 미리 변제의 수령을 거절하거나 채무의 이행에 채권자의 행위가 필요한 경우에는 구두의 제공만으로도 충분한 것으로 정하고 있다.

관련 판례

제3자가 채무자를 위하여 채무를 변제함으로써 채무자에 대하여 구상권을 취득하는 경우, 그 구상권의 범위 내에서 종래 채권자가 가지고 있던 채권과 그 담보에 관한 권리는 동일성을 유지한 채 법률상 당연히 변제자에게 이전한다. 이때 대위할 범위에 관하여 종래 채권자가 배당요구 없이도 당연히 배당받을 수 있었던 경우에는 대위변제자는 따로 배당요구를 하지 않아도 배당을 받을 수 있다(대판 2021. 2. 25, 2016다232597).

2. 상 계

상계란 채권자와 채무자가 서로 같은 종류를 목적으로 하는 채권·채무를 가지고 있는 경우에 그 채무들을 대등액에서 소멸하게 하는 단독행위이다. 상계가 유효하려면 당사자 쌍방의 채권이 일정한 요건을 갖춘 상계적상의 상태에 있어야 한다. 그 요건은 쌍방이 동종의 목적을 가지는 채권을 가지고 있고, 두 채권이 변제기에 있어야 하며, 채권의 성질이 상계를 허용하고 상계가 금지되어 있지 않아야 한다. 채무가 고의의 불법행위로 인한 것인 때에는 그 채무자는 상계로 채권자에게 대항하지 못한다(제496조). 상계에 의해 소멸한 채무는 상계할 수 있는 때에 소멸한 것으로 보기 때문에, 상계에는 소급효가 있다.

관련 판례

① 민법 제756조에 의한 사용자의 손해배상책임은 피용자의 배상책임에 대한 대체적 책임이고, 사용자책임에서 사용자의 과실은 직접의 가해행위가 아닌 피용자의 선임·감독에 관련된 것인 점에서, 피용자의 고의의 불법행위로 인하여 사용자책임이 성립하는 경우, 사용자는 자신의 고의의 불법행위가 아니라는 이유로 민법 제496조의 적용을 면할 수는 없다(대판 2006. 10. 26, 2004다63019).

② 민법 제626조 제2항은 임차인이 유익비를 지출한 경우에는 임대인은 임대차 종료 시에 그 가액의 증가가 현존한 때에 한하여 임차인의 지출한 금액이나 그 증가액을 상환하여야 한다고 규정하고 있으므로, 임차인의 유익비상환채권은 임대차계약이 종료한 때에 비로소 발생한다고 보아야 한다. 따라서 임대차 존속 중 임대인의 구상금채권의 소멸시효가 완성된 경우에는 위 구상금채권과 임차인의 유익비상환채권이 상계할 수 있는 상태에 있었다고 할 수 없으므로, 그 이후에 임대인이 이미 소멸시효가 완성된 구상금채권을 자동채권으로 삼아 임차인의 유익비상환채권과 상계하는 것은 민법 제495조에 의하더라도 인정될 수 없다(대판 2021. 2. 10, 2017다258787).

제 4 절 채권법각론

I. 계약총론

1. 계약의 의의

넓은 의미에서의 계약이란 '둘 이상의 서로 대립하는 의사표시의 합치'를 의미하고, 여기에는 채권계약뿐만 아니라 물권계약·준물권계약·가족법상의 계약 등도 포함한다. 좁은 의미에서의 계약이란 채권의 발생을 목적으로 하는 채권계약만을 가리키며, 민법은 여기에 관해서 일반적으로 적용되는 규정을 두고 있다.

한편 계약에 의한 법률관계의 형성은 원칙적으로 계약당사자의 자유에 맡겨진다는 계약자유의 원칙이 지배하며, 계약자유의 내용에는 체결의 자유, 상대방 선택의 자유, 내용결정의 자유, 방식의 자유를 포함한다. 이와 같은 계약자유도 강행규정이나 제103조의 '선량한 풍속 기타 사회질서'에 의해 제한받을 수 있다.

2. 계약의 성립

계약은 둘 이상의 계약당사자의 의사표시의 합치, 즉 합의에 의하여 성립하고, 의사표시의 합치는 당사자의 내적인 의사의 일치가 아니고 외적인 표시의 일치를 의미한다. 계약은 통상 계약당사자의 청약과 승낙이라는 의사표시의 일치에 의하여 성립하며, 그 외에도 의사실현과 교차청약에 의해서도 성립할 수 있다.

청약은 그에 대응하는 승낙과 결합하여 계약을 성립시킬 것을 목적으로 하는 일방적·확정적 의사표시로서, 청약자가 청약을 한 뒤에는 이를 임의로 철회하지 못한다. 승낙은 청약에 응하여 계약을 성립시킬 것을 목적으로 청약자에 대해서 하는 의사표시로서, 청약과 결합하여 계약을 성립하게 하는 효력이 있다. 청약에 승낙기간이 정해져 있는 경우에는 승낙이 그 기간 내에 청약자에게 도달하여야 계약이 성립하며, 승낙기간이 정해져 있지 않은 경우에는 승낙이 상당한 기간 내에 청약자에게 도달하여야 계약이 성립한다.

3. 계약의 효력

채권계약의 효력은 채권·채무의 발생이고, 민법전은 '계약의 효력'이라는 제목하에 동시이행의 항변권, 위험부담, 제3자를 위한 계약을 규정하고 있다. 여기서 동시이행의 항변권과 위험부담은 쌍무계약에 특유한 문제이고, 쌍무계약의 경우에는 당사자 쌍방의 채무가 대가적인 의미가 있기 때문에 그것들은 서로 운명을 같이 하는 의존관계에 있게 되는데, 쌍무계약에 있어서 채무들 상호간의 의존관계를 채무의 견련성이라 한다.

(1) 동시이행의 항변권

쌍무계약에 있어서 당사자 일방은 상대방이 채무를 이행하거나 이행의 제공을 할 때까지 자기 채무의 이행을 거절할 수 있는데, 이를 동시이행의 항변권이라 한다. 이것은 일시적으로 상대방의 청구권의 작용을 저지하는 연기적 항변권이고, 청구권을 소멸시키는 것은 아니다. 그리고 동시이행의 항변권이 생길 수 있는 동안에는 채무자는 이행지체가 되지 않는다.

관련 판례

아파트 수분양자의 중도금 지급의무는 아파트를 분양한 건설회사가 수분양자를 아파트에 입주시켜 주어야 할 의무보다 선이행하여야 하는 의무이나, 건설회사의 신용불안이나 재산상태의 악화 등은 민법 제536조 제2항의 건설회사의 의무이행이 곤란할 현저한 사유가 있는 때 또는 민법 제588조의 매매의 목적물에 대하여 권리를 주장하는 자가 있는 경우에 매수인이 매수한 권리의 전부나 일부를 잃을 염려가 있는 때에 해당하여, 아파트 수분양자는 건설회사가 그 의무이행을 제공하거나 매수한 권리를 잃을 염려가 없어질 때까지 자기의 의무이행을 거절할 수 있고, 수분양자에게는 이러한 거절권능의 존재 자체로 인하여 이행지체책임이 발생하지 않으므로, 수분양자가 건설회사에 중도금을 지급하지 아니하였다고 하더라도 그 지체책임을 지지 않는다(대판 2006. 10. 26, 2004다24106, 24113).

(2) 위험부담

쌍무계약의 당사자 일방의 채무가 채무자의 책임 없는 사유로 후발적으로 이행불능이 되어 소멸한 경우에 그에 대응하는 상대방의 채무가 어떠한 운명을 가지느냐의 문제이다. 우리 민법은 채무자위험부담의 원칙을 취하고 있어서, 이행할 수 없게 된 채무자는 상대방의 이행을 청구하지 못한다. 그러나 쌍무계약의 당사자 일방의 채무가 채권자의 책임 있는 사유로 이행할 수 없게 된 때와 채권자의 수령지체 중에 당사자 쌍방의 책임 없는 사유로 이행할 수 없게 된 때에는 상대방의 이행을 청구할 수 있다(제538조).

(3) 제3자를 위한 계약

제3자를 위한 계약이 성립하려면 채무부담약속을 요청하는 요약자와 채무부담약속을 수락하는 낙약자 사이에 채권계약을 성립시키는 합의와 제3자로 하여금 직접 권리를 취득하게 하는 의사표시가 있어야 한다. 따라서 제3자를 위한 계약은 계약당사자가 아닌 제3자로 하여금 직접 계약당사자의 일방에 대하여 채권을 취득하게 하는 것을 목적으로 하는 계약이다. 제3자가 낙약자에게 수익의 의사표시를 하면, 그 제3자는 채권을 취득하게 된다.

4. 계약의 해제

계약의 해제란 유효하게 성립한 계약의 효력을 당사자 일방의 의사표시에 의하여 처음부터 없었던 것과 같은 상태로 되돌아가게 함으로써 계약의 구속으로부터 벗어나게 하는 제도이다. 해제는 해제권이 있을 때에만 행하여질 수 있고, 해제권은 당사자 사이의 계약(약정해제권)이나 법률의 규정(법정해제권)에 의하여 발생한다. 해제권의 행사는 상대방에 대한 의사표시로 하고, 해제의 의사표시는 철회하지 못한다.

계약해제가 있으면 계약이 소급적으로 실효되고 각 당사자는 원상회복의무가 있으며, 해제와 함께 손해배상도 청구할 수 있다. 당사자 쌍방의 원상회복의무 및 손해배상의무는 동시이행의 관계에 있다.

관련판례

매매목적물인 부동산에 대한 근저당권설정등기나 가압류등기가 말소되지 아니하였다고 하여 바로 매도인의 소유권이전등기의무가 이행불능으로 되었다고 할 수 없고, 매도인이 미리 이행하지 아니할 의사를 표시한 경우가 아닌 한, 매수인은 이행지체에 따른 해제의 요건에 따라서만 해제할 수 있다(대판 2003. 5. 13, 2000다50688).

Ⅱ. 계약각론

민법은 채권편 제2장 제2절 내지 제15절에서 14가지 전형계약에 관해 규정하고 있는데, 여기서는 그 중에서도 비교적 빈번하게 이용되고 있는 증여, 매매, 임대차, 도급, 위임에 대해서만 설명하기로 한다.

1. 증 여

증여는 당사자 일방(증여자)이 무상으로 재산을 상대방(수증자)에게 수여하는 의사를 표시하고 상대방이 이를 승낙함으로써 성립하는 계약이다. 증여자는 증여의 목적인 물건 또는 권리에 하자나 흠결이 있어도 원칙적으로 담보책임을 지지 않지만, 증여자가 그 하자나 흠결을 알고 수증자에게 고지하지 않은 때에는 예외적으로 담보책임을 진다. 한편 증여의 의사가 서면으로 표시되지 않았거나, 수증자의 일정한 망은행위가 있을 때, 혹은 증여계약 후 증여자의 재산상태가 현저히 변경되고 그 이행으로 인하여 생계에 중대한 영향을 미칠 경우에는 증여계약을 해제할 수 있다.

2. 매 매

(1) 매매의 의의 및 성립

매매는 당사자 일방(매도인)이 재산권을 상대방(매수인)에게 이전할 것을 약정하고 상대방이 그 대금을 지급할 것을 약정함으로써 성립하는 계약이다. 계약의 체결시에 당사자 일방이 교부하는 금전 등의 계약금은 그 성질이 불분명한 때에는 해약금으로 보며, 계약금이 해약금인 경우에는 당사자 일방이 이행에 착수할 때까지 계약금의 교부자는 이를 포기하면서 수령자는 그 배액을 상환하면서 매매계약을 해제할 수 있다.

관련 판례

국토의 계획 및 이용에 관한 법률 소정의 허가구역 내의 토지에 관하여 매매계약이 체결된 경우 당사자는 그 매매계약이 효력이 있는 것으로 완성될 수 있도록 서로 협력할 의무가 있지만, 이러한 의무는 그 매매계약의 효력으로서 발생하는 매도인의 재산권이전의무나 매수인의 대금지급의무와는 달리 신의칙상의 의무에 해당하는 것이므로, 따라서 계약금만 수수한 상태에서 당사자가 토지거래허가신청을 하고 이에 따라 관할관청으로부터 그 허가를 받았다 하더라도, 그러한 사정만으로는 아직 이행의 착수가 있다고 볼 수 없어, 매도인으로서는 민법 제565조에 의하여 계약금의 배액을 상환하여 매매계약을 해제할 수 있다(대판2009. 4. 23, 2008다62427).

(2) 매매의 효력

1) 매도인의 재산권이전의무

매매계약이 성립하면, 매도인은 매수인에게 매매의 목적이 된 재산권을 이전하여야 할 의무가 있다. 타인의 재산권을 매도한 때에는 이를 취득하여 매수인에게 이전하여야 한다. 그리고 목적물을 인도하기 전에 그것으로부터 생긴 과실은 매도인에게 귀속한다.

2) 매도인의 담보책임

매매의 목적인 재산권 또는 그 재산권의 객체인 물건에 하자가 있는 경우에 매도인이 매수인에 대하여 지는 책임을 매도인의 담보책임이라 한다. 그 내용은 개별적인 경우에 따라 다르고, 매수인은 일정한 요건하에 계약해제권·대금감액청구권·손해배상청구권·완전물급부청구권 등을 행사할 수 있다.

권리의 하자에 대한 담보책임으로는 ① 권리의 전부가 타인에게 속하는 경우,

② 권리의 일부가 타인에게 속하는 경우, ③ 권리의 일부가 존재하지 않는 경우(목적물의 수량부족·일부멸실), ④ 재산권이 타인의 용익적 권리에 의하여 제한받고 있는 경우, ⑤ 재산권이 저당권·전세권에 의하여 제한받고 있는 경우 등을 들 수 있다. 매매의 목적물인 물건에 하자가 있는 경우, 매수인이 선의이고 무과실인 때에 매수인은 매도인에게 담보책임을 물을 수 있는데, 이를 보통 매도인의 하자담보책임이라고 한다.

관련 판례

① 매매의 목적물이 거래통념상 기대되는 객관적 성질·성능을 결여하거나, 당사자가 예정 또는 보증한 성질을 결여한 경우에 매도인은 매수인에 대하여 그 하자로 인한 담보책임을 부담한다 할 것이고, 한편 건축을 목적으로 매매된 토지에 대하여 건축허가를 받을 수 없어 건축이 불가능한 경우, 위와 같은 법률적 제한 내지 장애 역시 매매목적물의 하자에 해당한다 할 것이나, 다만 위와 같은 하자의 존부는 매매계약성립시를 기준으로 판단하여야 한다(대판 2000. 1. 18, 98다18506).

② 매매의 목적물에 하자가 있는 경우 매도인의 하자담보책임과 채무불이행책임은 별개의 권원에 의하여 경합적으로 인정된다. 이 경우 특별한 사정이 없는 한 하자를 보수하기 위한 비용은 매도인의 하자담보책임과 채무불이행책임에서 말하는 손해에 해당한다. 따라서 매매 목적물인 토지에 폐기물이 매립되어 있고 매수인이 폐기물을 처리하기 위해 비용이 발생한다면 매수인은 그 비용을 민법 제390조에 따라 채무불이행으로 인한 손해배상으로 청구할 수도 있고, 민법 제580조 제1항에 따라 하자담보책임으로 인한 손해배상으로 청구할 수도 있다(대판 2021. 4. 8, 2017다202050).

3) 매수인의 의무

매수인은 대금지급의무를 부담한다. 대금지급의 시기나 장소 등은 보통 당사자의 특약에 의해 정하여지고, 특약이 없는 경우에는 민법의 규정에 따른다. 재산권이전의무와 대금지급의무 중 어느 하나에 관하여 기한이 정해져 있는 경우에는, 다른 의무의 이행시기도 동일한 것으로 추정된다. 특정물채무가 아닌 채무는 채권자의 주소지에서 변제하는 것이 원칙이지만, 매매목적물의 인도와 동시에 대금을 지급할 경우에는 그 인도장소에서 대금을 지급하여야 한다.

3. 임대차

(1) 임대차의 의의 및 존속기간

임대차는 당사자 일방(임대인)이 상대방(임차인)에게 목적물을 사용·수익하게 할 것을 약정하고, 상대방이 이에 대하여 차임을 지급할 것을 약정함으로써 성립하는 계약이다. 계약으로 임대차의 존속기간을 정하는 경우에 민법은 주택이나 상가건물의 임대차를 규정하는 특별법에서와는 달리 최단기간을 보장하는 규정을 두고 있지 않으며, 최장기간도 종전 민법 제651조가 위헌결정의 선고에 의해(헌재결 2013. 12. 26, 2011헌바234) 삭제됨에 따라 원칙적으로 제한이 없는 것으로 되었다. 임대차의 당사자가 그 존속기간을 계약으로 정하지 않은 때에는 당사자는 언제든지 계약해지의 통고를 할 수 있다. 임대차기간이 만료한 후 임차인이 계속 임차물을 사용·수익하는 경우, 임대인이 상당한 기간 내에 이의를 제기하지 않는 때에는 전임대차와 동일한 조건으로 다시 임대차한 것으로 본다.

(2) 임대인의 의무와 임차인의 권리

임대인은 임차인이 사용·수익하기에 적합하도록 목적물을 인도하고 필요한 상태를 유지하게 할 의무(수선의무)를 부담하고, 임차인이 임차물에 필요비나 유익비 등의 비용을 지출한 경우에는 임대인은 이를 상환하여야 한다. 임차인은 임대차에 기하여 임차목적물을 사용·수익할 수 있는 임차권을 가진다. 그리고 건물 기타 공작물의 임차인이 그의 사용의 편익을 위하여 임대인의 동의를 얻어 이에 부속시킨 물건이 있거나 또는 임대인으로부터 매수한 부속물이 있는 때에는, 임차인은 임대차의 종료시에 임대인에 대하여 그 부속물의 매수를 청구할 수 있다.

관련 판례

임대차계약에서 임대인은 임대차목적물을 계약 존속 중 그 사용·수익에 필요한 상태를 유지하게 할 의무로서 수선의무를 부담하는 것이므로, 이는 임대인에게 귀책사유가 있는 경우는 물론 귀책사유가 없는 경우에도 마찬가지이다(대판 2010. 4. 29, 2009다96984).

임대차계약에서 "임차인은 임대인의 승인하에 개축 또는 변조할 수 있으나 부동산의 반환기일 전에 임차인의 부담으로 원상복구키로 한다"고 약정한 경우, 이는 임차인이 임차목적물에 지출한 비용상환청구권을 미리 포기한 취지의 특약으로 보아야 한다(대판 1995. 6. 30, 95다12927).

(3) 임차권의 양도와 임차물의 전대

임차권의 양도는 임차권을 그 동일성을 유지하면서 이전하는 계약이고, 임차물의 전대는 임차인이 자신이 임대인이 되어서 그의 임차물을 다시 제3자에게 사용·수익하게 하는 계약이다. 임차권의 양도와 임차물의 전대는 원칙적으로 금지되고, 임대인의 동의가 있을 때에만 양도·전대를 허용한다. 임차인이 임대인의 동의를 얻지 않고 임차권을 양도하거나 임차물을 전대한 때에는 임대인은 계약을 해지할 수 있다.

관련 판례

임차인이 임대인으로부터 승낙을 얻은 바 없이 제3자에게 임차물을 사용·수익하도록 한 경우에 있어서도 임차인의 당해 행위가 임대인에 대한 배신적 행위라고 인정할 수 없는 특별한 사정이 있는 경우에는 민법 제629조에 의한 해지권은 발생하지 않는데, 임차권의 양수인이 임차인과 부부로서 임차건물에 동거하면서 함께 가구점을 경영하여 온 경우에는 '특별한 사정'에 해당한다(대판 1993. 4. 27, 92다45308).

4. 도 급

도급은 당사자 일방(수급인)이 어떤 일을 완성할 것을 약정하고 상대방(도급인)이 그 일의 결과에 대하여 보수를 지급할 것을 약정함으로써 성립하는 계약으로, 건물의 신축을 위한 공사계약을 그 예로 들 수 있다. 수급인은 도급의 목적이 되는 일을 완성할 의무가 있으며, 완성된 일에 하자가 있는 때에는 담보책임을 진다. 도급인은 수급인에 대하여 상당한 기간을 정하여 하자의 보수를 청구할 수 있고, 하자보수에 갈음하여 혹은 하자보수와 함께 손해배상을 청구할 수 있다. 도급인이 완성된 목적물의 하자로 인하여 계약의 목적을 달성할 수 없는 때에는 계약을 해제할 수 있다. 그러나 목적물의 하자가 도급인이 제공한 재료의 성질 또는 도급인의 지시에 기인한 때에는 수급인의 담보책임은 발생하지 않는다.

관련 판례

도급계약에서 일의 완성에 관한 주장·입증책임은 일의 결과에 대한 보수의 지급을 청구하는 수급인에게 있고, 위 목적물의 인도와 보수의 지급은 동시이행의 관계에 있다(대판 2006. 10. 13, 2004다21862).

5. 위 임

당사자 일방(위임인)이 상대방(수임인)에 대하여 사무의 처리를 위탁하고 상대방이 이를 승낙함으로써 성립하는 계약이 위임이다. 예를 들어, 법무사에게 매수한 부동산의 등기신청을 맡긴 경우가 그에 해당한다. 수임인은 선량한 관리자의 주의로써 위임사무를 처리해야 하는데, 위임은 당사자의 신임관계를 기초로 하므로 수임인은 원칙적으로 스스로 위임사무를 처리하여야 한다. 또한 수임인은 위임인의 청구에 따라 위임사무의 처리상황을 보고해야 하고, 위임사무의 처리로 인하여 받은 금전·물건 및 수취한 과실을 위임인에게 인도하여야 한다.

관련판례

구분건물의 수분양자로부터 소유권이전등기신청절차를 위임받은 법무사가 그 절차를 경료하기 전에 건축주로부터 구분건물의 소유권보존등기절차를 이행하고 보관 중이던 등기권리증의 반환을 요구받은 경우, 수분양자가 매수인으로서의 의무이행을 완료한 사실을 알고 있었고 건축주가 등기권리증을 이용하여 구분건물을 담보로 제공하고 금원을 차용하려 한다는 것을 예상할 수 있었다면, 건축주의 요청을 거부하거나 그 취지를 수분양자에게 통지하여 권리보호를 위한 적당한 조치를 취할 기회를 부여할 의무가 있다(대판 2001. 2. 27, 2000다39629).

Ⅲ. 사무관리

해외여행을 떠난 이웃의 가옥이 태풍으로 인해 침수될 위험에 처한 경우에 피해의 방지를 위해 필요한 조치를 취하는 것처럼, 사무관리는 계약 또는 법률에 의한 의무 없이 타인을 위하여 그의 사무를 관리하는 행위이다. 사무관리는 그 사무의 성질에 좇아 본인에게 가장 이익이 되는 방법으로 하여야 하나, 만약 관리자가 본인의 의사를 알거나 알 수 있는 때에는 그 의사에 적합하도록 하여야 한다. 관리자가 본인을 위하여 필요비 또는 유익비를 지출한 때에는 본인에 대하여 그 상환을 청구할 수 있고, 본인의 의사에 반하여 관리한 때에는 본인의 현존이익의 한도에서 비용상환을 청구할 수 있다.

Ⅳ. 부당이득

1. 부당이득의 의의 및 성립

부당이득이란 법률상 원인 없이 타인의 재산 또는 노무로 인하여 얻은 이익이다. 부당이득이 생긴 때에는 이득을 얻은 수익자가 손실자에게 그 수익을 반환하여야 한다. 선의의 수익자는 그 받은 이익이 현존하는 한도에서 반환의무가 있고, 악의의 수익자는 그 받은 이익에 이자를 붙여 반환하고 손해가 있으면 이를 배상하여야 한다. 부당이득이 성립하기 위해서는 ① 타인의 재산 또는 노무에 의하여 이익을 얻었을 것, ② 그러한 수익의 결과 타인에게 손해를 끼쳤을 것, ③ 법률상의 원인이 없을 것 등의 요건이 필요하다.

2. 비채변제(非債辨濟)

채무가 없음에도 불구하고 변제로서 급부하는 것을 비채변제라 하고, 원칙적으로 이것은 부당이득이 되어 반환청구를 할 수 있다. 그런데 민법은 일정한 경우에는 반환청구를 허용하지 않고 있다. 변제자가 채무가 없음을 알고 변제한 경우, 채무 없는 자가 채무가 없음을 모르고 변제하였더라도 그 변제가 도의 관념에 적합한 경우, 채무자가 변제기 전에 채무를 변제한 경우 등에는 그 반환을 청구하지 못한다. 또한 채무자 아닌 자가 타인의 채무를 자기의 채무로서 변제한 경우라 하더라도, 채권자가 선의로 증서를 훼멸하거나 담보를 포기하거나 시효로 인하여 그의 채권을 잃은 때에는, 변제자는 반환을 청구할 수 없다.

3. 불법원인급여

불법원인에 의한 급부는 그 원인행위가 무효이므로 그로 인한 이익은 부당이득이 되어 반환되어야 하는 것이 원칙이지만, 민법 제746조는 그 이익의 반환을 청구하지 못하는 것으로 규정하고 있다. 불법원인급여가 되기 위해서는 불법의 원인으로 인하여 재산을 급여하거나 노무를 제공하였어야 한다. 불법원인급여에 해당하더라도 불법원인이 수익자에게만 있는 때에는 예외적으로 급부한 것의 반환을 청구할 수 있다.

관련 판례

부당이득의 반환청구가 금지되는 사유로 민법 제746조가 규정하는 불법원인이라 함은 그 원인되는 행위가 선량한 풍속 기타 사회질서에 위반하는 경우를 말하는 것인바, 윤락행위 및 그것을 유인·강요하는 행위는 선량한 풍속 기타 사회질서에 위반되므로, 윤락행위를 할 자를 고용·모집하는 자가 성매매의 유인·강요의 수단으로 이용되는 선불금 등 명목으로 제공한 금품이나 재산상의 이익 등은 불법원인급여에 해당하여 그 반환을 청구할 수 없다(대판 2004. 9. 3, 2004다27488, 27495).

V. 불법행위

1. 불법행위 일반

고의 또는 과실로 위법하게 타인에게 손해를 가하는 행위가 불법행위이고, 불법행위가 있으면 가해자는 피해자에 대하여 손해배상책임을 부담한다(제750조). 이것은 민법의 기본원리 가운데 하나인 과실책임의 원칙을 규정한 것이다. 그러나 과학기술이 발달하면서 손해발생에 과실이 없다고 인정되는 상황이 많이 나타나고, 과실이 있다고 하더라도 이를 증명하기가 쉽지 않은 경우가 증가하기 때문에 과실이 없어도 책임을 진다는 무과실책임론이 주장되었고, 필요한 분야에서는 무과실책임을 수용하는 입법을 하고 있다.

일정한 사안에서는 동일한 사실로부터 계약책임의 요건과 불법행위의 요건을 모두 충족시켜서, 피해자가 채무불이행으로 인한 손해배상청구권과 불법행위에 의한 손해배상청구권을 선택적으로 행사할 수 있는 경우가 발생하기도 한다.

관련 판례

금전을 대여한 채권자가 고의 또는 과실로 이자제한법을 위반하여 최고이자율을 초과하는 이자를 받아 채무자에게 손해를 입힌 경우에는 특별한 사정이 없는 한 민법 제750조에 따라 불법행위가 성립한다고 보아야 한다. 최고이자율을 초과하여 지급된 이자는 이자제한법 제2조 제4항에 따라 원본에 충당되므로, 이와 같이 충당하여 원본이 소멸하고도 남아 있는 초과 지급액은 이자제한법 위반 행위로 인한 손해라고 볼 수 있다. 부당이득반환청구권과 불법행위로 인한 손해배상청구권은 서로 별개의 청구권으로서, 제한 초과이자에 대하여 부당이득반환청구권이 있다고 해서 그것만으로 불법행위의 성립이 방해되지 않는다. 나아가 채권자와 공동으로 위와 같은 이자제한법 위반 행위를 하였거나 이에 가담한 사람도 민법 제760조에 따라 연대하여 손해를 배상할 책임이 있다(대판 2021. 2. 25, 2020다230239).

2. 일반 불법행위의 성립요건

(1) 가해자의 고의·과실

불법행위가 성립하기 위해서는 가해자의 고의 또는 과실에 의한 행위가 있어야 하는데, 고의는 일정한 결과의 발생을 인식하면서 행위를 하는 심리상태이고, 과실은 일정한 결과의 발생을 인식했어야 함에도 불구하고 부주의로 인하여 인식하지 못하고 행위를 하는 심리상태이다. 불법행위에 있어서의 과실은 보통 평균인의 주의력을 기준으로 하는 추상적 과실을 의미한다. 가해자의 행위가 고의나 과실에 기인했는가는 원칙적으로 불법행위의 성립을 주장하는 피해자가 입증하여야 한다.

(2) 가해자의 책임능력

불법행위가 성립하기 위한 책임능력은 자기의 행위로 인한 결과가 위법한 것으로서 법률상 비난받는 것임을 인식하는 정신능력이고, 책임능력이 있는지 여부는 행위 당시를 기준으로 하여 판단한다. 책임능력이 없는 미성년자(제753조)와 심신상실 중에 타인에게 손해를 가한 자는 배상책임이 없다(제754조). 다만 가해행위를 한 자가 면책되는 경우에 그를 감독할 의무가 있는 자가 책임을 지는 경우가 있다(제755조).

(3) 가해행위의 위법성

불법행위는 가해자의 가해행위로 인해 타인의 권리 내지 법익을 침해하는 것을 요건으로 하는 점에서, 위법성을 판단하는 데에는 침해되는 이익과 침해행위의 양자를 고려하여 판단하여야 한다. 여기에서 위법이라고 판정을 내리는 기준은 실정법은 물론이고 선량한 풍속 기타 사회질서도 포함한다. 일정한 사유가 있는 때에는 위법성이 없는 것으로 되는데, 그러한 사유를 위법성 조각사유라 한다.

관련판례

변호사 정보 제공 웹사이트 운영자가 변호사들의 개인신상 정보를 기반으로 변호사들의 '인맥지수'를 산출하여 공개하는 서비스를 제공한 사안에서는 변호사들의 개인정보에 관한 인격권을 침해한 것으로 보았으나, 그 운영자가 대법원 홈페이지에서 제공하는 서비스를 통해 변호사들의 '승소율이나 전문성 지수' 등을 제공하는 서비스를 한 사안에서는 변호사들의 개인정보에 관한 인격권을 침해하는 위법한 행위로 평가할 수 없다(대판 2011. 9. 2, 2008다42430 전원합의체).

(4) 가해행위에 의한 손해발생

어떠한 가해행위가 불법행위로 되려면 피해자에게 현실적으로 손해가 발생했어야 하고, 가해행위와 손해발생 사이에 인과관계가 있어야 한다. 인과관계가 인정되는 손해라 해도 배상이 인정되지 않을 수도 있는데, 이것은 배상범위의 확정단계에서 결정되어야 할 문제이기 때문이다.

3. 민법상의 특수불법행위

민법이 규정하고 있는 특수 불법행위에는 책임무능력자의 감독자의 책임(제755조), 사용자책임(제756조, 제757조), 공작물 등의 점유자·소유자의 책임(제758조), 동물점유자의 책임(제759조), 공동불법행위자의 책임(제760조) 등이 있다. 이 가운데 공동불법행위는 공동행위자 모두에게 연대책임을 부담시키는 점에서, 나머지는 타인의 가해행위 또는 물건에 의한 손해에 대하여 배상책임을 지우는 점에서 일반 불법행위와 다르다.

(1) 책임무능력자의 감독자책임

책임무능력자가 책임능력이 없어서 불법행위책임을 지지 않는 경우, 책임무능력자를 감독할 법정의무 있는 자(친권자·후견인 등)와 감독의무자에 갈음하여 무능력자를 감독하는 자(학교장·정신병원장 등)는 무능력자가 제3자에게 가한 손해를 배상할 책임이 있다. 그러나 감독의무자가 감독의무를 게을리하지 않았음을 증명하면 면책될 수 있다.

(2) 사용자의 책임

타인을 사용하여 어느 사무에 종사하게 한 자는 피용자가 그 사무집행에 관하여 제3자에게 가한 손해를 배상할 책임을 지는데, 이를 사용자책임이라 한다. 사용자책임은 기본적으로 과실책임의 범주에 속하는 것이지만, 사용자의 과실이 문제되는 것은 피용자의 선임·감독에 관한 것이고 피용자의 가해행위 자체에 대한 것이 아니며, 사용자는 자신에게 그와 같은 과실이 없다는 사실을 입증하여야 면책될 수 있는 점에서 그 입증책임이 가해자에게 전환된 중간책임으로 구성되어 있다. 사용자책임이 성립하는 경우에 사용자와 대리감독자가 책임을 지게 되고, 피용자는 이와 별도로 제750조에 의한 불법행위책임을 진다. 사용자 또는 대리감독자가 피해자에게 배상한 때에는 피용자에 대하여 구상권을 행사할 수 있다.

(3) 공작물 등의 점유자·소유자의 책임

공작물의 설치 또는 보존의 하자로 인하여 타인에게 손해를 가한 때에는 제1차적으로 공작물의 점유자가 손해를 배상할 책임이 있다(제758조 제1항 본문). 공작물 점유자가 손해의 방지에 필요한 주의를 게을리하지 않은 때에는 면책되는데, 이 경우에는 제2차적으로 공작물의 소유자가 책임을 진다.

관련 판례

폭설로 차량 운전자 등이 고속도로에서 장시간 고립된 사안에서, 고속도로의 관리자가 고립구간의 교통 정체를 충분히 예견할 수 있었음에도 교통제한 및 운행정지 등 필요한 조치를 충실히 이행하지 아니하였으므로 고속도로의 관리상의 하자가 인정된다(대판 2008. 3. 13, 2007다29287, 29294).

(4) 동물점유자의 책임

동물의 점유자 또는 점유자에 갈음하여 동물을 보관하는 자는 그 동물이 타인에게 가한 손해를 배상할 책임이 있으나, 동물의 종류와 성질에 따라 그 보관에 상당한 주의를 게을리하지 않은 때에는 배상책임이 없다(제759조).

(5) 공동불법행위

공동불법행위는 여러 사람이 공동으로 불법행위를 하여 타인에게 손해를 가하는 경우인데, 민법은 수인이 공동의 불법행위로 타인에게 손해를 가한 경우(협의의 공동불법행위), 공동 아닌 수인의 행위 중 누구의 행위가 그 손해를 야기한 것인지를 알 수 없는 경우(가해자 불명의 공동불법행위) 및 교사자나 방조자의 공동불법행위에 관하여 규정한다.

관련 판례

의사가 환자를 수술하는 과정에서 환자의 호흡이 정지되어 다른 병원으로 이송하였으나 환자가 저산소성 뇌손상으로 사망한 사안에서, 의사에게는 마취수술 과정에서 마취제를 과다하게 투여하고 호흡관리를 제대로 하지 못한 과실이 있고, 타병원도 수액 과다투여 등의 과실이 있어 양측이 뇌손상 및 사망의 원인이 된 경우, 의사의 행위와 타병원의 행위는 공동불법행위에 해당한다(대판 2012. 1. 27, 2009다82275, 82282).

4. 불법행위의 효과

불법행위가 성립하면 피해자는 가해자에 대하여 손해배상청구권을 취득하게 되는데, 원칙적으로 손해를 입은 자인 직접적 피해자가 손해배상청구권을 가진다. 다만 이 청구권은 피해자나 그 법정대리인이 그 손해 및 가해자를 안 날로부터 3년간 행사하지 않으면 시효로 인하여 소멸하며, 불법행위를 한 날부터 10년이 지난 때에도 마찬가지이다. 손해배상은 금전으로 하여야 하며, 법률에 특별한 규정이 있거나 당사자의 다른 의사표시가 있는 때에는 예외적으로 원상회복청구가 인정된다.

관련 판례

매수인이 매도인의 기망행위로 인하여 부동산을 고가에 매수하게 됨으로써 입게 된 손해는 부동산의 매수 당시 시가와 매수가격과의 차액이고, 그 후 매수인이 위 부동산 중 일부에 대하여 보상금을 수령하였다거나 부동산 시가가 상승하여 매수가격을 상회하게 되었다고 하여 매수인에게 손해가 발생하지 않았다고 할 수 없다(대판 2010. 4. 29, 2009다91828).

제 5 절 친족상속법

Ⅰ. 가족법의 의의 및 특징

가족법은 가족 및 친족 간의 공동생활을 규율하는 법(실질적 의미의 가족법)을 의미하고, 민법 제4편의 친족과 제5편의 상속을 합쳐서 형식적 의의의 가족법이라 한다. 가족법은 국가나 사회의 기초가 되는 질서를 규율하므로 강행법규성을 가지기 때문에 이에 반하는 합의는 무효이다. 또한 혼인이나 이혼 등과 같은 대부분의 신분행위는 법적 신고를 해야 효력이 발생하는 요식행위이다. 가족법상의 법률행위는 일신전속권이므로 원칙적으로 대리가 불가능하며, 가족법상의 권리는 특정한 가족관계를 기초로 하여 발생하기 때문에 가족권만 분리하여 양도하거나 상속하는 것이 불가능하다.

Ⅱ. 친족의 종류 및 범위

친족은 배우자, 혈족, 인척으로 구성되고, 8촌 이내의 혈족, 4촌 이내의 인척, 배우자를 친족의 범위로 인정하고 있다. 배우자는 법률혼을 통해서 발생한 관계로 사실혼 관계의 배우자나 첩은 친족이 아니다. 혈족은 다시 자연혈족과 법정혈족으로 나뉜다. 자연혈족이란 혈연관계가 있는 자를 의미하고 이는 다시 직계혈족과 방계혈족으로 나뉜다. 인척에는 혈족의 배우자, 배우자의 혈족, 배우자의 혈족의 배우자가 있다. 혈족의 배우자의 혈족은 사돈지간으로 인척관계에 포함되지 않는다.

Ⅲ. 혼 인

1. 약 혼

약혼이란 장래에 혼인을 할 것을 약정하는 계약으로 사실혼이나 정혼, 동거와는 구별된다. 약혼이 성립하기 위해서는 당사자 간에 약혼의 합의가 있어야 하고 남녀 모두 만 18세의 약혼연령에 이르러야 한다. 조건이나 기한이 있는 약혼도 유효하지만 일정한 형식을 필요로 하지는 않는다. 약혼이 성립하게 되면 장래에 혼인을 할 의무가 있게 되지만 친족관계는 발생하는 것은 아니고, 약혼 중에 태어난 자(子)는 혼인 외의 자가 된다.

약혼은 당사자 일방의 사망이나 혼인을 할 수 없는 사유가 발생하면 해제된다. 또한 민법 제804조에 해당하는 사유가 있으면 해제할 수 있다. 그 외에도 일방적으로 약혼을 해제할 수 있다. 약혼의 해제는 상대방에 대한 의사표시로 하며 특별한 형식을 필요로 하지 않는다. 약혼을 해제하게 되면 소급하여 무효가 되고, 해제한 경우에는 책임 있는 당사자에게 손해배상을 청구할 수 있다(제806조). 약혼 예물을 교환한 경우 약혼이 해제되면 부당이득의 법리에 따라 상대방에 대하여 교환한 예물의 반환을 청구할 수 있다.

2. 혼 인

(1) 혼인의 성립

혼인이 성립하기 위해서는 실질적 요건으로 우선 당사자 간에 혼인의사의 합치가 있어야 한다. 혼인합의는 자유로운 의사결정에 따른 것이어야 하며, 혼인합의는 혼인신고할 당시뿐만 아니라 수리 시에도 존재하여야 한다. 남녀 모두 만 18세에 이르러야 하고, 근친이나 중혼이 아니어야 한다. 또한 형식적 성립요건으로 반드시 혼인신고를 하여야 한다.

관련 판례

중혼자가 사망한 후에라도 그 사망에 의하여 중혼으로 인하여 형성된 신분관계가 소멸하는 것은 아니므로 전혼의 배우자는 생존한 중혼의 일방 당사자를 상대로 중혼의 취소를 할 수 있다.(대판 1991. 12. 10, 91므535)

(2) 혼인의 효과

혼인으로 인하여 친족관계가 발생하며, 부부간에는 동거·부양·협조의 의무를 진다. 또한 부부간에는 명문의 규정은 없지만 정조의 의무를 진다. 미성년자가 혼인을 하게 되면 혼인의 독립성을 보장하기 위해서 성년으로 의제된다. 따라서 성년으로 의제된 자는 민법상의 행위능력을 갖게 된다.

혼인의 재산상 효력에 대해서는 우선 당사자 사이의 합의에 의한 약정을 우선으로 하고, 당사자 간에 이러한 합의가 없는 경우 법정재산제에 따른다. 전자를 부부재산계약이라 하며 혼인신고 전에 체결되고 등기되어야 한다. 후자의 경우 우리나라는 법정재산제로 부부별산제를 따르고 있다. 부부별산제에 따르면 부부의 누구에게 속한 것인지 분명하지 않는 재산을 공유재산이라 하고, 부부의 일방이 혼인 전부터 가진 재산은 고유재산이고 부부의 일방이 혼인 중 자기의 명의로 취득한 재산을 특유재산이라 한다. 특유재산은 부부가 각자 관리·사용·수익한다.

부부의 공동생활에 필요한 비용은 당사자 사이에 특별한 약정이 없는 한 부부가 공동으로 부담하며, 가정생활을 영위하는데 있어서 상시 행하여지는 행위인 일상가사에 대해서는 서로 간에 대리권을 가지는데, 이를 일상가사대리권이라 한다. 또한 일상가사로 인하여 발생한 채무에 대해서는 연대하여 책임을 부담하게 되는데 이를 일상가사채무연대책임이라 한다.

3. 이 혼

(1) 혼인의 해소

완전하고 유효하게 성립한 혼인은 배우자의 사망이나 이혼으로 인하여 종료하게 되는데 이를 혼인의 해소라고 한다. 사망에는 자연사와 실종선고에 의한 사망의제를 포함하며, 이혼에는 당사자의 협의에 의한 협의이혼과 재판에 의한 재판상 이혼이 있다.

(2) 협의 이혼

협의이혼이 성립하기 위해서는 실질적 요건과 형식적 요건을 갖추어야 한다. 실질적 요건으로 이혼의사의 합치가 있어야 하고, 이러한 이혼의사는 이혼신고서 작성시뿐만 아니라 수리시에도 존재하여야 한다. 형식적 요건으로는 이혼의사의 확인을 받아야 하는데, 이혼의사가 협의되고 이혼의사확인신청을 하게 되면, 양육하여야 할 자가 있는 경우 3개월, 양육하여야 할 자가 없는 경우 1개월의 숙려기간이 경과하여야 한다. 가정법원에서 이혼의사의 확인을 받은 경우 당사자 쌍방과 성년자인 증인 2인이 연서한 서면을 가지고 신고하여야 한다. 양육하여야 할 자가 있는 경우 양육과 친권자 결정에 관한 협의서 또는 가정법원의 심판정본을 제출하여야 하고, 양육비부담조서를 작성하여 제출하여야 한다.

(3) 재판상 이혼

부부간에 협의가 이루어지지 않았으나 민법에서 정하고 있는 사유로 인하여 혼인관계를 계속하기 어려운 경우 일방 배우자가 타방 배우자에 대하여 가정법원에 이혼을 청구하여 그 재판에 의해 이혼하게 되는 것을 재판상 이혼이라고 한다. 이때 유책주의에 따라 혼인관계가 파탄된 데 대하여 책임이 있는 당사자는 이혼청구를 하지 못한다.

재판상 이혼사유로는 ① 배우자에게 부정한 행위가 있었을 때, ② 배우자가 악의로 다른 일방을 유기한 때, ③ 배우자 또는 그 직계존속으로부터 심히 부당한 대우를 받았을 때, ④ 자기의 직계존속이 배우자로부터 심히 부당한 대우를 받았을 때, ⑤ 배우자의 생사가 3년 이상 분명하지 아니한 때, ⑥ 기타 혼인을 계속하기 어려운 중대한 사유가 있을 때이다.

재판상 이혼을 하려는 자는 우선 가정법원에 조정을 신청하여야 하고, 조정을 하지 않기로 하는 결정이 있거나 조정이 성립되지 않은 것으로 종결되거나 조정에 갈음하는 결정이 이의신청에 의하여 효력을 상실하게 되면 재판에 의하여 이혼을 하게 된다. 원고의 이혼 청구가 이유 있으면 원고의 청구를 인용하여 이혼판결을 하게 되고, 그렇지 않은 경우 청구를 기각한다.

(4) 이혼의 효과

이혼의 성립으로 혼인관계는 종료하고 혼인관계를 전제로 하였던 모든 권리와 의무가 소멸한다. 배우자관계와 인척관계가 소멸하고 재혼이 가능하게 된다. 부모가 이혼하게 되더라도 그들 사이의 혼인 중의 출생자는 그 지위를 계속해서 유지한다.

부부의 일방이 양육권을 갖게 되면 양육권을 갖지 않는 부모가 자녀와 면접하고 서신을 교환하고 접촉할 수 있는 권리를 가지게 되는데, 이를 면접교섭권이라 한다. 종래 부모만이 면접교섭권을 행사할 수 있었으나, 현재는 자(子)에게도 인정되고 있으며 면접교섭의 행사방법과 범위에 관해서는 부모의 협의로 정하여지고, 협의가 되지 않거나 협의할 수 없는 경우에는 당사자가 가정법원에 청구하여 정하게 된다.

이혼을 한 배우자의 일방은 상대방에 대하여 혼인생활 중 조성되거나 증가·유지된 재산의 분할을 청구할 수 있게 되는데, 이를 재산분할청구권이라 한다. 혼인관계의 파탄에 대하여 책임이 있는 배우자에게도 재산분할청구권이 인정된다. 재산분할청구권은 이혼소송과 동시에 진행되어도 되고, 별도의 소로 행사되는 것도 가능하다. 다만 별도로 이루어지는 경우 이혼 후 2년 이내에 소가 제기되어야 한다. 이때 분할의 대상이 되는 재산은 쌍방의 협력으로 이룩한 재산에 한정하며, 고유재산이나 특유재산, 개인채무는 분할의 대상이 되지 않는다. 그러나 부부의 일방이 이혼시에 이미 수령한 퇴직금이나 연금, 상여금은 분할의 대상이 되며, 임대차보증금반환채무도 분할의 대상이 된다. 재산분할청구권과는 별도로 유책한 배우자에게 위자료를 청구하는 것도 가능하다.

관련 판례

혼인 중에 일방의 명의로 취득한 특유재산으로 추정된다 하더라도 일방 또는 쌍방이 그 재산의 증식에 적극적으로 기여하였다는 것이 증명된 때에는 특유재산의 추정은 번복된다(대판 1995. 10. 12, 95다25695).

4. 사실혼

사실혼이란 당사자 사이에 혼인의 의사가 있고 객관적으로 사회관념상으로 가족질서적인 면에서 부부공동생활을 인정할 만한 혼인생활의 실체가 있으나, 혼인신고를 하지 않아 법률혼이 되지 못하는 혼인을 의미한다. 사실혼 배우자에게는 동거·부양·협조의 의무와 같은 실질적 혼인생활에 따른 법률효과는 인정되지만, 상속이나 중혼과 같은 혼인신고를 전제로 하는 법률효과는 발생하지 않는다. 사실혼

관계에서 출생한 자(子)는 혼인 외의 출생자이고, 부(父)의 인지가 없는 한 원칙적으로 모(母)가 친권을 행사한다. 또한 배우자의 친족들과 인척관계가 발생하지 않는다. 사실혼은 당사자 사이의 혼인해소의 합의만으로 언제든지 종료하며, 사실혼 관계의 해소로 인하여 재산분할청구권과 손해배상청구권을 행사할 수 있다.

Ⅳ. 부모와 자

1. 친생자

출생에 의해 이루어진 부모와 자(子)의 관계를 친생자라 하고 친생자 관계 중에서 혼인 관계에 있는 부부 사이에서 출생한 자를 혼인 중의 자라고 한다. 혼인 중의 자는 생래 혼인 중의 자와 준정에 의한 혼인 중의 자로 나뉘고, 생래 혼인 중의 자는 다시 친생추정을 받는 혼인 중의 출생자와 친생추정을 받지 않는 혼인 중의 출생자로 나뉜다. 친생추정을 받는 혼인 중의 자는 친생부인의 소를 통해서만 친생자관계를 해소할 수 있게 된다. 법률상 혼인관계가 없는 남녀 사이에서 출생한 자를 혼외자라 한다. 혼외자는 부(父)가 그 자를 자신의 친생자로 인정하는 인지를 통해서 부(父)를 찾을 수 있게 된다(대판 2019. 10. 23, 2016므2510 전원합의체).

2. 양 자

입양을 통해서 양부모와의 사이에 혈족으로 인정되는 관계가 발생한 자를 양자라고 한다. 양자는 입양을 통해서 발생하게 된다. 입양이 성립하기 위해서는 실질적 성립요건으로 양친과 양자 모두 입양의 의사가 있어야 하고, 양친은 성년자이면 된다. 따라서 미혼이더라도 양친이 될 수 있다. 양자는 의사능력이 있는 자이어야 하고, 13세 미만의 자가 양자가 되는 경우 법정대리인의 대체 승낙이 있어야 하는데, 이를 대락입양이라 한다. 13세 이상의 미성년자는 법정대리인의 동의를 받아 본인이 승낙한다. 미성년자의 경우 부모의 동의를 받은 후 반드시 가정법원의 허가를 받아야 한다. 그러나 일정한 경우 가정법원은 법정대리인의 승낙이나 동의권자의 동의가 없거나, 부모가 동의를 거부하더라도 입양의 허가를 할 수 있다. 성년자도 부모의 동의가 있어야 하고, 배우자 있는 자는 타방 배우자의 동의가 있어야 한다. 입양의사가 합치되고 입양의 신고가 있게 되면, 그들 사이에는 법정 혈족관계가 발생하게 되고, 양자의 성(姓)은 변경되지 않는 것이 원칙이지만, 성의 변경을 청구하면 양친의 성과 본을 따를 수 있다. 양친자관계는 파양을 통해서 해소된다.

3. 친양자

친양자란 보통양자와는 달리 양친의 친생자와 동일한 지위를 갖게 되는 자를 의미한다. 친양자를 입양하기 위해서는 가정법원에 친양자의 입양의 청구를 하여야 한다. 입양의 요건으로는 3년 이상 혼인을 계속한 부부가 공동으로 입양하여야 하고, 친양자로 될 자는 미성년자이면 된다. 친양자로 될 자의 친생부모는 친양자의 입양에 동의하여야 하지만, 동의가 없더라도 일정한 경우 가정법원은 친양자 입양청구를 인용할 수 있다. 가정법원은 자의 복리를 위하여 그 양육상황, 친양자 입양의 동기, 양친의 양육능력 그 밖의 사정을 고려하여 입양을 허가하거나 입양청구를 기각할 수 있다. 친양자로 된 자는 종래의 성과 본을 버리고, 양친의 친생자로서 양부의 성과 본을 따르게 되고, 친가와의 친족관계는 소멸하게 된다. 친양자는 일정한 경우 재판상 파양만 인정하고 있다.

V. 후 견

1. 미성년후견

미성년자에게 친권자가 없거나 친권자가 법률행위에 대한 대리권과 재산관리권을 행사할 수 없는 경우에는 후견이 개시된다. 미성년 후견인이 될 자는 자연인으로 1인에 한하며, 지정후견인과 선임후견인이 있다. 미성년 후견인은 미성년자의 신분에 관한 권리와 의무가 있고, 신분행위와 재산행위에 대하여 대리권과 동의권이 있다. 다만 후견인과 피후견인 사이에 이해상반되는 행위를 하는 경우에는 후견인은 법원에 피후견인의 특별대리인의 선임을 청구하여야 한다.

2. 성년후견

질병, 장애, 고령 그 밖의 사유로 인하여 현재 정신적 제약이 있거나 미래에 정신적 능력이 약해질 상황에 대비하여 후견제도를 이용하려는 사람이 재산행위뿐만 아니라 치료, 요양 등 복리에 관한 폭넓은 도움을 받을 수 있도록 하는 제도가 성년후견제도이다.

성년후견에는 성년후견, 한정후견, 특정후견, 임의후견의 네 종류가 있는데, 후견인은 자연인뿐만 아니라 법인도 될 수 있으며 여러 명일 수도 있다. 성년후견, 한정후견, 특정후견의 경우 후견개시 심판으로 후견이 개시되고 가정법원은 직권으로 후견인을 선임한다. 선임된 후견인은 피후견인의 신상결정 등에 관한 권한과 재산에 관한 권한을 갖게 된다. 임의후견은 후견계약을 공정증서로 체결하고 등기하여야 하며, 가정법원이 임의후견감독인을 선임한 때 임의후견이 개시된다. 임의후견인은 임의후견계약에 명시된 자로 특별한 자격이 요구되지는 않고, 임무는 계약의 내용에 따른다.

Ⅵ. 상 속

1. 상속의 의의

상속이란 피상속인이 자신의 재산에 대한 권리와 의무를 사망으로 인하여 상실하게 됨에 따라 피상속인의 재산에 관한 권리와 의무를 상속인이 포괄적으로 승계하는 것을 의미한다.

2. 상속인과 상속순위

피상속인의 사망으로 직계비속이 1순위 상속인이 되고, 1순위의 상속인이 없으면 직계존속이 2순위의 상속인이 된다. 1순위 상속인도 없고 2순위 상속인도 없고 배우자도 없는 경우 형제자매가 상속인이 된다. 1순위, 2순위, 배우자 그리고 3순위의 상속인도 없는 경우에는 4촌 이내의 방계혈족이 상속인이 된다. 배우자의 상속순위는 유동적인데, 1순위의 상속인이 있으면 그들과 공동상속인이 되고, 1순위의 상속인이 없으면 2순위의 상속인들과 공동상속인이 된다. 1순위와 2순위의 상속인이 없으면 단독으로 상속인이 된다.

3. 상속의 효과

동순위의 상속인이 수인인 경우에 그 상속분은 균분으로 하고, 배우자는 직계비속과 공동으로 상속하는 때에는 직계비속의 상속분의 5할을 가산하고, 직계존속과 공동으로 상속하는 때에는 직계존속의 상속분의 5할을 가산한다.

공동상속인 중에서 피상속인을 특별히 부양하거나 피상속인의 재산의 유지 또는 증가에 특별히 기여한 자에 대하여 특별히 인정하는 상속분을 기여분이라 한다. 기여분이 인정되면 상속개시 당시의 피상속인의 재산가액에서 공동상속인의 협의로 정한 그 자의 기여분을 공제한 것을 상속재산으로 본다.

4. 대습상속

상속인이 될 자가 피상속인의 사망 전에 사망하거나 상속결격자가 된 경우에 그의 직계비속이나 배우자가 있으면 그 직계비속이나 배우자가 사망하거나 결격된 자의 순위에 갈음하여 상속인이 되는 것을 대습상속이라 한다. 이때의 상속인에는 직계비속과 형제자매만 포함된다. 대습상속이 이루어지기 위해서는 피상속인의 사망 전에 상속인이 사망하여야 하는데 동시사망의 경우에도 대습상속이 이루어진다고 한다.

관련 판례

상속인이 될 직계비속이나 형제자매(피대습자)의 직계비속 또는 배우자(대습자)는 피대습자가 상속개시 전에 사망한 경우에는 대습상속을 하고, 피대습자가 상속개시 후에 사망한 경우에는 피대습자를 거쳐 피상속인의 재산을 본위상속을 하므로 두 경우 모두 상속을 하는데, 만일 피대습자가 피상속인의 사망, 즉 상속개시와 동시에 사망한 것으로 추정되는 경우에만 그 직계비속 또는 배우자가 본위상속과 대습상속의 어느 쪽도 하지 못하게 된다면 동시사망 추정 이외의 경우에 비하여 현저히 불공평하고 불합리한 것이라 할 것이고, 이는 앞서 본 대습상속제도 및 동시사망 추정규정의 입법 취지에도 반하는 것이므로, 민법 제1001조의 '상속인이 될 직계비속이 상속개시 전에 사망한 경우'에는 '상속인이 될 직계비속이 상속개시와 동시에 사망한 것으로 추정되는 경우'도 포함하는 것으로 합목적적으로 해석함이 상당하다. (대판 2001. 3. 9, 99다13157)

5. 상속결격

상속인이 피상속인과 선순위 상속인에 대하여 부덕한 행위를 하거나 피상속인의 유언에 관하여 부정한 행위를 하는 경우 상속인은 이를 확정하는 재판상 선고를 기다리지 않고 법률상 당연히 그 상속인이 피상속인을 상속할 지위를 잃게 되는 것을 말한다.

6. 상속회복청구권

진정상속인이 참칭상속인에게 자신이 침해받은 상속권을 회복하기 위해서 상속재산의 반환 내지 상속권의 회복을 청구하는 권리를 말한다. 상속회복청구권은 상속권의 침해를 안 날로부터 3년, 상속권의 침해행위가 있은 날로부터 10년을 경과하면 소멸된다. 원고의 청구가 인용되면 피고는 그가 점유하고 있는 상속재산을 진정상속인인 원고에게 반환하여야 한다.

7. 상속의 승인과 포기

상속이 개시되고 난 후 상속인들은 상속을 인정하거나 상속을 거절할 수 있는데, 전자를 상속의 승인이라 하고 후자를 상속의 포기라 한다. 승인에는 단순승인과 한정승인이 있다. 단순승인을 하게 되면 상속인은 피상속인의 재산상 모든 권리와 의무를 제한이나 조건 없이 포괄적으로 승계하게 된다. 상속인은 상속채무가 상속재산을 초과하는 사실을 중대한 과실 없이 3월의 기간 내에 알지 못하고 단순승인을 한 경우에는 그 사실을 안 날로부터 3월 내에 특별한정승인을 할 수 있다. 한정승인을 하기 위해서는 상속개시가 있음을 안 날로부터 3월 이내에 신고를 하여야 한다. 한정승인자는 상속으로 인하여 얻은 재산의 한도 내에서 피상속인의 채무와 유증의 변제를 하면 된다. 상속을 포기하고자 하는 경우에도 상속이 개시된 것을 안 날로부터 3월 이내에 포기의 신고를 하면 되고, 상속을 포기한 상속인은 상속이 개시된 때로부터 상속인이 아니었던 것으로 된다.

8. 유 언

유언이란 유언자가 자신의 사망과 동시에 일정한 법률효과가 발생할 수 있도록 하는 특수한 의사표시로서 특정한 방식에 따라야 하는 상대방 없는 단독행위이다. 유언은 유언자가 사망한 때로부터 그 효력이 발생한다. 유언은 민법에서 정한 방식에 의하지 않은 경우에는 무효이다. 만 17세 이상의 의사능력이 있는 자라면 유언을 할 수 있다. 유언의 방식에는 자필증서에 의한 유언, 녹음에 의한 유언, 공정증서에 의한 유언, 비밀증서에 의한 유언, 구수증서에 의한 유언이 있다. 유인자는 언제든지 유언 또는 생전행위로써 유언의 전부나 일부를 철회할 수 있다.

관련 판례

유언자의 날인이 없는 유언장은 자필증서에 의한 유언으로서 효력이 없다(대판 2006. 9. 8, 2006다25103,25110).

9. 유류분

유류분은 법률상 상속인에게 귀속되는 것이 보장되는 상속재산에 대한 일정비율을 의미하며, 민법은 일정한 범위의 상속인에게 이러한 유류분을 인정하고 있다. 상속인이 가지는 상속재산에 대해 일정비율을 취득할 수 있는 지위를 유류분권이라 한다.

유류분권을 가지는 자는 피상속인의 직계비속, 배우자, 직계존속, 형제자매이다. 유류분권자의 유류분은 피상속인의 직계비속과 배우자는 그의 법정상속분의 2분의 1이고, 피상속인의 직계존속과 형제자매는 그의 법정상속분의 3분의 1이다. 유류분 산정의 기초가 되는 재산은 피상속인이 상속개시시에 있어서 가지고 있던 재산의 가액에 증여 재산의 가액을 더하고 채무의 전액을 공제하여 산정한다.

유류분권자가 피상속인의 증여 또는 유증으로 인하여 그의 유류분에 부족이 생긴 때에는 부족한 한도에서 증여 또는 유증된 재산의 반환을 청구할 수 있는데, 이를 유류분 반환청구권이라 한다. 반환청구권은 유류분권자가 상속의 개시와 반환해야 할 증여 또는 유증을 한 사실을 안 때부터 1년 내에 행사하지 않으면 시효에 의하여 소멸하고, 상속이 개시된 때부터 10년이 경과하여도 마찬가지이다.

제12장 상 법

제1절 상법총칙

Ⅰ. 총 설

1. 상법의 개념

실질적 의의의 상법은 기업의 생활관계를 규율하는 법으로 이해되고 있다(기업법설; 통설). 기업은 법률상의 개념은 아니지만, 통상 영리의 목적으로 일정한 계획에 따라 계속적으로 경영활동을 하는 경제적 조직체라고 할 수 있을 것이다. 이러한 상법은 기업에 관한 특별사법이라고 할 수 있다. 반면에, 형식적 의의의 상법은 1962년 법률 제1000호 공포되어, 1963년 1월 1일부터 시행되고 있는 「상법전」을 의미한다.

2. 상법의 법원

(1) 의 의

상법의 법원(法源)이란 기업에 특유한 생활관계를 규율하는 법규범으로서의 상법의 존재형식이라고 할 수 있다. 상법 제1조는 "상사에 관하여 본법에 규정이 없으면 상관습법에 의하고 상관습법이 없으면 민법의 규정에 의한다"고 규정되어 있다. 상법 제1조에서 규정하고 있는 "상사"의 의미는 실질적으로는 기업생활과 관련된 모든 재산법적 생활관계를 의미하고, 형식적으로는 상법전이 규정하여야 할 모든 사항을 의미한다.

(2) 민법은 상법의 법원이 되는가?

민법이 상법의 법원이 된다고 하는 견해가 있지만, 상법은 기업의 생활관계를 규율하는 법이라는 측면에서 일반사인의 경제생활관계를 규율하는 민법과 그 법역(法域)을 달리한다고 볼 수 있다. 따라서 민법은 상법의 법원이 되지 않는다. 상법 제1조는 상사에 적용될 법규와 그 순위를 정한 것에 불과한 것이다.

(3) 상법의 법원의 종류

1) 상사제정법

첫째, 상법전이 있다. 둘째, 상법시행법, 상업등기법, 선박소유자 등의 책임제한절차에 관한 법률 등과 같은 ① 상법전에 부속된 상사특별법령과 은행법, 보험업법, 자본시장과 금융투자업에 관한 법률, 주식회사의 외부감사에 관한 법률 등과 같은 ② 상법전과 독립한 상사특별법령이 있다. 셋째, 상사관련 국제조약이 있다.

2) 상관습법

상관습법이란 사실인 상관습이 사회의 법적 확신에 의하여 지지받게 된 법규범이라고 할 수 있다.

3) 상사자치법

상사자치법으로는 회사 그 밖의 단체의 조직과 활동에 관한 근본규칙인 정관을 들 수 있다. 회사의 정관은 상법이 그 작성을 요구하고(제270조, 제289조, 제543조), 일정한 경우 정관의 규정을 상법보다 우선적으로 적용하고 있다(제200조, 제207조, 제416조). 따라서 정관(또는 정관의 수권에 의하여 작성되는 이사회규칙)은 강행법규에 위반하지 않는 한 법적 구속력이 있다.

3. 상법의 지위

(1) 상법과 민법의 관계

민법은 일반사인의 생활관계, 즉 재산관계와 가족관계를 규율하는 법으로서 일반사법이라고 할 수 있는 반면에, 상법은 기업의 생활관계를 규율하는 법으로서 특별사법이라고 할 수 있다.

(2) 상법과 노동법의 관계

상법은 기업의 생활관계를 규율하는 법으로서 상거래의 안전과 원활을 중시하는 반면에, 노동법은 기업의 고용주와 피고용인 간의 종속적 근로관계를 규율하는 법으로서 피고용인의 생존 및 이익의 보호를 강조한다.

(3) 상법과 경제법의 관계

상법은 기업의 생활관계를 규율하는 법으로서 기업의 영리성을 보장하고, 계약자유의 원칙이 지배하는 반면에, 경제법은 기업의 공공성을 강조하고 국민경제적 이익의 보호에 관심이 있다.

4. 상법의 이념과 특성

(1) 기업의 유지 및 강화

첫째, 기업의 영리성을 보장하기 위해서 상인의 보수청구권(제61조)을 인정하고, 법정이율을 인상(제54조; 민 제379조)하였다.

둘째, 자본의 집중을 촉진하기 위한 목적으로 회사의 합병제도를 규정하고 있다.

(2) 기업거래의 활성화 및 안전

첫째, 기업활동의 활성화를 위해 거래의 간이화, 신속화 및 정형화를 도모하고 있는데(간이신속주의), 상행위의 대리(제48조)제도와 보통거래약관의 이용 등을 들 수 있다.

둘째, 기업거래의 안전을 확보하기 위해 공시주의(예: 상업등기)를 강화하고, 외관신뢰보호제도(예: 명의대여자의 책임, 표현대표이사)를 도입하고 있다.

Ⅱ. 상 인

1. 상인의 의의

(1) 당연상인

1) 개 념

자기명의로 상행위를 하는 자를 당연상인이라고 한다(제4조). 자기명의로 상행위를 한다는 의미는 자기가 그 상행위에서 생기는 권리의무의 귀속주체가 된다는 뜻이다. 한편, 상행위란 상법 제46조에 열거된 기본적 상행위와 특별법에서 상행위로 인정한 것을 말한다. 그러나 오로지 임금을 받을 목적으로 물건을 제조하거나 노무에 종사하는 자의 행위는 상행위에서 제외된다(제46조 단서).

2) 당연상인의 개념의 기초가 되는 기본적 상행위(제46조)

① 동산, 부동산, 유가증권 기타의 재산의 매매, ② 동산, 부동산, 유가증권 기타의 재산의 임대차, ③ 제조, 가공 또는 수선에 관한 행위, ④ 전기, 전파, 가스 또는 물의 공급에 관한 행위, ⑤ 작업 또는 노무의 도급의 인수, ⑥ 출판, 인쇄 또는 촬영에 관한 행위, ⑦ 광고, 통신 또는 정보에 관한 행위, ⑧ 수신·여신·환 기타의 금융거래, ⑨ 공중이 이용하는 시설에 의한 거래, ⑩ 상행위의 대리의 인수, ⑪ 중개에 관한 행위, ⑫ 위탁매매 기타의 주선에 관한 행위, ⑬ 운송의 인수, ⑭ 임치의 인수, ⑮ 신탁의 인수, ⑯ 상호부금 기타 이와 유사한 행위, ⑰ 보험, ⑱ 광물 또는 토석의 채취에 관한 행위, ⑲ 기계, 시설, 그 밖의 재산의 금융리스에 관한 행위, ⑳ 상호·상표 등의 사용허락에 의한 영업에 관한 행위, ㉑ 영업상 채권의 매입·회수 등에 관한 행위, ㉒ 신용카드, 전자화폐 등을 이용한 지급결제 업무의 인수

3) 특별법상의 상행위

담보부사채신탁법에 의한 사채총액의 인수행위(담보부사채신탁법 제23조 제2항)와 신탁법에 의한 신탁의 인수행위(신탁법 제4조)는 상행위가 된다. 그러나 신탁의 인수행위의 경우에는 상법 제46조 제15호에 의하여 이미 기본적 상행위로 인정받고 있으므로 무의미하다고 할 수 있다.

(2) 의제상인

의제상인이란 점포 기타 유사한 설비에 의하여 상인적 방법으로 영업을 하는 자(제5조)를 말한다. 의제상인은 점포 기타 유사한 설비에 의하여 상인적 방법으로

상행위 이외의 영업을 하는 자를 의미하는 설비상인(제5조 제1항)과 상행위 이외의 행위를 영리의 목적으로 하는 회사, 즉 민사회사(제5조 제2항)로 구분할 수 있다.

(3) 소상인

소상인이란 자본금액이 1,000만원에 미달하는 상인으로서 회사가 아닌 자(상법 시행령 제2조)를 의미하며, 소상인에 대하여는 지배인, 상호, 상업장부 및 상업등기에 관한 규정이 적용되지 않는다(제9조).

2. 상인자격의 취득과 상실

(1) 총 설

상인능력이란 상인자격을 취득할 수 있는 법률상의 지위를 의미하며, 민법상의 권리능력자는 상법상 모두 상인능력자라고 할 수 있다. 상인능력자는 상법 제4조(당연상인)와 제5조(의제상인)의 요건을 갖춤으로써 상인자격을 취득한다.

(2) 자연인의 상인자격

점포의 임차, 영업자금의 차입 등과 같은 영업(또는 개업)준비행위를 통하여 영업의사가 객관적으로 나타났을 때에 상인자격을 취득한다고 본다(다수설; 판례). 그리고 이러한 영업의 준비행위는 보조적 상행위(제47조 제1항)가 된다. 반면에, 자연인의 상인자격은 영업활동의 사실상의 종결, 즉 영업의 폐지 시점에 상실된다고 본다.

(3) 법인의 상인자격

1) 사법인

영리사단법인인 회사는 설립등기를 한 때, 법인격과 상인자격을 동시에 취득한다. 반면에, 비영리법인의 경우에는 공익사업을 수행하는 데 필요한 부수적 영리사업과 관련하여 상인자격을 취득할 수 있다(통설)고 보는데, 자연인의 경우와 같이 영업(또는 개업)의 준비행위를 통하여 영업의사가 객관적으로 나타났을 때 상인자격을 취득한다고 본다(다수설; 판례).

영리사단법인인 회사는 청산절차가 사실상 종결된 때, 법인격이 소멸되고, 상인자격을 상실한다. 반면에 비영리법인의 경우에는 자연인인 상인의 경우처럼 영업활동이 사실상 종결된 때(영업의 폐지)에 상인자격을 상실한다.

2) 공법인

국가 또는 지방자치단체는 그 목적이나 활동에 제한이 없으므로 상인능력이 있고, 따라서 상인자격을 취득할 수 있다. 공법인의 상행위에 대하여는 법령에 다른 규정이 없는 경우에 한하여 본법을 적용한다(제2조). 그러나 일반공법인의 성질상 상법 중 상업사용인, 상호, 상업장부, 상업등기에 관한 규정은 적용되지 않는다.

3. 영업능력

(1) 총 설

영업능력이란 단독으로 유효한 영업활동을 할 수 있는 능력을 말하며, 민법상의 행위능력은 상법상의 영업능력에 해당한다. 따라서 민법상의 행위무능력자는 상법상의 영업무능력자이다.

(2) 미성년자

1) 미성년자가 법정대리인으로부터 허락을 얻은 특정한 영업에 관하여는 성년자와 동일한 행위능력이 있다(민 제8조 제1항). 즉 법정대리인이 영업을 허락할 때는 반드시 영업의 종류를 특정하여야 하며, 이러한 경우 미성년자는 영업능력을 갖는다. 법정대리인은 그 허락을 취소 또는 제한할 수 있지만, 선의의 제3자에게 대항하지 못한다(민 제8조 제2항).

2) 미성년자가 법정대리인의 허락을 얻어 스스로 영업을 하는 경우에는 거래의 안전을 위하여 이를 상업등기부에 등기하여야 한다(제6조).

3) 미성년자가 법정대리인의 허락을 얻어 회사의 무한책임사원이 된 때에는 그 사원 자격으로 인한 행위에는 능력자로 본다(제7조).

4) 법정대리인은 미성년자를 대리하여 영업을 할 수 있으며, 이 때에는 등기를 하여야 한다(제8조 제1항). 법정대리인의 대리권에 대한 제한은 선의의 제3자에게 대항하지 못한다(제8조 제2항).

(3) 피한정후견인

미성년자에 관한 규정을 준용한다.

(4) 피성년후견인

1) 피성년후견인은 언제나 영업능력이 없으므로 법정대리인이 피성년후견인을 대리하여 영업을 한다. 즉 법정대리인의 허락을 얻어 유효한 영업행위를 하지

못한다.

2) 법정대리인은 피성년후견인을 대리하여 영업을 할 수 있으며, 이 때에는 등기를 하여야 한다(제8조 제1항). 법정대리인의 대리권에 대한 제한은 선의의 제3자에게 대항하지 못한다(제8조 제2항).

Ⅲ. 상업사용인

1. 상업사용인의 의의와 종류

상업사용인이란 특정한 상인에 종속하여 대외적인 영업상의 업무에 종사하는 자를 말한다. 사용인의 종류로는 지배인, 부분적 포괄대리권을 가진 상업사용인 및 물건판매점포사용인(의제상업사용인)이 있다.

2. 지배인

(1) 의 의

지배인이란 영업주에 갈음하여 그 영업에 관한 재판상 또는 재판 외의 모든 행위를 할 수 있는 대리권을 가진 상업사용인(제11조 제1항)이다. 상인은 지배인을 선임하여 본점 또는 지점에서 영업을 하게 할 수 있으므로(제10조) 지배인의 선임권자는 상인 또는 그 대리인이다. 지배인의 선임과 종임은 등기사항이다(제13조).

(2) 표현지배인

본점 또는 지점의 본부장 · 지점장 그 밖에 지배인으로 인정될 만한 명칭을 가진 사용인은 지배인이 아닌 경우에도 상대방이 선의인 경우에 지배인으로 의제하고 있는데(제14조), 이것이 표현지배인이다. 그러나 표현지배인이 지배인으로 되는 것은 아니다. 표현지배인제도는 외관신뢰보호제도의 반영이라고 할 수 있다.

3. 부분적 포괄대리권을 가진 상업사용인

영업주의 영업의 특정한 종류 또는 특정한 사항에 관하여 재판 외의 모든 행위를 할 수 있는 대리권을 가진 상업사용인을 말한다(제15조). 회사의 팀장, 차장, 과장, 계장, 대리 등의 명칭을 가진 상업사용인을 말한다.

4. 물건판매점포사용인(의제상업사용인)

물건을 판매하는 점포의 사용인은 그 판매에 관한 모든 권한이 있는 것으로 의제된다(제16조). 이러한 물건판매점포사용인을 의제상업사용인이라고 한다.

5. 상업사용인의 의무

(1) 경업금지의무(=경업피지의무)

상업사용인은 영업주의 허락 없이 자기 또는 제3자의 계산으로 영업주의 영업 부류에 속한 거래를 하지 못한다(제17조 제1항 전단). 상업사용인이 경업금지의무를 위반한 경우 영업주는 상업사용인과의 모든 계약을 해지할 수 있고(제17조 제3항), 영업주에게 손해가 발생한 경우 영업주는 이를 입증하여 그 상업사용인에게 손해배상을 청구할 수 있다(제17조 제3항 후단). 또한, 상업사용인이 경업금지의무에 위반하여 제3자와 거래를 한 경우에 그 거래가 상업사용인의 계산으로 한 것인 때에는 영업주는 이를 영업주의 계산으로 한 것으로 볼 수 있고, 제3자의 계산으로 한 것인 때에는 영업주는 그 사용인에 대하여 이로 인한 이득의 양도를 청구할 수 있는 권리, 즉 개입권(=탈취권)을 갖는다(제17조 제2항).

(2) 겸직금지의무(=겸직회피의무)

상업사용인은 영업주의 허락 없이 다른 회사의 무한책임사원, 이사 또는 다른 상인의 사용인이 되지 못한다(제17조 제1항 후단). 상업사용인이 겸직금지의무를 위반하여 그러한 지위에 취임한 행위 그 자체는 유효하지만, 영업주는 그 상업사용인에 대하여 ① 계약을 해지하거나, ② 손해배상을 청구할 수 있다(제17조 제3항 유추). 그러나 상업사용인이 겸직금지의무를 위반하여 그러한 지위에 취임하는 행위는 거래가 아니므로 영업주는 개입권을 행사할 수 없다(통설).

Ⅳ. 상 호

1. 상호의 의의

상호란 상인이 영업활동에서 자신을 나타내는 명칭, 즉 상인 자신의 명칭이다(다수설). 상호는 명칭이므로 문자로 표시되고 발음할 수 있는 것이어야 한다. 따라서 기호·도안 같은 것은 상호가 될 수 없다. 상호는 외국어라도 상관없지만, 실무상 등기를 하기 위해서는 한글로 기록한 후, 괄호 안에 로마자·외국어·한자 등을 병기할 수 있다.

2. 상법상의 상호의 선정

상인은 그 성명 기타의 명칭으로 상호를 정할 수 있다(상호자유주의)(제18조). 다만, 회사의 상호에는 그 종류에 따라 합명회사, 합자회사, 유한책임회사, 주식회사 또는 유한회사의 문자를 사용하여야 한다(제19조). 회사기업이 아니면서 상호 중에 회사임을 나타내는 문자를 사용하지 못하고, 회사의 기업을 양수한 경우에도 같다(제20조).

3. 상호의 수

동일한 영업에는 단일상호를 사용하여야 한다(제21조 제1항). 하나의 상호를 수개의 영업에 공통적으로 사용할 수 있다. 지점의 상호에는 본점과의 종속관계를 표시하여야 한다(제21조 제2항). 회사가 수개의 영업을 하더라도 한 개의 상호만을 사용할 수 있다.

4. 상호의 등기

개인기업의 경우 영세성으로 인해 상호의 등기를 강제하고 있지 않지만(상대적 등기사항), 상호를 상업등기부에 등기하면 그 보호가 강화된다. 회사의 상호는 반드시 회사등기부에 등기하여야 하는데(절대적 등기사항), 회사기업의 경우 상호의 등기는 설립등기 시에 한다.

5. 상호의 보호

(1) 상호권의 의의

상호사용권이란 적법하게 선정한 상호를 타인의 방해를 받지 않고 사용할 수 있는 권리를 말한다. 반면에, 상호전용권이란 타인이 부정한 목적으로 자기가 사용하는 상호와 동일 또는 유사한 상호를 사용하는 경우에 이를 배척할 수 있는 권리를 말한다.

(2) 상호권의 법적 성질

상호권은 상인의 명칭으로서 인격권적 성질을 갖고, 양도성이 인정된다는 점에서 재산권적 성질(지적재산권)을 가지므로 인격권적 성질을 가진 재산권이라고 한다(겸병설; 다수설).

(3) 상호권의 내용

1) 등기 전의 상호전용권

누구든지 부정한 목적으로 타인의 영업으로 오인할 수 있는 상호를 사용하지 못하고(제23조 제1항), 이에 위반하여 상호를 사용하는 자가 있는 경우에는 이로 인하여 손해를 받을 염려가 있는 자는 그 사용폐지를 청구할 수 있다(제23조 제2항). 상호의 부정사용으로 인하여 상호권자에게 손해가 발생한 경우에는 상호의 사용폐지청구권과는 별도로 가해자에 대하여 손해배상청구권을 행사할 수 있다(제23조 제3항).

2) 등기 후의 상호전용권

등기상호권자인 경우에는 상호의 부정사용으로 인하여 손해를 받을 염려가 있음을 입증할 필요가 없이 상호전용권(사용폐지청구권)을 행사할 수 있다(제23조 제2항).

3) 등기상호권자의 사전등기배척권

타인이 등기한 상호는 동일한 특별시·광역시·시·군에서 동종영업의 상호로 등기하지 못한다(제22조).

4) 가등기상호권자의 사전등기배척권

가. 상호의 가등기의 요건

주식회사나 유한회사를 설립하고자 하는 경우에 본점소재지를 관할하는 등기소에 상호의 가등기를 신청할 수 있다(제22조의2 제1항). 회사가 상호나 목적 또는 상호와 목적을 변경하고자 하는 경우에 본점소재지를 관할하는 등기소에 상호의 가등기를 신청할 수 있다(제22조의2 제2항).

나. 상호의 가등기의 효과

상호의 가등기를 하면 등기상호권자와 같이 사전등기배척권이 발생하므로 가등기한 상호는 동일한 특별시·광역시·시·군에서 동종영업의 상호로 등기하지 못한다(제22조의2 제4항).

6. 상호의 이전과 폐지

(1) 상호의 이전

상호는 원칙적으로 영업과 함께 하는 경우에 한하여 양도할 수 있는데(제25조 제1항), 이 때의 영업이란 영업의 전부를 의미한다고 보아야 한다. 영업이 폐지된 경우에는 상호만을 양도할 수 있는데(제25조 제1항), 이 때의 영업의 폐지란 정식으로 영업폐지에 필요한 행정절차를 밟아 폐업하는 경우에 한하지 않고 사실상 폐업한 경우도 이에 해당한다고 본다(대판 1988. 1. 19, 87다카1295). 등기상호의 경우에는 제3자에 대한 대항요건으로서 변경등기를 요한다(제25조 제2항).

(2) 상호의 폐지 및 변경

상호의 폐지는 상호권자가 상호권을 포기한다는 의사표시(단독행위)에 의하여 성립하는데, 이러한 의사표시에는 특별한 방식을 요하지 않으며 명시적 또는 묵시적으로 할 수 있다. 다만, 상호를 등기한 자가 그 상호를 폐지 또는 변경하였을 때에는 이를 등기하여야 한다(제40조).

7. 명의대여자의 책임

타인에게 자기의 성명 또는 상호를 사용하여 영업을 할 것을 허락한 자는 자기를 영업주로 오인하여 거래한 제3자에 대하여 그 타인과 연대하여 변제할 책임이 있다(제24조).

V. 상업장부

1. 상업장부의 의의

상업장부란 상인이 영업상의 재산상태 및 손익의 상황을 명백하게 하기 위하여 상법상의 의무로서 작성하는 장부를 말한다(제29조, 제32조, 제33조).

2. 상업장부의 종류

(1) 회계장부(accounting books)(제30조 제1항)

회계장부란 상인의 영업상의 거래 기타 기업재산의 일상의 동적 상태를 기록하기 위한 장부(예: 입출금전표, 일반·특수분개장, 총계정원장 등)를 말한다. 회계장부는 일반적으로 공정·타당한 회계관행에 따라서 기재하여야 하며(제29조 제2항), 마이크로필름 기타의 전산정보처리조직에 의하여 이를 보존할 수 있다(제33조 제3항).

(2) 대차대조표(balance sheet)(제30조 제2항)

대차대조표란 일정시기에 있어서의 기업의 총재산을 자산·부채·자본의 과목으로 나누어 기업의 재무상태를 일목요연하게 나타내는 개괄표를 말한다.

3. 상업장부에 관한 상인의 의무

상인은 영업상의 재산 및 손익의 상황을 명백히 하기 위하여 회계장부 및 대차대조표를 작성하여야 한다(제29조). 상인은 10년간 상업장부와 영업에 관한 중요서류를 보존하여야 한다. 다만, 전표 또는 이와 유사한 서류는 5년간 이를 보존하여야 한다(제33조). 법원은 신청에 의하여 또는 직권으로 소송당사자에게 상업장부 또는 그 일부분의 제출을 명할 수 있다(제32조).

Ⅵ. 영업소

1. 영업소의 의의

영업소란 기업의 존재와 활동을 공간적으로 통일하는 일정한 장소라고 할 수 있다.

2. 영업소의 종류

본점은 기업 활동 전체의 지휘·명령의 중심점으로서의 지위를 가진 영업소이다. 지점은 본점의 지휘를 받으면서도 부분적으로 독립된 기능을 하는 영업소이다.

Ⅶ. 상업등기

1. 의 의

상업등기란 일정한 사항을 공시할 목적으로 상법의 규정에 의하여 등기할 사항을 법원의 상업등기부에 하는 등기를 말한다(제34조). 상업등기부는 총 11종이 있는데, 그것은 ① 상호, ② 무능력자, ③ 법정대리인, ④ 지배인, ⑤ 합자조합, ⑥ 합명회사, ⑦ 합자회사, ⑧ 유한책임회사, ⑨ 주식회사, ⑩ 유한회사, ⑪ 외국회사이다.

2. 효 력

(1) 일반적 효력

1) 등기 전의 효력

등기사항은 등기 전에는 이로써 선의의 제3자에게 대항하지 못하는데(제37조 제1항), 이것을 등기의 소극적 공시의 원칙이라고 한다.

2) 등기 후의 효력

등기사항에 관하여 등기가 있으면, 선의의 제3자에게도 대항할 수 있다. 그러나 제3자가 정당한 사유로 이를 알지 못하였을 때에는 그에게 대항하지 못한다(제37조 제2항).

(2) 부실등기의 효력

고의 또는 과실로 인하여 사실과 상위한 사항을 등기한 자는 그 상위를 선의의 제3자에게 대항하지 못한다(제39조).

Ⅷ. 영업양도

1. 영업의 의의

주관적 의의의 영업은 상인의 영리활동을 의미한다. 이에 반해, 객관적 의의의 영업은 상인의 영업목적을 위하여 결합시킨 재산의 전체를 의미하는데, 여기에는 영업용 재산과 재산적 가치가 있는 사실관계(즉 영업권)를 포함한다.

2. 영업양도의 개념

영업양도란 영업의 동일성을 유지하면서 객관적 의의의 영업의 이전을 목적으로 하는 채권계약이라고 할 수 있으며, 영업양도의 법적 성질은 영업재산양도설로 이해하는 것이 일반적이다(다수설; 판례).

3. 영업양도의 절차

(1) 양도계약의 체결

개인상인의 경우에는 양도인과 양수인 간의 합의로 영업양도계약이 체결된다. 반면에, 인적회사(합명회사·합자회사)의 경우에는 총사원의 동의, 물적회사(주식회사·유한회사)의 경우에는 주주총회·사원총회의 특별결의가 있은 후, 회사의 대표기관이 영업양도계약을 체결한다.

(2) 양도계약의 효과: 영업재산의 이전의무

영업양도계약은 채권계약이므로 그 이행으로서 양도인은 양수인에게 영업재산을 이전하여야 할 의무를 부담하는데, 재산의 종류에 따라 개별적으로 이전해야 한다.

4. 영업양도의 효과

(1) 당사자 간의 관계: 양도인의 경업피지의무

첫째, 영업을 양도한 경우에 당사자 간에 다른 약정이 없으면 양도인은 10년간 동일한 특별시·광역시·시·군과 인접한 특별시·광역시·시·군에서 동종영업을 하지 못한다(제41조 제1항).

둘째, 양도인이 동종영업을 하지 아니할 것을 약정한 때에는 동일한 특별시·광역시·시·군과 인접한 특별시·광역시·시·군에 한하여 20년을 초과하지 아니한 범위 내에서 그 효력이 있다(제41조 제2항).

(2) 제3자에 대한 관계

1) 영업상의 채권자의 보호

첫째, 영업양수인이 영업양도인의 상호를 속용하는 경우 원칙적으로 양도인의 영업으로 인한 제3자의 채권에 대하여 양수인도 변제할 책임이 있다(제42조 제1항).

둘째, 영업양수인이 영업양도인의 상호를 속용하지 않는 경우 원칙적으로 양수인이 채권자의 승낙을 받아 채무를 인수한 경우가 아닌 한, 양수인은 양도인의 영업으로 인한 채무를 변제할 책임이 없다.

셋째, 영업양도인의 제3자에 대한 채무는 영업양도 또는 광고 후 2년이 경과하면 소멸하는데(제45조), 이는 제척기간이다.

2) 영업상의 채무자의 보호

첫째, 양수인이 양도인의 상호를 속용하는 경우 채무자가 선의이며 중대한 과실없이 양수인에게 변제한 때에는 그 효력이 있다(제43조). 둘째, 양수인이 양도인의 상호를 속용하지 않는 경우 채무자의 외관신뢰의 관계가 없으므로 영업양도가 있은 경우에도 채권양도가 없는 한, 어떠한 경우에도 채무자는 양수인에게 변제하여 면책될 수는 없다.

제 2 절 상행위

I. 상행위의 의의

1. 상행위의 의의

실질적 의의의 상행위란 기업이 유통활동으로서 하는 영리행위를 의미하는 반면에, 형식적 의의의 상행위란 상법 및 특별법에서 상행위로 규정되어 있는 상행위를 의미한다.

2. 상행위의 종류

(1) 영업적 상행위와 보조적 상행위

영업적 상행위란 상인(당연상인+의제상인)이 영업으로 하는 상행위를 말한다. 여기에는 기본적 상행위(형식적 의의의 상행위)와 준상행위(실질적 의의의 상행위)가 있다. 기본적 상행위는 당연상인이 영업으로 하는 상행위(제46조)이며, 준상행위는 의제상인(설비상인 또는 민사회사)이 영업으로 하는 상행위(제66조)이다.

한편, 보조적 상행위란 상인이 영업을 위하여 하는 상행위(제47조 제1항)를 말한다. 나아가 상인의 행위는 영업을 위하여 하는 것으로 추정한다(제47조 제2항).

(2) 일방적 상행위와 쌍방적 상행위

일방적 상행위란 당사자의 일방에게만 상행위가 되는 행위인데, 일방적 상행위인 경우에도 전원에게 상법이 적용된다(제3조). 반면에, 쌍방적 상행위란 당사자의 쌍방에게 상행위가 되는 행위를 말한다.

(3) 사법인의 상행위와 공법인의 상행위

사법인인 상인의 상행위에 상법이 적용된다. 공법인의 상행위에 대하여도 법령에 다른 규정이 없는 경우에는 상법을 적용한다(제2조).

Ⅱ. 상행위 통칙

1. 민법 총칙 편에 대한 특칙

첫째, 상거래의 특수성(즉 영리성, 신속성, 개성상실성 등)을 반영하여 상사대리의 경우 민법의 현명주의(顯名主義)에 대하여 비현명주의(非顯名主義)를 취하고 있다(제48조). 또한, 상인이 그 영업에 관하여 수여한 대리권은 본인의 사망으로 인하여 소멸하지 않도록 하고 있다(제50조). 둘째, 민법상의 10년의 일반민사채권의 소멸시효의 기간에 비해 단축된 5년의 소멸시효의 기간을 규정하고 있다(제64조).

2. 민법 물권 편에 대한 특칙

민법상의 유치권보다 강화된 상사유치권(제58조 제1문)을 허용하고, 민법상 허용되지 않는 유질계약을 상사질권의 경우 이를 허용하고 있다(제59조).

3. 민법 채권 편에 대한 특칙

(1) 채권총칙에 대한 특칙

첫째, 민법상의 연 5푼의 법정이율에 대해 상행위로 인한 채무의 법정이율은 연 6푼(分)으로 인상되어 있다(제54조). 둘째, 다수당사자 간의 채무에 있어서 민법은 분할책임을 원칙으로 하지만, 상법은 연대책임이다(제57조 제1항). 셋째, 보증인이 있는 경우에 그 보증이 상행위이거나 주채무가 상행위로 인한 것인 때에는 주채무자와 보증인은 연대하여 변제할 책임이 있다(제57조 제2항). 따라서 상사보증인에게는 최고·검색의 항변권이 허용되지 않는다.

(2) 채권각칙에 대한 특칙

1) 대화자 간의 계약의 성립시기

대화자 간의 계약의 청약은 상대방이 즉시 승낙하지 아니한 때에는 그 효력을 잃는다(제51조). 즉 청약과 동시에 하는 승낙에 의하여 계약이 성립한다.

2) 계약의 청약을 받은 상인의 의무

계약의 청약을 받은 상인은 낙부통지의무(제53조)와 물건보관의무(제60조)를 부담한다.

3) 상사매매

첫째, 매수인은 검사·통지의무(제69조)와 보관·공탁의무(제70조, 제71조)를 부담한다. 둘째, 매도인은 공탁권과 경매권을 갖는다(제67조).

4. 상호계산

상호계산이란 "① 상인 간 또는 상인과 비상인 간에 ② 상시 거래관계가 있는 경우에 ③ 일정기간 내의 거래로 인한 채권채무의 총액에 관하여 상계하고, ④ 그 잔액을 지급할 것을 약정하는 ⑤ 계약"을 말한다(제72조). 이러한 상호계산제도는 기업이 금전채권·채무의 결제방법으로서 이용하는 수단적인 것이므로 보조적 상행위에 해당한다고 볼 수 있다.

5. 익명조합

익명조합이란 "당사자의 일방이 상대방의 영업을 위하여 출자하고 상대방은 그 영업으로 인한 이익을 분배할 것을 약정하는 계약"을 말한다(제78조). 익명조합의 목적은 자본가(익명조합원)와 유능한 경영자(영업자)가 합작하여 기업을 형성하는 데 있기 때문에 익명조합계약의 당사자는 영업자(상인)와 익명조합원이다.

6. 합자조합

합자조합은 조합의 업무집행자로서 조합의 채무에 대하여 무한책임을 지는 조합원과 출자가액을 한도로 하여 유한책임을 지는 조합원이 상호출자하여 공동사업을 경영할 것을 약정함으로써 그 효력이 생긴다(제86조의2). 합자조합제도는 미국의 Limited Partnership(LP)제도를 도입한 것이라고 할 수 있다.

합자조합의 설립을 위한 조합계약에는 일정한 사항을 기재하고, 총조합원이 기명날인하거나 서명하여야 한다(제86조의3 제1호부터 제13호). 업무집행조합원은 합자조합 설립 후 2주 내에 조합의 주된 영업소의 소재지에서 일정한 사항을 등기하여야 한다(제86조의4).

Ⅲ. 상행위법 각칙

1. 대리상

대리상이라 함은 "① 일정한 상인을 위하여 ② 상업사용인이 아니면서 ③ 상시 그 영업부류에 속하는 거래의 대리 또는 중개를 영업으로 하는 자"이다(제87조). 대리상은 상업사용인이 아닌 독립한 상인이다. 대리상은 통지의무(제88조), 경업피지의무(제89조), 영업비밀준수의무(제92조의3) 등을 부담한다. 반면에, 대리상은 보수청구권(제61조), 유치권(제91조), 보상청구권(제92조의2) 등을 갖는다. 특히 대리상의 활동으로 본인이 새로운 고객을 획득하거나 영업상의 거래가 현저하게 증가하고 이로 인하여 본인이 대리상계약의 종료 후에도 이익을 얻고 있는 경우에는 대리상은 본인에 대하여 상당한 보상을 청구할 수 있는데, 이를 대리상의 보상청구권이라 한다.

2. 중개업

중개인이란 "타인 간의 상행위의 중개를 영업으로 하는 자"이다(제93조). 중개란 타인 간의 법률행위의 체결에 힘쓰는 사실행위이다. 중개인과 중개를 의뢰한 당사자 간에 체결되는 중개계약은 비법률행위적 사무인 중개의 위탁과 이의 인수로써 성립하는 위임계약이라고 할 수 있다. 중개인은 견품(見品)보관의무(제95조), 결약서(結約書)교부의무(제96조), 장부작성 및 등본교부의무(제97조), 성명·상호묵비(商號默秘)의무(제98조), 개입의무(제99조) 등을 부담한다. 반면에, 중개인은 보수청구권(제100조, 제61조) 등을 갖는다.

3. 위탁매매업

위탁매매인이란 "자기의 명의로 타인의 계산으로 물건 또는 유가증권의 매매를 영업으로 하는 자"이다(제101조). 위탁매매인은 위탁자를 위한 매매로 인하여 상대방에 대하여 직접 권리를 취득하고 의무를 부담한다(제102조). 위탁매매인이 ① 위탁자로부터 받은 물건 또는 유가증권이나, ② 위탁매매로 인하여 취득한 물건, 유가증권, 또는 채권은 위탁자와 위탁매매인 또는 위탁매매인의 채권자 간의 관계에서는 이를 위탁자의 소유 또는 채권으로 본다(제103조). 위탁매매인은 통지의무·계산서제출의무(제104조), 지정가액준수의무(제106조), 개입의무(이행담보책임)(제105조), 위탁물의 훼손(毁損)·하자(瑕疵) 등의 통지·처분의무(제108조) 등을 부담한다. 반면에, 위탁매매인은 유치권(제91조, 제111조), 매수물의 공탁 및 경매권(매수위탁의 경우)(제109조, 제67조), 개입권(제107조) 등의 권리가 있다.

4. 운송주선업

운송주선인이란 "자기의 명의로 물건운송의 주선을 영업으로 하는 자"이다(제114조). 즉 운송주선인이란 타인의 계산으로 자기의 명의로 운송계약을 체결하는 자이며, 물건운송의 주선을 영업으로 하는 자이다. 운송주선인은 선관주의의무(제123조, 제112조; 민 제681조), 통지의무·계산서제출의무(제123조, 제104조), 지정가액준수의무(제123조, 제106조), 위탁물의 훼손·하자 등의 통지·처분의무(제123조, 제108조)를 부담한다.

5. 운송업

(1) 의 의

운송인이란 "육상 또는 호천·항만에서 물건 또는 여객의 운송을 영업으로 하는 자"이다(제125조). 운송인은 육상운송인을 의미하며, 호천·항만의 범위는 평수구역(平水區域)을 의미한다(상법시행령 제4조).

(2) 물건운송

1) 운송인의 의무와 책임

운송인은 화물상환증교부의무(제128조 제1항), 운송물의 보관의무(제135조), 운송물의 처분의무(제139조 제1항), 운송물의 인도의무(제135조)를 부담한다. 반면에, 운송인은 자기 또는 운송주선인이나 사용인 기타 운송을 위하여 사용한 자가 운송물의 수령, 인도, 보관과 운송에 관하여 주의를 해태하지 아니하였음을 증명하지 아니하면 운송물의 멸실, 훼손 또는 연착으로 인한 손해를 배상할 책임을 면하지 못한다(제135조). 다만, 화폐, 유가증권 기타의 고가물에 대하여는 송하인이 운송을 위탁할 때에 그 종류와 가액을 명시한 경우에 한하여 운송인이 손해를 배상할 책임이 있다(제136조).

2) 화물상환증

화물상환증이란 “운송인이 운송물의 수령을 증명하고 도착지에서 이를 증권소지인에게 인도할 의무(운송물반환청구권)를 표창하는 유가증권”이다(제128조 제1항). 화물상환증은 송하인과 운송인 간에는 운송계약 이상의 구속력은 없는데, 화물상환증을 작성한 경우에는 운송에 관한 사항은 운송인과 소지인 간에 있어서는 화물상환증에 기재된 바에 의한다(제131조). 이것을 화물상환증의 채권적 효력이라고 한다. 한편, 화물상환증에 의하여 운송물을 받을 수 있는 자에게 화물상환증을 교부한 때에는 운송물 위에 행사하는 권리의 취득에 관하여 운송물을 인도한 것과 동일한 효력이 있는데(제133조), 이를 화물상환증의 물권적 효력이라고 한다.

(3) 여객운송

여객운송계약은 자연인을 운송의 목적으로 하는 계약으로 유상이 원칙이지만, 무상인 경우도 있다(6세 미만의 소아).

6. 공중접객업

공중접객업자라 함은 “극장, 여관, 음식점, 그 밖의 공중이 이용하는 시설에 의한 거래를 영업으로 하는 자”를 말한다(제151조). 공중접객업자는 자기 또는 그 사용인이 고객으로부터 임치받은 물건의 보관에 관하여 주의를 게을리하지 아니하였음을 증명하지 아니하면 그 물건의 멸실 또는 훼손으로 인한 손해를 배상할 책임이 있다(제152조 제1항). 또한, 공중접객업자는 고객으로부터 임치받지 아니한 경우에도 그 시설 내에 휴대한 물건이 자기 또는 그 사용인의 과실로 인하여 멸실 또는 훼손되었을 때에는 그 손해를 배상할 책임이 있다(제152조 제1항). 그러나 공중접객업자가 고객의 휴대물에 대하여 책임이 없음을 게시한 것만으로는 공중접객업자는 그 책임을 면하지 못한다(제152조 제3항). 한편, 화폐, 유가증권, 그 밖의 고가물에 대하여는 고객이 그 종류와 가액을 명시하여 임치하지 아니하면 공중접객업자는 그 물건의 멸실 또는 훼손으로 인한 손해를 배상할 책임이 없다(제153조).

7. 창고업

창고업자란 “타인을 위하여 물건을 창고에 보관함을 영업으로 하는 자”이다(제155조). 타인을 위하여 물건(임치목적물)을 창고에 보관하는데, 이 때의 물건은 타인의 동산을 의미하며, 타인의 화폐, 유가증권 및 동물 등도 임치목적물이 될 수 있다. 창고업자는 임치의 인수(기본적 상행위)를 영업으로 하는 자인데, 상법상의 창고임치계약은 상법상의 특별한 임치계약의 일종이라고 할 수 있다.

8. 금융리스업

금융리스이용자가 선정한 기계, 시설, 그 밖의 재산(이하 "금융리스물건"이라 한다)을 제3자(이하 "공급자"라 한다)로부터 취득하거나 대여받아 금융리스이용자에게 이용하게 하는 것을 영업으로 하는 자를 금융리스업자라 한다(제168조의2).

9. 가맹업

자신의 상호·상표 등(이하 "상호 등"이라 한다)을 제공하는 것을 영업으로 하는 자[이하 "가맹업자"(加盟業者)라 한다]로부터 그의 상호 등을 사용할 것을 허락받아 가맹업자가 지정하는 품질기준이나 영업방식에 따라 영업을 하는 자를 가맹상(加盟商)이라 한다(제168조의6).

10. 채권매입업

타인이 물건·유가증권의 판매, 용역의 제공 등에 의하여 취득하였거나 취득할 영업상의 채권(이하 "영업채권"이라 한다)을 매입하여 회수하는 것을 영업으로 하는 자를 채권매입업자라 한다(제168조의11).

제3절 회 사

I. 회사법통칙

1. 회사의 의의

상법 회사편은 공동기업 중 회사에 대해 적용되는 법률이다. 따라서 먼저 동법의 적용대상이 되는 회사가 무엇인지를 정하는 것이 필요하다. 상법에서는 회사란 상행위 기타 영리를 목적으로 설립된 법인으로 정의하고 있다(제169조). 종래 회사는 '사단'이라는 점을 상법에서 명확히 규정하고 있었으나(구 상법 제169조), 2011년 상법개정을 통해 '사단'이라는 용어가 삭제되었다. 그러나 회사는 본질적으로 사단이어야 한다는 점에서 사단성은 여전히 인정된다고 보고 있다. 즉, 회사가 되기 위해서는 ① 사단성, ② 법인성, ③ 영리성을 가지고 있어야 한다.

먼저 사단성은 복수인으로 이루어진 인적 결합체를 의미하므로 회사가 성립하기 위해서는 2인 이상의 사원이 필요하다. 다만, 주식회사나 유한회사의 경우 지분양도가 자유롭다는 측면에서 1인 회사를 인정하고 있으며, 이는 사단성의 예외로 볼 수 있다.

두 번째로 회사는 법인이어야 한다(제169조). 즉, 모든 회사는 법인격을 가지므로 (i) 권리의무의 귀속주체가 되고, (ii) 법인 자체 명의로 소송당사자가 되며, (iii) 법인의 재산에 대해서는 법인 자체에 대한 채무명의에 의해서만 강제집행이 가능하고, (iv) 법인의 채권자에 대해서는 법인 자체 재산만이 책임재산이 된다. 즉, 회사의 구성원과 별개로 회사가 독립적인 법인격을 갖게 된다. 다만, 회사의 구성원이 회사의 법인격을 악용하는 경우, 예를 들어 회사명의로 대출을 받았지만 개인적으로 사용한 경우에는 법인격을 일시적으로 부인하고 개인에게 변제하도록 할 수도 있는데, 이를 법인격부인이론이라고 한다.

세 번째로 회사는 영리성을 가지고 있다. 즉, 회사는 영리를 목적으로 하고 있으며, 이는 단지 대외적 영리활동을 통해 이익을 얻는 것에 그치지 않고 그 이익을 구성원에게 분배하는 것까지 포함하는 개념이다. 따라서 대외적인 영업을 통해 이익을 얻지만 구성원에게 분배하지 않는 조직은 상법상 회사가 아니다.

2. 회사의 종류

상법상 회사는 합명회사, 합자회사, 주식회사, 유한회사 및 유한책임회사가 있다. 유한책임회사는 2011년 개정상법을 통해 새롭게 도입된 회사형태이다. 상법상 회사의 유형은 출자자인 사원의 책임에 따라 구분을 한다. 회사의 사원은 회사채권자에 대해 직접, 연대, 무한의 책임을 지는 무한책임사원과 자신의 출자액 범위 내에서만 간접, 유한책임을 지는 유한책임사원으로 구분할 수 있다. 무한책임사원만으로 구성된 회사를 합명회사라 하며, 무한책임사원과 유한책임사원으로 구성된 회사가 합자회사라 한다. 주식회사와 유한회사는 모두 유한책임사원만으로 구성되어 있으나 구체적인 책임의 범위에서는 다소 차이가 있다. 유한책임회사는 주식회사와 조합의 장점을 결합한 회사로서, 사원은 유한책임만을 부담하면서도 직접 경영에 참여할 수 있어 초기 창업에 유리한 기업의 형태라고 할 수 있다.

그 밖에 민사회사와 상사회사로도 구분할 수 있으며, 우리나라 법률에 의해 설립되었는가에 따라 내국회사, 외국회사로도 구분할 수 있다. 또한 실정법상 구분은 아니지만 회사의 규모나 운영실태에 따라 공개회사와 폐쇄회사로도 구분할 수 있고, 증권시장에 상장되었는가의 여부에 따라 상장회사와 비상장회사로도 구분할 수 있다.

3. 회사의 능력

회사는 법인이므로 권리, 의무의 주체가 될 수 있는 권리능력을 갖는다. 그러나 자연인의 일반적 권리능력과는 다소 차이를 가질 수밖에 없다. 우선 회사는 성질상 자연인을 전제로 하는 친족권, 생명권, 신체의 자유권 등을 향유할 수 없다. 또한 법령에 의해 권리능력이 제한되는 경우도 있다. 회사는 다른 회사의 무한책임사원이 될 수 없으며(제173조), 청산회사의 경우 청산의 목적범위 내로 권리능력이 제한되기도 한다(제245조, 제269조 제1항, 제613조 제1항).

한편, 회사의 권리능력이 정관에서 정하는 목적범위 내로 제한되는가에 대해서는 학설이 나뉘고 있다. 다수설은 정관의 목적범위 내로 제한되지 않는다고 보고 있으며, 이에 대해 소수설은 제한된다는 입장이다. 판례는 확장된 제한설을 택하고 있어 정관 목적범위 내로 제한되기는 하지만, 목적달성을 위한 다양한 행위들도 가능하다고 보고 있어 사실상 무제한설에 가까운 입장이라고 할 수 있다.

4. 회사의 설립

회사의 설립에 관한 입법주의는 자유설립주의, 특허주의, 면허주의 및 준칙주의 등이 있으며, 우리나라의 경우 준칙주의를 택하고 있다. 따라서 회사가 설립되기 위해서는 법에서 정하고 있는 일정한 절차와 요건을 준수해야 하며, 이처럼 회사라는 법인을 창설하는 절차를 회사의 설립이라 한다.

회사의 설립절차는 회사의 종류에 따라 다소 차이가 있는데, 합명회사나 합자회사와 같은 인적요소가 중요한 회사는 정관을 작성하고 설립등기를 하면 된다. 그러나 주식회사와 같은 물적회사는 정관을 작성한 후 출자와 기관구성과 같은 실체형성절차를 거쳐 등기를 해야 하기 때문에 상대적으로 복잡한 절차가 요구된다.

5. 회사의 합병

규모의 경제라는 측면을 고려할 때 2개 이상의 회사가 하나로 합쳐지는 것이 유리할 수 있다. 이 때 회사가 합쳐지기 위해서는 소멸회사는 법인격을 소멸시키는 청산절차를 거쳐야 할 뿐만 아니라, 재산이 이전되는 과정에서 양도소득세나 취득세 등의 세금이 부과되게 된다. 이러한 문제를 해결하고 간편하게 회사가 합쳐질 수 있도록 하는 상법상 제도가 바로 '합병'이다. 합병은 상법에서 정하고 있는 절차에 따라 2개 이상의 회사가 합병계약에 의해 하나의 회사로 통합되는 법률 절차를 의미한다. 합병으로 소멸하는 회사는 청산절차없이 바로 소멸하여 그 회사의 권리와 의무는 존속회사에 포괄적으로 승계된다는 점이 특색이다.

회사는 자유롭게 합병할 수 있는 것이 원칙이나(제174조 제1항), 제한되는 경우가 있다. 먼저 서로 다른 종류의 회사 간에도 합병을 할 수 있지만 당사회사 중 일방 또는 쌍방이 주식회사, 유한회사 또는 유한책임회사인 때에는 합병 후 존속하는 회사도 주식회사, 유한회사 또는 유한책임회사이어야 한다. 또 유한회사가 주식회사와 합병하여 유한회사가 되는 경우 주식회사의 사채가 상환되어야 하며, 주식회사가 되는 경우에는 법원의 인가를 얻어야 한다.

합병을 하기 위해서는 ① 합병당사회사의 대표기관에 의한 합병계약, ② 합병계약서 등의 공시, ③ 합병의 결의(인적회사의 경우 총사원의 동의, 물적회사의 경우 주주총회 내지 사원총회의 특별결의), ④ 회사채권자보호절차, ⑤ 신설합병의 경우 설립위원의 선임, ⑥ 창립총회 내지 보고총회의 소집, ⑦ 합병등기의 절차를 거쳐야 한다. 합병을 하면 존속회사 또는 신설회사는 소멸회사의 모든 권리·의무를 포괄적으로 승계하며, 합병이 법규정을 위반하는 등 무효의 원인이 있는 경우에는 합병무효의 소를 제기할 수 있다.

6. 조직변경

조직변경은 회사가 그 법인격의 동일성을 유지하면서 다른 종류의 회사로 전환하는 것을 말한다. 조직변경 후에도 회사의 동일성이 유지된다는 점에서 하나 이상의 회사가 소멸하는 합병과 구분된다. 조직변경은 물적회사 상호간, 인적회사 상호간에만 가능하다. 2011년 상법개정에 따라 도입된 유한책임회사는 인적회사와 물적회사의 성격을 모두 가지고 있지만, 사원의 책임은 물적회사와 동일하므로 주식회사와 상호 조직변경하는 것을 허용하고 있다.

7. 회사의 해산과 청산

회사의 해산은 법인격의 소멸을 가져오는 법률사실로 회사마다 고유의 해산사유가 정해져 있다. 회사가 해산하는 경우 기존에 성립한 채권, 채무 등을 처리하는 절차가 필요한데 이를 청산이라 한다. 회사의 청산사무가 종료하고 청산종결의 등기를 함으로써 법인격이 소멸된다.

한편, 회사의 설립목적이 불법이거나 정당한 이유 없이 1년 내에 영업을 개시하지 않는 경우 등 객관적으로 명백한 문제가 있는 경우에는 법원이 해산을 명할 수 있는 해산명령제도가 있다. 또한 회사의 존립이 사원의 이익을 해칠 때에는 회사를 해체함으로써 사원의 손실을 방지하기 위해 법원이 재판을 통해 회사가 해산하도록 하는데 이를 해산판결제도라고 한다.

Ⅱ. 합명회사

합명회사는 회사 채무에 대해 직접·연대·무한책임을 지는 무한책임사원들로 구성된 회사를 말한다. 따라서 합명회사는 회사 재산보다는 오히려 사원 개개인의 재산과 신용이 더 중요한 의미를 갖게 되고, 이처럼 인적요소가 중요하다는 의미에서 인적회사로 분류된다. 합명회사에 대해 가장 큰 이해관계를 갖는 것은 무한책임을 부담하는 사원이며, 따라서 사원 각자가 회사의 업무를 집행할 권한과 회사를 대표할 권한을 갖는다. 또한 출자의 목적에도 제한이 없으므로 재산은 물론 노무와 신용도 출자할 수 있다.

합명회사의 경우 사원이 중요한 의미를 가지고 있으므로 사원의 교체는 제한된다. 따라서 합명회사 사원이 지분을 양도하고자 하는 경우 다른 사원 전원의 동의를 필요로 한다(제197조). 합명회사는 형식상은 사단이지만 그 실질은 조합에 가깝고 회사 내부관계도 정관 또는 상법에 다른 규정이 없으면 민법의 조합에 관한 규정을 준용하도록 하고 있다(제195조).

Ⅲ. 합자회사

합자회사는 무한책임사원과 유한책임사원으로 구성된 회사를 말한다(제268조). 무한책임사원은 합명회사의 사원과 동일한 책임을 부담하며, 유한책임사원은 출자의무를 한도로 하여 책임을 지게 된다(제279조 제1항). 이에 따라 유한책임사원은 출자 및 역할에 있어서 무한책임사원과 차별된다. 먼저, 출자의 경우 무한책임사원은 재산 외에도 노무나 신용을 출자할 수 있으나, 유한책임사원은 노무나 신용은 출자의 목적으로 하지 못한다. 또한 정관에 다른 규정이 없으면 무한책임사원 각자가 업무집행을 할 권리와 의무가 있으나(제273조), 유한책임사원은 업무집행에 대한 감시권을 가질 뿐이다(제277조). 유한책임사원의 지분양도는 무한책임사원 전원의 동의만 있으면 족하고 유한책임사원의 동의는 요하지 않는다(제276조). 그 밖의 구체적 내용에 대해서는 다른 규정이 없으면 합병회사의 규정을 준용하고 있다.

Ⅳ. 유한책임회사

유한책임회사는 2011년 상법개정을 통해 새롭게 도입된 회사유형이다. 조합과 주식회사의 장점이 결합된 형태로 출자자가 직접 회사를 경영하면서도 유한책임의 이익을 향유할 수 있다는 점에서 초기 창업에 유리한 기업이라고 할 수 있다. 유한책임회사 사원의 책임은 다른 법률에 규정이 없는 한 그 출자금액을 한도로 하며, 지분의 양도시 다른 사원의 동의를 얻어야 한다. 또한 다른 유한책임회사 지분의 전부 또는 일부를 양수할 수 없다. 정관으로 사원 또는 사원이 아닌 자를 업무집행자로 정해야 하며, 업무집행자가 아닌 사원은 감시권을 갖는다. 업무집행자는 유한책임회사를 대표하며, 업무집행자가 그 업무집행으로 타인에게 손해를 입힌 경우에는 회사는 그 업무집행자와 연대하여 배상할 책임이 있다.

Ⅴ. 주식회사

1. 주식회사의 개념

주식회사는 자본금이 주식으로 분할되어 주식의 인수를 통해 출자가 이루어지며, 사원인 주주는 주식의 인수가액을 한도로 유한책임을 부담하는 회사를 말한다. 즉, '자본금', '주식', '주주의 유한책임'을 본질적 요소로 하는 회사이다. 자본금은 주식회사가 성립부터 해산시까지 회사 내에 유보해야 할 추상적인 재산액을 의미한다. 액면주식의 경우 발행주식의 액면총액이 자본금이 되며, 무액면주식을 발행하는 경우에는 발행가액의 2분의 1 이상의 금액에서 이사회나 주주총회에서 자본금으로 계상하기로 한 금액이 자본금이 된다. 자본금은 주식으로 분할되며 주주들에게 지분비율에 따라 교부된다. 즉, 주식은 자본금의 구성단위이며, 사원인 주주에게는 회사에 대한 지위를 의미한다. 주주는 주식의 인수가액을 한도로 출자의무를 부담하며(제331조), 유한책임의 원칙에 따라 회사가 채무초과상태에 빠져도 추가적인 출자의무를 부담하지 않는다.

2. 주식회사의 설립

(1) 설립절차

주식회사의 설립은 발기인에 의해 주도되며, 발기인의 자격이나 인원수에는 제한이 없다. 과거 주식회사 설립을 위해서는 3인 이상의 발기인을 요구하였으나, 2001년 개정에 의해 발기인 수에 제한이 없어져 1인 발기인에 의한 회사설립도 가능하게 되었다(제288조).

주식회사의 설립은 주식의 인수방법에 따라 발기설립과 모집설립으로 구분된다. 발기설립은 발기인이 발행주식 전체를 인수하는 것을 말하며, 모집설립은 발기인 외에 주주를 모집하는 것을 말한다. 발기설립의 경우 정관을 작성하고 발기인에 의한 주식의 인수 및 납입과 임원선임절차를 거친 후 설립등기를 하는 과정을 거치게 된다. 이에 대해 모집설립의 경우에는 그 외에 주주를 모집하는 절차와 주식인수인들로 구성된 창립총회를 거쳐야 한다. 현물출자 등 변태설립사항이 있는 경우에 설립경과에 대한 조사가 필요한 것은 발기설립과 모집설립이 동일하다.

(2) 설립에 관한 책임

주식회사는 설립절차가 복잡하여 그 과정에서 문제가 발생할 가능성이 크며, 당초부터 사기를 목적으로 설립되는 경우도 있어 주식인수인이나 회사채권자에게 손해를 줄 가능성이 있다. 이러한 점을 고려하여 상법은 주식회사의 설립에 관여한 자에 대해 엄격한 법적책임을 요구하고 있다. 주식회사의 설립절차를 주관하는 발기인에 대해서는 회사가 성립한 경우 자본충실책임(제321조)과 손해배상책임(제322조 1항)을 부과하고 있다. 회사가 성립하지 못한 경우에도 발기인이 그 설립에 관한 행위에 대해 연대하여 책임을 부담하도록 하고 있다(제326조 제2항). 그 밖에 설립절차에 관여한 이사, 감사 및 변태설립사항 조사를 위해 법원이 선임한 검사인 등에 대해서도 손해배상책임 등을 부과하고 있다(제323조, 제325조).

(3) 설립의 무효

주식회사의 설립과정에서 객관적인 하자가 있는 경우, 예를 들어 강행규정을 위반하거나 주식회사의 본질에 반하는 하자가 있는 경우 설립무효가 될 수 있다. 설립무효는 회사가 성립한 날로부터 2년 이내에 소로서만 주장할 수 있다.

3. 주식과 주주

(1) 주 식

1) 주식의 개념 및 종류

주식은 자본금의 구성단위이며 또한 권리발생의 기초인 독립된 사원의 지위 또는 자격을 의미하기도 한다. 종래 우리 상법은 액면주식만 인정하였으나 2011년 상법개정을 통해 무액면주식을 도입하였다. 액면주식을 발행하는 경우 1주의 금액이 정관에 정해지고 주권에 표시되며, 그 금액은 100원 이상으로 균일하여야 한다(제329조 제3항). 회사는 정관에 정함이 있으면 발행주식 전체를 무액면주식으로 발행할 수 있으며(제329조 제1항 전단), 무액면주식을 발행하는 경우 액면주식은 발행할 수 없다(제329조 제1항 후단). 액면주식의 경우 시장가격이 액면금액보다 낮은 때에는 주식발행을 통한 자본조달이 불가능하게 되는 문제점 등이 발생하며, 이에 대한 대안으로서 무액면주식이 도입된 것이다. 한편, 종래 주식은 기명주식과 무기명주식으로 구분되었으나, 2014년 개정 상법에 의해 무기명주식제도가 폐지됨에 따라 기명주식만 발행할 수 있다. 무기명주식은 1963년 시행된 제정 상법에서부터 존재한 제도이나 현재까지 발행사례가 없었다. 또한 소유자 파악이 곤란하여 양도세 회피 등 과세사각지대의 발생이 우려되는 등 많은 문제점들이 지적되었다. 이처럼 무기명주식은 조세 및 기업소유구조의 투명성 결여로 국가의 대외신인도를 저하시키는 원인이 된다는 점을 고려하여 무기명주식을 폐지하고 기명주식으로 일원화한 것이다. 따라서 현행 상법은 주주의 성명이 주권 및 주주명부에 표시되어 주주명부를 기준으로 주주권을 행사하는 기명주식만 존재하고 있다.

상법은 권리의 내용에 차이가 있는 주식의 발행을 허용하고 있는데, 이를 종류주식이라 한다. 종래 이익배당이나 잔여재산의 분배에 관한 종류주식만 인정하였으나, 2011년 개정상법에서는 상환주식, 전환주식, 무의결권주식의 경우도 종류주식으로 분류하고 있다(제344조 제1항, 제344조의2, 제344조의3, 제345조, 제346조).

2) 주식과 자본금

주식회사의 자본금은 주식회사가 성립부터 해산 시까지 회사 내에 유보할 추상적인 재산액을 의미한다. 따라서 회사가 현실적으로 보유하고 있는 재산의 총체를 의미하는 순재산액으로서 구체적이고 가변적인 회사재산과는 구별된다. 자본금은 회사, 주주 및 채권자에 대해 각각 나름의 의미를 갖고 있다, 먼저 회사에 대해서는 성립의 기초가 되며 존속 중 자본충실을 위해 유지해야 할 순자산의 규범적 기준이 된다. 또한 주주입장에서 자본금은 출자액 또는 책임의 한도를 의미하게 되는데, 주주는 각자의 출자가 자본에서 차지하는 비율에 따라 법적인 권리를 행사하게 된다. 아울러 채권자에 대해서는 궁극적인 책임재산으로서 회사의 신용도 및 담보가치를 의미한다.

자본금의 구성은 액면주식을 발행하는 경우와 무액면주식을 발행하는 경우가 구분된다. 액면주식을 발행하는 경우에는 발행주식의 액면총액이 자본금이 된다(제451조 제1항). 이에 대해 무액면주식을 발행하는 경우에는 주식 발행가액의 2분의 1 이상의 금액으로서 이사회나 주주총회에서 자본금으로 계상하기로 한 금액의 총액이 자본금이 된다(제451조 제2항).

(2) 주 주

1) 주주의 권리와 의무

주주는 주식회사의 사원으로서 자격에는 제한이 없으며 자연인뿐만 아니라 법인도 주주가 될 수 있다. 주식을 취득한 자는 주주명부에 명의개서를 하여야 회사에 대하여 주주임을 주장할 수 있다. 종래의 판례는 회사가 주주명부에 명의개서를 하지 않은 실질주주를 주주로 인정할 수 있다고 보았다. 그러나 최근 판례에서는 주주명부상의 주주를 진정한 주주로 보고 있다(대판 2017. 8. 29, 2016다267722 선원합의체). 주주는 회사에 대해 다양한 권리를 갖는데 이를 주주권이라 한다. 주주권은 회사의 경영에 참여할 수 있는 권리인 '공익권'과 회사로부터 경제적 이익 등을 얻을 수 있는 권리인 '자익권'으로 구분할 수 있다. 주주의 권리는 단 1주만을 가져도 인정되는 것이 원칙이며, 이를 '단독주주권'이라 한다. 이에 대해 일정규모 이상의 주식을 소유한 주주에 대해서만 인정하는 권리가 있는데, 이를 '소수주주권'이라 한다. 예를 들어 주주제안권, 주주총회소집청구권 등은 발행주식총수의 100분의 3 이상을 소유한 주주만 행사할 수 있는 소수주주권이다. 한편, 주식이 널리 분산되어 있는 상장회사의 경우에는 상법상 소수주주요건을 충족시키는 것이 어렵다는 점을 고려하여 특례를 두어 소수주주권의 행사요건을 완화하고 있다(제542조의6, 제542조의7 제2항). 예를 들어 상장회사의 경우 주주총회 소집청구권은 6개월전부터 발행주식총수의 1천분의 15이상을 보유하는 주주가 행사할 수 있다.

상장회사와 비상장회사의 소수주주권 행사 요건이 다르다 보니 그 적용과 관련하여 혼란이 있었다. 예를 들어 상장회사 주주가 발행주식총수의 100분의 3 이상을 보유하고 있으나, 보유기간이 6개월이 되지 않는 경우 주주총회 소집청구권을 행사할 수 있는가가 문제가 되었다. 이에 대해 2020년 개정상법은 상장회사 요건과 비상장회사 요건 중 어느 하나를 충족하는 경우 소수주주권을 행사할 수 있다는 점을 명문화하였다. 즉, 상장회사는 (ⅰ) 발행주식총수의 100분의3 이상을 소유하거나 (ⅱ) 6개월전부터 발행주식총수의 1천분의 15이상을 소유한 경우 주주총회소집청구권을 행사할 수 있게 된 것이다.

주주의 회사에 대한 의무는 출자의무뿐이다. 주주유한책임의 원칙상 출자의무가 주주가 부담하는 의무의 전부이며(제331조), 그 밖에 어떠한 의무도 부담하지 않는다. 이는 주식회사의 본질적 요소로 정관이나 주주총회 결의로도 달리 정할 수 없다.

2) 주주권의 변동과 주식양도

가. 주식의 양도방법

주주의 지위는 주식의 이전에 의해서만 이전되고, 아울러 주식은 환급이 불가능하므로 주주가 투자한 자본을 회수하기 위해서는 주식을 양도하여야만 한다. 따라서 주주가 주식을 양도한다는 것은 자신이 갖고 있는 주주의 지위를 양도한다는 측면과 아울러 회사에 투자한 자본을 회수한다는 측면을 함께 가지고 있다.

주식은 자유롭게 양도할 수 있으며(제335조 제1항 전단), 양도를 위해서는 주권의 교부가 필요하다(제336조 제1항). 주식의 이전은 주주명부에 명의개서를 하여야 하며, 이를 하지 않은 경우에는 회사에 대해 주주임을 주장하지 못한다(제337조 제1

항). 한편, 2019년 「주식·사채 등의 전자등록에 관한 법률」이 시행됨에 따라 증권의 실물발행이 아니라 전자등록기관의 전자등록부에 증권과 소유관계사항을 등록하고, 등록된 증권의 양도 등이 전산상으로 이루어지는 전자증권의 발행이 가능하게 되었다. 2019년 9월부터 상장회사는 의무적으로 전자증권으로 전환하였으나, 비상장회사는 실물증권과 전자증권 중 선택이 가능하다.

나. 주식양도의 제한

주식회사는 자본다수결이 원칙이며, 따라서 주식양도에 따른 지분율의 변화는 회사의 경영권변화와 밀접한 관련을 갖는다. 예를 들어 A주식회사 발행주식총수의 51%를 소유하고 있는 갑이 해당 주식을 전부 을에게 양도한다는 것은 회사의 경영권을 이전하는 결과를 가져오게 된다. 이러한 측면을 고려하여 상법은 정관으로 주식양도에 관하여 이사회 승인을 얻도록 제한할 수 있다(제335조 제1항 후단). 또한, 회사가 자기주식을 취득하는 경우 자기가 자기의 구성원이 된다는 논리적 모순이 발생할 수 있고, 또 경영자의 의사에 따라 의결권을 행사하는 경우 회사 자금으로 경영권을 보호하는 결과를 가져올 수 있다는 점에서 자기주식 취득을 제한하고 있다(제341조). 또 모자회사 간에 있어서는 자기주식과 사실상 동일한 효과를 가져올 수 있다는 점에서 자회사에 의한 모회사 주식취득을 금지하고 있다(제342조의2 제1항 본문). 그 밖에 회사가 설립하기 전 권리주의 양도 및 주권발행 전 주식의 양도의 경우 회사에 대해 효력이 인정되지 않는다(제319조, 제335조 제3항).

4. 주식회사의 기관

주식회사는 법인으로서 독자적으로 권리·의무의 주체가 되지만, 실질적으로 행위할 수 있는 능력이 없다. 따라서 회사의 의사를 결정하고 집행할 존재가 필요하며 이를 기관이라 한다. 주식회사의 기관에는 최고의사결정기관인 주주총회를 비롯하여, 이사회, 대표이사 및 집행임원, 감사 및 감사위원회 등이 있다. 집행임원은 2011년 개정상법을 통해 새롭게 도입된 제도이다.

(1) 주주총회

주주총회는 주주 전원으로 구성되는 필요적 상설기관으로서 법률 또는 정관으로 정해진 사항을 결정하는 최고의사결정기구이다(제361조). 주주총회는 회사의 합병, 영업양도, 정관변경 등 중요한 사항에 대해 의결할 수 있는 권한이 있으며, 정기총회와 임시총회로 구분된다(제365조). 주주총회의 소집은 이사회가 결의하나(제362조) 일정한 경우에는 소수주주의 청구에 의해 소집될 수 있다(제366조). 주주총회 소집을 위해서는 주주에 대해서는 회일의 2주간 전에 통지하여야 한다. 소집통지에는 회의의 목적사항이 반드시 기재되어야 하며(제363조 제2항), 발행주식총수의 100분의 3 이상의 주식을 가진 주주는 회일의 6주간 전에 주주총회에 목적사항을 제안하는 주주제안권의 행사가 가능하다(제363조의2).

주주의 의결권은 주식평등의 원칙에 따라 1주마다 1개의 의결권이 주어진다(제369조 제1항). 다만 무의결권주식을 종류주식으로 발행할 수 있으며 회사가 가진 자기주식, 특별이해관계인이 보유한 주식 등의 경우 일시적으로 의결권이 제한된다. 주주의 의결권은 대리행사가 가능하며(제368조 제3항), 주주에게 의결권의 대리행사를 권유할 수도 있는데, 이를 일반적으로 위임장권유라 한다. 또한 주주가 주주총회에 직접 출석하지 않고도 의결권을 행사할 수 있도록 서면투표 또는 전자투표도 선택할 수 있다(제368조의3 제1항, 제368조의4 제1항). 주주총회의 결의는 보통결의와 특별결의 및 특수결의로 구분된다. 보통결의는 출석 주주 의결권의 과반수와 발행주식총수의 4분의 1 이상이어야 하며(제368조 제1항), 특별결의는 출석 주주 의결권의 3분의 2 이상의 수와 발행주식총수의 3분의 1 이상의 수로서 하는 결의이다(제434조). 특수결의는 총주주의 동의를 요하는 결의로 이사 등의 손해배상책임을 면제하는 경우 등에 요구된다(제400조, 제415조, 제542조 제2항). 주주총회결의에 하자가 있는 경우에는 반드시 소(訴)로서 주장하여야 하며, 하자의 유형에 따라 주주총회결의 취소의 소, 무효확인의 소, 부존재확인의 소 및 부당결의 취소·변경의 소로 구분된다.

(2) 이사회, 대표이사 및 집행임원

1) 이사와 이사회

이사회는 회사의 업무집행에 관한 의사결정을 위해 이사 전원으로 구성되는 주식회사의 필수적 상설기관이다. 이사회의 구성원인 이사는 3인 이상이어야 하며(제383조 제1항), 자격에는 특별한 제한이 없다. 이사는 주주총회 보통결의로 선임되며, 2인 이상의 이사를 선임할 때에는 집중투표제를 채택할 수 있다(제382조의2 제1항). 이사의 임기 시작에 대해서는 회사와의 임용계약 체결 시점으로 보는 것이 일반적이었다. 그러나 최근 판례는 주주총회 선임결의가 있으면 이사의 지위를 취득한다고 판단하였으며(대판 2017. 3. 23, 2016다251215 전원합의체), 따라서 피선임자의 동의하에 주주총회 선임결의가 있으면 이사의 임기는 시작된 것으로 볼 수 있다. 이사의 임기는 3년을 초과하지 못하며(제383조 제2항), 언제든지 사임할 수 있다. 또한 주주총회 특별결의로 언제든지 해임할 수도 있다(제385조 제1항 본문). 이사들로 구성된 이사회는 회사의 업무집행의 결정에 관한 권한을 가지며(제393조), 아울러 이사의 직무집행을 감독한다(제393조 제2항). 이사회는 각 이사가 소집함이 원칙이며(제390조 제1항 본문), 이사 과반수 출석과 출석이사의 과반수 찬성으로 결의한다(제391조 제1항 본문). 이사회는 정관이 정하는 바에 따라 위원회를 둘 수 있으며(제393조의2 제1항), 위원회가 이사회의 기능을 대신하도록 할 수 있다.

한편 상법은 이사와 회사의 이익충돌을 방지하기 위한 규정을 두고 있다. 구체적으로 경업금지의무(제397조), 회사기회의 유용금지(제397조의2), 자기거래의 제한(제398조)에 대한 규정을 두고 있다. 또 이사가 고의 또는 과실로 법령이나 정관을 위반한 행위를 하거나 그 임무를 게을리 한 때에는 회사에 대하여 연대하여 손해를 배상할 책임이 있으며(제399조 제1항), 고의 또는 중과실로 그 임무를 게을리 한 때에는 제3자에 대해서도 손해배상책임을 부담한다(제401조 제1항). 이사가 법령이나 정관을 위반한 행위를 하는 경우 주주는 사전적으로는 위법행위유지청구권을 행사할 수 있으며(제402조), 이미 손해가 발생한 경우에는 주주대표소송을 제기할 수 있다(제403조). 한편 2020년 개정에 의해 모회사 주주가 자회사의 경영진을 상대로 대표소송을 제기할 수 있는 다중대표소송제도가 도입되었다.

2) 대표이사

대표이사는 회사를 대표하고 업무를 집행하는 권한을 가진 기관으로서 이사 중에서 선정한다(제389조 제1항 본문). 대표이사는 이사회에서 선정하며(제389조 제1항 본문), 정관에 규정이 있으면 주주총회에서 선임할 수 있다(제389조 제1항 단서). 임기만료, 해임 또는 사임에 의하여 퇴임한다. 대표이사를 선임한 기관은 언제든지 해임할 수 있다. 대표이사는 회사의 영업에 관하여 재판상 또는 재판 외의 모든 행위를 할 수 있는 포괄적·획일적 권한이 있다. 따라서 대표이사의 권한을 제한하였다 하더라도 이러한 사실을 모르는 선의의 제3자에게는 대항할 수 없다. 또한 만약 대표이사가 위법행위 내지 대표권을 남용하는 행위를 함으로써 타인에게 손해를 끼친 경우 대표이사는 회사와 함께 연대책임을 부담하여야 한다. 2011년 개정상법에 의해 집행임원제도가 도입되면서, 집행임원을 둔 회사는 대표이사를 두지 못하며 집행임원이 그 역할을 하게 된다.

3) 집행임원

집행임원은 회사의 업무집행과 대표권을 갖는 기관으로 대표이사에 갈음하여 설치할 수 있는 기관으로(제408조의2 제1항) 2011년 개정상법에 의해 도입되었다. 집행임원의 선임과 해임은 이사회의 권한사항이며(제408조의2 제3항 제1호), 임기는 정관에 다른 규정이 없으면 2년을 초과하지 못한다(제408조의3 제1항). 집행임원은 회사의 업무집행과 정관이나 이사회 결의로 위임받은 업무집행에 관한 의사결정 권한을 갖는다(제408조의4). 집행임원이 2명 이상인 경우 이사회 결의로 대표집행임원을 선임해야 하며(제408조의5 제1항), 대표집행임원은 특별한 규정이 없는 경우 대표이사에 관한 규정을 준용한다(제408조의5 제2항). 집행임원은 3개월에 1회 이상 업무에 집행상황을 이사회에 보고해야 하고(제408조의6 제1항), 이사의 경우와 마찬가지로 회사 및 제3자에 대해 손해배상책임을 부담한다(제408조의8).

(3) 감사, 감사위원회 및 준법지원인

1) 감 사

주식회사는 감사기능을 전담할 필요적 상설기관으로서 감사를 두는 동시에 회사의 선택에 따라 감사를 대체할 수 있는 기관으로서 이사회 내의 위원회로서 감사위원회를 둘 수 있도록 하고 있다. 감사는 이사와 마찬가지로 주주총회 보통결의로 선임되는 것이 원칙이다. 감사를 선임하는 경우 발행주식총수의 100분의 3을 초과하는 수의 주식을 가진 주주는 그 초과하는 주식에 관하여 의결권을 행사하지 못한다는 소위 '3%룰'이 적용된다(제409조 제2항). 이는 다른 나라에서는 그 예를 찾아보기 어려운 입법례로서 감사의 독립성을 보장하기 위한 방안으로 이해되고 있다. 다만 2020년 개정에 의해 전자투표제도를 도입한 회사에 한해서 출석주주 과반수 결의로 감사를 선임할 수 있도록 하였다. 이는 3%룰 등으로 인해 주식회사가 감사선임에 어려움을 겪고 있다는 점을 고려한 조치이다. 감사는 이사의 직무집행을 감사하며(제412조 제1항), 모회사 감사는 그 직무를 수행하기 위하여 필요한 때에는 자회사에 대해서 영업의 보고를 요구할 수 있다(제412조의5 제1항). 그 외에 이사회소집청구권(제412조의4 제1항), 주주총회소집청구권(제412조의3 제1항) 등의 권한을 가지고 있다. 감사가 그 임무를 해태한 때에는 회사에 대하여 연대하여 손해배상책임을 부담하며(제414조 제1항), 악의 또는 중대한 과실로 그 임무를 해태한 때에는 제3자에 대해서도 손해배상책임을 부담한다(제414조 제2항).

2) 감사위원회

주식회사는 정관에 규정이 있는 경우 감사에 갈음하여 감사위원회를 둘 수 있으며, 감사위원회를 두는 경우 감사는 둘 수 없다(제415조의2 제1항). 감사위원회는 3인 이상의 이사로 구성되며, 감사위원의 자격에는 제한이 없다. 다만 중립성을 위해 사외이사가 위원의 3분의 2 이상일 것을 요구하고 있다(제415조의2 제2항). 감사위원은 이사이기 때문에, 종래에는 이사를 선임한 후 선임된 이사 중 감사위원을 선임하였다. 이에 대해 2020년 개정법에서는 감사위원이 될 이사는 일반 이사와 분리하여 선출하는 감사위원 분리선출제도를 도입하였다. 이는 감사위원이 될 이사를 선임할 때에도 3%룰을 적용하여 지배주주로부터 독립된 감사위원을 선임하기 위한 것이다. 감사위원회의 권한은 감사에 준하며(제415조의2 제7항), 책임 또한 감사에 관한 규정을 준용하고 있다(제415조의2 제7항).

3) 준법지원인

2011년 상법개정으로 일정규모 이상의 회사에 대해서 준법통제기준을 마련하고, 이에 관한 업무를 담당할 준법지원인을 1인 이상 두도록 하고 있다(제542조의13 제2항). 준법지원인은 이사회의 결의로 선임되며(제543조의13 제4항), 전문성을 확보하기 위해 변호사 등 법률전문가로 자격을 제한하고 있다(제543조의14 제5항). 준법지원인의 임기는 3년이며(543조의13 제6항), 임기 만료로 퇴임하는 외에 위임의 일반적 종료사유로 퇴임할 수 있다. 준법지원인의 직무는 준법통제기준의 준수 여부를 점검하는 업무이며 그 점검결과를 이사회에 보고하여야 한다(제542조의13 제3항).

5. 자본금의 변동

(1) 자본금의 조달

자본금 조달의 방법에는 자기자본금의 조달방법과 타인자본금의 조달방법이 있다. 전자의 예로는 신주발행을 들 수 있고, 후자의 예로는 사채의 발행을 들 수 있다. 또한 신주발행의 경우에는 발행예정주식총수 중에서 발행하지 않은 부분을 발행하는 통상의 신주발행과 전환주식의 전환과 같이 자금조달과 관계없이 이루어지는 특수한 신주발행이 있다. 통상의 신주발행은 이사회가 결정하며(제416조 본문), 정관에 규정이 있는 경우 주주총회에서 결정할 수도 있다(제416조 단서). 회사가 신주를 발행하는 경우 기존 주주에게 신주인수권이 부여되며(제418조 제1항), 정관에 규정이 있는 경우에 한해서 제3자에게 신주인수권을 부여할 수 있다(제418조 제2

항). 만일 주주의 신주인수권이 침해된다면 해당 신주발행은 무효의 소(訴)의 원인이 된다(제429조).

한편 사채란 주식회사가 불특정다수인으로부터 자본금을 조달할 목적으로 발행하는 채권으로서 주식회사에 특유한 제도라고 할 수 있다. 사채를 발행하는 경우 주식과 달리 일정기간이 경과하면 이를 상환해야 한다. 사채의 발행은 이사회의 결의로 하여야 하며, 2011년 개정상법에서는 정관에 규정이 있으면 이사회가 대표이사에게 사채의 금액 및 종류를 정하여 1년이 초과하지 아니하는 기간 내에 사채를 발행할 것을 위임할 수 있도록 하고 있다(제469조 제4항). 그 밖에도 2011년 개정상법은 사채종류를 다양화하고 사채발행총액제한을 폐지하는 등 사채발행의 편리성 및 기동성을 제고하였다.

(2) 자본금의 감소

자본금의 감소는 실질적인 자본금을 감소하는 경우와 명목상 자본금을 감소하는 경우로 구분된다. 실질감소는 자본금이 과다하여 이를 주주에게 돌려주거나 회사의 해산을 앞두고 그 청산절차를 간소하게 하기 위해 이용되는 경우가 많다. 이에 대해 명목상 자본금감소는 서류상의 자본금을 실제 순자산에 맞게 수정하여 기업의 명목상 재무구조를 개선하기 위한 방안으로 이용된다.

자본금은 회사가 보유하고 있어야 할 추상적 재산으로 회사채권자에 대해 담보가치로서 의미를 가지고 있다. 따라서 자본감소는 회사채권자의 이익에 중대한 영향을 미치므로, 주주총회 결의는 물론 채권자보호절차를 이행할 것을 요구하고 있다(제439조 제2항). 액면주식의 경우 자본감소는 발행주식수를 줄여야 하므로 주식의 병합이나 소각 등의 절차가 필요하다. 그러나 무액면주식의 경우에는 주식의 수와 무관하므로 주식의 병합이나 소각 등의 절차는 불필요하다. 한편, 자본금감소의 방법 및 내용이 법령이나 정관에 위반하거나 현저히 불공정한 경우에는 신주발행 무효의 소의 원인이 된다(제445조).

6. 정관의 변경

정관은 회사의 조직과 활동에 관한 근본적인 규칙을 말하며, 정관변경은 정관의 기재사항을 추가하거나 삭제하는 것을 의미한다. 정관의 변경은 주주 간에 합의한 회사의 기본적인 내용에 대한 변경을 의미하는 것으로 주주들의 이해관계와 직접적인 관계를 갖는다. 따라서 정관변경의 경우에는 주주총회 특별결의를 요한다(제433조 제1항). 정관변경의 범위에는 제한이 없으므로 정관변경을 불허하는 규정을 두었다고 하여도 변경이 가능하다. 다만 사회질서나 강행법규에 위반한 내용으로 변경할 수 없으며, 변경된 내용이 주식회사의 본질과 주주의 고유권을 침해해서도 안 된다.

7. 주식회사의 회계

2011년 개정상법은 회사의 회계에 관한 구체적인 규정들을 삭제하고 공정하고 타당한 회계관행에 따를 것을 정하고 있다(제446조의2). 회사는 재무제표 및 영업보고서를 작성하여(제447조, 제447조의2) 감사에게 제출하여야 하고(제447조의3), 감사는 이를 바탕으로 감사보고서를 작성하여 이사에게 제출하여야 한다(제447조의4 제1항). 또한 회사는 그 자본금의 2분의 1이 될 때까지 매 결산기 이익배당액의 10분의 1 이상을 이익준비금으로 적립하여야 하며(제458조), 자본거래에서 발생한 잉여금을 자본준비금으로 적립하여야 한다(제459조). 적립된 준비금은 자본금의 결손 보전에 충당하여야 하며(제460조), 이사회 결의로 준비금의 전부 또는 일부를 자본금에 전입할 수 있다(제461조 제1항). 2011년 개정상법은 준비금의 활용에 융통성을 부여하기 위하여 준비금의 총액이 자본금의 1.5배를 초과하는 경우 주주총회 결의로 준비금을 감액할 수 있도록 하였다(제461조의2).

한편, 주식회사는 이익을 배당할 수 있으며, 이 경우 배당가능한 이익은 순자산액에서 자본금과 준비금등을 제외한 금액이 된다(제462조 제1항). 이익배당총액의 2분의 1 범위 내에서 주식배당이 가능하며(제462조의2), 연 1회의 결산기를 정한 회사는 영업년도 중 1회에 한하여 이사회 결의로 중간배당이 가능하다(제462조의3). 2011년 개정상법은 회사 운영의 편의를 도모하기 위해 정관에 정함이 있으면 금전외의 재산으로 배당할 수 있는 현물배당을 인정하고 있다(제462조의4).

8. 주식회사의 조직개편

회사가 경영의 효율을 높이기 위해 기업조직에 변화를 가져오는 것을 조직개편이라 하며, 상법상 조직개편과 관련한 제도로는 합병, 분할 및 주식의 포괄적 교환 및 포괄적 이전제도등이 있다. 합병은 앞서 살펴본 바와 같이 2개 이상의 회사의 영업과 재산이 하나로 통합되는 것을 말한다. 회사의 분할은 그 반대로 하나의 회사의 영업을 둘 이상으로 분리하고, 분리된 영업재산을 자본으로 하여 회사를 신설하거나 다른 회사와 합병시키는 조직법적 행위로 주식회사에만 적용된다(제530조의6).

한편, 주식의 포괄적 교환이나 포괄적 이전은 지주회사의 설립을 용이하게 하기 위해 도입된 제도이다. 주식의 포괄적 교환은 이미 존재하는 X회사와 Y회사의 계약에 의해 Y회사 주주가 소유하는 Y회사의 주식을 전부 X회사에 이전하고, Y회사 주주에게 X회사가 신주를 발행하거나 자기주식을 교부하는 것을 말한다. 이에 대해 주식의 포괄적 이전이란 X회사가 새로운 회사(Y)를 설립하면서 X회사의 주주가 가진 주식을 전부 Y회사에 이전하고 Y회사 설립시 발행하는 주식을 전부 X회사의 주주에게 배정하는 것이다. 이로써 Y는 X회사의 완전모회사가 되어 지주회사가 설립된다.

Ⅵ. 유한회사

유한회사는 사원이 유한책임을 부담한다는 점에서 주식회사와 동일하나 사원이 정관 기재사항이며 지분을 증권화할 수 없어 대부분 소규모형태이며 회사의 운영도 폐쇄적이라는 점에서 차이가 있다. 유한회사의 경우도 주식회사와 마찬가지로 1인 설립이 가능하며, 2011년 개정상법에 의해 최저자본금이 폐지되어 설립이 용이해졌다. 또한 종래 사원총수가 50인을 초과할 수 없도록 하였으나 이 또한 폐지되었고, 지분양도 시 사원총회 특별결의를 요구하였으나 개정상법에서는 원칙적으로 자유롭게 양도할 수 있으며 정관으로 제한할 수 있다고 규정함으로써 과거보다 지분양도가 용이해졌다.

유한회사는 출자 1좌의 금액이 100원 이상으로 균일하여야 하며(제546조), 자본의 총액과 각 사원의 성명 및 출자액은 정관의 절대적 기재사항이다(제543조 제1항). 각 사원은 자본금의 총액을 균일한 단위로 분할하여(제546조) 그 출자의 좌수에 따라 지분을 갖는다. 또 1인 또는 수인의 이사를 두며(제561조), 이사가 회사의 업무집행 및 대표기관이 된다. 감사는 주식회사와 달리 임의기관이며 감사의 선임 등에 관한 규정은 주식회사에 관한 규정이 준용된다(제570조). 유한회사의 최고의 사결정기관은 사원총회이며, 각 사원은 출자 1좌마다 1개의 의결권을 갖는다. 특징적인 것은 유한회사의 소규모성을 고려하여 서면에 의한 결의도 사원총회 결의와 동일한 효력을 인정하고 있는 것이다(제577조 제3항).

제4절 보 험

I. 보험제도

1. 보험의 의의

보험이란 동질적인 우발적인 사고의 발생으로 인한 경제적 수요의 충족을 위하여 그 위험(risk)하에 있는 다수인이 일정률의 금액(보험료)을 미리 갹출하여 공동준비재산(보험기금)을 만들어 놓고, 위험(보험사고)이 발생한 경우에 그 재산으로부터 재산적 급여(보험금)를 받는 제도라고 할 수 있다.

2. 보험의 종류

(1) 공보험과 사보험

첫째, 공보험이란 국가 그 밖의 공법인이 공동경제적 목적으로 운영하는 보험을 말하며, 산업재해보상보험, 국민건강보험, 국민연금보험, 무역보험 등이 이에 속한다.

둘째, 사보험이란 개인 또는 사법인이 경영하는 보험을 말한다.

(2) 손해보험과 생명보험

첫째, 손해보험이란 보험자가 보험사고로 인하여 생길 피보험자의 재산상의 손해를 보상할 목적으로 하는 보험(부정액보험)을 말한다.

둘째, 생명보험이란 사람의 생존 또는 사망에 관하여 일정한 금액의 지급 그 밖의 급여를 할 것을 목적으로 하는 보험(정액보험)을 말한다.

(3) 보험업법상의 분류

1) 생명보험업(보험업법 제4조 제1항 제1호)

① 생명보험, ② 연금보험(퇴직보험 포함), ③ 그 밖에 대통령령으로 정하는 보험종목

2) 손해보험업(보험업법 제4조 제1항 제2호; 보험업법 시행령 제8조 제1항; 보험업법 시행규칙 제3조)

① 화재보험, ② 해상보험(항공보험, 운송보험 포함), ③ 자동차보험, ④ 보증보

험, ⑤ 재보험, ⑥ 책임보험, ⑦ 기술보험, ⑧ 권리보험, ⑨ 도난보험, ⑩ 유리보험, ⑪ 동물보험, ⑫ 원자력보험, ⑬ 비용보험, ⑭ 그 밖에 손해보험업의 보험종목으로 분류할 수 있는 보험으로서 금융위원회가 정하는 보험

3) 제3보험업(보험업법 제4조 제1항 제3호)

① 상해보험, ② 질병보험, ③ 간병보험, ④ 그 밖에 대통령령으로 정하는 보험종목

Ⅱ. 보험계약

1. 의 의

보험계약이란 "당사자 일방이 약정한 보험료를 지급하고 재산 또는 생명이나 신체에 불확정한 사고가 발생할 경우에 상대방이 일정한 보험금이나 그 밖의 급여를 지급할 것을 약정하는 계약"(제638조)을 말한다.

2. 보험계약의 관계자

(1) 보험계약의 당사자

1) 보험자

보험자는 "보험계약의 직접 당사자로서 보험사고가 발생한 경우에 보험금의 지급 기타의 급여를 지급할 의무를 부담하는 자"이다.

2) 보험계약자

보험계약자는 "보험계약의 직접 당사자로서 보험자와 보험계약을 체결하고 보험료지급의무를 부담하는 자"이다.

(2) 보험계약의 관계자

1) 피보험자

가. 손해보험

손해보험에 있어서 피보험자란 "피보험이익의 주체로서 보험사고의 발생으로 생긴 재산상의 손해보상을 보험자에게 직접 청구할 수 있는 자"를 의미한다.

나. 인보험

인보험에 있어서 피보험자란 "보험의 목적으로서 생명 또는 신체에 관하여 보

험이 붙여진 자"를 의미한다.

2) 보험수익자

보험수익자는 "인보험계약에서 보험자로부터 보험금을 받을 자로 지정된 자, 즉 보험금지급청구권을 갖는 자"를 말한다. 보험수익자는 손해보험계약에서의 피보험자에 해당하는 개념이다. 보험수익자의 지정·변경권은 원칙적으로 보험계약자가 갖는다(제733조).

(3) 보험자의 보조자

1) 보험대리점

보험대리점이란 보험회사를 위하여 보험계약의 체결을 대리하는 자로 금융위원회에 등록된 자(보험업법 제2조 제9호, 제87조)를 말한다.

2) 보험중개사

보험중개사라 함은 독립적으로 보험계약의 체결을 중개하는 자로 금융위원회에 등록된 자(보험업법 제2조 제10호, 제89조)를 말한다.

3) 보험설계사

보험설계사라 함은 보험회사를 위하여 보험계약의 체결을 중개하는 자로서 금융위원회에 등록된 자(보험업법 제2조 제8호, 제84조)를 말한다.

4) 보험의

생명보험계약에 있어서 보험자가 위험의 인수 여부를 결정하도록 하기 위하여 피보험자의 신체검사를 맡아 위험측정자료를 수집, 의학적인 소견을 보험자에게 제공하는 의사를 말한다.

Ⅲ. 보험계약의 체결

1. 보험계약의 성립

(1) 보험계약의 청약

보험계약은 불요식의 낙성계약이므로 청약은 구두·서면·전화 등 어느 것에 의하든지 무방하지만, 실제상 청약자는 보험계약청약서에 일정한 사항을 기재함과 동시에 제1회 보험료상당액을 납입하고, 보험료가수증 또는 보험료영수증을 받는 방식으로 청약을 한다.

(2) 보험계약의 승낙

1) 보험계약의 성립시기

보험자는 상인이므로 보험계약은 상사계약이 되어 상법상 대화자 간에는 보험자가 즉시 승낙할 것을 요한다(제51조).

2) 낙부통지의무와 승낙의제(제638조의2)

보험자가 보험계약자로부터 보험료 상당액의 전부 또는 일부의 지급을 받고 보험계약의 청약을 받은 때 ① 다른 약정이 없으면 30일 내에 그 상대방에 대하여 낙부의 통지를 발송하여야 하고, 이를 해태한 때에는 승낙한 것으로 본다(제1항 및 제2항).

② 인보험계약의 피보험자가 신체검사를 받아야 할 경우 그 기간은 신체검사를 받은 날로부터 기산한다. 즉 신체검사를 받은 날로부터 30일 내에 그 상대방에 대하여 낙부의 통지를 발송하여야 하고, 이를 해태한 때에는 승낙한 것으로 본다(제1항 및 제2항).

3) 승낙전 보험보호: 적격피보험자의 보호(제638조의2 제3항)

보험자가 보험계약자로부터 보험료 상당액의 전부 또는 일부를 받은 경우에 그 청약을 승낙하기 전에 보험사고가 생긴 때에는 그 청약을 거절할 사유가 없는 한 보험계약상의 책임을 진다. 다만 인보험계약의 피보험자가 신체검사를 받아야 하는 경우에 그 검사를 받지 아니한 때에는 그러하지 아니하다(제638조의2 제3항 단서).

2. 보험증권

(1) 의 의

보험증권(insurance policy)이란 "보험계약의 성립과 그 내용을 증명하기 위하여 계약의 내용을 기재하고 보험자가 기명날인 또는 서명하여 보험계약자에게 교부하는 증권"을 말한다(제640조). 이러한 보험증권은 보험계약의 성립요건이 아니며, 보험자만이 기명날인 또는 서명하므로 보험계약서도 아니다.

(2) 작성과 교부(제640조 제1항 본문)

보험자는 보험계약 성립시 지체없이 보험증권을 작성하여 보험계약자에게 교부하여야 한다.

3. 고지의무

(1) 의 의

고지의무(disclosure and representation)란 "보험계약자 또는 피보험자가 보험계약의 체결 당시에 보험자에 대하여 ① 중요한 사항을 고지하거나 또는 ② 중요한 사항에 관하여 부실고지를 하지 아니할 의무"를 말한다(제651조). 고지의무는 계약 체결 당시의 의무이므로 계약체결 후의 위험증가의 통지의무(제652조) 및 손해발생의 통지의무(제657조)와는 구별된다.

(2) 질문표

실제 거래계에서는 보험자가 보험계약청약서에 미리 고지할 사항을 기재한 질문표를 이용하고 있는데, 상법상으로도 이러한 현실을 반영하여 "보험자가 서면으로 질문한 사항은 중요한 사항으로 추정한다"는 규정을 두고 있다(제651조의2).

(3) 위반의 효과

원칙적으로 보험자는 고지의무위반의 요건이 성립하면 일정한 경우를 제외하고는 보험사고의 발생 전후를 불문하고 보험계약을 해지할 수 있다(제651조, 제655조).

(4) 고지의무위반의 예외(해지의 제한)

1) 제척기간의 경과(제651조 본문)

보험자가 고지의무위반의 사실을 안 날로부터 1월, 계약을 체결한 날로부터 3년을 경과하면 보험계약을 해지할 수 없다.

2) 보험자의 악의 또는 중과실(제651조 단서)

보험자가 보험계약 당시에 고지의무위반의 사실을 알았거나(악의) 중대한 과실(중과실)로 인하여 알지 못한 때에는 보험자는 보험계약을 해지할 수 없다. 이 경우 보험자는 보험자뿐만 아니라 보험대리점·보험의 등 고지수령권이 있는 자를 포함한다.

3) 인과관계의 부존재(제655조 단서)

고지의무를 위반한 사실 또는 위험이 현저하게 변경되거나 증가된 사실이 보험사고 발생에 영향을 미치지 아니하였음이 증명된 경우에는 보험금을 지급할 책임이 있다.

(5) 보험자의 보험약관의 교부·명시·설명의무 위반과의 관계

보험자가 보험약관의 교부·명시의무(제638조의3)에 위반한 경우에는 보험계약자 등이 고지의무(제651조)를 위반한 경우에도 보험자는 이러한 약관의 내용을 보험계약의 내용으로 주장할 수 없으므로 보험자는 보험계약자 등의 고지의무위반을 이유로 보험계약을 해지할 수 없다(대판 1995. 8. 11, 94다52492; 대판 1996. 3. 8, 95다53546). 다만, 보험약관의 명시·설명의무를 다하였다면 고지의무위반을 이유로 보험계약을 해지할 수 있다(대판 1997. 3. 14, 96다53314).

Ⅳ. 손해보험계약

1. 의 의

손해보험계약이란 "당사자의 일방(보험자)이 우연한 사고(보험사고)에 의하여 생길 수 있는 피보험자의 재산상 손해를 보상할 것을 약정하고, 상대방(보험계약자)이 이에 대하여 보험료를 지급할 것을 약정함으로써 효력이 생기는 보험계약"이다(제665조, 제638조).

2. 피보험이익

손해보험계약이 유효하게 성립하기 위해서는 원칙적으로 보험의 목적에 대하여 보험사고의 발생유무에 의하여 피보험자가 갖는 경제적 손익이 있을 것을 필요로 한다. 이러한 피보험이익은 손해보험계약의 절대적 요소이므로 피보험이익이 없으면 손해보험계약이 성립할 수 없다(절대설).

3. 손해보험계약의 종류

(1) 화재보험계약(Contract of Fire Insurance)

화재보험계약이란 화재로 인하여 생길 손해를 보상할 목적으로 하는 손해보험계약을 말한다(제683조).

(2) 운송보험계약(Contract of Transport Insurance)

운송보험계약이란 육상운송에 있어서의 운송물에 관한 사고로 인하여 생길 손해의 보상을 목적으로 하는 손해보험계약을 말한다(제688조).

(3) 해상보험계약(Contract of Marine Insurance)

해상보험계약이라 함은 "해상사업"에 관한 사고로 인하여 생긴 손해의 보상을 목적으로 하는 손해보험계약을 말한다(제693조).

(4) 책임보험계약(Contract of Liability Insurance)

피보험자가 보험기간 중의 사고로 인하여 제3자에게 배상할 책임을 진 경우에 보험자가 피보험자의 책임이행으로 인하여 생길 손해를 보상할 것을 목적으로 하는 보험계약을 말한다(제719조). 즉 피보험자가 제3자에게 손해배상책임을 이행함으로써 생긴 재산상의 손해, 이른바 간접손해를 보상하는 보험계약으로 손해보험계약의 일종이다. 책임보험에서의 책임은 민사책임을 의미하지만, 일정한 한도 내에서 벌금 등 형사책임으로 인한 손해를 보상하는 경우도 있다.

(5) 자동차보험계약(Contract of Car Insurance)

자동차보험계약이란 피보험자가 자동차를 소유·사용·관리하는 동안에 발생한 사고로 인하여 생긴 손해의 보상을 목적으로 하는 보험계약을 말한다(제726조의2).

(6) 보증보험계약

보증보험계약의 보험자는 보험계약자가 피보험자에게 계약상의 채무불이행 또는 법령상의 의무불이행으로 입힌 손해를 보상할 책임이 있다(제726조의5). 보증보험계약에 관하여는 그 성질에 반하지 아니하는 범위에서 보증채무에 관한 민법의 규정을 준용한다(제726조의7).

V. 인보험계약

1. 의 의

인보험계약(contract of person insurance)의 보험자는 피보험자의 생명이나 신체에 관하여 보험사고가 발생할 경우에 보험계약으로 정하는 바에 따라 보험금이나 그 밖의 급여를 지급할 책임이 있다(제638조, 제727조). 이 경우 보험금은 당사자 간의 약정에 따라 분할하여 지급할 수 있다(제727조 제2항).

2. 인보험증권

인보험증권에는 손해보험증권의 일반적 기재사항(제666조) 이외에 보험계약의 종류, 피보험자의 주소·성명 및 생년월일, 보험수익자를 정한 때에는 그 주소·성명 및 생년월일을 기재하여야 한다(제728조).

3. 생명보험계약(life insurance)

생명보험계약의 보험자는 피보험자의 사망, 생존, 사망과 생존에 관한 보험사고가 발생할 경우에 약정한 보험금을 지급할 책임이 있다(제730조).

4. 타인의 생명의 보험계약

타인의 생명의 보험계약이란 보험계약자 이외의 제3자를 피보험자로 한 생명보험계약을 말한다. 보험계약자와 피보험자가 동일인인 자기의 생명의 보험계약과 구별되는 개념이다. 타인의 사망을 보험사고로 하는 보험계약에는 보험계약 체결 시에 그 타인의 서면에 의한 동의를 얻어야 한다(제731조 제1항).

5. 타인을 위한 생명보험계약

보험계약자 이외의 제3자를 보험수익자로 한 생명보험계약을 말한다. 타인을 위한 생명보험계약은 "타인을 위한 보험계약"(제639조)의 일종이다. 보험계약자는 보험수익자를 지정 또는 변경할 권리가 있다(제733조 제1항). 보험수익자가 보험존속 중에 사망한 때에는 보험계약자는 다시 보험수익자를 지정할 수 있다. 이 경우에 보험계약자가 지정권을 행사하지 아니하고 사망한 때에는 보험수익자의 상속인을 보험수익자로 한다(제733조 제3항).

6. 상해보험계약(contract of personal accident insurance)

보험자가 피보험자의 신체의 상해에 관한 보험사고가 생길 경우에 보험금액 기타의 급여를 하기로 하는 인보험계약(제737조)을 말하는데, 생명보험(정액보험)계약과 손해보험계약의 중간 형태라고 할 수 있다. 인보험계약에서는 보험자대위제도가 원칙적으로 금지되어 있지만, 인보험 중 상해보험의 경우에는 예외적으로 당사자 간의 특약이 있는 때에 한하여 피보험자의 권리를 해하지 아니하는 범위에서 제3자에 대한 보험자대위를 인정하고 있다(제729조 단서).

7. 질병보험계약

질병보험계약의 보험자는 피보험자의 질병에 관한 보험사고가 발생할 경우 보험금이나 그 밖의 급여를 지급할 책임이 있다(제739조의2). 질병보험에 관하여는 그 성질에 반하지 아니하는 범위에서 생명보험 및 상해보험에 관한 규정을 준용한다(제739조의3).

제5절 해 상

Ⅰ. 해상법의 의의

1. 실질적 의의의 해상법

실질적 의의의 해상법이란 "해상기업에 특유한 사법의 총체"를 의미한다고 할 수 있다.

2. 형식적 의의의 해상법

우리나라의 현행 상법 제5편 「해상」을 의미한다.

Ⅱ. 해상기업조직

1. 물적 조직(선박)

(1) 선박의 개념

선박이라 함은 "상행위나 그 밖의 영리를 목적으로 항해에 사용하는 선박"을 말한다(제740조). 그런데 상법상의 선박은 자체의 동력에 의한 자항능력이 있을 것을 요하지 않는다. 그러나 단정(短艇) 또는 주로 노 또는 상앗대로 운전하는 선박(노도선)은 해상법상의 선박이 아니다(제741조 제2항).

(2) 선박의 공시

1) 선박등기제도

선박등기라 함은 선박등기법에 의해 사법상의 권리관계를 공시할 목적으로 선박의 명칭 등 일정한 사항을 선박등기부에 기재하는 것을 말한다. 선박등기부에는 선박의 소유권, 저당권, 임차권의 설정, 보존, 이전, 변경, 처분의 제한 또는 소멸에 관하여 기재하게 된다. 선박등기의 대상이 되는 선박은 ① 총톤수 20톤 이상의 기선 및 범선과 ② 선박계류용, 저장용이 아닌 총톤수 100톤 이상의 부선이다.

2) 선박등록제도

선박등록이라 함은 선박법에 따라 선박원부에 선박에 관한 일정한 사항과 소유자를 기재하는 것을 말하는 것으로 공법상의 행정적 규제차원에서 선박의 국적을 증명하는 것이 목적이다(선박법 제8조).

2. 인적 조직

(1) 해상기업의 주체

1) 선박소유자

선박에 대해 물권법상 소유권을 가진 자로서 그 소유선박을 상행위 그 밖의 영리의 목적으로 자기의 해상기업에 이용하는 자(Shipowner)를 말한다(협의의 선박소유자).

2) 선박공유자

선박공유자란 선박을 공유하고 이것을 공동의 해상기업에 이용하는 자를 말한다(제756조 이하).

3) 선체용선자

선체용선자란 선체용선계약상의 용선자를 의미한다. 선체용선계약(bareboat charter)이란 "용선자의 관리·지배하에 선박을 운항할 목적으로 선박소유자가 용선자에게 선박을 제공할 것을 약정하고 용선자가 이에 따른 용선료를 지급하기로 약정함으로써 그 효력이 생기는 계약"이다(제847조 제1항).

4) 정기용선자

정기용선자란 정기용선계약상의 용선자를 말한다. 정기용선계약(Time Charterparty)이란 "선박소유자가 용선자에게 ① 선원이 승무하고 항해장비를 갖춘 선박을 ② 일정한 기간 동안 항해에 사용하게 할 것을 약정하고, 용선자가 이에 대하여 기간으로 정한 용선료(hire)를 지급하기로 약정함으로써 그 효력이 생기는 계약"이다(제842조).

(2) 해상기업의 보조자: 선장

1) 선장(Master)의 의의

선장이란 선박소유자의 피용자로서 특정 선박의 항해를 지휘하고, 그 대리인으로서 공법상·사법상의 법정권한을 가진 자를 말한다. 상법상 선장의 자격에 대해서는 제한이 없지만, 선박직원법상 해당 선박과 항행구역에 맞는 해기사면허를 가진 자이어야 한다(선박직원법 제4조, 제11조).

2) 선장의 사법상의 지위

선장의 사법상의 지위는 대리인인데, 이러한 대리인으로서의 지위는 선박소유자, 적하이해관계인, 여객, 구조료채무자 등의 대리인으로서의 지위가 있다. 상법상 선장의 대리권의 법정범위는 선적항주의에 따른다. 즉 선적항에서 선장은 특히 위임을 받은 경우 외에는 해원의 고용과 해고를 할 권한만을 갖는다(제749조 제2항). 그러나 선적항 외에서 선장은 항해에 필요한 재판상 또는 재판 외의 모든 행위를 할 권한이 있고(제749조 제1항), 이러한 선장의 대리권에 대한 제한은 선의의 제3자에게 대항하지 못한다(불가제한성)(제751조).

3. 해상기업주체의 책임제한: 선박소유자책임제한제도

선박소유자의 책임제한제도(또는 선박소유자의 유한책임제도)란 해상기업활동과 관련하여 일정한 원인에 의하여 제3자에게 손해가 발생한 경우에 선박소유자가 자신의 배상책임을 일정액으로 제한할 수 있는 제도를 말한다.

Ⅲ. 해상기업활동

1. 개품운송계약의 의의

개품운송계약이란 운송인이 개개의 물건(운송물, 적하, 또는 화물)을 해상에서 선박으로 운송할 것을 인수하고, 송하인이 이에 대하여 운임을 지급하기로 약정함으로써 성립하는 계약을 말한다(제791조).

2. 해상물건운송인의 의무

(1) 운송물에 관한 주의의무

운송인은 자기 또는 선원이나 그 밖의 선박사용인이 운송물의 수령·선적·적부(積付)·운송·보관·양륙과 인도에 관하여 주의를 해태하지 아니하였음을 증명하지 아니하면 운송물의 멸실·훼손 또는 연착으로 인한 손해를 배상할 책임이 있다(제795조 제1항).

(2) 감항능력주의의무(Seaworthiness)

해상운송인이 송하인에 대하여 선적항을 발항할 당시 예정된 항해를 안전하게 완성할 수 있는 선박을 제공함에 있어서 자기 또는 선원 기타의 선박사용인이 상당한 주의(due diligence)를 다하여야 할 의무를 말하는데, 당사자 간의 특약으로 감경 또는 면제할 수 없다는 점(제799조 제1항)에서 강행규정이라고 할 수 있다.

즉 운송인은 발항 당시 자기 또는 선원 기타의 선박사용인이 ① 선박이 안전하게 항해를 할 수 있게 할 것(1호), ② 필요한 선원의 승선, 선박의장과 필요품의 보급(2호), ③ 선창, 냉장실 기타 운송물을 적재할 선박의 부분을 운송물의 수령, 운송과 보존을 위하여 적합한 상태에 둘 것(3호)에 관한 사항에 대하여 주의를 해태하지 아니하였음을 증명하지 아니하면 운송물의 멸실, 훼손 또는 연착으로 인한 손해를 배상할 책임이 있다(제794조).

3. 해상물건운송인의 권리

해상물건운송인은 운송계약에 의하여 물건의 운송을 인수한 보수로서 운임(freight)을 청구할 권리(즉 운임청구권)가 있다(제810조 제2항, 제811조 제2항). 또한, 해상물건운송인은 부수비용 등의 청구권(제807조 제1항), 유치권(제807조 제2항) 및 경매권(제808조 제1항)을 갖는다.

4. 복합운송계약

복합운송계약(multimodal transport)이란 "통운송계약 중 해륙 또는 해륙공운송과 같이 2개 이상의 운송수단에 의하여 실행되는 운송을 내용으로 하는 운송계약"을 말하는데, 컨테이너가 해상운송에 이용됨과 동시에 복합운송의 경제적 효용이 증대되기에 이르렀다.

상법은 복합운송인의 책임에 관하여 운송인이 인수한 운송에 해상 이외의 운송구간이 포함된 경우, 운송인은 손해가 발생한 운송구간에 적용될 법에 따라 책임을 진다(제816조 제1항)고 규정하고 있다.

5. 해상여객운송계약

"운송인(해상여객운송인)이 특정한 여객을 출발지에서 도착지까지 해상에서 선박으로 운송할 것을 인수하고, 이에 대하여 상대방(여객)이 운임을 지급하기로 약정함으로써 그 효력"이 생기는 계약이다(제817조).

6. 항해용선계약

항해용선계약이란 "특정한 항해를 할 목적으로 선박소유자가 용선자에게 선원이 승무하고 항해장비를 갖춘 선박의 전부 또는 일부를 물건의 운송에 제공하기로 약정하고, 용선자가 이에 대하여 운임을 지급하기로 약정함으로써 그 효력이 생기는" 계약이다(제827조 제1항).

Ⅳ. 해상운송증서

1. 선하증권

선하증권(Bill of Lading)이란 "해상물건운송계약에서 해상물건운송인(선박소유자)이 운송물을 수령 또는 선적하였음을 증명하고, 목적지에서 운송물을 선하증권 소지인에게 인도할 의무를 표창하는 유가증권"이라고 할 수 있다. 선하증권의 소지인이 운송인에 대하여 운송물의 인도 그 밖의 운송에 관한 채무의 이행을 청구할 수 있는 효력을 선하증권의 채권적 효력이라고 한다. 한편, 선하증권에 의하여 운송물을 받을 수 있는 자에게 선하증권을 교부한 때에는 운송물 위에 행사하는 권리의 취득에 관하여 운송물을 인도한 것과 동일한 효력이 있는데(제861조, 제133조), 이것을 선하증권의 물권적 효력이라 한다.

해상물건운송인(선박소유자)은 운송물을 수령(선적)한 후, ① 종이 선하증권을 발행하는 대신에 송하인(항해용선자)의 동의를 얻어 ② 법무부장관이 지정하는 등록기관에 등록을 하는 방식으로 전자선하증권을 발행할 수 있다(제862조 제1항). 법무부장관이 지정하는 등록기관은 ㈜한국무역정보통신(KTNET)이다. 이러한 전자선하증권은 상법상 종이 선하증권과 동일한 법적 효력을 갖는다(제862조).

2. 해상화물운송장

해상화물운송장(Sea Waybill)이란 "해상물건운송인(선박소유자)이 송하인(용선자)의 청구에 의하여 선하증권 대신에 발행하는 증서로서, 해상물건운송인(선박소유자)이 운송물을 수령 또는 선적하였음을 증명하고, 동 증서에 기재된 수하인 또는 그 대리인에게 인도함으로써 그 책임을 면하는 증서"라고 할 수 있다(제863조, 제864조). 이러한 해상화물운송장은 권원증권(Document of Title) 내지 유가증권이 아니므로 담보력이 없다.

V. 해상기업위험

1. 공동해손

공동해손(General Average)이란 "선박과 적하의 공동위험을 면하기 위한 선장의 선박 또는 적하에 대한 처분으로 인하여 생긴 손해 또는 비용"을 말한다(제865조). 이러한 공동해손을 모든 이해관계인에게 분담시키는 제도가 공동해손제도라고 할 수 있다. 공동해손에 관한 상법의 규정은 공동해손에 관한 "요크 안트워프규칙(York-Antwerp Rules)"에 따른 것이다.

2. 선박충돌

선박충돌(Collision)이란 "항해선 상호간 또는 항해선과 내수항행선 간에 어떠한 수면에서 충돌하여 선박 또는 선박 내에 있는 물건이나 사람에 관하여 손해가 발생하는 것"(제876조 제1항)을 말한다. 이러한 선박충돌에 관한 법적 규제의 국제적 통일의 필요성으로 인해 다수의 "선박충돌에 관한 통일조약"이 성립하였고, 우리 상법에 영향을 주었다.

3. 해난구조

해난구조(Salvage)라 함은 "항해선 또는 그 적하 그 밖의 물건이 어떠한 수면에서 위난에 조우한 경우에 의무없이 이를 구조하는 것"을 말한다(제882조). 해난구조에 관한 각국의 입법을 통일하기 위하여 1910년의 국제해법회(CMI) 브뤼셀회의에서 "해난에 있어서의 구원·구조에 관한 규정의 통일을 위한 조약"이 성립하였다.

Ⅵ. 해상기업금융

1. 선박우선특권

선박우선특권(Maritime Lien)이란 "일정한 법정채권(제777조 제1항 제1호~제4호)을 가진 채권자가 선박·그 속구·그 채권이 생긴 항해의 운임 및 그 선박과 운임에 부수한 채권에 대하여 다른 채권자보다 우선하여 변제를 받을 수 있는 해상법상의 특수한 담보물권"(제777조)이다. 선박우선특권은 다른 일반채권, 선박저당권, 또는 선박질권에도 우선하는 효력이 있다(제788조). 선박우선특권은 그 목적물에 대한 경매권과 우선변제권이 있다(제777조 제2항). 선박우선특권은 추급권(追及權)이 있으므로 그 선박소유권의 이전으로 인하여 영향을 받지 않는다(제785조).

2. 선박저당권

선박저당권이란 "등기선박을 목적으로 하여 계약에 의하여 설정되는 상법상 특수한 저당권"(제787조 제1항)인데, 선박저당권의 등기는 선박등기법상의 선박등기부에 하게 된다. 조선업자의 금융편의를 도모하고 그 채권자를 보호하기 위하여 건조중의 선박에도 선박저당권의 설정이 인정되고 있다(제790조).

3. 선박의 압류 및 가압류

항해의 준비를 완료한 선박과 그 속구에 대하여는 항해를 종료할 때까지 원칙적으로 압류 또는 가압류를 하지 못한다(제744조 본문). 그러나 항해의 준비를 완료한 선박과 그 속구라고 하더라도 항해를 준비하기 위하여 생긴 채무에 대하여는 예외적으로 채권자가 그 선박과 속구를 압류 또는 가압류할 수 있다(제744조 단서). 또한, 20톤 미만의 선박의 경우에는 상법의 압류금지규정의 적용이 없으므로 아무런 제한없이 선박을 압류하거나 가압류할 수 있다(제744조 제2항).

제6절 항공운송

I. 항공운송법의 의의

1. 의 의

항공운송법이란 항공기를 이용하여 물건 또는 사람을 운송하는 항공운송에 관한 사법적 법률관계를 규율하는 법이다. 항공운송을 규율하는 기존의 법률로는 항공법, 항공기저당법, 항공운송사업진흥법 등이 있는데, 이들 법령은 주로 국가와 사인 간의 공법적 관계를 규율하는 것이다.

항공운송에 관한 사법상의 법률관계를 규율하는 국제협약으로는 ① 1929년 국제항공운송에 관한 일부 규칙의 통일에 관한 협약, 즉 바르샤바협약(Warsaw Convention), 1929년 바르샤바협약을 개정하기 위한 ② 1955년 헤이그 의정서(Hague Protocol), 기존의 5개의 협약을 하나로 통합한 ③ 1999년 국제항공운송에 관한 일부 규칙의 통일에 관한 협약, 즉 몬트리올협약(Montreal Convention)이 있다. 우리나라는 2007년 몬트리올협약에 가입하였다.

2. 항공기의 개념

항공기란 상행위나 그 밖의 영리를 목적으로 운항에 사용하는 항공기를 말한다. 다만, 대통령령으로 정하는 초경량 비행장치(超輕量 飛行裝置)는 제외한다(제896조).

3. 항공운송법의 적용범위

운항용 항공기에 대하여는 상행위나 그 밖의 영리를 목적으로 하지 아니하더라도 상법 제6편의 규정을 준용한다. 다만, 국유(國有) 또는 공유(公有) 항공기에 대하여는 운항의 목적·성질 등을 고려하여 상법 제6편의 규정을 준용하는 것이 적합하지 아니한 경우로서 대통령령으로 정하는 경우에는 그러하지 아니하다(제897조).

4. 항공운송인 등의 책임감면

운송인의 책임한도액(제905조 제1항)을 포함하여 상법 제6편에서 정한 운송인이나 항공기 운항자의 손해배상책임과 관련하여 운송인이나 항공기 운항자가 손해배상청구권자의 과실 또는 그 밖의 불법한 작위나 부작위가 손해를 발생시켰거나 손해에 기여하였다는 것을 증명한 경우에는, 그 과실 또는 그 밖의 불법한 작위나 부작위가 손해를 발생시켰거나 손해에 기여한 정도에 따라 운송인이나 항공기 운항자의 책임을 감경하거나 면제할 수 있다(제898조).

Ⅱ. 항공여객운송인의 책임

첫째, 운송인은 여객의 사망 또는 신체의 상해로 인한 손해에 관하여 책임을 진다(제904조). 둘째, 운송인은 여객의 연착(제907조) 및 수하물의 연착(제909조)으로 인한 손해에 대하여 책임을 진다. 셋째, 운송인은 위탁수하물의 멸실 또는 훼손으로 인한 손해(제908조 제1항) 및 휴대수하물의 멸실 또는 훼손으로 인한 손해(제908조 제2항)에 대하여 책임을 진다.

Ⅲ. 항공물건운송인의 책임

1. 운송물의 멸실·훼손에 대한 책임

운송인은 운송물의 멸실 또는 훼손으로 인한 손해에 대하여 그 손해가 항공운송 중(운송인이 운송물을 관리하고 있는 기간을 포함한다)에 발생한 경우에만 책임을 진다(제913조 제1항).

2. 운송물 연착에 대한 책임

운송인은 운송물의 연착으로 인한 손해에 대하여 책임을 진다. 다만, 운송인이 자신과 그 사용인 및 대리인이 손해를 방지하기 위하여 합리적으로 요구되는 모든 조치를 하였다는 것 또는 그 조치를 하는 것이 불가능하였다는 것을 증명한 경우에는 그 책임을 면한다(제914조).

Ⅳ. 항공운송증서

1. 여객항공권

운송인이 여객운송을 인수하면 여객에게 일정한 법정의 사항을 적은 개인용 또는 단체용 여객항공권을 교부하여야 하는데(제921조 제1항), 이러한 여객항공권은 운임의 지급을 증명하고 항공운송채권을 표창하는 증서라고 할 수 있다.

2. 수하물표

운송인은 여객에게 개개의 위탁수하물마다 수하물표를 교부하여야 하는데(제922조), 이러한 수하물표는 증거증권이라고 할 수 있다.

3. 항공화물운송장

송하인은 운송인의 청구를 받아 일정한 법정의 사항을 적은 항공화물운송장 3부를 작성하여 운송인에게 교부하여야 하는데(제923조 제1항), 항공화물운송장은 운송에 관한 중요사항과 운송의 당사자 등 법정 사항을 기재하고 송하인이 기명날인 또는 서명한 증서라고 할 수 있다.

Ⅴ. 지상 제3자의 손해에 대한 책임

항공기 운항자는 비행 중인 항공기 또는 항공기로부터 떨어진 사람이나 물건으로 인하여 사망하거나 상해 또는 재산상 손해를 입은 지상(지하, 수면 또는 수중을 포함한다)의 제3자에 대하여 손해배상책임을 진다(제930조 제1항). 그런데, 이러한 항공기 운항자의 지상의 제3자에 대한 책임은 유한책임이다(제932조).

제7절 어음법·수표법

I. 어음·수표의 유가증권적 특성

1. 유가증권의 의의

(1) 개 념

유가증권이란 재산권을 표창한 증권(證券)으로서 그 권리의 발생·행사·이전의 전부 또는 일부를 증권에 의하여야 하는 것을 말한다(통설).

(2) 유가증권과 구별되는 증권

첫째, 유가증권은 어느 법률관계의 유무 또는 내용을 후일에 용이하게 증명하기 위하여 작성해 두는 서면인 증거증권과 구별된다. 증거증권의 예로는 계약서, 차용증서, 영수증, 예금증서 등을 들 수 있다.

둘째, 유가증권은 채무자가 증권의 소지인에게 채무를 이행하면 비록 소지인이 진정한 권리자가 아니더라도 채무자는 책임을 면하게 되는 증권인 면책증권과 구별된다. 면책증권의 예로는 목욕탕의 의류보관표찰, 고속버스의 수하물상환증 등을 들 수 있다.

셋째, 유가증권은 유가증권처럼 재산권을 표창하는 것이 아니라 증권 그 자체가 법률상 일정한 수량의 금전을 대신하는 효력을 갖는 금권과 구별된다. 금권의 예로는 지폐, 우표, 수입인지 등을 들 수 있다.

2. 어음·수표의 유가증권적 특성

(1) 설권증권성

어음·수표는 증권의 작성에 의해 그 표창된 권리가 비로소 생겨나는 유가증권이라는 점에서 설권증권이다. 따라서 이미 존재하는 권리를 표창할 뿐 권리의 발생과는 무관하고, 행사와 이전 또는 그 중 하나를 위해 사용되는 유가증권인 비설권증권(예: 화물상환증, 창고증권 등)과 구별된다.

(2) 완전유가증권성

어음·수표는 권리의 발생·행사·이전 모두가 증권에 의해 이루어진다는 점에서 완전유가증권이다. 따라서 권리의 발생·행사·이전 중 일부가 증권에 의해 이루어지는 유가증권인 불완전유가증권(예: 화물상환증, 창고증권, 선하증권, 주권 등)과 구별된다.

(3) 채권증권성

채권증권이란 일정금액의 지급을 청구하는 채권을 표창하거나 일정한 물건의 인도를 청구하는 채권을 표창한 증권을 말하는데, 어음·수표는 특히 금전채권을 표창하는 유가증권이다.

(4) 지시증권성

기명증권은 증권에 권리자가 특정되어 기재된 유가증권으로 증권상의 권리는 그 기재된 권리자가 행사하여야 한다. 그런데 기명증권에 권리자로 기재된 자가 다른 자를 권리자로 지시할 수 있게 하는 경우, 즉 증권을 양도할 수 있는 경우, 이를 지시증권이라고 한다. 어음·수표는 당연한 지시증권이다.

(5) 무인증권성

어음·수표는 증권의 작성에 원인관계가 반드시 요구되는 것이 아니고, 원인관계가 있다고 하더라도 증권에 기재되지 않으며, 원인관계의 무효·취소는 증권상의 권리에 영향을 주지 아니하는 유가증권인 무인증권이다. 따라서 유가증권의 작성에 일정한 원인관계가 필요하고, 증권에도 그 원인관계가 기재되며 원인관계의 효력이 증권상의 권리에도 영향을 미치는 유가증권인 유인증권(예: 화물상환증, 창고증권, 선하증권, 주권, 채권 등)과 구별된다.

Ⅱ. 어음·수표의 의의

1. 환어음

(1) 개 념

환어음(bill of exchange, draft)이란 어음의 발행인이 제3자(지급인)에게 일정한 어음금액을 만기에 어음상의 권리자(수취인 또는 피배서인)에게 지급할 것을 무조건으로 위탁하는 유가증권이다.

(2) 어음요건(어음법 제1조)

① 증권의 본문 중에 그 증권의 작성에 사용하는 국어로 환어음임을 표시하는 문자, ② 일정한 금액을 지급할 뜻의 무조건의 위탁, ③ 지급인의 명칭, ④ 만기의 표시, ⑤ 지급지, ⑥ 지급을 받을 자 또는 지급을 받을 자를 지시할 자의 명칭, ⑦ 발행일과 발행지, ⑧ 발행인의 기명날인 또는 서명

2. 약속어음

(1) 개 념

약속어음(promissory note)이란 어음의 발행인이 만기에 일정한 어음금액을 어음상의 권리자(수취인 또는 피배서인)에게 지급할 것을 무조건으로 약속하는 유가증권이다.

(2) 어음요건(어음법 제75조)

① 증권의 본문 중에 그 증권의 작성에 사용하는 국어로 약속어음임을 표시하는 문자, ② 일정한 금액을 지급할 뜻의 무조건의 약속, ③ 만기의 표시, ④ 지급지, ⑤ 지급을 받을 자 또는 지급을 받을 자를 지시할 자의 명칭, ⑥ 발행일과 발행지, ⑦ 발행인의 기명날인 또는 서명

3. 수 표

(1) 개 념

수표(check)란 수표의 발행인이 지급인(은행)에게 일정한 수표금액을 수표상의 권리자(지시식인 경우 수취인 또는 피배서인, 무기명식인 경우 정당한 소지인)에게 지급할 것을 무조건으로 위탁하는 유가증권이다.

수표는 환어음과 그 법적 구조가 유사한 지급위탁증권이지만, 지급인이 은행에 한정되어 있다는 점, 만기가 없고 언제나 일람출급인 점(수표법 제28조) 등에서 환어음과 구별된다.

(2) 수표요건(수표법 제1조)

① 증권의 본문 중에 그 증권의 작성에 사용하는 국어로 수표임을 표시하는 문자, ② 일정한 금액을 지급할 뜻의 무조건의 위탁, ③ 지급인의 명칭, ④ 지급지, ⑤ 발행일과 발행지, ⑥ 발행인의 기명날인 또는 서명

4. 전자어음

전자어음이란 전자문서로 작성되고 전자어음관리기관에 등록된 약속어음을 말한다(전자어음의 발행 및 유통에 관한 법률 제2조 제2호). 이러한 전자어음의 배서·보증 또는 전자어음상의 권리행사는 전자문서로만 할 수 있다(전자어음의 발행 및 유통에 관한 법률 제5조 제4항).

J/U/R/I/S/P/R/U/D/E/N/C/E

PART 4 사회법

제13장
노동법

노동법은 근로자의 인간다운 생활을 보장하고 근로자와 사용자 사이의 실질적인 평등을 도모하기 위해서 취업과 근로조건 및 노사관계를 규율하는 법규범들을 총칭한 것을 말한다. 우리나라 노동법 체계는 크게 개별적인 근로자와 사용자 사이의 근로관계를 규율하는 개별적 노동관계법과 노동조합의 조직과 운영 및 노동조합과 사용자 또는 사용자단체 사이의 단체적 노동관계를 규율하는 집단적 노동관계법으로 나뉜다.

제 1 절 근로기본권

I. 집단적 노사관계법과 개별적 근로관계법

1. 집단적 노사관계법

집단적 노사관계법은 근로자 단체(주로 노동조합)와 사용자 또는 사용자 단체

사이의 집단적 노동관계를 규율하는 법으로서, 근로자가 조직의 힘으로 사용자와 실질적 대등관계를 실현하는 것을 목적으로 하고, 노사가 단체교섭에 의하여 노동문제를 자주적으로 해결하는 것을 그 내용으로 한다. 따라서 집단적 노사관계법의 경우 국가에 의한 직접적 개입과 보호는 가급적 제한되는 것이 바람직하다.

집단적 노사관계법에는 「노동조합 및 노동관계조정법」, 「공무원의 노동조합 설립 및 운영 등에 관한 법률」, 「교원의 노동조합 설립 및 운영 등에 관한 법률」, 「근로자참여 및 협력증진에 관한 법률」, 「노동위원회법」 등이 포함된다.

2. 개별적 근로관계법

개별적 근로관계법은 개별 근로자와 사용자 사이의 근로관계를 규율하는 법으로서, 당사자 간의 실질적인 평등을 확보하고 근로조건을 보호하기 위하여 국가의 간섭과 개입이 크기 때문에 노동보호법이라고도 한다. 개별적 근로관계법에는 근로기준법」, 「최저임금법」, 「근로자퇴직급여 보장법」, 「남녀고용평등과 일·가정 양립 지원에 관한 법률」, 「산업안전보건법」, 「산업재해보상보험법」, 「기간제 및 단시간 근로자 보호 등에 관한 법률」, 「파견근로자보호 등에 관한 법률」 등이 포함된다.

Ⅱ. 근로기본권의 종류

사례 1

국내 대기업에 근무하는 A는 인사부장이지만 월급을 받는 근로자로서 자신과 같은 처지에 있는 간부사원들의 근로조건의 향상을 위하여 A회사의 노동조합에 가입하려고 한다. 노동조합에 가입할 자격이 인정되는가?

1. 근로권

헌법 제32조 제1항 제1문은 '모든 국민은 근로의 권리를 가진다'고 하여 근로의 권리를 규정하고 있다. 근로의 권리의 본질적 내용은 근로기회청구권과 생활비지급청구권이다. 파생적 내용은 국가의 고용증진 및 적정·최저임금의 보장, 근로조건의 법정화 여성근로자의 보호와 차별대우의 금지, 연소자의 근로보장, 국가유공자·유가족 등의 근로기회보장 등이다. 근로권의 주체는 국민 및 근로자이다. 즉 근로의 권리보유의 주체는 국민이며, 근로의 권리행사의 주체는 근로자로 파악한다.

2. 근로3권

(1) 단결권

근로조건의 유지·개선을 목적으로 노동조합을 설립·운영·가입하거나 노동조합을 운영·유지할 수 있는 권리이다. 노동조합은 근로자가 주체가 되어 자주적으로 단결하여 근로조건의 유지·개선 기타 사회·경제적 지위의 향상을 도모함을 목적으로 조직하는 단체 또는 그 연합단체를 말한다(노조법 제2조 제4호 본문). 그러나 사용자 또는 그 이익 대표자의 참가, 경비원조, 공제·수양 기타 복리사업만을 목적으로 하는 경우, 근로자가 아닌 자의 가입, 주로 정치운동을 목적으로 하는 경우에는 노동조합으로 볼 수 없다(노조법 제2조 제4호 단서). 노동조합의 결성과 가입 주체인 근로자는 직업의 종류를 불문하고 임금·급료 기타 이에 준하는 수입에 의하여 생활하는 자를 말한다(노조법 제2조 제1호).

(2) 단체교섭권

단체교섭권은 근로자가 조직한 노동조합이 근로조건을 유지·개선하기 위하여 사용자 또는 사용자단체와 단체교섭을 행하는 것을 보장한 권리로서 노동3권 중 가장 중심적인 권리이다. 단체교섭은 근로자들이 그 대표자를 통하여 사용자와 임금, 근로시간 등 근로조건은 물론 노동조합활동, 복지후생을 비롯한 노사관계상의 권리, 의무에 관하여 단체협약의 체결 기타의 결정을 목표로 교섭하는 것을 말한다.

(3) 단체행동권

근로자가 근로조건의 유지·개선을 목적으로 집단적인 활동을 할 수 있는 권리를 말하며 쟁의권이라고 한다. 쟁의권은 단체행동권 중에서 가장기본이 되는 권리로, 노동조합이 단체교섭을 유리하게 전개하기 위하여 쟁의행위를 할 수 있는 권리이다. 쟁의행위란 파업, 태업, 직장폐쇄 기타 노동관계당사자가 그 주장을 관철할 목적으로 행하는 행위와 이에 대응하는 행위로서 업무의 정상적인 운영을 저해하는 것을 말한다(노조법 제2조 제6호). 정당한 쟁의행위의 경우에만 위법성이 조각되어 민·형사책임이 면제되고 특별한 보호를 받는다. 한편 사용자측의 쟁의행위로는 직장폐쇄가 있다.

사례 2

A회사는 의료기기생산업체로서 150명의 근로자를 고용하고 있다. A사의 B노동조합은 2012년 12월 임금인상을 위한 단체교섭의 결렬로 파업에 돌입하였다. 이 경우 파업에 참가한 C는 임금을 청구할 수 있는가?

3. 근로3권의 제한

(1) 헌법상 제한

헌법 제33조 제1항은 근로3권의 내재적 한계를 규정하고 있고, 헌법 제37조 제2항은 국가안전보장과 질서유지 또는 공공복리를 위하여 필요한 경우 법률로서 제한이 가능하도록 규정하고 있다.

(2) 공무원·교원에 대한 근로3권의 제한

헌법 제33조 제2항은 공무원인 근로자는 법률이 정하는 자에 한하여 단결권·단체교섭권 및 단체행동권을 갖는다고 규정하고 있다. 그리고 개정 전 공무원의 노동조합 설립 및 운영 등에 관한 법률은 6급 이하의 공무원 중 법률로 정하는 자에 한하여 공무원노동조합을 설립·가입할 수 있도록 하였다. 따라서 일반직 공무원·특정직공무원 중 외무영사직렬·외교정보기술직렬 외무공무원, 소방공무원 및 교육공무원(다만, 교원은 제외), 별정직 공무원은 공무원노동조합 가입이 가능하다(동법 제6조 제1항 각호). 따라서 일반직 공무원이면 공무원노동조합 가입이 가능하다. 다만, 지휘·감독권을 행사하거나 다른 공무원의 업무를 총괄하는 업무에 종사하는 공무원과(동법 제6조 제2항 제1호) 업무의 주된 내용이 인사·보수 또는 노동관계의 조정·감독 등 노동조합의 조합원 지위를 가지고 수행하기에 적절하지 아니한 업무에 종사하는 공무원에 대한 노조 가입 제한 규정(동법 제6조 제2항 제2호) 등은 유지되고 있다.

그리고 공무원 노동조합과 그 조합원은 파업, 태업 또는 그 밖에 업무의 정상적인 운영을 방해하는 어떠한 행위도 할 수 없다(동법 제11조). 즉 공무원은 단결권과 단체교섭권만을 갖는 것이 원칙이다. 한편 국가공무원법 및 지방공무원법은 국회규칙·대법원규칙·대통령령으로 범위를 정한 사실상 노무에 종사하는 현업공무원에 대하여만 근로3권을 인정하고 있다. 그러나 경찰공무원, 군인 등은 근로3권을 행사할 수 없다. 교원(유치원 교원, 초중등교원, 대학교원(강사제외))은 교원의 노동조합 설립 및 운영 등에 관한 법률에 따라 특별시·광역시·도 단위 또는 전국단위로 노동조합을 설립하고 가입할 수 있다. 단, 교원노동조합은 단체행동권을 행사할 수 없다(동법 제8조).

(3) 주요 방위산업체에 종사하는 근로자의 단체행동권 제한

방위사업법에 의하여 지정된 주요 방위산업체에 종사하는 근로자 중 전력, 용수 및 주로 방산물자를 생산하는 업무에 종사하는 자는 쟁의행위를 할 수 없으며 주로 방산물자를 생산하는 업무에 종사하는 자의 범위는 방산물자의 완성에 필요한 제조·가공·조립·정비·재생·개량·성능검사·열처리·도장·가스취급 등의 업무에 종사하는 자를 말한다(노조법 시행령 제20조).

▣ **사례 1의 해결**

근로자라고 하더라도 사용자의 개념에 해당하는 경우, 즉 근로자에 관한 사항에 대하여 사업주를 위하여 행동하는 자는 노동조합에 가입할 수 없다. 즉 노동조합 및 노동관계조정법 제2조 제2호, 제4호 단서 (가)목에 의하면, 노동조합법상 사용자에 해당하는 사업주, 사업의 경영담당자 또는 그 사업의 근로자에 관한 사항에 대하여 사업주를 위하여 행동하는 자와 항상 사용자의 이익을 대표하여 행동하는 자는 노동조합에의 참가가 금지된다. 이 경우에는 노동조합의 자주성을 침해할 수 있기 때문이다. 비록 인사부장으로서 월급을 받고 있다고 할지라도 인사부장은 '소속 직원의 업무분장·근태관리 등에 관하여 전결권을 부여받은 자, 근로자에 관한 사항에 대하여 사업주를 위하여 행동하는 자'에 해당하므로 노동조합의 가입자격이 인정되지 않는다.

▣ **사례 2의 해결**

근로계약에 의하여 근로자는 근로제공의무와 임금청구권이 발생하고, 사용자는 노무급부청구권과 임금지급의무가 발생한다. 그러나 쟁의행위기간 중에는 근로계약관계는 그대로 존속하지만 근로제공이 현실적으로 이루어지지 않기 때문에 근로계약관계상의 주된 권리의무가 정지되므로 근로자인 C는 임금청구권을 행사할 수 없다. 즉 무노동무임금의 원칙이 적용된다.

관련 판례

대판 2011. 9. 8, 2008두13873
여기서 '그 사업의 근로자에 관한 사항에 대하여 사업주를 위하여 행동하는 자'라 함은 근로자의 인사, 급여, 후생, 노무관리 등 근로조건의 결정 또는 업무상의 명령이나 지휘감독을 하는 등의 사항에 대하여 사업주로부터 일정한 권한과 책임을 부여받은 자를 말하고 — 중략 — 이러한 자에 해당하는지 여부는 일정한 직급이나 직책 등에 의하여 일률적으로 결정되어서는 아니 되며, 그 업무의 내용이 단순히 보조적·조언적인 것에 불과하여 그 업무의 수행과 조합원으로서의 활동 사이에 실질적인 충돌이 발생할 여지가 없는 자도 이에 해당하지 않는다고 할 것이다.

관련 판례

대판 2012. 9. 27, 2010다99279
쟁의행위로 인한 무노동은 쟁의행위가 적법하게 진행되는 경우라도 이를 사용자의 귀책사유로 인한 것이라고 할 수는 없고, 다른 특별한 사정이 없는 한 사용자는 쟁의행위에 참가하여 근로를 제공하지 아니한 근로자에 대하여는 그 기간 중의 임금을 지급할 의무가 없다(노조법 제44조 제1항 참조). 이를 종합하여 볼 때, 해고된 근로자가 그 후 쟁의행위에 참가하였거나 쟁의행위 중 해고가 된 경우에 그 해고가 무효라고 하더라도 만일 해당 근로자가 해고가 없었어도 쟁의행위에 참가하여 근로를 제공하지 않았을 것임이 명백한 경우라면 이 역시 취업이 사실상 불가능한 상태가 발생한 경우에 준하여 해당 근로자는 쟁의행위 기간 중의 임금을 청구할 수 없다고 봄이 타당하다.

제2절 근로기준법

사례 3

K는 LCD TV를 제조하는 T회사의 AS 기사로서 일하였다. K는 고객에게서 AS 의뢰가 들어올 때마다 해당 지역에 나가 TV를 수리하였고 바로 그곳에서 퇴근하였다. 한 달에 근무일수는 15일 정도 되었고, 보수는 고정급 없이 AS 수리 건수에 따라 계약된 금액을 지급받았다. 또한 T사는 K에게 취업규칙·복무규정·인사규정 등을 적용하지 않았고, 건강보험·국민연금·고용보험·산업재해보상보험 등에 가입해 주지 않았을 뿐 아니라 근로소득세가 아닌 사업소득세를 원천징수하였다. K는 근로기준법상의 근로자로 인정받을 수 있는가?

I. 근로기준법의 의의와 적용

1. 근로기준법의 의의

근로기준법은 근로자의 채용에서 퇴직까지의 적정한 근로조건을 국가의 공권력을 배경으로 확보시켜 주려는 것으로 근로조건의 최저기준을 법으로 정하여 이를 사업주가 지키도록 근로자의 권리로서 보장하는 법체계이다. 특히 2018년에는 연장근로시간과 가산임금 부분에서 중요한 개정이 있었다. 그 내용을 요약하면 ① 1주가 7일임을 명시하고, 연장근로를 포함한 주 52시간을 기업규모별로 단계적으로 단축하여 2021년 7월 1일부터 전면 적용된다. 다만 영세 중소기업의 어려움을 감안하여, 상시 근로자 30인 미만 사업장은 2021. 7. 1.부터 2022년까지 한시적으로 노사합의를 통해 8시간의 특별연장근로를 할 수 있도록 하였다.

② 8시간 이내의 휴일근로에 대해 통상임금의 50%를, 8시간 초과 휴일노동은 100%를 가산해서 지급하도록 명시하였다.

③ 그동안 근로시간 제한을 받지 않던 특례업종을 26개에서 5개로 대폭 축소하여 특례유지 5개 업종은 근로일 종료 후 다음 근로일 개시 전까지 연속 휴식시간을 최소 11시간 이상 보장하도록 했다.

④ 모든 근로자가 공무원처럼 공평하게 휴일을 쉴 수 있도록 관공서 공휴일을 유급휴일로 하고, 민간기업에 2022년 1월 1일까지 단계적으로 적용된다.

또한 2019. 7. 16.부터 직장내 괴롭힘 금지규정이 신설되었다.

2. 근로기준법의 적용사업

(1) 근로자수

상시 5인 이상의 근로자를 사용하는 모든 사업 또는 사업장에 적용된다(근기 제11조 제1항). 상시 4인 이하의 근로자를 사용하는 사업 또는 사업장에 대하여는 대통령령으로 정하는 바에 따라 일부 규정이 적용된다(근기 제11조 제2항). 예를 들면 주휴일, 휴가, 출산전후휴가, 재해보상, 임금, 해고예고, 퇴직금 관련조항 등이 적용된다. 상시 노동자 수의 산정 방법은 근로자 연인원수/시업장 가동일수이며, 근로자 수는 통상근로자, 기간제근로자, 단시간 근로자 등 고용형태의 구별 없이 모두 포함된다. 산정기간은 산정사유 발생일 이전 1개월로 한다, 사업성립 후 1개월 미만인 경우에는 그 기간으로 한다.

(2) 사업 또는 사업장

사업 또는 사업장은 근로기준법의 적용을 받는 기본단위로서 사업은 일정한 장소에서 유기적인 조직하에 업으로서 행해져야 한다. 업으로서 계속성을 갖고 있으면 사업의 종류, 영리추구 여부 및 국내·외임을 묻지 않고 근로기준법이 적용된다.

(3) 적용 제외 대상

① 동거의 친족만을 사용하는 사업장, ② 가사 사용인, ③ 선원, 사립학교교원, 공무원, 청원경찰 등 다른 특별법의 적용을 받는 근로자 등은 근로기준법의 적용에서 제외된다.

3. 근로자와 사용자 개념

(1) 근로자

직업의 종류를 불문하고 임금을 목적으로 사업 또는 사업장에서 근로를 제공하는 사람이다(근기 제2조 제1항). 즉 근로의 내용이 정신근로· 육체근로, 상용·일용·임시직 등 근무형태와 공무원·공기업·사기업체 근로자인지 여부는 기준이 되지 않는다. 사업 또는 사업장에서 사용종속관계에서 근로를 제공하여야 하므로 실업자, 해고자는 근로자에 해당하지 않는다. 또한 근로자는 임금을 목적으로 근로를 제공하는 자로서 제공된 근로가 소득을 얻기 위한 행위이어야 한다.

(2) 사용자

근로기준법상의 사용자는 근로관계의 당사자로서 근로조건에 관한 준수의무를 부담하고, 이를 위반시에는 법적 책임을 부담하는 자이다. 그 유형으로는 ① 사업주(사업주 개인, 법인), ② 사업경영담당자(대표이사, 지배인 등), ③ 근로자에 관한 사항에 대하여 사업주를 위하여 행위하는 자(근로조건의 결정 또는 근로의 제공에 관하여 사업주로부터 일정한 책임과 권한을 부여받은 자) 등이다(근기 제2조 제2항).

▣ **사례 3의 해결**

K는 T사의 정규직원에게 적용되는 취업규칙 등에 관한 규정의 적용을 받지 않았고, 근로소득세가 원천징수되지 않고, 사회보험의 적용대상에서도 제외되었으며, 기본급이나 고정급이 정하여지지 않고, 출퇴근에 T사의 구체적인 지휘감독을 받은 것은 아니므로 근로기

준법상의 근로자로 볼 수 없다.

관련 판례

대판 2012. 1. 12, 2010다50601

근로기준법상 근로자에 해당하는지는 계약 형식이 고용계약인지 도급계약인지 보다 실질적으로 근로자가 사업 또는 사업장에 임금을 목적으로 종속적인 관계에서 사용자에게 근로를 제공하였는지에 따라 판단하여야 하고, 종속적인 관계가 있는지는 업무 내용을 사용자가 정하고 취업규칙 또는 복무(인사)규정 등의 적용을 받으며 업무 수행 과정에서 사용자가 상당한 지휘·감독을 하는지, 사용자가 근무시간과 근무장소를 지정하고 근로자가 이에 구속을 받는지, 노무제공자가 스스로 비품·원자재나 작업도구 등을 소유하거나 제3자를 고용하여 업무를 대행케 하는 등 독립하여 자신의 계산으로 사업을 영위할 수 있는지, 노무제공을 통한 이윤 창출과 손실 초래 등 위험을 스스로 안고 있는지와 보수의 성격이 근로 자체의 대상적 성격인지, 기본급이나 고정급이 정하여졌는지 및 근로소득세의 원천징수 여부 등 보수에 관한 사항, 근로제공 관계의 계속성과 사용자에 대한 전속성 유무와 그 정도, 사회보장제도에 관한 법령에서 근로자로서 지위를 인정받는지 등 경제적·사회적 여러 조건을 종합하여 판단하여야 한다.

Ⅱ. 근로시간

1. 의 의

근로시간은 근로자가 사용자의 지휘·감독하에 근로계약상의 근로를 제공하는 시간을 말한다.

2. 법정근로시간

근로기준법은 근로자의 연령과 작업의 성질에 따라 근로자와 연소자 및 유해위험작업 종사자로 구분하여 근로시간을 각각 다르게, 1일 및 1주의 법정근로시간을 규정하고 있다.

(1) 일반 근로자

성인근로자의 근로시간은 휴게시간을 제외하고 1주 40시간, 1일 8시간을 초과할 수 없다(근기 제50조 제1항). 1주란 휴일을 포함한 7일을 말한다(근기 제2조 제1항 제7호). 즉 그동안 1주일의 개념을 월~금까지(1주일 40시간)으로 규정하였으나, 2018.3 근로기준법 개정에서는 1주일을 월~일까지(1주일 40시간) 즉 토요일·일요일까지 주말을 포함해서 본 것이다(근기 제2조 제1항 제7호). 따라서 월요일부터 일요일까지 주당 40시간을 근무하므로 1일당 5.7시간을 근무하는 것이 된다. 1일은 오전 0시부터 오후 12시까지 달력상의 하루를 말하고, 다만 달력상 2일에 걸쳐 연속근로가 이루어진 경우에는 그것은 하나의 근무로서 연속근무 전체가 시업시각이 속하는 날의 근로로 취급된다. 2004년 7월 1일부터 주40시간 근로제가 시작되어 2011년 7월 1일부터 상시 근로자가 5인 이상인 사업장에 시행되고 있다.

(2) 연소자

15세 이상 18세 미만인 연소자의 근로시간은 1일 7시간, 1주 35시간을 초과할 수 없다. 다만, 당사자 사이의 합의에 따라 1일에 1시간, 1주일에 5시간을 한도로 연장할 수 있다(근기 제69조).

(3) 유해·위험작업종사자

잠수·잠함작업 등 높은 기압 아래에서 행하는 작업에 종사하는 근로자는 1일 6시간, 1주 34시간을 초과하여 근로할 수 없다(산업안전보건법 제139조).

3. 근로시간의 유연화

(1) 탄력적 근로시간제

탄력적 근로시간제란 일정 단위기간을 평균하여 1일간 또는 1주간 근로시간이 법정 근로시간을 초과하지 않는 범위 내에서 특정일 또는 특정주의 근로시간을 법정근로시간을 초과하여 근무할 수 있도록 탄력적으로 운영하는 제도이다. 탄력적 근로시간제는 모든 근로자에 대하여 적용되는 것이 아니라 연소근로자(15세 이상 18세 미만)와 임신 중인 여성 근로자에 대해서는 적용할 수 없다.

1) 2주 단위 탄력적 근로시간제

2주 단위 탄력적 근로시간제는 2주간 이내의 일정한 단위기간을 평균하여 1주간의 근로시간이 40시간을 초과하지 않는 범위 내에서 근로시간을 탄력적으로 운영할 수 있도록 한 제도이다. 이는 연장가산근로수당이 없이도 특정한 날과 특정한 주에 법정근로시간을 초과하여 근로시킬 수 있는 제도이다(근기 제51조). 특정주의 근로시간은 48시간을 초과할 수 없고(근기 제51조 단서), 10인 이상의 사업장은 취업규칙에, 취업규칙 작성의무가 없는 10인 미만의 사업장은 이에 준하는 규정으로 정하여야 한다(근기 제51조 단서).

2) 3월 단위 탄력적 근로시간제

3월 단위 탄력적 근로시간제는 3개월 이내의 일정한 단위시간을 정하여 그 기간 동안 1주의 평균근로시간이 법정근로시간을 초과하지 않는 한도 내에서 연장근로 가산수당 없이 특정한 날과 특정한 주에 법정근로시간을 초과하여 근로시킬 수 있는 제도이다. 사용자와 근로자대표가 서면합의로 도입해야 한다. 3개월을 평균하여 1주간 근로시간이 40시간을 초과할 수 없으며, 특정주의 근로시간은 52시간, 특정일의 근로시간은 12시간을 초과할 수 없다(근기 제51조 제2항 단서).

3) 선택적 보상휴가제

이 제도는 근로자대표와 서면합의를 통해 연장·야간·휴일근로에 대해 임금 지급 대신에 유급휴가로 부여하는 제도다(근기 제57조). 이는 임금과 휴가에 대한 근로자의 선택의 폭을 넓히고 실근로시간을 단축하는 효과가 있다. 선택적 보상휴가제를 도입할 수 있도록 하여 근로시간 운영의 유연성을 높일 수 있도록 하였다.

선택적 보상휴가제도는 연장근로·야간근로 및 휴일근로를 함으로써 발생한 임금을 지급하는 대신 유급으로 휴가를 부여하는 것이다. 이때 '유급' 처리해야 할 부분은 연장·야간·휴일근로에 대한 임금과 50%의 가산수당까지 포함한 부분이다.

선택적 보상휴가를 실시하기 위해서는 근로자대표와 서면합의가 있어야 하며, 이 요건을 갖추지 못하면 효력이 없다. 보상휴가제는 임금지급에 대신하여 휴가를 부여하는 제도이므로 근로자가 휴가를 사용하지 않은 경우에는 그에 대한 임금이 지급되어야 한다. 이 경우에 근로자는 휴가를 사용할 수 없게 된 날이 확정된 날의 다음날부터 임금을 청구할 수 있으며, 회사는 다음 임금지급일까지 해당 임금을 지급하여야 한다.

(2) 선택적 근로시간제

시업 및 종업시각을 근로자가 자유롭게 선택할 수 있는 제도로써, 사용자는 취업규칙에 의하여 시업 및 종업시각을 근로자가 자유롭게 선택할 수 있는 제도이다. 1주 40시간, 1일 8시간을 초과하여 근로하더라도 연장근로에 대한 가산임금을 사용자는 지급할 필요가 없고, 1주간의 평균근로시간이 40시간을 초과하지 않으면 된다. 이는 전문직, 연구직 근로자 등 직무의 성질상 근무시간을 고정할 필요가 없는 업무가 증가됨에 따라 마련된 제도이다(근기 제52조). 근로자대표와 서면합의에 의하여 일정사항을 정하여야 하고, 15세 이상 18세 미만 연소근로자에게는 적용하지 않는다.

4. 연장근로

(1) 의 의

근로기준법 제50조와 근로기준법 제71조에서 정한 기준근로시간을 초과하는 근로를 말한다. 기준근로시간 이외의 근로라는 점에서 시간외근로라고 한다.

(2) 합의연장근로

근로자와 사용자 간의 합의에 의하여 법정근로시간을 초과하여 하는 근로를 말한다. 당사자 간의 합의가 있더라도 1주 12시간을 초과할 수 없다(근기 제53조 제1항). 앞서 본바와 같이 토요일과 일요일을 포함한 7일을 모두 근로일로 정하여 1주당 근로시간의 최대한도를 52시간(1주 40시간+연장근로 12시간)으로 단축하였다. 이를 위반하면 2년 이하의 징역 또는 2천만원 이하의 벌금에 처하도록 하였다(근기 제110조). 다만, 사업장의 충격을 완화하기 위하여 기업규모별로 점차적으로 시행된다. 이러한 근로시간단축은 ① 상시 300명 이상의 근로자를 사용하는 사업 또는 사업장·공공기관 등은 2018. 7. 1.부터 ② 상시 50명 이상 300명 미만의 근로자를 사용하는 사업 또는 사업장은 2020. 1. 1.부터 단, 근로시간 및 휴게시간의 특례를 적용받지 않는 21개 업종의 경우 2019. 1. 1부터 ③ 상시 5명 이상 50명 미만의 근로자를 사용하는 사업 또는 사업장은 2021. 7. 1.부터 적용된다(근기 제2조 제2항). 한편, 2022. 12. 31.까지 상시 30명 미만의 근로자를 사용하는 사용자는 근로자대표와 서면으로 합의한 경우 1주당 60시간(연장근로 12시간+1주 8시간)까지 근로시간을 연장할 수 있다. 당사자 사이의 합의는 서면 또는 구두로 할 수 있다. 연소근로자는 1일 1시간, 1주 5시간을 한도로 법정근로시간을 초과하여 연장근로를 할 수 있다(근기 제69조). 한편 산후 1년이 지나지 않은 여성근로자는 1일 2시간, 1주 6시간, 1년 150시간을 초과하는 연장근로를 시키지 못한다(근기 제71조).

(3) 특별한 사정에 의한 연장근로

사용자는 특별한 사정이 있는 경우에 고용노동부장관의 인가와 근로자의 개별적 동의를 얻어 근로기준법 제52조의 연장근로시간을 초과하여 12시간 이상 근로시킬 수 있는 연장근로를 말하다(근기 제53조 제3항). 특별한 사정은 천재, 사변, 기타 이에 준하는 재해와 긴급하고 불가피한 사고로서 통상적인 업무의 운영으로는 예견할 수 없는 경우를 말한다. 다만, 사태가 급박하여 고용노동부장관의 인가를 받을 시간이 없는 경우에는 사후에 지체없이 승인을 얻어야 한다(근기 제53조 제3항 단서). 고용노동부장관은 제3항의 규정에 의한 근로시간의 연장이 부적당하다고 인정할 경우에는 그 후 연장시간에 상당하는 휴게 또는 휴일을 줄 것을 명할 수 있다(근기 제53조 제4항).

(4) 연장근로에 대한 보상

연장근로에 대하여는 통상임금의 100분의 50 이상의 가산임금이 지급되어야 한다(근기 제56조). 또한 연장근로시간을 당사자간 합의로 적치하여 나중에 휴가로 사용하는 보상휴가제를 운영할 수 있다(근기 제57조).

Ⅲ. 휴일과 휴가

사례 4

H아파트의 경비직으로 일하는 K의 근무형태는 24시간 격일제 근무였다. 야간근무시에도 출입하는 입주민과 차량통제 때문에 수면을 취하기가 어려웠고, 간혹 조는 경우에는 아파트 관리소직원의 주의를 받곤 했다. 그런데 H아파트 입주자대표회에서는 K의 임금을 점심식사 1시간과 저녁식사 1시간, 수면시간을 4시간으로 산정하여 24시간 중 6시간을 제외한 18시간분의 최저임금만 지급하였다. 과연 K가 수면한 시간은 근로시간에 포함되지 않는가?

1. 휴게시간

휴게시간은 근로자가 자유로이 활용할 수 있는 시간으로서, 실제근로시간에 포함되지 않고 임금도 지급되지 않으며 근로시간에서 제외된다. 근로시간이 4시간인 경우에는 30분 이상, 8시간인 경우에는 1시간 이상의 휴게시간을, 근로시간 도중에 주어야 한다(제54조 제1항).

휴게시간은 근로자가 자유로이 사용할 수 있다. 휴게시간은 근로를 제공하지 않는 시간이므로 마땅히 사용자의 구속에서 완전히 벗어난 자유로운 시간이다. 즉 외출 또는 식사시간 등으로 이용할 수 있다.

2. 휴 일

휴일은 계속적인 근로관계에서 법이나 단체협약 또는 취업규칙이 정하는 바에 따라 근로제공의무가 없는 날을 말한다. 즉 소정근로일이 아닌 날을 의미한다. 휴일에는 법정휴일과 단체협약이나 취업규칙, 근로계약에서 정하고 있는 약정휴일이 있다. 8시간 이내의 휴일근로는 통상임금의 50%, 8시간 초과시에는 통상임금의 100%의 가산수당을 지급하여야 한다(근기 제56조 제2항 제1호 및 제2호). 만약 근로자가 유급휴일인 일요일에 10시간 연장근로(오전 9시~오후 6시)를 한 경우, 시급이 1만원이라면 1일 기본급 통상임금 10시간×1만원=10만원에 8시간 휴일근로수당 4만원, 8시간을 초과하는 나머지 2시간 4만원, 총18만원이 지급된다.

(1) 법정휴일(주휴일)

사용자는 근로자에 대하여 1주일에 평균 1회 이상의 유급휴일을 주어야 한다(근기 제55조). 주 1회의 유급휴일은 1주간 소정근로일수를 개근한 근로자에게 부여된다. 주휴일에서 1일은 상오 0시부터 하오 12시까지의 달력에 따른 1일만이 아니고 계속 24시간만 확보되면 된다. 주휴일은 매주 일정한 요일에만 부여하면 되므로 반드시 일요일을 주휴일로 할 필요는 없다(근기 제55조 제1항). 또한 사용자는 근로자에게 대통령령으로 정하는 휴일(관공서의 공휴일에 관한 규정)을 유급으로 보장하여야 한다. 다만, 근로자대표와 서면으로 합의한 경우 특정한 근로일로 대체할 수 있다(근기 제55조 제2항). 따라서 그동안 법정휴일로 보장되지 않았던 5월 5일 어린이날, 6월 6일 현충일 등 공무원에게 휴일이었던 날이 근로자에게도 법정휴일로 인정되었다. 즉 모든 근로자가 공평하게 휴일을 향유할 수 있도록 관공서 공휴일을 유급휴일로 한 것이다. 다만, 이 규정은 순차적으로 ① 상시 300명 이상의 근로자를 사용하는 사업 또는 사업장·공공기관 등은 2020. 1. 1.부터 ② 상시 30명 이상 300명 미만의 근로자를 사용하는 사업 또는 사업장은 2021. 1. 1.부터 ③ 상시 5명 이상 30명 미만의 근로자를 사용하는 사업 또는 사업장은 2022. 1. 1.부터 적용된다(근기 제55조 제4항). 이 외의 법정휴일로는 매년 5월 1일 근로자의 날 제정에 관한 법률에 의한 근로자의 날이 있다.

(2) 약정휴일

사용자는 근로자에게 법정휴일 이외에 단체협약이나 취업규칙 등에서 별도의 휴일을 부여할 수 있다. 그 휴일을 유급 또는 무급으로 할 것인가는 노사당사자의 약정에 따른다.

(3) 휴일근무에 대한 보상

휴일은 근로제공의무가 없는 날이기 때문에 사용자는 임의로 이를 변경하거나 폐지할 수 없다. 근로자의 동의가 없는 한 사용자는 휴일근로를 시킬 수 없다. 휴일근로에 대하여는 100분의 50 이상의 가산임금을 지급하여야 한다. 법정휴일이든 약정휴일이든 유급휴일이든 무급휴일이든 불문한다.

3. 휴 가

근로의무가 있는 날이지만 근로자의 휴가청구에 의해 근로의무가 면제된 날이다. 휴가에는 근로기준법에서 정하고 있는 법정휴가와 단체협약, 취업규칙, 근로계약에서 약정한 약정휴가가 있다. 이하에서는 연차휴가를 중심으로 살펴보기로 한다

(1) 연차휴가의 의의

근로자가 1년간 일정비율 이상 출근한 경우에 일정기간 근로의무를 면제함으로써 심신의 피로를 회복하여 건강을 유지하고 근로자가 여가를 선용하여 사회적·문화적 시민생활을 누릴 수 있게 하기 위해 인정되는 휴가를 연차휴가라고 한다.

(2) 휴가일수

사용자는 1년간 80% 이상 출근한 근로자에게 15일의 유급휴가를 부여해야 한다(근기 제60조 제1항). 1년이란 1년의 총 일수에서 법정휴일(주휴일, 근로자의 날) 및 약정휴일을 제외한 사업장의 연간 총 소정근로일수를 말하며, '8할 이상 출근'이란 소정근로일수에서 출근한 날이 80% 이상인 경우를 말한다. 그동안 입사한 지 1년 미만인 근로자가 연차휴가를 사용한 경우에는 입사 후 1년이 지나 발생하는 연차휴가 15일에서 그 사용일수를 공제하였으나, 근로기준법 제60조 제3항의 폐지로, 2018 5. 29 이후 근무기간이 1년 미만인 신입근로자의 경우에도 연 최대 11일간의 연차휴가가 보장되고 2년 차에 15일의 연차휴가를 부여받을 수 있도록 개정되었다. 그러나 2020. 3. 31.부터 시행된 개정 근로기준법은 최초 1년의 근로기간 중 매월 발생하는 최대 11일의 연차 유급휴가를 최초 1년의 근로가 끝날 때까지 사용하지 않을 경우 소멸되도록 하는 한편(근기 제60조 제7항), 사용자가 이에 대해 연차 유급휴가 사용촉진 조치를 실시한 경우에는 미사용 연차 유급휴가에 대해 보상할 의무가 없도록 하였다(근기 제61조 제2항).

또한 육아휴직기간은 출근한 것으로 인정되지 않아, 육아휴직 후 복귀한 근로자가 다음 해 연차유급휴가를 1일도 부여받지 못하는 경우가 발생하였다. 이를 개선하여 연차휴가일수 산정시 육아휴직기간도 출근한 것으로 보아, 육아휴직 후 복

귀한 근로자들도 연차휴가를 보장받을 수 있게 되었다(근기 제60조 제6항 제3호). 그리고 3년 이상 계속해서 근로한 근로자에게는 최초 1년을 초과하는 계속근로연수 매 2년에 대하여 1일을 가산한 유급휴가를 부여해야 한다. 그러나 총휴가일수는 25일을 한도로 한다(근기 제60조 제4항). 따라서 8할 이상 출근자를 기준으로 근속연수별 연차휴가일수는 다음과 같다.

근속연수	1년	2년	3년	4년	5년	10년	15년	20년	25년	30년
휴가일수	15일	15일	16일	16일	17일	19일	22일	24일	25일	25일

(3) 연차휴가와 유급임금

연차휴가는 유급으로 부여된다. 따라서 근로자가 연차휴가를 사용하더라도 지급되는 임금은 평균임금 또는 통상임금으로 한다(근기 제60조 제5항).

(4) 휴가사용촉진제도

연차휴가는 휴가권이 발생한 날부터 1년 동안 행사하지 않으면 소멸된다(근기 제60조 제7항). 그러나 연차휴가를 사용하지 않는 근로자에 대하여 사용자가 연차휴가의 사용을 촉진하는 조치를 다하였음에도 불구하고 근로자가 연차휴가를 사용하지 않은 경우에 사용자의 금전보상 의무가 면제된다.

(5) 유급휴가의 대체

사용자는 근로자대표와의 서면합의에 의하여 제60조의 규정에 의한 연차휴가일에 갈음하여 특정근로일에 근로자를 휴무시킬 수 있다(근기 제62조). 이는 징검다리 휴일이나 명절전후를 휴일로 하는 경우에 이용된다.

▣ 사례 4의 해결

휴게시간은 대기시간, 점심시간, 휴식시간 등 명칭에 상관없이 근로자가 사용자의 지휘·감독으로부터 벗어나 자유롭게 이용할 수 있는 시간이다. 그러나 아파트 경비원 K는 비록 야간에 수면을 취하였다고는 하나 항상 경비업무의 특성상 수시로 출입하는 아파트 입주민과 차량을 관리해야 했고, 수면 중에도 관리소 직원의 감독을 받았나면 근로자가 자유롭게 이용할 수 있는 시간이라고 볼 수 없으므로 근로시간 산정에 포함되어야 한다.

관련 판례

대판 2006. 11. 23, 2006다41990

근로기준법상의 근로시간이라 함은 근로자가 사용자의 지휘·감독 아래 근로계약상의 근로를 제공하는 시간을 말하는바, 근로자가 작업시간의 도중에 현실로 작업에 종사하지 않은 대기시간이나 휴식·수면시간 등이라 하더라도 그것이 휴게시간으로서 근로자에게 자유로운 이용이 보장된 것이 아니고 실질적으로 사용자의 지휘·감독하에 놓여 있는 시간이라면 이는 근로시간에 포함된다고 할 것이다

Ⅳ. 임 금

1. 의 의

사용자가 근로의 대가로 근로자에게 임금, 봉급 그 밖에 어떠한 명칭으로든지 지급하는 일체의 금품을 말한다(근기 제2조 제1항 제5호).

2. 임금의 판단요소

(1) 근로의 대가일 것

임금의 해당성 여부 판단기준에 가장 중요한 것은 근로의 대가성이다. 즉 임금지급의 목적이 근로에 대한 대가로서 사용자의 지휘·감독하에 제공하는 종속노동관계에서의 근로에 대한 대가이어야 한다. 따라서 근로의 대가가 아닌 호의적·은혜적 금품인 경조금, 포상금, 격려금과 실비변상적 급여로서 지급되는 출장비, 판공비, 작업복 구입비 등은 임금이 아니다.

(2) 사용자가 지급하는 금품일 것

임금은 사용자가 지급하는 금품이므로 그 성질에서 사용자에게 지급의무가 인정되고 사용자가 근로자에게 직접 개별적으로 지급하는 금품이어야 한다. 따라서 손님이 근로자에게 지급하는 팁은 사용자가 관여하지 않는 한 임금으로 보지 않는다.

(3) 명칭을 불문한 일체의 금품

임금은 그 명칭이 급료, 봉급, 수당 등의 명칭에 상관 없이 근로의 대가로서 사용자가 지급하는 것이면 임금으로 본다. 식사의 제공과 같은 현물급여도 사용자가 일률적으로 제공하는 것으로 취업규칙 또는 단체협약에 규정된 경우에는 임금으로 간주된다.

V. 통상임금

1. 의 의

근로자에게 정기적, 일률적으로 소정 근로 또는 총근로에 대하여 지급하기로 정하여진 시간급 금액, 일급금액, 주급금액, 월급금액 또는 도급금액을 의미하는 것으로 정의하고 있다(근기 시행령 제6조 제1항). 즉, 소정의 근로의 양 또는 질에 대하여 지급하기로 된 임금으로서 실제 근무일수나 수령액에 구애됨이 없이 정기적, 일률적으로 임금산정기간에 지급하기로 정하여진 고정급 임금을 의미하며, 실제 수령한 임금에 구애됨이 없이 고정적이고 평균적으로 지급되는 일반임금을 의미하는 것이다. 대법원은 정기 상여금의 통상임금 포함 여부에 대해 "상여금은 근속기간에 따라 지급액이 달라지지만 정기적·일률적으로 지급하면 통상임금에 해당한다"고 판시했다. 반면 특정기간 근무실적을 평가해 이를 토대로 지급 여부나 지급액이 달라지는 성과급은 통상임금이 아니다.

2. 통상임금의 산정

통상임금은 해고예고수당, 가산임금, 연차유급휴가수당, 산전후·유사산휴가 중 사용자가 지급하는 급여 등을 산정하는 데 사용된다. 통상임금은 원칙적으로 시간급으로 산정한다. 고용노동부의 통상임금 산정지침 제5조에 의하면 월급 금액으로 정한 임금은 그 금액을 월의 통상임금 산정 기준시간 수(주의 통상임금 산정 기준시간 수에 1년 동안의 평균 주의 수를 곱한 시간을 12로 나눈 시간)로 나눈 금액으로 한다. 예를 들면 주당 소정근로시간이 40시간이고 월급이 200만원이라면, 1년은 52.14주(365÷7일) 이므로 52.14주÷12개월=4.35주이다. 따라서 4.35×48시간(주당 소정근로시간 40시간+유급주휴 8시간)=209시간이 1달 근로시간이 된다. 그러므로 200만원÷209=9,569원이 통상시급이 되며, 통상임금은 9,569원×8시간=76,552원이 1일 통상임금이 된다.

Ⅵ. 평균임금

사례 5

K회사는 매연말 부정기적으로 상여금을 기본금의 100%. 150%, 120% 등 경영실적에 따라 지급해왔다. K회사에 7년째 근무하는 A는 2017년 2월 28일자로 퇴직을 예정하고 있다. 퇴직금의 산정기초가 되는 평균임금을 산정하기 위하여 퇴직일 이전 3개월간 받은 임금의 총액에 상여금이 포함될 수 있는가?

1. 의 의

산정하여야 할 사유 발생일 이전 3개월간에 그 근로자에 대하여 지급된 임금의 총액을 그 기간의 총일수로 나눈 금액을 말하며(근기 제2조 제1항 제6호), 취업 후 3월 미만도 이에 준한다. 산출된 평균임금이 그 근로자의 통상임금보다 저액일 경우에는 그 통상임금액을 평균임금으로 한다(근기 제2조 제3항). 평균임금은 임금계산을 위한 단위개념이다. 이는 근로자의 생활보호 관점에서 평상시 지불되고 있던 임금의 평균액을 사실 그대로 반영하여 근로자가 정상적인 근로를 하지 않거나 퇴직을 하는 경우 근로자의 정상적인 생활을 보장하기 위하여 지급되는 통상적인 생활임금의 기준액을 말한다.

2. 산정방법

총일수는 평균임금 산정사유발생일 이전 3월을 역으로 소급하여 계산한 기간의 일수를 말하는 것으로 월의 대소에 따라 89~92일이 된다. 계산식은 평균임금=[산정사유발생일 이전 3월간의 임금총액] / [위 3개월 간의 역일수(총날짜수)]이다. 예를 들면 2020. 4. 23 퇴직한 경우에는 2020. 1. 23~2020. 4. 22까지 총일수는 90일이고, 그 기간 동안 받은 임금총액이 900만원이라면 평균임금은 10만원이 된다.

3. 산정사유

평균임금은 퇴직금, 휴업수당, 연차유급휴가수당, 재해보상, 취업규칙에 의한 감급의 제한액 등을 산출하는 기초가 된다.

4. 평균임금의 범위

임금총액에는 기타 금품을 제외한 근로기준법상의 임금 모두가 이에 해당한다. 그러나 고용노동부장관이 정하는 것을 제외하고는 숙직비 같이 임시로 지불된 임금 및 수당과 통화 외의 것으로 지불된 임금은 이를 산입하지 않는다(근기 시행령 제2조 제2항). 특히 상여금은 경영실적이나 업무실적과 관계없이 정기적, 계속적, 일률적으로 지급된 경우에 평균임금의 산정의 기초가 되는 임금에 해당되는 것이 원칙이다.

5. 평균임금의 제외 기간

수습기간, 사용자의 귀책사유로 인한 휴업기간, 출산전후휴가기간, 업무상 부상 또는 질병으로 요양하기 위하여 휴업한 기간, 육아휴직 기간, 쟁의행위기간, 병역법·향토예비군설치법·민방위기본법 등에 따른 의무이행을 위해 휴직하거나 근로하지 못한 기간, 업무 외 부상이나 질병, 그 밖의 사유로 사용자의 승인을 받아 휴업한 기간 등은 평균임금 계산에서 제외된다(근기 시행령 제2조).

▣ 사례 5의 해결

상여금은 지급조건, 지급시기, 지급률 등 지급근거가 정해져 있거나 회사에 근무하는 모든 근로자에게 계속적·정기적으로 지급되고 지급액이 확정된 고정적 상여금은 평균임금에 포함된다. 그러나 K회사가 지급한 상여금은 경영실적에 따라 일시적이고, 지급수준이 매년 같다고 볼 수 없으므로 변동적 상여금은 평균임금에 포함된다고 볼 수 없다.

관련판례

대판 2006. 5. 26, 2003다54322,54339

상여금이 계속적·정기적으로 지급되고 그 지급액이 확정되어 있다면 이는 근로의 대가로 지급되는 임금의 성질을 가지나, 그 지급사유의 발생이 불확정이고 일시적으로 지급되는 것은 임금이라고 볼 수 없으며, 또한 그 상여금이 퇴직금 산정의 기초가 되는 평균임금에 산입될 수 있는지의 여부는 특별한 사정이 없는 한 퇴직 당시를 기준으로 판단하여야 한다.

Ⅶ. 임금지급방법

1. 원 칙

임금은 통화로 직접 근로자에게 그 전액을 지급하고, 매월 1회 이상 일정한 날짜를 정하여 지급하여야 한다(근기 제43조).

2. 통화지급의 원칙

임금은 국내에서 강제통용력이 있는 화폐로 지급되어야 한다. 단, 법령 또는 단체협약에 특별한 규정이 있는 경우에는 임금의 일부를 공제하거나 통화 이외의 것으로 지급할 수 있다. 즉 단체협약에 의해 근로자에게 현물, 주식, 상품권 등을 지급하는 것이 허용된다.

3. 직접지급의 원칙

임금은 근로자 본인에게 직접 지급되어야 한다. 즉 근로자가 임금수령을 제3자에게 위임하거나 대리하게 하는 행위는 무효이다. 단, 민사집행법상 임금채권이 압류되거나(민사집행법 제246조 제1항 제4호) 선원법상 선원의 청구에 의하여 그가 지정하는 가족 또는 다른 사람에게 지급하는 것이 허용된다(선원법 제52조 제3항).

4. 전액지급의 원칙

임금은 전액이 근로자에게 지급되어야 한다. 그러나 소득세, 지방세, 국민연금 등 법령에 규정이 있거나 노동조합비 일괄공제제도(check off system)처럼 단체협약에 근거가 있는 경우에는 임금의 일부 공제가 가능하다. 또한 사용자는 근로자에 대한 채권 또는 불법행위에 의한 손해배상청구권으로 근로자의 임금채권과 상계하는 것이 원칙적으로 금지된다.

5. 정기지급의 원칙

임금은 매월 1회 이상 일정한 날짜를 정하여 지급되어야 한다. 즉 주급은 매주 금요일 또는 월급은 매월 25일 등으로 정하여야 한다. 연봉제 근로계약의 경우에도 당해년도의 연봉을 월할하여 매월 일정한 기일에 지급하여야 한다. 그러나 임시로 지급하는 임금·수당 등은 예외로 할 수 있다.

6. 임금대장 및 임금명세서

사용자는 각 사업장별로 임금대장을 작성하고 임금과 가족수당 계산의 기초가 되는 사항, 임금액, 그 밖에 대통령령으로 정하는 사항을 임금을 지급할 때마다 적어야 한다.

또한 2021년 해당조항을 신설하여 임금명세서에 반드시 이하의 사항을 기재하여 근로자에게 서면(전자문서 포함)으로 교부하도록 하였다(근기 제48조 제2항).

① 근로자의 성명, 생년월일, 사원번호 등 근로자를 특정할 수 있는 정보

② 임금지급일

③ 임금 총액

④ 기본급, 각종 수당, 상여금, 성과금, 그 밖의 임금의 구성항목별 금액(통화 이외의 것으로 지급된 임금이 있는 경우에는 그 품명 및 수량과 평가총액을 말한다)

⑤ 임금의 구성항목별 금액이 출근일수·시간 등에 따라 달라지는 경우에는 임금의 구성항목별 금액의 계산방법(연장근로, 야간근로 또는 휴일근로의 경우에는 그 시간 수를 포함한다)

⑥ 근로기준법 제43조 제1항 단서에 따라 임금의 일부를 공제한 경우에는 임금의 공제 항목별 금액과 총액 등 공제내역

⑧ 연장근로, 야간근로 또는 휴일근로를 시킨 경우에는 그 시간수

⑨ 기본급, 수당, 그 밖의 임금의 내역별 금액(통화 외의 것으로 지급된 임금이 있는 경우에는 그 품명 및 수량과 평가총액)

⑩ 근로기준법 제43조 제1항 단서에 따라 임금의 일부를 공제한 경우에는 그 금액

Ⅷ. 최저임금제

사례 6

2023년 현재 M회사에 근무하는 K의 근무형태는 임시직으로, 6개월간 근무하기로 계약을 체결하였으며, 임금은 시간당 최저임금을 지급하기로 하였으나, 사용자인 S는 K에게 입사후 3개월은 수습기간이므로, 최저임금을 10% 감액한 시간당 8,658원을 지급하기로 하였다. 이 경우 최저임금법에 위배되는지 판단하라

1. 의 의

최저임금제란 국가가 노·사 간의 임금결정과정에 개입하여 임금의 최저수준을 정하고, 사용자에게 이 수준 이상의 임금을 지급하도록 법으로 강제함으로써 저임금 근로자를 보호하는 제도로서 헌법 제32조 제1항에 국가는 법률이 정하는 바에 의하여 최저임금제를 시행하여야 한다고 규정하고 있으며 특별법으로 최저임금법이 있다. 최저임금제는 근로자를 사용하는 모든 사업 또는 사업장에 적용된다. 단, 동거의 친족만을 사용하는 사업과 가사사용인, 선원법에 의한 선원 및 선원을 사용하는 선박의 소유자는 제외된다.

2. 최저임금의 고시와 결정기준

최저임금은 매년 최저임금위원회의 심의를 거쳐 고시되며, 고시된 최저임금은 다음 연도 1. 1부터 12. 31까지 효력을 발생한다. 결정기준은 근로자의 생계비, 유사근로자의 임금, 노동생산성 및 소득분배율을 고려하여 업종별 또는 전 산업 동일하게 정하고 최저임금액은 시간/일/주 또는 월 단위로 결정하되 반드시 시간급을 명시하여야 한다. 2023년도 최저임금은 시간급 9,620원이다. 그리고 고용노동부에서 고시한 월급제 환산 외 1일 소정근로시간 8시간 일급제 근로자의 경우에는 일급은 76,960원이고 1일 8시간, 주5일제 근무하는 주급제 근로자의 경우에는 8시간 주휴시간을 포함하여 461,760원의 주급이 산정된다.

또한 월급으로 환산하면 2,010,580원(세전)이다. 자세히 살펴보면 2023년 최저임금은 1주에 40시간을 근무했다면 주휴수당 8시간을 추가로 일을 한 것으로 인정받는다. 그래서 총 일한 시간인 48시간과 한 달을 4.34주(1년(365일)÷7일÷12개월=4.34주)로 하여 곱하면 총 209시간이 되고 최저임금인 9,620원을 곱하면 2,010,580원(세전)이 된다. 한편 연봉으로는 24,126,960원(세전)이다.

최저임금제를 위반하는 경우에는 3년 이하의 징역 또는 2천만 원 이하의 벌금이 부과된다(최저임금법 제28조 제1항).

또한 2019년부터 최저임금 산입범위가 확대되었다. 그동안 최저임금 산입범위에 포함되지 않던 정기상여금 중 최저임금의 25% 초과부분, 복리후생비로 최저임금의 7% 초과부분이 최저임금 산입범위에 포함되었다. 그러나 약정휴일시간, 약정휴일수당은 포함되지 않는다.

▣ **사례 6의 해결**

1년 이상의 기간을 정하여 근로계약을 체결하고 수습 중에 있는 근로자로서 수습을 시작한 날부터 3개월 이내인 근로자에게는 최저임금액의 10%를 뺀 금액을 그 근로자의 시간급 최저임금액으로 할 수 있다(최저임금법 시행령 제3조). 그러나 K는 6개월의 단기임시직이므로, 10% 감액 없이 시간당 9,620원의 최저임금을 지급받을 수 있다.

관련 판례

대판 2007. 6. 29, 2004다48836

사용자는 최저임금법이 적용되는 경우라도 반드시 근로자가 실제로 근무한 매시간에 대해 최저임금액 이상의 임금을 지급하여야 하는 것은 아니고 근로자와의 근로계약에서 정한 임금산정 기준기간 내에 평균적인 최저임금액 이상을 지급하면 된다. 그리고 최저임금제도가 근로자에 대해 임금의 최저수준을 보장하여 근로자의 생활안정과 노동력의 질적 향상을 기하고자 하는 데 그 목적이 있고(최저임금법 제1조), 임금은 원칙적으로 매월 1회 이상 일정한 기일을 정하여 지급하여야 하는 것인 점(근로기준법 제42조 제2항 본문) 등에 비추어 볼 때 최저임금의 적용을 위한 임금산정 기준기간은 특별한 사정이 없는 한 1개월을 초과할 수 없다고 보아야 한다.

Ⅸ. 근로자퇴직급여보장법상의 퇴직급여제도

사례 7

근로자 P는 A회사에 2017년 10월 4일 입사하여 2020년 9월 18일 퇴사하였다. M의 총재직일수는 1,080일, 월기본금 1,500,000원, 월기타수당 2,400,000원, 연간 상여금 4,000,000원이었다. 이 경우 P의 퇴직금은 얼마인가?

1. 의 의

퇴직급여제도란 「근로자퇴직급여 보장법」 제2장에 따른 퇴직급여제도 및 제3장, 제4장 및 제5장에 따른 퇴직연금제도를 말한다.

2. 퇴직금제도

사용자가 계속근로기간 1년에 대해 30일분 이상의 평균임금을 퇴직금으로 퇴직 근로자에게 지급하는 제도이다. 상시근로자가 4인 이하인 사업 또는 사업장에도 적용된다. 다만, 계속근로기간이 1년 미만인 근로자, 4주간을 평균하여 1주간의 소정근로시간이 15시간 미만인 근로자의 경우에는 퇴직금제도가 적용되지 않는다(근퇴법 제4조 제1항). 퇴직금 산정 공식은 [(평균임금×30일)×총계속근로기간]÷365일이다. 사용자는 퇴직사유발생일로부터 14일 이내에 퇴직금을 지급하여야 하며, 특별한 사정이 있는 경우에는 당사자간 합의로 지급기일을 연장할 수 있다(근퇴법 제9조).

3. 퇴직연금제도

(1) 의 의

퇴직연금제도란 사용자가 근로자의 노후소득보장과 생활안정을 위해 근로자 재직기간 중 퇴직금 지급재원을 금융기관에 일정금액 이상 적립하고, 근로자가 퇴직후에 연금 또는 일시금으로 지급받을 수 제도이다.

(2) 퇴직연금의 종류

퇴직연금의 종류에는 근로자가 지급받을 급여의 수준이 사전에 결정되어 있는 확정급여형 퇴직연금제도와 급여의 지급을 위하여 사용자가 부담해야 할 부담금의 수준이 사전에 결정되어 있는 확정기여형 퇴직연금제도가 있다

1) 확정급여형 퇴직연금제도

근로자가 지급받을 급여의 수준이 사전에 결정되어 있는 퇴직연금을 말한다(근퇴법 제2조 제7호). 이는 사용자가 적립금 운용방법을 결정하고 근로자가 퇴직시 사용자는 사전에 약정된 퇴직급여를 지급하는 제도이다. 이는 도산 위험이 없고, 정년 보장 등 고용이 안정된 기업에 적합하다.

2) 확정기여형 퇴직연금제도

급여의 지급을 위하여 사용자가 부담해야 할 부담금의 수준이 사전에 결정되어 있는 퇴직연금을 말한다(근퇴법 제2조 제8호). 근로자가 적립금 운용방법을 결정하고 근로자가 일정연령에 도달하면 운용 결과에 따라 퇴직급여를 지급하게 된다. 이는 체불위험이 있는 기업이나 직장이동이 빈번한 근로자에 적합하다.

3) 개인형 퇴직연금제도

가입자의 선택에 따라 가입자가 납입한 일시금이나 사용자 또는 가입자가 납입한 부담금을 적립·운용하기 위하여 설정한 퇴직연금제도로서 급여의 수준이나 부담금의 수준이 확정되지 않은 퇴직연금제도를 말한다(근퇴법 제2조 제10호). 이 제

도는 근로자가 퇴직 또는 직장을 옮길 때 받은 퇴직금 또는 퇴직연금일시금을 세제혜택을 받으면서 자기명의의 계좌에 적립했다가 연금 등 노후자금으로 활용할 수 있는 제도이다.

▣ **사례 7의 해결**

가. 퇴직 전 3개월간 임금총액 기간 기간별일수 기본급 기타수당

기 간	기간별 일수	기본급	기타수당
2020.6.18 ~ 2020.6.30	13일	750,000원	130,000원
2020.7.1 ~ 2020.7.31	31일	1,500,000원	300,000원
2020.8.1 ~ 2020.8.31	31일	1,500,000원	300,000원
2020.9.1 ~ 2020.9.17	17일	750,000원	170,000원
합 계	92일	4,500,000원	900,000원

나. 평균임금의 산정 연간상여금

총액: 4,500,000원

기타수당: 900,000원

A. 3개월간 임금총액: 5,400,000원 = 4,500,000원 + 900,000원

B. 상여금 가산액: 1,000,000원 = 4,000,000원 × (3개월/12개월)

1일평균임금 = 퇴직일 이전 3개월간에 지급 받은 임금총액 (A+B)/퇴직일 이전 3개월간의 총일수

69,565.22원 = (5,400,000원 + 1,000,000원)/92일

다. 퇴직금 = 1일 평균임금 × 30(일) × (재직일수/365)

6,175,104.46원 = 1일 평균임금 69,565.22 × 30일 × (1080일/365일)

X. 임금채권의 보장제도

사례 8

S회사에 5년간 근무했던 47세 A는 회사의 도산으로 4개월의 임금을 받지 못한 상태에서 어쩔 수 없이 퇴직하여 고용노동부장관에게 체불임금에 대한 대지급금을 신청하였다. A의 평균임금이 410만원이라면 받을 수 있는 체불임금에 대한 대지급금 수령액을 계산해보면 얼마일까?

1. 임금채권우선변제

임금채권, 재해보상금, 그 밖에 근로관계로 인한 채권 및 퇴직금은 사용자의 총재산에 대하여 ① 최종 3개월분의 임금, 재해보상금, 최종 3년간의 퇴직금, ② 질권 또는 저당권에 우선하는 조세·공과금, ③ 사용자의 총재산에 대하여 질권 또는 저당권에 의하여 담보된 채권, ④ 임금, 재해보상금, 퇴직금, 그 밖에 근로관계로 인한 채권, ⑤ 조세·공과금 및 다른 채권의 순서에 따라 우선하여 변제되어야 한다(근기 제38조 제1항; 근퇴법 제12조 제1항).

2. 체불 임금등 대지급금(약칭: 대지급금)

2021년 임금채권보장법 개정으로 체당금이라는 용어를 국민들이 알기 쉽게 "체불 임금등 대지급금(약칭: 대지급금)"으로 변경하였다.

대지급금제도는 임금채권보장법에 따라 회사의 도산 등의 사유로 임금 등을 지급받지 못하고 퇴직한 근로자에게 국가가 사업주를 대신하여 근로자에게 지급하는 임금·퇴직금 및 휴업수당을 말한다.

(1) 도산 대지급금

사업주는 법적용 대상으로 6개월 이상 사업을 가동하고 도산, 파산 등으로 임금 등을 지급할 능력이 없는 경우이고, 근로자는 도산 · 파산신청일의 1년 전이 되는 날부터 3년 이내에 당해 사업장에서 퇴직한 근로자가 도산 대지급금 적용대상이 된다. 대지급금의 지급범위는 최종 3개월분의 임금, 최종 3년간의 퇴직금, 최종 3개월분의 휴업수당이다. 2021년 도산 대지급금의 상한액은 다음의 표와 같다.

[임금채권보장법 제7조 제1항 제1호·제2호·제3호에 따른 대지급금(도산 대지급금)]

퇴직 당시 연령 / 항 목	30세 미만	30세 이상 40세 미만	40세 이상 50세 미만	50세 이상 60세 미만	60세 이상
임 금	220만원	310만원	350만원	330만원	230만원
퇴직급여등	220만원	310만원	350만원	330만원	230만원
휴업수당	154만원	217만원	245만원	231만원	161만원
출산전후 휴가급여	310만원				

※ 비고 1. 임금, 출산전후휴가기간 중 급여, 휴업수당은 1월분, 퇴직급여등은 1년분 기준임
비고 2. 상한액이 가장 높은 40세 이상 50세 미만의 퇴직자의 경우 대지급금(구, 체당금)의 최고액은 2021년 기준 2,100만원이다(최종임금 3개월분(350만원×3)+퇴직금 3년분(350만원×3))

(2) 간이대지급금

간이대지급금은 퇴직일을 기준으로 사업주가 6개월 이상 가동한 사업에서 퇴직하고, 퇴직일의 다음 날부터 2년 이내에 소송을 제기한 근로자와 2021년 10월 14일부터 재직근로자도 임금등을 지급받지 못한 경우 간이대지급금을 받을 수 있게 되었다, 즉 체불 근로자가 법원의 확정판결을 받지 않아도 지방고용노동관서에서 "체불 임금등·사업주 확인서"를 발급받아 사업주의 미지급 임금등이 확인되면 간이대지급금을 지급받을 수 있다. 간이대지급금 지급범위는 최종 3월분의 임금·휴업수당 및 최종 3년간의 퇴직금 중 미지급액으로 그 상한액은 다음 표와 같다.

[임금채권보장법 제7조 제1항 제4호·제5호 및 제7조의2 제1항에 따른 대지급금(간이대지급금)]

항 목	상한액
임금, 출산전후휴가기간 중 급여, 휴업수당	700만원
퇴직급여등	700만원

* 총 상한액은 1,000만원
* 퇴직급여등은 법 제7조 제1항 제4호·제5호에 따른 퇴직 근로자에 대한 대지급금에 한하여 적용된다.

3. 휴업수당

사용자의 귀책사유로 휴업하는 경우에 사용자는 휴업기간 동안 그 근로자에게 평균임금의 100분의 70 이상의 수당을 지급해야 한다. 다만, 평균임금의 100분의 70에 해당하는 금액이 통상임금을 초과하는 경우에는 통상임금을 휴업수당으로 지급할 수 있다(근기 제46조 제1항). 그러나 사용자가 부득이한 사유로 사업을 계속하는 것이 불가능하여 노동위원회의 승인을 받은 경우에는 평균임금의 100분의 70 또는 평균임금의 100분의 70에 해당하는 금액이 통상임금을 초과하는 경우에는 통상임금에 못 미치는 휴업수당을 지급할 수 있다(근기 제46조 제2항). 사용자의 귀책사유로 인정되는 것은 판매부진, 원자재부족, 공장이전, 갑작스런 전력공급중단 등이다.

▣ **사례 8의 해결**

대지급금은 최종 3월분 임금, 휴업수당, 최종 3년간 퇴직금이 지급대상이 된다. 대지급금 산정은 먼저 연령을 기준으로 보면 A는 47세이고, 평균임금은 410만원일지라도 대지급금 총액은 월별한도액 350만원 × 최종 3개월 = 1,050만원이고, 퇴직금 역시 연령별 한도액은

350만원 × 최종 3년분 = 1,050만원이므로 A가 받을 대지급금 총액은 2,100만원이 된다.

관련 판례

대판 2010. 7. 22, 2010두5479

근로자가 해고기간 동안 근로를 제공하지 못한 것은 부당한 해고를 한 사용자의 귀책사유로 말미암은 것이므로 근로자는 민법 제538조 제1항에 따라 계속 근로하였을 경우에 그 반대급부로 받을 수 있는 임금 전부의 지급을 구할 수 있으며, 여기서 지급을 구할 수 있는 임금은 근로기준법 제2조에서 규정하는 임금을 의미한다. 따라서 임금채권보장법 시행령 제7조에서 규정하는 '노동부장관의 도산 등 사실인정의 신청일의 1년 전이 되는 날' 전에 해고된 근로자라고 하더라도 그 해고처분이 무효인 경우에는 그동안 근로계약관계가 유효하게 계속되어 있었던 것으로 되므로, 체당금(간이대지급금) 지급대상 근로자로서 임금채권보장법 제7조에 의하여 사업주로부터 지급받지 못한 임금 등을 체당금(간이대지급금)으로 지급받을 수 있다.

XI. 모성의 보호

사례 9

전자부품을 수출하는 회사에 재직하는 K는 아내가 중학교 교사로 재직하고 있으며 유치원생인 6세 아들을 위하여 육아휴직을 시행 중에 있다. 남편인 K도 아들의 양육을 위하여 육아휴직을 신청할 수 있는가?

1. 취 지

여성의 근로는 헌법 제32조 제4항에 의하여 특별한 보호를 받고, 헌법 제36조 제2항은 모성의 보호를 규정하고 있다.

2. 취업제한

(1) 유해·위험작업 사용금지

사용자는 임신 중이거나 출산 후 1년이 지나지 아니한 여성을 도덕상 또는 보건상 유해·위험한 사업에 사용하지 못한다(근기 제65조 제1항). 또한 사용자는 임산부가 아닌 18세 이상의 여성을 보건상 유해·위험한 사업 중 임신 또는 출산에 관한 기능에 유해·위험한 사업에 사용하지 못한다(근기 제65조 제2항).

(2) 갱내근로금지

사용자는 보건·의료, 보도·취재 등의 업무를 하기 위해 일시적으로 필요한 경우 외에는 여성을 갱내에서 근로시키지 못한다(근기 제72조).

3. 근로시간의 보호

(1) 연장근로의 제한

임신 중인 여성근로자는 본인의 동의 여부를 불문하고 시간외근로를 시켜서는 안된다. 그 근로자의 요구가 있는 경우에는 쉬운 종류의 근로로 전환하여야 한다(근기 제74조 제5항).

사용자는 출산 후 1년이 지나지 않은 여성에 대해서는 단체협약이 있는 경우라도 1일에 2시간, 1주일에 6시간, 1년에 150시간을 초과하는 시간외근로를 시킬 수 없다(근기 제71조).

(2) 야간·휴일근로의 제한

사용자는 18세 이상의 여성을 오후 10시부터 오전 6시까지의 시간 및 휴일에 근로시키려면 그 근로자의 동의가 필요하다(근기 제70조 제1항). 또한 사용자는 임산부와 18세 미만 근로자를 오후 10시부터 오전 6시까지의 시간, 즉 야간 및 휴일에 근로시키기 위해서는 근로자 본인의 동의와 고용노동부장관의 인가를 받아야 한다(근기 제70조 제2항). 한편 임신 중인 여성의 경우에는 명시적인 청구가 있어야 야간·휴일근로를 시킬 수 있다(근기 제70조 제2항 제3호).

4. 생리휴가

생리휴가는 여성근로자의 정신적·육체적 건상의 보호를 위하여 마련된 제도로 여성근로자가 청구시에는 월 1회를 부여하여야 한다(근기 제73조). 2003년 9월 15일부터 주40시간근로제를 도입하면서 유급에서 무급휴가로 전환되었다.

5. 임산부의 보호

(1) 출산전후휴가

사용자는 임신 중인 여성근로자에게 출산 전과 출산 후를 통해 90일의 출산전후휴가(한 번에 둘 이상 자녀를 임신한 경우에는 120일)를 주어야 한다. 휴가 기간의 배치는 출산 후 45일 이상(한 번에 둘 이상 자녀를 임신한 경우에는 60일)이 되어야 하며(근기 제74조 제1항), 출산전후휴가 90일은 유급으로 할 수 있다. 즉 출산전후 휴가급여가 지급된다.

남녀고용평등과 일·가정 양립 지원에 관한 법률 제18조에 따라 피보험자가 근로기준법 제74조에 따른 출산전후휴가를 받은 경우로서 ① 휴가가 끝난 날 이전에 고용보험법 제41조에 따른 피보험 단위기간이 통산하여 180일 이상이고 ② 휴가를 시작한 날 이후 1개월부터 휴가가 끝난 날 이후 12개월 이내에 신청하면, 출산전후 휴가급여가 지급된다(고용보험법 제75조). 단, 우선지원 대상기업의 경우 90일의 급여가 고용보험에서 지급되고, 대규모 기업의 경우 최초 60일은 사업주가 그 이후 30일은 고용보험에서 지급된다(고용보험법 제76조 제1항). 상한액은 출산전후휴가기간 90일에 대한 통상임금에 상당하는 금액이 630만원을 초과하는 경우에는 630만원이고, 한 번에 둘 이상의 자녀를 임신한 경우의 출산전후휴가기간 120일에 대한 통상임금에 상당하는 금액이 840만원을 초과하는 경우에는 840만원이고, 하한액은 출산전후휴가기간 시작일 당시 적용되던 최저임금법에 따른 시간 단위에 해당하는 최저임금액보다 그 근로자의 시간급 통상임금이 낮은 경우에는 시간급 최저임금액을 시간급 통상임금으로 하여 산정된 출산전후휴가 급여 등의 지원기간 중 통상임금에 상당하는 금액이다(고용보험법 제76조 제2항 및 동 시행령 제101조). 출산전후휴가 기간 120일 중 75일은 사업주가 유급의무를 부담하고, 나머지 45일은 고용보험 고용센터에서 출산전후휴가 급여를 지원하게 된다. 단, 우선지원 대상기업의 경우에는 고용보험 고용센터에서 사업주 유급기간으로 포함한 120일까지 출산 전후휴가 급여를 지원한다.

(2) 유·사산휴가

사용자는 임신 중인 여성이 유산 또는 사산한 경우로서 그 근로자가 청구하면 대통령령으로 정하는 바에 따라 유산·사산휴가를 주어야 한다. 다만, 모자보건법 제14조 제1항에 따른 인공 임신중절 수술로 인한 유산의 경우는 제외된다(근기 제74조 제3항). 휴가기간은 ① 유산 또는 사산한 근로자의 임신기간이 11주 이내인 경우에는 유산 또는 사산한 날부터 5일까지, ② 임신기간이 12주 이상 15주 이내인 경우에는 10일까지, ③ 임신기간이 16주 이상 21주 이내인 경우에는 30일까지, ④ 임신기간이 22주 이상 27주 이내인 경우 60일까지, ⑤ 임신기간이 28주 이상인 경우

90일까지 부여된다(근기 시행령 제43조 제3항). 또한 다음과 같은 경우에는 출산전후 휴가를 44일까지 분할하여 사용할 수도 있다. ① 임신한 근로자가 유산·사산의 경험이 있는 경우, ② 임신한 근로자가 만 40세 이상인 경우, ③ 임신한 근로자가 유산·사산의 위험이 있다는 의료기관의 진단서를 제출한 경우 등이다.

(3) 임신기의 단축근무

사용자는 임신 후 12주 이내 또는 36주 이후에 있는 여성 근로자가 1일 2시간의 근로시간 단축을 신청하는 경우 이를 허용하여야 한다. 다만, 1일 근로시간이 8시간 미만인 근로자에 대하여는 1일 근로시간이 6시간이 되도록 근로시간 단축을 허용할 수 있다(근기 제74조 제7항). 이 경우 근로시간 단축을 이유로 해당 근로자의 임금을 삭감할 수 없다(근기 제74조 제8항).

(4) 태아검진 및 수유시간의 보호

사용자는 임신한 여성근로자가 모자보건법 제10조에 따른 임산부 정기건강진단을 받는 데 필요한 시간을 청구하는 경우 이를 허용하여 주어야 한다(근기 제74조의2). 또한 사용자는 생후 1년 미만의 유아를 가진 여성 근로자가 청구하면 1일 2회, 각각 30분 이상의 유급 수유 시간을 주어야 한다(근기 제75조).

(5) 배우자 출산휴가

배우자가 출산한 경우 그 간호 등을 위해 일정 기간 동안 사용하는 휴가를 말한다. 즉 출산한 여성근로자의 남편은 아이가 태어난 후 90일 이내 휴가를 신청해야 하고, 10일간의 유급 휴가를 받을 수 있다(남녀고용평등과 일·가정 양립 지원에 관한 법률 제18조의2 제2항). 배우자 출산휴가는 1회에 한정하여 나누어 사용할 수 있다(동법 제18조의2 제3항). 근로자가 배우자 출산 휴가를 신청한 경우 사업주는 이를 거부할 수 없으며 이를 위반한 경우에는 500만원 이하의 과태료가 부과될 수 있다. 배우자 출산휴가를 받은 근로자가 속한 사업장이 우선지원 대상기업인 경우에는 배우자 출산휴가 급여를 받을 수 있다, 배우자 출산휴가 급여는 배우자 출산휴가를 시작한 날을 기준으로 산정한 근로기준법의 통상임금에 해당하는 금액을 일할 계산한 금액을 지급하며, 2023년 기준 최초 5일은 최대 401,910원의 배우자 출산급여를 지급하고, 나머지 5일은 사업주가 통상임금의 100%를 지급한다.

(6) 난임치료 휴가

저출산방지에 도움을 주기 위하여 사업주는 근로자가 인공수정 또는 체외수정

등 난임치료를 받기 위하여 연간 3일 이내의 휴가를 신청할 수 있으며, 최초 1일은 유급으로 한다(남녀고용평등과 일·가정 양립지원에 관한 법률 제18조의3 제1항).

6. 육아휴직

(1) 제도의 취지

근로자가 피고용자의 신분을 유지하면서 일정기간 자녀의 양육을 위해 휴직을 할 수 있도록 하는 제도로서, 육아부담으로 인한 숙련인력의 손실을 막고 육아휴직시 대체인력수요를 발생시켜 고용창출에도 기여하고 있는 제도이다.

(2) 대 상

모성을 보호하기 위한 임신 중인 여성 근로자, 만8세 이하 또는 초등학교 2학년 이하의 자녀를 둔(입양자녀 포함) 여성근로자 및 남성근로자이다(남녀고용평등과 일·가정 양립 지원에 관한 법률 제19조 제1항). 그러나 육아휴직을 시작하려는 날의 전날까지 해당 사업에서 계속 근로한 기간이 1년 미만인 근로자와 같은 영유아에 대해 배우자가 육아휴직을 하고 있는 근로자는 대상에서 제외된다.

(3) 기 간

육아휴직의 기간은 1년 이내이며(남녀고용평등과 일·가정 양립 지원에 관한 법률 제19조 제2항). 육아휴직 기간은 근속기간에 포함된다(남녀고용평등과 일·가정 양립 지원에 관한 법률 제19조 제4항 후단).

사업주는 육아휴직을 이유로 해고나 그 밖의 불리한 처우를 하여서는 안되며, 사업을 계속할 수 없는 경우를 제외하고는 육아휴직 기간에는 그 근로자를 해고하지 못한다(동법 제19조 제3항).

(4) 육아휴직급여

고용노동부장관은 남녀고용평등과 일·가정 양립 지원에 관한 법률 제19조에 따른 육아휴직을 30일(출산전후휴가기간 90일과 중복되는 기간은 제외) 이상 부여받은 근로자(피보험자)에게 지급된다(고용보험법 제70조). 다음과 같은 요건을 갖추어야 한다. ① 육아휴직을 시작한 날 이전에 피보험 단위기간이 통산하여 180일 이상이고, ② 같은 자녀에 대해 피보험자인 배우자가 육아휴직(30일 미만은 제외)을 부여받지 않고 있을 것, ③ 같은 자녀에 대해 피보험자인 배우자가 남녀고용평등과 일·가정 양립지원에 관한 법률 제19조의 2에 따른 육아기 근로시간 단축을 30일 이상 실시하지 아니하고 있을 것 등이다. 2019. 1. 1부터 육아휴직 시작일 이후 3개월까지는 통상임금의 100분의 80(상한액: 월 150만원, 하한액: 월 70만원)을 육아휴직 급여액으로 지급하고, 2022. 1. 1.부터 육아휴직 4개월부터 12개월까지의 급여를 통상임금의 100분의 50(상한 월 120만원)에서 통상임금의 100분의 80(상한 월 150만원)로 인상된다. 단, 육아휴직급여액 중 일부(100분의 25)를 직장복귀 6개월 후에 합산하여 일시불로 지급된다(고용보험법 제70조 제3항 및 고용보험법 시행령 제95조 제2항 제1호). 육아휴직을 거부하는 사업주는 500만원 이하의 벌금이 부과된다. 한편 2022. 1. 1.부터 같은 자녀에 대하여 생후 12개월이 될 때까지 맞벌이 부모가 동시에 또는 순차적으로 육아휴직을 사용하게 되면 첫 3개월 동안 부모 각각 육아휴직급여로 통상임금의 100%를 지급한다(상한 200만원). 또한 육아휴직 첫 3개월 동안은 지원되는 육아휴직 급여의 상한액이 매달 50만원(부부 각각 1개월차 200만원 상한, 2개월차 250만원 상한, 3개월차 300만원 상한)씩 늘어난다.

한편 출산 장려 및 저출산 극복을 위해 2017. 7. 1. 이후 출생한 둘째 이후 자녀에 대하여 육아휴직을 신청하는 남성육아휴직자에게 지급되는 첫 3개월 육아휴직 급여가 월 최대 150만원에서 200만원으로 인상되었다.

▣ 사례 9의 해결

배우자의 육아휴직 사용에 대한 경우는, 육아휴직은 출산 또는 입양한 자녀의 양육을 목적으로 하기 때문에 만8세 이하 또는 초등학교 2학년 이하의 자녀가 있는 근로자라면 누구나 받을 수 있기 때문에 남편도 신청가능하다. 다만, 사업주는 같은 영유아에 대해 배우자가 육아휴직(다른 법령에 따른 육아휴직 포함)을 하고 있는 근로자에 대해서는 육아휴직을 허용하지 않아도 된다. 한편 교육공무원의 경우에도 교육공무원법 제44조 제1항 제7호에 따라 동일한 육아휴직이 가능하다.

X. 직장내 괴롭힘 금지

최근 폭언, 폭행, 집단 따돌림 등 직장내 괴롭힘으로 인해 근로자들의 신체적·정신적 피해 사례가 지속적으로 늘어나고 피해자가 사망하는 사건까지 발생하였으나, 이를 금지할 법적 근거가 없어 직장내 괴롭힘 발생 시 피해자를 보호하기 어려운 상황이었다. 소위 간호사들의 '태움'이나 직장상사의 갑질 등이 문제가 되어 직장내 괴롭힘 금지 규정이 근로기준법에 반영되었다.

1. 직장내 괴롭힘의 정의

용자 또는 근로자는 직장에서의 지위 또는 관계 등의 우위를 이용하여 업무상 적정범위를 넘어 다른 근로자에게 신체적·정신적 고통을 주거나 근무환경을 악화시키는 행위를 의미한다(근기 제76조의2). 예를 들면 ① 정당한 이유 없이 업무 능력이나 성과를 인정하지 않거나 조롱, ② 정당한 이유 없이 훈련, 승진, 보상, 일상적인 대우 등에서 차별, ③ 다른 근로자들과는 달리 특정 근로자에 대하여만 근로계약서 등에 명시되어 있지 않는 모두가 꺼리는 힘든 업무를 반복적으로 부여, ④ 집단따돌림 등이다.

2. 직장 내 괴롭힘 발생 시 조치

(1) 취업규칙에 반영

직장 내 괴롭힘의 예방 및 발생 시 조치 등에 관한 사항은 취업규칙 작성시 반영되어 고용노동부장관에게 신고하여야 한다(근기 제93조 제11호).

(2) 신고와 피해자 보호

당사자를 포함한 누구든지 직장 내 괴롭힘 발생사실을 사용자에게 신고할 수 있다(제76조의3 제1항). 이에 사용자는 직장괴롭힘 신고를 접수하거나 직장 내 괴롭힘 발생 사실을 인지한 경우에는 지체 없이 당사자 등을 대상으로 그 사실 확인을 위하여 객관적으로 조사를 실시하여야 한다(제76조의3 제2항), 피해근로자의 보호를 위하여 근무장소의 변경, 유급휴가 명령 등 적절한 조치를 하여야 하며, 피해자의 의사에 반하는 조치를 취해서는 안된다(제76조의3 제3항).

(3) 가해자에 대한 조치

직장내 괴롭힘 사실이 확인되면, 사용자는 피해자의 의견을 들어 지체 없이 행위자에 대하여 징계, 근무장소의 변경 등 필요한 조치를 하여야 한다(제76조의3 제5항).

(4) 피해근로자 등에 대한 불리한 처우금지

사용자는 직장 내 괴롭힘 사실을 신고한 자나 피해자에게 해고 등의 불리한 처우를 해서는 안된다(근기 제76조의3 제6항). 이를 위반할 경우 3년 이하의 징역 또는 3,000만원 이하의 벌금에 처해진다(근기 제109조 제1항).

제14장

경제법

제1절 경제법의 의의

I. 경제법의 형성

경제법에 대한 최초의 논의는 1868년 독일의 폰 슈타인(Lorenz v. Stein)에 의해 시작되었으나, 본격적으로 논의되기 시작한 것은 20세기 초 근대 산업사회가 형성되기 시작하면서부터이다. 시민혁명 이후 형성된 근대사회에서는 국가가 경제활동에 대해 최소한의 간섭을 하는 것을 원칙으로 하였다. 즉, 경제에 자율적 조정기능이 존재하므로 국가의 간섭 없이도 경제는 균형을 찾을 수 있을 것으로 생각하였던 것이다. 그러나 산업자본주의가 발전하면서 독과점의 형성, 빈부격차의 심화, 노사문제, 카르텔 또는 콘체른 등과 같이 종전에는 예상하지 못하였던 문제들이 등장하기 시작한다. 이러한 문제를 해결하기 위해 국가의 직접적인 간섭이 불가피하게 되었으며, 개입의 근거를 마련하기 위해 형성된 경제 관련 법규들을 경제법이라 한다.

Ⅱ. 경제법의 개념

경제법은 다양한 의미로 사용되고 있으며, 일의적인 정의를 찾아보기 어렵다. 경제법의 개념에 대한 학설은 다양하게 존재하고 있는데 새로운 법규범의 총체라고 보는 견해, 새로운 연구방법론으로 보는 견해 및 기능을 중심으로 파악하는 견해 등이 제기되고 있다. 우리나라의 경우 경제법을 '국가가 국민경제 전체를 정당하게 질서지우기 위하여 경제활동을 규제하는 법규범과 법제도의 총체'라고 이해하는 견해가 다수설의 입장이다.

경제법의 법적 지위에 대해서는 공법도 아니고 사법도 아닌 제3의 영역에 속한다고 보는 3분설이 종래 지배적인 견해였다. 이는 국가와 시민사회를 엄격하게 구분하여 국가에 관한 법을 공법, 개인에 관한 법을 사법으로 구분하는 사고방식에서 기인한 것이다. 공법과 사법 어디에도 포함되지 않는 제3의 영역인 경제법을 공법, 사법과 구분되는 제3의 법역에 속하는 것으로 이해한 것이다.

그러나 국가와 시민사회를 이원적으로 구분하는 견해가 설득력을 상실함에 따라 법을 공법과 사법으로 구분하는 견해도 더 이상 호응을 얻지 못하고 있다. 이에 따라 경제법을 제3의 법역으로 이해하는 3분설도 설득력을 상실하였다. 즉, 최근에는 경제법을 공법과 사법과 다른 제3의 법역으로 보는 견해보다는 공법적 요소와 사법적 요소를 동시에 가지고 있는 융합적인 법역으로 보는 견해가 다수이다.

Ⅲ. 경제법의 규제목적 및 규제방식

1. 규제의 목적

경제법은 국민경제 전체를 정당하게 질서지우기 위하여 국가가 경제활동을 규제하는 법규범이다. 경제법의 규제목적은 헌법을 통해 알 수 있다. 우리 헌법은 국가는 균형있는 국민경제의 성장 및 안정과 적정한 소득분배를 유지하고, 시장의 지배와 경제력의 남용을 방지하며, 경제주체 간의 조화를 통한 경제의 민주화를 위하여 경제에 관한 규제와 조정을 할 수 있다고 하고 있다(제119조 제2항). 즉, 시장경제의 기능을 유지하면서 균형있는 국민경제의 성장을 위해 경제력남용 등을 막는 것이 경제법의 주요한 규제목적에 해당하는 것이다.

2. 규제의 방법

경제법은 위의 규제목적을 실현하기 위하여 다양한 규제방법을 가지고 있으며, 이러한 규제방법은 크게 권력적·강제적 규제와 비권력적 규제로 구분할 수 있다.

(1) 권력적·강제적 규제

경제법의 규제목적을 달성하기 위해 일정한 행위를 일률적으로 금지하거나 명령하는 형태의 권력적, 강제적 규제가 많이 이용된다. 권력적·강제적 규제는 법률에 의한 직접규제, 행정권의 발동에 의한 규제 및 입법적 규제로 구분할 수 있다.

먼저 법률에 의한 직접규제는 일정한 행위를 일률적으로 금지하거나 명령하고 이를 위반하는 경우 일정한 형벌을 가하는 것을 말한다. 행정권의 발동에 의한 규제는 법률에 근거를 두고 일정한 형식으로 행정권을 발동하는 것을 말한다. 오늘날 경제현실은 매우 복잡한 양상을 보이기 때문에 법률에 의한 직접적 규제만으로 일률적으로 규제하기 어려운 경우가 많다. 따라서 오늘날 경제법의 규제는 법률에 의한 직접적 규제와 함께 행정기관의 탄력적인 행정처분을 통한 규제가 결합되는 경우가 많다. 한편, 경제법은 입법을 통해 사법상의 법률관계를 변경하거나 수정하는 경우도 있는데, 이를 입법적 규제라고 한다.

(2) 비권력적 규제

권력적 수단 외에 비권력적 수단을 이용하여 규제목적을 달성하고자 하는 경우도 있다. 예를 들어 국가나 지방자치단체가 소극적으로 사경제를 지원하는 데 그치지 않고, 수도나 지하철사업, 우편사업 등과 같이 직접 경제활동의 주체가 되는 경우가 이에 해당한다. 또 소극적으로 사경제에 대해 보조금, 기금 등을 통해 경제적 지원을 하는 것도 비권력적 규제에 포함된다. 즉, 비권력적 규제는 권력적·강제적 방법이 아닌 투자나 계약관계에 의해 규제의 목적을 달성하고자 하는 행위라고 할 수 있다.

아울러 행정지도에 의해 규제목적을 달성하는 경우도 비권력적 규제에 해당한다. 급변하는 경제현실 속에서 고정된 법률로 모든 규제를 할 수 없으며, 따라서 개별 경제현상에 따라 탄력적으로 운용할 수 있는 행정지도가 많이 이용된다. 행정지도는 통상 권고, 지시, 지도, 감독 등의 형태로 나타난다.

제2절 독점규제법

I. 서 설

1. 독점규제법의 연혁

1963년 이른바 '삼분(三粉)폭리사건'을 계기로 독과점의 폐해에 대한 사회적 비난이 고조되면서 '공정거래법 초안'이 마련되었으나 법률로 제정되지는 못하였다. 그 후 1972년 제1차 오일쇼크로 인해 물가상승이 심각해지자 정부는 당시 시행되고 있던 '물가안정에 관한 법률'에 국회에 제출되었던 '공정거래법안'의 내용을 추가하여 '물가안정 및 공정거래에 관한 법률'을 제정하여 1976년부터 시행하였다. 당시 이 법은 물가안정을 주된 목적으로 하고 있다는 점에서 현행법과는 많은 차이를 보이고 있었다.

이후 1970년대 말부터 정부주도의 경제성장정책의 부작용이 하나씩 나타나기 시작하였으며, 이러한 문제를 해결하기 위해 1980년 말에 '독점규제 및 공정거래에 관한 법률(이하 '독점규제법'이라 함)'을 제정하여 1981년 4월 1일부터 시행하게 된다. 그 후 동법은 10여 차례의 개정이 이루어져 오늘에 이르고 있다. 가장 최근의 개정은 2009년 3월에 있었던 개정으로 출자총액제한제도와 기업결합의 사전신고기한의 폐지 및 기업집단공시제도의 도입 등이 이루어졌다. 한편, 2012년 제18대 대통령 선거를 거치면서 경제민주화가 이슈가 되었으며, 그 결과 2013년 8월 개정을 통해 재벌간 일감몰아주기를 부당지원행위로 규제하였으며, 2014년 7월 개정에서는 대기업집단 계열회사간 신규순환출자를 금지하는 조치가 이루어졌다. 2020년 12월에는 공정경제의 확립을 목적으로 전부개정이 이루어졌다. 개정법은 2021년 12월 29일부터 시행되었으며 기업결합기준, 지주회사 지분율 규제의 강화 등이 이루어졌다.

2. 독점규제법의 목적

독점규제법은 사업자의 시장지배적지위의 남용과 과도한 경제력 집중을 방지하고, 부당한 공동행위 및 불공정거래행위를 규제하여 공정하고 자유로운 경쟁을 촉진함으로써 창의적인 기업활동을 조장하고 소비자를 보호함과 아울러 국민경제의 균형있는 발전을 도모함을 목적으로 한다(제1조).

		[직접적 목적]		[궁극적 목적]
- 시장지배적지위의 남용방지 - 과도한 경제력집중 방지 - 부당한 공동행위 규제 - 불공정거래행위의 규제 등	→	- 공정하고 자유로운 경쟁촉진	→	- 창의적인 기업활동 조장 - 소비자보호 - 국민경제의 균형발전

3. 독점규제법상 규제의 특성

독점규제법은 독점이나 과점 자체를 규제하는 것이 아니고, 독점이나 과점으로 인해 공정하고 자유로운 경쟁의 저해라는 폐해가 발생하는 경우를 규제하고 있다. 예를 들어 사업자가 시장지배적지위를 갖는 것을 금지하는 것이 아니라 시장지배적지위가 남용되는 것을 금지하는 것이다. 이처럼 독과점 자체가 아닌 그로 인한 폐해를 규제함에 따라 독점규제법상의 규제는 폐해규제주의, 행정규제주의적 성격을 가지며, 아울러 공정거래위원회에 의한 직권규제주의적 성격도 가지고 있다.

Ⅱ. 독점규제법의 적용범위

1. 규제대상

독점규제법의 적용대상은 사업자와 사업자단체이다. 사업자는 제조업, 서비스업, 기타 사업을 행하는 자를 말하며(제2조 제1호), 사업이란 타인에게 일정한 경제적 이익을 제공하고 그것에 상응하는 반대급부를 받는 행위를 계속적·반복적으로 행하는 것을 의미하는 것으로 반드시 영리를 목적으로 할 필요는 없다.

▣ 심결례

프로야구 구단들은 프로야구 경기를 계속·반복적으로 제공하고, 그 반대급부로서 입장료 및 중계권료 등을 받으면서 다양한 경제활동을 하는 자들이므로 법 제2조 제1호에서 규정하는 사업자에 해당한다(2000단체1406).

또한, 사업자단체라 함은 그 형태 여하를 불문하고 2 이상의 사업자가 공동의 이익증진을 목적으로 조직한 결합체 또는 그 연합체를 말한다.

> ▣ **심결례**
> 한국야구위원회는 자신의 정관상에 정해진 목적, 구성 및 사회적 존재로서의 조직성(독립성)을 고려할 때, 국내에서 모든 프로야구 흥행사업을 영위하는 지위에 있는 8개 프로야구구단을 구성사업자로 하여, 프로야구의 발전과 구성사업자 사이의 공동의 이익을 증진할 목적으로 조직된 결합체로서 법 제2조 제4호에서 규정하는 사업자단체에 해당한다(2000단체1406).

2. 적용예외

독점규제법은 사업자나 사업자단체의 행위결과 경쟁제한적인 폐해가 발생하는 경우를 규제하므로 경쟁제한적 폐해가 크지 않은 행위에 대해서는 동법의 적용을 배제하고 있다. 구체적으로 사업자나 사업자단체가 다른 법률 등에 따라 행하는 정당한 행위, 예를 들어 에너지산업이나 운송사업 등에 대해서는 독점규제법이 적용되지 않는다. 또한 배타적 권리행사가 보장되는 무채재산권의 행사행위나 상호부조 등을 주된 목적으로 하는 조합의 행위 등에 대해서도 동법의 적용예외로 본다. 한편, 적용 예외의 경우와 달리 독점규제법이 적용되지만 특정한 경우에 한해서 정책적으로 그 적용을 제외하는 경우가 있다. 예를 들어 효율성 증대효과 및 회생이 불가능한 회사와의 기업결합으로 공정거래위원회가 인정하는 경우 등에는 기업결합제한 규정을 적용하지 않는 경우가 있다(제7조 제2항).

Ⅲ. 독점규제법의 주요 내용

1. 시장지배적지위의 남용금지

독점규제법은 독과점으로 인한 경쟁제한적 행위를 규제하기 위한 구체적 방안으로서 시장지배적지위를 가진 사업자가 그 지위를 남용하는 행위를 금지하고 있다.

(1) 시장지배적사업자

시장지배적사업자란 일정한 거래분야의 공급자나 수요자로서 단독으로 또는 다른 사업자와 함께 상품이나 용역의 가격·수량·품질 기타의 거래조건을 결정·유지 또는 변경할 수 있는 시장지위를 가진 사업자를 말한다(제2조 제3호). 즉, 상품이나 용역의 공급량이나 수요량을 조정하여 자신에게 유리한 가격을 책정할 수 있는 사업자를 말한다.

(2) 지위남용행위의 금지

독점규제법에서 금지하고 있는 시장지배적지위 남용행위는 ① 부당한 가격결정, ② 부당한 출고조절, ③ 부당한 사업활동 방해, ④ 시장진입의 제한 및 ⑤ 부당한 경쟁사업자 배제 또는 소비자이익을 현저하게 저해하는 행위 등 5가지 유형이다(제5조 제1항).

▣ [심결례] 부당한 가격결정(1992. 1)

국내의 대표적인 제과업체 3개사는 1991년 2월경 비스켓 제품의 가격은 그대로 두고 용량을 감소시켜 생산, 판매하였다. 공정거래위원회는 3개사가 합쳐서 78.1%의 시장점유율을 차지하고 나머지 군소업체들로 구성된 시장상황에 비추어 3개사가 모두 시장지배적지위에 있다고 판단하였으며, 원가상승요인 및 도매물가상승률 등에 비추어 과다하게 제품의 용량을 감소시킨 것은 실질적인 가격인상과 동일한 행위로 부당한 가격결정에 해당한다고 판단하였다.

▣ [심결례] 부당한 출고조절(1998. 6)

A사는 경쟁사인 B사가 조제분유 가격을 인상한 날인 1997.12.26부터 자사가 조제분유 가격을 인상하기 하루 전인 같은 달 31일까지 수도권의 조제분유 품귀현상에도 불구하고 동 제품의 출고량을 감소시키고 재고량을 크게 늘리는 출고조절행위를 하였다. 공정거래위원회는 A사는 조제분유제품시장에서 점유율이 50%인 시장지배적사업자로서 동 행위는 부당한 출고조절행위에 해당한다고 판단하였다.

2. 기업결합의 제한

(1) 기업결합제한의 의의

기업결합은 기업의 성장이나 시장에 대한 지배력을 강화하기 위한 대표적인 수단으로, 시장에서 경쟁자의 감소 및 시장점유율의 상승 등을 가져와 결과적으로 경쟁제한적 효과를 가져올 수 있다. 따라서 독점규제법은 기업결합으로 인해 일정한 거래분야에서 실질적으로 경쟁을 제한하는 행위를 금지하고 있다(제7조 제1항). 다만, 효율성 증대를 위한 기업결합이나 도산기업의 구제를 위한 기업결합의 경우는 예외로 본다(제9조 제2항).

(2) 기업결합의 신고

독점규제법은 기업결합 자체를 규제하는 것이 아니라 경쟁제한적 기업결합을 금지하고 있다. 따라서 해당 기업결합이 경쟁제한적인 것인지를 판단할 필요가 있으며, 이를 위해 일정 요건에 해당하는 기업결합을 하는 경우 공정거래위원회에 신고하도록 하고 있다. 신고는 사후신고가 원칙으로 당해 기업결합일로부터 30일 이내에 신고하여야 하나(제11조 제6항 본문), 기업결합 당사회사 중 하나 이상의 회사가 자산총액 또는 매출액이 2조원 이상인 경우에, 그 기업결합이 임원의 겸임 외의 방법에 의할 때에는 사전에 신고하여야 한다(제11조 제6항 단서).

3. 경제력집중의 억제

(1) 경제력집중 억제의 의의

경제력집중이란 경제적 자원과 수단을 소유·지배함으로써 발생하는 경제력이 소수의 경제주체에 집중되어 국민경제의 자원배분에 영향을 미칠 수 있는 경제적 상태를 말한다. 자본주의가 발달할수록 소수에 의한 경제력집중이 심화되는 것은 불가피한 현상이나, 이러한 현상이 심화되면 자유경쟁을 제한하고 시장경제를 왜곡시키는 결과를 가져올 수 있다. 따라서 경제력집중에 대한 적절한 규제가 필요하며, 특히 재벌중심의 기업구조를 가지고 있는 우리나라에서 독점규제법의 주요 과제의 하나로 인식되고 있다. 독점규제법은 경제력집중의 폐해를 막기 위해 지주회사에 대해 규제를 하고 있으며, 상호출자의 금지, 채무보증제한 등 대규모기업집단에 대한 규제를 행하고 있다.

(2) 지주회사의 행위제한

지주회사(holding company)란 주식 등을 소유함으로써 다른 회사의 사업활동을 지배 또는 관리하는 회사를 말한다. 지주회사를 설립하거나 지주회사로 전환한 자는 공정기래위원회에 신고를 하여야 한다(제17조). 또한 독점규제법은 지주회사가 경제력집중의 수단으로 이용되는 것을 막기 위하여 지주회사와 그 자회사에 대하여 일정한 행위를 금지 또는 제한하고 있다. 구체적으로 지주회사는 ① 자본총액의 2배를 초과하는 부채액을 보유하는 행위, ② 자회사주식을 그 자회사 발행주식 총수의 100분의 50 미만으로 소유하는 행위, ③ 계열회사가 아닌 국내회사 주식을 5% 초과하여 소유하는 행위, ④ 금융지주회사가 비금융회사 주식을 소유하는 행위 및 ⑤ 일반지주회사가 금융회사 주식을 소유하는 행위 등이 금지된다(제18조).

(3) 대규모기업집단에 대한 규제

독점규제법은 자산총액 5조원 이상인 기업집단을 공시대상기업집단으로 지정하고, 지정된 공시대상기업집단 중 자산총액이 국내총생산액의 1천분의 5에 해당하는 금액 이상인 기업집단을 상호출자제한기업집단으로 지정한다(제31조 제1항). 상호출자제한기업집단에 속하는 국내 회사에 대해서는 상호출자의 금지, 순환출자 금지 등의 규제가 적용된다.

1) 상호출자의 금지

상호출자란 둘 이상의 회사 간에 서로 상대방회사의 주식을 취득 또는 소유하는 것을 말한다. 상호출자제한기업집단에 속하는 국내 회사는 자기의 주식을 취득 또는 소유하고 있는 국내 계열회사의 주식을 취득 또는 소유해서는 안된다. 다만, 회사의 합병 또는 영업전부의 양수나 담보권의 실행 또는 대물변제의 수령에 해당하는 경우에는 예외로 한다(제21조 제1항).

2) 순환출자의 금지

순환출자란 세 개 이상의 계열출자로 연결된 계열회사 모두가 계열출자회사 및 계열출자대상회사가 되는 계열출자 관계를 말한다(제2조 제16호). 상호출자제한기업집단에 속하는 국내 회사는 순환출자를 형성하는 계열출자를 하여서는 안되고, 상호출자제한기업집단 소속 회사 중 순환출자 관계에 있는 국내 계열회사는 계열출자대상회사에 대한 추가적인 계열출자를 하여서는 안된다(제22조 제1항).

3) 계열회사에 대한 채무보증의 금지

독점규제법은 상호출자제한기업집단에 속하는 국내 회사(금융업 또는 보험업을 영위하는 회사는 제외한다)는 국내 계열회사에 대하여 채무보증을 하지 못하도록 하고 있다(제24조). 기업집단에 속하는 계열회사 간의 상호보증은 한계기업의 퇴출을 억제하는 등 경쟁의 기본원리인 시장의 진입과 퇴출을 저해하는 문제가 발생하기 때문에 이를 금지하고 있는 것이다.

4) 금융회사 또는 보험회사의 의결권 제한

상호출자제한 기업집단에 속하는 회사로서 금융업 또는 보험업을 영위하는 회사는 원칙적으로 그가 취득 또는 소유하고 있는 국내 계열회사의 주식에 대해 의결권을 행사할 수 없다(제25조). 기업집단이 자기 계열금융회사 등을 통하여 지배력을 획득하거나 계열기업을 확장하는 것을 방지하기 위한 제도이다.

4. 부당한 공동행위의 제한

공동행위란 사업자가 다른 사업자와 공동으로 상품 또는 용역의 가격, 거래조건, 거래량, 거래상대방 또는 거래지역 등을 제한하는 행위를 말한다. 독점규제법은 부당하게 경쟁을 제한하는 공동행위를 금지하고 있다. 부당한 공동행위가 성립되기 위해서는 사업자가 다른 사업자와 공동으로, 부당하게 경쟁을 제한하는 행위를 할 것을 약정하는 합의가 존재하여야 한다. 독점규제법은 부당한 공동행위의 유형으로 ① 가격협정, ② 거래조건협정, ③ 공급제한협정, ④ 시장분할협정, ⑤ 설비제한협정, ⑥ 상품의 종류·규격제한협정, ⑦ 회사의 설립 및 ⑧ 다른 사업자의 활동제한 등 8가지를 정하고 있다(제40조 제1항).

5. 불공정거래행위의 금지

불공정거래행위란 공정한 거래를 저해할 우려가 있는 행위로, 사업자는 직접 불공정거래행위를 하거나 계열회사 또는 다른 사업자로 하여금 불공정거래행위를 하도록 하여서는 안된다(제45조). 독점규제법은 불공정거래행위를 일반불공정거래행위와 특수불공정거래행위로 구분하여 정하고 있다.

일반불공정거래행위에는 ① 거래거절, ② 차별적 취급, ③ 경쟁사업자 배제, ④ 부당한 고객유인, ⑤ 거래강제, ⑥ 거래상 지위남용, ⑦ 구속조건부 거래, ⑧ 사업활동방해, ⑨ 부당지원 등이 해당된다. 이 중 부당지원행위의 경우 대규모기업집단간의 일감몰아주기와 같은 부당한 내부거래를 규제하기 위해 2013년 8월 공정거래법 개정을 통해 그 규제를 보다 강화하였다. 아울러 특수불공정거래행위에 해당하는 것은 (ⅰ) 부당한 경품류 제공, (ⅱ) 대규모소매점업의 불공정거래행위, (ⅲ) 병행수입에 있어서의 불공정거래행위, (ⅳ) 신문업에 있어서의 불공정거래행위 등을 규정하고 있다.

▣ **[심결례] 거래거절(1998. 11. 6)**

A사는 매출실적이 양호하고 담보를 초과하는 채무과다 등 거래중단사유가 없음에도 불구하고 계속적인 거래관계에 있던 B영업소와 계약을 해지하였다. 공정거래위원회는 이러한 행위가 불공정거래행위 중 거래거절에 해당한다고 판단 시정명령을 내렸다

▣ **[심결례] 경쟁사업자배제**

A사는 1995년 한국전력공사의 배전설비 자동화시스템개발을 위한 GIS소프트웨어 구매입찰에 응찰가격 1원으로 참여하여 낙찰예정자로 결정되었다. 이에 대해 공정거래위원회는 A사의 행위가 경쟁사업자를 배제하기 위한 부당염매에 해당한다고 판단하고 시정명령을 내렸다.

제 3 절 소비자보호에 관한 법률

Ⅰ. 소비자기본법

1970년대 후반 오일쇼크로 인한 물가상승문제가 심각해지면서 소비자보호에 관심을 갖기 시작하였으며, 그 결과 1979년 소비자보호법을 제정하였다. 이후 경제환경변화에 따라 소비자는 더 이상 보호의 대상이 아니라 권리의 주체라는 의식이 성장하였으며, 이를 반영하여 2006년에 소비자기본법이 제정되어 2007년 3월부터 시행되고 있다.

소비자기본법은 소비자의 기본적 권리로서 ① 안전의 권리, ② 알 권리, ③ 선택할 권리, ④ 의견을 반영시킬 권리, ⑤ 피해보상을 받을 권리, ⑥ 교육을 받을 권리, ⑦ 단결권 및 단체행동권 및 ⑧ 소비생활환경권 등을 정하고 있다(제4조).

소비자기본법은 이러한 소비자의 권리를 실행하기 위해 국가나 지방자치단체에 대해 일정한 소비자정책의 수립, 위해방지를 위한 안전기준의 제정, 소비자피해구조기관의 설치 및 소비자분쟁 해결기준의 제정 등 정책적 방안을 마련할 의무를 부과하고 있다. 아울러 사업자에 대해서도 소비자의 권익을 증진시킬 의무 및 위해방지조치를 강구할 의무, 부당한 행위의 금지의무 등에 대해 정하고 있다. 또한, 사업자와 소비자 간의 분쟁이 발생하는 경우 신속하게 해결하기 위해 소비자분쟁조

정위원회에 의한 조정절차에 대해서도 정하고 있으며, 소비자단체소송제도도 도입하고 있다.

Ⅱ. 약관의 규제에 관한 법률

약관이란 그 명칭이나 형태 또는 범위에 관계없이 계약의 한쪽 당사자가 여러 명의 상대방과 그 계약을 체결하기 위하여 일정한 형식으로 미리 마련한 계약의 내용이 되는 것을 말한다(제2조 제1호). 이러한 약관을 이용하는 경우 사업자가 경제적으로 우월한 지위를 이용하여 고객에게 일방적으로 불리한 약관을 강요할 수 있기 때문에, 이를 방지하기 위한 목적으로 1987년부터 시행된 것이 '약관의 규제에 관한 법률'이다.

동법은 사업자에 대해 약관의 작성의무, 명시·교부의무, 설명의무 등을 부과하고 있으며, 약관해석에 있어서 어느 일방당사자의 이익에 치우쳐서는 안된다는 신의성실해석의 원칙 및 고객에 따라 내용이 다르게 해석되어서는 안된다는 통일적 해석의 원칙 및 작성자불이익의 원칙, 면책약관축소해석의 원칙 등을 제시하고 있다. 아울러 약관과 다른 내용의 합의가 있는 경우 합의사항이 약관보다 우선하다는 개별약정우선의 원칙 등에 대해서도 규정하고 있다.

신의성실의 원칙에 반하는 불공정한 약관은 무효로 보며, 고객에게 불리한 조항이나 본질적 권리를 제한하는 조항 등은 불공정한 약관으로 추정한다. 또한 사업자에 대한 면책조항, 고객에 대해 과중한 손해배상의무를 부담시키는 조항, 고객의 해제권이나 해지권을 배제하는 조항 등도 불공정한 약관이므로 무효로 본다.

Ⅲ. 할부거래에 관한 법률

할부거래의 경우 소비자의 충동구매로 인한 과소비의 문제나 할부거래업자의 소유권 유보로 소비자의 지위가 불안정한 문제 등이 발생할 수 있다. 이러한 문제를 해결하기 위해 1991년 '할부거래에 관한 법률'이 제정되었다. 동법은 할부거래업자와 소비자의 권리와 의무 등에 대해 정하고 있다. 특히, 소비자의 철회권을 인정하여 충동구매로 인한 문제를 교정할 수 있는 기회를 부여하고 있다. 즉, 소비자는 계약서를 받은 날로부터 7일 이내에 계약을 철회할 수 있도록 하고 있는데, 이 기간을 숙고기간 또는 냉각기간(cooling period)이라고 한다. 이 밖에 항변권 등 소비자의 권리 및 선불식 할부거래에 관한 사항 등에 대해서도 정하고 있다.

Ⅳ. 방문판매 등에 관한 법률

사회가 발전하면서 방문판매, 통신판매, 다단계판매 등 새로운 유형의 판매방식들이 등장하였으며, 이러한 판매방식들은 기존의 판매방식에서는 예상하지 못하였던 여러 가지 문제들을 발생시키고 있다. 이처럼 새로운 판매방식하에서 소비자 보호를 위해 1991년 제정된 법률이 바로 '방문판매 등에 관한 법률'이다. 동법은 ① 방문판매, ② 전화권유판매, ③ 다단계판매 및 후원방문판매, ④ 계속거래, ⑤ 사업권유거래 등의 판매방식에서 소비자보호를 위해 필요한 청약철회권 및 사업자에 대한 행위규제 등에 대해서 규정하고 있다.

Ⅴ. 전자상거래 등에서의 소비자보호에 관한 법률

인터넷의 보급에 따라 전자상거래의 비중이 증가하였으며, 기존 대면판매와는 다른 양상의 법적 문제가 발생하였다. 이에 전자상거래 및 통신판매 등에 특유한 법적 문제를 해결하기 위해 2002년 제정된 법률이 '전자상거래 등에서의 소비자보호에 관한 법률'이다. 동법은 모든 재화, 용역에 대해 적용되며, 규제대상이 되는 판매유형은 전자상거래와 통신판매 등이다. 주요 내용으로는 전자상거래에서 활용되는 전자문서의 효력 및 통신판매업자의 권리와 의무 등에 대해서 규정하고 있다. 아울러 전자상거래 등이 갖는 특성을 고려하여 소비자의 청약철회권 등 소비자권리 보호를 위한 방안에 대해서도 규정하고 있다.

제15장

사회보장법

제1절 사회보장법 일반이론

I. 사회보장법의 개념

① **넓은 의미의 사회보장법** 주체와 방법을 불문하고 개인을 사회적 위험으로부터 보호하는 '기능'을 수행하는 모든 법 영역

② **좁은 의미의 사회보장법** 국가 혹은 공법인이 주체가 되어 개인을 생활위험으로부터 보호하는 것을 1차적인 목적으로 제공되는 급여관계를 규율하는 공법체계

③ **실정법적 의미의 사회보장법** 사회보장기본법에 입법적으로 정의한 사회보장은 '질병, 장애, 노령, 실업, 사망 등의 사회적 위험으로부터 모든 국민을 보호하고 빈곤을 해소하며, 국민생활의 질을 향상시키기 위하여 제공되는 사회보험, 공공부조, 사회복지서비스 및 관련 복지제도'를 말한다(제3조 제1호).

Ⅱ. 사회보장법의 범위

(1) 사회보장기본법

이 법은 사회보장의 내용과 형식을 규율하고 있는 사회보장의 기본법이라 할 수 있다. 즉 현행 사회보장법에서 보호되는 위험을 열거하고, 이 위험을 보호하는 제도적 수단으로 사회보험, 공공부조, 사회복지서비스 및 관련 복지제도에 대한 정의적 서술을 하고 있다.

(2) 사회보험에 관한 법률

국민연금법, 공무원연금법, 군인연금법, 사립학교교직원연금법, 국민건강보험법, 노인장기요양보험법, 산업재해보상보험법, 고용보험법 등

(3) 공공부조에 관한 법률

국민기초생활보장법, 긴급복지지원법, 의료급여법, 일제하일본군위안부에 대한 생활안정지원법, 농어촌주민의 보건복지증진을 위한 특별법, 긴급복지지원법, 식품등 기부활성화에 관한 법률 등

(4) 사회복지서비스에 관련된 법률

아동복지법, 노인복지법, 장애인복지법, 영유아보육법, 성폭력방지 및 피해자보호 등에 관한 법률, 가정폭력방지 및 피해자보호 등에 관한 법률, 식품등 기부활성화에 관한 법률, 다문화가족지원법 등

Ⅲ.

여기서는 법학개론의 특성상 위 사회보장법 내용 전부를 살펴보는 것보다는 사회보장기본법과 사회보험에 관한 법률 중 대표적인 국민건강보험법, 국민연금법, 고용보험법, 산업재해보상보험법을 중심으로 살펴보기로 하고, 나머지 법률들에 대하여는 이를 생략하기로 한다.

제2절 사회보장기본법

1. 사회보장기본법의 의의 및 기본이념

사회보장기본법은 헌법 제34조의 이념에 따라 사회보장제도에 관하여 기본적인 사항을 정한 법이다. 사회보장기본법은 사회보장에 관한 기본법이므로 이 법에 위반된 사회보장 관계 법률은 그 부분에 대하여 법률상 무효가 될 뿐만 아니라 각종 사회보장 관계법을 해석하는 기준이 된다. 사회보장에 관한 다른 법률을 제정, 개정하는 경우에는 이 법에 부합하도록 하여야 한다(제4조).

사회보장기본법은 사회보장에 관한 국민의 권리와 국가 및 지방자치단체의 책임을 정하고, 사회보장에 관한 기본적인 사항을 규정함으로써 국민의 복지증진에 기여함을 목적으로 하는 법이다(제1조).

그리고 사회보장기본법은 국민이 인간다운 생활을 할 수 있도록 최저생활을 보장하고, 국민 개개인의 생활을 향상시킬 수 있도록 제도와 여건을 조성하며, 각종 사회복지제도를 운영하는 데 있어서 형평성과 효율성의 조화를 도모함으로써 복지사회를 실현하는 것을 기본이념으로 한다(제2조).

2. 사회보장기본법상 용어의 정의

① **사회보장** 사회보장이란 출산, 양육, 실업, 노령, 장애, 질병, 빈곤 및 사망 등의 사회적 위험으로부터 모든 국민을 보호하고 국민 삶의 질을 향상시키는 데 필요한 소득·서비스를 보장하는 사회보험, 공공부조, 사회서비스를 말한다.

② **사회보험** 국민에게 발생하는 사회적 위험을 보험의 방식으로 대처함으로써 국민의 건강과 소득을 보장하는 제도를 말한다.

③ **공공부조**(公共扶助) 국가와 지방자치단체의 책임 하에 생활유지능력이 없거나 생활이 어려운 국민의 최저생활을 보장하고 자립을 지원하는 제도를 말한다.

④ **사회서비스** 국가·지방자치단체 및 민간부문의 도움이 필요한 모든 국민에게 복지, 보건의료, 교육, 고용, 주거, 문화, 환경 등의 분야에서 인간다운 생활을 보장하고 상담, 재활, 돌봄, 정보의 제공, 관련 시설의 이용, 역량 개발, 사회참여 지원 등을 통하여 국민의 삶의 질이 향상되도록 지원하는 제도를 말한다.

⑤ **평생사회안전망** 생애주기에 걸쳐 보편적으로 충족되어야 하는 기본욕구

와 특정한 사회위험에 의하여 발생하는 특수욕구를 동시에 고려하여 소득·서비스를 보장하는 맞춤형 사회보장제도를 말한다.

3. 사회보장을 위한 입법체계

사회보장기본법은 사회보장제도에 관한 일반법과 기본법의 성격을 가지고 있는데, 종전 사회보장의 형태를 사회보험, 공공부조, 사회복지서비스 및 관련 복지제도로 나누고 있는바, 위 각 제도의 분야별로 제정된 입법례를 보면 다음과 같다.

① **사회보험법 분야**　국민건강보험법, 산업재해보상보험법, 고용보험법, 국민연금법, 공무원연금법, 공무원재해보상법, 사립학교교직원연금법, 군인연금법, 노인장기요양법

② **공공부조법 분야**　국민기초생활보장법, 의료급여법, 재해구조법, 국가유공자 등 예우 및 지원에 관한 법률, 북한이탈주민 보호 및 정착지원에 관한 법률

③ **사회복지서비스법 분야**　장애인복지법, 아동복지법, 노인복지법

④ **관련 복지법 분야**　고령자고용촉진법, 장애인고용촉진 및 직업재활법

4. 사회보장수급권

(1) 의 의

사회보장수급권이라 함은 사회적 위험(신체장애, 질병, 노령, 실업 등)으로 인하여 요보호 상태에 있는 개인이 인간의 존엄에 상응하는 생활을 영위하기 위하여 국가에 대하여 일정한 내용의 급부를 요구할 수 있는 권리를 말한다.

(2) 법적 성격

사회보장수급권은 경제적 약자인 국민의 생존을 위한 권리라는 점에서 경제적 기본권과 생존권적 기본권의 성격을 가지고 있다. 이 권리는 인간다운 생활을 위한 핵심적인 기본권이므로 구체적인 권리이다. 그러나 국민이 헌법규정만으로 곧바로 국가에 대하여 일정한 사회보장급부를 청구할 수 있는 것이 아니라, 사회보장관계법에 그 수급요건, 수급자의 범위, 수급액 등 구체적인 사항이 규정되어 있을 때 비로소 청구할 수 있는 구체적인 권리이다.

(3) 사회보장수급권의 주체

사회보장수급권은 국민의 인간다운 생활권을 위한 핵심적인 내용이기 때문에

그 주체는 국민이다. 즉, 사회보장수급권은 국가에 의하여 창설된 국가 내적인 권리에 해당되는 것이므로 외국인은 주체가 될 수 없고, 국민은 자연인만을 의미한다. 다만 국내에 거주하는 외국인에 대한 사회보장의 적용은 상호주의의 원칙이 적용되고, 사회보장 관계법령이 정하는 바에 따라 사회보장수급권의 주체가 된다(사회보장기본법 제8조).

(4) 사회보장수급권의 내용

① **사회보장, 사회복지의무** 국가는 국민의 인간다운 생활을 보장하기 위하여 사회보장, 사회복지의 증진에 노력할 의무를 부담한다(헌법 제34조 제2항). 국가의 사회보장, 사회복지 증진의 의무를 규정한 법이 바로 사회보장기본법이다.

② **여자의 복지와 권익향상 의무** 국가는 여자의 복지와 권익의 향상을 위한 정책을 실시할 의무를 부담한다(헌법 제34조 제3항). 여자의 복지와 권익을 향상하기 위한 법률에는 영유아보육법, 모·부자복지법 등이 있다.

③ **노인과 청소년의 복지향상 의무** 국가는 노인과 청소년의 복지향상을 위한 정책을 실시할 의무를 부담한다(헌법 제34조 제4항). 이를 위한 법률에는 노인복지법, 청소년보호법, 아동복지법, 장애인·노인·임산부부 등의 편의증진에 관한 법률 등이 있다.

④ **생활능력이 없는 국민의 보호의무** 국가는 법률이 정하는 바에 의하여 신체장애자 및 질병, 노령 기타의 사유로 생활능력이 없는 국민을 보호할 의무가 있다(헌법 제34조 제5항). 이를 위한 법률에는 국민기초생활보장법, 의료급여법, 재해구조법, 국가유공자 등 예우 및 지원에 관한 법률, 북한이탈주민 보호 및 정착지원에 관한 법률 등이 있다.

⑤ **재해예방과 위험으로부터의 보호의무** 국가는 재해를 예방하고 그 위험으로부터 국민을 보호하기 위하여 노력하여야 할 의무가 있다(헌법 제34조 제6항). 이를 위한 법률로는 재난 및 안전관리기본법, 재난관리법, 재해구호법, 수난구호법, 산업안전보건법, 산업재해보상보험법 등이 있다.

5. 사회보장제도의 운영

(1) 운영의 원칙

국가 및 지방자치단체는 사회보장제도를 운영함에 있어 이를 필요로 하는 모든 국민에게 적용하여야 하고(모든 필요국민 적용의 원칙), 사회보장제도의 급여수준 및 비용부담 등에 있어서 형평성을 유지하여야 하며(형평성의 원칙), 사회보장제도의 정책결정 및 시행과정에 공익의 대표자 및 이해관계인 등을 참여시켜 민주성을 확보하고(민주성의 원칙), 국민의 다양한 복지욕구를 효율적으로 충족시키기 위하여 연계성, 전문성을 높일 수 있도록 사회보장제도를 운영해야 한다(전문성과 연계성의 원칙).

(2) 역할의 조정

사회보장제도를 시행함에 있어서 국가는 지방자치단체와 사회보장에 관한 책임과 역할을 합리적으로 조정하여야 한다. 사회보험은 국가의 책임으로 시행함을 원칙으로 하고, 공공부조와 사회복지서비스는 국가와 지방자치단체의 책임으로 시행함을 원칙으로 하되, 국가와 지방자치단체의 재정 형편 등을 고려하여 이를 조정할 수 있다(제25조).

(3) 민간의 참여

국가 및 지방자치단체는 사회보장에 대한 민간부문의 참여를 유도할 수 있도록 정책을 개발, 시행하고 그 여건을 조성하여야 하고, 개인, 법인 또는 단체가 사회보장에 대한 참여 또는 위탁을 받은 경우에 그에 소요되는 경비의 전부 또는 일부를 지원하거나 그 업무수행에 필요한 지원을 할 수 있다.

(4) 비용의 부담

사회보장비용의 부담은 각각의 사회보장제도에 대한 역할 분담에 따라 국가, 지방자치단체 및 민간부문 간에 합리적으로 조정되어야 한다. 구체적으로 사회보험에 드는 비용은 사용자, 피용자 및 자영업자가 부담하는 것을 원칙으로 하되, 관계 법령에서 정하는 바에 따라 국가가 그 비용의 일부를 부담할 수 있고, 공공부조 및 관계 법령에서 정하는 일정 소득수준 이하의 국민에 대한 사회복지서비스에 드는 비용의 전부 또는 일부는 국가와 지방자치단체가 부담하며, 부담능력이 있는 국민에 대한 사회복지서비스에 드는 비용은 그 수익자가 부담함을 원칙으로 하되, 관계 법령에서 정하는 바에 따라 국가와 지방자치단체가 그 비용의 일부를 부담할 수 있다(제27조).

관련 판례

헌법재판소는 사회보장수급권의 헌법적 보장과 그 한계에 대하여 "헌법 제34조 제1항은 '모든 국민은 인간다운 생활을 할 권리를 가진다'고 규정하고, 제2항은 '국가는 사회보장·사회복지의 증진에 노력할 의무를 진다'고 규정하고 있는바, 사회보장수급권은 이 규정들로부터 도출되는 사회적 기본권의 하나이다. 이와 같이 사회적 기본권의 성격을 가지는 사회보장수급권은 국가에 대하여 적극적으로 급부를 요구하는 것이므로 헌법규정만으로는 이를 실현할 수 없고, 법률에 의한 형성을 필요로 한다. 사회보장수급권의 구체적 내용, 즉 수급요건, 수급권자의 범위, 급여금액 등은 법률에 의하여 비로소 확정된다. 그런데 사회보장수급권과 같은 사회적 기본권을 법률로 형성함에 있어 입법자는 광범위한 형성의 자유를 누린다. 국가의 재정능력, 국민 전체의 소득 및 생활수준, 기타 여러 가지 사회적·경제적 여건 등을 종합하여 합리적인 수준에서 결정할 수 있고, 그 결정이 현저히 자의적이거나, 사회적 기본권의 최소한도의 내용마저 보장하지 않은 경우에 한하여 헌법에 위반된다고 할 것이다"라고 판시하고 있다(헌재 2001. 9. 27, 2000헌마342).

제3절 사회보험법

사회보험법은 사회보험제도의 운영과 그 실시에 관한 법으로, 이에 해당하는 대표적인 법률로는 국민건강보험법, 국민연금법, 산업재해보상보험법, 고용보험법 등이 있다.

사회보험도 보험이라는 점에서는 민영보험과 매우 유사한 성격을 가지고 있지만, 법률에 의하여 강제 가입되고 있는 점, 최저생활의 보장원칙, 국가가 운영주체인 점, 인플레이션 시 손실보상도 보상하는 점에서 민영보험과 근본적인 차이가 있다.

I. 국민건강보험법

1. 국민건강보험법의 의의

국민건강보험은 국민의 질병·부상에 대한 예방, 진단, 치료, 재활과 출산, 사망 및 건강증진에 대하여 보험급여를 실시함으로써 국민건강을 향상시키고 사회보장을 증진하는 사회보험제도이다.

이는 법률에 의하여 가입이 강제되어 있고, 개인의 소득수준에 따라 보험료가 차등 부과되며, 보험사고 발생 시에는 관계법령에 따라 균등하게 보험급여가 지급되고, 보험료 납부는 강제되어 있으며, 모든 국민을 가입자 또는 피부양자로 하는 개보험(皆保險)에 해당하는 특성을 가진다.

2. 국민건강보험의 적용과 운영

(1) 국민건강보험의 적용대상자

의료급여법에 따라 의료급여를 받는 자와 독립유공자예우에 관한 법률 및 국가유공자예우 및 지원에 관한 법률에 의하여 의료급여를 받는 자를 제외한 국내에 거주하는 모든 국민은 건강보험의 가입자 또는 피부양자가 되어 건강보험법의 적용대상자가 된다.

① **직장가입자** 근로자를 사용하는 사업장에 고용된 근로자와 그 사용자는 건강보험 직장가입자가 된다. 사업장의 규모는 직장가입자의 요건과 관련성이 없으므로 근로자를 사용하는 사업장의 경우에는 근로자와 사용자는 당연 직장가입자가 된다. 공무원과 교직원 등도 직장가입자가 된다.

② **지역가입자** 직장가입자와 그 피부양자가 아닌 자는 모두 당연 지역가입자가 된다. 지역가입자의 경우에는 세대 구성원 전체를 지역가입자로 예정하고 세대구성원 전체가 연대하여 보험료납부의무를 부담하도록 하고 있다.

(2) 국민건강보험의 관리운영

국민건강보험제도의 운영주체는 보험자인 국민건강보험공단으로, 가입자 및 피부양자의 자격관리와 건강보험료 기타 징수금의 부과, 징수를 담당하며, 질병 등 보험사고가 발생한 경우 각종 보험급여를 지급하고, 가입자 및 피부양자의 건강의 유지, 증진을 위하여 필요한 예방사업을 한다. 그리고 국민건강보험공단과는 별도의 공법인으로 요양급여비용을 심사하고 요양급여의 적정성을 평가하는 건강보험심사평가원이 있고, 국민건강보험정책에 관한 사항을 심의, 의결하기 위하여 보건복지부장관 소속하에 건강보험정책심의위원회를 두고 있다.

3. 보험급여

(1) 건강보험급여는 가입자 또는 그 피부양자가 질병, 부상 등 사회적 위험이

발생한 경우에 요양기관에서 진료를 받게 하는 것이므로 현물급여가 원칙이고, 가입자 또는 피부양자의 책임 있는 사유로 질병 발생의 야기 또는 악화시킨 경우에는 보험급여가 제한되고, 다른 법률에 의한 급여사유가 중복된 경우에는 그 급여를 조정한다.

(2) 급여의 종류

① **요양급여** 가입자 및 피부양자가 질병, 부상, 출산 등으로 요양기관에서 진료를 받은 경우에 요양기관이 지급하는 급여

② **건강검진** 보험자가 가입자 및 피부양자에 대하여 질병의 조기발견과 그에 따른 요양급여를 하기 위하여 하는 검진

③ **그 밖의 급여** 현물급여의 대체적, 보충적 수단으로 실시되는 요양비 지급, 부가급여, 본인부담금보상금, 장애인보장구급여 등이 있다.

(3) 급여의 제한(제53조)

① 보험급여를 받을 자가 고의 또는 중대한 과실로 인한 범죄행위에 기인하거나 고의로 사고를 발생시킨 때에는 급여를 지급하지 아니한다.

② 고의 또는 중대한 과실로 공단이나 요양기관의 요양에 관한 지시에 따르지 아니한 경우

③ 고의 또는 중대한 과실로 제55조에 따른 문서와 그 밖의 물건의 제출을 거부하거나 질문 또는 진단을 기피한 경우

④ 업무 또는 공무로 생긴 질병, 부상, 재해로 다른 법령에 따른 보험급여나 보상을 받게 된 경우

⑤ 가입자가 대통령령으로 정하는 기간(1개월) 이상 보험료를 체납한 경우 그 체납한 보험료를 완납할 때까지 보험급여를 실시하지 아니할 수 있다.

4. 보험재정

(1) 건강보험공단은 건강보험 사업에 소요되는 비용을 충당하기 위하여 가입자로부터 보험료를 징수하고, 국가가 그 일부를 보조하기도 한다.

(2) 건강보험료

건강보험료는 보험가입자가 보험자의 보험급여를 위한 재정을 충당할 목적으로 법률에 근거하여 납부하는 공과금의 성격을 지닌 사회보험료이다.

직장가입자의 보험료는 가입자의 표준보수월액에 보험료율을 곱하여 산정하고, 근로자와 사용자가 각 50%씩 부담한다. 공무원의 보험료도 가입자와 정부 또는 지방자치단체가 각 50%씩 부담한다. 다만 사립학교교직원의 경우는 예외적으로 가입자가 50%, 학교경영자가 30%, 국가가 20%를 부담한다.

지역가입자의 보험료는 소득, 재산, 생활수준, 경제활동참가율 등을 종합적으로 평가한 보험료 부과점수에 의하여 산정되고, 이는 지역가입자 전원이 연대하여 전액 부담해야 한다.

(3) 국가보조

국민건강보험에 대한 정부보조는 매년 예산범위 안에서 당해 연도 보험료 예상수입액의 100분의 14에 상당하는 금액을 국고에서 공단에 지원한다(제108조).

관련판례

[판례 1] 국민에게 건강보험에의 가입의무를 강제로 부과하는 것이 국민의 기본권을 침해하는 것인가? 헌법재판소는 국민에게 건강보험에의 가입의무를 강제로 부과하고 경제적 능력에 따른 보험료를 납부하도록 하는 국민건강보험법의 규정이 헌법상의 행복추구권과 재산권을 침해한다고 볼 수 없다고 판단하면서 그에 대한 설명으로, 국가가 국민을 강제로 건강보험에 가입시키고 경제적 능력에 따라 보험료를 납부하도록 하는 것은 행복추구권으로부터 파생하는 일반적 행동의 자유의 하나인 공법상의 단체에 강제로 가입하지 아니할 자유와 정당한 사유 없는 금전의 납부를 강제당하지 않을 재산권에 대한 제한이 되지만, 이러한 제한은 정당한 국가목적을 달성하기 위하여 부득이한 것이고, 가입강제와 보험료의 차등부과로 인하여 달성되는 공익은 그로 인하여 침해되는 사익에 비하여 월등히 크다고 할 수 있다고 판시하였다(헌재 2003. 10. 30, 2000헌마801).

[판례 2] 의료보험 요양기관의 지정을 하지 않은 병원에 요양기관으로 강제지정하는 것은 의사의 직업선택의 자유 등 기본권을 침해한 것인가? 헌법재판소는 또, 요양기관 강제지정제는 모든 의료기관을 요양기관으로 지정함으로써 전 국민에게 원활한 보험급여를 보장하기 위한 것으로서 입법목적이 정당하며 수단의 적정성도 인정된다. 또한, 계약지정제를 취하는 경우 의료보장이란 공익을 실현할 수 없고 강제지정제의 예외를 허용한다면 의료보장체계의 원활한 기능확보가 보장될 수 없다는 입법자의 예측이 명백히 잘못되었다고 할 수 없으며, 요양급여비용의 산정제도가 의료행위의 질과 설비투자의 정도를 상당한 부분 반영하고 있고 의료보험법과 국민건강보험법은 의료행위를 비급여대상으로 제공할 수 있는 가능성을 인정하고 있는바, 요양기관 강제지정제도 하에서도 의료인이 의료행위를 통하여 개인의 직업관을 실현하고 인격을 발현할 수 있는 여지를 어느 정도 가지고 있다. 따라서 강제지정제는 최소침해의 원칙에 위배되지 아니하고 법익의 균형성도 갖추고 있으므로, 직업의 자유를 과도하게 침해한 것이 아니라고 판시하였다(헌재 2002. 10. 31, 99헌바76).

Ⅱ. 국민연금법

1. 국민연금법의 의의

국민연금은 국민이 노령, 장애, 또는 사망으로 인하여 소득능력이 상실 또는 감퇴된 경우 국가가 연금형태의 장기급여를 제공함으로써 국민의 생활안정과 복지증진에 기여하는 것을 목적으로 하는 장기적인 소득보장제도이다. 국민연금은 생활수준의 향상과 의료기술의 발달로 인한 노인인구의 증가, 출산율의 저하, 핵가족화로 인한 부모를 부양하는 가정의 감소, 국민대다수의 노후준비 부족 등으로 노후생활의 안정을 위한 사회보험제도이다. 한편 군인, 군무원, 사립학교교직원 등은 일반적인 국민연금과는 별도로 군인연금법, 공무원연금법, 사립학교교직원연금법 등에 의해 규율되고 있다.

국민연금의 특징은 사회보험이고, 공적 연금제도이며, 소득보장보험이고, 소득재분배 기능을 가지는 장기보험에 해당된다는 것이다.

2. 국민연금의 적용과 운영

(1) 국민연금의 적용대상

1) 가입대상자

국민연금법 제6조에 의하면 국내에 거주하는 국민으로 18세 이상 60세 미만인 자는 국민연금 가입대상이 되고, 다만 공무원, 군인, 사립학교 교직원, 그 밖에 대통령령으로 정하는 자는 제외된다.

2) 가입자의 종류

① 사업장가입자 사업장가입자란 사업장에 사용되는 근로자와 사용자로서 국민연금에 가입된 자를 말한다. 이는 가입의 강제 여부에 따라 당연적용사업장 가입자와 임의적용사업장 가입자로 구분되고, 전자는 1명 이상의 근로자를 사용하는 사업장 또는 주한 외국기관으로서 1명 이상의 대한민국 국민인 근로자를 사용하는 사업장에 사용되는 18세 이상 60세 미만인 근로자와 사용자를 말하며, 후자는 당연적용사업장 이외의 사업장으로 그곳에 사용되는 자로 18세 이상 60세 미만 근로자 3분의 2 이상 동의를 얻어 공단에 임의적용사업장 가입신청서를 제출하여 사업장가입자가 될 수 있다.

② **지역가입자** 사업장가입자가 아닌 자로서 18세 이상 60세 미만인 자는 당연히 지역가입자가 되나, 다만 일정한 자는 지역가입자에서 제외된다(제9조).

③ **임의가입자** 사업장가입자와 지역가입자에 해당되는 자 이외의 자로서 18세 이상 60세 미만인 자는 공단에 임의가입신청서를 제출한 경우 임의가입자가 될 수 있고, 탈퇴의 자유가 허용된다(제10조).

④ **임의계속가입자** 국민연금 가입기간이 20년 미만인 가입자가 60세에 달한 때에는 가입자의 자격이 상실되지만, 예외적으로 공단에 가입신청서를 제출한 경우에는 65세에 달할 때까지 임의계속가입자가 된다(제13조).

(2) 국민연금제도의 관리운영

국민연금의 관장 주체는 보건복지부 장관이나, 국민연금의 관리 및 운영을 효율적으로 수행하기 위하여 국민연금공단을 두어 위탁 운영하고 있고, 보건복지부는 국민연금의 운영에 관한 중요한 사항을 심의하기 위하여 국민연금심의위원회를 두어 국민연금제도를 관리, 운영하고 있다.

(3) 국민연금과 직역연금의 관계

2009년에 국민연금의 가입기간과 직역연금(공무원연금, 사립학교교직원연금, 군인연금 및 별정우체국직원연금)의 재직기간·복무기간을 연계하여 급여가 지급되도록 하는 국민연금과 직역연금의 연계에 관한 법률이 제정되었는데, 이는 국민연금과 직역연금 간 직업 이동으로 인하여 가입기간을 충족하지 못할 경우 발생하게 되는 공적 연금의 사각지대가 이와 같은 연계제도에 의해 해소되고, 또한 직역 간 이동에 따른 불이익을 감소시킴으로써 노동시장 유연성을 높이는 데 기여하게 되었다.

(4) 기초연금제도

종전 노인복지법이 노인에게 경로연금을 지급하여 오다가 수급자선정기준과 급여수준의 불충분 논란으로 2008년 1월 1일 시행된 기초노령연금으로 대체되었다. 이후 국가재정의 지속가능성을 확보하면서 노인세대를 위한 안정적인 공적연금제도를 마련하여 65세 이상의 노인 중 소득기반이 취약한 70%의 노인에게 기초연금을 지급함으로써 노인 빈곤 문제를 해소하고 노인의 생활안정과 복지 증진에 기여하려는 목적으로 2014년 5월 20일에 기초연금법이 제정되어 2014년 7월 1일부터 시행되고 있다. 최근 개정(2020. 1. 21)된 기초연금법에 따르면 2021년에는 모든 기초연금 수급자의 기준연금액을 30만원으로 인상하도록 하였다.

3. 보험급여

(1) 국민연금급여는 노령, 사망 등 보험사고가 발생한 경우에 가입자의 소득상실 보전 또는 부양상실에 대한 보장기능을 수행하기 위하여 가입자 본인 또는 유족에게 지급하는 급여를 말한다. 급여는 수급권자의 청구에 따라 연금공단이 지급하고, 연금액은 그 지급사유에 따라 기본연금액과 부양가족연금액을 기초로 산정된다(제50조).

(2) 급여의 종류와 내용

국민연금급여는 급여의 인적 대상에 따라 본인급여와 유족급여로 구분되고, 그 지급형태에 따라 연금과 일시금으로 구분되며, 사회적 위험에 따라 노령연금, 장애연금, 유족연금, 반환일시금 등으로 구분된다.

① **노령연금**　일정한 노령에 달하여 소득능력이 저하된 경우에 그로 인한 소득의 감소를 보전하는 연금으로(제61조), 이는 가입기간, 연금수급 개시연령, 소득활동 여부에 따라 완전노령연금, 감액노령연금, 재직자노령연금, 조기노령연금으로 구분된다. 대표적인 국민연금이다.

노령연금의 지급개시 시기와 관련하여, 연금재정의 건전화를 위하여 그 지급연령(만 60세)에 관한 규정에도 불구하고 그 지급연령에 1953년부터 1956년까지 출생자는 1세를, 1957년부터 1960년까지 출생자는 2세를, 1961년부터 1964년까지 출생자는 3세를, 1965년부터 1968년까지 출생자는 4세를, 1969년 이후 출생자는 5세를 각각 더한 연령을 적용한다. 이는 궁극적으로는 만 65세를 노령연금 개시시기로 통일하려는 것이다.

노령연금의 경우 본인의 선택에 수령시기를 최장 5년간 연기하여 수령할 수도 있는데, 그 경우 1년마다 7.2%씩 최대 36%까지 더 수령할 수 있고(제62조), 반면 조기은퇴로 만55세 이상인 자로 생활이 어렵게 된 퇴직자의 경우 기본연금액의 일정비율(최대 30%)을 공제하고 수령할 수 있는 조기노령연금제도가 있다(제61조 제2항).

② **장애연금**　국민연금 가입기간 중 발생한 질병 또는 부상이 완치된 후에도 신체상 또는 정신상의 장애가 있는 자에 대하여는 그 장애가 계속되는 동안 장애정도에 따라 장애연금을 지급해 주는 것으로, 이는 장애 정도에 따른 소득상실을 보전해 주는 급여이다(제67조).

③ **유족연금** 이는 노령연금 수급권자, 가입기간이 10년 이상인 가입자였던 자, 일반 가입자, 장해등급이 2급 이상인 장애연금 수급권자가 사망 또는 실종된 경우에 그 유족에게 지급되는 급여를 말한다(제72조).

④ **반환일시금** 가입자 또는 가입자였던 자가, 가입기간이 10년 미만으로 60세가 되었거나, 사망한 경우 등 유족연금의 대상이 되지 않는 수급권자에게 일시금으로 지급하는 급여를 말한다(제77조).

4. 보험재정

(1) 연금재정은 가입자와 사용자로부터 징수하는 연금보험료와 이를 근거로 조성되는 국민연금기금을 통해서 조성되고, 국가는 국민연금사업의 관리, 운영비의 전부 또는 일부를 부담한다.

(2) 연금보험료

연금보험료란 국민연금 사업에 필요한 비용으로서 사업장가입자의 경우는 부담금 및 기여금의 합계액을, 지역가입자, 임의가입자 및 임의계속가입자의 경우는 본인이 납부하는 금액을 말한다.

연금보험료율은 소득의 9%로 법정화되어 있는데, 지역가입자, 임의가입자 및 임의계속가입자의 보험료는 본인이 전액부담하고, 사업장가입자의 경우 기여금은 가입자 본인(근로자)이 부담하고 부담금은 사용자가 부담하며, 기여금과 부담금의 비율은 각각 50%로 이는 가입자의 기준소득월액의 각 4.5%에 해당하는 금액이다.

관련판례

국민에게 국민연금의 강제가입과 강제징수를 규정한 국민연금법은 국민의 재산권과 행복추구권 등의 기본권을 침해하는 것인가? 헌법재판소는, 강제가입과 연금보험료의 강제징수를 전제로 한 국민연금제도는 자신 스스로 사회적 위험에 대처하고자 하는 개인들의 행복추구권을 침해한다고 볼 여지가 있지만, 제도 자체가 공공복리의 목적에 충실한 것이고 국가의 사회보장의무에 부합하는 것이므로 국민연금제도의 입법목적이 정당하고 그 기본권 제한의 방법 내지 수단에 있어서도 과잉금지의 원칙에 위배되지 아니한다고 판시하였다. 그리고 국민연금제도는 납부액을 산출근거로 하여 일정한 급여를 지급하는데 반하여 조세는 구체적인 반대급부를 확정하기 어려운 강제징수이기 때문에 양자를 같은 것으로 볼 수 없다고 판단하면서, 국민연금법이 개인의 기본권을 침해하는 것으로 보지 않았다(헌재 2001. 2. 22. 99헌마365).

Ⅲ. 고용보험법

1. 고용보험법의 의의

고용보험은 실직근로자에게 실업급여를 지급하는 전통적 의미의 실업보험사업 외에, 산업구조조정의 촉진 및 실업예방, 고용촉진 등을 위한 고용안정사업, 근로자의 생애직업능력 개발을 위한 직업능력개발사업 등의 노동시장정책을 적극적으로 연계하여 통합적으로 실시하는 사회보장보험제도이다.

실업보험은 실직자의 생계를 지원하는 사후적, 소극적인 사회보장제도이고, 고용보험은 실직자에 대한 생계지원은 물론 재취업을 촉진하고 나아가 실업의 예방, 노동시장의 구조개편, 직업훈련 등의 강화를 위한 사전적, 적극적 차원의 종합적인 인력정책 수단이라 할 수 있다.

2. 고용보험법의 적용대상

고용보험법의 적용대상 사업장은 1인 이상의 근로자를 사용하는 모든 사업 또는 사업장이나, 사업의 규모 및 산업별 특성을 고려하여 사업장 및 피보험자 관리가 매우 어렵다고 판단되는 일부 사업에 대하여는 적용을 제외한다. 다만 적용제외사업의 사업주가 근로자 과반수의 동의를 얻어 고용보험가입신청서를 근로복지공단에 제출하여 승인을 받은 때에는 가입할 수 있다.

3. 고용보험법의 보장내용

(1) 고용안정·직업능력개발사업

고용안정·직업능력개발사업은 경기변동·산업구조조정 등을 이유로 발생하는 실업을 사전에 예방하고, 취업을 촉진하며, 고용기회를 확대하고, 직업능력을 개발·향상하기 위한 기회를 제공한다. 그 밖에 고용안정과 사업주에 대한 인력확보를 지원한다. 특히 중소기업이 고용안정·직업능력개발사업에 있어서 우선적 지원의 대상이 된다. 고용안정·직업능력개발사업은 개별적인 보호와 시설지원의 형태로 이루어진다. 개별적인 보호로는 고용창출지원, 고용조정지원, 잠재인력고용촉진, 건설업고용안정지원 등이 있으며, 시설지원은 고용촉진시설에 대한 지원의 형태로 이루어진다.

(2) 실업급여

실업급여는 근로자가 실직했을 때 일정기간 급여를 지급함으로써 실업으로 인한 생계불안을 극복하고 생활의 안정을 도와주며 재취업의 기회를 지원해 주는 제도로, 이는 구직급여와 취업촉진 수당으로 구분된다. 이러한 실업급여는 적극적인 재취업활동을 위한 재취업활동 지원금이라 할 수 있고, 이는 퇴직 다음날로부터 12개월이 경과하면 지급받을 수 없다.

① **구직급여** 구직급여는 소정의 수급요건을 만족하는 수급자격자에게 지급하는 것으로서 실업급여의 가장 핵심적인 급여로서, 실직 근로자의 생계안정을 도모하는 동시에 안정적으로 구직활동을 촉진하기 위한 취지에서 지급하는 금품이다.

구직급여는 이직한 피보험자가 이직일 이전 18개월 간 피보험 단위기간이 통산하여 180일 이상이고, 근로의 의사와 능력이 있음에도 취업하지 못한 상태에 있어야 하며, 이직사유가 수급제한사유에 해당하지 않아야 하고, 재취업을 위한 노력을 적극적으로 하는 등의 요건을 갖추어야 받을 수 있는바, 이러한 구직급여를 지급받으려면 이직 후 지체 없이 직업안정기관에 출석하여 실업을 신고하여야 한다.

그리고 정당한 이유 없이 직장을 스스로 그만둔 경우나 중대한 자신의 귀책사유에 의해 해고된 경우에는 보험사고를 스스로 유발한 것으로서 기본급여가 지급되지 않는다(원칙적으로 비자발적 이직인 경우에만 수급대상이 됨).

구직급여의 수급기간은 이직일의 다음 날로부터 계산하여 12개월 내에 법 제50조 제1항에 따른 소정급여일수를 한도로 하여 지급하고, 실업급여에 따른 구직급여액은 퇴직 전 평균임금의 50%에 지급일수를 곱한 금액이다.

② **취업촉진 수당** 취업촉진 수당은 실직자의 생계지원을 목적으로 하는 것이 아니라 구직급여를 받는 수급자격자의 재취직을 촉진하기 위한 부가급여적인 성격의 것으로, 구직급여 수급자격이 있는 자가 조기에 재취직하거나 직업능력개발훈련수강, 광역구직활동 등을 하는 경우에 지급한다. 그래서 이것에는 조기재취업 수당, 직업능력개발 수당, 광역 구직활동비, 이주비 등이 있다.

관련 판례

실업급여를 부정수급한 것으로 보아 실업급여의 지급제한 및 반환명령을 한 처분이 정당하다고 판단한 사례

고용보험법 제44조 제2항, 제3항, 구 고용보험법 시행령(2016. 12. 30. 대통령령 제27738호로 개정되기 전의 것) 제64조 내지 제66조, 구 고용보험법 시행규칙(2016. 12. 30. 고용노동부령 제176호로 개정되기 전의 것) 제89조 제6항의 문언, 체계, 형식과 내용 등을 종합하면, 관계 법령은 직업안정기관의 장이 구직활동의 내용, 재취업을 위한 노력, 근로의 의사와 능력 등을 직접 확인함으로써 혹시 모를 구직급여의 부당지급 가능성을 일률적으로 방지하기 위하여 원칙적으로 수급자격자가 실업인정일에 직업안정기관에 직접 출석하여 재취업 노력신고를 하도록 하고 있으며 예외적으로 인터넷을 통하여 재취업 노력을 신고하는 경우에도 본인이 '직접' 재취업 노력신고를 하도록 한 것인데, 甲이 해외에 체류하면서 제3자의 대리 신청을 통하여 구직급여를 지급받았으므로 甲은 실체적 요건의 충족 여부를 불문하고 절차적 요건을 갖추지 못하였고, 이는 고용보험법 제61조 제1항 본문 및 제62조 제1항에서 정한 '거짓이나 그 밖의 부정한 방법'으로 구직급여를 받은 경우에 해당한다는 이유로, 이에 근거한 위 처분이 적법하다고 한 사례이다(대구지법 2019. 4. 17, 2018구합23680).

(3) 육아휴직급여 등

2001년 근로기준법 등의 개정을 통하여 여성근로자에게 부여되는 출산전후 휴가기간이 기존 60일에서 90일로 연장되었고, 남녀고용평등법은 사업주는 근로자가 8세 이하 또는 초등학교 2학년 이하의 자녀를 양육하기 위하여 휴직을 신청하는 경우에 이를 허용하여야 하며, 출산 전후 휴가급여를 지급하기 위하여 필요한 비용은 국가재정이나 사회보장기본법에 의한 사회보험에서 분담할 수 있도록 하였다. 고용보험법은 고용안정사업으로서 지급되는 육아휴직급여 등 제도를 실효성있게 집행하도록 지원하는 기능을 하고 있다.

① 육아휴직 급여 2001년 11월 도입된 육아휴직급여제도는 여러 차례의 개정을 거쳐 현재는 만8세 이하 또는 초등학교 2학년 이하의 자녀를 가진 남녀근로자 중 육아휴직을 30일(근로기준법 제74조에 따른 출산전후 휴가기간과 중복되는 기간은 제외) 이상 부여받은 피보험자 중 소정의 요건을 갖춘 자에게 육아휴직 시작일부터 3개월까지는 통상임금의 100분의 80(상한 월 150만원, 하한 월 70만원)을, 육아휴직 4개월째부터 육아휴직 종료일까지는 통상임금의 100분의 50(상한 월 120만원, 하한 월 70만원)을 육아휴직 급여액으로 지급한다.

② 출산전후휴가 급여 출산전후휴가는 출산한 여성근로자의 근로의무를 면제하고 임금상실 없이 휴식을 보장받도록 하는 제도이고, 고용보험에서는 출산전후휴가를 받은 근로자에게 해당기간 중 출산전후휴가 급여를 지급하도록 하고 있으며, 2021년 현재 상한액은 월 200만원이다.

4. 고용보험료와 재정

고용보험료는 크게 실업급여의 보험료와 고용안정, 직업능력개발사업의 보험료로 나누어서, 실업급여의 보험료는 사업주와 근로자가 각각 50%씩 부담하고, 고용안정, 직업능력개발사업의 보험료는 사업주가 전액 부담하도록 하고 있다.

그리고 실업급여의 보험료는 피보험자인 근로자의 1년간 임금총액에 실업급여의 보험료율을 곱하여 산정하고, 고용안정, 직업능력개발사업의 보험료는 역시 1년간 피보험자의 임금총액에 고용안정, 직업능력개발사업의 보험료율을 곱하여 산정하게 된다.

Ⅳ. 산업재해보상보험법

1. 산업재해보상보험법의 의의

산업재해보상보험법(이하 '산재보험법'이라고 함)은 업무상 재해를 신속하고 공정하게 보상하며, 재해 근로자의 재활 및 사회복귀를 촉진하기 위하여 사회보험방식에 따라 운영하는 법률이다. 따라서 산재보험법은 재해 근로자의 업무상 부상, 질병, 신체장해, 사망에 대한 보상과 직업재활을 통한 사회복귀를 촉진하는 사회보장적 의의를 지닌다.

산재보험은 사업주의 무과실책임주의, 공적보험, 정액보험, 강제보험의 특성을 가지고 있다.

2. 산업재해보상보험법의 적용대상

산재보험법의 적용대상 사업장은 1인 이상의 근로자를 사용하는 모든 사업 또는 사업장이 된다. 다만 위험률, 규모 및 장소 등을 고려하여 대통령령으로 정하는 사업에 대하여는 산재보험법을 적용하지 아니한다. 그러나 위 적용제외 사업장의 사업주도 근로복지공단의 승인을 얻어 산재보험에 가입할 수 있다.

관련판례

불법체류 외국인 근로자에 대하여도 우리나라 산재보험법이 적용되는가? 외국인이 취업자격이 아닌 산업연수 체류자격으로 입국하여 구 산업재해보상보험법(1994. 12. 22. 법률 제4826호로 전문 개정되기 전의 것)의 적용대상이 되는 사업장인 회사와 고용계약을 체결하고 근로를 제공하다가 작업 도중 부상을 입었을 경우, 비록 그 외국인이 구 출입국관리법상의 취업자격을 갖고 있지 않았다 하더라도 그 고용계약이 당연히 무효라고 할 수 없고, 위 부상 당시 그 외국인은 사용 종속관계에서 근로를 제공하고 임금을 받아 온 자로서 근로기준법 소정의 근로자였다 할 것이므로 구 산업재해보상보험법상의 요양급여를 받을 수 있는 대상에 해당한다고 판시하여(대판 1995. 9. 15, 94누12067), 우리나라 산재보험법이 적용된다고 판단하였다.

3. 보험사고(업무상 재해)

(1) 업무상 재해의 의의

산재보험법 제5조는 "업무상의 재해라 함은 업무상의 사유에 따른 근로자의 부상·질병·장해 또는 사망을 말한다"라고 규정하고 있다.

그리고 산재보험법에서 업무상 재해는, 업무과정에서 발생하는 사고, 업무와 관련하여 발생하는 업무상 질병, 업무와 경합되어 발생하는 사고, 업무를 수행하는 작업시설이나 작업환경과 관련하여 발생하는 사고, 업무와 관련된 행사나 출퇴근 중의 사고 등으로 구분하고 있다.

(2) 업무상 사고

업무상 사고는 예기치 못한 물리력으로 인해 재해근로자가 사고를 당하여 신체를 훼손당하는 것을 말하고, 이에 대하여 산재보험법은 근로자가 근로계약에 따른 업무나 그에 따르는 행위를 하던 중 발생한 사고, 사업주가 제공한 시설물 등을 이용하던 중 그 시설물 등의 결함이나 관리소홀로 발생한 사고, 사업주가 주관하거나 사업주의 지시에 따라 참여한 행사나 행사준비 중에 발생한 사고, 휴게시간 중 사업주의 지배관리하에 있다고 볼 수 있는 행위로 발생한 사고 등을 예시하고 있다(산재보험법 제37조 제1항).

(3) 업무상 질병

업무상 질병은 근로자가 작업수행과정에서 유해요인을 취급하거나 이에 폭로된 경력이 있는 경우에 질병에 이환되는 경우와 업무상 부상으로 인한 신체의 손상과 질병 간에 의학적으로 관련성을 갖고 질병에 이환되는 것 모두를 포함한다.

이와 관련하여 산재보험법은 업무수행 과정에서 물리적 인자(因子), 화학물질, 분진, 병원체, 신체에 부담을 주는 업무 등 근로자의 건강에 장해를 일으킬 수 있는 요인을 취급하거나 그에 노출되어 발생한 질병, 업무상 부상이 원인이 되어 발생한 질병, 근로기준법 제76조의2에 따른 직장 내 괴롭힘, 고객의 폭언 등으로 인한 업무상 정신적 스트레스가 원인이 되어 발생한 질병 등을 예시하고 있다(제37조 제2항). 그리고 현행법은 업무상 질병의 인정 여부를 심의하기 위하여 공단 소속 기관에 업무상 질병판정위원회를 두고 있다(제38조 제1항).

(4) 통근재해(출퇴근재해)

종전의 법은 "사업주가 제공한 교통수단이나 그에 준하는 교통수단을 이용하는 등 사업주의 지배관리하에서 출퇴근 중 발생한 사고"만 업무상 재해로 인정하고 있었으나, 위 조항에 대하여 헌법재판소에서 헌법불합치결정이 나서 개정되면서, 일반 근로자도 통상적인 경로와 방법으로 출퇴근하는 중 사고를 당한 경우에도 업무상 재해로 인정받을 수 있게 되었다(제37조 제1항 제3호, 제3항, 제4항 참조).

(5) 진폐증

진폐증이라 함은 분진을 흡입함으로써 폐장 내에 병적 변화를 가져오는 질병을 말한다. 산재보험법 제91조의2에서 고용노동부령으로 정한 분진작업에 종사하여 진폐증에 이환된 근로자에 대하여 업무상 재해로 인정하고 있다.

4. 보험급여

(1) 근로자가 업무상의 재해로 부상, 질병 또는 장해가 발생하거나 사망에 이른 경우, 근로복지공단은 재해를 당한 근로자나 수급권자에게 각종 보험급여를 하는데, 이러한 보험급여의 종류로는 요양급여, 휴업급여, 장해급여, 간병급여, 유족급여, 상병보상연금, 장의비, 직업재활급여 등이 있다.

(2) 급여의 종류

① **요양급여** 근로자가 업무상 사유에 의하여 부상을 당하거나 질병에 걸린 경우에 그 근로자에게 지급하는 것으로서, 보험관장자(고용노동부장관)가 요양을 직접 행하든지 또는 요양에 소요되는 그 비용을 근로자에게 지급하든지 하는 방법으로 보험급여를 부담한다. 실제로는 근로복지공단이 고용노동부장관으로부터 근로자의 업무상 재해에 대한 보상보험업무 등을 위탁받아 수행하고 있다. 제40조에 따른 요양급여를 받은 사람이 치유 후 요양의 대상이 되었던 업무상의 부상 또는 질병이 재발하거나 치유 당시보다 상태가 악화되어 이를 치유하기 위한 적극적인 치

료가 필요하다는 의학적 소견이 있으면 다시 제40조에 따른 요양급여(이하 "재요양"이라 한다)를 받을 수 있다(제51조).

② **간병급여** 이는 제40조에 따른 요양급여를 받은 사람 중 치유 후 의학적으로 상시 또는 수시로 간병이 필요하여 실제로 간병을 받는 사람에게 지급한다(제61조).

③ **휴업급여** 업무상 사유로 부상을 당하거나 질병에 걸린 근로자에게 요양으로 취업하지 못한 기간에 대하여 재해근로자와 그 가족의 생계를 보장하기 위하여 임금 대신 지급하는 소정의 보험급여를 말한다(제52조). 1일당 지급액은 평균임금의 100분의 70에 상당하는 금액으로 한다.

④ **장해급여** 근로자가 사업장에서 업무를 수행하는 과정에서 업무상 부상을 당하거나 질병에 걸려 치료를 받았으나, 신체에 장해가 남게 된 경우에 그 장해등급에 따라 평균임금을 기초로 하여 지급하는 보험급여를 말한다(제57조).

⑤ **상병보상연금** 요양급여를 받은 근로자가 2년이 경과한 후(장해등급 1~3급)에도 계속 치료를 요하는 경우에는 휴업급여 대신 연금을 지급한다(제66조). 다만 부상 또는 질병의 정도가 폐질 등급(1~3급)에 해당해야 한다. 이는 상병상태가 중증도에 이르고 장기요양을 하고 있는 재해근로자의 생활보호를 위하여 휴업급여 대신에 지급하는 연금으로서 대체성을 띤 보험급여이고, 휴업급여의 수준보다 훨씬 높은 상병보상연금을 지급함으로써 해당 근로자의 의료보장과 그 가족의 생활안정을 도모하기 위한 취지에서 인정한 독특한 보상제도이다.

⑥ **유족급여** 근로자가 업무상의 사유에 의하여 사망한 경우에 유족에게 지급하는 급여이다(제62조). 이는 근로자가 업무상 사유로 인하여 사망한 경우에 그가 생전에 부양하고 있던 가족들의 생계가 위협을 받게 되는 점을 고려하여 그 유족을 보호하고자 지급하는 보험급여이다. 유족급여는 유족보상연금 또는 유족보상일시금(평균임금의 1,300일분)의 형태로 지급하되, 유족보상연금의 수급권자가 원하는 경우 유족보상일시금의 절반에 해당하는 금액을 일시금으로 지급하고, 유족보상연금은 절반을 감액하여 지급한다.

⑦ **장의비** 근로자가 업무상의 사유로 사망한 경우 장제에 소요되는 비용을 충당하기 위하여 지급하는 보험급여의 일종이다(제71조). 산재보험법은 평균임금의 120일분에 상당하는 금액을 그 장제를 지낸 유족에게 장의비로 지급하도록 규정하고 있는데, 이는 실비변상적인 성격을 지닌다.

⑧ **직업재활급여**　이는 산재 장해인의 직업재활과 직업복귀를 위한 취지에서 인정되는 급여로서, 1) 장해급여 또는 진폐보상연금을 받은 사람이나 장해급여를 받을 것이 명백한 사람으로서 대통령령으로 정하는 사람(이하 "장해급여자"라 한다) 중 취업을 위하여 직업훈련이 필요한 사람(이하 "훈련대상자"라 한다)에 대하여 실시하는 직업훈련에 드는 비용 및 직업훈련수당, 그리고 2) 업무상의 재해가 발생할 당시의 사업에 복귀한 장해급여자에 대하여 사업주가 고용을 유지하거나 직장적응훈련 또는 재활운동을 실시하는 경우(직장적응훈련의 경우에는 직장 복귀 전에 실시한 경우도 포함한다)에 각각 지급하는 직장복귀지원금, 직장적응훈련비 및 재활운동비가 있다(제72조).

(3) 보험급여의 제한

요양 중인 근로자가 정당한 사유 없이 요양에 관한 지시를 위반하여 부상·질병 또는 장해 상태를 악화시키거나 치유를 방해한 경우 혹은 장해보상연금 또는 진폐보상연금 수급권자가 제59조에 따른 장해등급 또는 진폐장해등급 재판정 전에 자해(自害) 등 고의로 장해 상태를 악화시킨 경우에는 급여의 전부 또는 일부를 지급하지 않을 수 있다(제83조 제1항). 그리고 산재보험법은 근로자의 고의·자해행위나 범죄행위 또는 그것이 원인이 되어 발생한 부상·질병·장해 또는 사망은 업무상의 재해로 보지 아니하는데, 다만, 그 부상·질병·장해 또는 사망이 정상적인 인식능력 등이 뚜렷하게 낮아진 상태에서 한 행위로 발생한 경우로서 대통령령으로 정하는 사유가 있으면 업무상의 재해로 본다고 하여(제37조 제2항) 보험급여 제한 규정을 두고 있다.

(4) 다른 법률과의 조정

① **다른 보상이나 배상과의 관계**　수급권자가 산재보험법에 따라 보험급여를 받았거나 받을 수 있으면 보험가입자는 동일한 사유에 대하여 근로기준법에 따른 재해보상 책임이 면제된다. 또 수급권자가 동일한 사유에 대하여 산재보험법에 따른 보험급여를 받으면 보험가입자는 그 금액의 한도 안에서 민법이나 그 밖의 법령에 따른 손해배상의 책임이 면제된다. 아울러 수급권자가 동일한 사유로 민법이나 그 밖의 법령에 따라 이 법의 보험급여에 상당한 금품을 받으면 공단은 그 받은 금품을 대통령령으로 정하는 방법에 따라 환산한 금액의 한도 안에서 이 법에 따른 보험급여를 지급하지 아니한다(제80조). 이상의 규정들은 이중보상을 금지하고

자 하는 취지에서 둔 것이다.

② **제3자에 대한 구상권** 근로복지공단은 제3자의 행위에 따른 재해로 보험급여를 지급한 경우에는 그 급여액의 한도 안에서 급여를 받은 자의 제3자에 대한 손해배상청구권을 대위행사한다(제87조 제1항). 이는 보험가입자 등이 아닌 제3자에 의하여 재해가 발생하고 그에 대하여 공단이 보험급여를 실시한 경우 재해근로자가 제3자에 대하여 가지는 손해배상청구권을 대위행사할 수 있다는 것이다.

관련 판례

같은 사업장의 동료근로자가 가해자인 경우 공단은 그 동료근로자를 상대로 구상권을 행사할 수 있는가?

구 산업재해보상보험법 제54조(제3자에 대한 구상권) 제1항 본문에서의 '제3자'라 함은 피재 근로자와 산업재해보상보험관계가 없는 자로서 피재 근로자에 대하여 불법행위 등으로 인한 손해배상책임을 지는 자를 말하나, 근로자가 동일한 사업주에 의하여 고용된 동료 근로자의 행위로 인하여 업무상 재해를 입은 경우에 그 동료 근로자는 보험가입자인 사업주와 함께 직·간접적으로 재해근로자와 산업재해보상보험관계를 가지는 자로서 위 '제3자'에서 제외된다(대판 2007. 1. 25, 2006다60793)고 판시하여, 구상의 대상이 되지 않는다고 하였다.

5. 산재보험료

(1) 산재보험료는 보험집행기관인 근로복지공단이 보험사업에 소요되는 비용에 충당하기 위하여 보험가입자로부터 징수하는 금액을 말한다. 산재보험의 보험료는 보험가입자인 사업주가 전액을 부담한다는 면에서 다른 사회보험과 다른 특성을 지닌다. 즉, 건강보험료, 국민연금 및 고용보험료에 있어서는 사업주와 근로자가 일정비율에 따라 공동부담하는 것과는 달리 산재보험료에서는 사업주만이 부담한다.

(2) 산재보험료의 산정

보험가입자가 부담하는 산재보험료는 해당 연도에 보험가입자가 사용한 근로자에게 실제로 지급된 임금총액에 해당 연도에 사업종류별로 정해져 있는 산재보험료율을 곱하여 산정한다.

관련 판례

대법원은 "산업재해보상보험법 제5조 제1호에서 정한 '업무상의 사유에 따른 사망'으로 인정하려면 업무와 사망의 원인이 된 질병 사이에 인과관계가 있어야 한다. 하지만 질병의 주된 발생원인이 업무수행과 직접적인 관계가 없더라도, 적어도 업무상의 과로나 스트레스가 질병의 주된 발생원인에 겹쳐서 질병을 유발 또는 악화시켰다면 그 사이에 인과관계가 있다고 보아야 한다. 그 인과관계는 반드시 의학적·자연과학적으로 명백히 증명하여야 하는 것은 아니고 제반 사정을 고려할 때 업무와 질병 사이에 상당인과관계가 있다고 추단되는 경우에도 증명이 있다고 보아야 하며, 또한 평소에 정상적인 근무가 가능한 기초질병이나 기존 질병이 직무의 과중 등이 원인이 되어 자연적인 진행속도 이상으로 급격하게 악화된 때에도 증명이 있는 경우에 포함된다. 업무와 질병 또는 사망과의 인과관계 유무는 보통 평균인이 아니라 당해 근로자의 건강과 신체조건을 기준으로 판단하여야 한다"고 판시하여, 업무와 사망 사이의 인과관계 유무는 당해 근로자의 건강 등을 기준으로 판단해야 한다고 하고 있다(대판 2020. 5. 28, 2019두62604).

또 대법원은 산재보험의 적용대상이 되는 근로자의 판단기준에 대하여, "근로기준법상 근로자에 해당하는지는 계약형식이 고용계약인지 도급계약인지 보다 실질적으로 근로자가 사업 또는 사업장에 임금을 목적으로 종속적인 관계에서 사용자에게 근로를 제공하였는지에 따라 판단하여야 하고, 종속적인 관계가 있는지는 업무내용을 사용자가 정하고 취업규칙 또는 복무(인사)규정 등의 적용을 받으며 업무수행과정에서 사용자가 상당한 지휘, 감독을 하는지, 사용자가 근무시간과 근무장소를 지정하고 근로자가 이에 구속을 받는지, 노무제공자가 스스로 비품, 원자재나 작업도구 등을 소유하거나 제3자를 고용하여 업무를 대행케 하는 등 독립하여 자신의 계산으로 사업을 영위할 수 있는지, 노무제공을 통한 이윤창출과 손실초래 등 위험을 스스로 안고 있는지와 보수의 성격이 근로 자체의 대상적 성격인지, 기본급이나 고정급이 정하여졌는지 및 근로소득세의 원천징수 여부 등 보수에 관한 사항, 근로제공관계의 계속성과 사용자에 대한 전속성 유무와 그 정도, 사회보장제도에 관한 법령에서 근로자로서 지위를 인정받는지 등 경제적·사회적 여러 조건을 종합하여 판단하여야 한다"라고 판시하였다(대판 2012. 1. 12, 2010다50601).

J/U/R/I/S/P/R/U/D/E/N/C/E

소송법 PART 5

제16장

형사소송법

제 I 절 형사소송법 입문

I. 형사소송법의 의의

사례 1

이몽룡은 자신의 애인인 성춘향과 데이트를 즐기다가, 어두운 곳에서 누군가가 던진 칼을 등에 맞았다. 병원에서 치료를 하고서, 가만히 생각하니 자신에게 칼을 던진 사람은 변학도가 분명하였다. 변학도에게 사적인 복수를 이몽룡은 할 수 있는가? 만약 할 수 없다면 어떤 절차를 거쳐서 벌을 줄 수 있는가?

1. 형사소송법의 의의

'형사소송'이란 실체법인 형법을 실제로 적용해 나가는 절차적 제도를 말한다. 좁은 의미의 '형사소송'은 공소제기 이후의 법원에 의한 공판절차를 의미하고, 넓은 의미의 '형사소송'은 범죄 수사와 범인의 검거로부터 공소제기, 공판절차, 형의 선고와 집행에 이르는 일련의 과정, 즉 수사 절차, 공판절차 및 재판의 집행 절차 모두를 의미한다. 전자를 '형사소송', 후자를 '형사절차'로 구분한다.

형법을 실제로 적용해 나가는 절차적 제도인 '형사소송'을 구체적으로 규정한 법이 '형사소송법'이다. 따라서 형사소송법의 적용 없이는 형법을 구체적으로 실현할 수 없다. 우리나라에서 형사소송법은 광의의 형사소송, 즉 '형사절차'를 규정한다.

2. 민사소송(법)과의 차이

민사소송법은 사법체계의 권리 실현을 위한 재판 절차를 규정하는 법이다. 형사소송법과 민사소송법은 모두 절차법이라는 점에서는 공통되지만, 서로 구별되는 특징들을 가지고 있다.

형사소송법의 주된 내용이 범죄의 성립과 처벌인 반면에, 민사소송법은 개인의 권리와 의무의 다툼이다. 형사사건에서는 당사자를 검사와 피고인으로 호칭하지만, 민사사건에서는 원고와 피고로 호칭한다. 형사소송에서는 원칙적으로 검사의 청구에 의해서 형사재판이 시작되지만, 민사소송에서는 당사자의 청구에 의해서 민사재판이 시작된다. 판결의 집행도 형사재판에서는 국가가 형벌 등을 행하지만, 민사재판에서는 승소한 당사자가 상대방 재산의 추적이나 경매신청 등을 스스로 행한다.

그래서 형사소송절차와 민사소송절차는 각각 형사소송법과 민사소송법에 의해서 별개로 진행되는 것이 원칙이다. 하지만 그럴 경우에 범죄 피해자에 대한 신속한 손해배상이 불가능할 수가 있다. 이를 보완하기 위해서 '소송촉진 등에 관한 특례법'에서 '배상명령제도'를 규정하고 있다.

▣ 사례 1의 해결

근대국가가 형성되면서 사적 복수(형벌)는 금지되었으며, 국가에 의한 공형벌 원칙이 확립되었다. 따라서 이몽룡은 사적으로 복수할 수 없다. 이몽룡은 수사기관에 변학도를 처벌해 달라는 고소를 할 수 있을 뿐이다. 이 경우에 수사기관이 수사하고 기소하여 법원이 재판을 하고 유죄가 확정될 경우에는 국가가 대신하여 (형)벌을 부과할 수 있다. 이 모든 절차를 규정하고 있는 법이 형사소송법이다.

Ⅱ. 형사소송법의 지도 이념

1. 실체적 진실주의

실체적 진실주의란 형사소송의 실체에 해당하는 범죄 사실의 객관적 진실을 발견하여 진상을 명백히 하자는 원칙을 말한다. 실체적 진실주의는 적극적인 면(적극적 실체진실주의)과 소극적인 면(소극적 실체진실주의)의 양면성이 있다. 적극적 실체진실주의란 범죄 사실을 명확히 하여 범죄자를 빠짐없이 벌하도록 하는 작용을 말하고, 소극적 실체진실주의란 객관적인 사실을 밝혀서 죄없는 자를 벌해서는 안 된다는 인권 보장의 작용을 말한다. 양자가 충돌하는 경우에는 소극적 실체진실주의가 강조되어야 할 것이다.

2. 적정절차의 원리

사례 2

한국계 독일인 경계인은 독일에서 거주하다가, 국가보안법 위반으로 체포영장이 발부되었음에도 대한민국에 입국하였다. 입국과 동시에 체포되어 국가정보원과 서울지방검찰청에서 수사를 받았다. 경계인은 피의자신문 시에 변호인의 참여를 요구하였지만, 검사는 이를 불허하였다. 검사는 다른 피의자들에 대한 내용도 포함되어 있고, 국가안보에 관한 것으로서 기밀사항을 많이 포함하고 있으므로 변호인 참여를 제한할 수 있다고 주장하였다. 하지만 검사는 관련 자료를 제시하지는 못했다. 변호인 참여 불허는 적법한가?

적정절차의 원리란 형벌권을 실현하는 형사소송은 공정한 법정 절차에 의하여 진행되어야 한다는 원칙이다. 이에 의하면 절차가 법률로 정하여져야 할 뿐만 아니라 적용되는 법률의 내용에 있어서도 합리성과 정당성을 갖춘 적정한 것이어야 한다. 그 취지는 국가기관에 의해서 침해될 수 있는 피고인 내지 피의자의 인권 보장이다. 이 원칙은 영국의 마그나카르타(Magna Carta)에서 유래하였으며, 대한민국 헌법 제12조 제1항에서도 선언하고 있다.

적정절차의 원리는 무죄추정의 원칙을 핵심적인 파생 원칙으로 인정한다. 헌법 제27조 제4항도 "형사피고인은 유죄의 판결이 확정될 때까지 무죄로 추정된다"고 규정하고 있다. 언제나 불리한 처지에 놓여 인권이 유린되기 쉬운 피의자·피고인의 지위를 옹호하여 형사절차에서 그들의 불이익을 최소한에 그치게 하자는 이념이다. 이에 의해서 유죄의 거증책임은 검사에게 있으며, 피고인이 유죄인지 무죄인지 불분명한 경우에는 법관은 무죄판결을 하여야 한다. 따라서 불구속 수사·재판이 원칙이고 고문은 금지된다.

▣ 사례 2의 해결

이 사건 당시의 형사소송법에는 구금된 피의자의 피의자신문에 변호인 참여권의 명문규정이 없었다. 하지만 헌법에 의하면 누구든지 체포 또는 구속을 당한 때에는 즉시 변호인의 조력을 받을 권리가 있다. 그리고 적법절차주의(헌법 제12조)는 인신구속과 처벌에 관한 헌법의 선언으로 국가형벌권보다 개인의 인권옹호를 우선한다. 따라서 구금된 피의자에게도 피의자신문 시에는 변호인의 참여 요구가 가능하며, 수사기관은 거절할 수 없다. 형사소송법의 흠결을 보완하고자 2007년에 형사소송법 제417조를 개정하였다.

3. 신속한 재판의 원칙

대한민국 헌법 제27조 제3항은 "모든 국민은 신속한 재판을 받을 권리를 가진다"고 하여, 적정한 재판(피고인 보호 원칙)을 확보함에 필요한 기간을 넘어 부당히 지연된 재판이 아닐 것을 선언한다.

신속한 재판의 원칙은 피고인의 이익 보호와 공익 보호의 양면에서 요구된다. 전자의 이익은 증인의 사망이나 증거의 멸실 등으로 방어 능력이 침해될 위험과 부당한 장기 구금의 방지 등을 들 수 있다. 후자는 소송비용의 절감, 조기 재판과 집행을 통한 강력범 위하 그리고 증거 멸실의 방지 등의 이익을 들 수 있다. 재판의 신속을 위한 특수한 공판절차로는 간이공판절차, 약식절차 그리고 즉결심판절차가 있다.

헌법재판소 판례

헌법상 무죄추정의 원칙에 따라, 유죄판결이 확정되기 전의 피의자 또는 피고인은 아직 죄 있는 자가 아니므로 그들을 죄 있는 자에 준하여 취급함으로써 법률적·사실적 측면에서 유형·무형의 불이익을 주어서는 아니되고, … 상소제기 후 상소취하시까지의 미결구금을 형기에 산입하지 아니하는 것은 헌법상 무죄추정의 원칙 및 적법절차의 원칙, 평등원칙 등을 위배하여 합리성과 정당성 없이 신체의 자유를 지나

치게 제한하는 것이다.[1]

Ⅲ. 법원과 법관

1. 법원의 의의와 종류

법원은 국법상 의미의 법원과 소송법상 의미의 법원으로 나눌 수 있다. 국법상 의미의 법원이란 법원조직법상의 법원으로서 대법원장과 법원장의 지휘를 받는다. 소송법상 의미의 법원이란 재판기관으로써 법원이며 형사소송법상 일반적으로 논의되는 법원이다. 독립하여 재판권을 행사하는 법원은 소송법상 의미의 법원이다.

국법상 의미의 법원은 대법원과 고등법원 그리고 지방법원으로 조직되어 있다. 그 밖에 특허법원, 행정법원, 가정법원, 군사법원 등이 있다. 소송법상 의미의 법원은 사건의 경중과 심급에 따라서 단독제와 합의제로 구분한다. 합의제는 2인 이상의 판사로 구성되며, 상소법원은 무조건 합의제이다. 또한 사건의 심판에 관여하는 법관에 따라서 재판장, 수명법관, 수탁판사, 수임판사로 구분한다.

2. 관 할

사례 3

열려라 참깨의 알리바바는 수원에서 고액 사기죄를 저지르고 청주까지 도주하였다. 청주에서 숨어 살면서 뇌물죄(3,000만원 이상)까지 저지른 후에 부산으로 다시 도주하였다. 수원지검의 검사 끈질겨는 끈질기게 수사하여 부산까지 가서 갑을 검거하였다. 끈질겨는 수원지법에 사기죄를 기소하면서 청주에서의 뇌물죄까지 기소할 수 있는가?

법원의 관할이란 재판권의 행사에 있어서 각 법원에 분배된 권한이다. 관할권이란 재판권을 전제로 특정 사건에 대하여 특정 법원이 재판권을 행사할 수 있는 주체적 한계를 정하는 소송법상의 개념이다. 관할권이 없는 경우에는 관할위반의 판결을 해야 한다(제319조). 재판권이란 사법권을 의미하는 일반적·추상적인 국법상의 개념이다. 재판권이 없는 경우에는 공소기각의 판결을 해야 한다(제327

1 헌재 2009. 12. 29, 2008헌가13,2009헌가5(병합) 전원재판부.

조 제1항).

관할은 법정관할과 재정관할로 구별한다. 법정관할은 법으로 정해진 관할을 말하며, 고유관할과 관련사건의 관할로 구분한다. 고유관할은 사물관할, 토지관할, 심급관할로 구분하고, 관련사건의 관할은 수개의 사건이 서로 관련되었을 경우(제11조)이다. 이 경우에는 불필요한 이중 심리를 피하고, 동일한 사건에 대한 모순된 결정을 피하기 위해 병합 관할이 인정된다. 재정관할은 구체적 사정에 따라 법원의 재판에 의하여 관할을 창설·변경하는 제도이다. 이에는 관할의 지정과 이전이 있다.

▣ **사례 3의 해결**

1인이 범한 수죄는 관련사건이며, 토지관할을 달리하는 수개의 사건이 관련된 때에는 1개의 사건에 관하여 관할권이 있는 법원은 다른 사건까지 관할할 수 있다(제5조). 이를 토지관할의 병합이라고 한다.

3. 법관의 제척·기피·회피

공정한 재판은 공평한 법원의 구성과 법관의 중립성으로부터 시작한다. 이를 위해서 법관의 제척(제17조), 기피(제18조) 그리고 회피(제24조) 제도가 있다.

제척은 구체적인 사건의 재판에서 법관이 불공정한 재판을 할 우려가 현저한 경우에 그 법관을 직무집행에서 당연히 배제시키는 제도이다. 형사소송법은 법관이 피해자인 때, 법관이 피고인 또는 피해자의 친족 또는 친족관계가 있었던 자인 때, 법관이 피고인 또는 피해자의 법정대리인, 후견감독인인 때, 법관이 사건에 관하여 증인, 감정인, 피해자의 대리인으로 된 때, 법관이 사건에 관하여 검사 또는 사법경찰관의 직무를 행한 때 그리고 법관이 사건에 관하여 전심 재판 또는 그 기초되는 조사, 심리에 관여한 때를 제척사유로 규정한다.

기피는 법관이 제척 사유에 해당되는 때와 법관이 불공평한 재판을 할 염려가 있는 때에 직무집행에서 배제시키는 제도이다. 기피를 신청할 수 있는 자는 검사, 피고인 그리고 변호인이다. 회피는 법관이 스스로 기피될 원인이 있다고 생각하여 직무집행으로부터 탈퇴하는 제도이다.

Ⅳ. 검 사

1. 검사의 의의

검사란 범죄 수사로부터 재판의 집행에 이르기까지 형사절차의 전 과정에 관여하여 형사사법의 정의를 실현하는 검찰권을 행사하는 국가기관이다. 검사는 형식적으로는 법무부에 소속된 행정기관이다. 하지만 법을 지키고 돌본다는 의미에서 준사법기관으로 평가되기도 한다. 한편 검찰사무는 모든 검사가 단독으로 처리한다(단독제의 관청).

2. 검사동일체의 원칙과 법무부장관의 지휘·감독권

사례 4-1

기업체 사장 오직돈은 자신의 횡령(피해금 5억원 이상)에 대해서 검사 정의감이 내사를 벌이고 있음을 알았다. 이에 평소에 관리하고 있었던 대검찰청 차장검사인 돈좋아에게 내사를 중지해달라고 요청하였다. 돈좋아는 정의감의 상관인 지방검찰청 검사장에게 내사 종결의 취지를 이야기하였고, 결국 검사장은 정의감에게 내사 종결을 명령하였다. 내사를 종결하라는 상관의 명령에 따라야 하는가?

사례 4-2

서울중앙지검 공판2부 소속인 나홀로 검사는 반공임시특별법 위반 혐의로 징역 15년이 확정된 구 진보당 간사의 재심 사건(2012년 12월)을 담당하였다. 검찰 내부 논의에서 공판 2부장은 '백지 구형'(법원이 적절히 선고해 달라)을 지시하였는데, 나홀로 검사는 '무죄 구형'을 주장하면서 거부하였다. 공판 2부장은 상관의 지시를 거부한 나홀로 검사의 직무를 다른 검사가 담당하게 하라는 직무상 지시(직무이전명령)를 하였다. 나홀로 검사는 역시 이 지시를 거부하고 법정의 검사 출입문을 잠그고 무죄를 구형하였다. 법무부는 나홀로 검사를 징계하였는데, 이 징계는 정당한가?

검사동일체의 원칙이란 검사는 모두 검찰총장을 정점으로 지휘감독과 이행의 관계에 서서 전국적으로 일체불가결의 통일적인 계층의 조직체로서 활동하는 것을 말한다. "검사동일체의 원칙"이라는 표현은 2004년 형사소송법 개정으로 법전에서 사라졌지만, 검찰 조직 내에서는 검찰권행사의 전국적 통일성과 공정성을 유지하고 전국적 수사망을 확보하기 위해서라는 이유로 그 문화가 존재한다.

검찰청법상 지휘감독과 이행(검찰청법 제7조 제1항), 직무의 위임·승계·이전(검찰청법 제7조의2), 직무대리권(검찰청법 제18조 제2항, 제23조 제2항)을 검사동일체 원칙의 내용으로 이해한다. 이에 의해서 검사가 교체되더라도 소송법상 효과에는 영향이 없다.

▣ 사례 4-1의 해결

검사는 범죄 혐의가 있으면 수사하여야 한다. 이를 수사 법정주의라 한다. 범죄 혐의가 있음에도 불구하고 수사(또는 내사)를 중지하라는 것은 수사 법정주의에 반하는 불법이다. 불법은 이행하거나 따를 의무가 없기 때문에 검사 정의감은 내사를 계속 진행할 수 있다. 오히려 수사를 하지 않으면 직무유기죄가 가능하고, 수사(또는 내사) 중단의 지시를 한 상관은 직권남용권리행사죄에 해당할 수 있다.[2]

▣ 사례 4-2의 해결

검찰청의 장이 아닌 상급자가 이의를 제기한 사건에 관한 검사의 직무를 다른 검사에게 이전하기 위해서는 ① 검사 직무의 이전에 관한 검찰청의 장의 구체적·개별적인 위임이 필요하거나 ② 그러한 상황에서의 검사 직무의 이전을 구체적이고 명확하게 정한 위임규정이 필요하다. 하지만, 공판 2부장의 직무이전명령은 그러한 위임 또는 위임규정이 없었기 때문에 권한 없는 자의 '직무이전명령'이다. 따라서 이 명령에 불복한 행위는 위법한 행위가 아니며, 징계사유에 해당하지 않는다.[3]

3. 검사의 소송법상 지위

검사와 사법경찰관은 범죄의 혐의가 있으면 수사해야 하고(제196조, 제197조), 이를 위해서 서로 협력해야 한다(제195조). 다만 검사는 ① 부패범죄, 경제범죄, 공직자범죄, 선거범죄, 방위사업범죄, 대형참사 등 대통령령으로 정하는 중요 범죄, ② 경찰공무원이 범한 범죄, ③ 앞 ①②의 범죄 및 사법경찰관이 송치한 범죄와 관련하여 인지한 각 해당 범죄와 직접 관련성이 있는 범죄에 대해서만 수사를 개시할 수 있다(검찰청법 제4조 제1항). 수사종결권은 1차적으로는 경찰에게도 있지만(제245조의5), 최종적으로는 검사에게 있다(제246조, 제247조).

---

2 대판 2007. 6. 14, 2004도5561.

3 대판 2017. 10. 31, 2014두45734.

검사와 사법경찰관은 상호협력관계이지만, 검사는 보완 수사 요구(제197조의2), 시정조치 요구(제197조의3), 수사의 경합시 송치 요구(제197조의4), 사법경찰관의 사건송치와 송부(제245조의5), 재수사 요청(제245조의8) 등으로 수사를 감독할 수 있다.

다음으로 검사는 공소권의 주체로서 지위를 갖는다. 대한민국은 국가소추주의만 인정되고, 공소는 검사가 원칙적으로 독점하여 제기한다(제246조). 이를 기소독점주의라고 한다. 다만 즉결심판의 청구, 재정신청에 따른 기소강제절차, 그리고 2020년 법 제정으로 신설된 고위공직수사처에 의한 기소는 기소독점주의의 예외이다. 또한 검사는 공판절차에서 공소사실을 입증하고 공소를 유지한다.

세 번째로 검사는 재판의 집행기관으로서 지위도 갖는다. 즉 재판의 집행은 검사가 지휘한다(제460조). 다만 재판장, 수명법관, 수탁판사가 재판의 집행을 지휘할 수 있는 예외도 있다.

마지막으로 검사는 피고인의 정당한 이익을 고려하는 공익적 지위도 갖는다. 따라서 피고인에게 이익되는 사실도 조사·제출하고, 피고인의 이익을 위해서 상소할 의무도 있다. 이러한 객관의무에 위반하였을 경우에는 위법행위로서 국가배상문제가 발생할 수 있다.

V. 피고인

1. 피고인의 의의

피고인이란 검사에 의하여 형사책임을 져야 할 자로서 공소가 제기된 자와 공소가 제기된 것으로 취급되어 있는 자를 말한다. 따라서 혐의자, 피의자, 수형자와는 구별되는 개념이다. 그리고 공동피고인이란 동일한 소송절차에서 공동으로 심판받는 수인의 피고인을 의미하며, 공범자와 구별된다.

2. 피고인의 소송법상 지위

당사자의 지위로서 피고인은 검사와 대등한 지위를 갖는다. 검사가 공소권의 주체라고 한다면 피고인은 방어권의 주체이다. 다음으로 피고인은 증거방법으로서 지위를 가진다. 피고인의 진술은 인적 증거방법이 되고, 검증의 대상이 되는 피고인의 신체는 물적 증거방법이 된다. 마지막으로 피고인은 절차의 대상으로서의 지위를 갖는다. 피고인은 소환, 구속, 압수, 수색 등의 강제처분의 객체가 된다. 그리고 피고인은 재판장에 의한 소송지휘권과 법정경찰권에도 복종해야 한다.

3. 진술거부권

사례 5

술꾼 이태백은 그날도 얼큰한 상태에서 승용차를 운전하다가 골목길에 주차된 차량을 들이받고 귀가하였다. 아무도 못 봤을 것이라고 생각하면서 잠을 청하는 중에, 과학수사보다는 육감 수사에 능한 김경장의 방문을 받았다. 김경장은 이태백에게 음주측정을 요구하면서 거부하면 처벌될 수 있다고 하였다. 어느 정도 학식이 있는 이태백은 모든 국민은 자기에게 불리한 진술을 강요당하지 아니하며, 고문 등 폭행에 의한 진술 강요뿐만 아니라 법률에 의한 진술 강요도 허용되지 않는다는 것을 알고 있었다. 이태백은 음주측정도 자신의 불리한 진술에 해당하기 때문에, 묵비권을 행사하겠다면서 음주측정을 거부하였다. 이 거부는 보장되어야 하는가?

진술거부권(묵비권)이란 피고인 또는 피의자가 공판절차 또는 수사 절차에서 법원 또는 수사기관의 신문에 대하여 진술을 거부할 수 있는 권리를 말한다. 이 권리는 국민의 인권을 보장하기 위해서 보장된다. 즉, 실체 진실 발견보다 인권 보장을 우선적으로 인정한 것이다.

헌법 제12조 제2항에 의해서 진술거부권의 주체는 모든 국민이다. 헌법은 형사상 자기에게 불리한 진술에 대해서 진술거부권을 보장하고 있지만, 형사소송법은 불리한 진술에 제한하지 않고 각개의 신문에 대하여 보장하고 있다. 여기서 진술은 구두의 진술을 의미하며, 서면에 의한 진술도 포함한다

헌법재판소 판결

"진술"이라 함은 언어적 표출, 즉 생각이나 지식, 경험 사실을 정신작용의 일환인 언어를 통하여 표출하는 것을 의미하는 데 반하여, 호흡 측정은 신체의 물리적, 사실적 상태를 그대로 드러내는 행위에 불과하다. 또한 호흡 측정은 진술서와 같은 진술의 등가물로도 평가될 수 없는 것이고 … 호흡 측정 행위는 진술이 아니므로 호흡 측정에 응하도록 요구하고 이를 거부할 경우 처벌한다고 하여도 "진술 강요"에 해당한다고 할 수는 없다.[4]

4 헌재 1997. 3. 27, 96헌가11.

Ⅵ. 변호인

1. 변호인의 의의

변호인이란 피고인 또는 피의자의 방어력을 보충함을 임무로 하는 보조자이다. 공평한 재판이 되기 위해서는 당사자인 검사의 공격에 제대로 대응할 수 있는 능력이 피고인에게 있어야 한다. 즉 검사와 동일한 무기를 피고인이 가져야 하는데, 실질적으로 법률 전문가인 검사와 피고인이 대등할 수는 없다. 그래서 법률 전문가를 통해서 피고인을 보조하기 위한 제도가 변호인제도이다.

변호인은 사선변호인과 국선변호인이 있다. 사선변호인은 피고인·피의자 또는 선임대리권자에 의하여 선임된 변호인이다. 사선변호인의 수는 제한이 없지만, 수인의 변호인이 선임되는 경우에는 대표변호인을 지정하여야 하고, 변호인 선임의 효과는 당해 심급에 한한다. 또한 선임의 효과는 공소사실의 동일성이 인정되는 사건의 전부에 미친다.

국선변호인은 법원에 의하여 선정된 변호인이다. 선정 사유는 피고인을 위한 선정, 피의자를 위한 선정, 그리고 기타 선정으로 구분할 수 있다. 피고인을 위한 선정은 피고인이 구속된 때, 미성년자인 때, 70세 이상의 자인 때, 농아자인 때, 심신장애의 의심 있는 자인 때, 사형·무기 또는 단기 3년 이상의 징역이나 금고에 해당하는 사건으로 기소된 때(이상 제33조 제1항, 절대적 직권 선정 또는 필요국선이라 함)와 피고인이 빈곤 등의 이유로 변호인을 선임할 수 없는 때(제33조 제2항, 피고인의 청구에 의한 필요적 선정 또는 청구국선이라 함), 피고인의 권리보호를 위한 판단 선정(제33조 제3항, 재량 국선이라 함), 국선변호인이 불출석한 경우의 재선정(제283조) 또는 치료감호법 제15조 제2항에 의한 경우가 있다.

피의자를 위한 선정의 경우에는 피의자가 구속영장실질심사를 받는 경우에 피의자에게 변호인이 없는 경우(제201조의2 제8항), 체포·구속적부심을 청구한 피의자에게 변호인이 없는 경우(제214조의2 제10항)가 있다.

기타의 선정 사유로는 재심개시결정이 확정된 사건에서 사망자 또는 회복할 수 없는 심신장애자를 위하여 재심의 청구가 있는 때, 유죄의 선고를 받은 자가 재심의 판결 전에 사망하거나 회복할 수 없는 심신장애자로 된 때에 재심을 청구한 자가 변호인을 선임하지 아니한 경우에 재판장은 직권으로 변호인을 선임해야 한다(제438조 제4항). 그리고 군사법원법이 적용되는 사건에서 변호인이 없는 때(군사법원법 제62조 제1항), 공판준비기일이 지정된 사건에 관하여 변호인이 없는 경우(제266조의8 제4항), 국민참여재판에 관하여 변호인이 없는 경우(국민의 형사재판 참여에 관한 법률 제7조)가 있다.

2. 변호인의 지위

변호인은 보호자로서의 지위와 공익적 지위를 갖는다. 먼저 보호자로서의 지위에서 피의자·피고인이 부족한 법률 지식을 제공하여 그의 정당한 이익을 보호해 주고, 접견교통권의 행사를 통해 피의자·피고인의 심리적 불안과 열등감을 해소한다. 따라서 변호인은 피고인의 이익을 위하여 활동하는 보호자이다. 이를 위해서는 변호인과 의뢰인은 신뢰관계가 형성되어야 하기 때문에 변호인에게는 비밀유지의무가 부여된다.

그리고 공익적 지위에서 진실의무도 가진다. 변호사는 기본적 인권을 옹호하고 사회정의를 실현해야 하며(변호사법 제1조), 직무를 수행함에 있어서 진실을 은폐하거나 허위의 진술을 하여서는 안 된다(변호사법 제24조).

3. 접견교통권

접견교통권이란 피고인 또는 피의자, 특히 구속된 피의자(피고인)가 변호인이나 가족·친지 등의 타인과 접견하고 서류 또는 물건을 수수하며 의사의 진료를 받는 권리를 말한다.

(1) 변호인의 접견교통권과 변호인과의 접견교통권

누구든지 체포·구속을 당한 때에는 즉시 변호인의 조력을 받을 권리를 가진다(헌법 제12조 제4항). 그리고 변호인 또는 변호인이 되려는 자는 신체구속을 당한 피고인 또는 피의자와 접견하고 서류 또는 물건을 수수할 수 있으며 의사로 하여금 진료하게 할 수 있다(제34조).

접견교통권은 절대적으로 보장된다. 따라서 수사상 필요하다는 이유로 제한할 수 없으며, 접견에 교도관이 참여하는 것도 불가능하며 접견시 청취나 녹취도 할 수 없다.

(2) 비변호인과의 접견교통권

체포·구속된 피의자 또는 피고인에게는 비변호인과의 접견교통권도 법률의 범위 내에서 보장된다(제89조, 제200조의6, 제209조). 이는 방어권의 보장에 유용하고 피의자 또는 피고인의 심리적 안정의 유지에도 도움이 되기 때문이다. 하지만 법률이나 법원 또는 수사기관의 결정에 의하여 제한될 수 있다.

(3) 접견교통권의 침해

수사기관이 접견을 금지한 상태에서 이루어진 피의자 진술의 증거능력은 부정되어야 한다. 왜냐하면 변호인과의 접견 기회를 주지 않고 얻은 피의자 진술은 그것에 임의성이 있더라도 위법수집증거이기 때문이거나 또는 그 진술이 자백인 경우에는 적어도 임의성에 의심이 있는 것으로 평가되어야 하기 때문이다. 그리고 접견교통권이 침해된 자는 최후의 수단으로 헌법소원을 제기할 수 있다. 물론 민사상 손해배상을 청구할 수도 있다.

제2절 소송행위론

I. 소송행위의 의의와 종류

소송행위란 소송절차를 조성(형성)하는 행위로서 이를 통해 일정한 소송법상 효과가 인정되는 것이다. 소송행위는 소송목적을 향하여 앞의 행위를 기초로 다음 행위를 이어가는 절차의 연속을 필요로 한다. 그래서 절차유지의 원칙에 의하여 소송행위를 무효로 하는 것을 억제할 필요가 있다.

소송행위는 행위의 주체에 의해서 법원의 소송행위, 당사자의 소송행위, 제3자의 소송행위로 구분한다. 기능에 의해서는 효과요구(또는 취효적) 소송행위와 효과부여(또는 여효적) 소송행위로 분류한다. 성질에 의해서는 법률행위적 소송행위와 사실행위적 소송행위로 구분한다. 그리고 목적에 의해서는 실체형성행위와 절차형성행위로 나눈다.

Ⅱ. 소송행위의 일반적 요소

1. 소송행위의 주체

행위의 주체가 그의 이름으로 소송행위를 할 수 있는 자격을 '행위적격'이라 한다. 행위적격은 소송행위 일반에 대하여 요구하는 '일반적 행위적격'과 개개의 소송행위에 대하여 요구하는 '특별 행위적격'으로 구분한다.

2. 소송행위의 방식, 일시, 장소

소송행위의 일반적 방식은 구두주의와 서면주의가 있다. 구두주의는 표시 내용이 신속·선명하고 표시자와 표시가 일치하기 때문에 공판정에서의 실체형성행위에 대한 원칙적 방식이다. 서면주의는 소송행위를 내용적·절차적으로 명확하게 하기 때문에 절차형성행위에 대한 방식이다.

소송행위의 일시는 기일과 기간이 있다. 기일은 법관, 검사, 피고인 기타 소송관계인이 일정한 장소에 회합하여 소송행위를 하도록 정해진 때를 말하고, 공판기일, 증인신문기일 등이다.

기간은 시기와 종기에 의하여 정해진 시간의 길이이다. 기간은 우선 행위기간과 불행위기간으로 나눌 수 있다. 행위기간이란 일정한 기간 내에만 적법하게 소송행위를 할 수 있는 기간으로서, 고소기간(제230조) 등을 생각할 수 있다. 불행위기간이란 일정한 기간 내에는 소송행위를 할 수 없는 기간으로서, 제1회 공판기일의 유예기간(제269조)을 생각할 수 있다. 그리고 법정기간과 재정기간으로도 구분할 수 있다. 법정기간은 기간의 길이가 법률에 정하여져 있는 것으로서, 구속기간(제92조) 등이 있다. 재정기간이란 재판에 의하여 정해지는 기간인데, 구속기간의 연장(제205조) 등을 들 수 있다.

기간의 계산에 관하여는 시로써 계산하는 것은 즉시 기산한다. 일, 월 또는 연으로 기산하는 것은 초일을 산입하지 않는다. 다만, 시효와 구속기간의 초일은 1일로 산정한다(제66조 제1항). 기간의 말일이 공휴일 또는 토요일인 경우에는 기간에 산입하지 않는다. 단 시효와 구속기간은 공휴일도 산입한다.

소송행위는 법원 또는 지원의 건물 내에 있는 공판정에서 행한다(제275조 제1항; 법원조직법 제56조 제1항). 법원장은 필요에 따라 법원외의 장소에서 개정케 할 수 있다(법원조직법 제56조 제2항).

Ⅲ. 소송서류와 송달

1. 소송서류와 조서

특정한 소송에 관하여 작성되는 일체의 서류를 '소송서류'라고 한다. 소송에 관한 서류는 공판의 개정 전에는 공익상 필요 기타 상당한 이유가 없으면 공개하지 못한다(제47조).

소송서류는 의사표시 유무에 따라서 '의사표시적 문서'(공소장, 고소장 등)와 '보고적 문서'(공판조서, 신문조서 등)로 나누고, 작성자에 따라서 '공무원의 서류'와 '비공무원의 서류'로 구분한다.

'조서'란 보고적 문서 중에서 일정한 절차 또는 사실을 인증하기 위하여 작성된 공권적 문서를 말한다. 신문조서, 압수조서, 수색조서, 검증조서, 공판조서 등이 있다.

2. 소송서류의 송달

사례 6

나있어는 무면허 음주운전으로 기소되었다. 법원은 나있어의 소재지를 파악하지 못해서 공소장 부본과 공판기일 소환장 등의 소송서류를 공시송달의 방법으로 송달하였다. 결국 나있어의 출석 없이 재판을 진행하였고 벌금 500만원을 선고하였다. 하지만 나있어는 별건으로 서울구치소에 수감되었고 소망교도소에서 수형 중이었다. 법원의 공시송달은 적법하다고 할 수 있는가?

'송달'이란 당사자 기타 소송관계인에 대하여 법률에 정한 방식에 의하여 소송서류의 내용을 알리게 하는 법원 또는 법관의 직권행위이고, 법률에 정한 방식에 의한다. 이 점에서 통지와 구별된다.

피고인의 주거, 사무소와 현재지를 '모두' 알 수 없을 때에는 '공시송달'을 할 수 있다(제63조 제1항). 최초의 공시송달은 공시를 한 날로부터 2주일을 경과하면 피고인에게 송달된 것과 동일한 효력이 발생한다(제64조 제4항).

교도소·구치소 또는 국가경찰관서의 유치장에 체포·구속 또는 유치된 사람에게 할 송달은 교도소·구치소 또는 국가경찰관서의 장에게 한다(민사소송법 제182조).

▣ **사례 6의 해결**

피고인이 교도소나 구치소 등에 수감되어 있는 경우는 형사소송법 제63조 제1항에 규정된 '피고인의 주거, 사무소, 현재지를 알 수 없는 때'에 해당하지 않는다. 따라서 사례에서처럼 수감 중인 피고인에게 공시송달의 방법으로 송달한 것은 위법하며, 제1심 소송절차는 모두 위법이다.

제 3 절 수사절차

I. 수사와 고소

1. 수 사

사례 7

경찰관 나실적은 단속 실적을 올리기 위해서 손님으로 가장하고 노래방에 들어가서 도우미를 불러줄 것을 요구하였다. 노래방 주인은 도우미를 불러본 적도 없고, 좀 전에도 당신과 같은 사람이 있었는데 돌려보냈다면서 도우미를 부르지 않았다. 나실적은 노래방을 나왔다가 다시 노래방에 들어가서 도우미를 또 요구하였다. 결국 노래방 주인은 도우미를 불러주었다. 나실적이 이 노래방에 대해서 특별한 제보나 첩보를 가지고 있었던 것은 아니었다. 이 수사는 적법한가?

'수사'란 수사기관이 범인·증거를 찾고 공소제기·유지 결정을 위한 활동을 말한다. 법률상 수사의 권한이 인정되어 있는 국가기관을 '수사기관'이라 하고, 검사와 사법경찰관이 있다. 1차 수사권은 일반사법경찰관이 가지며(제197조), 검사는 특정 범죄에 대한 수사권을 가진다(검찰청법 제4조 제1항). 특별사법경찰관은 여전히 검사의 지휘에 따라야 한다(제245조의10 제2항). 고위공직자범죄수사처의 검사도 고위공직자범죄 등에 대한 수사권을 가진다.

수사의 일반적 조건으로는 수사의 필요성과 상당성을 든다. 실질적 조건인 필요성에 의해서 수사는 필요할 때에만 할 수 있다. 절차적 조건인 상당성에 의해서 수사는 필요하더라도 그 목적달성을 위해 적합하여야 하고, 필요한 최소한의 범위 내에서 이루어져야 하며, 수사의 결과에 의한 이익과 수사로 인한 법익침해가 균형이 이루어져야 한다.

▣ 사례 7의 해결

수사는 그 목적달성을 위해 적합하여야 하고, 필요한 최소한의 범위 내에서 이루어져야 한다. 따라서 본래 범의를 가지지 아니한 자에 대하여 수사기관이 사술이나 계략 등을 써서 범의를 유발케 하여 범죄인을 검거하는 함정수사는 위법하다.[5]

2. 고 소

사례 8

16세인 여고생 창피해는 옆반 날라리한테 모욕을 당하였다. 너무나 창피해서 부모한테도 이야기를 못한 채 7개월을 보냈다. 이 사실을 알게 된 창피해의 아버지는 날라리를 유효하게 고소할 수 있는가?

(1) 고소의 의의

'고소'란 고소권자가 수사기관에 대하여 범죄 사실을 신고하여 범인의 처벌을 구하는 의사표시를 말한다. 범죄 사실을 구체적으로 특정할 필요는 없지만, 상대적 친고죄의 경우에는 범인과의 관계가 밝혀져야 한다.

(2) 고소권자

고소권자는 범죄로 인한 피해자이다. 간접 피해자는 고소권이 없다. 고소권은 원칙적으로 상속이나 양도할 수 없다. 피해자가 아닌 경우라도 피해자의 법정대리인은 독립하여 고소할 수 있다(제225조 제1항). 피해자가 사망한 때에는 그 배우자, 직계친족 또는 형제자매는 고소할 수 있다. 단, 피해자의 명시한 의사에 반하지 못

5 대판 2008. 10. 23, 2008도7362.

한다(제225조 제2항).

(3) 고소의 절차와 기간

고소는 서면 또는 구술로써 수사기관에 하여야 한다. 수사기관이 구술에 의한 고소를 받은 때에는 조서를 작성하여야 한다(제237조). 반드시 고소 조서일 필요는 없기 때문에, 참고인진술시 범인 처벌의 의사표시를 하여 참고인진술조서에 기재된 경우에도 유효한 고소가 된다. 대리인으로 하여금 고소하게 할 수도 있다.

친고죄의 경우에 범인을 알게 된 날로부터 6개월을 경과하면 고소하지 못한다(제230조 제1항). 법정대리인의 경우에는 법정대리인 자신이 범인을 알게 된 날로부터 기산하다. 고소할 수 없는 불가항력의 사유가 있는 경우에는 사유가 없어진 날로부터 기산한다(제230조 제1항). 고소기간이 경과하면 고소권은 소멸한다. 고소권이 소멸하여 고소할 수 없음에도 고소하여 공소가 제기되었다면, 공소기각의 판결을 한다(제327조).

▣ **사례 8의 해결**

형사소송법 제225조 제1항이 규정한 법정대리인의 고소권은 무능력자의 보호를 위하여 법정대리인에게 주어진 고유권이다. 그래서 피해자의 고소권 소멸여부에 관계없이 고소할 수 있는 것이므로 법정대리인의 고소기간은 법정대리인 자신이 범인을 알게 된 날로부터 진행한다. 따라서 아버지의 고소는 유효하다.[6]

(4) 고소의 제한과 취소

자기 또는 배우자의 직계존속을 고소하지 못한다(제224조). 하지만 성폭력범죄에 대해서는 자기 또는 배우자의 직계존속을 고소할 수 있다(성폭력범죄의 처벌 등에 관한 특례법 제18조).

고소는 제1심 판결선고 전까지 취소할 수 있다. 이 경우에 공소가 제기되었다면 법원은 공소기각판결을 한다. 취소는 고소권자가 할 수 있으며, 대리권자는 피해자의 의사에 반해서 고소를 취소할 수 없다. 고소의 취소가 있게 되면, 고소권은 소멸하고 재고소가 금지된다. 고소인의 지위가 상실되고 고소불가분의 원칙이 적용된다.

6 대판 1987. 6. 9, 87도857.

(5) 고소불가분의 원칙

고소불가분의 원칙이란 친고죄에 있어서 고소 및 고소취소가 미치는 효력이 불가분이라는 원칙이다. 이 원칙은 '객관적 불가분의 원칙'과 '주과적 불가분의 원칙'으로 구분하는데, 전자는 한 개의 범죄의 일부분에 대한 고소 또는 그 취소는 그 전부에 대하여 효력이 발생한다는 원칙이고, 후자는 수인의 공범 중 1인 또는 수인에 대한 고소 또는 그 취소는 다른 공범자에게도 효력이 있다는 원칙이다.

Ⅱ. 대인적 강제처분에 의한 강제수사

사례 9

발끈이는 귀가길에 얼큰하게 취한 상태에서 애인과 전화 통화를 하다가, 근처를 순찰하던 경찰관의 불심검문을 받게 되었다. 애인과의 전화가 끊기게 되어 기분이 나빴지만 그래도 경찰에게 협조하기 위해서 자신의 신분증을 교부하였다. 경찰관의 태도가 친절하지 않았다고 생각하였는데, 이런 저런 이유로 발끈하여 경찰관의 불심검문에 항의하면서 큰 소리로 욕을 하였다. 그러자 경찰관은 모욕죄의 현행범으로 체포하겠다고 고지한 후 발끈이의 오른쪽 어깨를 붙잡았고, 발끈이는 이에 반항하였는데 그 과정에서 경찰관에게 상해를 가하였다. 발끈이는 공무집행방해죄와 상해죄로 처벌받아야 하는가?

1. 피의자의 체포제도

(1) 영장에 의한 체포

피의자의 통상적인 체포는 영장에 의한 체포이다. 상당한 범죄 혐의가 존재하고 소환에 불응하거나 불응 우려가 있는 경우에는 검사는 관할 지방법원 판사로부터 체포영장을 발부받아서 체포할 수 있다. 범죄 혐의란 수사기관의 주관적 혐의가 아니라 객관적 혐의를 의미한다. 도망이나 증거인멸의 우려는 적극적으로 요구받지 않는다. 단, 50만원 이하의 벌금, 구류 또는 과료에 해당하는 경미사건은 피의자가 일정한 주거가 없는 경우 또는 정당한 이유없이 소환에 불응하는 경우에 한해서 체포영장을 청구할 수 있다(제200조의2).

(2) 긴급체포

긴급체포는 영장에 의한 체포의 예외로서, 수사기관이 현행범이 아닌 피의자를 체포영장 없이 체포하는 것이다(제200조의3). 영장주의의 원칙을 고수함으로써 중대 범죄의 범인을 놓치는 결과를 방지하고 체포의 긴급성에 대처함으로써 수사의 합목적성을 실현하기 위한 제도이다.

영장 없이 피의자를 체포하기 위해서는 ① 피의자가 사형·무기 또는 장기 3년 이상의 징역이나 금고에 해당하는 죄를 범하였다고 의심할 만한 상당한 이유가 있고, ② 체포 필요성이 있고, ③ 긴급을 요하여 지방법원 판사의 체포영장을 받을 수 없어야 한다. 여기서 체포 필요성이란 피의자가 증거를 인멸할 염려가 있거나 피의자가 도망하거나 도망할 우려가 있는 때를 말한다. 체포 사유는 긴급체포의 남용을 막기 위한 규정이며, 주거 부정은 체포 사유에 해당하지 않는다.

긴급체포한 자를 구속하려는 경우에는 지체 없이 검사는 영장을 청구해야 하며, 체포 후 즉시 구속영장을 청구하지 않으면 석방하여야 한다. 이 경우 구속영장은 피의자를 체포한 때부터 48시간 이내에 청구하여야 한다. 긴급체포 후 구속영장을 청구하지 아니하거나 발부받지 못해서 석방한 자는 영장 없이는 동일한 범죄사실에 관하여 체포하지 못한다.

(3) 현행범인의 체포

현행범인은 누구든지 영장 없이 체포할 수 있다(제212조). 역시 영장에 의한 체포의 예외이다. 현행범인은 범죄의 실행 중이거나 실행의 즉후인 자를 말한다(제211조 제1항). 전자를 고유한 의미의 현행범인, 후자를 준현행범인이라고 한다.

현행범 체포의 요건으로는 범죄의 명백성, 체포 사유(체포의 필요성), 비례성의 원칙이 있다. 범죄의 명백성이란 체포 당시 특정 범죄의 범인임이 명백하여야 함을 의미한다. 따라서 만약에 위법성 조각사유나 책임 조각사유가 있다면 체포할 수 없다. 다음으로 체포 사유를 필요로 하는가가 문제될 수 있는데, 신원이 확실하고 도주 및 증거인멸의 우려가 명백히 없는 경우에는 현행범인으로 체포할 수 없다. 비례성의 원칙은 다액 50만원 이하의 벌금, 구류 또는 과료에 해당하는 경미사건의 현행범인인 경우에는 주거가 불분명한 경우에만 체포가 가능하다는 것이다.

검사 또는 사법경찰관이 아닌 자가 현행범인을 체포한 때에는 즉시 검사 또는 사법경찰관에게 인도하여야 한다(제213조). 그렇지 않을 경우에는 체포한 자는 경우에 따라서 체포·감금죄에 해당할 수 있다. 체포한 피의자를 구속하고자 할 때에는 체포한 때부터 48시간 이내에 구속영장을 청구하여야 하고, 그 기간 내에 구속영장을 청구하지 아니하는 때에는 피의자를 즉시 석방하여야 한다(제200조의2).

▣ 사례 9의 해결

피고인은 경찰관의 불심검문에 응하여 이미 운전면허증을 교부한 상태이고, 경찰관뿐 아니라 인근 주민도 욕설을 직접 들었으므로, 피고인이 도망하거나 증거를 인멸할 염려가 있다고 보기는 어렵다. 피고인의 모욕 범행은 불심검문에 항의하는 과정에서 저지른 일시적, 우발적인 행위로서 사안 자체가 경미할 뿐 아니라, 피해자인 경찰관이 범행현장에서 즉시 범인을 체포할 급박한 사정이 있다고 보기도 어렵다. 따라서 경찰관이 피고인을 체포한 행위는 적법한 공무집행이라고 볼 수 없다. 피고인이 체포를 면하려고 반항하는 과정에서 상해를 가한 것은 불법체포로 인한 신체에 대한 현재의 부당한 침해에서 벗어나기 위한 행위로서 정당방위에 해당한다.[7]

2. 피의자(피고인)의 구속제도

구속이란 피의자 또는 피고인의 신체의 자유를 비교적 장기간 제한하는 대인적 강제처분이다. 체포가 단기간이라는 점에서 구별된다. 구속이란 구인과 구금을 포함하는데, 구인이란 피고인 또는 피의자를 법원 기타의 장소에 인치하는 강제처분이다. 구금은 피고인 또는 피의자를 교도소 또는 구치소에 구금하는 강제처분이다.

구속은 피고인이나 피의자가 죄를 범하였다고 의심할 만한 상당한 이유가 있는 경우에, 주거부정이나 증거인멸의 우려 또는 도망하거나 도망할 우려가 있는 경우에 가능하다. 다만, 다액 50만원 이하의 벌금, 구류 또는 과료에 해당하는 경미범죄의 경우에는 아무리 도주 또는 증거인멸의 우려가 있더라도 주거가 부정하지 않으면 구속할 수 없다.

구속의 경우에도 비례성의 원칙이 적용되는데, 구속은 필요한 경우에만, 기대되는 형벌과 사건의 의미에 비추어 최소한의 범위에서 절대로 과잉 없이 이루어져야 한다. 따라서 집행유예의 판결이 예상되는 사건은 구속할 수 없다. 소년도 부득이한 경우가 아니면 구속할 수 없다(소년법 제55조 제1항).

구속의 신중을 도모하기 위하여 영장신청을 받은 판사가 피의자를 대면하여

7 대판 2011. 5. 26, 2011도3682.

심문하고 구속사유를 판단한 이후에 구속영장을 발부하는 구속 전 피의자 심문 제도인 '구속영장실질심사'가 도입되어 있다.

3. 체포·구속적부심사와 보석

(1) 체포·구속적부심사

체포 또는 구속된 피의자 또는 그 변호인, 법정대리인, 배우자, 직계친족, 형제자매나 가족, 동거인 또는 고용주는 관할법원에 체포 또는 구속의 적부심사를 청구할 수 있다(제214조의2 제1항). 법원이 심사하여 만약 체포·구속이 부적법·부당하다면 석방하는 제도이다.

청구 사유는 불법 또는 부당한 체포·구속의 적부인데, ① 불법한 경우는 재구속의 제한(제208조)을 위반한 경우, 체포피의자에 대한 사후영장 청구기간의 제한을 위반한 경우, 구속사유가 없는 구속, 경미사건에 있어 주거가 일정함에도 구속한 경우, 체포·구속 기간을 도과한 이후에도 계속 구속한 경우 등이다. ② 부당한 경우는 사정변경으로 구속 계속의 필요성이 부정되는 경우로서 피해변상, 합의 또는 고소취소가 있는 경우 등이다.

법원은 심사 후 이유있다고 인정할 때에는 결정으로 체포·구속된 피의자의 석방을 명해야 한다. 만약 심사 청구 피의자에 대하여 공소제기가 있는 경우에도 동일하다(제214조의2 제4항). 석방 결정을 하는 경우에 주거의 제한, 법원 또는 검사가 지정하는 일시·장소에 출석할 의무 기타 적당한 조건을 부가할 수 있다(제214조의2 제6항).

체포 또는 구속적부심사 결정에 의하여 석방된 피의자가 도망하거나 죄증을 인멸하는 경우를 제외하고는 동일한 범죄 사실에 관하여 재차 체포 또는 구속하지 못한다(제214조의3 제1항).

(2) 보증금 납입 조건부 피의자석방

법원은 구속된 피의자(심사청구 후 공소제기된 자를 포함한다)에 대하여 피의자의 출석을 보증할 만한 보증금의 납입을 조건으로 하여 결정으로 석방을 명할 수 있다(제214조의2 제5항). 이를 보증금 납입 조건부 피의자석방제도 또는 피의자 보석제도라고 한다. 이 제도는 피의자가 바로 법원에 청구할 수 있는 권리는 아니다.

(3) 보 석

'보석'이란 일정한 보증금의 납부 등을 조건으로 구속의 집행을 정지함으로써 구속된 피고인을 석방하는 제도이다. 이 제도는 구속은 적법하나 그 집행의 필요성이 없는 경우에 행한다. 따라서 구속영장의 효력은 유지되며, 보석이 취소되면 당연히 구속영장의 효력은 부활한다. 보석청구권은 공소제기 이후의 피고인에게만 허용되며, 피의자 보석은 법원의 재량 및 직권에 의한 보석제도이다.

보석은 보석 청구권의 유무에 따라서 '청구보석'과 '직권보석'으로, 법원의 재량 유무에 따라 '필요적 보석(권리보석)'과 '임의적 보석(재량보석)'으로 구분한다. 형사소송법은 청구보석과 필요적 보석을 원칙으로 하고 임의적 보석을 보충적으로 인정한다.

Ⅲ. 수사상 대물적 강제처분

1. 대물적 강제처분의 의의

'대물적 강제처분'이란 증거물이나 몰수물의 수집과 보전을 목적으로 하는 강제처분이다. 즉, 압수·수색·검증이 강제적인 경우이다.

공판정 외에서 압수 또는 수색을 함에는 영장을 발부하여 시행하여야 한다(제113조). 따라서 공판정 외에서의 대물적 강제처분은 영장주의 원칙이다. 다만 긴급 압수, 수색 및 검증은 영장주의의 예외가 가능하다.

2. 수사상 압수와 수색

수사상 압수란 수사기관이 증거물이나 몰수물의 점유를 취득하는 강제처분을 말한다. 압수는 압류, 영치, 제출 명령을 내용으로 한다. 수사상 수색이란 수사기관이 압수할 물건 또는 체포할 사람을 발견할 목적으로 주거, 물건, 사람의 신체 또는 기타 장소에 대하여 행하는 강제처분을 말한다.

압수의 대상은 피고사건과 관계가 있다고 인정할 수 있는 것에 한정한 증거물 또는 몰수할 것으로 사료하는 물건이다(제106조 제1항). 따라서 피고사건과 관계가 없는 것은 압수할 수 없다. 또한 압수의 목적물이 정보저장매체인 경우에는 기억된 정보의 범위를 정하여 출력하거나 복제하여 제출받아야 하는데, 그러한 방법이 불가능하거나 압수의 목적을 달성하기에 현저히 곤란하다고 인정되는 때에는 정보저장매체 등을 압수할 수 있다(제106조 제3항). 따라서 정보저장매체도 압수의 대상이 된다. 또한 피고사건과 관계있다고 인정할 수 있는 것에 한정하여 우체물 또는 전기통신에 관한 물건도 압수할 수 있다(제107조 제1항).

다만 압수를 하는 데 있어서, 군사상 비밀을 요하는 장소는 그 책임자의 승낙 없이는 압수 또는 수색할 수 없다(제100조 제1항). 공무원 또는 공무원이었던 자가 소지 또는 보관하는 물건에 관하여도 본인 또는 그 해당 공무소가 직무상의 비밀에 관한 것임을 신고한 때에는 그 소속 공무소 또는 당해 감독 관공서의 승낙 없이는 압수하지 못한다(제111조 제1항). 그리고 변호사, 변리사, 공증인, 공인회계사, 세무사, 대서업자, 의사, 한의사, 치과의사, 약사, 약종상, 조산사, 간호사, 종교의 직에 있는 자 또는 이러한 직에 있던 자가 그 업무상 위탁을 받아 소지 또는 보관하는 물건으로 타인의 비밀에 관한 것은 압수를 거부할 수 있다. 단, 그 타인의 승낙이 있거나 중대한 공익상 필요가 있는 때에는 예외로 한다(제112조).

다음으로 수색의 장소는 필요한 때 피고사건과 관계가 있다고 인정할 수 있는 것에 한정한 피고인의 신체, 물건 또는 주거, 그 밖의 장소이다(제109조 제1항). 피고인 아닌 자의 신체, 물건, 주거, 기타 장소에 관하여는 압수할 물건이 있음을 인정할 수 있는 경우에 한하여 수색할 수 있다(제109조 제2항).

압수, 수색은 검사가 지방법원 판사에게 청구하여 발부받은 영장에 의하여 할 수 있다. 사법경찰관은 검사에게 신청하여 검사의 청구로 지방법원 판사에게 발부받은 영장에 의한다. 하지만 공판정에서의 압수와 제출명령은 영장을 요하지 않는다. 압수·수색 시에 영장은 처분을 받는 자에게 원칙적으로 제시하여야 한다.

3. 수사상 검증

사람·장소·물건의 성질·형상을 사람의 오관의 작용에 의하여 있는 그대로 인식하는 강제처분을 '검증'이라고 한다. 이 중에서 '신체검사'란 신체 자체를 검사의 대상으로 하는 처분을 말한다. '신체수색'이 신체 외부에서 증거를 찾는 것과 구분된다. 여성의 신체를 검사하는 경우에는 의사나 성년의 여자를 참여하게 하여야 한다(제141조 제3항).

관련 판례

피고인이 운전 중 교통사고를 내고 의식을 잃은 채 병원 응급실로 호송되자, 출동한 경찰관이 법원으로부터 압수·수색 또는 검증 영장을 발부받지 아니한 채 피고인의 동서로부터 채혈동의를 받고 의사로 하여금 채혈을 하도록 한 사안에서, … 음주운전자에 대한 채혈에 관하여 영장주의를 요구할 경우 증거가치가 없게 될 위험성이 있다거나 음주운전 중 교통사고를 야기하고 의식불명 상태에 빠져 병원에 후송된 자에 대해 수사기관이 수사의 목적으로 의료진에게 요청하여 혈액을 채취한 사정이 있다고 하더라도 이러한 증거의 증거능력을 배제하는 것이 형사사법 정의를 실현하려고 한 취지에 반하는 결과를 초래하는 예외적인 경우에 해당한다고 볼 수 없다.[8]

Ⅳ. 판사에 대한 강제처분

1. 증거보전제도

'증거보전제도'란 검사, 피고인, 피의자 또는 변호인이 미리 증거를 보전하지 않으면 그 증거를 사용하기 곤란한 사정이 있는 때에 제1회 공판기일 전이라도 판사에게 압수, 수색, 검증, 증인신문 또는 감정을 청구하는 제도이다. 공판정에서의 정상적인 증거조사가 있을 때까지 기다려서는 증거방법의 사용이 불가능하거나 현저히 곤란하게 될 염려가 있는 경우에 판사가 미리 증거조사를 하여 그 결과를 보전한다.

2. 참고인에 대한 증인신문 청구 제도

'참고인에 대한 증인신문 청구 제도'란 참고인이 출석 또는 진술을 거부한 경우에 검사가 판사에게 청구하여 강제로 증인신문을 하게 하는 것이다. 즉, 범죄의 수사에 없어서는 안 될 사실을 안다고 명백히 인정되는 자가 수사기관에 의한 출석 또는 진술을 거부한 경우에는 검사는 제1회 공판기일 전에 한하여 판사에게 그에 대한 증인신문을 청구할 수 있다(제221조의2).

Ⅴ. 수사의 종결 처분과 공소제기

사례 10

안토니오의 옆집에는 고리대금업자 샤일록이 살고 있는데, 그는 매일 밤마다 시끌벅적하게 파티를 열었다. 안토니오는 샤일록의 집에 가서 밤에 파티를 하지 말아달라고 요청하였다. 하지만 샤일록

8 대판 2011. 4. 28, 2009도2109.

은 거들먹거리면서 "고아원 출신으로 중학교밖에 졸업하지 못한 것이 옆집에 부자가 있으면 조용히 있을 것이지, 감히 대들어!"라고 말하며 욕설을 하였다. 이에 안토니오는 경찰서에 가서 샤일록을 모욕죄로 고소하였다. 경찰관은 기소 의견으로 검찰에 송치하였으나, 검사 돈좋아는 샤일록에 대해서 '기소유예' 결정을 하였다. 안토니오는 샤일록이 돈좋아에게 뇌물을 주었다고 생각했지만 그것을 입증할 수는 없었다. 안토니오가 돈좋아의 불기소처분에 불복할 수 있는 방법이 있는가?

1. 수사의 종결

'수사의 종결'이란 범죄 사실이 명백하게 되었거나 또는 수사를 계속할 필요가 없는 경우에 수사를 종료하는 것을 의미한다. 수사의 종결은 사법경찰관의 수사종결과 검사의 수사종결이 있다.

사법경찰관은 범죄에 대해서 범죄혐의가 있다고 인정하면 검사에게 사건을 송치하고, 그 밖의 경우에는 그 이유를 명시한 서면과 증거물 등을 검사에게 송부하여 사건을 종결한다(제245조의5).

검사의 수사종결은 3가지 처분으로 이루어진다. 첫 번째는 범죄의 객관적 혐의가 충분하고 소송조건이 갖춰져서 유죄판결의 가능성이 있을 때에는 '공소제기'를 한다. 두 번째는 검사가 피의사건에 대하여 공소제기를 하지 않는 '불기소처분'을 한다. 협의의 불기소처분은 검사가 처음부터 적법한 공소제기를 할 수 없는 경우에 내리는 처분으로서 혐의 없음, 죄가 안 됨, 공소권 없음, 각하처분이 있다. 광의의 불기소처분은 협의의 불기소처분에 기소유예나 기소중지 또는 공소보류를 포함시킨다. 세 번째는 '타관송치'이다.

2. 공소제기의 기본원칙

공소제기는 그 주체에 따라서 국가소추주의와 사인소추주의로 구분한다. 대한민국은 국가소추주의와 검사소추주의를 채택하고 있다. 국가기관 중에서 검사만이 공소를 제기하고 수행할 권한을 갖는 소추제도를 기소독점주의라고 한다. 기소독점주의는 공소권 행사의 적정과 공평에 기여한다는 장점을 가지지만, 검사의 자의와 독선에 흐를 위험성도 있다. 반면에 수사 결과로 범죄의 객관적 혐의가 충분하고 소송조건을 갖춘 경우에도 검사의 재량에 의한 불기소처분을 허용하는 제도를 기소편의주의라고 한다. 그리고 기소독점주의와 기소편의주의에 의한 폐해를 방지하기 위해서 재정신청제도를 두고 있다. 검사의 불기소처분에 불복하는 재정신청에 의하여 고등법원이 이유가 있다고 판단하는 경우 검사로 하여금 지방법원에 공소제기를 하도록 하는 제도이다.

▣ **사례 10의 해결**

검사의 불기소처분에 불복하여 이의를 신청할 수 있는 제도로는 우선 항고를 생각할 수 있다. 항고가 기각되었을 경우에는 재정신청이 있다. 재정신청서는 지방검찰청검사장 또는 지청장에게 제출한다. 재정신청서는 관할 고등검찰청을 경유하여 관할 고등법원으로 송부된다. 법원은 신청이 이유 있는 때에는 사건에 대한 공소제기를 결정한다.

3. 공소시효

(1) 공소시효의 의의

범죄행위가 종료한 후 검사가 일정한 기간 동안 공소를 제기하지 않고 방치하는 경우에 국가의 소추권(또는 형벌권)을 소멸시키는 제도를 '공소시효'라고 한다. 공소시효제도는 범죄 후 장기간의 시간 경과에 따른 사실관계를 존중하여 사회와 개인 생활의 안정을 도모하고, 증거가 멸실되어 공정한 재판을 기대할 수 없고, 피고인이 장기간의 도피생활로 인하여 처벌받는 것과 동일한 정신적 고통을 가지고, 국가의 태만에 대한 책임을 범인에게만 돌리는 것은 부당하다는 것을 이유로 든다.

(2) 공소시효의 완성

공소의 제기 없이 공소시효 기간이 경과하면 공소시효는 완성된다. 만약 공소가 정지된 이후 다시 공소가 진행되는 경우에는 잔존 기간의 경과로 공소시효는 완성된다. 한편 공소가 제기된 때로부터 판결의 확정이 없이 25년을 경과하더라도 공소시효는 완성되는데, 이 경우를 의제공소시효제도라고 한다(제249조 제2항).

공소시효가 완성된 때에는 검사는 공소권 없음의 불기소처분을 해야 한다. 만약 공소가 제기된 후에 공소시효의 완성이 판명된 때에는 법원은 면소의 판결을 해야 한다. 이에 위반하여 유죄·무죄의 실체판결을 하였다면 항소·상고의 이유가 된다.

(3) 공소시효의 배제

공소시효제도는 범죄자에게 혜택을 부여하는 제도가 아니다. 그래서 범죄자가 절대적 이익으로 주장할 수 없으며, 소극적이고 반사적인 이익에 불과하다. 그렇기 때문에 합목적적이고 법적 정의에 입각해서 공소시효제도의 배제가 가능하다. 1946년 독일 헤센주 '나치범죄처벌에 관한 특별법', 1993년 독일 '독일통일사회당의 불법행위에 대한 시효정지법' 등이 공소시효를 배제하였다. 국제형사재판소(ICC)의 관할 범죄는 어떠한 시효도 적용되지 않는다. 대한민국도 '헌정질서파괴범죄의 공소시효 등에 관한 특례법'과 '국제형사재판소 관할 범죄의 처벌 등에 관한 법률'에서 공소시효제도의 배제를 규정하고 있다.

헌법재판소 판례

'5·18민주화운동 등에 관한 특별법'의 경우에는 왜곡된 한국 반세기 헌정사의 흐름을 바로 잡아야 하는 시대적 당위성과 아울러 집권과정에서의 헌정질서파괴범죄를 범한 자들을 응징하여 정의를 회복하여야 한다는 중대한 공익이 있다. … 공소시효는 일정 기간이 경과되면 어떠한 경우이거나 시효가 완성되는 것은 아니며, 행위자의 의사와 관계없이 정지될 수도 있는 것이므로 아직 공소시효가 완성되지 않은 이상 예상된 시기에 이르러 반드시 시효가 완성되리라는 것에 대한 보장이 없는 불확실한 기대일 뿐이므로 공소시효에 의하여 보호될 수 있는 신뢰보호이익은 상대적으로 미약하다 할 것이다.[9]

제 4 절 공판절차

I. 공판절차의 기본원칙

사례 11

미술학원 강사인 나쁜놈은 인터넷에서 구입한 수면제(향정신의약품인 에티졸람, 졸피뎀이 함유됨)를 음료수에 섞어서 같은 학원 강사인 피해자에게 먹게 하였다. 나쁜놈은 정신은 있지만 움직일 수 없는 피해자를 1회 간음하였다. 검사는 나쁜놈을 강간과 마약류관리법위반 혐의로 기소하였다. 1심 법원은 강간혐의만 인정하여 징역 2년 6월을 선고하였다. 검사는 항소하였으며, 항소장에는 강간혐의에 대한 양형부당을 주장하였지만, 항소이유서에는 무죄 부분에 대한 사실오인과 법리오해

9 헌재 1996. 2. 16, 96헌가2,96헌바7,96헌바13 전원재판부.

만 주장하였다. 검사는 항소장에 기재하였고 누구나 나쁜놈의 1심 형량이 낮다고 생각하였기 때문에, 공판정에서 양형부당을 따로 주장하지는 않았다. 항소심 법원도 1심 양형이 낮다면서 징역 4년을 선고하였다. 검사가 1심 판결에 불복해 항소하면서 항소장에는 양형부당을 주장하였으나 법정에서 구두로 진술하지 않았다면, 법원은 어떻게 해야 하는가?

검사에 의해 공소가 제기되어 사건이 법원에 계속된 이후 그 소송절차가 종결될 때까지의 모든 절차를 '공판절차'라고 한다. 그리고 '공판중심주의'란 사건 실체에 대한 법원의 심증 형성은 공개된 법정에서의 심리, 즉 공판심리에 의하여야 한다는 원칙이다. 공판중심주의는 '공개주의', '구두변론주의', '직접주의', '집중심리주의'를 그 내용으로 한다.

공개주의란 일반 국민에게 재판의 방청을 허용한다는 원칙이다. 헌법은 공개재판을 받을 권리를 기본권으로 한다(제27조 제3항). 공개주의는 법정의 질서 유지나 국가의 안전보장 등을 위해서 제한될 수 있다. 구두변론주의란 법원은 소송관계인의 구두에 의한 공격·방어, 즉 구두변론을 기초로 심판하여야 한다는 원칙이다. 하지만 절차형성행위에서는 서면주의가 지배한다. 직접주의란 재판을 담당하는 법원이 공판정에서 직접 조사한 증거만을 재판의 기초로 삼을 수 있다는 원칙이다. 집중심리주의는 공판은 가능하면 중단없이 집중하여 행해져야 한다는 원칙이다.

공판기일의 절차는 모두 절차, 사실심리 절차, 판결선고 절차로 나눌 수 있다. 모두 절차에서는 진술거부권의 고지, 인정신문, 검사의 모두진술, 피고인의 모두진술, 재판장의 쟁점 정리 등이 행해진다. 사실심리 절차에서는 증거조사, 피고인 신문, 최종변론 등이 행해진다.

▣ 사례 11의 해결

공판중심주의를 실현하고 피고인의 방어권을 실질적으로 보장하기 위해서 항소심 법원이 검사의 항소이유 주장을 받아들여 피고인에게 불리하게 제1심판결을 변경하는 것은 허용하지 않는다. 사례와 같이 검사가 공판정에서 구두변론을 통해 항소이유를 주장하지 않았고 피고인도 그에 대한 적절한 방어권을 행사하지 못하는 등 검사의 항소이유가 실질적으로 구두변론을 거쳐 심리되지 않았다고 평가된다면, 항소심 법원이 1심 법원보다 중한 형을 선고할 수 없다.

Ⅱ. 증인신문

1. 의의와 증인적격

'증인신문'이란 증인에 대한 증거조사, 즉 증인이 경험한 사실을 내용으로 하는 진술을 얻는 증거조사이다. 증인에게는 증언의무가 있다. 여기서 증인이란 법원 또는 법관에 대하여 자기가 과거에 경험한 사실을 진술하는 제3자이다.

증인이 될 수 있는 자격을 '증인적격'이라 한다. 피고인의 자기 사건에 대해서는 증인적격을 부정한다. 다른 공동피고인의 사건에 대하여 증인적격을 인정할 수 있는가에 대해서는 논의의 다툼이 있지만, 판례는 자기의 피고사건과 실질적 관련성이 없는 사건(즉, 공범자 아닌 공동피고인)에서의 증인적격을 인정한다.

2. 증인의 의무와 권리

증인은 출석의무와 선서의무가 있다. 증인이 법원의 소환에 불응하는 경우에는 과태료가 부과되고 감치 결정이 주어질 수 있다. 또는 구인될 수 있다. 선서한 증인은 위증죄의 죄책을 질 수 있다. 선서 무능력자는 선서를 하고 증언을 하더라도 위증죄의 죄책을 지지 않는다. 또한 증인은 증언의무도 있다.

증인은 증언거부권, 비용 청구권, 신변 보호 청구권 등의 권리도 가진다. '증언거부권'이란 증언의무의 존재를 전제로 하여 증언의무의 이행을 거절할 수 있는 권리이다. 증인은 자기 또는 근친자의 형사책임과 관련된 증언은 거부할 수 있다. 변호사, 변리사, 공증인, 공인회계사, 세무사, 대서업자, 의사, 한의사, 치과의사, 약사, 약종상, 조산사, 간호사, 종교의 직에 있는 자 또는 이러한 직에 있던 자는 업무상 알게 된 타인의 비밀에 대해서 증언을 거부할 수 있다.

Ⅲ. 형사 증거법의 기본원칙

1. 증거의 의의와 종류

'증거'란 형벌 법규 적용의 전제가 될 사실관계를 확정하기 위하여 사용되는 자료이다. 사실 확정의 자료가 되는 유형물 자체는 '증거방법'이라고 하며, 증인, 증거물, 증거서류 등이다. 증거방법을 조사하여 얻어진 내용을 '증거자료'라고 한다.

증인의 증언이나 물체를 조사하여 얻은 내용 등이다. 법관이 어떤 사실에 대한 확신을 얻은 원인을 '증거원인'이라고 한다.

증거가 어떤 사실의 증명자료로서 사용될 수 있는 법률적 자격을 '증거능력'이라고 한다. '증명력'이란 증거가 어떤 사실을 입증할 수 있는 실질적 가치를 말한다.

증거는 요증사실과의 관계에 따라서 직접증거와 간접증거로 나눈다. 직접증거란 요증사실의 존부를 직접 증명하는 데 사용되는 증거이다. 간접증거란 요증사실의 존부를 간접적으로 추인할 수 있는 사실을 증명하는 데 사용되는 증거이다. 흔히 '정황 증거'라고도 한다.

또한 증거는 증거방법의 물리적 성질에 따라서 인적 증거(인증), 물적 증거(물증) 그리고 증거서류로 구분한다. 인적 증거란 사람의 진술 내용이 증거로 되는 경우이고, 물적 증거란 증거물로서 물건의 존재 또는 상태가 증거로 되는 경우이다. 증거서류와 서면을 합쳐서 서증이라고 한다. 증거서류는 서면의 내용적 의미만이 증거로 되는 경우이고, 서면은 물적 증거인 증거물을 말한다.

2. 증거재판주의

사례 12

경찰관 사명감은 영화 영웅본색을 촬영하는 촬영장에서 배우 소마의 친구 송자호가 마약을 거래한다는 첩보를 입수하였지만 증거 확보에는 실패하였다. 그래서 주윤발을 고문하여 마약의 은닉장소가 송자호의 별장이라는 것을 알아내고는, 영장을 발부받아서 마약을 압수하였다. 압수한 마약의 증거능력은 인정되는가?

'증거재판주의'란 형벌 법령 적용의 전제인 사실의 인정은 법관의 자의에 의해서가 아니라 증거에 의하여야 한다는 원칙이다. 그리고 법률상 증거능력이 있고 또 공판정에서 적법한 증거조사를 거친 증거에 의한 증명을 '엄격한 증명'이라고 한다. 반면에 엄격한 증명의 제한을 받지 않는 증거와 절차에 의한 증명을 '자유로운 증명'이라고 한다. 증거재판주의에 위반하게 되면 상소이유가 된다.

3. 거증책임

거증책임은 실질적 거증책임과 형식적 거증책임으로 나눌 수 있다. 실질적 거증책임이란 요증사실에 관하여 제출된 모든 증거자료로도 그 존부와 진위의 증명이 불가능한 경우에 당사자의 어느 일방이 최종적으로 불이익한 사실인정을 받을 법적 지위를 말한다. 형식적 거증책임이란 소송의 발전과정에 따라 어느 사실이 증명되지 아니하면 자기에게 불이익한 판단을 받을 가능성이 있는 당사자가 불이익을 면하기 위하여 그 사실을 증명할 증거를 제출할 부담을 말한다.

거증책임은 검사가 부담하는 것이 원칙이다. 요증사실의 존부에 관하여 법원이 심증을 얻지 못하는 때에는 피고인의 이익으로 판단하여야 한다. 거증책임의 분배원칙에 대한 예외를 거증책임의 전환이라고 한다. 실체적 사실에 대하여는 검사가 거증책임을 지므로 피고인이 거증책임을 지는 경우를 생각할 수 있다. 상해죄에 대한 동시범의 특례(형법 제263조)와 명예훼손죄에 있어서 위법성조각사유(형법 제310조)가 문제된다.

4. 자유심증주의

자유심증주의는 증거의 증명력, 즉 실질적 가치판단을 법관의 자유로운 판단에 맡기고 법률로서 규제하지 않는다는 주의이다. 이는 법정증거주의의 결함을 제거하고 사실인정의 능률적인 합리성을 도모하여 실체적 진실을 발견하기 위해서이다.

증거의 증명력을 판단하는 주체는 법관이다. 합의체의 법원은 회의라는 형식으로 사실인정을 한다. 자유심증주의가 적용되는 대상은 증거능력이 아닌 증거의 증명력이다.

Ⅳ. 위법수집증거배제법칙과 전문법칙

'위법수집증거배제법칙'이란 위법한 절차에 의하여 수집된 증거의 증거능력은 부정되어야 한다는 원칙이다. 따라서 영장주의에 위반하여 수집한 증거물, 적정절차의 원리에 반하여 수집된 증거, 증거조사 절차가 위법하여 무효인 경우에 수집된 증거 또는 임의성 없는 자백과 진술은 증거능력이 부정되어야 한다. 그리고 위법하게 수집된 증거는 동의에 의해서도 증거능력이 인정될 수 없다고 해야 한다.

'전문법칙'이란 전문증거는 증거가 되지 않으며, 따라서 증거능력이 인정될 수 없다는 원칙이다(제310조의2). 전문증거란 사실인정의 기초가 되는 경험적 사실을 경험자 자신이 직접 법원에 진술하지 않고 다른 형태에 의하여 간접적으로 보고하는 것이다. 하지만 모든 경우에 있어서 전문법칙을 예외 없이 적용하면, 재판이 지연되거나 재판에 필요한 증거를 상실할 우려가 있다. 그래서 영미에서는 신용성의 정황적 보장과 필요성에 의해서 전문법칙의 예외를 인정한다.

▣ 사례 12의 해결

영장에 의한 증거물의 압수 자체는 적법하다. 하지만 경찰관은 증거물의 은닉 장소를 고문을 통해서 찾아내었다. 그 증거물은 '독수의 과실'에 해당한다. 독수의 과실이란 위법하게 수집된 증거에 의하여 발견된 독립된 제2차 증거를 말한다. 이처럼 독수가 고문에 의한 자백인 경우에는 그 과실에 대해서도 증거능력이 부정되어야 한다.

제5절 재판과 상소 절차

I. 재판의 의의와 종류

'재판'은 협의로는 피고사건의 실체에 대한 법원의 공권적 판단, 즉 유죄와 무죄에 대한 실체적 종국판결을 의미한다. 광의로는 법원 또는 법관의 법률행위적 소송행위를 총칭한다.

재판의 종류는 우선 재판의 기능에 따라서 종국 재판과 종국 전 재판으로 구분한다. 전자는 당해 소송을 그 심급에서 종결시키는 재판이다. 후자는 종국 재판에 이르기까지의 절차에 관한 재판이다. 또 재판의 내용에 따라서 실체재판과 형식재판으로 분류한다. 전자는 피고사건의 실체에 해당하는 구체적 형벌권의 존부를 판단하는 재판이다. 후자는 사건의 실체에 관하여 심리하지 않고 절차적 법률문제를 판단하는 재판이다. 마지막으로 재판의 형식에 따라서 판결, 결정, 명령으로 나눈다. 판결은 종국 재판의 원칙적인 형식으로서 실체재판인 유죄·무죄의 판결, 형식재판인 관할 위반·공소기각·면소의 판결이 있다. 결정은 종국 재판의 원칙적 형식이다. 종국 재판으로서 결정의 형식을 취하는 예외는 공소기각의 결정이 있다. 명령은 재판장, 수명법관, 수탁판사로서 법관이 하는 재판을 의미한다.

Ⅱ. 재판의 확정과 효력

'재판의 확정'이란 재판이 통상의 불복방법에 의해서는 다툴 수 없게 되어 그 내용을 변경할 수 없게 된 상태를 말한다. 재판확정의 시기는 불복신청이 허용되지 않는 재판은 선고 또는 고지와 동시에 확정된다. 반면에 불복신청이 허용되는 재판은 상소기간 기타 불복신청기간의 도과, 상소 기타 불복신청의 포기 또는 취하, 불복신청을 기각하는 판결의 확정(제360조, 제376조, 제362조, 제381조, 제407조) 등에 의하여 확정된다.

재판의 확정력은 형식적 확정력과 내용적 확정력으로 나눌 수 있다. 전자는 재판이 통상의 불복방법에 의하여 다툴 수 없는 상태를 말한다. 종국 재판에 있어서는 형식적 확정에 의하여 소송계속이 종결된다. 그리고 그 시점에서 재판을 집행할 수 있고, 누범가중이나 집행유예의 실효 등에 관한 기준 시점이 된다. 내용적 확정력이란 재판이 형식적으로 확정되면 이에 따라 그 의사표시적 내용도 확정되는 것을 말한다. 실체재판의 내용적 학정력을 실체적 확정력이라고 하는데, 피고사건의 측면에서 볼 때에 이를 일사부재리효과 또는 기판력이라고 한다.

Ⅲ. 상소 등 기타 구제 절차

사례 13

박정희는 1974년에 대동령 긴급조시 제1호를 명하였다. 이에 나할말은 "우리니리가 부페되어 있으니 이것이 무슨 민주체제냐, …"라면서 정부를 비판하였다. 당연히 긴급조치 1호 위반이었고, 당시 재판에서 유죄가 확정되었다. 나할말은 2009년에 당시 재판에 대해서 재심을 청구하였고, 재심 개시 결정을 받았다. 재심 법원은 긴급조치 제1호가 실효되었음을 이유로 면소판결하였다. 나할말은 무죄를 선고해야지 왜 면소냐며 상고하였다. 이 주장은 일리가 있는가?

상소란 확정되지 않은 재판에 대하여 상급법원에 구제를 구하는 불복신청제도이다. 상소는 판결에 대한 불복방법인 항소와 상고 그리고 법원의 결정에 대한 상소인 항고가 있다. 항소는 제1심 판결에 대한 상소이고, 상고는 제2심 판결에 대한 상소이다. 항고는 일반항고와 특별항고(재항고)로 구분한다. 일반항고는 보통항고와 즉시항고가 있다.

상소와 관련해서는 '불이익 변경 금지의 원칙'이 있다. '피고인이 항소 또는 상고한 사건'과 '피고인을 위하여 항소 또는 상고한 사건'에 관하여 상소심은 원심판결의 형보다 중한 형을 선고하지 못한다는 원칙이다(제368조).

한편 '재심'이란 유죄의 확정판결에 대하여 중대한 사실오인의 오류가 있는 경우에 판결을 받은 자의 이익을 위하여 이를 시정하는 비상구제절차이다. 법적 안정성을 해치지 않는 범위 내에서 정의 및 피고인의 인권 구제를 실현하고자 함이다. 형사소송법상 재심의 대상은 유죄의 확정판결(제420조)과 항소 또는 상고의 기각판결(제421조)만이다. 헌법재판소법상으로는 위헌으로 결정된 법률 또는 법률의 조항에 근거한 유죄의 확정판결에 대하여도 재심이 가능하다(헌법재판소법 제47조).

'비상상고'란 확정판결에 대하여 그 심판의 법령위반을 이유로 허용되는 비상구제절차이다(제441조). 비상상고는 신청권자는 검찰총장에 제한되고, 관할법원은 대법원이며, 판결의 효력은 원칙적으로 피고인에게 미치지 않는다는 점을 특징으로 한다.

▣ 사례 13의 해결

재심 소송에서 적용될 절차에 관한 법령은 재심 판결 당시의 법령이다. 법원은 재심 대상판결 당시의 법령이 변경된 경우에는 그 범죄 사실에 대하여 재심 판결 당시의 법령을 적용하여야 하고, 폐지된 경우에는 형사소송법 제326조 제4호를 적용하여 그 범죄 사실에 대하여 면소를 선고하는 것이 원칙이다. 그러나 법원은, 형벌에 관한 법령이 헌법재판소의 위헌결정으로 인하여 소급하여 그 효력을 상실하였거나 법원에서 위헌·무효로 선언된 경우에는 제325조에 따라 무죄를 선고하여야 한다. 나아가 형벌에 관한 법령이 재심 판결 당시 폐지되었다 하더라도 그 '폐지'가 당초부터 헌법에 위배되어 효력이 없는 법령에 대한 것이었다면 제325조 전단이 규정하는 '범죄로 되지 아니한 때'의 무죄 사유에 해당한다. 따라서 면소 판결에 대해서는 무죄판결인 실체판결이 선고되어야 한다고 주장하면서 상고할 수 없는 것이 원칙이지만, 이 경우에는 피고인에게 무죄의 선고를 하여야 하므로 면소를 선고한 판결에 대하여 상고가 가능하다.[10]

10 대법원 2010. 12. 16, 2010도5986 전원합의체.

Ⅳ. 특별절차

1. 약식절차

약식절차란 지방법원의 관할사건인 경우에 검사의 청구가 있으면, 공판절차 없이 검사가 제출한 자료만을 조사하여 피고인에게 벌금, 과료 또는 몰수의 형을 과하는 간편한 재판절차이다(제448조). 이 약식절차에 의하여 형을 선고하는 재판을 약식명령이라고 한다.

약식절차는 비교적 경미한 사건을 신속하게 처리하고 공개재판에 따른 사회적 시간과 비용을 절감하면서 피고인의 심리적 부담을 덜어주는 기능을 한다.

약식명령은 정식재판의 청구기간이 경과하거나 그 청구의 취하 또는 청구기각의 결정이 확정한 때에는 확정판결과 동일한 효력이 있다(제457조). 약식명령에 불복하려는 검사 또는 피고인은 그 고지를 받은 날로부터 7일 이내에 정식재판을 청구할 수 있다(제453조 제1항). 피고인이 정식재판을 청구한 사건은 약식명령의 형보다 더 '중한 종류'의 형을 선고할 수 없으며, 더 '중한 형'을 선고하는 경우에는 판결서에 양형의 이유를 적어야 한다(제457조의2).

2. 즉결심판

즉결심판이란 관할법원이 20만원 이하의 벌금, 구류, 과료에 처할 경미한 범죄에 대하여 경찰서장의 청구에 의하여 신속하게 심판하도록 하는 재판절차에 의한 재판이다. 이 재판은 '즉결심판에 관한 절차법'(이하 '즉심법')의 규정을 따른다. 경찰서장에 의해서 즉결심판이 청구되기 때문에 기소독점주의에 대한 예외이다.

즉결심판절차는 경미한 사건을 신속하게 심판하기 위해 공판절차를 거치지 않는 점에서는 약식절차와 유사하다. 하지만 경찰서장이 청구권자라는 점, 심리가 공개된 법정에서 판사가 직접 피고인을 신문한다는 점 등에서 차이가 있다.

판사가 즉결심판청구에 대해 기각결정을 하는 경우에는 경찰서장이 당해 사건을 검찰에 송치하여 검사가 공소제기 여부를 결정한다(즉심법 제5조). 즉결심판은 정식재판의 청구기간의 경과, 정식재판청구권의 포기 또는 그 청구의 취하에 의하여 확정판결과 동일한 효력이 있다(즉심법 제16조). 피고인 또는 경찰서장은 즉결심판에 불복하는 경우에 정식재판을 청구할 수 있다(제14조).

즉결심판은 전과기록이 남지 않는다는 특징이 있다. 전과기록은 수형인명부, 수형인명표, 수사자료표에 기록된다. 수사자료표가 전과기록 작성의 기초가 되는데, 즉결심판 대상자의 경우에는 수사자료표가 작성되지 않는다(형의 실효 등에 관한 법률 제5조).

제17장

민사소송법

제1절 민사소송 일반

Ⅰ. 민사소송의 의의

사례 1

식자재납품업자인 A는 한식당을 하는 B에게 3개월 동안 식자재를 납품하고 200만원의 대금을 청구하였으나 B는 불경기로 인하여 장사가 되지 않는다고 하면서 대금지급을 1년째 미루고 있다. A가 식자재대금을 받을 수 있는 방법은 무엇인가?

민사소송은 사인 간의 사법적 법률관계에서 발생하는 분쟁의 법적 해결을 위한 국가의 재판상 절차를 말한다. 즉 사인에게는 사법상의 권리 또는 법률관계의 존부를 확정하여 이를 보호하고 국가적으로는 분쟁을 통한 사법질서의 유지를 목적으로 하는 재판상의 절차이다.

Ⅱ. 민사소송법의 의의 및 종류

형식적 의미의 민사소송법은 공법, 민사법, 절차법이며 재판절차에 관한 기본법이다. 행정소송법·가사소송법·비송사건절차법·헌법재판소법·특허법 등은 성질에 반하지 않는 범위 내에서 민사소송법을 준용한다. 실질적 의미의 민사소송법은 민사소송제도를 규율하는 법규의 총체로서 형식적 의미의 민사소송법과 헌법·민사집행법·법원조직법·변호사법·가사소송법·행정소송법·소액사건심판법·소송촉진 등에 관한 특례법·상고심절차에 관한 특례법·국가를 당사자로 하는 소송에 관한 법률, 민사조정법, 인지첩부·첨부 및 공탁제공에 관한 특례법·대법원규칙 등이 있다.

▣ **사례 1의 해결**

A는 B에게 납품대금을 청구하여 받을 수는 있으나, B가 끝까지 지급을 거절한다면 자력구제에는 한계가 있으므로 국가기관인 법원의 조력을 받을 수밖에 없다. 식자재를 납품한 증거자료가 명확하다면 지급명령신청 또는 소송목적의 값이 3,000만원 이하이므로 물품대금지급청구소송을 소액사건심판법에 따라 제기할 수 있다. 특히 지급명령의 경우 상대방이 이를 송달받은 날로부터 2주일 이내에 이의를 제기하지 않으면 확정되어 B의 재산을 집행문 부여 없이 강제집행을 할 수 있다.

Ⅲ. 민사소송의 4대 이상

사례 2

자신이 근무하는 회사 사장의 아들 K가 회사 돈을 횡령하여 미국 캘리포니아에 소재하는 호화주택을 구입하였다고 인터넷에 폭로한 A는 B회사에서 해고되자 미국으로 건너가 캘리포니아 C 카운티 지방법원에 자신의 부당해고로 인한 손해배상을 청구하였다. 미국 법원에서 승소한 A는 한국의 법원에 강제집행을 신청하였다. 이는 적법한 것으로 볼 수 있는가?

1. 적 정

적정은 민사소송절차가 법규의 내용에 따라 충실하게 실현되어, 재판의 내용이 정당하고 과오가 없음을 의미한다. 적정한 재판은 사실인정이 진실에 부합하고 법규의 적용이 타당해야 한다. 즉 권리있는 자는 반드시 승소하고 권리 없이 부당한 제소를 한 자는 패소해야 한다는 이상이다. 이를 구현하기 위하여 민사소송법은 심급제도·재심제도·특별항고·전속관할·소송심리에 관한 구술주의·직접주의·상호신문제도·직권증거조사·석명권의 행사 제도 등을 두고 있다.

2. 공 평

법관은 중립적 제3자의 위치에서 원·피고 양당사자를 평등하게 취급하고, 양당사자가 이익을 주장할 수 있는 기회를 공평하게 부여하여야 한다. 이는 재판에 대한 신뢰감을 주기 위한 것으로 공평이상은 재판의 적정의 목적을 달성하기 위한 수단이라고 할 수 있다. 이를 구현하기 위하여 민사소송법은 심리의 공개, 법관의 제척·기피·회피, 쌍방심리주의, 변론주의, 소송절차의 중단·정지제도, 대리인제도 등을 두고 있다.

3. 신 속

적정·공평한 재판일지라도 분쟁의 해결이 장기화되면 분쟁해결의 실효성이 없다. 즉 권리보호의 지연은 권리보호의 거절과 같은 것이므로 소송의 완결은 신속하게 이루어져야 된다. 헌법 제27조 제3항은 모든 국민은 신속한 재판을 받을 권리를 가진다고 하여 소송의 촉진을 기본권의 하나로서 보장하고 있다. 이를 구현하기 위하여 민사소송법 및 특별법 등에서는 무변론판결, 화해권고결정제도, 기일변경의 제한, 재정기간제도, 실기한 공격방어방법의 각하, 독촉절차, 제소전화해절차, 이행권고결정제도, 전자소송제도 등을 두고 있다. 특히 전자소송제도는 법원이 운영하는 전자소송시스템을 이용하여 소를 제기하고 소송절차를 진행하는 재판방식을 말한다. 대법원은 2011년 5월 민사전자소송을 실시하는 등 향후 형사사건을 제외한 모든 사건에서 전자소송을 단계적으로 도입함으로써, 소송문서 제출부담의 감소, 소송비용의 절감, 소송절차의 신속성과 투명성을 제고하기 위하여 실시하고 있다.

4. 경 제

법원과 당사자는 소송절차에 들이는 비용과 노력을 경제적으로 최소화하여 소송으로 인한 비용 부담을 될수록 적게 하여야 한다. 또한 당사자가 무자력자일지라도 민사소송제도를 경제적으로 쉽게 이용할 수 있는 배려가 필요하다. 이를 구현하기 위하여 소의 병합, 소송이송, 변호사비용의 소송비용산입제도, 구술신청 등의 소액사건심판제도, 소송구조제도 등을 두고 있다.

▣ **사례 2의 해결**

A는 대한민국에 주소를 가지고 있고, B 역시 미국 내 활동 근거지가 있는 것도 아니므로 미국법원에서 응소하는 데 어려움이 있고, 국내에 거주하고 있던 A로서는 반드시 해당사건을 미국법원에서 소송을 제기하고 수행하여야만 할 사정이 있다고 보기 어렵고, A가 청구한 내용이 우리나라 내에서 발생한 손해에 대한 것이므로 미국법원이 그 인과관계와 손해의 발생 여부 등을 판단하기도 어려울 것이다. 따라서 이 사건에 대하여 미국법원에 재판의 적정을 기대하기 어려워 미국법원이 재판관할권을 갖고 있다고 볼 수 없다.

관련 판례

대판 2003. 9. 26, 2003다29555

미국법원이 소외 K가 미국에 주택을 소유하고 있다는 부분에 대하여 그 진실 여부에 관한 증거 수집과 조사를 미국내 현지에서 하는 것이 용이하다 하더라도, 그와 같은 사정만으로 미국법원이 이 사건 전체를 적정하고 신속하게 심리할 수 있다고 보이지는 아니할 뿐 아니라, 우리나라 민사소송법에 따라 재판적을 가지는 우리나라 법원에 의한 증거의 수집과 조사가 특히 어렵다는 사정도 보이지 않으므로 당사자 간의 공평, 재판의 적정, 신속이라는 민사소송의 기본이념에 비추어 보더라도 이 사건에 관하여 미국법원이 재판관할권을 갖지 않는다고 판시하였다.

Ⅳ. 민사소송에 갈음하는 재판 외 분쟁해결제도

사례 3

양복수출회사인 H사는 한국산 양복옷감 원사를 T사로부터 납품을 받아 미국에 있는 U사에 수출하였다. 그러나 T사는 하자 있는 중국산 원사를 납품하였고, U사는 H사의 제품 인수 후 하자가 있다고 하여 H사에게 클레임을 제기하였다. H사와 T사는 분쟁에 관하여 중재에 의해 해결하기로 하였다. 중재에 의한 분쟁해결절차와 중재의 장점은 무엇인가?

사인 간의 민사분쟁에 있어서 소송만이 분쟁해결의 유일한 수단은 아니며 이에 대한 해결수단으로 화해·조정 및 중재 등이 있다. 소송은 상대방의 의사나 태도에 관계 없이 국가권력에 의한 강제적 해결방식임에 비하여 화해·조정·중재 등은 당사자쌍방의 일치된 자주적 의사에 기초한 자주적 해결방식이라는 점에서 소송과는 그 성질이 다르다.

이러한 대체적 분쟁해결제도(ADR: alternative dispute resolution)에 대한 관심이 고조되고 있는 이유는 첫째로 재판에 비하여 간이·신속해서 법원과 당사자에게 경제적인 분쟁해결을 가져올 수 있다는 점이고, 둘째는 분쟁의 성격이나 그 분쟁에 대한 전문적 지식의 필요성 등에서 재판으로 해결하는 것이 바람직하지 않은 사건이 있으므로 통상의 소송으로 분쟁해결수단으로 삼는 것은 문제가 있기 때문이다.

1. 조 정

법관이나 조정위원회 등 제3자가 독자적으로 분쟁해결을 위한 조정안을 마련하여 당사자에게 수락을 권고하는 방식이다. 민사조정 활성화를 위하여 별도로 「민사조정법」을 두고 있다. 조정이 성립되어 조정조서가 작성되면 재판상 화해와 동일한 효력이 발생하고 그 효력은 준재심절차에 의해서만 다툴 수 있다.

특히 민사조정은 소송물가액을 불문하고 민사에 관한 모든 사항을 조정의 대상으로 하고 있다.

2. 중 재

당사자의 합의에 의하여 선출된 중재인의 중재판정에 복종할 것을 약정하여 당사자 간의 분쟁을 해결하는 것으로 개별적·강행적인 해결방식으로 별도의 「중재법」이 있다.

3. 화 해

당사자 간의 직접적·자주적 교섭을 통해 서로 양보하여 분쟁을 해결하는 방식이다. 화해는 재판 외의 화해와 재판상의 화해가 있다.

재판 외의 화해는 민법상의 화해계약을 의미하고 재판상의 화해는 다시 제소전의 화해와 소송상의 화해로 나뉜다. 전자는 소송계속 전에 당사자가 지방법원 단독판사에게 화해신청을 함으로써 개시되고 화해가 성립되면 소송상 화해와 동일한 효력을 갖는다. 그리고 후자는 소송계속 중에 당사자가 서로 양보하여 합의된 내용을 법원에 진술하면 화해조서를 작성하고 소송을 종료시키는 것으로 확정판결과 동일한 효력이 있다.

▣ **사례 3의 해결**

중재란 분쟁당사자 간에 중재계약에 따라 사법상의 법률관계에 관한 현존하거나 장래에 발생할 분쟁의 전부 또는 일부를 법원의 판결절차에 의하지 아니하고, 법관이 아닌 제3자를 중재인으로 선정하여 중재인의 판정에 복종함으로써 분쟁을 자주적으로 해결하는 절차이다. 중재합의는 독립된 합의 또는 계약에 중재조항을 포함하는 형식으로 할 수 있으며, 중재합의는 서면으로 해야 한다. 중재판정은 법원의 확정판결과 동일한 효력을 지니며, 강제집행할 수 있는 권리가 보장된다. 중재의 장점은 전문가에 의한 해결, 단심제로서 신속·간이한 해결, 저렴한 비용에 의한 해결 등의 장점이 있다. 중재에 관한 기본법으로 중재법이 있다.

관련판례

대판 2011. 12. 22, 2010다76573

장래의 분쟁을 중재에 의하여 해결하겠다는 중재합의가 있는 것으로 인정되는 경우, 중재합의의 대상인 분쟁의 범위를 명확하게 특정하여 한정하였다는 등의 특별한 사정이 없는 한 당사자들 사이의 특정한 법률관계에서 비롯되는 모든 분쟁을 중재에 의하여 해결하기로 정한 것으로 봄이 상당하다.

V. 민사소송절차의 종류

사례 4

2차선 도로를 무단횡단하던 A는 B가 운전하는 자동차에 부딪혀 6주간의 치료를 요하는 부상을 당하였다. 이에 A는 B가 가입한 자동차 보험회사를 상대로 1,500만원의 손해배상청구의 소를 제기하였다. 그러나 법원은 A의 무단횡단 과실을 40%로 보고 청구의 일부만 인용하였다. 그러자 A는 항소를 거쳐 40%의 과실상계를 한 조치가 채증법칙 위반 및 심리미진의 위법을 이유로 대법원에 상고하였다. 이는 정당한 것인가?

1. 통상절차

(1) 판결절차

고유한 의미의 민사소송은 원고의 제소에서 시작하여 판결확정에 이르기까지의 판결절차를 말한다. 이와 같은 판결절차에는 통상의 소송절차와 특별한 소송절차가 있다. 통상소송의 판결절차라 함은 민사소송법에 규정한 판결절차를 말한다. 이는 제1심·항소심·상고심의 3심구조가 있다.

(2) 민사집행절차

판결절차에 의하여 확정된 사법상의 의무가 임의로 이행되지 않는 경우에 채권자의 신청으로 국가의 강제력에 의하여 사법상의 이행의무의 실현을 목적으로 하는 절차이다. 집행절차는 판결절차와는 별도의 독립절차로 민사집행법의 적용을 받는다.

(3) 부수절차

판결절차, 민사집행절차 등의 기능을 보조하기 위한 절차로서 증거보전절차, 소송비용액확정절차가 있다. 이는 판결절차에 부수되는 절차이고, 가압류·가처분절차, 집행문부여절차 등은 집행절차에 부수되는 절차이다.

2. 특별소송절차

(1) 간이소송절차

1) 소액사건심판절차

소액사건은 소송목적의 값이 3,000만원을 초과하지 아니하는 금전 기타대체물, 유가증권의 일정한 수량의 지급을 청구하는 사건을 대상으로 한다. 소액사건의 신속한 처리를 위하여 소장이 접수되면 즉시 변론기일을 지정하여 1회의 변론기일로 심리를 마치고 즉시 선고할 수 있도록 하고 있다. 다만, 법원이 이행권고결정을 하는 경우에는 즉시 변론기일을 지정하지 않고, 일단 피고에게 이행권고결정등본을 송달한 후 이의가 있을 경우에만 변론기일을 즉시 지정하여 재판을 진행하게 된다. 이는 전형적인 민사소송절차에 적용되는 원칙들의 적용에 있어서 그 특례를 인정하여 소송의 신속하고 경제적인 해결을 도모하고자 인정된 것이다.

2) 독촉절차

금전 기타 대체물 또는 유가증권의 일정한 수량의 지급을 목적으로 하는 청구권에 관해 인정되는 절차이다. 독촉절차에서는 법원이 분쟁당사자를 심문함이 없이 지급명령을 신청한 채권자가 제출한 서류만을 심사하고 지급명령을 발령하므로 채권자는 통상의 소송절차처럼 법원의 법정에 출석할 필요가 없고, 그 결과 법정에 출석하는 데에 따른 시간과 노력을 절약할 수 있다. 독촉절차는 채무자가 주로 대여금, 물품대금, 임대료 등 금전 지급 채무를 변제하지 않는 경우에 채권자의 지급명령 신청만에 의하여 이루어지는 약식의 분쟁 해결 절차이다. 채무자가 2주일 이내에 이의신청을 하지 않거나 이의신청이 부적법하여 각하되면 지급명령이 확정되어 집행력을 갖게 된다. 채권자는 지급명령을 신청할 때에 소송의 10분의 1에 해당하는 인지를 붙여야 하고, 당사자 1인당 6회분의 송달료만 납부하면 되므로, 소송절차에 비하여 소요되는 각종 비용이 저렴하다. 지급명령이 확정되면 확정판결과 동일한 같은 효력이 있으며, 별도의 집행문 부여 없이 강제집행할 수 있도록 강제집행상의 특례를 규정하고 있다.

(2) 가사소송절차

가사사건은 가정법원의 전속관할에 속하며, 그 성질에 따라 가사소송사건과 가사비송사건으로 구분된다. 가사소송사건은 가류·나류·다류로 나뉘며, 가사비송사건은 라류 및 마류로 세분된다. 그 가운데 나류·다류·마류의 사건은 가사조정의 대상으로 한다. 가사소송법은 가사소송사건에 민사소송법을, 가사비송사건에 비송사건절차법을 준용하여 가사소송사건은 특별민사소송사건으로 분류된다.

(3) 도산절차

도산은 채무자의 자력이 충분하지 못하여 총채권자에게 만족을 주지 못한 상태를 의미한다. 「채무자의 회생 및 파산에 관한 법률」은 재정적 어려움으로 인하여 파탄에 직면해 있는 채무자에 대하여 채권자·주주·지분권자 등 이해관계인의 법률관계를 조정하여 채무자 또는 그 사업의 효율적인 회생을 도모하거나, 회생이 어려운 채무자의 재산을 공정하게 환가·배당하는 것을 목적으로 한다. 이러한 절차들에는 파산절차, 회생절차, 개인회생절차 등이 있다.

▣ 사례 4의 해결

소액사건은 상고 및 재항고가 크게 제한된다. 소액사건에 대한 2심판결이나 결정·명령에 대하여는 다음의 두 가지 사유가 있는 경우에만 대법원에 상고 또는 재항고를 할 수 있다. 즉 법률·명령·규칙 또는 처분의 헌법 위반 여부와 명령·규칙 또는 처분의 법률 위반 여부에 대한 판단이 부당하거나(소액사건심판법 제3조 제1호) 대법원의 판례에 상반되는 판단을 한 때(동법 제3조 제2호)에만 상고할 수 있다. 따라서 단순한 채증법칙 위반이나 법리오해 등은 이에 해당하지 않는다. 그러므로 A의 상고는 기각된다.

관련 판례

대판 2010. 10. 14, 2010다48752
어느 특정 대법원판례가 구체적인 당해 사건에 적용될 법령조항에 관한 원심의 해석이 기존의 대법원판례의 판단과 반대되지 않는다는 전제에서, 다만 그 사건의 사실관계 또는 법률관계에 그 해석을 적용한 것이 증거법칙 위반 또는 법리오해의 위법사유가 되는지의 여부만을 판단한 경우에는, 그 판례의 판단은 '구체적 당해 사건에 적용될 법령해석에 관한 판단'을 한 것이 아니라 법리오해, 채증법칙, 심리미진 여부의 판단에 그치는 것이어서 그 판례와 결론을 달리한 하급심의 판단은 '상반되는 판단'을 한 것으로 되지는 않는다.

제 2 절 민사소송의 주체

사례 5

서울 광진구 자양로에 주소를 둔 운전자 A는 경부고속도로 천안톨게이트 부근을 지나다 전주시 덕진동에 주소를 둔 운전자 B의 졸음운전으로 차량이 전파되고 전치 10주의 부상을 당하여 5,000만 원 상당의 손해를 입었다. 이 경우 피해자인 A는 어느 법원에 손해배상청구의 소를 제기할 수 있는가?

I. 법 원

1. 민사재판권

한 국가의 법원이 구체적 소송사건을 처리하기 위하여 사람 또는 사건에 대하여 행사할 수 있는 국가권력을 재판권이라고 하며, 이 중 민사소송을 처리하는 권능을 민사재판권이라고 한다. 민사재판권은 다시 민사본안재판권과 비송재판권으로 구분되고, 민사재판권은 통상의 민사재판권과 행정·특허·가사재판권 등 특별민사재판권으로 구분된다.

2. 관 할

(1) 의 의

관할은 특정한 사건에 대하여 어느 법원이 재판권을 행사하는가에 대한 법원의 사무분장관계를 정한 것을 말한다. 즉 어느 사건에 우리나라 법원의 재판권이 미침을 전제로 하여 국내의 각종, 각급, 다수의 법원 중 어느 법원이 특정 사건을 관장하느냐에 관한 소송사건 분배범위를 말한다. 관할은 발생원인과 관할의 강제성 여부에 따라 ① 법정관할, 재정관할, 당사자의 거동에 의한 관할, ② 전속관할, 임의관할로 구분할 수 있다.

(2) 법정관할·재정관할·당사자의 거동에 의한 관할

토지관할이라 함은 전국에 다수의 동종 동계급의 법원을 설치하고 그 관할구역과 인적·물적으로 일정한 관계가 있는 사건을 당해법원으로 하여금 관장케 하는 표준을 말한다. 즉 법원을 중심으로 그 재판권행사의 지역적 한계가 그어져 있어 전국의 많은 법원 중에서 어느 곳의 법원에 제소할 것인가를 따지는 관할이다. 따라서 제1심사건을 어느 곳의 지방법원이 담당처리하는가는 토지관할에 의해 정해진다. 이런 토지관할의 발생원인으로서의 관련지점을 재판적이라고 한다. 자연인의 보통재판적은 그 주소에 의하고 특별재판적은 특정의 소송사건에 관하여 주로 소송수행의 편의를 위하여 인정되는 것으로서 부동산 소재지, 불법행위지, 의무이행지 등이 특별재판적이 된다.

(3) 사물관할

사물관할이라 함은 제1심 소송사건을 다루는 동일한 지방법원 및 그 지원의 단독판사와 합의부 사이에 어떻게 분담시키는가를 정하는 것이다

지방법원 및 지방법원지원 합의부의 관할사건은 소송목적의 값이 5억원을 초과하는 민사사건과 법률에 의하여 합의부관할로 인정된 사건, 재산권상의 소로서 소송목적의 값을 산정할 수 없는 경우 및 비재산권상의 소, 지방법원 판사에 대한 제척·기피사건 등이다. 그리고 단독판사의 관할사건은 소송목적의 값이 5억원 이하의 사건과 수표금 및 어음금 청구사건은 소송목적의 값이 5억원을 초과하는 사건이라도 단독판사의 관할에 속한다.

(4) 전속관할

전속관할은 법정관할 중에서 재판의 적정·신속한 사건해결을 위한 공익상의

요구에 의하여 특정법원에만 관할권을 인정하여 당사자가 임의로 변경할 수 없는 관할을 말한다. 전속관할의 종류에는 직무관할과 법이 전속이라고 규정한 사물관할 또는 토지관할이 있다. 법이 전속관할로 정해 놓은 것으로는 재심 사건, 가사사건, 민사집행사건, 파산·회생사건, 증권관련 집단소송과 소비자단체소송 등이 있다.

▣ **사례 5의 해결**

보통재판적은 사건의 종류나 내용에 상관없이 민사소송에서 일률적으로 토지관할을 정하는 기준이 된다. 따라서 소는 피고의 보통재판적이 있는 곳이 관할법원이므로, 피고의 주소지인 전주지방법원에 소를 제기할 수 있다. 또한 특별재판적으로 재산권에 관한 소는 의무이행지의 법원에 제기할 수 있으므로, A는 서울동부지방법원에 소를 제기할 수 있다. 그리고 불법행위에 관한 소는 행위지의 법원에도 소를 제기할 수 있으므로 대전지방법원 천안지원에도 소를 제기할 수 있다. 그리고 소송목적의 값은 1억원 이하이므로 단독판사의 관할이 된다.

관련 판례

서울고법 2006. 1. 26, 2002나32662 판결

대한민국의 베트남전 참전군인들이 미국 고엽제 제조회사들을 상대로 대한민국 법원에 제조물책임 또는 일반불법행위책임에 기한 손해의 배상을 구하는 사안에서 사건에 대한 준거법으로서 대한민국법이 적용될 수 있고 사건의 당사자 및 분쟁이 된 사안과 실질적 관련성을 가지는 대한민국 법원에 이 사건의 국제재판관할을 인정하는 것이 당사자들의 공평, 편의, 예측가능성과 재판의 적정, 신속, 효율 및 판결의 실효성이라는 국제재판관할 배분의 기본이념에 반한다고 볼 수도 없으므로, 대한민국은 피고들의 불법행위책임을 구하는 이 사건 소에 관하여 불법행위지로서 국제재판관할권을 갖는다.

Ⅱ. 당사자

사례 6

20대 대학생인 A는 자신이 좋아하는 아이돌 그룹 S와 경쟁관계에 있는 또 다른 아이돌 그룹 K의 춤실력이 S보다 못하다는 글을 자신의 블로그에 올렸다. 이를 본 K의 팬카페 'K 사랑'에서는 A의 신상을 파헤치고 갖은 욕설과 비난을 팬카페 게시판에 올렸다. 이 경우 A는 팬카페를 상대로 손해배상을 청구할 수 있는가?

1. 당사자 개념

민사소송에서 당사자는 실체법상의 당사자와는 다른 형식적 개념이다. 당사자의 호칭은 각각 원고·피고, 항소인·피항소인, 상고인·피상고인, 재심원고·재심피고 등으로 불린다.

2. 당사자확정

현실적으로 계속되어 있는 소송에서 원고와 피고가 누구인지를 확정하는 것이다. 당사자는 소송의 주체이므로 법원은 소송절차의 모든 과정에서 당사자에게 절차에 관여할 기회를 부여해야 하고 판결도 당사자를 판결의 명의인으로 하여 선고하고, 당사자를 기준으로 인적 재판적, 소송절차의 중단·수계, 송달, 중복제소의 금지, 증인능력, 기판력의 주관적 범위 등이 문제가 된다.

당사자는 소장의 기재 및 청구취지, 청구원인, 그 밖의 일체의 표시사항 등을 기준으로 합리적으로 판단하여 확정하여야 한다.

3. 당사자능력

민사소송법 제51조에 의하여 당사자능력은 민사소송법에 특별한 규정이 없으면 민법, 그 밖의 법률에 따른다라고 규정하고 있으므로 '자연인'과 '법인'은 당사자능력을 갖는다. 이는 민법상의 권리능력에 해당한다. 당사자능력은 본안판결을 받기 위한 소송요건이므로 그 유무에 관한 사항은 법원의 직권조사사항이다. 당사자능력의 구비유무는 변론종결시를 기준으로 한다. 소제기시부터 당사자능력이 없으면 판결로서 소를 각하한다. 이를 간과하고 본안판결을 한 경우 확정 전이면 상소에 의하여 취소할 수 있으나 확정 후에는 판결이 당연무효가 아니며 재심으로도 취소할 수 없다.

(1) 자연인

자연인은 생존하는 동안 권리의무의 주체이므로 내외국인 누구나 당연히 당사자능력을 갖는다. 태아는 불법행위에 기한 손해배상청구, 상속, 유증, 사인증여 등 일정한 경우에 당사자능력을 갖지만 판례에 의하면 정지조건설을 취하므로 당사자능력을 인정하지 않는다.

(2) 법 인

권리능력이 있는 법인은 당사자능력을 갖는다. 국가·지방자치단체 등의 공법인도 당사자능력이 있다. 법인은 해산되거나 파산의 경우에도 그 목적범위 내에서는 당사자능력이 있다. 그러나 행정청의 경우에는 행정소송에서 피고로서 당사자능력이 있지만, 민사소송에서는 인정되지 않는다.

(3) 비법인 사단·재단

권리능력이 없는 사단이나 재단은 대표자나 관리인을 두고 있는 경우에만 당사자능력이 인정된다. 이를 형식적 당사자능력자라고 한다. 구체적인 예로는 비법인사단은 종중, 교회, 사찰, 동창회, 노동조합, 자연부락, 지역주택조합 등이 있으며 비법인재단은 육영회, 대학교장학회, 유치원 등이 있다.

▣ 사례 6의 해결

민사소송법 제52조는 법인이 아닌 사단의 경우에도 대표자 또는 관리인이 있으면 사단의 이름으로 당사자가 될 수 있다. 팬카페 역시 아이돌 그룹 S를 좋아하는 사람들의 결합체이고, 그 팬들의 가입·탈퇴에 관계없이 유지·존속되고 대내적으로 팬카페의 의사를 결정하는 기관에 대한 정함이 있고, 대외적으로 팬카페를 대표하는 자가 있다면 당사자능력이 인정되므로 팬카페 'K사랑'을 피고로 하여 손해배상을 청구할 수 있다.

관련 판례

대판 2007. 7. 26, 2006다64573

법인 아닌 사단이나 재단도 대표자 또는 관리인이 있으면 민사소송의 당사자가 될 수 있으므로, 자연부락이 그 부락주민을 구성원으로 하여 고유목적을 가지고 의사결정기관과 집행기관인 대표자를 두어 독자적인 활동을 하는 사회조직체라면 비법인사단으로서의 권리능력이 있다고 할 것이나, 이와 같이 자연부락이 비법인사단으로서 존재하는 사실을 인정하려면 우선 그 자연부락의 구성원의 범위와 자연부락의 고유업무, 자연부락의 의사결정기관인 부락총회와 대표자의 존부 및 그 조직과 운영에 관한 규약이나 관습이 있었는지의 여부 등을 확정하여야 할 것이다.

대판 2021. 6. 24, 2019다278433

민사소송법 제52조가 비법인사단의 당사자능력을 인정하는 것은 법인이 아니라도 사단으로서의 실체를 갖추고 그 대표자 또는 관리인을 통하여 사회적 활동이나 거래를 하는 경우에는, 그로 인하여 발생하는 분쟁은 그 단체가 자기 이름으로 당사자가 되어 소송을 통하여 해결하도록 하기 위한 것이다. 그러므로 여기서 말하는 사단이라 함은 일정한 목적을 위하여 조직된 다수인의 결합체로서 대외적으로 사단을 대표할 기관에 관한 정함이 있는 단체를 말하고, 어떤 단체가 비법인사단으로서 당사자능력을 가지는가 하는 것은 소송요건에 관한 것으로서 사실심의 변론종결일을 기준으로 판단하여야 한다.

4. 당사자적격

(1) 의 의

특정의 소송사건에서 정당한 당사자로서 누가 소송수행권을 갖는지의 문제이다. 즉 누구에 대하여 본안판결을 하는 것이 필요한가의 문제이다. 당사자적격은 구체적 소송에서 누구를 당사자로 해야 소송을 통한 분쟁해결이 유효적절한 것인가라는 관점에서 인정된 개념이다.

(2) 당사자적격자

1) 이행의 소

자기의 실체법상의 이행청구권을 주장하는 자가 원고이고, 그로부터 의무자라고 주장되는 자가 정당한 피고이다. 청구권이나 의무의 실질적인 존재 여부는 심리 후 결정되는 것이므로 당사자적격자는 당사자의 주장만으로 판단하다. 그러나 민법상으로 소유권이전등기 말소청구소송에서는 부동산의 등기명의인만이 피고적격자이고, 취득시효완성을 이유로 소유권이전등기를 청구하는 경우에는 취득시효가 완성될 당시의 등기부상 소유권자가 피고적격자이다.

2) 확인의 소

확인청구에 의하여 확인의 이익을 갖는 자만이 정당한 원고이고, 반대의 이익을 갖는 자가 피고적격자이다. 확인의 소에서는 그 이행청구권에 관한 관리처분권의 유무에 따라서 당사자적격이 인정되는 이행의 소와는 달리 그 권리나 법률관계의 존부를 확정받음으로써 상대방과 사이에 존재하는 법률상의 불안·위험을 제거할 수 있는 가장 유효적절한 수단인 경우에만 인정된다.

3) 형성의 소

법률관계의 변동으로 이익을 받는 자에게는 원고적격이, 그 반대의 이해관계를 갖는 자가 피고적격자이다. 형성의 소는 당사자 적격자에 대하여 법률의 규정에 명시하고 있는 경우가 많다. 예를 들면 민법 제818조의 중혼을 이유로 한 혼인취소의 원고적격자는 당사자 및 그 배우자, 직계혈족, 4촌 이내의 방계혈족 또는 검사이다. 그리고 상법 제376조의 주주총회결의취소의 소에서 원고적격자는 주주, 이사 또는 감사이고 피고적격자는 해당 주식회사이다. 사해행위취소의 소의 원고적격자는 채권자이고 피고적격자는 채무자가 아닌 수익자 또는 전득자이다.

5. 소송능력

소송능력은 당사자로서 유효하게 소송행위를 하거나 소송행위를 받을 수 있는 능력이다. 민법상 행위능력을 갖는 자는 민사소송법상의 소송능력이 있다. 외국인은 그의 본국법에 의하여 소송능력이 결정된다. 미성년자, 피한정후견인(2013. 7. 1 시행) 등 소송무능력자는 법정대리인에 의하여 소송행위를 할 수 있다. 소송무능력자의 소송행위나 무능력자에 대한 소송행위는 무효이다. 그러나 소송무능력자의 행위는 확정적 무효가 아니라 추인하면 소급적으로 유효하게 할 수 있다. 선별하여 일부만 추인하는 것은 허용되지 않는다. 소송무능력을 간과한 판결은 당연무효가 아니다. 판결확정 전에는 상소에 의하여 취소할 수 있고, 확정 후에는 재심이 허용된다.

6. 변론능력

변론능력은 소송당사자가 현실적으로 법원에 대하여 유효하게 소송행위를 할 수 있는 능력을 말한다. 변론능력제도는 변론능력이 없는 자를 소송에서 배제시킴으로써 재판진행을 신속·확실·효율적으로 진행시키려는 공익상의 요구에서 인정된 제도이다. 재판장의 소송지휘명령에 불응하는 자는 발언금지명령을 받을 수 있다(민소법 제135조 제2항). 또한 당사자의 변론이 모호하여 법원이 석명을 하여도 사건의 진상을 충분히 해명할 능력이 없는 때에는 소송관계의 불명료와 지연을 막기 위하여 법원은 진술금지명령을 발할 수 있다(민소법 제144조 제1항). 그리고 2017년에 질병, 장애, 연령 등의 정신적·신체적 제약 등으로 법정 진술이 어려운 사람을 위하여 진술을 도와주는 사람과 함께 법정에 출석하여 진술할 수 있도록 하는 진술보조인제도를 도입하였다(민소법 제143조의2 규정 신설). 이는 일본과 독일의 보좌인제도와 유사하게 장애인 등이 당사자인 경우에, 그의 진술을 도와주는 것으로 도입되었다.

7. 소송상의 대리인

사례 7

K시청소속 공무원 A는 도로개발로 인한 토지수용에 불만을 갖고 있던 시민 B가 거칠게 항의하자 이성을 잃고 B를 폭행하였다. 이에 B가 K시를 상대로 손해배상청구의 소를 제기하자 시는 시 법무담당실 직원인 공무원 C를 시의 소송대리인으로서 소송을 수행하게 하였다. 이는 적법한가?

(1) 의 의

소송상의 대리인이라 함은 대리인임을 표시하고, 자신의 의사에 의해 당사자의 이름으로 소송행위를 하거나 상대방이나 법원으로부터 소송행위를 받는 자를 말한다. 민사소송법상의 대리는 당사자본인을 보호하고 남소를 방지하여 심리의 충실과 촉진을 목적으로 한다.

(2) 종 류

1) 법정대리인

법정대리인은 실체법상의 법정대리인과 소송법상의 특별대리인이 있다. 전자로는 미성년후견인, 한정후견인, 법원 등 제3자의 선임에 의한 상속재산관리인, 부재자의 재산관리인 등이 있다. 후자로는 소송무능력자의 특별대리인(민소법 제62조), 증거보전절차의 특별대리인(민소법 제378조), 강제집행절차의 상속인을 위한 특별대리인(민집 제52조 제2항) 등이 있다.

2) 임의대리인(소송대리인)

가. 법령상의 소송대리인

일정한 지위에 있는 자에게 법률이 일정한 범위의 업무에 관하여 소송대리권이 수여되는 자를 말한다. 소송대리권 자체는 법령의 규정에 의하나 그 기초인 법률상의 지위가 본인의 의사에 의하므로 임의대리인으로 본다. 영업에 관하여 재판상의 행위를 할 수 있는 지배인, 공유선박의 선박관리인, 선적항 외에서의 선장, 국가소송에 있어서 소송수행자, 한국자산관리공사 사장이 지명한 임원이나 직원 등은 소송대리인이 될 수 있다.

나. 소송위임에 의한 소송대리인

좁은 의미의 소송대리인으로서 특정한 소송사건에 관하여 본인으로부터 대리권의 수여받은 소송위임에 의한 대리인이다. 변호사인 자연인 또는 법무법인을 원칙으로 한다(민소법 제87조). 그러나 민소법 제88조 및 민사소송규칙 제15조 제1항에 의하여 비변호사일지라도 단독판사가 심리·재판하는 사건에서는 법원의 허가를 받아 소송대리인이 될 수 있다. 즉 당사자의 배우자 또는 4촌 안의 친족으로서 당사자와의 생활관계에 비추어 상당하다고 인정되는 경우와, 당사자와 고용, 그 밖에 이에 준하는 계약관계를 맺고 그 사건에 관한 통상사무를 처리·보조하는 사람으로서 그 사람이 담당하는 사무와 사건의 내용 등에 비추어 상당하다고 인정되는 경우 등이다.

다. 소송대리인의 권한

① 법률상 소송대리인

법률상의 소송대리인의 대리권의 범위는 실체법에 정해져 있다(상법 제11조 제1항, 제761조 등). 따라서 그 대리권의 범위는 제한할 수 없다(민소법 제92조). 법원은 지배인·선장 등 법률상 소송대리인의 자격 또는 그 권한을 심사할 수 있다.

② 소송위임에 의한 소송대리인

위임받은 사건의 처리를 위한 일체의 소송행위를 할 수 있다. 따라서 소제기, 소의 변경, 중간확인의 소의 제기, 상대방이 제기한 반소와 제3자의 소송참가에 응소, 공격방어방법의 제출과 그 소송에 대한 강제집행, 가압류·가처분에 관한 소송행위를 할 수 있다(민소법 제90조 제1항).

그러나 본인에게 중대한 결과를 미치는 사항에 대해서는 본인으로부터 개별적인 특별수권이 필요하다. 즉 반소의 제기, 소의 취하, 화해, 소송탈퇴, 상소의 제기 또는 취하, 복대리인의 선임 등이 이에 해당한다(민소법 제90조 제2항). 그러나 실무에서는 변호사에 대한 소송위임장에 이러한 사항들이 부동문자로 인쇄되어 있어 특별수권사항의 규정은 무의미하다.

▣ **사례 7의 해결**

국가를 당사자로 하는 소송에 관한 법률 제3조에 의하면 법률상 소송대리인의 하나인 국가소송수행자의 소송대리인은 변호사의 자격이 없어도 지정될 수 있다. 그러나 지방자치단체의 소송에서 그 산하 공무원은 그 적용이 없으므로 소송대리인으로서 소송을 수행할 수 없다. 즉 산하 공무원은 변호사 자격 소지자이어야 한다.

관련 판례

대판 2006. 6. 9, 2006두4035

원심에서 변호사 아닌 피고 소속 공무원이 피고를 대리하여 소송을 수행하였음을 알 수 있는바, 지방자치단체는 국가를 당사자로 하는 소송에 관한 법률의 적용대상이 아니어서 같은 법률 제3조, 제7조에서 정한 바와 같은 소송수행자의 지정을 할 수 없고, 또한 민사소송법 제87조가 정하는 변호사대리의 원칙에 따라 변호사 아닌 사람의 소송대리는 허용되지 않는 것이므로, 원심이 변호사 아닌 피고 소속 공무원으로 하여금 소송수행자로서 피고의 소송대리를 하도록 한 것은 민사소송법 제424조 제1항 제4호가 정하는 '소송대리권의 수여에 흠이 있는 경우'에 해당하는 위법이 있는 것이다.

제3절 소의 제기

사례 8

A는 B를 주채무자로 하여 1억원을 빌려주면서 C를 연대보증인으로 하였다. A는 B를 상대로 대여금지급청구의 소를 제기하면서 동시에 C를 상대로 1억원의 지급을 청구하는 소를 제기하였다. C에 대한 A의 소제기는 중복된 것인가?

I. 소장의 제출

소의 제기는 소장이라는 서면을 제1심 법원에 제출함을 원칙으로 한다. 소장이 제출되면 재판장의 소상심사 후에 그 소장을 송달하고, 서면에 의한 변론준비를 통하여 쟁점을 정리하고 지정된 변론기일에 증인신문을 중심으로 변론을 종결한 후에 마지막으로 판결을 선고한다.

한편 우리나라 법원은 2011년 5월 2일부터 「민사소송 등에서의 전자문서 이용 등에 관한 법률」과, 「민사소송 등에서의 전자문서 이용 등에 관한 규칙」에 따라 민사전자소송을 할 수 있다(https://ecfs.scourt.go.kr 참조). 즉 서면제출보다 간편한 컴퓨터를 통하여 전자문서로 소장·준비서면 등 기록을 접수하고 판결문도 받을 수 있다. 2012년에는 민사소송 111만770건 중 39만6,406건이 전자소송으로 접수돼 35.7%를, 2016년에는 민사소송 104만8,749건 중 68만8,776건으로 전자소송비율이 65.7%로 대폭 증가하였다. 또한 2020년 사법연감에 따르면 민사소송은 1심 합의사건 4만1,648건, 단독사건 18만9,318건, 소액사건 54만8,043건이 전자소송으로 접수돼, 전체 접수건수의 82%가 전자소송으로 접수되어 전자소송이 활성화되었다. 한편 1심 특허소송 844건과 행정소송 2만1,847건 모두 전자소송으로 진행되었다.

Ⅱ. 소장의 기재사항

1. 필수적 기재사항

(1) 당사자

소장에는 필수적 기재사항으로서 당사자 및 법정대리인, 청구취지, 청구원인을 기재해야 한다. 이 사항을 기재하지 않으면 재판장은 소장각하명령을 할 수 있다. 당사자와 법정대리인의 주소를 기재해야 한다(민소법 제255조 제1항; 민소규칙 제2조 제1항 제2호). 당사자 표시의 정도는 원고와 피고를 특정인임을 인정할 수 있을 정도로 기재하여야 한다.

(2) 청구취지

청구취지는 원고가 어떠한 내용과 종류의 판결을 구하는지 밝히는 소의 결론 부분이다. 예를 들면 이행의 소의 청구취지는 "피고는 원고에게 금 1억원을 지급하라"와 같이 명확히 기재하여야 한다. 청구취지는 소송목적의 값의 산정, 사물관할, 상소이익의 유무, 소송비용의 분담비율, 시효중단의 범위 등을 정하는 표준이 된다.

(3) 청구원인

넓은 의미의 청구원인은 소송물인 권리관계의 발생원인에 해당하는 사실관계로서 원고가 주장·증명하여야 할 사실관계이다. 좁은 의미의 청구원인은 청구취지와 함께 이를 보충하여 소송물을 특정하기에 필요한 사실관계를 의미한다. 민사소송규칙 제62조에서는 소장의 청구원인에는 청구를 뒷받침하는 구체적 사실, 피고가 주장할 것이 명백한 방어방법에 대한 구체적인 진술, 입증이 필요한 사실에 대한 증거방법에 관한 사항을 기재할 것을 규정하고 있다.

소 장

원 고 주시오 (901510-1234567)
서울시 강남구 대한로 23길 우편번호(02345)
전화 : 02-500-0000 휴대폰번호 : 010-1234-5678
팩스번호 : 02-123-4567, 전자우편(e-mail)주소 : joosio82@zo.co.kr
피 고 안주오(721324-2345678)
인천광역시 연수구 민국로 100 우편번호(21959)
전화 : 032-123-0000 휴대폰번호 : 010-0123-4321
팩스번호 : 032-345-9876, 전자우편(e-mail)주소 : anjoo5@jate.com

대여금청구의 소

청 구 취 지

1. 피고는 원고에게 4,000만원 및 이에 대한 2019. 4. 12부터 다 갚는 날까지 연 12%의 비율로 계산한 돈을 지급하라.
2. 소송비용은 피고가 부담한다.
3. 위 제1항은 가집행할 수 있다.

라는 판결을 원합니다.

청 구 원 인

1. 원고는 피고에게 다음과 같은 돈을 대여하였습니다.
   (1) 대여금액 금 3,000만원
   (2) 대여일자 2018. 4. 11.
   (3) 변 제 기 2019. 4. 11.
   (4) 이 자 연 10%
2. 피고는 변제기일이 지나도 위 대여금을 지급하지 않으므로 원고는 피고에 대하여 대여금 4,000만원 및 이에 대한 변제기 다음날인 2019. 4. 12.부터 다 갚을 때까지 연 12%의 비율로 계산한 이자 및 지연손해금의 지급을 구하기 위하여 이 사건 청구에 이른 것입니다.

입 증 방 법

1. 갑 제1호증 차용증서

첨 부 서 류

1. 위 입증방법 1통
1. 소장부본 1통
1. 송달료납부서 1통

2020. 5. 12.

위 원고 주시오 (서명 또는 날인)

서울중앙지방법원 귀중

2. 임의적 기재사항

소장에는 필수적 기재사항 이외에 당사자가 임의적으로 준비서면의 기재사항을 기재할 수 있다(민소법 제249조 제2항). 즉 소송대리인의 성명과 주소, 첨부서류의 표시, 작성연월일, 당사자의 기명날인 또는 서명 등은 임의적 기재사항이며 재판장의 소장심사의 대상이 아니다.

Ⅲ. 소제기에 대한 법원의 조치와 피고의 답변서제출

1. 소장 심사 및 보정권고

소장의 심사는 원칙적으로 재판장의 권한이다. 그러나 소장이 접수되면 참여사무관 등이 1차적으로 심사를 하게 된다. 그러나 소장의 적법 여부를 판단할 정식의 권한을 갖는 것은 재판장 또는 법원이므로, 참여사무관 등이 하는 심사는 재판장 또는 법원을 보조하는 사실상의 조사에 그친다. 법원사무관 등은 소장 접수서류를 검토하고 보정권고를 할 수 있다(민소규칙 제5조 제3항). 재판장은 소장의 기재사항에 흠이 있거나, 소정의 인지가 붙어 있지 아니한 경우에는 재판장은 보정명령을 발하며, 원고가 흠을 보정하지 아니할 때에는 재판장은 명령으로 소장을 각하한다(민소법 제254조 제2항).

2. 소장부본의 송달

법원은 소장이 접수되면 특별한 사정이 없는 한 바로 피고에게 소장부본을 송달한다(민소법 제255조 제1항; 민소규칙 제64조 제1항). 소장부본에는 소송절차안내서를 동봉하여 송달한다. 송달은 민사소송법에 특별한 규정이 없으면 법원이 직권으로 한다(민소법 제174조). 송달은 우편 또는 집행관에 의하거나 그 밖에 대법원규칙이 정하는 방법에 따라서 하여야 한다(민소법 제176조 제1항). 원칙적으로 송달실시기관은 우편집배원과 집행관이다. 현재 실무상 대부분의 송달은 우편에 의하고 있다. 우편집배원은 송달실시기관으로서 교부송달의 원칙에 따라 실시할 수 있다. 이러한 우편에 의한 송달은 법원사무관 등이 송달실시기관이 되어 통상의 등기우편으로 발송하는 발송송달 또는 우편송달(민소법 제187조)과는 구별된다.

3. 피고의 답변서제출

피고는 소장부본을 송달받은 날로부터 30일 이내에 답변서를 제출하여야 한다(민소법 제256조 제1항). 답변서에는 청구의 취지에 대한 답변과 청구의 원인에 대한 구체적인 진술을 적어야 한다(민소규칙 제65조 제1항). 즉 청구의 취지에 대한 답변 이외에 소장에 기재된 개개의 사실에 대한 인정 여부, 항변과 이를 뒷받침하는 구체적 사실 및 이에 대한 증거방법을 적어야 한다. 답변사항에 관한 중요한 서증이나 답변서에서 인용한 문서의 사본 등을 붙여야 한다(민소법 제256조 제4항, 제274조 제2항, 제275조). 그러나 법원은 피고가 민소법 제256조 제1항의 답변서를 제출하지 아니한 때에는 청구의 원인이 된 사실을 자백한 것으로 보고 변론 없이 판결할 수 있다. 다만, 직권으로 조사할 사항이 있거나 판결이 선고되기까지 피고가 원고의 청구를 다투는 취지의 답변서를 제출한 경우에는 그러하지 아니하다(민소법 제257조 제1항).

Ⅳ. 소제기의 효과

소장이 법원에 제출되면 우선 시효중단·법률상 기일준수 등의 실체법상 효과가 발생하고 소장부본이 송달되면 소송계속이 발생하고 소송법상 중복제소금지의 효과가 생긴다.

1. 소송계속

소의 제기에 의하여 법원과 당사자 사이에 특정한 소송물에 관하여 법원에 판결절차가 현존하는 상태, 즉 법원이 소송사건에 대해 판결하는 데 필요한 행위를 할 수 있는 상태를 말한다. 소송계속의 발생시기는 피고에게 소장부본이 송달된 때이다. 소송계속의 민사소송법상 효과로서 중복제소의 금지, 소송참가, 소송고지, 반소의 제기 등을 할 수 있다.

2. 실체법상의 효과

민법 기타의 법률이 소제기의 사실에 특별한 효과를 부여하는 수가 있다. 예를 들면 시효중단(민법 제168조, 제247조, 제248조)·제척기간의 준수(민법 제204조 제3항, 제205조 제2항)·선의점유자의 악의의 의제(민법 제197조 제2항), 어음상의 상환청구권의 시효진행(어음법 제70조) 등이다.

▣ 사례 8의 해결

A와 B의 관계는 채권자와 주채무자의 관계이고, A와 B의 관계는 채권자와 연대보증인의 관계이므로 법률관계가 다르고 당사자도 서로 다르다. 따라서 동일한 소가 아니므로 중복제소가 되지 아니한다.

관련 판례

대판 2005. 11. 25, 2005다51457

채권자취소권의 요건을 갖춘 각 채권자는 고유의 권리로서 채무자의 재산처분 행위를 취소하고 그 원상회복을 구할 수 있는 것이므로 여러 명의 채권자가 동시에 또는 시기를 달리하여 사해행위취소 및 원상회복청구의 소를 제기한 경우 이들 소가 중복제소에 해당하지 아니한다.

제 4 절 소송심리의 과정과 증거법

사례 9

A는 B를 상대로 원자재인 옷감 500만원과 그에 대한 운송비·포장비 등 100만원을 합하여 합계 600만원의 물품대금지급청구의 소를 제기하였다. 이에 B는 대금을 원고 A에게 지급하기로 약정하였다고 인정하면서 그 미지급액이 A가 주장하는 것과 같으므로 원고에 대한 채권으로 상계하겠다고 주장하였다. 그러나 원심은 옷감 500만원의 청구는 인용하였으나, 운송비·포장비 청구에 대하여는 피고 B가 이를 지급하기로 약정하였다는 증거가 없다는 이유로 배척하였다. 원심의 판단은 옳은가?

I. 변 론

1. 변론의 의의

소가 제기된 후 피고가 30일 이내에 답변서를 제출하면 변론준비절차를 거치는 예외적인 경우를 제외하고는 바로 변론기일을 지정하여 변론에 들어가 소송의 심리를 진행한다(민소법 제258조 제1항). 변론은 기일에 원고·피고가 수소법원의 법정에서 구술로 청구에 관한 신청을 하거나 공격방어방법을 제출하는 것을 말한다.

2. 변론의 종류

(1) 필요적 변론

판결절차에서는 반드시 변론을 열어야 하고(민소법 제134조 제1항), 변론에서 행한 구술진술만이 재판의 자료가 되는 경우의 변론을 필요적 변론이라고 한다. 필요적 변론기일에 불출석하면 기일의 해태가 된다. 예외적으로 판결절차라도 변론 없이 판결할 수 있는 경우는 다음과 같다. ① 소송요건·상소요건에 보정할 수 없는 흠결이 있어 각하판결을 하는 때(민소법 제219조, 제413조), ② 소액사건에 있어서 소송기록에 의하여 청구가 이유 없음이 명백하여 기각판결을 하는 때(소심 제9조 제1항), ③ 소송비용의 담보제공의 결정을 받고도 담보를 제공하지 않을 때 하는 소각하판결(민소법 제124조), ④ 피고가 소장부본을 송달받고도 30일 이내 답변서를 제출하지 않는 경우(민소법 제257조), ⑤ 상고심 판결을 하는 때(민소법 제429조, 제430조)

(2) 임의적 변론

법원의 재량으로 임의적으로 변론을 열 수 있는 경우로서, 결정으로 완결될 사건에 한한다(민소법 제134조 제1항 단서). 예를 들면 법관의 제척·기피(민소법 제46조), 관할의 지정(민소법 제28조), 특별대리인의 선임(민소법 제62조), 소송구조(민소법 제128조) 등이다. 임의적 변론으로 변론을 열지 않는 경우에는 소송기록에 의한 서면심리만으로 재판이 가능하다. 또한 변론을 여는 경우라도 구술의 진술만이 아니라 서면상의 진술도 재판의 기초로 된다.

Ⅱ. 변론의 내용

변론에서 당사자는 수소법원에 대하여 재판을 신청하고 재판자료, 즉 사실과 증거를 제출하는 소송행위를 한다. 이러한 당사자의 변론의 내용은 원고 및 피고가 자기에게 유리한 판결을 구하는 본안의 신청과 이를 뒷받침하기 위한 주장 및 입증을 하는 공격방어방법으로 구성된다.

1. 본안신청

본안신청은 법원에 대하여 당사자가 자기의 청구에 대하여 심판을 구하는 신청을 말한다. 즉 원고가 소장에 기재된 청구취지에 따라 특정한 내용의 판결을 구하는 뜻의 진술을 하게 된다. 이에 대하여 피고의 소각하 신청이나 청구기각신청은 소송상의 신청이다.

2. 소송상의 신청

소송상의 신청이라 함은 소송절차상의 신청으로서, 관할의 지정신청, 소송이송신청, 제척·기피신청 등을 말한다.

3. 공격방어방법

법원이 심리·판결을 하기 위하여 필요한 사실 및 증거를 제출하는 당사자의 행위를 공격방어방법이라고 한다. 즉 본안신청을 뒷받침하기 위한 일체의 재판자료를 말한다. 원고가 자기의 청구를 이유있게 하기 위하여 제출하는 재판상의 자료를 공격방법이라고 한다. 한편, 피고가 원고의 청구를 배척하기 위하여 하는 일체의 재판상의 자료를 방어방법이라고 한다. 공격방어방법은 ① 법률상의 주장(권리관계의 발생·변경·소멸의 주장), ② 사실상의 주장(주요사실·간접사실·보조사실), ③ 입증, ④ 항변(반대규정의 요건사실의 주장)의 4가지로 분류된다.

Ⅲ. 증거법

1. 증거의 의의

원고가 주장하는 청구를 이유있게 하며 피고가 원고의 청구를 거부하기 위하여 제출하는 공격방어방법 중에서, 법률상 진술을 다툴 때에는 그 법률효과를 끌어낸 적용법규의 구성요건에 해당하는 사실을 진술해야 하고, 상대방이 이 사실상 진술에 대하여 승인하거나, 침묵을 하지 않는 한 그 사실상 진술이 진실이라는 것을 법원에 표현하기 위하여 필요한 자료를 제출해야 할 것이다. 이와 같은 법규적용의 대상이 될 사실인정의 자료를 증거라고 한다.

2. 요증사실과 불요증사실

(1) 요증사실

재판은 구체적 사실에 법규를 적용하는 것이므로 적용할 법규의 존부 및 해석과 더불어 사실관계의 확정이 필요하다. 증거는 판결의 기초를 확정하기 위한 법원의 판단자료를 의미한다. 이 판단자료는 증거조사라는 법원의 소송행위를 통하여 형성된다.

1) 사 실

민사소송의 대상은 원고가 주장하는 권리·의무이지만 직접 이를 감지할 수는 없으므로 주요사실의 존부로부터 권리·의무의 유무를 판단하게 된다. 여기에서 사실은 외계의 사실과 내심의 사실(고의·과실, 선의·악의)를 의미하며, 적용할 법규의 구성요건을 이루는 모든 사실을 말한다.

2) 경험법칙

인간의 경험에서 귀납적으로 얻어지는 사물에 대한 지식이나 법칙을 말한다. 법관은 경험법칙의 유무를 판단함에 있어 당사자의 주장이나 증명에 구애됨이 없이 스스로 직권에 의하여 판단할 수 있다. 그러나 특수한 전문적·학리적 경험에 속하는 것에 대하여는 일반 법관으로서 안다는 것을 기대할 수 없기 때문에 증명이 필요하다. 경험법칙적용의 잘못은 법령위배처럼 상고이유가 된다(대판 2003. 1. 24, 2002다64377).

3) 법 규

법규의 존부 확정이나 적용은 법원의 직책이므로 증명의 대상이 되지 아니한다. 다만 법규인 경우에도 외국법, 지방의 조례, 관습법 등은 법원이 알지 못하는 때에는 증명의 대상이 된다.

(2) 불요증사실

1) 재판상 자백

당사자가 변론 또는 준비절차에서 한 상대방의 주장과 일치하는 자기에게 불리한 사실의 진술을 말하는 재판상 자백과, 법관이 명확하게 인식하고 있고, 증거에 의하여 그 존부를 인정할 필요가 없을 정도로 객관성이 담보되어 있는 사실은 증명을 요하지 아니한다.

2) 법원에 현저한 사실

법관이 그 직무상의 경험으로 알고 있는 사실로서, 그 사실의 존재에 관하여 명확한 기억을 하고 있거나 또는 기록 등을 조사하여 곧바로 그 내용을 알 수 있는 사실을 말한다. 예를 들면 법관이 내린 다른 판결, 정부노임단가, 간이생명표 등이다.

3) 공지의 사실

일반인들에게 널리 알려진 사실로서 법원도 아는 사실을 말한다. 예를 들면 역사적으로 유명한 사건, 천재지변, 전쟁 등을 말한다.

3. 자유심증주의

자유심증주의는 법관이 판결의 기초가 되는 사실을 인정하는 데 있어서 소송절차에 제출된 모든 자료를 자유롭게 판단하여 심증을 형성할 수 있는 원칙을 말한다. 자유심증주의는 법관의 합리적 판단에 일임하여 형식적인 법률적 구속으로부터 자유라는 의미이며, 법관의 자유로운 판단을 허용한다는 취지가 아니다(대판 2020. 8. 27, 2017다211481). 따라서 법원은 변론의 전 취지와 증거조사의 결과를 자유심증으로 사회정의와 형평의 이념에 입각하여 논리와 경험의 법칙에 따라 사실주장의 진실 여부를 판단해야 한다.

4. 증명책임

증명책임이란 구체적 사실이 진위불명일 경우에 판결에 있어서 그 사실을 요건으로 하는 자기에게 유리한 법률효과의 발생 내지는 불발생이 인정되지 않게 되는 일방 당사자의 위험 또는 불이익을 말한다.

▣ 사례 9의 해결

재판상 자백은 소송상 다툼이 없는 사실로서 불요증사실에 속한다. A의 옷감 500만원과 운송비·포장비 100만원 등 합계 600만원의 청구에 대하여 피고가 그대로 시인하고 있으므로 이는 상대방의 주장과 일치한 진술에 해당하여 자백이 성립하므로 법원과 당사자는 그 자백에 구속된다. 따라서 법원은 증거조사 없이 피고가 자백한 내용대로 사실을 인정해야 하므로 원고 A의 운송비·포장비 등 100만원 청구에 관한 원고 패소 부분은 위법하므로 파기되어야 한다.

관련 판례

대판 2010. 2. 11, 2009다84288,84295

재판상의 자백은 변론기일 또는 변론준비기일에 행한 상대방 당사자의 주장과 일치하는 자기에게 불리한 사실의 진술로서, 일단 재판상의 자백이 성립하면 그것이 적법하게 취소되지 않는 한 법원도 이에 기속되는 것이므로, 법원은 당사자 사이에 다툼이 없는 사실에 관하여 성립된 자백과 배치되는 사실을 증거에 의하여 인정할 수 없다.

제5절 불복신청제도

I. 항 소

항소는 지방법원의 단독판사 또는 지방법원합의부가 제1심으로서 행한 종국판결에 대하여 유리한 판결을 구하기 위해 항소법원에 하는 불복신청이다. 항소의 제기는 판결서 송달 후 2주 이내에 원심인 제1심법원에 항소장을 제출하여야 한다. 항소의 제기로 제1심 판결의 확정은 차단되고, 사건은 항소심으로 이전된다. 소송목적의 값이 5억원 이하의 단독사건이면 지방법원 항소부가, 5억원을 초과하는 경우에는 고등법원이 항소법원이 된다.

II. 상 고

상고는 종국판결에 대한 법률심인 대법원에 대한 상소이며, 원판결의 당부를 법률적인 측면에서만 심사하는 사후심이다. 고등법원이 항소심으로서 한 판결과 지방법원 항소부가 한 판결이 상고의 대상이 된다. 상고는 상고이유가 있는 경우에만 상고를 제기할 수 있다. 상고이유에는 민사소송법 제423조의 일반적 상고이유로서 판결에 영향을 미친 헌법·법률·명령 또는 규칙의 위반이 있는 경우와 동법 제424조의 절대적 상고이유로서 ① 판결법원 구성의 위법, ② 판결에 관여할 수 없는 법관의 관여, ③ 전속관할규정에 어긋날 때, ④ 대리권의 흠, ⑤ 공개규정에 어긋날 때, ⑥ 이유의 불명시·이유모순 등이다. 상고인이 상고장에 상고이유를 기재하지 않은 경우에는 소송기록의 접수통지를 받은 날로부터 20일 이내에 상고법원에 상고이유서를 제출하여야 한다.

Ⅲ. 항 고

항고는 법원의 결정·명령에 대하여 상급법원에 하는 독립한 상소이다. 종국판결이 아닌 소송절차에 부수하는 사항까지도 항소·상소의 기회를 주면 상고심의 절차가 번잡해지고 소송사건이 지연될 우려가 있으므로 항고라는 간이·신속한 절차를 마련한 것이다. 항고의 종류로서 통상항고는 항고의 이익이 있는 한, 어느 때나 제기할 수 있으나 즉시항고는 신속한 해결을 위하여 고지된 날로부터 1주일의 불변기간 내에 제기하여야 한다. 또한 최초의 항고는 법원의 결정·명령에 대하여 처음으로 하는 항고이며, 재항고는 최초의 항고에 대한 항고법원의 결정 그리고 고등법원 또는 항소법원의 결정·명령에 대한 항고이다(민소법 제442조). 재항고는 상고의 규정이 준용된다(민소법 제443조). 또한 특별항고는 불복신청을 할 수 없는 결정·명령에 대하여 비상구제수단으로 대법원에 하는 항고이다.

JURISPRUDENCE

찾아보기

ㄱ

ㄴ

ㄷ

ㅁ

ㅇ

ㅈ

[공저자 약력]

홍 완 식

건국대학교 법학전문대학원 교수
반려견 법률상식(피엔씨미디어, 3판, 2022)
법과사회(법문사, 3판, 2021)
실명입법론(피엔씨미디어, 3판, 2020)

곽 관 훈

선문대학교 법경찰학과 교수
사회적 기업 육성법제 및 기타 창업관련 법제 정비방안
상법상 워런트제도의 도입방안
기업범죄의 사전예방과 상법의 역할

김 명 엽

전) 서남대학교 부동산학과 교수
노동관계법규(동현출판사, 2000)
산지전용허가제도의 개선에 관한 연구
무주택 저소득층을 위한 주거지원제도의 개선에 관한 연구

김 재 윤

건국대학교 법학전문대학원 교수
기업범죄예방과 준법지원인제도(박영사, 2020)
기업의 형사책임(마인드탭, 2015)_2016년 대한민국학술원 우수학술도서
의료분쟁과 법(율곡출판사, 2015)

박 규 용

제주대학교 법학전문대학원 교수
사정변경의 원칙과 행위기초론
흡연자의 건강침해에 대한 담배제조사의 제조물책임
해제의 효과에 관한 독일민법의 발전

박 병 도

건국대학교 법학전문대학원 교수
국제환경책임법론(집문당, 2007)
인권법(공저, 아카넷, 2006)
글로벌거버넌스와 비국가행위자

장 교 식

건국대학교 법학전문대학원 교수
행정구제법(율곡출판사, 2008)
개인정보보호법(한국학술정보, 2006)
지방자치법주해(박영사, 2004)

정 대

한국해양대학교 해사법학부 교수
주식회사 이사의 내부통제의무에 관한 연구
주식회사의 파생금융상품거래에 관한 이사의 책임에 관한 연구
해상법의 입법동향

최 관 호

순천대학교 법학과 교수
형법각론(KNOU PRESS, 공저)
표현의 자유에 대한 형사법적 규제의 법리와 그 대안: 명예훼손죄를 중심으로
명령과 복종의무에 있어서 형사법적 내용과 한계－군형법 제44조 항명죄를 중심으로

황 대 성

변호사 / 황대성 법률사무소(사법시험 제28회)
건국대학교 법학전문대학원 겸임교수
서울고등법원 조정위원
입증책임론에 관한 연구

제10판
법학개론

초판발행 2013년 2월 28일
제2판발행 2014년 2월 20일
제3판발행 2015년 2월 10일
제4판발행 2016년 2월 20일
제5판발행 2017년 2월 20일
제6판발행 2018년 1월 20일
제7판발행 2019년 6월 30일
제8판발행 2021년 2월 10일
제9판발행 2022년 1월 20일
제10판발행 2023년 1월 31일
지은이 홍완식 · 곽관훈 · 김명엽 · 김재윤 · 박규용 ·
박병도 · 장교식 · 정 대 · 최관호 · 황대성
펴낸이 박노일
총괄기획 최준규
편 집 이상민
펴낸곳 pnc publishing and culture 피앤씨미디어
경기도 고양시 일산동구 강송로 153 310-1501
등록 제396-2012-000203호
전 화 070)7550-3758 팩 스 02)718-8554
홈페이지 www.pncmedia.co.kr 이메일 pnc@pncmedia.co.kr
ISBN 979-11-5730-861-3 93360

정 가 28,000원